高速公路
病害分析与处治技术

封建武　温高峰　主编

Gaosugonglu

Binghaifenxi yu Chuzhijishu

人民交通出版社
China Communications Press

内 容 提 要

全书共分十五章，第一章简要阐述了中修工程的内容和经验体会；第二章对沥青路面水损害的原因及过程进行了分析；第三章介绍了水损害分析的理论和方法；第四章阐述了沥青混合料水稳定性试验的方法和实质；第五章介绍了中修罩面工程中水损害的设计方法；第六章对沥青混合料的配合比设计与施工进行了介绍；第七章阐述了湖沥青在中修工程中的应用；第八、九章介绍了纤维土工织物及微表处技术在工程中的应用；第十章阐述了桥梁水损害处治技术；第十一章对路面排水系统优化进行了介绍；第十二、十三章对中修工程建设管理及交通组织进行了介绍；第十四、十五章阐述了温拌料超薄面层和旧沥青路面热再生技术在工程中的应用。

图书在版编目（CIP）数据

高速公路病害分析与处治技术 / 封建武，温高峰主编．北京：人民交通出版社，2009.7

ISBN 978-7-114-07837-8

Ⅰ.高… Ⅱ.①封…②温… Ⅲ.高速公路－病害－防治 Ⅳ.U418

中国版本图书馆 CIP 数据核字（2009）第 104976 号

书　　名：高速公路病害分析与处治技术
著 作 者：封建武　温高峰
责任编辑：刘永芬
出版发行：人民交通出版社
地　　址：（100011）北京市朝阳区安定门外外馆斜街3号
网　　址：http：//www.ccpress.com.cn
销售电话：（010）59757969，59757973
总 经 销：北京中交盛世书刊有限公司
经　　销：各地新华书店
印　　刷：北京交通印务实业公司
开　　本：787 × 1092　1/16
印　　张：21.25
字　　数：532千
版　　次：2009年 7 月第 1 版
印　　次：2009年 7 月第 1 次印刷
书　　号：ISBN 978-7-114-07837-8
定　　价：46.00元

《高速公路病害分析与处治技术》编写委员会

主　编　封建武　温高峰

副主编　赵英会　李才廷

编　委　路建印　封登科　种庚子　李如敏
康　非　梁　宁　李胜文　张占国
王胜来　李清泉

前　　言

近年来,随着国民经济的快速增长,我国公路事业,特别是高速公路建设取得了很大的成就。其中20世纪80年代末、90年代初建成通车的高速公路相继进入全面维修期。沥青路面是我国高速公路路面的主要结构形式,沥青路面是直接承受车辆荷载和自然因素的结构层,关系着行车是否安全、快速、经济、舒适。许多高速公路建成后,受交通量迅速增长、车辆大型化、超载严重、行驶渠道化等因素影响,沥青路面远未达到使用年限即出现了裂缝、坑槽、车辙、沉陷等病害。其中大多数病害为沥青路面水损害,与水的作用有着直接或间接的关系。

目前,一些沥青路面养护的新材料、新技术逐步应用到高速公路维修工程中来,这对于提高养护工程质量、节约养护经费、延长路面使用寿命起到了很大的推动作用。本书以石黄高速公路中修工程为依托,总结了建设管理过程中的经验,结合现行的技术规范,吸取其他高速公路维修养护工程的先进技术编写而成。

全书共分十五章,第一章简要阐述了中修工程的内容和经验体会;第二章对沥青路面水损害的原因及过程进行了分析;第三章介绍了水损害分析的理论和方法;第四章阐述了沥青混合料水稳定性试验的方法和实质;第五章介绍了中修罩面工程中水损害的设计方法;第六章对沥青混合料的配合比设计与施工进行了介绍;第七章阐述了湖沥青在中修工程中的应用;第八、九章介绍了纤维土工织物及微表处技术在工程中的应用;第十章阐述了桥梁水损害处治技术;第十一章对路面排水系统优化进行了介绍;第十二、十三章对中修工程建设管理及交通组织进行了介绍;第十四、十五章阐述了温拌料超薄面层和旧沥青路面热再生技术在工程中的应用。

各章编写分工如下:

第一章、第十三章　李才廷、王胜来、李清泉
第二章、第三章　封建武、梁宁
第四章、第六章　温高峰、李胜文
第五章、第十一章　赵英会、张占国
第七章　种庚子、王胜来
第八章　封建武、李如敏
第九章　温高峰、李才廷、种庚子
第十章　路建印、康非
第十二章　封登科、李清泉、张占国
第十四章　赵英会、路建印
第十五章　梁宁、封登科

全书由封建武、温高峰统稿,由编写委员会审定。

由于时间紧,加之水平有限,书中难免有错漏、不妥之处,恳请读者批评指正。

编者
2009年5月于石家庄

目　录

第一章　概　　述

第一节　目的与意义

改革开放以来,我国公路事业进入了以建设高速公路、一级公路等高等级公路为主的新时代。在高等级公路建设中,由于沥青路面具有无接缝、低噪声、易维修等优点,因此在已建成的高速公路中有90%以上采用的是沥青混凝土路面。

伴随着沥青路面结构在我国高等级公路中广泛使用的同时,其日益突出的各种问题对我国道路工程界提出了严峻的挑战。沥青路面工程普遍存在的两大问题,耐久性(使用寿命)和路面结构的早期损坏问题都亟待解决。在高速公路建设之初,大家对高速公路车辆分道行驶,以及超载车、重载车增加有可能导致车辙严重损坏,半刚性基层沥青路面有可能出现严重的裂缝等有充分的认识和思想准备,对高速公路的抗滑性能也特别重视,但对高速公路沥青路面会出现水稳定性不足、坑槽等在中低级公路上常见的现象几乎没有料到。有一些高速公路在建成通车后不久,短的几个月,长的2~3年,就出现了水损害。在对路面破坏现象广泛调查、统计的基础上,道路科研工作者通过反复地分析、论证发现,沥青路面的早期破坏现象大多与水有关。在各种类型的沥青路面早期破坏现象中,水损害已成为最主要、危害最大的损坏类型。

许多高速公路通车一至两年以后,其沥青面层就产生了大量麻面、松散、掉粒、唧浆、坑洞、网裂等破坏现象,结构内部剥蚀相当严重。这一切都严重削弱了沥青路面的使用性能,大大缩短了其使用寿命,同时也带来了巨大的经济损失,阻碍了沥青路面结构及其应用技术的进一步推广。沥青路面的早期水损害也是一个世界性的问题。在美国、加拿大、英国、日本等国家也同样出现了沥青路面早期水损害问题。许多国家投入了大量的人力物力对水损害问题进行了专题研究,如SHRP路面长期性能研究专家小组和加拿大运输协会都曾经对沥青路面早期水损害进行了专题研究,并取得了许多研究成果。但由于沥青路面早期水损害的影响因素极其复杂,至今没有一个国家能从根本上解决早期水损害,还有许多问题需要继续不断地深入研究。

河北省降雨量虽然不如南方地区那么多,但是降雨比较集中,雨季雨量充沛。在公路投入运营后,随着交通量的日益增长,重车、超重车行驶率的不断增加,在水的动力作用下,致使沥青混合料沥青膜剥落,引起裂缝、松散等病害;并且水对半刚性基层和底基层持续地冲刷,导致其变软,路面强度降低,出现唧浆、沉陷、坑槽等病害,最后导致基层强度的丧失,引起整个路面发生结构性破坏。同时我国华北地区冻深一般在50cm左右,高等级公路路面的大部分恰处在冻深范围内,当路面区冰冻后,如果路基中含水量丰富,即会形成对冰冻区的水源补给,形成更大范围的冻胀,造成面层开裂、松散,进而破坏整个路面强度。因此,水损害也正逐步成为河北沥青路面早期破坏的主要形式之一。

由于经验不足,过去对路面水损害的危害性缺乏足够的认识,未对沥青路面水损害问题进行系统而深入的研究,导致在高速公路新建时,已经为今后水损害的产生埋下伏笔。一旦路面出现因水造成的唧浆、坑槽、沉陷和小面积网状裂缝等病害,在采用一般挖补等病害处治手段后,仍无法从根本上解决水损害的问题,甚至路面上出现了多处的“补中补”现象。正是在路面出现水损病害后,没有甚至无法解决,导致路面大中修时间提前。

国内外对水损害做的研究主要集中在原材料例如级配或者抗剥落剂等方面,仍不能很好地解决问题,这说明我们对路面水损害的机理仍不清楚。虽然有不少学者对损害机理做过研究,但得出的大都是定性的分析结果,并没有太多实际意义。为了能找到处理路面水损病害的合理方法,延迟路面大中修时间,并为今后旧路面大中修乃至新建路面如何进行防水损病害设计提供有价值的参考,因此亟须对目前高速公路沥青路面水损病害处治技术进行深入系统地研究,特别是加强分析水损害的原因及破坏机理,具有重大现实意义与工程实用价值。

第二节　国内外研究现状

目前国内外研究者对于水损害的研究主要集中在水损害的机理研究以及对水损害的防治两方面上。

一、对破坏机理的研究

从力学角度来看,沥青路面结构内部的孔隙水在高速行车荷载的作用下造成瞬时的孔隙水压力,是造成路面水损害的重要原因。由于路面是层状结构,层间结合处易于出现空隙,进入空隙内的自由水在行车荷载下,会成为高孔隙水压力和高流速的水流,冲刷层面材料并从缝隙处向外喷射出带冲刷材料的泥浆,促使沥青面层出现剥落和松散,从而使整个路面结构的使用性能迅速变坏。

对此,同济大学对沥青路面的孔隙水压力进行了测试。测试结构表明,层间结合处的孔隙水压力比路表面大,说明了沥青路面的水损害很多是从下面层破坏开始的。大连理工大学的钟阳等利用刚度矩阵法推导了动荷载作用下路基路面层状弹性体孔隙水压力的解析解,通过计算结果得知,由于水的影响,使得路基路面结构内部产生了附加的孔隙水压力,比没有水影响的路基路面结构更容易产生破坏。

华南理工大学交通学院的王端宜等认为水分进入沥青路面结构层内削弱了沥青与石料间的黏结力,在汽车荷载的作用下很快导致破坏。其在分析了沥青混合料空隙率对水敏感的影响及空隙率和渗透之间的关系后提出了用吸水率指标来评价沥青混合料的设计空隙率和水敏感性,并用数字图像技术加轮迹试验预测沥青路面的水损害及其程度。

长沙交通学院的罗志刚首次从微观角度尝试性地提出了沥青路面的水损害模型,并在运用有限元方法对模型进行求解的基础上,重点分析了沥青路面在饱水状态下其内部孔隙水压力的变化规律以及孔隙水压力对沥青路面受力状态的影响。分析结果表明,沥青面层内的孔隙水压力与面层的空隙率、空隙大小、空隙位置、所承受荷载的大小以及结构组合、材料参数等有密切关系。同时孔隙水的存在,致使路面在荷载作用下其内部孔隙边缘顶部及底部出现拉应力集中,且拉应力较无水状态时大得多。

华中科技大学的李之达等人通过对超孔隙水压力的分析和疲劳试验研究,探讨了孔隙水对路面结构的破坏形式和疲劳寿命的影响。研究表明,在车载作用下将产生较高的孔隙水压力,对沥青面层形成冲刷,最终可能导致路面水损害,证实了沥青路面在车载下的超孔隙水压力是引起早期水损害的重要因素。

二、对水损害的防治

在国外，对于水损害的防治主要从三个方面来入手：一是从结构上来防治，如采用良好的排水系统，这主要是让水不侵入结构层；二是从材料上来防治，如有使用聚合物改性沥青结合料、采用良好的级配和石料、添加抗剥落剂等，即通过对材料的改进和完善来提高沥青混合料本身的性能；三是从预防性养护来防治，如通过预防性养护措施来减缓水损害的进一步发展。

美国在 1973 年由联邦公路局制定了路面结构内部排水系统设计指南，以引导和推动公路部门采用路面内部排水系统。到 1986 年，美国又进一步在路面结构设计方法中把路面结构的排水质量（以排除渗入路面结构内水分所需的时间和 1 年内路面结构处于水饱和状态的时间比例为指标），作为一项设计因素考虑在内。

我国在排水结构层方面的研究也有一定的成果：同济大学在大量试验的基础上，提出了满足排水基层使用性能要求的多孔隙水泥碎石和多孔隙沥青碎石混合料组成，并研制了两种测试多孔隙排水混合料渗透系数的渗透仪。东南大学结合锡澄高速公路礞塘试验路在沥青路面的水渗透特性和排水基层的排水性能方面做了大量试验，指出对于所含无塑性细料的处治碎石，其渗透系数主要取决于粒径分配与密实度（空隙率）。长沙交通学院结合临长高速公路路面结构排水设计，对水泥碎石排水混合料的组成设计方法进行了深入研究。

在影响沥青路面水损害的因素中，沥青路面的设计空隙率是最主要的原因。研究表明，当路面实际空隙率为 7% ~12% 时，水容易进入并滞留在混合料内部，不容易排走且容易在荷载作用下形成动水压力。

规范所列的级配类型在实践中都有使用。近年来许多单位对表面层级配进行了调整，不再走中值，而是将最粗的粗集料和最小的细集料适当减少，级配调整成 S 型，使空隙率明显改善，效果较好。

国外也从改善混合料级配和进行有效的压实出发，寻找改善措施，特别是新型级配（如 SUPERPAVE 等）的出现，使得对沥青混合料的渗水性研究更为重视。因新型级配一般都比较粗，设计不合理渗水的可能性很大，需对其进行深入研究。

很多学者还对沥青与石料的黏附性进行了研究，提出了力学理论、化学反应理论、表面能理论以及分子定向理论等。其中表面能理论近些年发展较快，采用 Wilhelmy 吊片法和吸附法可以测得沥青与集料的表面自由能，从而可以计算得到沥青的黏结作用以及沥青集料间的黏附作用，以此评价沥青混合料的水稳定性。

三、目前的研究存在的问题

从国内外的研究概况来看，对水损害的认识、研究基本上都是沿两大方向去开展工作的：一方面是如何消除病害之源，即如何防止水进入面层；另一方面是如何增强沥青和集料的黏结性能以达到改善沥青路面水稳定性的目的。这些工作基本上都是以试验为基础的，都只是定性分析。虽然科研人员提出了不少理论，如机械黏附理论、表面能理论、极性理论等来解释沥青与集料的剥离现象，但都存在一定的局限性。沥青路面发生水损害的影响因素繁多，任何一个因素都可能导致水损害的发生，水损害的机理至今仍不明了。对沥青路面水损害机理的认识，只是停留在一个描述表象的阶段。

国内外研究者们已经意识到进入到沥青路面的自然水，在车辆交变荷载的作用下产生的超孔隙水压力是一个不可忽视的因素。车辆高速行驶时车轮压迫路表积水形成高速射流，它不仅对沥青面层产生冲刷作用，强烈的脉动水流在沥青混凝土内部缝隙里形成较大的脉动水压力并沿缝隙传播，使面层沿着内部裂隙发生水力断裂，裂隙扩大，导致水分进一步侵入，产生新的集料剥离，并逐渐形成错综复杂的裂隙，最终造成路面局部龟裂及松散类破损。目前公路工程科研人员已经认识到这种脉动水压力对沥青混凝土路面的破坏过程有着重要的影响，但限于学科的限制，对其微观破坏规律研究还不是很深入。究竟多大的孔隙水压力会造成路面结构的破坏，还是没有一个定量的概念。在水压力的作用之下，如何改变沥青路面的破坏形式，目前还没有建立起一个完整的数学模型对这一现象进行分析。

第三节　实体工程背景及主要工作内容

一、项目概况

1. 项目背景

石黄高速公路作为晋煤东运的主要通道之一，是我国“三纵三横”国道主干线的重要构成部分，对于带动沿线经济发展、繁荣经济起到了至关重要的作用。石黄高速公路起于石家庄，途经衡水、沧州，东至黄骅港，石家庄至沧州段全长187.08km，路基宽度27m，路面宽度22.5m，全封闭、全立交、双向四车道。路面结构如下：

沥青路面上面层为4cmSAC-16（调整）中粒式沥青混凝土，中面层为5cmSAC-20（调整）中粒式沥青混凝土，底面层为6cmSAC-25（调整）粗粒式沥青混凝土；基层为20～36cm水泥稳定碎石，底基层为20cm石灰稳定土。

2. 交通量调查

石黄高速公路自竣工通车以来，至今已经运营了近6年的时间，随着交通量的不断增长，尤其是重载超载现象严重，致使路面出现了不同程度的病害，严重影响了行车舒适与安全，并且路面性能衰减和病害的发生有不断扩大的趋势，因此，必须对石黄高速公路路面进行全面及时的检测与养护设计，恢复路面服务水平，减少交通事故的发生。

石黄高速公路近年交通量（石家庄东站）的统计资料见表1-1。

2001～2005年石家庄东主线站（上下行）交通量统计表　　表1-1

序号	方向	统计时间	按车型分类统计交通量（辆）							合计
			小型	中型	大型	重型	特一	特二	特三	
1	上行	2001	506789	260423	66886	1924	241	65	12	836340
2		2002	669156	374781	258453	7915	1984	735	116	1313140
3		2003	898002	478064	232677	8260	1380	748	115	1619246
4		2004	1097040	710288	582218	54677	18961	8105	5660	2476949
5		2005	1750497	463652	279572	343342	257046	27874	2239	3124222
6	下行	2001	498115	279933	58405	2098	211	62	14	838838
7		2002	688639	378315	168539	6448	1373	262	40	1243616
8		2003	853631	428700	196254	10681	939	277	53	1490535
9		2004	1114141	662290	435838	51922	13370	4938	2835	2285334
10		2005	1642527	403907	249526	260305	198087	28465	1264	2784081

从表 1-1 石家庄东站历年交通量统计资料来看，石黄高速公路交通量年平均增长率为 38%，其中 2002 年、2005 年交通量年增长率达到了 53%，交通量分别较前一年增加了 50% 以上。此外，表 1-1 的统计数字同时也反映出石黄高速公路近年大、重型车所占的比重也在不断增加；2004 年、2005 年重型车增加了将近 5 倍。

随着周边路网的日趋完善，交通量增长不可避免对路面承载能力提出新的挑战。及时处理路面出现的各种病害，采取积极有效的预防性养护措施，是道路服务能力维持在一个较高水平的有力保证。

二、主要工作内容

根据石黄高速公路路面病害的类型、成因以及病害的范围、程度的多样性，此次病害的治理应针对不同病害分门别类采用了具有较强针对性的治理方案，在罩面施工之前，对原路面各种病害进行彻底地处理，同时对桥梁病害进行处治。

第四节　工作经验体会与存在问题

经过对石黄高速公路中修工程施工和管理，我们的体会是：

(1)领导重视、各部门配合、政府支持，良好的建设环境是建设项目取得胜利的根本保证。省委、省政府对公路建设非常重视，各级领导多次到工地视察指导，沿线各市县政府在本项目工程建设过程中给予了大力支持，为工程的顺利建设保驾护航。

(2)以人为本，树立质量意识。不断对参与建设的人员进行质量教育，使每个人真正树立牢固的质量意识，树立“争创最佳工程”的思想，总结经验教训，提高管理水平。

(3)以工程质量为中心，完善各项管理机制，进一步强化工程管理手段是建设项目取得胜利的关键。本项目采用竞争性招标，监理也采用公开招标方式选择，在建设中执行承包商自检、驻地监理现场检测、总监办和管理处抽检、省质检站代表政府监督四级质量保证体系，使石黄高速公路的建设水平和建设质量有了质的飞跃。

(4)不同时期，分别成立督察小组，对工程建设实时检查，及时发现解决建设过程中的技术质量问题。对特殊技术问题，组织专家专门会议进行研究，提出解决方案，为工程建设提供了技术保障。

(5)大胆应用新工艺、新技术，解决技术难题。石黄高速公路建设过程中应用了多项新科技成果，并在应用过程中进行创新和突破，多个研究课题通过鉴定，对延长公路使用寿命、节省养护资金起到了积极作用。

第二章　水损害原因及过程分析

从力学角度来看,沥青路面结构内部的水在高速行车荷载的作用下造成瞬时的动水压力,是造成路面水损害的重要原因。沥青路面在水或冻融循环的作用下,由于汽车车轮动态荷载的作用,进入路面空隙中的水不断产生动水压力或真空负压抽吸作用,水分逐渐渗入沥青与集料的界面上,使沥青黏附性降低并逐渐丧失黏结力,沥青膜从石料表面剥离,沥青混合料掉粒、松散,继而形成沥青路面的坑槽、推挤变形等损坏现象。关于其损害形成机理,将在下一章详述,本章就其表现形式及成因作简要分析,并针对石黄高速公路的病害作专门论述。

在分析水损害产生的原因和发展机理之前,我们有必要对水损害的定义进行一下探讨,并了解相关的沥青与集料的黏附—剥落理论,以便能更好地认识水损害现象的本质所在。

第一节　水损害定义及表现形式

一、水损害定义

水对路面造成的危害除了上节所述的几种水损害现象以外,另一个主要方面还表现在水对路表服务性功能的影响,如:使路表抗滑能力降低,产生水漂、反光、溅水、水雾等。本文中不讨论后者,即水损害仅涉及水对路面结构功能方面的影响因素,强调的是因水而带来的路面结构力学性能的变化。因此所谓水损害,是指:沥青路面处于存在孔隙水的工作条件下,由于行车动态荷载或(及)水的冻融循环的作用,导致路面孔隙中的水不断产生动水压力或真空负压抽吸的反复循环冲刷力或冰冻膨胀力,致使水分逐渐侵入沥青与集料的界面,造成沥青膜从集料表面脱落、沥青混合料内部逐渐丧失黏结力、路面结构性能下降并伴随麻面、松散、掉粒、坑洞、唧浆、网裂、辙槽等病害的发生,同时诱发其他路面病害的损坏现象。

从以上这个描述性的定义,我们可以看出造成水损害的根本原因在于水的作用致使沥青对集料的黏附性能丧失,而造成这种结果的两个关键性因素或者说是先决条件表现为:一个是水的存在,一个是有外力的存在(交通荷载的反复作用及冰冻作用),并且认为"力"是导致集料表面沥青膜脱落的本质所在。

二、早期水损害的表现形式

经过多年的研究和生产实践,我国高速公路沥青路面多采用强基薄面结构形式即由半刚性基层作为汽车荷载的主要承重层,沥青面层主要起功能层作用。高速公路沥青路面中常见的水损害破坏形式有以下几种。

1. 唧浆

水透过沥青面层(两层或三层)并滞留在半刚性基层的顶面,在大量快速行车作用下自由水产生很大压力,成为动水。在动水的冲刷作用下,基层表面的粉质部分如水泥、石灰、粉煤灰及土质变成为稀浆,在荷载的作用下稀浆通过路面的各种缝隙被挤出至路表,即产生唧浆破坏。这种破坏现象是水损害最为明显的标志,通常发生在雨后或雪融后且基层采用二灰碎石、水泥类半刚性基层上。唧浆几乎在每条高速公路都有发生,在南方潮湿多雨地区尤为突出。

2. 形变和网裂

滞留在表面层和中面层的水,在大量行车荷载的作用下,使得这两层部分碎石上的沥青剥落。石料上的沥青一旦剥落,在荷载的作用下表面层就会产生形变和网裂。现场开挖也能看到,在网裂下面的沥青混合料中许多碎石上的沥青已经剥落或仅残留一点无黏结力的油膜。

3. 松散

存留在面层的水分侵入到沥青与集料的界面,由于水的剥离作用使得沥青和集料之间的黏结力和黏附作用下降甚至完全丧失,导致强度急剧下降甚至完全丧失,混合料中的碎石呈松散状。

4. 坑洞

沥青集料一旦松散,在大量的快速行车荷载作用下松散的石料被车轮甩出或被雨水带走,就会产生坑洞,而且坑洞一旦产生,很快就从小坑洞发展成大的坑槽。

以上的早期水损害现象有时是单独出现的,但大多数是组合出现的。比如产生唧浆的地方通常会出现网裂和形变,并随着时间的推移很快会出现松散和坑洞。

第二节　沥青与集料的黏附—剥落理论

沥青与集料的黏附—剥落理论是目前认识水损害作用机理的主要依据。就国内外来看,常见的黏附—剥落理论有以下几种。

一、物理化学吸附理论

按照物理化学的观点,沥青与集料间的黏附作用是一个相当复杂的、多方式的吸附过程,它包括沥青与集料界面的物理吸附过程、化学吸附过程,以及沥青组分对集料的选择性扩散吸附过程。

1. 物理吸附

物理吸附是指沥青与集料之间因为范德华力作用(包括取向力、诱导力和色散力)而产生的一种吸附过程。它普遍存在于沥青与集料之间,其吸附程度取决于各相物质接触界面的表面性质(主要是表面自由能的作用)。物理吸附作用较弱,在一定条件下,它是可逆的,即集料表面的沥青膜会在水的作用下产生剥落。

2. 化学吸附

化学吸附是指沥青中的某些物质(如沥青酸、沥青酸酐)与集料表面的金属阳离子发生化学反应,生成沥青酸盐,并在集料表面形成化学吸附层的过程。这种化学反应的作用强度,超过分子力作用许多倍。该过程产生的热量为数百焦耳/克分子以上,而物理吸附作用产生的热量最大时仅为数十焦耳/克分子。因此,当沥青与集料之间形成化学吸附层后,相互间的黏附力远大于物理吸附时的黏附力。也只有产生化学吸附,沥青混合料才可能具有良好的水稳定性。

化学吸附发生与否以及吸附程度,取决于沥青及集料的化学成分。例如石油沥青中因含有沥青酸及沥青酸配能与碱性集料中的高价金属盐产生化学反应,生成不溶于水的有机酸盐,与低价金属盐反应生成的有机酸盐则易溶于水,而与酸性集料之间则只能产生物理吸附。煤沥青中既有酸性物质(如酚类),又有碱性物质(如吡咙类),因而与酸性集料及碱性集料均能起化学吸附作用,当然其吸附程度和生成物的性质还与集料的化学成分密切相关。

3. 选择性扩散吸附

选择性扩散吸附亦称微孔吸附,它是指一相物质中的某一特定组分由于扩散作用沿着另一相的微孔渗入到其内部的过程。当沥青与集料相互作用时,选择性扩散吸附产生的可能性以及其作用大小,取决于集料的表面性质、孔隙状况及沥青的组分与活性。

集料对沥青的选择性吸附作用,主要产生于其表面具有微孔(孔隙直径小于0.02mm)的集料,如石灰岩、泥灰岩、矿渣等。此时沥青中活性较高的沥青质吸附在矿料表面,树脂吸附在矿料表层小孔中,而油分则沿着毛细管被吸收到矿料内部。因此,矿料表面的树脂和油分相对减少,沥青质增多,结果沥青性质发生变化——稠度提高、黏附性增加,从而在一定程度上改善了沥青混合料的热稳性与水稳定性。沥青与多孔材料相互作用的特点,一方面取决于表面性质和吸附物的结构(孔隙的大小及其位置),另一方面与沥青的特性有关(主要是活性和基因组成)。集料表面上如有微孔,就会大大改变其与沥青相互作用的条件。微孔具有极大的吸附势能,因而孔中吸附大部分的沥青表面活性组分。当沥青与结构致密的集料(如石英岩)相互作用时,上述过程就失去了必要的条件,因而其对沥青的选择性吸附不显著。

目前关于微孔吸附行为的理论或模型主要有:毛细管凝聚作用理论、用来解释吸附滞后现象的 Zigmondy 接触角滞后模型和 MCBain 墨水模型以及 Cohan 圆筒形吸附模型。由于这些理论模型比较复杂,牵涉较多的化学知识,在此不详述。

综上所述,在黏附过程中微孔吸附和化学吸附起主要作用,而沥青和集料的性质以及水的作用是影响沥青—集料黏附性的主要因素。

二、力学理论

力学理论又称为机械黏附理论,它认为沥青与集料的间黏附力主要来源于沥青对集料表面的嵌锁咬合作用。集料表面通常是粗糙和多孔的,从微观角度来看都有一定的纹理构造,这种构造增加了集料的表面积,使沥青和集料的嵌锁黏附面积增大,提高了两者之间的黏附性能。因此,集料表面越粗糙,沥青膜越厚,沥青与集料的黏附性就越好。其次,集料的表面存在着各种形状、各种取向与各种大小的孔隙和微裂纹,由于吸附与毛细作用,沥青渗入孔隙与微裂纹之中,两者结合的总内表面积增加,并发生强烈的力学嵌挤作用,进一步提高了两者之间总的黏附力。再者,沥青在高温时以液相渗入集料孔隙与微裂纹中,当温度降低后,沥青则在孔隙及微裂纹中发生胶凝硬化,这种楔入与锚固作用,亦增强了沥青与集料之间的机械黏附力。应该说这种机械嵌锁作用在沥青和集料的黏附过程中是一种普遍存在的结合力。但认为沥青与集料之间仅存在机械嵌锁力,就把复杂问题过分简单化了。

1. 表面能理论

表面能理论以经典的润湿理论为基础,认为沥青与集料的黏附性主要由表面能决定。沥青和集料表面黏附牢固的先决条件是沥青对集料具有良好的浸润性,而浸润的程度又受相邻相的表面能影响。当沥青浸润集料表面时,会产生能量交换,这种交换要求沥青与集料紧密接触和相互吸引。

位于固体或液体内部的分子在各个方向上受到其他分子的作用力是均衡的,故可以认为所受合力为零。而在两相界面上的分子则不然,它从两相中受到的作用力并不均衡,其作用结果是表面分子受到一个垂直于表面、指向体相内部的合力,试图将它拉入体相内部,所以对于液体而言,其表面有自动收缩趋势。

由于液体、固体表面层分子受到内压力的作用,显然,要使体相分子变为表面层分子(即扩大表面积),必须外界对其作功。根据化学热力学,在等温等压条件下,外界对系统所作的"非膨胀功"等于系统 Gibbs 函数的增加,因此表面积增大,必将引起系统 Gibbs 函数增大。把增加单位表面积所引起的 Gibbs 函数的变化称为比表面 Gibbs 函数,用 σ 表示:

$$\sigma = dG/dA \tag{2-1}$$

式中 G 指 Gibbs 函数,A 为表面积。这即是说 σ 也可以看作单位长度上的作用力,在这个意义上,又被称为表面张力。σ 的另一种意义是作为单位面积上的功来表征表面自由能,简称表面能。

(1)沥青对集料表面的浸润

在空气中,当沥青与集料相互接触发生浸润时会发生图 2-1 所示的三种情况。

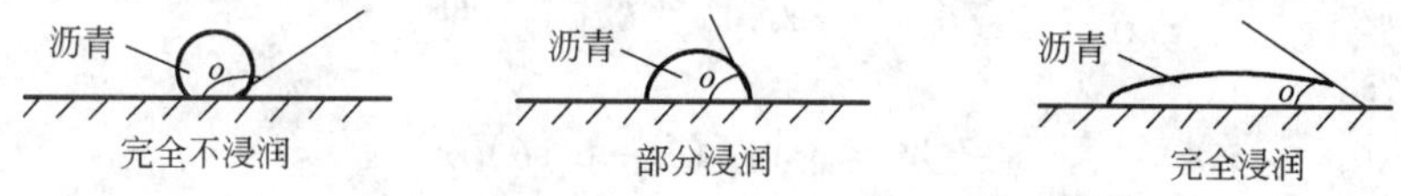

图 2-1　沥青对集料表面的浸润

在这一浸润过程中,相接触的三相:集料、沥青、空气在一定的温度下会发生体系的表面能降低现象,并且最终达到平衡状态,如图 2-2a)所示。

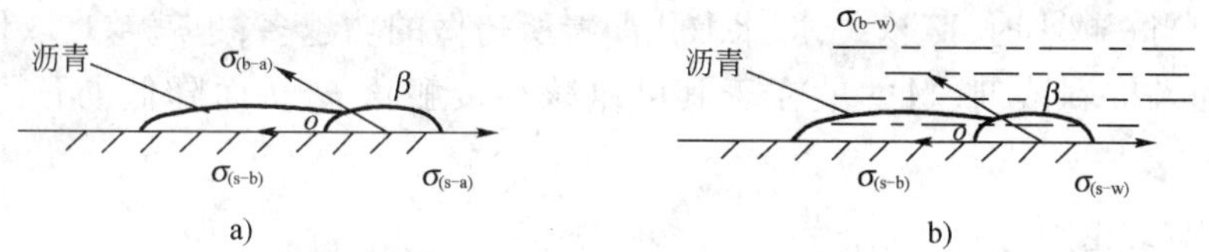

图 2-2　表面张力平衡图

a)集料—沥青—空气体系;b)集料—沥青—水体系

由图 2-2a)可以看出,集料—沥青—空气体系平衡的条件是:

$$\sigma_{(s-a)} - \sigma_{(s-b)}\sigma_{(b-a)}\cos\theta = 0 \tag{2-2}$$

式中:$\sigma_{(s-a)}$——集料—空气的表面张力;

$\sigma_{(s-b)}$——集料—沥青的表面张力;

$\sigma_{(b-a)}$——沥青—空气的表面张力;

θ——集料—沥青—空气三相间的接触角,即在这三相物质的交界处,沿沥青表面的切线与沥青和集料接触面所成的夹角。

若 $\sigma_{(s-b)} + \sigma_{(b-a)} < \sigma_{(s-a)}$,则 θ 趋近于零,沥青完全浸润固体表面;

若 $\sigma_{(s-b)} > \sigma_{(s-a)}$,则 $\theta = 180°$,沥青完全不浸润集料。

通常情况下,由于固—液界面上未满足的结合键较少,因此经常处于固—液表面能小于相应的固—气或液—气表面能,即0 <90°,处于部分浸润状态。所以干燥的集料在高温条件下容易被沥青浸润,沥青能在集料表面铺展为薄层。但是,能良好地浸润干燥集料表面的沥青,并不意味着其对集料一定有良好的黏附力。黏附情况的优劣还取决于集料与沥青间的表面张力和浸润角的大小。表面张力越大,浸润角越小,沥青与集料的黏附性能越好。

(2)水对沥青膜的"剥落"作用

沥青薄膜在集料表面铺展开后,当遇到水时,水对沥青膜的置换作用如图2-2b)所示。对于集料—沥青—水平衡体系有:

$$\sigma_{(s-w)} - \sigma_{(s-b)} - \sigma_{(b-w)}\cos\theta = 0 \tag{2-3}$$

式中:$\sigma_{(s-w)}$——集料—水的表面张力;

$\sigma_{(b-w)}$——沥青—水的表面张力;

θ——集料—沥青—水三相间的接触角。

在不加抗剥落剂的一般情况下,通常是$\sigma_{(s-b)} > \sigma_{(s-w)}$,即沥青容易被水置换,因此大多数沥青与集料黏附后易被水剥落。

下面从能量的角度来解释。水从集料表面取代单位面积的沥青所需做的功为:

$$W = \gamma_{(s-b)} - \gamma_{(s-w)} + \gamma_{(b-w)} \tag{2-4}$$

为了达到平衡,必须符合 Young 和 Dupre 方程:

$$\gamma_{(s-b)} = \gamma_{(s-w)} + \gamma_{(b-w)}\cos\theta \tag{2-5}$$

所以得到:

$$W = \gamma_{(b-w)}(1 + \cos\theta) \tag{2-6}$$

式中:$\gamma_{(s-w)}$——集料—水的界面能;

$\gamma_{(b-w)}$——沥青—水的界面能;

$\gamma_{(s-b)}$——集料—沥青的界面能。

由式(2-6)可知,W取决于$\gamma_{(b-w)}$,且$W=f(\theta)$,也就是说W是与沥青和水的界面能及接触角有关的。当θ越小时,W越大,即水取代沥青所需做的功越多,也就越难取代沥青。之所以在沥青中加入抗剥落剂,目的就在于其可以减小接触角θ,从而降低沥青膜被水取代的可能。

2. 分子定向理论

分子定向理论又称为极性理论,它认为沥青与集料的黏附性是由沥青中表面活性物质对集料表面的定向吸附形成的。表面活性物质的分子是由极性基和非极性基组成的不对称结构,极性基带有偶极矩,所以能表现出力场。从石油沥青的元素组成可知,碳和氢的含量为90%~95%,其余部分为氧、硫、氮。沥青的活性部分可能含有下列基团,例如$-OH$、$-COOH$、$-NH_2$等。沥青可被视为表面活性物质在非极性碳氢化合物中的溶液,且因所含表面活性物质数量的不同而具有不同的活性。沥青黏附于集料表面后,沥青在集料表面首先发生极性分子定向而形成吸附层,与此同时,在极性力场中的非极性分子,由于得到极性的感应而获得额外的定向能力,从而构成致密的表面吸附层。因此认为,沥青的极性是黏附的本性,是导致集料吸附沥青的根本原因。沥青分子的偶极矩越大,其与集料的定向吸附力越大,黏附性也越好。由于水是极性分子且有氢键,因此水对集料的吸附能力很强。当低极性石油沥青与亲水性集料黏附时,因为沥青与集料基本上只有物理吸附,故容易被水剥落。而含极性物的石油沥青与憎水性集料黏附时，由于沥青与集料不仅有物理吸附，同时还产生化学吸附，故不易被水剥落。

3. 界面活性离子吸附理论

界面活性离子吸附理论是一种电解质吸附理论，研究的是离子型界面活性剂在固—液界面上的吸附，抗剥落剂中就存在这样的界面活性离子。在固体界面上吸附可以是单个界面活性离子或整个分子，其吸附还与固体的表面结构、pH 值、温度等因素有关，所以对吸附机理的认识有一定困难。总的来说，吸附可能有下列形式：

(1)离子交换吸附——固体界面上吸附的异电离子被同样电荷的界面离子所取代；

(2)离子对吸附——溶液中界面活性离子吸附在带有相反电荷的固体表面空位上；

(3)形成氢键的吸附——界面活性离子或分子与固体表面极性基团形成氢键的吸附；

(4)π 电子极化吸附——吸附的分子具有多余电子的芳香族基团时，与固体表面带强正电荷的位置相互吸引，二电子被极化而发生吸附；

(5)色散力吸附——吸附剂与吸附物之间总是存在色散力的，所以都会发生这种吸附。

长链的界面活性剂离子在固—液界面上的吸附与液体的 pH 值、离子强度和温度等因素有关。吸附剂的表面性质对吸附性能也有很大的影响，固体表面带电荷的正负直接影响吸附的形态，可使吸附离子取向相反。通常，碱性集料(如石灰岩)表面带正电荷，酸性集料(如花岗岩)表面带负电荷，而中性集料(如玄武岩)表面保持中性。图 2-3 为表面带负电荷的固体吸附正、负界面活性离子的示意图。从图 2-3a)到 c)为离子浓度由稀变浓时对正离子的吸附，其中 a)表示刚刚开始吸附，b)的情况为单层吸附，c)则是由于憎水基的相互作用，发生了第二层吸附。由于电斥力，带负电的固体表面对负活性离子的吸附只有在化学吸附足以抗衡电斥力时才发生，如图 2-3d)所示。

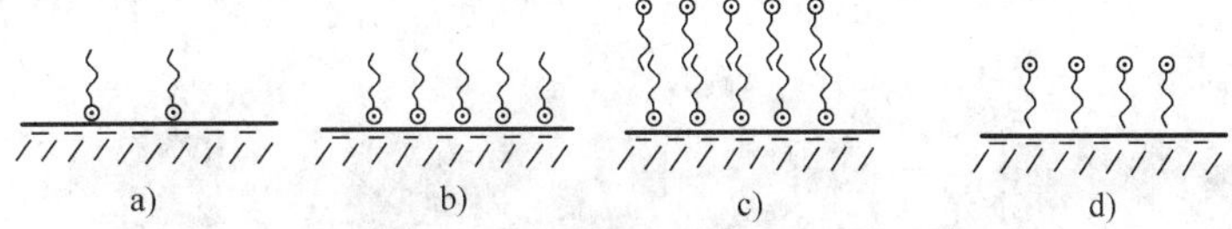

图 2-3　带负电荷的吸附剂对正、负界面离子的吸附

吸附剂(在沥青—集料结构中指集料)可分为三类：

(1)对于非极性固体(如中性集料)，吸附的产生主要由于分子的色散力；

(2)对于极性的吸附剂固体，但不是具有强烈带电吸附位置的情况，吸附主要依赖色散力和氢键形成；

(3)对于具有强烈带电吸附位置的固体(如硅酸盐等)，吸附过程更为复杂，可通过离子交换、离子对形成以及憎水作用等产生吸附。

4. 表面电位理论

表面电位理论认为沥青与集料之间的黏附性主要取决于这两种物质的表面电荷以及由此产生的引力。表面电荷的不平衡形成表面能，以便与具有相反电荷的表面能相互吸引，达到平衡。水之所以能使沥青剥落，是因为它的极性可以更好地平衡集料的表面电荷。对于沥青而言，其一般带负电荷，而集料表面的电荷性质则由其化学成分决定：硅含量较高的酸性集料(如片麻岩、花岗岩等)，遇水表面带弱的负电荷，硅含量较低的碱性集料(如石灰岩等)，遇水表面带弱的正电荷。由于水分子的氢离子端带正电荷,所以酸性集料与它能以氢键的方式结合。而酸性集料与沥青由于所带电荷电性相同,所以它们之间的吸附主要依靠范德华力,这种结合方式的强度比氢键弱得多。此时集料一旦遇水,水将能够穿透沥青膜到达集料表面而将沥青和集料分离。

上述几种理论分别从不同角度出发,分析了沥青与集料之间相互作用的方式,在一定程度上揭示了沥青与集料的黏附机理,且每一种理论均有其独到之处。但是,因为沥青—集料之间的黏附极其复杂,故不是上述哪一种理论能完全解释清楚的。虽然这几种理论分析的方法有所不同,但它们并不是孤立的,而是互为补充、相互完善,只有综合运用,才可相得益彰。

三、石黄高速公路病害实例分析

石黄高速公路起于石家庄,途经衡水、沧州,东至黄骅港,全长187.08km,按平原微丘区高速公路标准设计,2000年12月建成通车。路基宽度27m,路面宽度22.5m,全封闭、全立交、双向四车道。石黄高速公路自竣工通车以来,至今已经运营了6~8年的时间,近些年来由于车流量的不断增加,尤其是超载现象严重,致使路面出现了不同程度的破损与病害现象,如纵、横向裂缝及其支缝沉陷、网裂、沉陷、车辙等。通道、部分桥涵破损严重,不同程度出现单板(梁)受力情况。

为了掌握石黄高速公路(K252+988~K261+118)路面病害的发生位置、范围和程度,找出病害原因,我们对上述路段进行了路面病害现场调查、钻孔取芯及室内实验等检测。

为分析石黄高速公路病害产生的原因,分别选取具有代表性的路段(非裂缝)进行透水试验,并进行钻孔取芯测定路面面层芯样空隙率、油石比、稳定度、流值和级配情况。

1. 钻孔取芯

为了更好地分析路面结构状况,在透水试验断面进行钻芯如图2-4~图2-9。钻孔取芯具体位置及现场描述详见表2-1。

图2-4　K253+895超车道

图2-5　K256+898行车道

图2-6　K256+898超车道

图2-7　K258+204行车道

图2-8　K258+330行车道

图2-9　K259+430超车道

从钻孔取芯结果看，路面面层比较完整，孔隙较多，表面层孔隙比中下面层多，行车道芯样孔隙相对较少，沥青面层平均厚度 14.4cm，表面层平均厚度 3.85cm，超车道芯样孔隙相对较多，沥青面层平均厚度 15.9cm，表面层平均厚度 3.9cm。

2. 室内试验

对钻孔芯样进行室内试验测定沥青混凝土的空隙率、油石比及稳定度、流值等指标。

（1）空隙率

行车道芯样空隙率小于超车道芯样空隙率，分析其与行车道大量行车压密有关，表面层空隙率平均值大于中面层空隙率平均值（表 2-1）。

空隙率试验结果统计表　　表 2-1

桩　号	超车道			行车道		
	表面层	中面层	下面层	表面层	中面层	下面层
K256 + 898	5.3	3.9	3.5	6.1	3.1	4.2
K253 + 895	6.8	5.1	2.3			
K253 + 895	7.6	4.6	3.7			
K258 + 331				6.2	3.5	5.5
K258 + 331				5.7	4.7	3.5
K258 + 205				5.7	4.1	2.6
K258 + 204				5.3	2.4	2.8
K258 + 330				5.8	4.7	

（2）沥青抽提试验（表 2-2）

沥青抽提试验结果统计表　　表 2-2

桩　号	车　道	层　位	油石比（%）
K256 + 899	行车道	下面层	5.8
K256 + 899	行车道	中面层	7.5
K256 + 899	行车道	上面层	9.8
K253 + 895	超车道	上面层	4.8

（3）沥青表面层筛分试验（图 2-10 ~ 图 2-12）

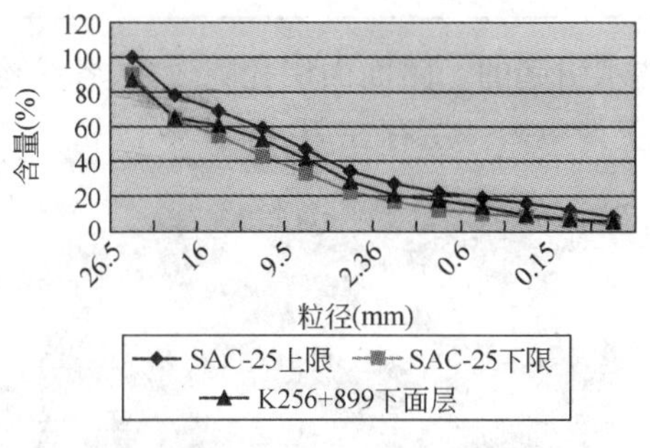

图 2-10　K256 + 899 下面层级配曲线

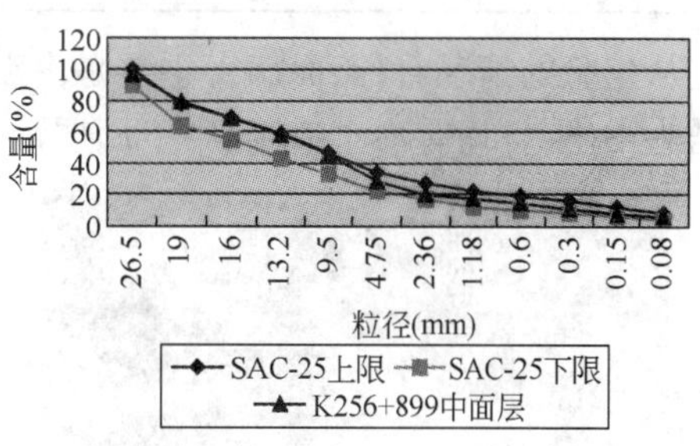

图 2-11　K256 + 899 中面层级配曲线

3. 探坑挖验

为观察分析病害产生的内在原因，分别选取行车道和超车道各一处具有代表性的病害部位进行探坑挖验。

挖验的原则是在病害典型位置处挖，病害坏在哪层，挖到那层，直到完好的层次顶面为止。

(1)探坑1：K253+895南半幅超车道，路表状况为细小龟裂，见图2-13。挖开发现：表面层开裂，中下面层渗水痕迹明显，油石出现剥离现象，细料偏少，打开后可以看到积水潮湿现象，基层顶面有一条明显裂缝。

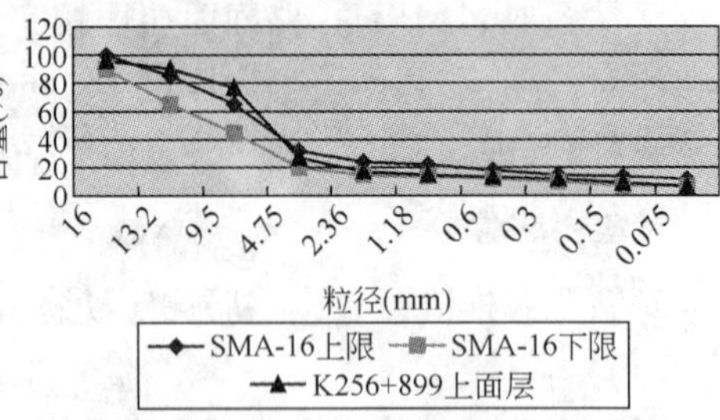

图2-12 K256+899上面层级配曲线

(2)探坑2：K256+898南半幅行车道，路表有坑槽，挖开发现：油石出现剥离现象，中下面层黏结力不足，表中下面层沥青内部均可看到有积水迹象，芯样表面层颜色深黑，中面层颜色浅黑且泛土黄色，下面层颜色比中面层稍深，基层顶面有一条明显裂缝。

挖坑详细描述见表2-3。

探坑挖验现场记录表 表2-3

编号	桩号	位置及表现	厚度(cm)				芯样现场描述		备注
			总厚	上面层	中面层	下面层	面层	水泥碎石基层	
探坑1	K253+895	超车道网裂	16.3	4.2	5.6	6.5	1. 表面层开裂，沥青颜色较深，油石剥离； 2. 中下面层渗水痕迹明显，打开后可以看到积水潮湿现象，芯样整体性较好	基层顶面有一条明显裂缝	图2-13～图2-16
探坑2	K256+898	行车道有坑槽	14.3	3.7	4.7	5.9	1. 油石出现剥离现象，中下面层黏结力不足，芯样表面层颜色深黑，中面层颜色浅黑且泛土黄色，下面层颜色比中面层稍深； 2. 表中下面层沥青内部均可看到有积水迹象，芯样整体性稍差	基层顶面有一条明显裂缝	图2-17～图2-22

从挖验的情况看，路面病害主要是由沥青面层透水引起的。路面面层孔隙较多，各结构层黏结力不足，且均有渗水痕迹，中下面层油石剥离情况严重。基层存在裂缝。

图2-13 K253+895超车道路表细小龟裂

图2-14 K253+895超车道轻微离析现象

图 2-15　K253 + 895 超车道开挖后基层顶面的明显裂缝

图 2-16　K253 + 895 超车道开挖后基层顶面的明显裂缝

图 2-17　K256 + 898 行车道坑槽

图 2-18　K256 + 898 行车道中下面层黏结力不足

图 2-19　K256 + 898 行车道积水现象

图 2-20　K256 + 898 行车道积水现象

图 2-21　K256 + 898 行车道基层顶面明显裂缝

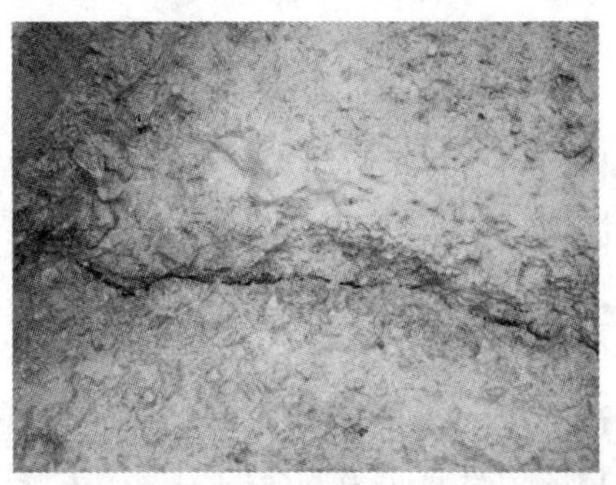

图 2-22　K256 + 898 行车道基层顶面明显裂缝

4. 结论

根据以上室内试验及探坑挖验等结果分析可得出以下结论：

石黄高速公路（K252 +988 ~ K261 +118）路面透水较严重。超车道路面状况基本完好；行车道路面面层破坏较严重，表面层、中面层以及下面层均有明显渗水痕迹，中下面层存在油石剥离现象，各结构层间黏结力不足；基层表面存在裂缝。

综合分析该路段病害产生原因：

（1）路面透水

①检测路段表面层为 SMA-16 结构，采用间断级配，粗集料含量高，SMA 抗滑性能好。从表 2-2 可以看出，表面层空隙率在 5% ~8% 之间，路面透水，水分侵入路面结构内部，游离在沥青与矿料的界面上，以水膜或水汽的形式存在，影响沥青与集料的黏附性，在车辆荷载的长期反复作用下，沥青膜与集料开始脱落。

②钻芯取样的结果表明，面层空隙率分布不均，尤其是中下面层，同一层空隙率最小为 2.6%，最大 5.5%，相差一倍多。这样在同样的荷载作用下，某些局部位置就更容易发生水损害。

③冬季冰冻，沥青夜冻日融，夏季烈日暴晒和降水侵入路面结构，在冻融及高温浸水的反复循环，使路面出现更多的裂缝，水沿这些裂缝再次侵入路面结构内部并滞留其间，这样长期作用，恶性循环使路面破坏更加严重。

④混合料在车轮的抽吸作用下，粉料逐渐被带走，造成表面层局部位置孔隙变大，致使水更容易侵入，在水长期浸泡和车辆荷载的反复碾压下，水又加速了沥青与石料的剥离，导致路面表中下层油石黏结力下降，强度明显降低。

（2）沥青迁移

传统的泛油病害是指过量的沥青在高温作用下膨胀，充满沥青混凝土中的空隙后溢出到路表的现象。泛油路段上，路面的表面纹理逐渐被溢出的沥青填充，直至填满甚至覆盖表面集料颗粒，构造深度也随之逐步丧失。这种传统的泛油通常出现整条路段上，路表如镜面光滑，雨天车辆易打滑。

不同于传统的泛油，新泛油病害发生的范围仅限于在轮迹带上，通过观测发现其与温度和交通量无明显关系[14]。通过表 2-2（沥青抽提试验结果统计表），对比泛油路段和正常路段各层次实测沥青含量可知，两个路段的面层整体用油量大致相当，而泛油路段的表面层沥青量增多的同时，中面层的沥青量却在下降，由此可以推断沥青在面层结构中发生了自下向上的迁移。图 2-23 所示为桩号 K256 +899 位置的沥青迁移示意图。

在油斑处提取的面层芯样中，无一例外的发现了沥青向上迁移的现象，并伴有中、下面层不同程度剥落甚至松散。由此可以推断结构层内的沥青总量保持基本不变的情况下，发生迁移的沥青是从面层底部的集料表面剥落后向上迁移的，而面层沥青的剥落必然是水作用的结果。

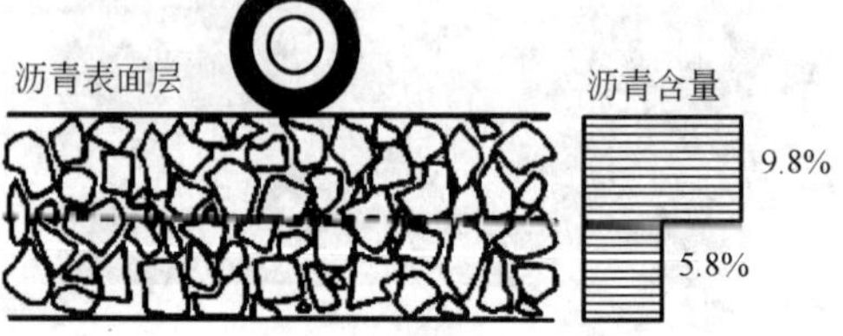

图 2-23　K256 +899 位置沥青迁移示意图

（3）从检测结果看，行车道的破坏明显大于超车道，说明车辆超载现象很严重。车辆荷载的作用是影响路面使用寿命的关键因素之一，它一般以车辆的总重、轴重、各轮组的轮重为表征。我国高速公路建设时预测的交通量增长速度，一般都赶不上实际的增长速度，而且不仅是交通量的数量增加，更直接反映在超限超载车辆问题上，这是造成公路损坏的主要因素之一。近年来，超载现象不但越来越普遍，而且超载量呈逐渐恶化的趋势。目前公路交通的另一个特点是，在公路交通流的组成中，重载交通占了很大比例，大型货车、重型车的比重逐年增大。同时超载还表现在轮胎气压上，超过1.0MPa乃至1.2MPa的也屡见不鲜，严重损坏了路面。

四、水损害产生的原因和发展过程

对水损害产生的原因和发展过程形成一个正确认识是非常必要的，这关系到能否有效改善沥青混合料的水稳定性和防治沥青路面水损害现象。

1. 水损害产生的原因

沥青膜从集料表面剥落是造成沥青路面水损害的最主要原因。而导致沥青剥落这一结果的原因主要有以下几方面。

1）沥青与集料的黏附性差

影响沥青与集料黏附性能及混合料水稳定性的因素有以下一些：

（1）沥青的性质

由于在黏性大的沥青中存在较多的极性物质，并对集料具有良好的浸润性，所以黏性大的沥青和集料黏附性能好，其抗剥落能力较黏性小的沥青强，所拌和的沥青混合料具有更好的水稳定性。此外，沥青的组成对沥青混合料的水稳定性也有很重要的影响，如沥青中的羧酸及亚砜（RSOR）等成分对水害的产生是极为敏感的。这就是说，即使黏性相同的沥青，也会因化学组成的不同而对其黏附性能产生不可忽视的影响。

（2）集料的性质

集料是由矿物质组成的，而每种矿物均有其独特的化学性质和晶体结构。就剥落而言，关键在于集料的性质是亲水的还是憎水的。对于亲水性集料，其对水的吸附能力比沥青大，集料表面的沥青膜容易被水置换。而憎水性集料则恰好相反。通常亲水性集料有较高的硅质含量，显酸性，而憎水性集料硅质含量较低，呈碱性。因此，酸性集料与沥青的黏附性不如碱性集料，且酸性越大，与沥青的黏附性越差。集料的酸碱性是按其所含的SiO_2含量来确定的，SiO_2含量越高，集料酸性越强，如图2-24所示。

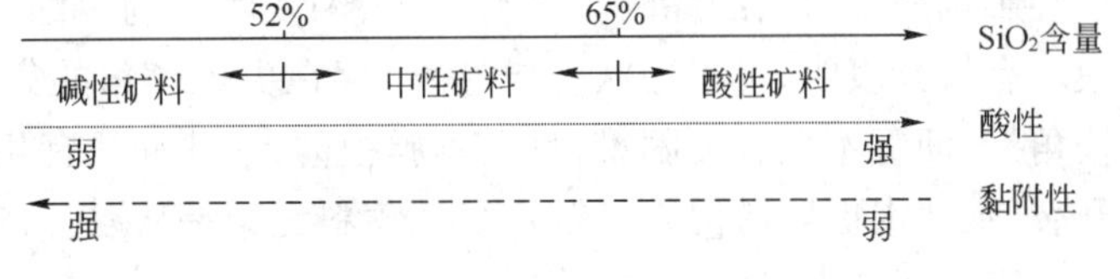

图2-24　集料性质图

由于天然集料或多或少都具有亲水憎油的性能，这就注定了水损害的普遍性和必然性。根据热力学理论计算所得的集料与沥青及水之间的热力学黏附值也证实了这一点。计算结果如下：

集料—沥青：

机械黏附力——约5kCal/mol（因温度而异，一般不超出此值）；

范德华力——约5kCal/mol；

集料—水：

氢键力——约 10kCal/mol；

范德华力——约 5kCal/mol。

从以上热力学计算的黏附力❶不难看出，沥青与集料的黏附热力值较小，极易被热力值较高的集料与水的黏附所取代，水一旦侵入沥青—集料界面，必将取代沥青而使其发生剥落。

此外，集料表面的化学性质、纹理构造、表面积、孔隙大小、洁净程度以及集料的形状、含水率等均对其与沥青的黏附性能有影响。

①当集料的表面含有铁、钙、镁、铝等高价阳离子时，与沥青产生化学吸附时会形成稳定的吸附层；而含有钠、钾等低价阳离子时，与沥青产生化学吸附时形成的吸附层极不稳定，遇水后易被乳化。

②集料表面粗糙是沥青吸附良好的一个前提条件。集料的表面越粗糙、表面积越大，沥青与集料之间的嵌锁咬合作用越强，越有利于形成牢固的沥青吸附层。而对于表面光滑的集料（如卵石），虽然沥青对其更容易浸润，但由于沥青不能牢固吸附在集料表面，且沥青膜很薄，所以容易被水置换。

③过分坚硬致密的集料虽然吸水率小，但如果其破碎后不能形成粗糙的表面，沥青又不能吸入集料内部，因此沥青膜将会很薄，这对沥青与集料的黏附是不利的。所以，集料具有一定的孔隙构造是必要的。但孔隙过多、过大，一方面集料自身强度必将不足，且易吸水、不易干燥，并会在沥青与集料的界面形成水汽薄膜，另一方面过多的沥青吸入孔隙中会导致可用沥青数量的减少，从而没有足够的沥青裹覆集料。退一步来讲，内部含水的粗集料在拌和时，其温度会低于细集料，它在没有被烘干并达到均匀的高于混合料中其余部分的温度之前，是不容易被沥青裹覆的。这些都为水损害的产生留下了隐患。另外要补充的一点是，吸水率过大的集料还会造成施工困难，并影响混合料的耐久性。

④集料表面的洁净程度对集料与沥青的黏附性能影响也很大，泥土、灰尘将会在沥青膜与集料界面之间形成夹层，这也为水的侵入提供了通道。此时，在荷载作用下容易产生沥青膜对集料表面的相对滑动，致使沥青膜破裂，水分更容易侵入而产生水损害。如果集料表面所含杂质是水膨胀类颗粒，此时即使没有荷载作用，也会因颗粒遇水膨胀而导致沥青膜胀裂，进而加速剥落。此外，在遇水的条件下，很细的颗粒会使沥青乳化并产生剥落。

⑤集料的形状也会影响沥青对它的黏附。集料方正、匀实将有利于沥青在集料表面形成厚度比较均匀的薄膜。有研究表明，对于形状变异性大、存在尖锐棱角的集料，沥青是很难裹覆均匀的。在尖锐棱角处，沥青不仅裹覆困难，且沥青膜很薄，最薄处只有几个分子厚度，所以沥青膜在此处极易开裂，致使水更容易侵入。针片状的集料无论是从混合料的强度方面考虑，还是从混合料的抗水损害方面考虑，都应避免使用。

综上所述，我们所要求的黏附效果是：沥青与集料黏附紧密，集料表面的沥青膜有一定厚度，且黏性强、稳定、均匀。只有这样，才能保证其具有一定的抗剥落能力。

2）沥青路面空隙率偏大

沥青混合料的许多性能，如透水性（Permeability）等都与其空隙率息息相关。空隙又有开口空隙和闭口空隙之分，而开口空隙又分为半连通空隙和连通空隙，三者之和为全空隙。封闭

❶上述几项“力”，似应为“能”——编者。

空隙是和其他空隙互不连通的孤立的那部分空隙；半连通空隙也称为死端孔隙，它仅一端与其他空隙相连，另一端封闭；连通空隙是相互连通的空隙。从排水（或透水）角度来看，孔隙又分为有效空隙和无效空隙。有效空隙是能通过水、排出水的空隙。从水流运动的角度来看，只要相互连通、不为集合水所占据的空隙才是最有效的。半连通空隙中的水是相对停滞的，从水运动的角度来说这种空隙是无效的。但其中的水在疏干时能排出，对于排水来说是有效的。因此有效空隙应由连通空隙和半连通空隙两部分组成。封闭空隙是无效空隙。全空隙率是全空隙体积占混合料总体积的百分比。习惯上，人们直接用全空隙率来表征多空隙材料空隙的特性，并简称为空隙率。有效空隙率则是有效空隙体积占混合料总体积的百分比。试验研究表明，有效空隙率 n_e 随着空隙率 n_0 的增大而增大，且混合料越松散，空隙越大，其连通空隙也越大，并且所占的比例也越多。

根据 Zube 对密级配沥青混合料空隙率与透水性的研究以及 Brown 和 Collins 等在乔治亚州对离析混合料的研究，当沥青路面的空隙率在 8%（相当于设计空隙率 4% 压实度 96% 的情况）以下时，混合料的透水性很小，几乎不透水。且此时沥青面层中的水以薄膜水的状态存在，在荷载作用下一般不会产生动水压力，不容易造成水损害破坏。但是，一旦空隙率超过 8%，混合料的透水系数增长很快，如图 2-25a）所示。因此，8% 的空隙率是控制路面透水性的一个临界点。Bouzid Choubane 等关于开级配沥青混合料的研究也有类似结论，如图 2-25b）所示。不过对于空隙率大于 15% 的排水性混合料路面，因一般都采用改性沥青，且水能够在空隙中自由流动并迅速排走，故也不容易进入面层内部，另一方面水又不容易迅速排出且又难以蒸发，因此水能较长时间滞留在路面内，当在荷载作用下时会产生较大的孔隙水压力并成为动水力，从而造成沥青混合料的水损害破坏。

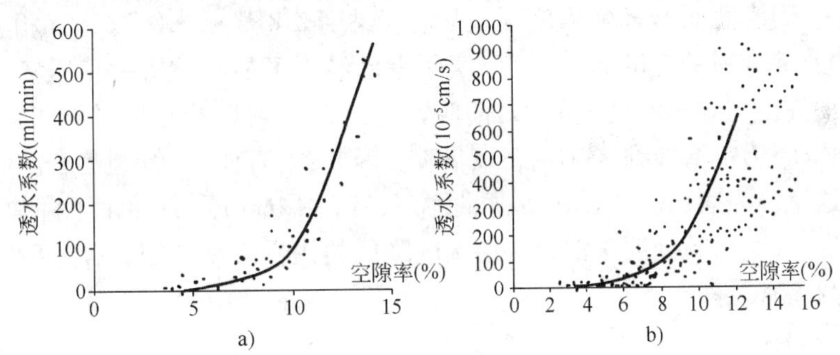

图 2-25　沥青路面空隙率—透水系数关系图

目前，我国高等级沥青路面的空隙率普遍偏大，多分布在 8% ~15% 的范围内。造成这种结果的原因是多方面的，主要有以下一些。

（1）沥青混合料的类型

我国沥青路面面层多采用 I 型密集配沥青混凝土和 II 型半密实式沥青混凝土。对于前者，其设计空隙率为 3% ~6%；而后者，其空隙率为 4% ~10%。在保证施工规范要求的 96% 的压实度条件下，前者的空隙率将为 7% ~10%，正好在 8% 左右；而后者的空隙率将达 8% ~14%，即在 8% 以上。再加上其他因素（如后所述）的影响，空隙率会更大。因此，即便使用 I 型沥青混凝土也很难保证面层完全不透水，对 II 型沥青混凝土就更不用说了。在这种情况下，沥青面层因透水而造成早期破坏也就不足为奇。

（2）路面压实不足

施工工艺对沥青路面水稳定性的影响集中体现在压实上,没有得到很好压实的混合料,空隙率将加大(图2-26),为水的渗入提供了条件。造成压实不足的一个很重要的原因在于现在国内沥青面层的集料粒径普遍偏大,而与其相匹配的压实厚度则偏薄,造成压实不力。美国以前规定结构层厚度应不小于最大粒径的两倍,NCAT认为从施工角度出发,最大集料粒径不宜超过松铺厚度的一半。现在Superpave提出宜为公路最大粒径的3倍,澳大利亚要求至少2.5倍。从德国、芬兰的沥青路面技术规范来看,也都在3倍以上。现在表面层普遍采用公称最大粒径16mm,厚度4cm,相当2.5倍,显得稍薄;如按3倍则宜采用5cm。4cm表面层如果采用粒径13mm可能会好一些。由于集料的生产和价格的关系,16mm粒径是我国常用尺寸,当初由LH-20转过来的。按欧洲的级配系列,公称粒径16mm的最大粒径是22.4mm,不是19mm。中下面层的厚度5~6cm与粒径26.5mm相比就更薄。我国施工规范规定表面层集料最大粒径不大于厚度的1/2,中下面层不大于2/3,以及设计规范对适宜厚度的规定,对高速公路显然是不合适的,事实也证明了这一点。

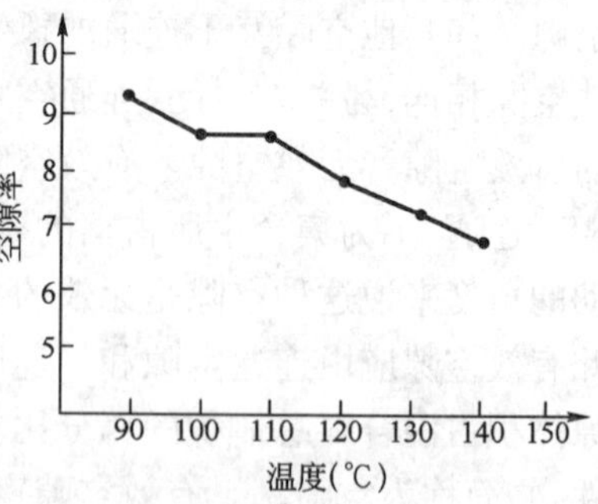

图2-26　压实温度对空隙率的影响

当然,沥青路面压实的不均匀还与压路机的性能、压实速度、遍数、温度等有关。这里需要特别指出的是,沥青混合料压实时的温度对路面压实效果有很大影响。沥青混合料只有在一定温度上碾压,除将表面沥青膜磨去以外,不会再进一步压密混合料。此温度称为终压温度。根据美国的沥青协会2号手册(MS-2),沥青混合料的最佳拌和温度是与沥青黏度1.7Pa·s±0.2Pa·s相应的温度,而最佳压实温度则是与沥青黏度2.8Pa·s±0.3Pa·s相应的温度。国外研究指出,沥青混合料的温度低于90℃,实际上已经不可能再被进一步压实。而我国沥青路面施工规范中提出的终压温度为70℃,偏低。从图2-26可以清楚地看出,沥青混合料的空隙率从149℃时的6.8%增加到93℃时的9.3%。因此,沥青面层,特别是表面层应安排在高温季节施工。这是因为表面层往往比较薄,通常只有3~4cm厚,其温度下降快,更不容易得到较高的压实度。此外,新铺沥青混合料层温度降低的快慢程度,除与其厚度和气温有关外,还与下承层的温度有关。

3)沥青混合料离析

沥青混合料的离析导致路面局部压实不均匀,从而造成路面局部过早破坏。离析表现为混合料粗细集料和沥青含量的不均匀,如:在同一个区域内粗细集料的不均匀,偏离了设计级配,沥青含量与设计的最佳沥青用量不一致等。沥青路面的质量失控使沥青混合料的配合比设计变成一种摆设,细集料集中的部位往往沥青含量偏多,空隙率过小,这将导致抗永久变形能力的下降,并出现泛油;相反,粗集料集中的部位则往往空隙率过大、沥青含量偏少,不仅降低沥青混合料的抗拉强度、抗裂性能及疲劳寿命,还加速水损害的出现。

沥青混合料的离析有以下几种情况:

(1)级配离析

造成级配离析(或集料离析)的一个重要原因在于集料粒径偏粗。粗集料粒径偏大,致使离析无法避免。对历来习惯的“强基薄面”的说法必须辩证地理解,薄也是有一定限度的,这不仅仅是考虑结构强度或承载能力的需要,太薄了不易压实,且层厚越薄,越容易造成局部区域空隙过大，成为透水、积水的场所，导致沥青与集料过早剥离。所以沥青层必须有一定的厚度与集料粒径相匹配。一般沥青面层厚度应是集料最大公称粒径的3倍以上。

当然级配离析还有另一个重要的原因是施工所使用的集料的变异性太大，砂石料来源杂、质量不稳定，使级配变化太大，往往不能达到配合比设计的要求。所以，我们应该像重视沥青质量一样重视占混合料总量90%以上的砂石材料的质量。

(2)温度离析

温度离析是由于沥青混合料温度不均，各部分存在温差而引起的。1996年夏季，美国Steve Read在研究华盛顿州沥青路面的周期性离析问题的原因和可能的解决方案时，首次提出温差引起离析的问题。研究表明，温差在10～16℃范围内时，将会发生轻度离析，温差在17～21℃范围内时，将会发生中度离析，而温差超过21℃时，将会发生严重离析。因此，通过测定温度差可确定离析的程度。

(3)混合料拌和、运输、摊铺过程中的离析

在热拌沥青混合料的生产过程中，产生混合料离析的位置与所用的拌和机类型有关。而运输过程中的装料、运料、卸料操作和温度变化以及摊铺过程中摊铺机的性能、摊铺宽度等都会影响混合料的均匀性。美国国家沥青混凝土技术中心NCAT对乔治亚州19个工程的离析现象进行研究后，在其报告中指出，不管离析的根源是什么，在运料车车厢尾部的离析现象是最严重的。如果这个问题能得以解决，离析将不再是一个主要问题。

综上所述，沥青混合料离析所涉及的因素是极其复杂的，有必要对测定离析的方法和步骤、离析对沥青混合料性质和路面使用性能的影响、离析的评价指标等方面进行更深入的研究。

3)不重视沥青路面结构层内部排水

在道路工程中，人们比较重视路基和路界地表范围内的排水，采取的措施也很多。但是对于路面结构层内部的排水则很不重视，或者根本没有去考虑。而排水不良是造成路面水损害的重要原因之一。

长期以来，人们一直将水引起的路面结构破坏都归咎于地下水的侵入。虽然地下水是问题的一个方面，但高路堤道路也经常存在结构早期损坏的事实，这促使人们将目光转向路表渗入水的研究。美国Ridgeway等人研究也表明，路面渗水是造成路面结构内自由水积聚的主要原因。根据部分路况调查的结果，沥青路面路表渗水主要有以下几种途径：

(1)路面材料使用过程中出现松散；

(2)面层混合料空隙较大；

(3)使用过程中出现的各种裂缝(疲劳开裂、温缩开裂、反射裂缝、施工产生的张拉裂缝等)；

(4)路肩处接缝及中央分隔带渗水。

进入路面结构层内的自由水，一般通过向下层结构渗流和向两侧路肩铺面结构渗流而逐渐排走。但是，当下基层为透水系数≤10^{-5}cm/s的低透水性材料时，排除0.1m^3自由水大约需要1天以上时间，而当路基土的渗透系数≤10^{-7}cm/s时，排除这些水所需时间达数日之久，即实际上是不透水的。当路基由低透水性土(渗透系数≤10^{-5}cm/s)填筑，同时又没有设置路肩及中央分隔带排水结构或路肩铺面结构的基层和土基也为低透水性时，路面结构便类似于被安置在封闭的槽式“浴盆”内，进入路面结构内的自由水无法向下或向两侧渗漏，而被长时

间积滞在路面结构内部(对设半刚性基层的路面,由于半刚性基层透水性较差,水多窝积于基顶;对设粒料基层的路面,水多窝积于地基顶面)。被围封在路面结构内的水,会浸湿各结构层材料和路基土,使其强度下降,变形增加,降低路面的承载力。此外,由于路面是层状结构,层间接合处容易出现空隙,进入空隙内的自由水在行车荷载的作用下,会形成高孔隙水压力和高流速水流(据试验测定,压力差可达69kPa;小客车驶过时流速可达0.15m/s,货车驶过时可达0.90m/s),水流不但冲刷粒料基层中的细料,而且冲刷半刚性基层基顶的细料。在荷载作用下反复多次地冲刷,形成细料浆,并被逐渐压挤出裂缝产生唧泥现象。如果半刚性基层的抗冲刷能力较差,水一旦侵入,则更容易过早形成唧浆。国内外的调查研究表明,随着交通量和车载质量的增加,普遍存在基层材料的冲刷及由此产生的唧浆现象。对于沥青路面,唧浆病害将加速路面裂缝的出现,并导致路面下陷,这又进一步加速水的渗入,如此将恶性循环。

在我国,高等级公路基层普遍采用半刚性基层,且路面设计一般不考虑路面结构内部排水,相反普遍设计了埋置式路缘石、砌筑式路肩、浆砌挡墙,这些都妨碍了侵入路面结构内部水的排出。所以,路面排水设计是路面设计中非常重要的一环,不重视路面结构排水,必将会导致沥青路面过早破坏。这是我国目前路面设计中薄弱的领域,有必要加强这方面的研究。

4)其他方面的原因

除了以上几方面的原因外,造成路面水损害的原因还有以下一些:

(1)降水量大、多雨潮湿地区的水损害现象较半干旱、干旱地区严重得多。

(2)路面开裂、老化加速了水损害的发生,并形成恶性循环。

(3)道路交通超载严重,这是造成路面水损害的主要肇因之一。

(4)温度变化是产生的冻融循环作用。

(5)酸雨、车辆渗油对路面的腐蚀。

(6)在寒冷(冬季)、潮湿(雨季)气候条件下施工。

(7)对路面开裂等病害养护不及时。

2. 沥青膜的剥落过程

沥青与集料的黏附剥落过程相当复杂,目前虽有不少理论(如前文所述)对这一过程进行了探讨,但没有一个能给出较圆满的解释。可有一点是共同的,即剥落过程不能归结为一个水取代集料表面沥青膜的过程。这种取代的难易程度体现了沥青与集料黏附性能的好坏,并取决于沥青和集料的性质。

Lewis R. Brown 等曾对剥落过程做过试验研究,将表面裹覆沥青的集料颗粒浸泡于水中,由于水具有较强的表面张力和浸润性,所以水可以通过沥青自发的乳化作用进入并穿透沥青膜而侵入沥青与集料的界面,并最终将其取代,如图 2-27 所示。Frazier. Parker 和 J. J. Fromm 以及 H. Plancher 等人的研究也得出了类似的结论。

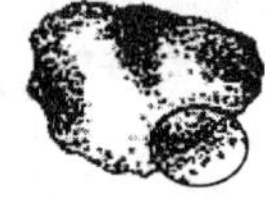

图 2-27 沥青膜的剥落过程

对沥青的剥落过程,美国地沥青协会(AI)进行了更加深入的研究。Taylor 及 Khosls 等把沥青膜的剥落归纳为为撕裂、置换、瞬间乳化、间隙压力、水力冲刷等情况。具体来说,有以下几种模式。

1)沥青膜移动

在沥青—集料—水三相体系中,由于水侵入沥青—集料界面,为达到热力学平衡,沥青膜发生剥落,会沿着集料表面收缩、移动,最后揉成一团圆球、油皮、油条,集料表面被水分浸润,沥青和集料成为互不相干的两相。这也是因沥青与集料之间黏附性丧失导致沥青混合料内部黏结力丧失的典型过程。

2)沥青膜分离

在沥青与集料之间夹有一层水膜或灰层,沥青膜发生剥离,但并未破损。沥青膜虽然还裹覆于集料表面,但已失去黏附性,这实际是沥青膜移动、剥落的前奏。对于前者,如果水分被干燥,沥青膜仍能黏附于集料之上,即此过程是可逆的。多孔集料在拌和时未被充分干燥,其中的水汽也造成这种结果。

3)沥青膜破裂

沥青膜与集料剥离后,由于在其集料表面不可能处处一样厚,通常在集料棱角、尖角及粗糙处,沥青膜比其他部位要薄。那么在行车荷载作用下,集料发生相对位移和摩擦,沥青膜便会发生刺破或擦破。沥青膜一旦破裂,水就更容易侵入,沥青膜的剥落将在所难免,如图 2-28 所示。

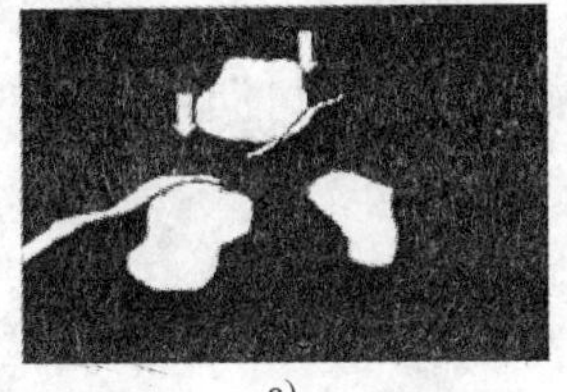

a)

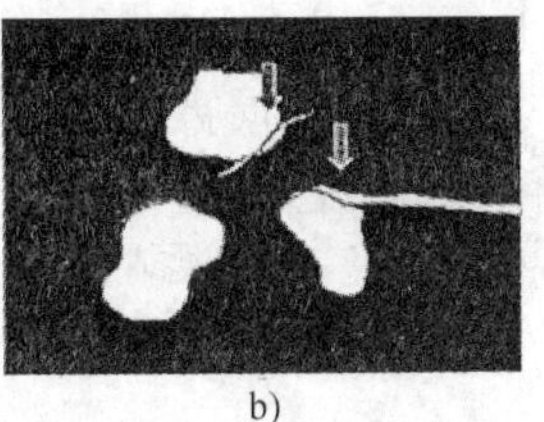

b)

图　2-28

a)沥青膜开裂;b)水侵入沥青与集料的界面

4)起泡

当沥青路面再较高温度下,沥青黏度较低时,如果突然下雨,沥青可能沿水珠向上泛起形成起泡,随着温度的继续上升,水分到达集料表面并置换沥青,引起剥落。

5)水力冲刷和孔隙压力

当路表有水存在时,在轮胎前面的位置,水受轮胎的挤压挤入路表空隙,造成孔隙水压力,轮胎通过后在其后方又形成负压,将空隙中的水吸出,这种挤入和吸出得反复循环便形成水力冲刷,并逐渐将沥青膜从集料表面剥离。面层连通空隙中的水及层间滞水,在荷载作用下则会形成高速动水压力而产生冲刷,从而造成沥青剥落和唧浆。当水渗入路面空隙内,由于车辆对路面的进一步压密而将水封闭其内,此时在荷载作用下虽不会产生冲刷,但会造成较大孔隙压力,同样会使沥青膜剥落。

6)黏结层破坏

水分侵入沥青膜和集料之间后,沥青膜上下有两层水膜。在有水存在的条件下,集料表面显负电,进一步排斥略带负电的沥青膜,从而导致沥青膜剥离,丧失黏附力(图 2-29)。

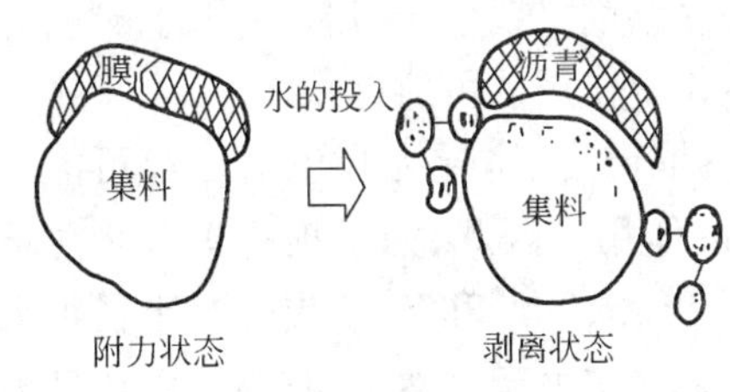

图 2-29　沥青膜黏附力丧失

此外,在光、氧和热共同作用下,水以液态或气态的形式溶解沥青中的降解物质,加速沥青的老化过程。裹覆于集料表面的沥青膜老化后,极易在自然因素和行车荷载的共同作用下开裂,使水很容易侵入沥青—集料界面,诱发沥青膜的脱落,进而使沥青混合料内部集料颗粒之间丧失黏结,降低路面使用性能。

由上文所述,我们可知水损害的发展过程和产生原因是非常复杂的,并涉及许多方面的问题。就目前的研究状况而言,道路工程界还不能对水损害的机理形成一个透彻的认识。但是,有一点是毋庸置疑的,即:水与荷载的共同作用造成沥青与集料的剥离是导致沥青路面水损害的最主要原因。

第三章　水损害分析理论与方法

第一节　沥青与集料界面相互作用理论

全面分析我国目前高速公路沥青路面发生的水损害现象，可认识到现在的高速公路重载交通下以动水压力为主要破坏原因的水损害。不同于传统概念上的水稳定性问题，这种破坏模式所造成的沥青薄膜脱落更快、更彻底。同时由于高速重载交通下，基于表面构造深度的要求，已形成了一种特定的路面结构、荷载与环境系统，对路面的破坏力增加了。所以，为了从根本上解决水损害问题，就需要深入探讨沥青—集料界面作用的基本规律，寻找能够增强抵抗水侵蚀的界面黏结途径。

一、黏附理论

对材料界面上发生的物理和化学作用进行研究，会因界面类型的差异而在研究方法及研究特点上有很大区别。但是所有的界面作用都有相似的基本规律，这正是界面黏结的基础。

我们首先简要回顾材料界面黏结作用的研究历史，再总结道路材料研究中关于沥青在集料表面上的黏附理论，并客观地分析了传统理论的局限之处。

1. 概述

界面黏结作用的早期研究工作认为：黏结现象与接触面上表面能的降低有关。认为起主导作用的是由于黏结剂分子在集料表面上取向的结果，并认为界面黏结强度主要是由黏结剂在固体表面的润湿能力决定的。后来还发现黏结剂中强极性基对黏结力很重要，因而具有强极性基的黏结剂与被黏物之间会产生牢固的结合作用，例如芳香族化合物制成的黏结剂比脂肪族化合物制成的黏结剂具有较大的黏结力。同时还发现界面中的黏结剂分子一般是有取向的，并且黏结剂分子距离被黏物表面愈近，则其取向度愈高。

德布鲁热（Debruyne）研究固体和液体界面上的作用，是从界面分子相互吸附的角度来认识的。他断言黏结力不是决定于化学键，其根据是同一种黏结剂可以黏结各种不同的材料，并且黏结剂和被黏物的惰性一般都很大，致使它们之间发生化学作用的可能性很小。

Weyl 研究了聚合物和玻璃的黏结，认为分子间作用的取向力、诱导力和色散力都可能参与界面相互作用的过程。他认为其中最重要的是诱导力的作用。因此，为了提高聚合物对玻璃的黏结力，他建议在玻璃中引入外层不带电子的阳离子 Pb^{2+}、Cd^{2+} 和 Zn^{2+} 或离子半径很大的阳离子 Cs^{2+} 和 Ba^{2+}。上述阳离子均具有强极化性。如果玻璃中无极性基团存在，则色散力就决定了聚合物与玻璃的黏结情况。

在各种黏结现象基础上，人们为加深对界面黏结本质的认识，总结出了表面能理论、吸附理论、静电理论等黏结理论，从不同的角度对界面黏结规律进行了阐述。

在上一章对传统的黏附理论已作了阐述。

2. 传统黏附理论的局限性

1)机械黏附理论

该理论认为界面黏结是以机械力为主。在沥青与集料的黏附过程中,机械力是一种普遍存在的黏结力。但是沥青与集料的黏附是一个非常复杂的过程,仅仅认为其间只有机械黏结力是不全面的。SHRP 冻融台试验是用来评价沥青—集料混合料水敏感性的试验,使用了 SHRP 的 MRL(材料参考库)中的 11 种矿料,按机械黏附理论,比表面最大的矿料(即表面多孔的矿料),与沥青的黏附性应当最好。但根据试验的结果,比表面高达 15.73mm^2/g 的玄武岩 RK,水稳定性并不是最好的;即使同类的石灰岩 RC(2.90mm^2/g)、RD(0.72mm^2/g),同类的花岗岩 RA(0.19mm^2/g)、RB(1.62mm^2/g)相互比较,也不是表面比大的 RC、RB 效果更好。事实上恰恰相反,对使用相同沥青的试件进行比较,RD、RA 两种矿料的水稳定性更好。这些都说明机械黏附理论有很大的局限性。

2)表面能理论

它是以界面润湿的状态作为研究的切入点,而这种状态实质上是界面上各种作用力的综合作用结果,并认为界面黏结强度主要是由黏结剂在固体表面的润湿能力决定的。这种结论是片面的,因为有试验证明,润湿程度相差很大的材料,界面上的黏结强度却可以相等。例如应用不同物质作为黏结剂,结果发现液体所起的黏结作用最小,非晶态的固体、半固体树脂状物质的黏结作用最大。但这也不是说润湿性能与黏结强度无关。显而易见,不充分的润湿便不能保证两种材料之间有良好的接触,然而只有润湿这一种作用时也并不能建立牢固的黏结,由此可见,润湿作用是良好黏结力的重要条件,但不是唯一条件。

3)表面构造理论

表面构造理论是在表面能力的基础上,同时考虑集料表面形态的变化对其附加的影响。由于表面是不均匀的,因此接触角产生滞后现象,特别是粗糙表面,其真实表面比表观表面大,不仅可使接触角产生滞后、减小,还能扩大接触表面。但是该理论以接触角和接触面积为衡量界面黏结的主导因素,与试验研究的结果也有很大出入。前面已经举例说明,即使同种类型的矿料,表面粗糙、比表面大的矿料如 RC、RB 试件的水敏感性较 RD、RA 更为显著。

4)极性吸附理论

按照极性吸附理论,如果沥青中杂原子含量高,含有—COOH、—NH_2、—SH 等极性官能团的化合物较多,沥青的活性强,沥青在矿料表面首先发生极性分子定向而形成吸附层,则沥青与矿料的黏附会更好。但是许多的试验结果与此并不一致。以 SHRP 冻融台试验为例,我们综合分析说明如下:

石灰岩混合料的水敏感性能普遍较好,但是与不同的沥青组合,水敏感性还是有较明显的差异,而且不同石灰岩引起的水敏感性也有差异。AAG-1 沥青中 O、N 含量高,强酸、强碱含量最高,微量元素(V、Ni、Fe)含量又低,它与集料的水敏感性都比较大。AAG—1 只有与石灰岩 RC(RC 以 $CaCO_3$ 为主、$CaCO_3$、$MgCO_3$ 含量超过 90%)黏附性较好,冻融循环为 42 次,也未达到要求的 50 次。而 AAA—1 沥青中 O、N 含量低,强酸、强碱、弱酸、弱碱四种极性组分总含量最低。

对 AAA—1 与 AAG—1 比较可发现:石灰岩 RC、RD 与 8 种沥青试验中,只有 AAA—1、AAG—1、AAB—1 三种沥青未能达到 50 次的冻融循环,其中 AAG—1 循环次数最少。AAA—1 沥青中酸、碱含量不足 AAG—1 的一半,虽然它与集料结合时水敏感性普遍较差,但与石灰岩的结合相对较好，特别是与 RD、RF 产生的混合料水稳定性效果最好，达到 49 次的冻融循环。而 AAG 沥青和 RD、RF 结合时，冻融循环分别是 28 次和 9 次，但是与接近纯石灰岩的 RC 结合时却很差。需要说明的是，RD 不仅 CaO、MgO 含量较多，同时也含有一定量的 S_iO_2、Ai_2O_3、Fe_2O_3（占 20% ~30%）。

RF（Glacial Gravel）是一种冰川沙砾，可以归类为石灰岩类，8 种沥青中，仅仅 AAG—1 沥青（8 次寿命）和 AAK—1 沥青（10 次寿命）与 RF 冰川沙砾组合的试件的循环次数低于 16 次。从试验结果可看出，强酸、强碱含量都不高、酸碱性适中的沥青 AAA—1、AAC—1 与 RF 组合性能最好；强酸含量过高的 AAG—1 沥青与 RF 组合的试件显然是最差的，而强碱含量高，强酸含量低的 AAK—1、AAM—1 也普遍不是很好。

5）化学反应理论

该理论主要是从界面上产生的新化学键角度来认识集料与沥青的黏结的。但研究最多的还是沥青与矿料界面上的酸碱作用。并且这种酸碱作用，还一直停留在以质子为中心的酸碱质子理论，其结论是：提高沥青的酸性、矿料的碱性将能够提高它们之间的黏附性，这种观点已经被人们广泛接纳。例如道路界沿袭着这样一种观念：与沥青黏附性最好的是大理石，因为它碱性最强。但是许多试验现象证明这种观念也有很大的局限性。

石灰岩沥青混合料的水稳定性不一定都好，而花岗岩沥青混合料的水稳定性并不都差。同样是石灰岩 RC、RD 与 AAA、AAB 两种沥青的水敏感性分析，RD 比纯石灰岩 RC 水稳定性更好。从矿物组成来看，RC 的碱性比 RD 大（RC 的 $CaCO_3$ 含量高），RD 含有一定量的 SiO_2、Al_2O_3 和少量的 Fe_2O_3 等氧化物，但是它的水稳定性更好。所以适量的酸性氧化物对全面提高沥青、矿料界面的黏附作用会有一定的帮助。

花岗岩 RA、RB 水稳定性差别很大。RA、RB 同样是花岗岩，但 RB 与所有 8 种沥青组成的试件，冻融循环均 <6 次；RA 与 AAM、AAC 沥青的水稳定性很好，甚至 >50 次。可见即使花岗岩，当沥青选择适当的时候，水稳定性也能够达到很高的水平。

RK 是一种玄武岩，SiO_2 含量达到 50%。Al_2O_3 达到 13.7%，最特别的是 Fe_2O_3 含量很高，达到 12%。PK 的 8 种混合料试验结果差距很大，有的水稳定性很好，接近石灰岩，有的水稳定性非常差，接近花岗岩，甚至还要差，这种多变性本身就说明了一个重要问题：不同的沥青与同一种玄武岩界面相互作用差异非常大。重要的是找出沥青—集料界面相互作用的规律，使沥青、矿料成分能合理搭配，才能在根本上提高混合料的抗水损害能力。例如，AAM 与 PK 水稳定性是最好的，同样超过 50 次循环。试验结果说明：若选择合适的沥青，玄武岩和花岗岩的水稳定性同样可以达到石灰岩的标准。

所以不能简单地以矿料的酸碱性来预测混合料的水稳定性，更重要的是矿料与沥青合理的搭配，促使界面处于最佳的黏附状态，从而提高混合料的水稳定性。

每种理论也都有适用范围，目前还没有一种理论能够系统、全面地阐明界面黏结的规律和本质。另外，在道路材料关于沥青—集料界面相互作用的研究理论和研究方法中，主要停留在宏观的表面能、浸润性、表面构造等因素对沥青—集料界面黏结的影响，较少深入到分子水平上来研究界面黏结现象的本质。通过测定表面原子组成及变化，深入到原子、分子水平分析界面上可能存在的作用模式，设计合理的界面状态，最大限度地提高界面强度是完全可行的。

3. 界面作用力

材料内部界面存在相互作用，人们把黏结界面的作用力统称为黏结力（bond），它影响着材料多方面的性能。一般认为界面上的作用力主要分为三类：机械力、范德华力、化学键力。为了从分子水平了解沥青—集料界面相互作用的基本规律，我们首先需要仔细分析沥青—集料界面上可能存在的所有作用力，它们的分类以及它们的基本特性，为确定在动水压力破坏模式下，提高沥青混合料抗水损害的有效途径提供依据。

1）机械力

机械力是由于材料表面粗糙不平，沥青基质材料渗入集料表面孔隙内部，有如"抛锚"作用和摩擦作用所产生的力。这种材料之间相互嵌固、咬合作用，从宏观上看，增加了摩擦力；从微观上看，增加了实际接触面积，从而大大增加了界面黏结力。这类机械力对界面黏结强度的贡献，理论上可达1.4～7.0MPa。

2）范德华力

范德华力即分子之间作用力。其键能在4～40kJ/mol之间。一般来说要求两种材料分子间相互接近到0.3～0.5nm，范德华力包括London色散力、诱导力和静电力。

静电力：极性分子永久偶极矩产生的静电吸引作用。

诱导力：非极性分子在极性分子偶极矩电场影响下极化而产生所谓诱导偶极矩，与极性分子的偶极矩间产生吸引作用。

色散力：分子中电子运动的瞬时偶极矩诱导邻近分子，产生与其相互吸引的瞬时偶极矩，从而产生的相互作用。

实验表明，范德华力是界面黏结力的主要来源。范德华力对界面黏结强度的贡献，理论上可达$7.0\times10^{2}\sim7.0\times10^{3}$MPa。

3）化学键力

当两种材料分子间发生化学反应，会形成化学键，并伴随新物质产生。这种化学键的键能约为100～600kJ/mol，这要求参加成键的分子间非常接近：约0.1～0.3nm，它对界面黏结强度的贡献可达$7.0\times10^{3}\sim7.0\times10^{4}$MPa。化学键包括离子键、共价键、配位键。

4）氢键

氢键是一种比较特殊的价键形式，当化合物中含有H，同时又含有电负性很强的元素时，如F、O、N等元素与H成键后，与邻近分子之间往往会有氢键产生。由于氢键的键能与分子间作用力较为接近，因此一般认为它属于范德华键范畴，只是由于它有方向性。它的键能约为10～40kJ/mol，要求分子间距为0.2～0.3nm。

5）酸碱之间的作用力

它是由质子给予体—质子接受体之间交换所产生的力。近年，国内外材料学科方面对酸碱作用的研究颇为活跃，在材料的表面改性、改善界面黏结性能等领域显示出很大的作用。界面酸碱理论的本质可认为是界面酸碱吸附或配位的作用。关于酸碱理论的详细内容，下面还将讨论。

这几类作用力对于一个界面黏结体系来说可能同时存在，但所起的作用随情况而变。一般来说，分子间作用力对界面黏结强度的贡献占较大的比例，但对抗介质侵蚀，特别是水的侵蚀能力较弱，而化学键在这方面的能力较强。目前多数人仍倾向于以范德华力为主，只有少量的化学键，还有一些氢键。许多研究表明，这三种价键从数量上来说化学键、氢键和范德华键的比例约为1:10:100。

4. 关于氢键的讨论

传统的吸附理论一致认为,力求沥青与集料黏附过程中同时产生物理吸附和化学吸附。由于物理吸附(界面上仅有范德华力)是可逆的,容易脱附,所以为改善界面性能,须增加化学吸附。但是不同的化学键性质差别很大,在抗水损害中所起的作用也完全不同,下面我们依次分析。

1)氢键的本质

氢键在自然中普遍存在,因为氢原子的特点是原子半径小,结构简单,核外只有一个电子,无内层电子,这个原子与电负性大的元素形成共价键后,电子会强烈偏向电负性大的元素一边,使氢几乎成为赤裸的质子,呈现强烈的正电性,因此极易被其他分子或阴离子中的孤对电子吸引,从而形成氢键。所以沥青中杂原子含量高时,形成氢键的机会也大大增加。

由于氢离子实际上几乎就是一个赤裸的质子,非常灵活,容易迁移,所以氢键在常温下即具有可逆性。当有水存在时,水分子是强极性分子,极易与氢离子形成氢键,特别是在实际的道路使用过程中,沥青混合料不是被浸泡在静态的水中,而是处在高压、抽真空反复循环的动水压力作用下,这样就大大增强了水分子对界面上已有氢键的破坏作用,这种氢键最后将会被转化。

2)沥青—集料界面的氢键

本文前面提及的几种试验现象,与传统的理论似乎有矛盾,实际上是由于形成沥青—集料界面黏结力的价键的性质决定的。50 次冻融循环试验中发现 AAG—1 沥青,虽然 O、N、S 杂原子含量最高,强酸、强碱含量最高,是普通沥青的三倍以上,但是,所以 8 种沥青之中,AAG—1 沥青与 11 种矿料的组合所能承受的冻融循环次数几乎是最少的,只有与 RC(一种 $CaCO_3$ 含量很高的纯石灰岩)结合得较好,达到 42 次。这与我们以往的观念:沥青中极性分子增多有利于提高和集料的黏附力的理论观点是不同的。因为这种提高主要是由于在界面上产生了氢键引起的,它虽然能够暂时增加沥青与集料的黏附力,但是对抗水损害能力的提高贡献不大。

5. 关于化学键的讨论

长期以来,因为研究提高沥青—集料黏结力的方法有一定的局限性,为此,我们来分析几种化学键各自的特点,寻找一条提高混合料抗水损害的有效技术途径。

1)离子键的本质

离子键主要是由于静电吸引产生的,它没有方向性、饱和性,它形成的重要条件是相互作用的原子的电负性差值较大。由于离子键产生的这种机制,容易受电场的干扰。前面我们提及水分子是强极性分子,所以离子化合物在水溶液中会受到极性水分子的干扰,能够部分或全部离解。一般说来,典型离子键化合物主要有两类,碱金属和碱土金属化合物。它们的物理化学性能的差异可用离子势说明:比较碱金属阳离子(Na^+、K^+等)和碱土金属阳离子(Mg^+、Ca^+等)的离子势($\Phi = z/r$),由于碱金属离子半径大,核电荷又低,所以离子势很小,形成的正电场对阴离子的吸引能力低;相比之下,碱土金属化合物离子半径较小,核电荷高,离子势较大,场强也大,所以对阴离子的吸引能力相应要强,并且对阴离子基团有一定的极化能力。所有的碱金属离子化合物都溶于水,碱土金属离子化合物则部分溶于水。因为碱金属化合物、碱土金属化合物成键本质上是由于静电吸引,它在强极性水分子形成的电场作用下,这种静电吸引就被破坏了。

2)共价键本质

典型的共价键一般是两个原子共用一个电子对形成的,它要求两个原子各有一个自旋相反的未成对的电子,它们的原子轨道要发生最大限度的重叠,使两核间电子云的密度增大,所成的共价键稳定。

共价键成键的本质是两个原子轨道最大限度的重叠,这就要求两个原子轨道的能级相同或相近(因为能级相差大,轨道重叠也就降低)。而且对于原来没有单电子的原子或分子,形成新的共价键很难。成键难的原因往往不是热力学的原因,而是动力学的原因。

共价键形成过程中的过渡态不稳定,化学反应、活化能都很高,一般高温下才能形成,所以在沥青—集料界面上形成共价键非常难。

二、提高沥青与集料黏附能力的探讨

要提高沥青与集料之间的黏附能力,根据表面能理论,首先需要使沥青和集料之间足够接近,以致产生分子水平上的接触,最大限度提高范德华力,这是所有良好界面黏附的前提,在此基础上才能提高沥青与集料之间的相互作用力。

宏观上的作用力为机械作用力,微观上除了分子间范德华力以外,还包括(1)离子键;(2)共价键;(3)配位键;(4)氢键等。实际上道路领域所开发的各种抗剥落剂,都是以增强这几种价键为目的的。

根据分子吸附理论,沥青与集料的黏附作用主要是通过氢键产生的,加入胺类外加剂提高黏附性也是增加了氢键达到的,如图 3-1 所示。

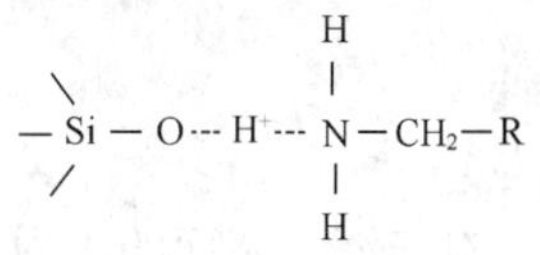

$$\begin{array}{c} \diagdown \qquad\qquad\qquad\qquad H \\ -Si-O\cdots H\cdots \overset{|}{\underset{|}{N}}-CH_2-R \\ \diagup \qquad\qquad\qquad\qquad H \end{array}$$

图 3-1　增加氢键提高胺类黏附性

用石灰处理酸性集料表面,则是增加了离子键。阳离子处理集料表面的试验,说明不同的金属离子所起的作用不尽相同。前文已提到,不同种类的金属阳离子,所形成的价键形式不同:如过渡金属不同于一般的碱金属和碱土金属,已不再是简单的离子键,它具有配位键的特点,它们的区别不仅仅是键能大小的差别,而是性质的差别。

三、提高沥青混合料抗水损害能力的探讨

高速交通对沥青路面结构工程技术的发展有着一系列的影响,对路面材料也提出了更加苛刻的要求,这也促进道路材料研究工作的深入。本文特别将黏附性能提高、抗水损害性能提高分开讨论,是因为发现在这两者的微观机制有很大的区别,这一点非常重要。

材料学科研究界面黏结理论指出,界面上的作用力主要有三类:范德华力、氢键、化学键,这三类作用力对于一个界面黏结体系可能同时存在,但所起的作用随情况而变。从数量上说,化学键、氢键和范德华键的比例约为 1:10:100。范德华力键能在 4 ~ 40kJ/mol 之间,氢键的键能约 10 ~ 40kJ/mol,化学键的键能约为 100 ~ 600kJ/mol。如果按照上述比例计算,总的黏结力 $F = 1 \times J_{化} + 10 \times J_{氢} + 100 \times J_{范} = 1 \times 100 + 10 \times 10 + 4 \times 100$(取各种键能的下限)。这样我们就会发现三种键对总黏结力的贡献是相近的。

人们公认范德华力引起的物理吸附是可逆的,且抗介质腐蚀能力差。不仅如此,我们在前面的论述中,一再阐明这样一个观点:在动水压力破坏模式下,氢键易被水分子破坏,从而使原来的沥青—集料之间产生的氢键断裂,所以也具有很大的可逆性。故而,只有提高化学键力,才能有效地提高沥青混合料的抗水损害能力,其中通过在界面上增加不溶于水的离子键化合

物和过渡金属配位键化合物的方案较为可行。按照论文的研究成果,在目前高速重载交通条件下,我们可以按照材料的功能要求,更加合理地设计沥青混合料,有效地提高路面的使用性能。

四、本节小结

综合前面的论述,得出以下几个结论:

(1)传统的黏附理论,宏观上从表面能理论出发,考察沥青在矿料表面的润湿;从微观上则主要研究两者的酸、碱性质和电荷性质,并注重酸碱平衡和电荷搭配。这种酸碱反应实质上是 H^+ 的传递,并在界面上形成以 H^+ 为中心的氢键。

(2)在动水压力破坏模式下,由于氢键本质具有可逆性,增加氢键并不能提高沥青混合料的抗水损害能力。

(3)分析沥青与集料界面相互作用方式,从路易斯酸碱电子理论出发,沥青—集料界面上所有的路易斯酸性中心和碱性中心得到合理的搭配,产生配位键,并形成配位络合物,能提高混合料的抗水损害性能。它比游离态的质子酸形成的酸碱化合物更稳定,特别是以过渡金属阳离子为中心的配位络合物最稳定。

(4)在沥青—集料界面上引入过渡金属阳离子,即以路易斯酸性中心代替传统的质子酸,增加配位键,并形成配位络合物,这是高速重载交通下,提高沥青混合料的抗水损害能力的有效技术途径。

第二节 动水压力理论

对于沥青路面的水损害,首先需要了解的是在行车荷载作用下沥青路面表面的动水压力以及面层结构内部的孔隙水压力的大小如何。

一、面层表面的动水压力

汽车在有水膜覆盖的路面上行驶时,轮胎向前滚动要排开路面上的积水,由于轮胎挤压水膜会产生动水压力。动水压力使得轮胎产生上浮,与路面的接触面积减小,轮胎非常容易打滑,导致汽车的操纵稳定性下降,这种现象称为滑水。

1. 动水压力的理论计算

动水压力同时作用于轮胎和路面。对于路面与轮胎接触的某一点而言,这种动水压力是瞬时的,但对于车辆行驶的整条轨迹而言,动水压力是始终存在的。

车辆向前行驶时,轮胎—水膜—路面之间的接触情况有三个区域,如图 3-2 所示。

区域一,在接触前部,为完全上浮区。在此区域内,水的流体压力足以把胎面举起,并使之与路面完全脱离。

区域二,大量流散但仍留有一层水膜的不完全接触区,胎面与路面部分分离,呈若即若离状态。

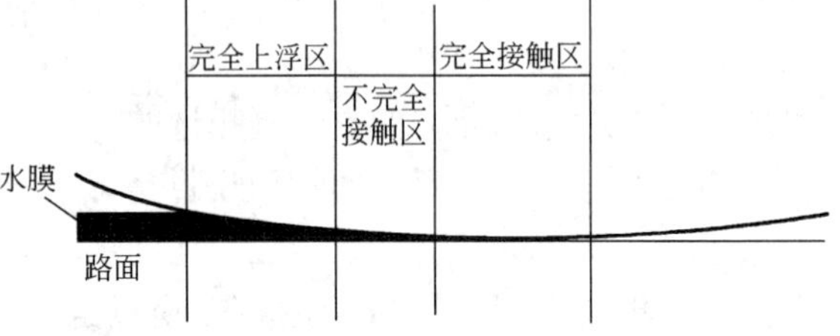

图 3-2 轮胎—水膜—路面之间的接触情况

区域三,在接触后部,是胎面完全接触

路面的区域。

随着车辆行驶速度的变化，上述三个区域的相互关系也会发生变化。当提高行车速度时，区域一和二就会沿接触长度扩展，直到胎面与路面完全脱离，这就是滑水现象。当降低速度时，区域三就会沿接触长度扩展，直到胎面与路面完全接触。将坐标轴固定在轮胎的中心，那么只有转动而没有平动。车辆以速度 v 行驶，路面和水膜以相对速度 v 向轮胎方向运动，水膜变成楔形进入胎面内，被路面和胎面阻挡，向两边流出，停滞点的速度为零(图 3-3)。

假设轮胎的胎面为平面，并且与路面的倾角非常小(趋近于 0)，那么，从前方进入的水被路面和胎面的后端拦住，从胎面的两端流出，在停滞点处产生动水压力 p，这时的水流线如图3-4 所示。

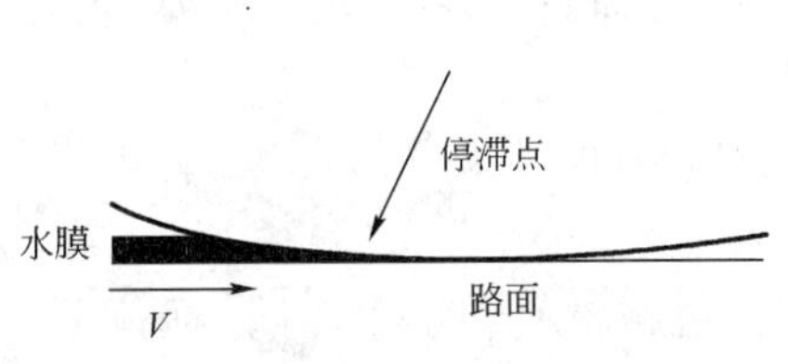

图 3-3　轮胎部分滑水状态

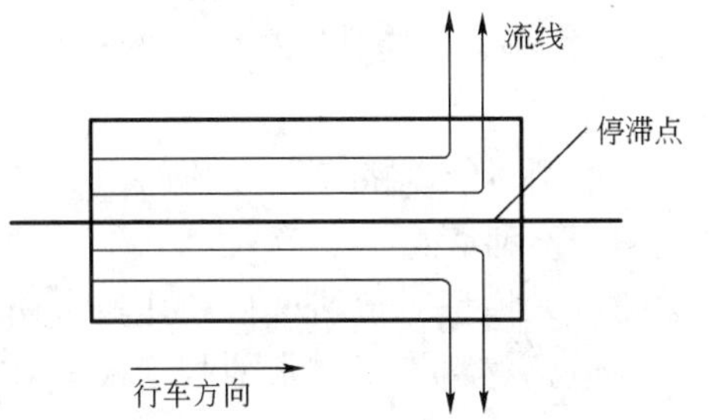

图 3-4　动水压力出现时的流线

上述情况符合伯努利能量守恒方程的使用条件：在流场中，流体质点于流线方向上具有一维流动的特征，沿流线方向的一维流动符合能量平衡方程式，取两个截面，则：

$$p_1 + \frac{1}{2}\rho v_1^2 = p_2 + \frac{1}{2}\rho v_2^2 \tag{3-1}$$

式中：p_1, p_2——两端截面处的压力；

v_1, v_2——两端截面处的流速。

根据伯努利能量方程，可得该点动水压力为：

$$p = \frac{1}{2}\rho v^2 \tag{3-2}$$

式中：p——动水压力(Pa)；

ρ——水的密度(1000kg/m^3)；

v——车辆的行驶速度(m/s)。

根据计算可知，动水压力与行车速度的平方成正比，对一组行车速度进行了计算，结果如图 3-5。

从图中可以看到，当车速为 40km/h 时，路表面的动水压力为 0.0617MPa，而当车速为 120km/h 时，路表面的动水压力为 0.56MPa，已经很接近轮胎的接地压力(0.7MPa)了，不但造成路面的冲击破坏，对行车安全也造成了威胁。

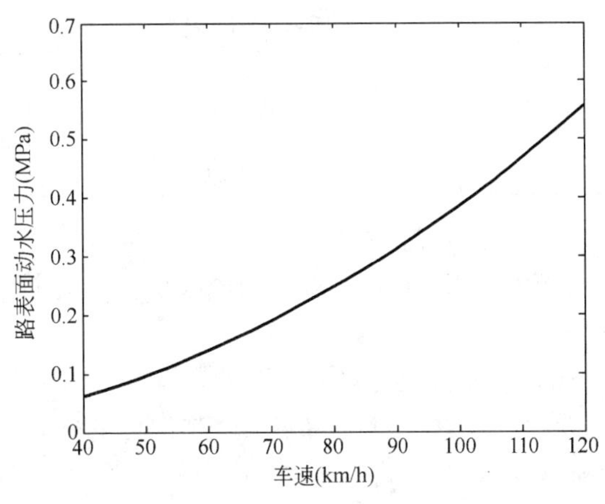

图 3-5　路表面动水压力与行车速度的关系

2. 有限元模拟

在高速车轮作用下，路表孔隙内水流是一个势流场，应力的传递和分布与时间历程有关，这将是一个非常复杂的流体力学问题。上述计算是一个简化的理想模型，得到的结果与空隙率无关。下面采用有限元建模，研究路表孔隙水压力的大小与面层孔隙率分布的关系，并与基于伯努利能量守恒方程的结果作对比。

模型取为路表面含单个向上开口半球形孔隙的圆柱体微元，假设条件为：

(1)有限元模型中，孔隙水为不可压缩，只存在变形而无体积变化。

(2)对于孔隙内的水，由于车辆的快速行进，只考虑在车轮作用瞬时条件下的孔隙水对路面材料的影响，而不去考虑孔隙水的排出状态。

(3)本模型只考虑孔隙彼此不连通情况下的孔隙水压力，同时不考虑静水压力，认为初始值为零。

以上模型对于道路实际孔隙水压力进行了简化，计算得到的结果是孔隙水压力峰值，总体来说是偏于不利情况的。

道路微元模型对道路材料和孔隙水作简化处理，将道路材料和水当作同一单元类型处理。沥青道路材料模量和水的相当模量在本程序中假定为相同值。道路路面微元尺寸为 20mm × 20mm。

程序针对空隙率分别 4%、8%、12% 孔隙饱水的道路路面进行模拟计算，采用 3 种轮胎压力 0.7MPa、1.1MPa、1.3MPa，结果如表 3-1 ~ 表 3-3 和图 3-6 ~ 图 3-8 所示。

在轮压 0.7MPa 孔隙饱水状态下不同空隙率的道路微元应力最大值 表 3-1

空隙率(%)	孔隙半径(mm)	微元大小(mm)	轮胎压力(MPa)	孔隙水压力(MPa)
4.0	0.17784	20 × 20	0.7	1.025
8.0	0.24662	20 × 20	0.7	1.093
12.0	0.28231	20 × 20	0.7	1.124

在轮压 1.1MPa 孔隙饱水状态下不同空隙率的道路微元应力最大值 表 3-2

空隙率(%)	孔隙半径(mm)	微元大小(mm)	轮胎压力(MPa)	孔隙水压力(MPa)
4.0	0.17784	20 × 20	1.1	1.611
8.0	0.24662	20 × 20	1.1	1.718
12.0	0.28231	20 × 20	1.1	1.766

在轮压 1.3MPa 孔隙饱水状态下不同空隙率的道路微元应力最大值 表 3-3

空隙率(%)	孔隙半径(mm)	微元大小(mm)	轮胎压力(MPa)	孔隙水压力(MPa)
4.0	0.17784	20 × 20	1.3	1.904
8.0	0.24662	20 × 20	1.3	2.030
12.0	0.28231	20 × 20	1.3	2.087

从经验上看，基于伯努利能量守恒方程的结果更接近实际，当车速很高时，路表动水压力接近轮胎胎压，对行车安全构成威胁。但这个结果与空隙率无关，无法分析水对路面结构层的破坏。

ANSYS 有限元建模将水压力与空隙率联系起来，从上面的计算图表可以看出，轮载越大，孔隙水压力越大，表明超载会加速路面的破坏；而且随着空隙率的变大水压力也会增长，说明控制空隙率也是减少孔隙水压力的一个重要手段。但因为沥青混凝土内部条件复杂，要实现流固耦合十分困难，因此只是建立了简化的模型，作定性的描述和分析，得到的结果与实际情况可能存在差距。本文将改变原有思路，参照土力学中对孔隙水压力的表解，运用弹性力学理论计算路面结构内部的孔隙水压力。

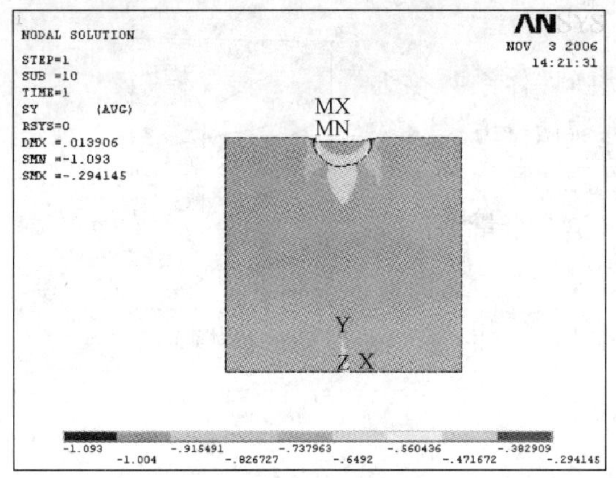

图 3-6　空隙率为 4% 孔隙饱水状态时的道路微元应力图

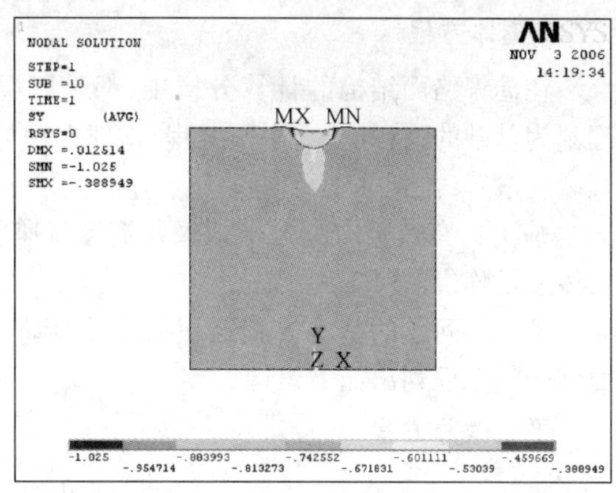

图 3-7　空隙率为 8% 孔隙饱水状态时的道路微元应力图

二、结构层内部孔隙水压力求解

水进入沥青路面几乎是不可避免的，即使是空隙率很小的密级配，也不是完全不进水的。路面积水如不能及时排走将渗入面层内部的裂缝和孔隙中。由于半刚性基层的强度很高，细料含量又多，非常致密，基本上不透水，进入面层的水就滞留在沥青层中，沿沥青层层间接触面扩散。在行车荷载作用下形成脉动水流，并沿缝隙传播，使面层沿着内部裂隙发生水力断裂。

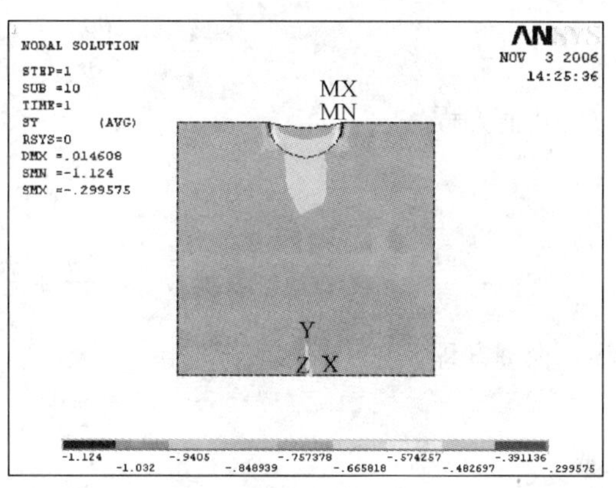

图 3-8　空隙率为 12% 孔隙饱水状态时的道路微元应力图

对于进入路面结构内部的水，本章将从弹性理论出发，采用传递矩阵法，推导动荷载作用下的层状弹性体孔隙水压力轴对称问题的解析解。

1. 模型假设

参照土力学模型，根据实际情况建立适合分析沥青混凝土路面水损害问题的渗流模型。为了计算方便，作如下假定：

（1）除渗透性外，沥青混凝土是均质的，完全饱和的理想弹性材料；

（2）沥青混凝土的变形是微小的；

（3）沥青混凝土和孔隙水均不可压缩，即只有变形，而无体积变化；

（4）孔隙水渗流服从达西定律，渗透系数为常数，即不随时间、空间变化，且水流的惯性力不计。

因此，可将行车荷载下的沥青路面看成为垂直均布荷载作用下的均质、各向同性、层间完全连续接触的线性弹性层状轴对称体系。研究对象是处于饱水状态的新建沥青混凝土路面，即路面孔隙都处于饱水状态，不考虑存在不饱和孔隙的情况。假定沥青路面各层均匀压实，各部分平均空隙率相等，将路面各层的空隙率视为均匀分布。仅考虑小变形情形，不考虑路面逐步压实、空隙变小的过程。

同时也不考虑孔隙水的冻融循环影响,即不考虑温度变化导致的孔隙水压力的变化。

2. 基本方程

在沥青路面结构的计算分析中,都是以层状弹性体系理论为基础的,将其动力平衡方程、物理方程与渗流微分方程联立求解,得到关于径向位移 u、竖向位移 w、孔隙水压力 σ、剪应力 τ、有效竖向应力 σ_z' 以及水流渗流速度 v 这 6 个量的传递矩阵(图 3-9)。

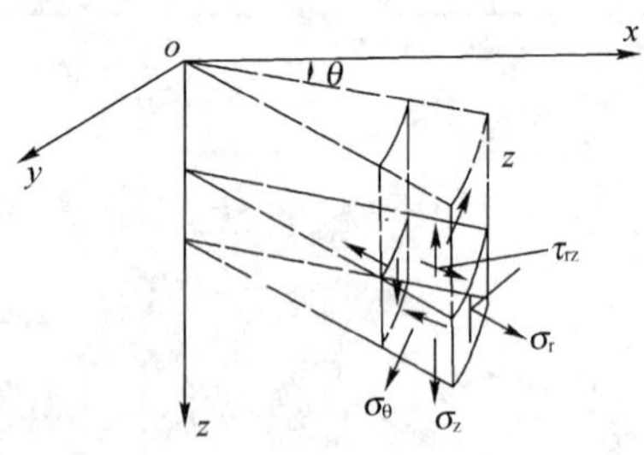

图 3-9　轴对称问题

轴对称问题的基本方程这里就不重新推导,直接将路面结构的方程列出如下:

平衡微分方程

$$\frac{\partial\sigma_r}{\partial\gamma}+\frac{\partial\tau_{zr}}{\partial z}+\frac{\sigma_r-\sigma_\theta}{r}=0 \tag{3-3}$$

$$\frac{\partial\sigma_z}{\partial z}+\frac{\partial\tau_{rz}}{\partial r}+\frac{\tau_{rz}}{r}=0 \tag{3-4}$$

几何方程

$$\varepsilon_r=\frac{\partial u}{\partial r}\quad \varepsilon_\theta=\frac{u}{r}\quad \varepsilon_z=\frac{\partial w}{\partial z} \tag{3-5}$$

$$\gamma_{zr}=\frac{\partial u}{\partial r}+\frac{\partial w}{\partial z} \tag{3-6}$$

物理方程

$$\varepsilon_r=\frac{1}{E}[\sigma_r-\mu(\sigma_\theta+\sigma_z)] \tag{3-7}$$

$$\varepsilon_\theta=\frac{1}{E}[\sigma_\theta-\mu(\sigma_z+\sigma_r)] \tag{3-8}$$

$$\varepsilon_z=\frac{1}{E}[\sigma_z-\mu(\sigma_r+\sigma_\theta)] \tag{3-9}$$

$$\gamma_{zr}=\frac{1}{G}\tau_{zr}=\frac{2(1+\mu)}{E}\tau_{zr} \tag{3-10}$$

上述 8 个方程就是弹性力学轴对称问题的基本方程。

要考虑孔隙水压力的存在,因此对上述方程进行改进,以有效应力代替原方程中的应力。本文推导过程中的约定:有效应力以拉为正,孔隙水压力以压为正,位移拉为正。

对上述方程组进行 Laplace 变换,Laplace 正变换及逆变换的形式如下:

$$\hat{f}(r,z,s)=\int_0^\infty f(r,z,t)e^{-st}\mathrm{d}t$$

$$f(r,z,t)=\int_0^\infty \hat{f}(r,z,s)e^{st}\mathrm{d}s$$

经关于时间 t 的 Laplace 变换,可得用有效应力及孔隙水压力表示的空间轴对称问题动力平衡方程:

$$\frac{\partial\tilde{\sigma}_r'(r,z,s)}{\partial r}+\frac{\partial\tilde{\tau}_{zr}(r,z,s)}{\partial z}+\frac{\tilde{\sigma}_r'(r,z,s)-\tilde{\sigma}_\theta'(r,z,s)}{r}-\frac{\partial\tilde{\sigma}(r,z,s)}{\partial r}=\rho s\tilde{u}(r,z,s) \tag{3-11}$$

$$\frac{\partial\tilde{\sigma}_z'(r,z,s)}{\partial z}+\frac{\partial\tilde{\tau}_{zr}(r,z,s)}{\partial r}+\frac{\tilde{\tau}_{zr}(r,z,s)}{r}-\frac{\partial\tilde{\sigma}(r,z,s)}{\partial z}=\rho s^2\tilde{w}(r,z,s) \tag{3-12}$$

经关于时间 t 的 Laplace 变换后的物理方程为：

$$\tilde{\sigma}_r'(r,z,s)=(\lambda+2G)\frac{\partial\tilde{u}(r,z,s)}{\partial r}+\lambda\frac{\tilde{u}(r,z,s)}{r}+\lambda\frac{\partial\tilde{w}(r,z,s)}{\partial z} \tag{3-13}$$

$$\tilde{\sigma}_\theta'(r,z,s)=\lambda\frac{\partial\tilde{u}(r,z,s)}{\partial r}+(\lambda+2G)\frac{\tilde{u}(r,z,s)}{r}+\lambda\frac{\partial\tilde{w}(r,z,s)}{\partial z} \tag{3-14}$$

$$\tilde{\sigma}_z'(r,z,s)=\lambda\frac{\partial\tilde{u}(r,z,s)}{\partial r}+\lambda\frac{\tilde{u}(r,z,s)}{r}+(\lambda+2G)\frac{\partial\tilde{w}(r,z,s)}{\partial z} \tag{3-15}$$

$$\tilde{\tau}_{rz}(r,z,s)=G\left(\frac{\partial\tilde{u}(r,z,s)}{\partial z}+\frac{\partial\tilde{w}(r,z,s)}{\partial r}\right) \tag{3-16}$$

式中：

$$\lambda=\frac{\mu E}{(1+\mu)(1-2\mu)}$$

$$G=\frac{E}{2(1+\mu)}$$

将式(3-13)、式(3-14)代入式(3-15)，整理得：

$$\frac{E(1-\mu)}{(1+\mu)(1-2\mu)}\frac{\partial^2\tilde{u}}{\partial r^2}+\frac{E(1-\mu)}{(1+\mu)(1-2\mu)}\frac{1}{r}\frac{\partial\tilde{u}}{\partial r}+\frac{\mu E}{(1+\mu)(1-2\mu)}\frac{\partial^2\tilde{w}}{\partial z\partial r}+\frac{\partial\tilde{\tau}_{rz}}{\partial z}-\frac{E(1-\mu)}{(1+\mu)(1-2\mu)}\frac{\tilde{u}}{r^2}-\frac{\partial\tilde{\sigma}}{\partial r}=\rho s^2\tilde{u} \tag{3-17}$$

将式(3-15)对坐标 r 求偏导，得：

$$\frac{\mu E}{(1+\mu)(1-2\mu)}\frac{\partial^2\tilde{u}}{\partial\rho^2}+\frac{\mu E}{(1+\mu)(1-2\mu)}\frac{1}{r}\frac{\partial\tilde{u}}{\partial r}-\frac{\mu E}{(1+\mu)(1-2\mu)}\frac{\tilde{u}}{r^2}+\frac{E(1-\mu)}{(1+\mu)(1-2\mu)}\frac{\partial^2\tilde{w}}{\partial z\partial\rho}-\frac{\partial\tilde{\sigma}_z'}{\partial r}=0 \tag{3-18}$$

联立式(3-17)、式(3-18)，得：

$$\frac{\partial\tilde{\tau}_{rz}}{\partial z}=-\frac{E}{1-\mu^2}\left(\frac{\partial^2\tilde{u}}{\partial r^2}+\frac{1}{r}\frac{\partial\tilde{u}}{\partial r}-\frac{\tilde{u}}{r^2}\right)-\frac{\mu}{1-\mu}\frac{\partial\tilde{\sigma}_z'}{\partial r}+\frac{\partial\tilde{\sigma}}{\partial r}+\rho s^2\tilde{u} \tag{3-19}$$

3. 渗流连续微分方程

因为有渗流的存在，引入渗流连续微分方程：

$$\frac{\partial e}{\partial t}=\frac{k}{r_w}\nabla^2\sigma \tag{3-20}$$

$e=\dfrac{\partial u}{\partial r}+\dfrac{u}{r}+\dfrac{\partial w}{\partial z}$ 表示体积形变；

$$\nabla=\frac{\partial^2}{\partial r^2}+\frac{1}{r}\frac{\partial}{\partial r}+\frac{\partial^2}{\partial z^2}$$

对式(3-20)作关于时间 t 的 Laplace 变换：

$$s\left(\frac{\partial \tilde{u}}{\partial r}+\frac{\tilde{u}}{r}+\frac{\partial \tilde{w}}{\partial z}\right)=\frac{k}{r_{w}}\left(\frac{\partial^{2} \tilde{\sigma}}{\partial r^{2}}+\frac{1}{r} \frac{\partial \tilde{\sigma}}{\partial r}+\frac{\partial^{2} \tilde{\sigma}}{\partial z^{2}}\right) \tag{3-21}$$

式中：k——渗透系数（m/s）；

r_w——水的重度（kN/m^3）。

记 $k'=\frac{k}{r_w}$，并令：

$$\tilde{v}=k' \frac{\partial \tilde{\sigma}}{\partial z} \tag{3-22}$$

则：

$$s\left(\frac{\partial \tilde{u}}{\partial r}+\frac{\tilde{u}}{r}+\frac{\partial \tilde{w}}{\partial z}\right)=k'\left(\frac{\partial^{2} \tilde{\sigma}}{\partial r^{2}}+\frac{1}{r} \frac{\partial \tilde{\sigma}}{\partial r}\right)+\frac{\partial \tilde{v}}{\partial z} \tag{3-23}$$

由式（3-23）、式（3-15）得：

$$\frac{\partial \tilde{v}}{\partial z}=s \frac{2G}{\lambda+2G}\left(\frac{\partial \tilde{u}}{\partial r}+\frac{\tilde{u}}{r}\right)+s \frac{1}{\lambda+2G} \tilde{\sigma}_{z}'-k'\left(\frac{\partial^{2} \sigma}{\partial r^{2}}+\frac{1}{r} \frac{\partial \sigma}{\partial r}\right) \tag{3-24}$$

分别将式（3-12）、式（3-15）、式（3-16）、式（3-19）、式（3-22）、式（3-24）整理并对其两边作关于坐标 r 的 Hankel 变换。

Hankel 变换的形式：

$$\tilde{f}(\xi,z,s)=\int_{-\infty}^{\infty} rf(r,z,s) J_{n}(r\xi)\,\mathrm{d}r$$

$$f(r,z,s)=\int_{-\infty}^{\infty} \xi \tilde{f}(\xi,z,s) J_{n}(r\xi)\,\mathrm{d}\xi$$

式中 $J_n(r\xi)$ 是 n 阶贝塞尔函数。

经过 Hankel 变换，得到下面的矩阵常微分方程：

$$\frac{\partial}{\partial z}\begin{bmatrix} \tilde{\tilde{u}} \\ \tilde{\tilde{w}} \\ \tilde{\tilde{\sigma}} \\ \tilde{\tilde{\tau}}_{rz} \\ \tilde{\tilde{\sigma}}_{z}' \\ \tilde{\tilde{v}} \end{bmatrix}=\begin{bmatrix} 0 & \xi & 0 & \frac{2(1+\mu)}{E} & 0 & 0 \\ -\frac{\mu}{1-\mu} & 0 & 0 & 0 & \frac{(1+\mu)(1-2\mu)}{E(1-\mu)} & 0 \\ 0 & 0 & 0 & 0 & 0 & \frac{1}{k'} \\ \frac{E}{1-\mu^{2}}\xi^{2}+\rho s^{2} & 0 & -\xi & 0 & \frac{\mu}{1-\mu}\xi & 0 \\ 0 & \rho s^{2} & 0 & -\xi & 0 & \frac{1}{k'} \\ \frac{1-2\mu}{1-\mu}s\xi & 0 & k'\xi^{2} & 0 & \frac{(1+\mu)(1-2\mu)}{E(1-\mu)}s & 0 \end{bmatrix} \times \begin{bmatrix} \tilde{\tilde{u}} \\ \tilde{\tilde{w}} \\ \tilde{\tilde{\sigma}} \\ \tilde{\tilde{\tau}}_{rz} \\ \tilde{\tilde{\sigma}}_{z}' \\ \tilde{\tilde{v}} \end{bmatrix} \tag{3-25}$$

式中$\tilde{\tilde{w}}(\xi,z,s)$、$\tilde{\tilde{\sigma}}(\xi,z,s)$、$\tilde{\tilde{\sigma}}_z'(\xi,z,s)$、$\tilde{\tilde{v}}(\xi,z,s)$为$\tilde{\tilde{w}}(r,z,s)$、$\tilde{\tilde{\sigma}}(r,z,s)$、$\tilde{\tilde{\sigma}}_z'(r,z,s)$、$\tilde{\tilde{v}}(r,z,s)$的零阶 Hankel 变换，即：

$$\tilde{f}(\xi,z,s)=\int_{-\infty}^{\infty} rf(r,z,s) J_{0}(r\xi)\,\mathrm{d}r$$

$\tilde{\bar{u}}(\xi,z,s)$、$\tilde{\bar{\tau}}_{rz}(\xi,z,s)$为$\tilde{\bar{u}}(r,z,s)$、$\tilde{\bar{\tau}}_{rz}(r,z,s)$的一阶 Hankel 变换,即:

$$\tilde{f}(\xi,z,s) = \int_{-\infty}^{\infty} rf(r,z,s)J_1(r\xi)\,\mathrm{d}r$$

4. 建立刚度矩阵方程

令状态向量

$$\tilde{\bar{X}}(\xi,z,s) = \begin{bmatrix} \tilde{\bar{u}}(\xi,z,s) \\ \tilde{\bar{w}}(\xi,z,s) \\ \tilde{\bar{\sigma}}(\xi,z,s) \\ \tilde{\bar{\tau}}_{rz}(\xi,z,s) \\ \tilde{\bar{\sigma}}'_z(\xi,z,s) \\ \tilde{\bar{v}}(\xi,z,s) \end{bmatrix} \tag{3-26}$$

则式(3-25)可写成:

$$\frac{\partial}{\partial z}\tilde{\bar{X}}(\xi,z,s) = A(\xi,s)\,\tilde{\bar{X}}(\xi,z,s) \tag{3-27}$$

式中:

$$A(\xi,s) = \begin{bmatrix} 0 & \xi & 0 & \frac{2(1+\mu)}{E} & 0 & 0 \\ -\frac{\mu}{1-\mu} & 0 & 0 & 0 & \frac{(1+\mu)(1-2\mu)}{E(1-\mu)} & 0 \\ 0 & 0 & 0 & 0 & 0 & \frac{1}{k'} \\ \frac{E}{1-\mu^2}\xi^2+\rho s^2 & 0 & -\xi & 0 & \frac{\mu}{1-\mu}\xi & 0 \\ 0 & \rho s^2 & 0 & -\xi & 0 & \frac{1}{k'} \\ \frac{1-2\mu}{1-\mu}s\xi & 0 & k\xi^2 & 0 & \frac{(1+\mu)(1-2\mu)}{E(1-\mu)}s & 0 \end{bmatrix}$$

根据现代控制理论,可求出矩阵微分方程(3-27)的解为:

$$\tilde{\bar{X}}(\xi,z,s) = \exp[zA(\xi,s)]\,\tilde{\bar{X}}(\xi,0,s) \tag{3-28}$$

$\exp[zA(\xi,s)]$就是要找的传递矩阵。从表达式可以看出,传递矩阵把初始状态向量,即在$z=0$处的状态向量,与任意深度处的状态向量建立了关系式。

至此,通过推导我们建立了状态方程,用T来表示传递矩阵,则式(3-28)可写成:

$$\tilde{\bar{X}}(\xi,z,s) = T\tilde{\bar{X}}(\xi,0,s) \tag{3-29}$$

5. 指数矩阵的求解

对于矩阵$\exp[zA(\xi,s)]$的求解,我们通过特征值和特征向量求指数矩阵,令:

$$H = zA(\xi, s)$$

矩阵 H 的特征方程为：

$$|\lambda I - H| = 0$$

$$\begin{bmatrix} -\lambda & \xi & 0 & \frac{2(1+\mu)}{E} & 0 & 0 \\ -\frac{\mu}{1-\mu} & -\lambda & 0 & 0 & \frac{(1+\mu)(1-2\mu)}{E(1-\mu)} & 0 \\ 0 & 0 & -\lambda & 0 & 0 & \frac{1}{k'} \\ \frac{E}{1-\mu^2}\xi^2 + \rho s^2 & 0 & -\xi & -\lambda & \frac{\mu}{1-\mu}\xi & 0 \\ 0 & \rho s^2 & 0 & -\xi & -\lambda & \frac{1}{k'} \\ \frac{1-2\mu}{1-\mu}s\xi & 0 & k\xi^2 & 0 & \frac{(1+\mu)(1-2\mu)}{E(1-\mu)}s & -\lambda \end{bmatrix} = 0$$

通过 MATLAB 求解，得到矩阵 H 的特征值为：

$$\lambda_1 = R_1, \lambda_2 = -R_1$$
$$\lambda_3 = R_2, \lambda_4 = -R_2$$
$$\lambda_5 = R_3, \lambda_6 = -R_3$$
$$R_1 = \pm \xi$$
$$R_2 = \pm\sqrt{\frac{(E\xi^2 + 2\rho s^2 + 2\mu\rho s)^2}{E}}$$
$$R_3 = \pm\sqrt{\frac{(\mu+1)(2\mu-1)\rho}{(\mu-1)E}s^2 + \frac{(\mu+1)(2\mu-1)}{Ek(\mu-1)}s + \xi^2}$$

因为矩阵 H 的特征值各不相等，因此，存在一个矩阵 D，使得：

$$D^{-1}HD = \begin{bmatrix} \lambda_1 & & & & & \\ & \lambda_2 & & & 0 & \\ & & \lambda_3 & & & \\ & & & \lambda_4 & & \\ & 0 & & & \lambda_5 & \\ & & & & & \lambda_6 \end{bmatrix} \tag{3-30}$$

即矩阵 H 可对角化，其中 D 为特征值对应的特征向量组成的矩阵。矩阵 D 的表达式也是通过 MATLAB 求解，特征矩阵的具体表达式比较复杂，这里不详细列出。

根据矩阵理论，

$$T = \exp[H] = D\exp\left(\begin{bmatrix} \lambda_1 & & & & & \\ & \lambda_2 & & & 0 & \\ & & \lambda_3 & & & \\ & & & \lambda_4 & & \\ & 0 & & & \lambda_5 & \\ & & & & & \lambda_6 \end{bmatrix}\right)D^{-1}$$

$$
= D\begin{bmatrix} \exp(\lambda_1) & & & & & \\ & \exp(\lambda_2) & & & 0 & \\ & & \exp(\lambda_3) & & & \\ & & & \exp(\lambda_4) & & \\ & 0 & & & \exp(\lambda_5) & \\ & & & & & \exp(\lambda_6) \end{bmatrix} D^{-1} \tag{3-31}
$$

6. 层状弹性体系求解

如图 3-10 所示多层弹性体系，层间完全接触且连续，可表示为：

$$
\begin{bmatrix} u(r,z_i,t) \\ w(r,z_i,t) \\ \sigma(r,z_i,t) \\ \tau_{rz}(r,z_i,t) \\ \sigma'_z(r,z_i,t) \\ v(r,z_i,t) \end{bmatrix}_i = \begin{bmatrix} u(r,z_i,t) \\ w(r,z_i,t) \\ \sigma(r,z_i,t) \\ \tau_{rz}(r,z_i,t) \\ \sigma'_z(r,z_i,t) \\ v(r,z_i,t) \end{bmatrix}_{i+1} \tag{3-32}
$$

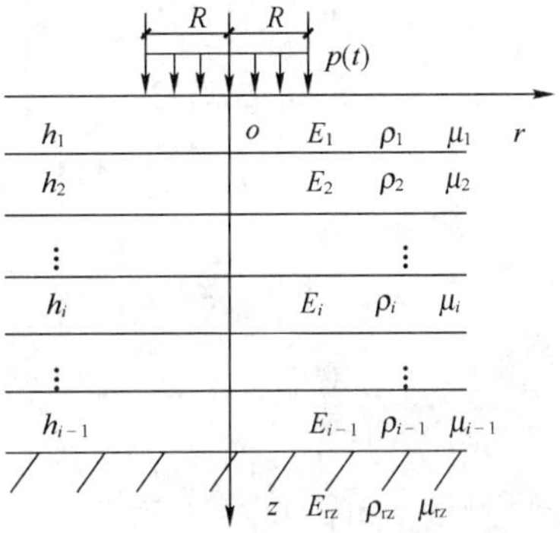

图 3-10　轴对称条件下层状弹性体系

即第 $i+1$ 层的上表面状态向量等于第 i 层的下表面状态向量。

经 Laplace 变换和 Hankel 变换后层间接触连续条件为：

$$
\begin{bmatrix} \tilde{\bar{u}}(\xi,z_i,s) \\ \tilde{\bar{w}}(\xi,z_i,s) \\ \tilde{\bar{\sigma}}(\xi,z_i,s) \\ \tilde{\bar{\tau}}_{rz}(\xi,z_i,s) \\ \tilde{\bar{\sigma}}'_z(\xi,z_i,s) \\ \tilde{\bar{v}}(\xi,z_i,s) \end{bmatrix}_i = \begin{bmatrix} \tilde{\bar{u}}(\xi,z_i,s) \\ \tilde{\bar{w}}(\xi,z_i,s) \\ \tilde{\bar{\sigma}}(\xi,z_i,s) \\ \tilde{\bar{\tau}}_{rz}(\xi,z_i,s) \\ \tilde{\bar{\sigma}}'_z(\xi,z_i,s) \\ \tilde{\bar{v}}(\xi,z_i,s) \end{bmatrix}_{i+1} \tag{3-33}
$$

设在弹性半空间体表面上以 R 为半径的圆形面积内有均布垂直荷载作用，而且在圆面积外没有荷载作用，即：

$$
p(r,t) = \begin{cases} p\sin(wt) & r < R \\ 0 & r > R \end{cases}
$$

将 $p(r,t)$ 对时间 t 和半径 r 分别施加 Laplace 变换和零阶 Hankel 变换，得：

$$
\tilde{\bar{p}}(\xi,s) = \frac{pwRJ_1(\xi R)}{\xi(s^2 + w^2)} \tag{3-34}
$$

在路表面，即 $z=0$ 处，$\tilde{\bar{\sigma}}'_z(\xi,0,s)$ 是已知的，考虑垂直均布荷载情况下 $\tilde{\bar{\tau}}_{\rho z}(\xi,0,s)=0$。

由边界条件可知，当 $z\to\infty$ 时：

$$
\tilde{\bar{w}}(\xi,z,s) = \tilde{\bar{u}}(\xi,z,s) = 0 \tag{3-35}
$$

由图 3-10 所示的多层体系,按接触条件逐层传递,就得到整个多层体系的传递矩阵:

$$\tilde{\bar{X}}(\xi,z,s) = \prod_{i=1}^{n} T_i \tilde{\bar{X}}(\xi,0,s) \tag{3-36}$$

令 $M = \prod_{i=1}^{n} T_i$

则 M 就是所求的传递矩阵。

$$\begin{bmatrix} \tilde{\bar{u}}(\xi,z,s) \\ \tilde{\bar{w}}(\xi,z,s) \\ \tilde{\bar{\sigma}}(\xi,z,s) \\ \tilde{\bar{\tau}}_{rz}(\xi,z,s) \\ \tilde{\bar{\sigma}}_z'(\xi,z,s) \\ \tilde{\bar{v}}(\xi,z,s) \end{bmatrix} = \begin{bmatrix} M_{11} & M_{12} & M_{13} & M_{14} & M_{15} & M_{16} \\ M_{21} & M_{22} & M_{23} & M_{24} & M_{25} & M_{26} \\ M_{31} & M_{32} & M_{33} & M_{34} & M_{35} & M_{36} \\ M_{41} & M_{42} & M_{43} & M_{44} & M_{45} & M_{46} \\ M_{51} & M_{52} & M_{53} & M_{54} & M_{55} & M_{56} \\ M_{61} & M_{62} & M_{63} & M_{64} & M_{65} & M_{66} \end{bmatrix} \times \begin{bmatrix} \tilde{\bar{u}}(\xi,0,s) \\ \tilde{\bar{w}}(\xi,0,s) \\ \tilde{\bar{\sigma}}(\xi,0,s) \\ \tilde{\bar{\tau}}_{rz}(\xi,0,s) \\ \tilde{\bar{\sigma}}_z'(\xi,0,s) \\ \tilde{\bar{v}}(\xi,0,s) \end{bmatrix} \tag{3-37}$$

式(3-37)中路面及结构层边界状态向量中的 6 个分量由边界条件给出,引入传递矩阵,层间接触条件可以自动满足,不必考虑中间状态。

将边界条件代入,可得:

$$\begin{bmatrix} \tilde{\bar{u}}(\xi,0,s) \\ \tilde{\bar{w}}(\xi,0,s) \\ \tilde{\bar{v}}(\xi,0,s) \end{bmatrix} = -\begin{bmatrix} M_{11} & M_{12} & M_{16} \\ M_{21} & M_{22} & M_{26} \\ M_{61} & M_{62} & M_{66} \end{bmatrix}^{-1} \begin{bmatrix} M_{13} & M_{14} & M_{15} \\ M_{23} & M_{24} & M_{25} \\ M_{63} & M_{64} & M_{65} \end{bmatrix} \times \begin{bmatrix} \tilde{\bar{\sigma}}(\xi,0,s) \\ \tilde{\bar{\tau}}_{rz}(\xi,0,s) \\ \tilde{\bar{\sigma}}_z'(\xi,0,s) \end{bmatrix} \tag{3-38}$$

求解上述三元一次方程组,就可以得出路表面的状态向量,然后再利用式(3-37)就可以求出任意深度处的状态向量。再将其施加 Laplace 逆变换和 Hankel 逆变换,即可解出孔隙水压力 $\sigma(r,z,t)$ 等参数。

三、算例分析

1. 不同位置孔隙水压力分析

在推导了孔隙水压力计算方程后,我们首先关心孔隙水压力的峰值到底出现在路面的什么位置,其值是多少。为此,下面采用常见的沥青路面结构的 3 层体系来计算不同位置的孔隙水压力。其中材料参数分别为 $E_1 = 1\,200\text{MPa}$;$h_1 = 0.15\text{m}$;$k_1 = 5.03 \times 10^{-4}\text{m/s}$;$\mu_1 = 0.25$;$E_2 = 1\,500\text{MPa}$;$h_2 = 0.25\text{m}$;$k_2 = 2.619 \times 10^{-2}\text{m/s}$;$\mu_2 = 0.25$;$E_3 = 50\text{MPa}$;$h_3 = 0.25\text{m}$;$k_3 = 10^{-8}\text{m/s}$;$\mu_3 = 0.35$。

假设路表面荷载为圆形均布垂直荷载作用,即:

$$p(r,t) = \begin{cases} p\sin(wt) & r < R \\ 0 & r > R \end{cases}$$

其中 $p = 1\text{MPa}, w = \frac{\pi}{10}$

求解过程用 MATLAB 编程实现,解出的孔隙水压力值如表 3-4 所示。

不同位置的孔隙水压力值(kPa) 表3-4

纵向深度(cm) \ 横向位置(cm)	$R=0$	$R=20$	$R=30$	$R=40$
$z=0$	0	0	0	0
$z=5$	30.9899	14.8554	6.6119	1.6198
$z=10$	46.4878	23.1794	10.3518	2.1316
$z=15$	51.0663	26.2422	11.7218	2.0510
$z=20$	48.6049	25.4664	11.3173	1.7427
$z=25$	42.1230	22.1738	9.7296	1.4250
$z=30$	33.8782	17.5484	7.5166	1.1997
$z=35$	25.4629	12.5996	5.1738	1.0819
$z=40$	17.9021	8.1259	3.1046	1.0294
$z=45$	11.7507	4.6775	1.5910	0.9728
$z=50$	7.1906	2.5199	0.7645	0.8448
$z=55$	4.1284	1.5972	0.5766	0.6108
$z=60$	2.2925	1.4949	0.7694	0.2976
$z=65$	1.3308	1.4034	0.8466	0.0238
$z=70$	0.9073	0.0815	0.0438	0.0295

用MATLAB对上述数据进行后期处理,划分网格,并进行三次样条数值拟合,得到的结果如图3-11~图3-13。

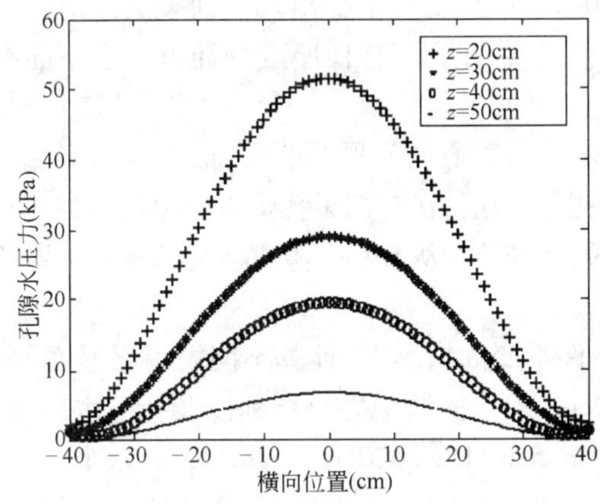

图3-11 横向不同位置孔隙水压力值

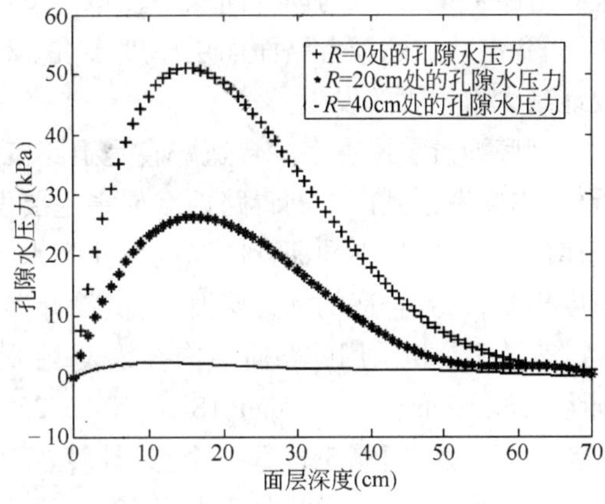

图3-12 不同深度孔隙水压力值

从图中可以看出,同样路面深度孔隙水压力在路面宽度方向出现在车辆荷载中心处,因此今后考虑孔隙水压力时将这个位置作为最不利位置。在路面深度方向上,孔隙水压力较大值集中在深度5cm到30cm之间,面层与基层的接触面附近(15~18cm处,当前沥青层厚度一般为18cm),孔隙水压力出现最大值,最大的孔隙水压力值可以达到50kPa,这么大的孔隙水压力在短时间内突然释放出来,对面层混合料的破坏是巨大的。

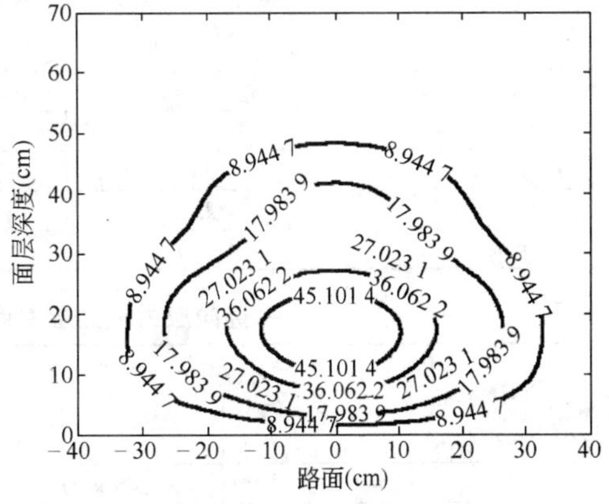

图3-13 孔隙水压力值等高线图

因此,针对当前沥青混凝土路面结构,其损坏是从下面层开始的,程序计算的时候假设层间完全接触,压力值连续分布。实际情况中施工过程中层间往往不能连续,加上孔隙水压力值在中下面层和面层底部处于高水平区,因此中下面层是最容易开始破坏的。

2. 沥青层厚度对孔隙水压力影响分析

半刚性沥青路面用于高速公路的路面结构具有其合理性,其优点主要表现为具有较高的强度和承载能力。由于半刚性基层的刚度大,使得其上的沥青层弯拉应力值较小从而提高了沥青面层抵抗行车疲劳破坏的能力,甚至可认为半刚性基层上的沥青面层不会产生疲劳破坏,并且以多层体系弹性理论为基础的现行规范计算出的这种路面结构面层受到的弯拉应力很小,已不起控制作用,因此得出的路面厚度偏小。

随着半刚性沥青路面的大量使用,工程实践证明如果面层不够厚,路表面会很快产生裂缝,初期产生的裂缝对行车无明显影响,但随着表面雨水或雪水的浸入,在大量行车荷载反复作用下,会导致路面强度明显下降,产生冲刷和唧泥现象,使裂缝两侧的沥青路面碎裂,加速沥青路面的破坏,影响沥青路面的使用性能。

大幅度地增加沥青面层的厚度,可以减小孔隙水压力及其破坏作用,这也是美国沥青学会(Asphalt Insititut)强调使用全厚式沥青路面的一个原因。国外沥青路面结构设计方法经过几十年的完善,已经提出了比较成熟的设计方法。许多国家提出了典型结构设计方法,第十八届世界道路会议上,认为沥青面层厚度取20cm或20cm以上,则可很少出现表面裂缝。与国外相比,我国建成的沥青路面面层厚度多在12~15cm左右,偏薄,这样厚度的沥青面层不能有效地减少水损害的发生。

到底沥青层厚度多少合适一直是道路工程技术人员关心的问题,除了一般的应力应变分析外,本文考虑到由于沥青路面水损害主要发生在沥青面层,在获知了孔隙水压力大致的分布规律后,可以分析不同沥青层厚度下孔隙水压力的变化规律,从减小孔隙水压力降低水损害的角度出发,得到合适的沥青层厚度,供设计参考。

表3-5是拟采用的路面结构参数表,在其他条件不变的情况下,计算不同沥青层厚度(分别为8cm,10cm,12cm,15cm,18cm,20cm,25cm,30cm)的路面结构力学指标以及孔隙水压力。从路表面开始,间隔5cm取一个点,计算深度为0cm,5cm,15cm,20cm,25cm,30cm六个点,计算水平应力、竖向应力及孔隙水压力随面层厚度的变化(图3-14、图3-15)。荷载条件:0.7MPa的轮压,考虑单元均布荷载,圆半径150mm,计算结果见表3-6~表3-8。

路面结构参数 表3-5

层号	层厚(cm)	弹性模量(MPa)	泊松比	渗透系数(m/s)
1.面层	8	1200	0.25	5.03×10^{-4}
2.水稳基层	35	1500	0.25	2.619×10^{-4}
3.底基层	25	800	0.25	2.619×10^{-4}
4.土基	—	50	0.35	10^{-8}

竖向应力随面层厚度的变化(Pa)(压为负,拉为正) 表3-6

层厚(cm) \ 计算点深度(cm)	5	10	15	20	25	30
8	-9.670×10^5	-8.245×10^5	-6.367×10^5	-4.722×10^5	-3.469×10^5	-2.548×10^5
10	-9.672×10^5	-8.251×10^5	-6.378×10^5	-4.740×10^5	-3.494×10^5	-2.579×10^5

续上表

层厚(cm) \ 计算点深度(cm)	5	10	15	20	25	30
12	-9.674×10^5	-8.256×10^5	-6.389×10^5	-4.754×10^5	-3.515×10^5	-2.606×10^5
15	-9.675×10^5	-8.262×10^5	-6.4×10^5	-4.755×10^5	-3.543×10^5	-2.641×10^5
18	-9.633×10^5	-8.135×10^5	-6.205×10^5	-4.598×10^5	-3.415×10^5	-2.557×10^5
20	-9.643×10^5	-8.163×10^5	-6.273×10^5	-4.603×10^5	-3.422×10^5	-2.568×10^5
25	-9.660×10^5	-8.214×10^5	-6.314×10^5	-4.66×10^5	-3.441×10^5	-2.592×10^5
30	-9.892×10^5	-8.443×10^5	-6.528×10^5	-4.941×10^5	-3.74×10^5	-2.605×10^5

水平应力随面层厚度的变化(Pa)(压为负,拉为正)　　表3-7

层厚(cm) \ 计算点深度(cm)	5	10	15	20	25	30
8	-4.460×10^5	-2.004×10^5	-8.575×10^4	-3.403×10^4	-6.628×10^3	12.59×10^3
10	-4.424×10^5	-1.982×10^5	-8.479×10^4	-3.434×10^4	-8.315×10^3	9.244×10^3
12	-4.390×10^5	-1.960×10^5	-8.379×10^4	-3.442×10^4	-9.584×10^3	6.596×10^3
15	-4.343×10^5	-1.930×10^5	-8.223×10^4	-3.430×10^4	-1.094×10^4	3.562×10^3
18	-4.491×10^5	-1.909×10^5	-5.866×10^4	-2.232×10^4	-4.553×10^3	6.247×10^3
20	-4.456×10^5	-1.921×10^5	-6.674×10^4	-2.092×10^4	-4.261×10^3	5.570×10^3
25	-4.370×10^5	-1.910×10^5	-7.508×10^4	-3.005×10^4	-3.005×10^3	4.755×10^3
30	-4.176×10^5	-1.893×10^5	-8.023×10^4	-2.564×10^4	-2.742×10^3	2.561×10^3

孔隙水压力随面层厚度的变化(kPa)　　表3-8

层厚(cm) \ 计算点深度(cm)	5	10	15	20	25	30
8	32.9235	49.5705	54.6654	52.2009	45.3550	36.5636
10	32.3310	48.6220	53.5690	51.1008	44.3696	35.7414
12	31.7712	47.7250	52.5202	50.0599	43.4370	34.9716
15	30.9899	46.4878	51.0663	48.6049	42.1230	33.8782
18	28.9716	43.7556	48.3968	46.2036	40.0036	32.1550
20	28.4313	42.8896	47.3957	45.3283	39.2194	31.5077
25	27.2203	40.9513	45.1433	43.0926	37.4179	30.0119
30	26.0526	39.1358	43.2764	41.1138	36.0573	28.2546

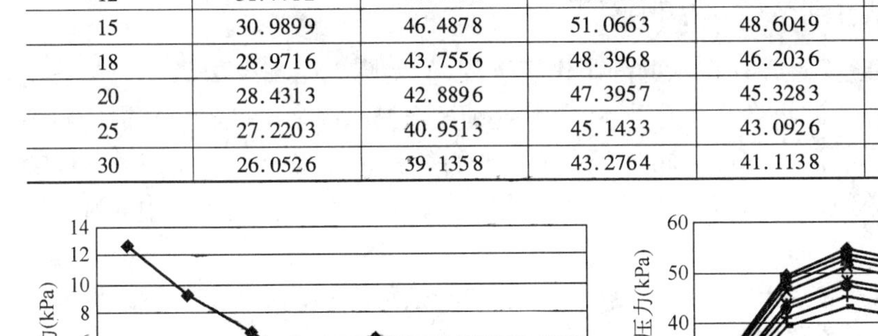

图3-14　不同面层厚度在基层产生的拉应力

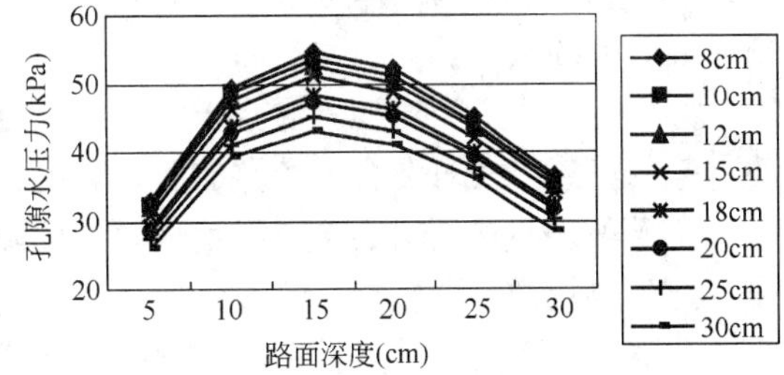

图3-15　不同面层厚度孔隙水压力分布

从上面的计算结果可以看出：

(1)沥青层较薄时,竖向压应力较大,随着沥青层厚度加大,逐渐减小,当厚度为15cm,竖向压应力达到最低值,尔后增加沥青层厚度竖向应力又有所增加,但总体来看,沥青层厚度对竖向应力影响不大。

(2)路面在荷载作用下,在基层产生的拉应力是其破坏的主要原因之一,当面层厚度增加到15cm,其应力水平处于最低点。但是当前高等级公路基层做得较厚(30~40cm),产生的拉应力很小,即使面层8cm时产生的最大拉力值0.012MPa,也远小于水稳层的容许拉应力0.27MPa,因此拉应力很难衡量面层厚度对路面结构的影响。

(3)随着路面厚度的增加,孔隙水压力逐渐减小,从下降的梯度来看,15cm与18cm之间以及20cm与25cm之间幅度较大,表明路面厚度从15cm增加到18cm,20cm增加到25cm对降低孔隙水压力效果较明显;而12cm变到15cm,18cm变到20cm效果就不如前者明显。

因此不考虑造价的前提下,原则上沥青层厚度越厚越好。但综合衡量造价性能后,可以把传统的15cm面层增加为18cm,再增加7cm的沥青基层,这样兼顾了沥青层厚度18cm和25cm两个节点,可以把孔隙水压力的危害尽可能降低。

第三节　水损害微观力学理论

关于水损害发生的原因,业界公认是路面结构内部产生的孔隙水压力对沥青混合料的破坏,但是究竟是如何破坏的,以前的研究主要是围绕沥青与集料间黏附性开展,寻求合适的技术途径来提高沥青与集料的黏附性,这大多是建立在试验的基础的,并没有从产生水损害的源头分析,而是一种防治措施研究。此外科研人员提出了不少理论,从化学以及热力学方面进行分析水对这种黏附的破坏,但这也是定性分析,缺乏定量的计算。而对进入路面结构内部的水在行车荷载作用下产生的动水压力研究的并不多,对其破坏机理认识更少。从力学角度来看,沥青路面结构内部的孔隙水在高速行车荷载的作用下造成瞬时的孔隙水压力,才是造成路面水损害的根本原因。本章将以上一章计算得到的孔隙水压力为依据,进一步分析行车荷载作用下产生的动水压力对混合料的破坏机理。

一、脉动水流对混合料的冲刷剪切作用分析

黏附性理论和润湿理论都是建立在水的静态作用下的,但实际上路面是要承受荷载作用的,在行车荷载作用下孔隙中的水会产生孔隙水压力,这种压力累积起来会使沥青与混合料的之间的键断裂,孔隙水压力在消散的过程又会产生水力冲刷。高速公路产生水损害的速度之快,说明路面水损害并不单纯是水加速了沥青老化,更重要的是行车荷载作用下产生的水力冲刷对混合料的破坏。

分析孔隙水压力对沥青混凝土的水力冲刷,首先需要求出面层在动荷载作用下产生的脉动水流的流速以及对混合料产生的剪切力的大小。

车辆驶过时对面层的碾压产生瞬间的孔隙水压力,孔隙水压力在消散的过程中会产生水流,对混合料进行冲刷。对孔隙水压力消散过程的模拟借鉴水力学上的方法。

孔隙水压力的消散过程在水力学就是水头损失的过程,沿程水头损失的原因是摩擦力做的功消耗能量,沿程摩擦力就是剪切力。因此,剪切力与沿程水头损失存在一定的关系,在恒定均匀流的条件下,可以导出这种关系。

1.模型的建立

面层结构内部的水流情况是非常复杂的紊流,流体的形态与孔径大小、孔壁的粗糙程度都有关系,直接对其进行分析是不可能的。利用有限元思想,取其中一个微元体,如图3-16,假设

其两端作用孔隙水压力,流体在这一微元体内部的流速不变,即恒定均匀流。

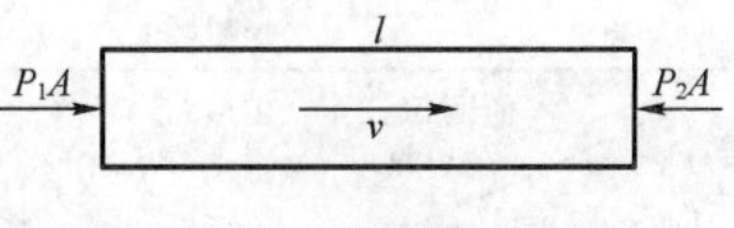

图 3-16　管道微元体

以圆管内的水流为例进行分析,如图 3-16 所示,以管轴为中心,取任意大小的流束进行分析。流束长度为 l,半径 r,断面面积 A,周界 S,圆管形心上的孔隙水压力为 p_1,p_2;设流束表面的剪应力为τ。

作用于流束的外力有:

(1)两端断面上的动水压力 p_1A 和 p_2A;

(2)侧面上的动水压力(垂直于流束);

(3)侧面上的剪切力:$T=\tau Sl$,Sl 为流束的侧表面积;

(4)重力 G。

由于考虑的是均匀流,加速度为零,所有外力在速度方向上的投影之和为零,即

$$p_1A - p_2A + \rho gAl\cos\theta - \tau Sl = 0 \tag{3-39}$$

式中 $\rho gAl\cos\theta$ 是重力在流动方向上的投影。由于考虑的是水平圆管,所以

$$\rho gAl\cos\theta = 0 \tag{3-40}$$

式(3-39)整理得

$$(p_1 - p_2)A = \tau Sl \tag{3-41}$$

可得

$$\tau = \frac{A}{S}J = \frac{r}{2}J \tag{3-42}$$

式中:$J=\frac{\Delta p}{l}$,为水力坡度。

水力坡度可以由前一章的孔隙水压力对深度求导得到,即

$$\Delta p = \frac{\partial\sigma}{\partial d} \tag{3-43}$$

由上述公式,得到剪切应力的表达式

$$\tau = \frac{r}{2} \times \frac{\partial\sigma}{\partial d} \tag{3-44}$$

根据前一章的结果,假设孔隙半径为 0.5mm 进行分析,使用 MATLAB 得出面层不同深度处不同时刻各点的剪切应力的大小,如表 3-9 所示。

不同时刻不同位置的剪切应力值(MPa)　　表 3-9

横向位置(cm) / 纵向深度(cm)	$R=0$	$R=20$	$R=30$	$R=40$
$z=0$	0	0	0	0
$z=5$	8.6074	3.8965	1.8852	0.32
$z=10$	9.744	4.824	2.1483	0.3885
$z=15$	7.6754	4.3634	1.7325	0.3323
$z=20$	4.9668	3.4699	1.1919	0.2273
$z=25$	3.0158	2.686	0.8185	0.1236
$z=30$	2.3073	2.23	0.7019	0.0497
$z=35$	2.6685	2.0854	0.7889	0.0166
$z=40$	3.5242	2.09	0.943	0.0218

续上表

纵向深度(cm) \ 横向位置(cm)	$R=0$	$R=20$	$R=30$	$R=40$
$z=45$	4.1519	2.025	1.0039	0.0533
$z=50$	3.9366	1.7039	0.8473	0.094
$z=55$	2.6265	1.0623	0.4444	0.1257
$z=60$	0.5874	0.246	0.0785	0.133
$z=65$	0.9416	−0.2988	0.3805	0.1075
$z=70$	0.4066	0.2628	0.1535	0.0522

实际情况远比模型复杂,为了简化计算,对模型进行了一些假设。由表3-9中数据可见,在行车荷载作用下产生的水流对混合料的冲刷剪应力峰值可以达到10MPa,尽管从数值上看不算大,但行车荷载是反复作用,在这样的剪切应力作用下,经过长期疲劳和累积损伤破坏过程,沥青就会慢慢从集料表面脱落。

二、裂缝的扩展破坏

对沥青混合料水稳定性的研究,除了进行合理的材料设计,改善沥青—集料界面的相互作用的研究之外,还应该对水流导致的沥青混合料内部裂隙发展这一现象给予足够的关注。

1. 沥青混凝土路面缝隙的形成与特点

路面裂缝的危害在于从裂缝中不断进入水分使基层甚至路基软化,导致路面承载能力下降,加速路面破坏。路面裂缝包括横向裂缝和纵向裂缝两部分。

(1)横向裂缝。横向裂缝可分为荷载性裂缝和非荷载性裂缝两大类。荷载性裂缝是由于路面结构设计不当和施工质量低劣,或由于车辆严重超载,致使沥青面层或半刚性基层内产生的拉应力超过其疲劳强度而裂缝。非荷载性裂缝是横向裂缝的主要形式,它有两种情况:沥青面层温度收缩性裂缝和基层反射性裂缝。

(2)纵向裂缝。纵向裂缝可分为两种情况:一种情况是由于路基压实度不均匀,路面不均匀沉陷而引起的,如发生在半填半挖处的裂缝。另一种情况是沥青面层分幅摊铺时,两幅接茬未处理好,在行车荷载作用下,易形成纵缝。有时,车辙边缘也会有纵裂缝。纵向裂缝,大多发生在半填半挖路基或路面加宽处,主要由路基的不均匀沉降造成。

(3)龟裂。龟裂又称网裂,通常是由于路面整体强度不足,基层软化,稳定性不良等原因引起的,其初始形态是沿轮迹带出现单条或多条平行纵缝,逐渐在纵缝间出现横向或斜向连接缝。沥青路面老化变脆,也会发展成网状裂缝。

裂缝在路面结构中大部分以末端封闭状态存在,渗入缝隙的水体在脉动压力作用下传播规律符合瞬变流模型,使缝隙内部承受交变循环的压力荷载作用,最终导致混合料内部的疲劳破坏,使得裂缝不断扩张发展,不同裂缝相互贯通。

2. 脉动水流对裂缝的破坏

脉动水流的流速同样以圆管内的水流为例进行分析,取其中一个微元体,如图3-16,假设其两端作用孔隙水压力,管壁作用剪切力,根据能量守恒定理

$$W_1 - W_2 = \frac{1}{2}\rho Al(v_2^2 - v_1^2) \tag{3-45}$$

其中，W_1，W_2 分别为孔隙水压力和剪切力对水体做的功：

$$W_1 = (p_1 - p_2)Al$$

$$W_2 = \frac{1}{2}\tau Sl^2$$

将式(3-45)代入，得

$$v_2^2 = v_1^2 + \frac{p_1 - p_2}{\rho} \tag{3-46}$$

根据边界条件，在边界上的点的孔隙水压力和流速都为零，因此可以根据式(3-43)从边界上的点向上推。根据这一思想，通过 MATLAB 编程得出面层结构内部的各点的瞬时流速如表3-10 所示。

瞬时水流速度分布表(m/s)　　表 3-10

纵向深度(cm) \ 横向位置(cm)	R = 0	R = 20	R = 30	R = 40
z = 0	0	0	0	0
z = 5	3.3401	2.3126	1.5428	0.7636
z = 10	4.0909	2.8887	1.9305	0.876
z = 15	4.2876	3.0736	2.0542	0.8593
z = 20	4.183	3.0279	2.0185	0.7921
z = 25	3.8941	2.8253	1.8715	0.7162
z = 30	3.4923	2.5134	1.645	0.6572
z = 35	3.0276	2.1298	1.3648	0.6241
z = 40	2.5387	1.7104	1.0572	0.6088
z = 45	2.0568	1.2976	0.7568	0.5918
z = 50	1.6089	0.9525	0.5246	0.5515
z = 55	1.2191	0.7583	0.4556	0.4689
z = 60	0.9085	0.7336	0.5263	0.3273
z = 65	0.6922	0.7108	0.5521	0.0925
z = 70	0.5715	0.1713	0.1255	0.1031

从结果来看，虽然水流很快就消失，但其瞬间的速度峰值可以达到 4m/s，长期作用下，对裂缝的破坏显然是很严重的。

下面借鉴水力学上对管流的分析，进一步分析脉动水流对裂缝的破坏。水力学研究的管流问题有一类叫作有压管道非恒定流问题，当有压管道末端阀门突然启闭，使管中流速和动量突然变化，导致管中液体压强迅速交替升降，这种水力现象称之为水击或水锤。这是一种常见的管道非恒定流。当管中发生水击时，由于压强的迅速而巨大的变化，将导致液体的压缩和管壁的变形，这与沥青混凝土在动荷载作用下产生的孔隙水压力对裂缝的破坏很相似，可以有压管道的非恒定流问题的求解模型为基础，研究沥青混凝土在动荷载作用下水破坏机理。

水击压强的公式由动量定律求得，如图 3-17 所示为具有倾斜角 θ 的有压管道，经过微小时段 Δt，水击波以速度 c 从断面 2 传至断面 1，两断面间的距离 Δs。设管中流速为 v_0，压强为 p_0，则水击波到达后的流速变为 v，压强变为 $p_0 + \Delta p$，同时水的密度 ρ 和管

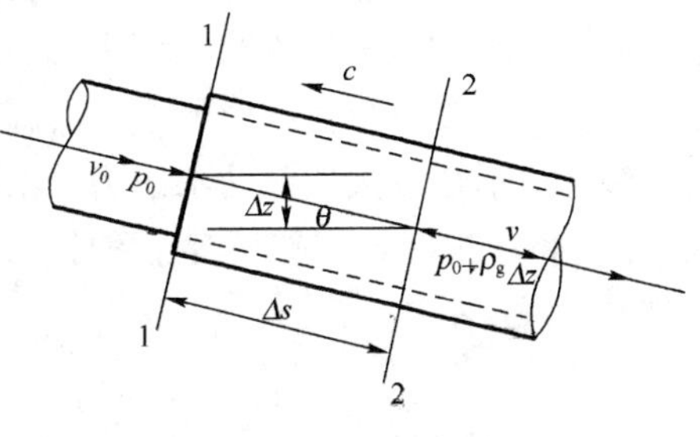

图 3-17　有压管道

道断面积 A 亦相应增加 Δp 和 ΔA。

取断面1和断面2间的管壁所围成的控制体，作用于控制体内水体上的力有：

(1)重力沿流动方向的分量

$$\rho g(A+\Delta A)\Delta s\cdot\sin\theta=\rho g(A+\Delta A)\Delta z \tag{3-47}$$

式中 Δz 为断面1和断面2中心点的高差。

(2)水体两端断面的压力差为

$$p_0A-(p_0+\rho g\Delta z+\Delta p)(A+\Delta A) \tag{3-48}$$

Δt 时段内控制体中水体动量的增量为

$$(\rho+\Delta\rho)(A+\Delta A)\Delta sv-\rho A\Delta sv_0 \tag{3-49}$$

因为 $\frac{\Delta s}{\Delta t}=c$，则单位时间内该水体动量的增量为

$$(\rho+\Delta\rho)(A+\Delta A)cv-\rho Acv_0 \tag{3-50}$$

根据动量守恒定律可得：

$$\rho g(A+\Delta A)\Delta z+p_0A-(p_0+\rho g\Delta z+\Delta p)(A+\Delta A)=(\rho+\Delta\rho)(A+\Delta A)cv-\rho Acv_0 \tag{3-51}$$

展开上式，并略去含 ΔA 及 $\Delta\rho$ 的微小量后，得：

$$\Delta p=\rho c(v_0-v) \tag{3-52}$$

上述公式表明水击压强与流速变化成正比。

将前面计算得到的流速 $v_0=4\text{m/s}$ 代入公式，水击波速 c 通过查表取 1 000m/s，代入公式可得：

$$\Delta p=4\text{MPa}$$

即流速为4m/s的水流在缝隙末端产生的瞬时水击压强可以达到4MPa，从该结果可以看出，渗入面层结构内部的水在行车荷载作用下产生的水流对缝隙的破坏是很显著的。裂缝在这么大的冲击力的反复作用下不断扩展，从而又加速了水的渗入，造成恶性循环，最终导致微裂缝发展成大裂缝，进而反射到路表。可以说，脉动压力是裂隙生成和发展的主要作用力。

实际上，车辆荷载产生的脉动水压力还与缝隙进口射流的幅值大小和频率等有关。试验表明当进口的射流频率增大后，会导致缝隙内的流速减小，从而导致压力衰减加速，所以，会出现缝隙末端压力大于缝隙中部的现象。而我们公路行车荷载通常情况下，对于一条特定的缝隙而言，不同轮载作用于其上的频率并不是很规律，作用频率也不高，实际是一种低频荷载，但由于作用时间长，因此造成的路面沥青混合料内部缝隙的形成和扩展应该是瞬变压力作用下的疲劳和累积损伤破坏过程。

路面积水如不能及时排走将渗入面层内部的裂隙中，造成沥青胶结料与集料剥离。同时，车辆高速行驶时车轮压迫路表积水形成高速射流，对混合料内部形成很强的冲刷，这种高速射流还在路面微裂隙与孔隙中形成具有瞬变流特性的脉动水流，强烈的脉动水流在沥青混凝土内部缝隙里形成较大的脉动水压力并沿缝隙传播，使面层沿着内部裂隙发生水力断裂，裂隙扩大，导致水分进一步侵入，产生新的集料剥离，并逐渐形成错综复杂的裂隙，最终造成路面局部龟裂及松散类破损。

第四章　沥青混合料水稳定性评价及配比设计

所谓沥青混合料的水稳定性是指沥青与集料之间形成黏附层后，沥青混合料在遇水的条件下其抵抗水对沥青置换作用的耐剥落能力，也即混合料在有水条件下抵抗自身物理力学性能降低的能力。对于沥青混合料的水稳定性评定，一般分为两个阶段进行：首先进行的是沥青与集料黏附性的评价；其次进行沥青混合料的水稳定性评价。这两个阶段是不可分割的整体，应综合评价。在试验中可以用改性沥青或非改性沥青，对于前者可同时评价外加剂的效果。

我国现行《公路工程沥青及沥青混合料试验规程》(JTJ 052—2000)对沥青混合料的水稳定性评价方法推荐了一下几种试验：(1)沥青与粗集料的黏附试验(T0616—1993)；(2)(真空)饱水马歇尔试验(T709—2000)；(3)沥青混合料冻融劈裂试验(T0729—2000)，这是“八五”攻关项目的成果之一，是在 AASHTO T 283 Loottoman 方法试验基础上修正简化而成的(主要参考 1989 版)。虽然，我们已经开始重视混合料水稳定性的测试、评价，但还没有形成自己的一套水稳定性评价指标、体系。本章目的就在于对常用的沥青混合料水稳定性评价试验方法指标作一个粗略的介绍，希望能起到抛砖引玉的作用。

第一节　混合料水稳定性的试验方法简介

多年来，各国研究人员就水损害提出了许多评价方法和评价指标。这些方法和指标都从不同的角度反映了沥青混合料的水稳定性，各具优缺点。Saleh AL. Swailml 和 Ronald L. Terrel 将这些试验方法大致分为两类：(1)对未经压实的松散沥青混合料在常温或沸腾温度下浸水一段时间后进行的评价；(2)对混合料或成型试件或提取的路面芯样在水侵蚀前后的某些指标进行对比的客观评价。

前一种评价方法实际上就是评价沥青与集料的相互作用，或者说它们的评价对象都是大粒径的松散混合料。作为沥青路面重要组成部分的细集料和填充料的作用在这些试验中被完全忽视了，其评价指标与成型的沥青混合料的相关性如何并不是十分明确。后一种评价方法主要有洛特曼试验、塔内克里弗和鲁特试验、改进的洛特曼试验、浸水车辙试验以及 ESC(Environment Conditioning System)法，是对混合料整体性能的评价。这些试验方法都是在实验室内，以冻融循环或水循环等模式模拟水的侵蚀作用，并借用某些客观指标的前后变化来表征沥青混合料的水稳定性。

20 世纪 70 年代，洛特曼率先采用了冻融循环的方式来加速模拟自然条件下的水损害进程。到了 80 年代，Tunnicliff、Kandhal 等人在采用洛特曼试验方法评价路面水损坏的研究中，发现该方法中冻融循环的次数似乎过于苛刻，致使试验结果与实际条件下的路面相关性不好，因此对冻融循环条件进行了修改，在此基础上产生了塔内克里弗和鲁特试验方法和改进的洛特曼试验。90 年代初，美国 SHRP 研究计划中又建立了一种能够更好地模拟野外现场条件的新方法——环境条件系统 ESC。虽然 ESC 凭借先进的设备能够对自然环境进行更准确地模拟,但是其一经问世就立刻受到广泛的质疑,至今仍被束之高阁。欧洲习惯采用浸水轮辙试验来评价沥青混合料的水稳定性,其中最著名的当数汉堡轮辙试验(Hamburg Wheel-tracking Test)。

一、松散颗粒黏附性的评价

自20世纪30年代以来,人们相继提出了许多试验方法来评定沥青与矿料的黏附性。简单直观的方法是将沥青裹覆在矿料表面上,浸入水中,判断沥青从矿料上剥落的数量,从而确定沥青的黏附性。现在国际上通行的试验方法有水煮法、静态浸水法、动态浸水法、光电比色法、示踪盐法、搅动水净吸附法等。下面就论述这几种典型的试验方法。

1. 水煮法(Boiling Water)

水煮法适用于最大粒径大于13.2mm(方孔筛)的粗集料。试验时,直接将沥青裹覆干燥、洁净的集料颗粒悬挂于微沸状态的水中煮沸3min(前苏联规定为10min),然后目测其表面剥离程度,确定沥青与石料的黏附等级。

由于该试验时间短、操作极为简单、对试验设备无特殊要求且沥青情况直观明显,所以基本上被各种规范作为快速测定方法,如ASTM D 3205、日本道路铺装试验便览3-4-16等。但是该试验所谓的“微沸”状态难以把握,也缺乏定量指标,评定等级受人为因素影响较大,往往因人而异。此外,水煮法所用集料是彻底烘干的,不能反映某些多孔性集料在施工中的实际情况。

2. 浸水法(Immersion Test)

浸水法适用于粒径1.2~13.2mm的粗集料。我国试验规程T0616、AASHO METHOD T182和ASTM 1664都对浸水法作了详细说明。虽然不同的规范对浸水时间和温度的规定不同,但试验过程基本相同。浸水法又分为以下两种:

1)静态浸水法(Static Immersion)

首先将集料与5.5%的沥青混合均匀,然后将混合料平摊在玻璃板或其他器皿中,浸入一定稳定的蒸馏水中,待一定时间后水中目测其面积剥落百分率。剥落率不大于5%者为优。该试验方法方便、快捷,但同样缺乏定量指标,易受人主观因素影响。有人认为其浸水环境不够恶劣,不足以反映水对沥青膜的推移作用。因此,在该方法的基础上发展了动态浸水法。

2)动态浸水法(Dynamic Immersion)

动态浸水法与静态浸水法极其相似,只是在浸水阶段对试件作剧烈的水中摇动,持续时间5~30min不等,取出后用清水洗掉沥青膜已经脱落的颗粒,以质量损失为评价标准,质量损失小于5%者为优。

它的设计思想是采用一种环境条件更为苛刻的试验来评价静态浸水法无法评价的内容。然而除水中剧烈的摇动可以加速沥青膜的脱落进程外,至于是否会引发比静态浸水法更为严重的水损害就难以定论。此外,相对水煮法和静态浸水法而言,该方法有质量损失这一定量指标。不过这种方法目前已比较少用。

3. 光电分光光度法

光电分光光度法的试验原理是:在一定的光波长下,溶液中某一种物质的浓度与光的吸收效应存在一定关系,即溶液的吸光度与溶液的浓度、液层厚度呈正比,也即可以通过光电分光光度仪测定溶液的吸光度来推算溶液浓度。利用这一原理来测定沥青剥落率的试验方法有:

1)光电比色法

这种方法最早出现在前苏联的国家标准 ГОСТ11509—65。试验时,将 200g 粒径 2.5 ~ 5mm 的洁净集料与 3.5g 沥青拌和制成表面裹覆沥青膜的样品,均分成两份装入锥形瓶中,放置 24h 后加入已预热至 60℃的酚藏花红生物染料溶液 200mL 浸泡,与此同时用未拌沥青的洁净集料制成相同的对比溶液,均置于 60℃的恒温水浴中保温 2h,然后从三个锥形瓶中各取 5mL 溶液,装入试管冷却后,用光电分光光度计分别测定吸光度,再由吸光度与浓度的关系曲线得到原集料及裹覆沥青而经冷却的集料在吸附试验后的染料残余浓度,并由此计算出原集料的吸附量 q、混合料剥落试验后的吸附量 q',以及沥青膜的剥落率 q/q'。

2)示踪盐法(Tracer Salt)

试验时,先将粗集料表面吸附示踪盐,裹覆沥青后浸入一定温度的蒸馏水中 16 ~ 18h,然后用光电分光光度计测定分散于蒸馏水中的示踪盐的浓度,与未裹覆沥青的比较试样的浸水浓度的比值作为指标。

3)NAT 试验(Net Adsorption Test)

该试验方法即所谓的循环水净吸附法,来源于 SHRP 研究计划的 A—003B。它的机理在于集料表面对沥青有吸附作用,而水对沥青又有置换作用。试验中,先将一定粒级的集料置于沥青和甲苯溶液中,在溶液的循环回流作用下使一部分沥青吸附于集料表面,待温度稳定后取溶液试样,用光电分光光度计测定溶液吸光度及沥青吸收量;尔后向沥青与甲苯溶液中加入一定量的水,让水对吸附于集料表面的沥青进行置换,循环 2h 后再次取样测定沥青吸收量,其与前次吸收量的差值即为水取代沥青分子的代替量。

上述三种方法有一个共同的优点在于:对沥青膜的脱落有敏感的定量指标,人为因素少,比较客观、科学,但都存在技术难度大、操作过程烦琐的不足,因而较少被采用。三者相比较,方法 1 和方法 2 除了示踪剂和试验条件要求不同之外,几乎没有什么差别,而方法 3 没有采用示踪剂,直接用沥青—苯溶液浓度的改变量计算沥青在集料表面的吸附和剥落,较前两种方法更直接可靠。试验结果也证明了这一点。但方法 3 由于受到关于 SHRP 争论的影响而未被深入研究。

4. 磨耗试验(Abrasion Test)

与集料磨耗试验类似,成型试件在 120℉的水下浸泡 6d 或室温下浸泡 20h 后再在 100℃水中浸泡 5h,随后在特定温度下进行水下磨耗试验,并以质量损失为评价指标。该试验的目的在于模仿沥青路面在水和交通荷载综合作用下的水损害,其不需特别的技术手段,但试验结果的离散性和再现性较差,有些试件甚至在磨耗的过程中完全松散。

二、沥青混合料水损害试验

1. 浸水马歇尔试验(Retained Marshall Test)

浸水马歇尔试验的残留稳定度指标可以用评价沥青混合料的水稳定性。我国《公路工程沥青及沥青混合料试验规程》(T0709—2000)中规定将成型的试件在已达规定温度的恒温水槽中保温 48 小时后试验,以浸水前后稳定度的比值作为残留稳定度指标。即:

$$Ms_0 = \frac{Ms_1}{Ms}$$

式中：Ms_0——试件的浸水残留稳定度（%）；

Ms_1——试件浸水 48 小时后的稳定度（kN）；

Ms——试件稳定度（kN）。

实践证明，除酸性石料外，用此法测定的浸水马氏试验残留稳定度很少有达不到标准规定75%要求的情况，甚至常有大于100%的情况。因此第17届道路会议推荐把试件浸入25℃水中达7d后进行马歇尔试验，测量马歇尔稳定度的降低和体积变化，以此评价水对混合料的影响。由于浸水7天过于麻烦，实际很难做到，为此可采用真空饱水法加速水进入混合料，即所谓的真空饱水马歇尔试验。壳牌石油公司中央研究所经多年的研究，修订了马歇尔试验，先经真空饱水后再在60℃浸水48h试验。由于试件先浸入冷水且饱水量较多，故浸入热水后膨胀严重，稳定度损失较大，更能反映沥青混合料的水稳定性。

该方法试验操作简单易行，且结果较稳定，但是试验结果对沥青、石料特性反应不敏感。再者，由于马歇尔试验加载和受力模式的物理意义不明确，所以浸水马歇尔残留稳定度指标一般只能作为一个经验性指标。

2. 冻融劈裂试验

我国规范中建议在寒冷地区使用的冻融劈裂试验，比浸水马歇尔试验进一步加强了试件的破坏条件。该试验是在标准马歇尔试件制备完后（双面击实50次），将试件在常温下浸水20min，再在90kPa真空下浸水15min后，置于-18℃冰箱中冷冻16h，再放入60℃水浴中加热24h，完成冻融循环。然后，将完成冻融循环后的试件浸入25℃水浴中冷却2h，进行劈裂强度试验。将此劈裂强度与未经冻融循环试件的劈裂强度相比，求出残留劈裂强度比。

可见冻融劈裂试验采取的浸水破坏方式是先让试件饱水（饱水程度在真空条件下实现），在试件空隙内存在一定水的条件下，进行低温冷冻，靠水的冻胀力破坏沥青与矿料的黏附作用，再通过水浴中急速增温保持高温条件下破坏沥青混合料的黏结力和沥青与矿料间的黏附力，因此，混合料的空隙率和孔隙内含水量的多少决定着这种方法的效果。而按该试验方法，密实型表面层混合料试件的空隙率在3%～6%范围内，不在水损害发生范围内。而且，该方法虽然设计了一定真空下饱水的措施，但由于试件密实水进不去，饱水程度仍然较低。这些因素可能就是试验效果不佳的原因。

综上所述，冻融劈裂试验模拟了自然环境下路面浸水后承受的冷冻和高温作用，更接近路面的实际情况，但因其对试验状态的要求不合理，仍不足以判断混合料的抗水损害能力。

3. 浸水劈裂试验（Immersion Splitting Test）

浸水劈裂试验是国外研究人员经常采用的沥青混合料水稳定评价试验。虽然在试验条件、环境考验过程及控制标准等方面存在差异，但不同的试验均采用试件在浸水前后的劈裂强度比TSR（Tensile Strength Ration）作为试验标准。

$$\mathrm{TSR}=\frac{S_{\mathrm{Twet}}}{S_{\mathrm{Tdry}}}$$

式中：TSR——劈裂强度比（%）；

S_{Twet}——饱水试件（或高温浸水、或冻融循环）的劈裂强度（MPa）；

S_{Tdry}——未浸水试件的劈裂强度（MPa）。

该试验的设计思想是以沥青混合料和沥青与集料间的黏附力是控制劈裂强度的关键因素

为前提的，劈裂强度的比值 TSR 则反映沥青混合料的水稳定性。此方法的优点在于试验设备较普及，TSR 指标易于对不同的沥青混合料的水稳定性进行横向比较。一般认为，TSR <0.65 的沥青混合料欠佳，而 TSR >0.75 的沥青混合料具有较好的水稳定性。

这类试验中较有影响的有以下几种：

1）洛特曼试验（Lottoman Test NCHRP246）

洛特曼试验是在传统的浸水劈裂试验基础上，改进了水环境试验条件而发展起来的一种试验方法，包括直接劈裂试验、一般浸水劈裂试验和冻融劈裂试验三个部分，是评价沥青混合料水稳定性较为经典的试验方法，其流程如图 4-1 所示。洛特曼提出该方法的目的在于采用加速试验的思想建立一套室内试验方法，以用来与预测沥青混合料的水损坏发展历程。

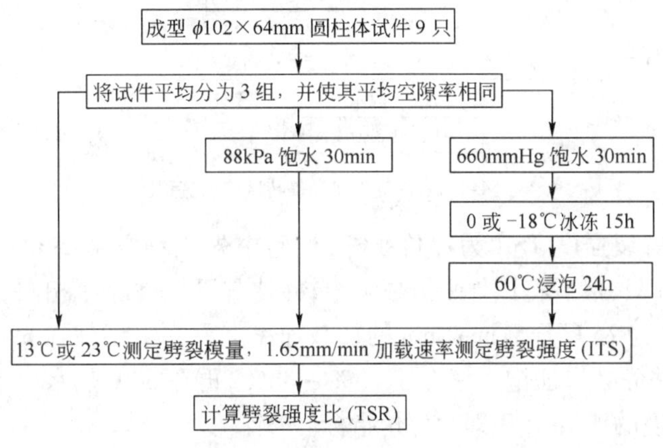

图 4-1　洛特曼试验流程图

在试验过程中，成型空隙率为 8% 左右的 ϕ102mm ×64mm 圆柱体试件 9 只，然后将试件分为 3 组，并使其平均空隙率相同。3 组试件分别直接、浸水饱水 30min 和经历冻融循环后测定劈裂强度及模量。其中，试件的饱水压力为负压 88kPa（660mmHg），劈裂试验的条件是 13℃或 23℃下 1.65mm/min 的加载速率。起初的冻融循环条件是 0 ~ 140℉真空饱水冻融一次，或者 0 ~ 120 ~ 0℉真空饱水冻融循环 18 次；后来根据室内外试验结果的对比确定了洛特曼试验的冻融循环标准，即 88kPa 负压下饱水 30min 后，在 0℉下冷冻 15h，再在 140℉下水浴下 24h。该试验采用劈裂强度比 TSR（Tensile Strength Ratio）或劈裂模量比 MR（E-Modulus Ratio）为评价指标。不过劈裂模量的测试结果往往过于分散。

冻融循环之所以可以用来模拟混合料水损坏，原因在于洛特曼确信冻融循环有两种方式引发了混合料水损坏。其一是真空饱水过程中引起的孔隙压力，其二是热运动引起的沥青与集料界面的变化。Hallberg 的研究表明，孔隙内饱和水在随温度变化时，最大孔隙压力将达到 138kPa，可能远远超过了沥青和集料的黏附力。在能排水的条件下，压力会被消散掉，但在无排水的条件下，这将造成沥青膜剥落。

洛特曼认为直接进行劈裂的试件与饱水试件的 TSR 可以表征路龄 4 年的沥青路面的水稳定性，而经历冻融循环的试件可以代表路龄 3 ~ 12 年的沥青路面的水稳定性。以 TSR =0.7 作为划分混合料是否剥离的标准，TSR >0.7 时认为沥青混合料不会发生水损坏，反之则认为水稳定性不足。曾有人质疑该试验中冻融循环的有效性和相关性，但 Stuart 和 Parker 认为洛特曼试验结果与实际路用效果有较好的相关性。

2)塔内克里弗和鲁特试验法(Tunnicliff & Root Test NCHRP274)

该试验与洛特曼试验很相似,其试验流程如图4-2所示。

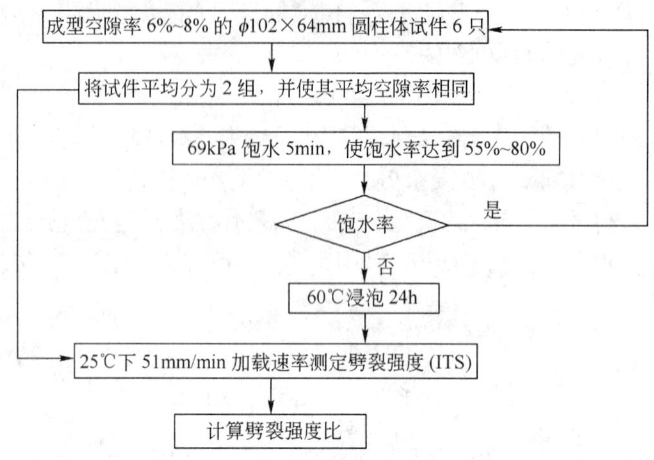

图4-2 塔内克里弗和鲁特试验法流程图

该试验同样以劈裂强度TSR为评价指标,试验中先成型空隙率6%~8%的φ102mm×64mm圆柱体试件6只,然后将试件平分成两组,并使其平均空隙率相同。一组试件直接进行劈裂试验,试验条件为25℃下51mm/min的加载速率。另一组试件在69kPa(518mmHg)饱水压力下饱水5min,并务必保证饱水率介于55%~80%,再在60℃热水中水浴24h后测定劈裂强度。两组劈裂强度的比值TSR即为评价指标。

由上文所述可知,试验对试件的饱水率有很高的要求,绝对不能大于80%。Tunniiff和Root认为试件的饱水率如果大于80%,试件内的饱和水在温度变化时产生的附加应力会导致劈裂强度降低,而并非水损坏的结果,因此应加以严格控制。但仅在60℃水中浸泡24h的环境考验是否充分,值得考虑。此外,塔内克里弗和鲁特认为临界水损害的TSR值应取在0.7~0.8之间。

3)改进的洛特曼试验(Modified Lottoman Test AASHTO T283)

改进的洛特曼试验是由美国的Kandhal提出,并于1985年被收入AASHTO。实际上,它是在传统的洛特曼试验和塔内克里弗试验的基础上提出来的,其试验流程如图4-3所示。

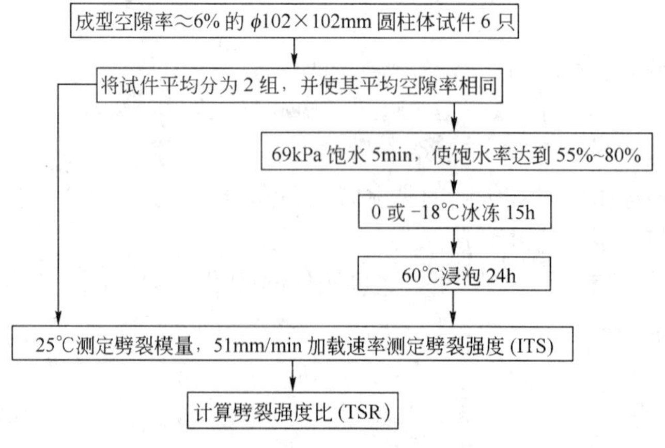

图4-3 改进的洛特曼试验法流程图

试验中先成型孔隙率约为6%的 ϕ102mm×102mm圆柱体试件6只，然后将试件平分为两组，并使其平均空隙率相同。一组试件直接进行劈裂试验，试验条件为25℃下51mm/min的加载速率。另一组试件在69kPa(518mmHg)饱水压力下饱水5min，并确保饱水率界于60%~80%，再经历冻融循环后测定劈裂强度，以两组劈裂强度的比值TSR作为评价指标。冻融循环过程是先在0或-18℃下冷冻15h，然后再在60℃热水中水浴24h。

该试验继承了前两种试验的基本框架，把传统的洛特曼试验和塔内克里弗和鲁特试验综合在一起，并对冻融循环的温度和时间、试件尺寸和饱水压力进行了调整。Kandhal本人认为，这种综合避免了前两种试验各自的不足，尺寸为 ϕ102mm×102mm的试件更有利于保持试验结果的稳定性，且饱水压力和冻融循环条件经调整后可以与野外调查建立更好的相关性。水损坏的临界TSR值一般介于0.7~0.8之间。

三、SHRP中沥青混合料水损害评价

SHRP研究涉及面很广，基本代表了国际最新研究成果。在选择水损害指标时，OSU试验和SWK/UN试验采用车辙指标，ESC试验采用弹性模量和剥落率指标，T-283采用间接抗拉强度或弹性模量指标，下面对它们作简要介绍，以便进一步探讨适用于我国的评价方法。

1. 浸水轮辙试验(Immersion Wheel-tracking Test)

浸水轮辙试验是一个模拟交通影响的试验方法，最早由英国人提出来。它有许多不同的种类。其中比较有影响的有SWK/UN轮辙试验、OSU轮辙试验、汉堡轮辙试验(Hamburg Wheel-tracking Test)、诺丁汉轮辙试验(Nortingham Wheel-tracking Test)、普杜轮辙试验(Purdue University Lab-Wheel Test)以及Koch-Wheeld轮辙试验等等。这些轮辙试验的仪器设备、操作流程及评价指标大同小异。下面简要介绍其中几种。

1)SWK/UN轮辙试验

SWK/UN轮辙试验是SHRP评定沥青混合料水稳定性的试验方法之一，仪器设备如图4-4所示。其采用的试件尺寸为305mm×90 mm×25mm。试验时，不预加载，试件浸没于40℃恒温水中稳定后，荷载181N的钢轮在其上以25来回/min的频率往复作用500000次或直至破坏。且车轮每作用20次(10个来回)就记录一次轮辙变形值。

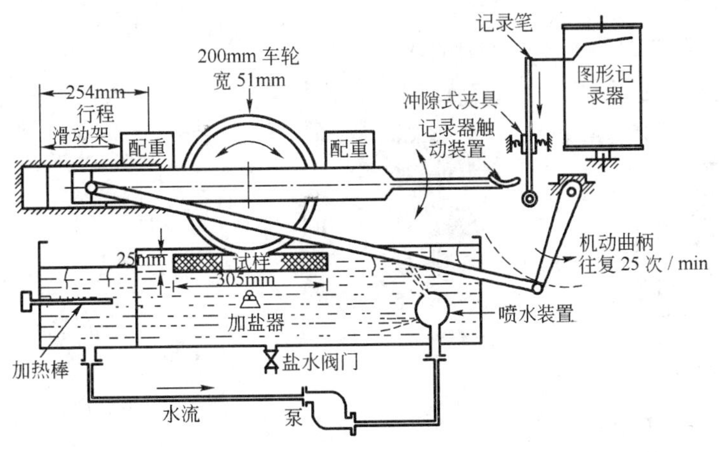

图4-4　SWK/UN轮辙仪

2)OSU 轮辙试验法

OSU 轮辙试验也是 SHRP 评定沥青混合料水稳定性的试验方法之一,仪器设备如图 4-5 所示。其采用的试件尺寸约为 483mm×165 mm×102mm。与 SWK/UN 轮辙试验一样,它是一个破坏性试验。试验时,试件在气温 40℃ 的恒温环境中稳定后,先要在实际接触压力为约 635kPa(92psi)的条件下预加载车轮作用 50 次,然后在实际接触压力 690kPa(100psi),轮胎花纹接触面积 0.01m^2($16in^2$)的条件下,充气轮胎(直径 40.6cm,宽 10.2cm,光滑胎纹宽 83mm)在其上以 60 来回/min 的频率往复作用 10000 次。此过程中记录与车轮作用次数 0、200、500、1000、2000、5000 及 10000 相对应的轮辙深度,以此为依据绘制两者关系曲线图。

OSU 轮辙试验的试件准备:在 68kPa(508mmHg)真空负压条件下预置 10min,再在 78kPa(584mmHg)负压条件下真空饱水 2h 以上或直至饱水率至小 60% 以上。最后进行冻融处理:60℃水浴加热 6h ~ 25℃水浴冷却 10h ~ 60℃水浴加热 6h ~ −20℃水浴冷冻 8h ~ 60℃水浴加热 10h ~ 25℃水浴冷却 10h。最后将试件封于塑料膜中并置于轮辙试验槽加热至 40℃。用塑料膜裹覆试件是为了在试验过程中保持试件的湿度。由此来讲,该试验并非真正意义上的“浸水”轮辙试验。

3)汉堡轮辙试验

图 4-6 所示为汉堡轮辙仪,是汉堡 Helmut Wind 公司的产品。可对两个试件同时进行平行试验,试件尺寸为 260mm×320 mm×40mm 的板块,空隙率控制在 7% ±1% 左右。试验时,试件浸没于 50℃恒温热水中,荷载 705N 的钢轮在其上以 34cm/s 的速度和 50 次/min 的频率往复运动 20000 次,或者直至形成 20mm 深的辙槽为止。

辙槽深度与往复次数的关系如图 4-7 所示,一般正常的轮辙曲线应该包括蠕变阶段和剥落阶段,并且有明显的剥落拐点。Hines 认为蠕变阶段辙槽深度的线性增长是混合料经历了初始压密以后的塑性流动,而剥落阶段是混合料剥落引发的变形加速阶段,辙槽深度的发展速度则有赖于试验中水损坏的程度。汉堡轮辙试验规定经历 20000 次往复作用后辙槽深度应不大于 4mm。Mathew 和 Tim 认为这一标准太过苛刻,而应该以对应于剥落拐点的作用次数作为混合料的水稳定性指标。同时,Mathew 认为应以出现破坏的时间为度量剥落的标准,并同时取其开始和最终损坏的时间。Kandhal 也认为应以轮辙深度—加载次数图的拐点为破坏状态。

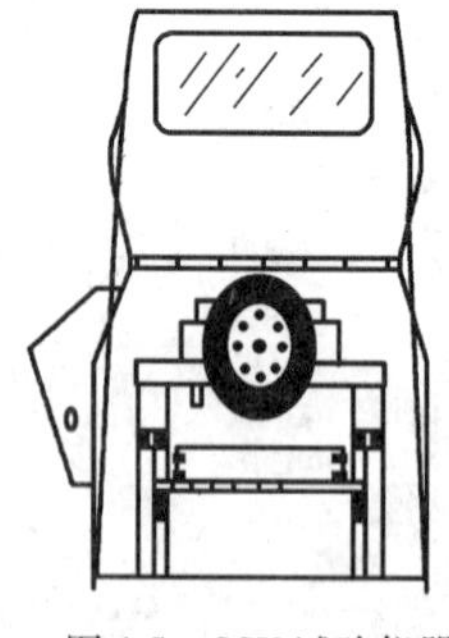

图 4-5 OSU 试验仪器

图 4-6 汉堡轮辙仪

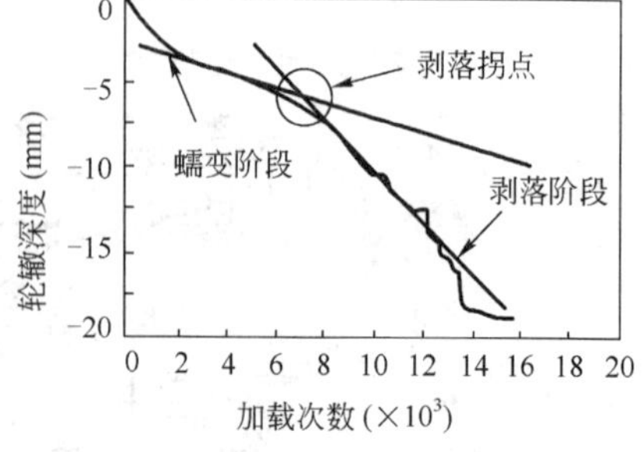

图 4-7 轮辙试验曲线

2. ESC(Environment Conditioning System)轮辙试验

作为 SHRP 研究计划的一部分,ESC 试验的建立目的在于更加精确地模拟自然条件下环境与交通对路面造成的水破坏(图 4-8)。但该试验方法的许多方面都受到质疑,如:环境箱里的冻融过程、加载方式及回弹模量的测量精度等等。

图 4-8 ESC 试验装置

在试验过程中，首先根据 AASHO PP2—94 标准对混合料进行短期老化，在成型空隙率为 7.5% ±0.5% 的 ϕ102mm×102mm 圆柱体试件，并使用 SHRP 旋转压实仪压实，成型的试件侧面用薄膜和胶硅密封。然后将试件安置于环境箱中，在加载 0.1s 卸载 0.9s 的动荷载作用下测量回弹模量 MR，并在 68kPa(510mmHg) 的负压下测量试件的透水性。试件在负压下饱水 30min 后经历 60℃(6h)—冷却(2h)—－18℃(6h) 的冻融循环，冻融过程中始终对时间施加 900N 的动荷载。冻融过程结束后再次测量透水性和回弹模量，回弹模量小于 0.7 者视为水稳定性不足。最后对劈裂试件开裂断面上沥青剥落程度进行视觉直观评价。

第二节 冻融劈裂强度试验的实质

一、冻融劈裂强度试验的实质

与美国采用 AASHTO T-283 评价压实沥青混合料抵抗水损害的方法不同，我国《公路工程沥青路面设计规范》(JTJ 014—97) 指出：对年最低气温低于 －21.5℃ 的寒冷地区还应增加沥青混合料冻融劈裂强度试验，即作为“八五”攻关项目成果之一的简化洛特曼法。在这里提出一个问题：冻融劈裂究竟是对冰冻地区的特殊条件的补充要求，还是试验方法本身有它的普遍意义？下面我们就用两组试验数据来探讨这个问题。

试验选择两种沥青，矿料为玄武岩，级配采用 AC13—V，试验结果如表 4-1 和表 4-2 所示。表 4-2 中带 * 的为经过冻融循环的试件。

两种混合料的松散颗粒黏附性等级 表 4-1

试验材料	沥青	石料	黏附性等级
混合料 1	伊朗 90 号	玄武岩	3 级
混合料 2	壳牌 90 号	玄武岩	5 级

两种混合料的冻融劈裂试验 表 4-2

试验材料	试件号	视密度 (g/cm³)	空隙率 (%)	饱水率 (%)	劈裂强度 (MPa)	劈裂比 (TSR)
混合料 1	1	2.353	7.26		0.572	
	1*	2.344	7.60	40.49	0.348	0.607
	2	2.344	7.63		0.525	
	2*	2.359	7.03	48.07	0.330	0.629
	3	2.351	7.32		0.481	
	3*	2.334	8.01	53.28	0.193	0.401
混合料 2	4	2.353	7.23		0.685	
	4*	2.346	7.52	59.4	0.608	0.887
	5	2.359	7.03		0.680	
	5*	2.370	6.57	62.5	0.589	0.867
	6	2.329	8.22		0.594	
	6*	2.356	7.12	67.4	0.494	0.832

由表4-1、表4-2可看出，同样的玄武岩，同样的级配，采用相同标号但油源不同的沥青，水煮法黏附性试验测得的黏附性等级分别为3级和5级。比较这两表冻融劈裂试验数据我们可以发现，黏附性为3级的混合料的冻融劈裂强度比较小（TSR < 0.65），而黏附性5级的劈裂强度比TSR > 0.8。因此说明，冻融劈裂强度比（TSR）较好地反映了沥青—集料界面黏附力。

下面，我们再通过SBS改性沥青与基质沥青混合料的冻融劈裂试验的对比，来寻找SBS改性沥青对混合料的水稳定性的影响。试验用沥青混合料级配AC13-Ⅰ型，重交通90号（壳牌）沥青，在确定最佳油石比基础上，按设计空隙率依次为1.3%、3.3%、5.3%、7.3%、9.3%五组进行冻融试验，结果如表4-3所示。表中带*的为经过冻融循环的试件。将基质沥青与SBS改性沥青劈裂强度比的变化规律分别画成图4-9和图4-10，比较它们的变化规律。

基质沥青和SBS改性沥青混合料的冻融劈裂试验 表4-3

基质沥青				SBS改性沥青			
试件号	设计空隙率（%）	劈裂强度（MPa）	劈裂比（TSR）	试件号	设计空隙率（%）	劈裂强度（MPa）	劈裂比（TSR）
1	1.3	1.19	0.71	6	1.3	1.67	0.86
1*		0.85		6*		1.42	
2	3.3	1.05	0.78	7	3.3	1.73	0.82
2*		0.82		7*		1.41	
3	5.3	0.87	0.77	8	5.3	1.47	0.9
3*		0.66		8*		1.31	
4	7.3	0.74	0.68	9	7.3	1.26	0.88
4*		0.51		9*		1.1	
5	9.3	0.64	0.65	10	9.3	1.22	0.76
5*		0.65		10*		0.91	

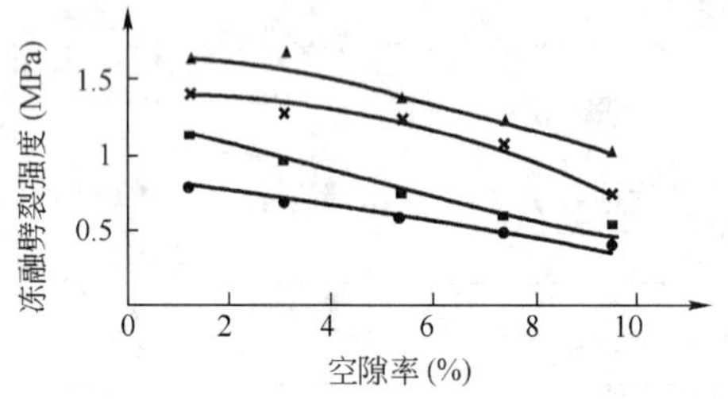

图4-9 不同空隙率基质沥青和SBS改性沥青混合料冻融劈裂强度关系图

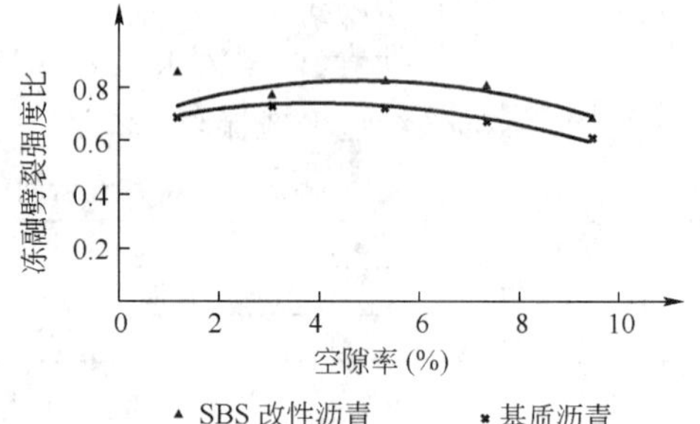

图4-10 不同空隙率基质沥青和SBS改性沥青混合料冻融劈裂强度比关系图

从图4-9可以看出，不同空隙率下基质沥青与SBS改性沥青混合料冻融劈裂强度的变化规律，SBS改性沥青显著地提高了试件的强度，而图4-10的两条线基本平行，而且比较接近，这表明SBS改性沥青虽然明显提高混合料的劈裂强度，但是劈裂强度比（TSR）没有显著提高。

另外有试验表明：水煮法黏附性对比试验中，掺入SBS的改性沥青与基质沥青相比，对石灰岩集料的黏附性均为5级，对花岗岩集料的黏附性均为3级。这可说明SBS改性沥青与沥青对集料界面的黏附力影响的条件性，而且说明冻融劈裂比TSR也客观地反映了沥青—集料的黏附性。

所以冻融试验并非仅仅着眼于对冰冻地区特殊条件的一个补充，冻融循环作为一种对界面外力破坏的模拟作用，也可以人为控制沥青与集料界面的相互作用程度。问题的关键在于控制破坏力大小的试验条件，因为只有在破坏力相同的条件下，才能比较不同沥青、不同集料以及不同外掺剂对黏附性的影响规律。

二、冻融试验条件的控制

1. 空隙率的影响

试件空隙率控制在7%左右是为了试验能反映实用混合料的水损害程度。对于击实成型的沥青混合料试件，其空隙率可以通过击实次数予以控制，如表4-4所示。

试验证明，混合料的空隙率随击实次数有规律地变化，每一种混合料因级配、矿料、沥青的不同，击实曲线也有差别。而且空隙率对试验结果有很大的影响，如表4-5所示。

击实次数对空隙率的影响　　表4-4

击实次数	试件号	视密度(g/cm³)	空隙率(%)
75	1	2.411	4.96
75	2	2.407	5.10
60	3	2.400	5.41
60	4	2.402	5.32
40	5	2.370	6.60
40	6	2.390	5.78
30	7	2.364	6.83
30	8	2.361	6.95
20	9	2.354	7.21
20	10	2.359	7.03
15	11	2.342	7.69
15	12	2.324	8.38

注：沥青为伊朗90号，石料是长春玄武岩，级配为AC-13V型。

空隙率对试验结果的影响　　表4-5

试件号	击实次数	视密度(g/cm³)	空隙率(%)	饱水率(%)	劈裂强度(MPa)	劈裂比(TSR)
1	75	2.415	4.79		0.926	
1*	75	2.416	4.78	0.67	0.995	1.074
2	50	2.408	5.10		0.852	
2*	50	2.406	5.15	0.62	0.862	1.012
3	25	2.359	7.03		0.680	
3*	25	2.370	6.57	0.62	0.589	0.867
4	25	2.329	8.22		0.594	
4*	25	2.356	7.12	0.67	0.494	0.832

注：带有*号为经过冻融循环的试件。

对于击实成型试件，上述密实型沥青混合料正反击实50～75次，空隙率已经低于引发水损害的下限，所以经过一次冻融循环，劈裂比基本没有变化（约为1），而且不同的沥青混合料，其水稳定性的内在差别也无法区分开，情况如表4-6所示。

表4-6中的数据再次说明沥青混合料空隙率对试验结果的影响；当试件正反击实50次，混合料空隙率小于6%，在冻融循环过程中混合料破坏程度很低，所以劈裂比接近1。当击实25次空隙率提高到7%左右时，对试件的破坏力增加了，混合料水稳定性的差别也显示出来了。表4-6中的3、4组劈裂比数据表明，含铬外加剂处理花岗岩粗集料后，混合料水稳定性明显地提高了。但是如果采用击实50次的成型方案的话，我们就无法区分出它们水稳定性的内在差别了。

不同混合料的水稳定性 表4-6

试 件 号	击实次数	视密度（g/cm³）	空隙率（%）	饱水率（%）	劈裂强度（MPa）	劈裂比（TSR）
1	50	2.43	4.07	65	0.835	
1*	50	2.42	4.46	69	0.828	0.991
2	50	2.45	3.28	58	0.865	
2*	50	2.43	4.07	62	0.851	0.984
3	25	2.36	6.85	71	0.561	
3*	25	2.37	6.58	65	0.462	0.822
4	25	2.36	6.85	68	0.570	
4*	25	2.35	7.12	73	0.562	0.986

注：1.3 号为普通花岗岩混合料；

2.4 号为经过含铬外加剂处理后的花岗岩混合料；

3. 带*号的是经过冻融循环的试件。

表4-6 中的数据再次说明沥青混合料空隙率对试验结果的影响：当试件正反击实50次，混合料空隙率小于6%，在冻融循环过程中混合料破坏程度很低，所以劈裂比接近1。当击实25次空隙率提高到7%左右时，对试件的破坏力增加了，混合料水稳定性的差别也就显示出来了。表4-6 中的3、4组劈裂比数据表明，含铬外加剂处理花岗岩粗集料后，混合料的水稳定性明显提高了。但是如果采用击实50次的成型方案的话，我们就无法区分它们水稳定性的内在差别了。

2. 饱水率的影响

由于沥青混合料试件内部结构（尤其是孔隙结构）不同，相同饱水条件下，饱水率是不同的，而不同饱水率则造成试件的破坏程度差异较大，不能统一表现沥青混合料水损害的严重程度。因此，在试验中需要规定试件的饱水率的合理范围。

表4-7 中数据显示饱水率在45%～100%之间，沥青混合料随着饱水率的增加，试件的劈裂强度比（TSR）也随之显著降低。饱水率在55%～80%之间劈裂比降低幅度较小，且变化幅度不大，而当饱水率大于80%之后，劈裂比下降很显著。

饱水率和劈裂比的关系 表4-7

试 件 号	击实次数	视密度（g/cm³）	空隙率（%）	饱水率（%）	劈裂比（TSR）
1	25	2.36	6.89	0.47	0.850
2	25	2.34	7.64	0.48	0.840
3	25	2.35	7.34	0.57	0.789
4	25	2.34	7.52	0.59	0.887
5	25	2.37	6.57	0.62	0.867
6	25	2.37	6.60	0.64	0.859
7	25	2.36	7.12	0.67	0.832
8	25	2.37	6.38	0.73	0.768
9	25	2.38	6.26	0.74	0.717
10	25	2.36	6.83	0.77	0.769
11	25	2.37	6.57	0.96	0.696
12	25	2.38	6.24	0.98	0.639

根据饱水率与水损害残留强度的关系，说明在一定范围内饱水率越大水损害程度越严重，这样的饱水范围太大，体现水损害程度差异较大，因此在试验的基础上提出缩小试件饱水率范

围的要求。常规试验对试件的饱水率可确定在55%～80%之间，非常规试验可根据试验目的，对沥青混合料的空隙率和饱水率提出具体的要求。

3. T-283的适用性

劈裂比与饱水率的关系如图4-11所示。

AASHTO T-283是Kandhal在洛特曼法的基础上进行的改进。T-283规定了冻融试验的条件，试件的空隙率必须在6%～8%之间，真空饱水后的饱和度必须为55%～80%。T-283所规定的条件是否完全适合国情，应该以实际路上使用的经验为依据。

通过对9条高等级公路路面损坏情况的调查，普遍存在空隙率过大引起路面损坏严重的现象，如图4-12所示。高速公路的钻孔芯样进行试验分析，可看出：空隙率小于6%的路段很少出现早期破坏，空隙率大于7%的路段早期损坏较严重。

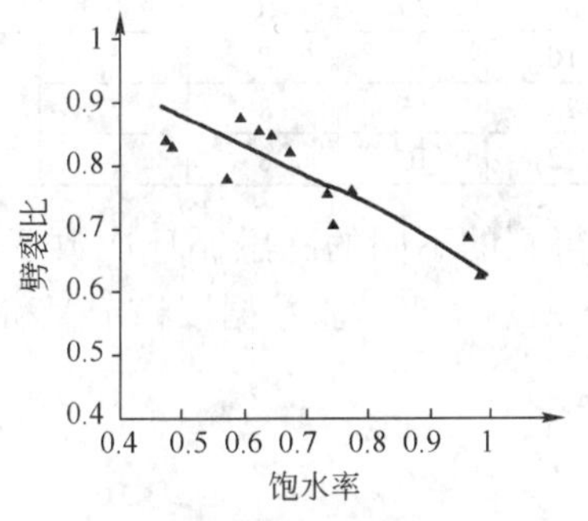

图4-11　劈裂比与饱水率的关系

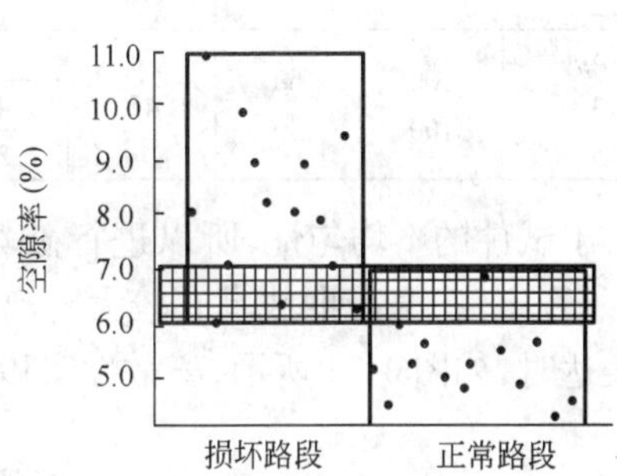

图4-12　损坏路段和正常路段空隙率对比图

可见，针对评价沥青混合料水损害的试验来说，控制试件空隙率具有其特殊的意义。我国规范中关于沥青混合料水稳定性试验，却没有试件空隙率的控制标准，而按照规范中的成型方式，试件的空隙率比实际工程竣工后的路面空隙率偏小。

综上所述，当前为了控制突发式沥青混合料的大面积水损害，采用T-283试验方法来评价是适宜的。但同时设计空隙率应与施工压实标准相配套，根据现有的工艺水平，高等级公路沥青面层压实度应达到98%。则可知设计空隙率应不大于5%。

三、冻融循环的影响

道路调查表明，沥青混合料空隙率小于7%时（即使这种现象是局部的），也存在水损害的情况。如本章第一节所分析的那样，冻融循环过程是对外力的一种模拟。美国SHRP研究中，就浸水车辙、CES、T-283等多种评估水损害方法的比较研究表明，冻融是一种效果较好的、实施简便的评价方法。但作为一种模拟性的评价方法，我们不能对其有过高的要求，甚至要求它能较全面地反映某些问题也是不客观的。但是为了解决问题，应使试验方法具有更宽的适用性和概括性，对试验方法改进的探索也是很有意义的。

为此，对15种级配的沥青混合料进行一组25次冻融循环试验，沥青混合料的级配如表4-8所示。任意空隙率波动范围较大，为3%～15%，为了避免试验中水分流失的误差，冻融循环时采取了水中冻融的方法，即饱水试件分别装在充满水的塑料袋中进行连续冻融。

沥青混合料级配 表4-8

粒径 编号	13 (mm)	9.5 (mm)	4.75 (mm)	2.36 (mm)	1.18 (mm)	0.6 (mm)	0.3 (mm)	0.15 (mm)	0.074 (mm)	沥青用量 (%)
A1	100	60	20	20	14	8	6	6	6	5
A2				20	20	14	8	6	6	
A3					22	14	12	8	6	
A4	100	60	30	30	30	20	10	8	6	5
A5					30	28	18	8	6	
A6				32	32	12	10	8	6	
A7	100	60	35	35	32	22	12	8	6	5
A8				35	32	28	18	8	6	
A9				35	32	28	24	16	6	
A10						24	12	10	6	
A11	100	60	40	40	36	32	20	10	6	5
A12						32	20	16	6	
A13	100	60		40	28	16	10	8	6	
A14	100	50	45	45	40	28	16	8	6	5
A15				32	22	12	10	8	6	

由于试件的不均匀性,所以进行破坏性试验时,所得到的不同的冻融循环次数下的强度(马歇尔稳定度)衰减曲线具有较大的离散性,如图4-13所示。当试验数据以稳定度和空隙率关系表达时,如图4-14所示,离散性得以改进。

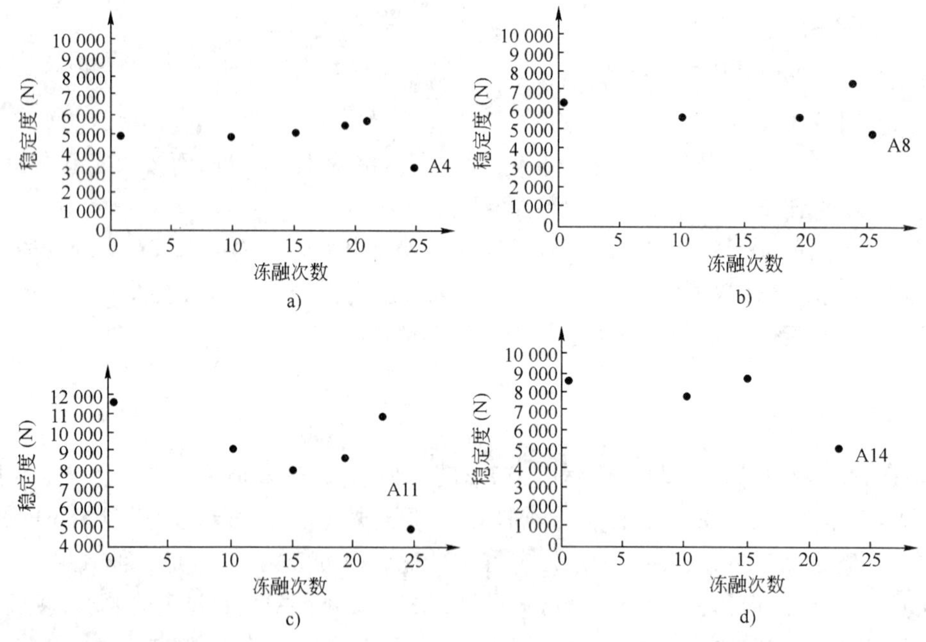

图4-13 冻融次数与马歇尔稳定度的关系

任意一组试件不同冻融次数后的空隙率是成型空隙率(即初始空隙率)与冻融后空隙率增加之和。由于增值的影响远大于初始值的不均匀,因此多组试件稳定度随空隙率增大,大部分是递减的趋势。衰减曲线的起点、终止数值的变化和曲线斜率的不同,反映了冻前空隙率和沥青混合料组成结构的影响。图4-15就反映了组成结构的不同。

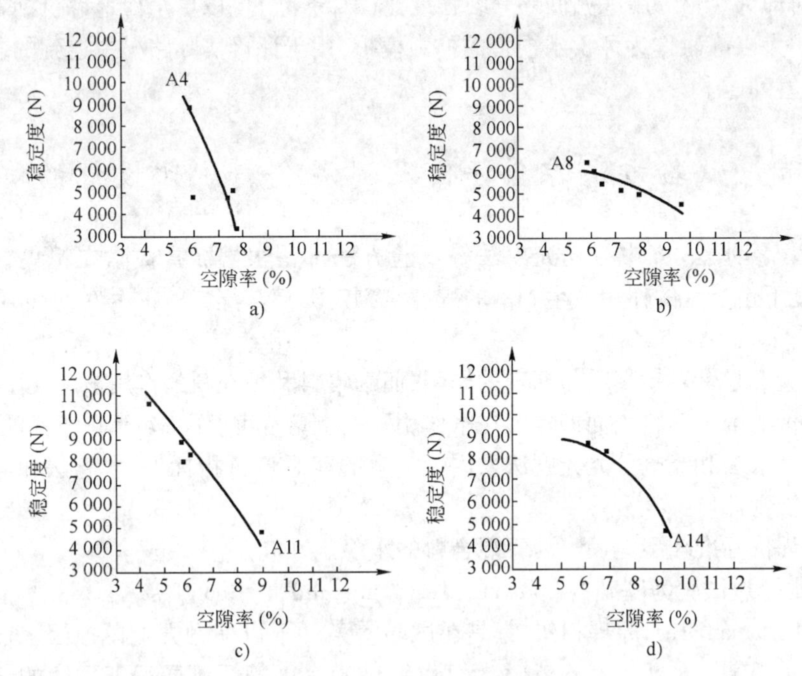

图 4-14　空隙率与马歇尔稳定度的关系

初始空隙率(冻前空隙率)对沥青混合料冻融强度衰减的强度可以由表 4-9 和图 4-15 得出。

石灰岩 25 次冻融循环空隙率与马歇尔稳定度的变化规律　表 4-9

冻前空隙率(%)	3.0	4.3	4.4	5.6	5.8	5.8	5.8	6.0	6.5	7.7	8.6	10.5	13.7
冻后空隙率(%)	4.2	7.5	5.5	9.0	8.2	7.4	7.6	9.6	8.3	9.2	—	—	—
冻前稳定度(kN)	9.4	8.1	11.0	8.6	8.2	8.6	8.3	6.5	6.2	6.5	4.9	4.5	3.7
冻后稳定度(kN)	8.5	6.4	8.0	5.0	5.4	3.6	5.5	3.6	5.5	3.8	—	—	—
稳定度损失(%)	10	21	28	42	34	58	34	45	12	42	100	100	100

如果以马歇尔稳定度损失不大于 30% 为标准,则初始空隙率容许值为 5%,当容许值定为 7%,则强度损失约为 50%,试验结果与 T-283 的结论十分相似。但本组试验的重要意义是:证明了冻融作为评价沥青混合料水损害方法的外力(破坏力)模拟,不仅方法简便,容易推广应用,且具有良好的灵敏度。因为相同初始空隙率在相同的冻融条件下,15 组级配的沥青混合料由于组成结构的不同,各自表现出所具有的一定规律性强度衰减,因此就验证了这一点。

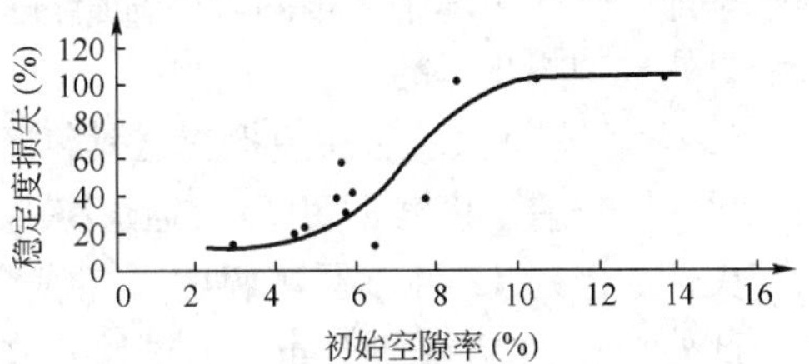

图 4-15　初始空隙率与稳定度的变化规律

为模拟沥青路面高速重载交通下的实际损坏过程,尤其是北方寒冷地区铺设排水层沥青混合料的冰冻稳定性,可设计一系列多次冻融循环试验,以了解随冻融循环次数增加混合料的强度递减规律,从而预测混合料长期抗水损害能力。总结研究成果,本文提出以冻融循环强度比来评价沥青混合料抗水损害能力。冻融循环劈裂强度比(TCSR[n])定义为第 n 次冻融循环劈裂强度与未经冻融试件劈裂强度之比。

当 $n=1$ 时即为 TSR。用冻融循环劈裂强度比（$TCSR^{[n]}$）可以更全面地评价沥青混合料抗水损害能力，扩大以冻融作为评价水损害的外力模拟，用于评价实际路况中遇到的多种类型的沥青面层水损害问题。

第三节　试验方法综合评价及对混合料配比设计的影响

(1)水煮法、浸水法、光电分光光度法等试验方法都是根据沥青黏附在粗集料表面的薄膜，在一定温度下遭受水的作用产生剥落的程度来判定沥青与集料的黏附性，所以它们具有一些相同的特点：

①这些试验都是针对粗集料与沥青的作用，而细集料和填充料的作用被忽视了；

②它们评价的都是集料表面沥青膜在水作用下的剥落程度，而并非真正意义的黏附力；

③除动态浸水法和光电分光光度法采用了定量的客观评价指标外，水煮法和静态浸水法仍采用主观的视觉评价标准；

④它们的评价标准均不能反映沥青混合料的水稳定性能。

(2)以浸水劈裂试验为基础的 Lottoman Test、Tunnicliff & Root Test

Modified、Lottoman、Test 原理相似，都是在试验室条件下以冻融方式模拟因水侵蚀对沥青混合料造成的水损害。虽然 Lottoman 认为可以用试验室内遭受不同程度水蚀的试件强度来表征不同使用年限的沥青路面水稳定性，但是这种思想显然忽略了路面在使用过程中的自然老化。Tunnicliff & Root 试验与 Modified Lottoman 试验尽管考虑了通过控制饱水率来消除温度变化时饱和水产生的附加应力，但也未考虑老化的影响。所以这些试验方法的评价内容仍然是沥青路面使用初期、未经老化的沥青混合料抵抗水蚀的能力，都不能用来评价沥青路面的长期水稳定性。另外，出于可比性，这些试验方法都要求试件的空隙率严格控制在某一定值附近或一个很小的空隙率范围内，且要求每组试件的平均空隙率相同，否则作废，因此没有考虑混合料空隙率的变化对 TSR 和 MR 的影响。然而沥青混合料的水稳定性与试件的进水量关系很大，而试件进水量又取决于试件的空隙率和饱水率。但是要求做到所有试件的空隙率和饱水率都一样在实际中是很困难的，且与路面的实际情况不符，所以不考虑空隙率变化带来的影响显然是理想化了的。

(3)浸水车辙试验虽能模拟交通荷载下沥青路面的水稳定性，但是该试验操作复杂，试验结果再现性较差。事实证明，重交通道路的水损坏和相同材料的浸水轮辙试验的结果有较好的相关性。但对 17 种不同集料的研究表明，浸水轮辙试验结果过于分散，只有 30% 的再现性。此外，该试验方法与 Lottoman 试验存在同样的问题，即评价的仍然是沥青混合料的初期性能以及没有考虑混合料空隙率的变化对试验结果的影响。

(4)ECS 系统考虑的因素可以说是比较全面的，它不仅考虑了饱水率控制以及同时施加动荷载，而且还采用了 SHRP 研究的最新成果——混合料短期老化和旋转压实。从理论上看，ESC 兼有改进的洛特曼试验和浸水轮辙试验的优点，并且能够把混合料老化纳入评价内容，弥补了其他方法的不足。但是，Vivek Tandon 等人的研究认为，ESC 存在两点缺陷，一是冻融循环过程造成的破坏程度太低，二是回弹模量 MR 的测量精度不足，由此导致其评价结果常与其他试验方法的结论存在很大差异。而 UTEP(University of Texas at El Paso)的研究指出，ESC 应在以下两方面改进：

①ESC 回弹膜量测定装置；

②剥落百分率及空气、水的渗透系数的测量精度。

美国科罗卡多州运输部在将其与两种常用方法——改进的洛特曼试验方法和水煮法进行研究比较后指出，ESC 的方法与试验过程在其作为常规试验推广之前都需要进一步改进。此外，其也未考虑混合料空隙率的变化对试验结果的影响。

综合上述，最后将各种方法对比列于表 4-10。

评价方法对比表　　表 4-10

评价方法	评价指标及标准	评分(10 分制)	适用损坏程度
水煮法	剥落等级　≥4 级	5	轻—中
浸水法	剥落度　≤5%	4	轻
光电分光光度法	示踪盐浓度比 *	6	轻
NAT 法	替代量 *	6	轻—中
磨耗试验	质量损失　≤5%	3	轻
浸水马歇尔试验	残留稳定度　≥85%	3	轻—中
Lottoman Test	TSR　>0.75	7.5	重
Tunnicliff & Root Test	TSR　>0.8	5	轻—中
Modified Lottoman Test	TSR　>0.8	7.5	中—重
浸水轮辙试验	辙槽深度　≤4mm	7.5	重
ECS	模量比　≥70%	7	轻—重

第五章　中修罩面处治水损害设计方法

第一节　原路面使用性能检测及分析

高速公路沥青路面在经受繁重的轴载负荷和密集交通量的反复作用的同时，还受气候、环境的影响，路面使用品质呈逐年下降趋势，有的还会出现裂缝、车辙、沉陷、龟裂等破损病害，因此保持优良的路面使用品质是高速公路为车辆提供高速、畅通和舒适行车的重要保障。当路况变化达到一定限度或路面使用性能下降到接近最低可接受水平时，就要求我们及时采取现代化的养护对策，快速进行修复，使沥青路面的使用品质始终保持在良好状态。可见养护对策的确定与路面使用性能密切相关，为了能正确判断需养护的路段和制定相应的养护对策，需对路面的使用性能做出准确的评价。

路面状况数据是路面性能的直接反映，是编制道路养护和改建计划的依据。利用这些数据，可以判别路面状况是否适应目前的交通和使用要求，并确定所管辖的路网内哪些路段需要采取养护和改建措施，以及采取什么措施较合适。路面评价决策的恰当与否，在很大程度上依赖于能否及时而真实地采集到路面状况数据。

另外，高速公路上车流量大、车速高，为保证交通在全天候条件下安全、畅通、高效运营，就必然对路面使用性能比一般等级公路提出更高的要求。道路管理者和养护工程师对路面性能的关心，侧重点从路面的强度转移到如何保持路面使用品质上，这也符合驾乘人员对道路的要求。

因此，为了实现上述要求，根据路面状况对行车要求的满意或适应程度，将路面使用性能划分为两大类：功能性能和结构性能，进一步可分为四小类：行驶质量、安全性、路面破损和结构承载力。这样，各管理部门需采集的对应路面状况数据有：平整度、路面破损率、弯沉、横向力系数和车辙深度，见表 5-1。

路况数据采集指标及方法　　表 5-1

调查项目	调查指标	高效设备	传统设备(方法)
交通资料	交通量	交通量自动记录仪	人工调查
	轴载	轴重仪	人工调查
结构承载力	路表弯沉	路面自动弯沉车	贝克曼梁
行驶质量	路面平整度	平整度自动检测仪	三米直尺
路面状况	表面破损	路面病害摄影仪	人工调查
抗滑性能	横向力系数(摆值)	横向力系数仪	摆式仪
	构造深度	激光构造深度仪	砂铺法
横断变形	车辙深度	路况测定车	横向断面仪

这种分类考虑了数据检测、用途和路面整体性能评价等因素。对于高速公路，传统的手工测量方法不仅影响交通、效率低、数据可靠度差，而且会带来很大的安全隐患，使用现代化的自动检测设备成为我国高速公路管理部门的首选方法。从理论上说，以上四种类型的数据都可以通过自动检测设备收集，如通过自动弯沉仪检测路面结构性能，了解路面的承载能力；通过

横向力系数检测仪检测路面的抗滑性能;通过颠簸累积仪测量国际平整度等。但目前最困难的是对路面破损的调查。国外研究开发了一些摄影摄像车等高速检测设备,提高了检测速度和野外调查的安全性,但由于成本高、操作复杂,在我国还很难推广应用。因此,我国对高速公路路面破损调查主要通过人工进行。下面分别介绍这六方面数据的定义、指标和量测方法。

一、结构承载力调查与评价

路面结构的承载能力是指路面在达到预定的损坏状况之前还能承受的行车荷载作用次数,或者还能使用的年数。对于柔性路面,通常采用路表面无破损弯沉测定方法评定路面结构的承载力,也即依据弯沉值的大小确定其剩余寿命。

目前,使用的弯沉测定系统主要有三种:

(1)贝克曼梁弯沉仪。尽管它的检测结果远不如自动弯沉仪和落锤弯沉仪精确,但这种小型经济的仪器在地县级公路管理部门仍具有使用前景。

(2)自动弯沉仪。在高等级公路上主要使用自动弯沉仪,它可连续进行弯沉测定,并自动记录测定结果,可得到最大总弯沉值和总弯沉曲线。由于自动弯沉仪测量时以匀速行驶,各测点荷载作用时间均等,因而消除了作用时间不均匀造成的误差。

(3)落锤弯沉仪 FWD。这种新式的弯沉测量仪其荷载及作用时间都可以人为控制。由于 FWD 自动化程度高(两人操作),测量时间短(1min),是未来路面弯沉测量仪器的发展方向,在路面管理系统结构评价和路面结构设计中具有推广前景。

高速公路路面弯沉值的采集,宜采用自动弯沉仪或落锤式弯沉仪,并建立与贝克曼梁测定结果的对应关系。本次石黄高速公路中修前,分别委托交通部公路工程检测中心和河北省道路桥梁养护检测中心采用进口自动弯沉检测车进行测试,以评价旧路强度。

二、路面结构强度(弯沉)指数检测与评价结果(PSSI)

根据沥青路面养护规范,评价路面强度的指标为路面强度指数 PSSI,计算公式和评价标准如下所示:

路面结构强度指数(PSSI)按下式计算:

$$PSSI = \frac{100}{1 + a_0 \exp(a_1 SSI)}$$

$$SSI = \frac{l_R}{l_0}$$

式中:SSI——结构强度系数,为路面容许弯沉与实测代表弯沉之比;

l_R——路面容许弯沉(mm);

l_0——实测代表弯沉(mm);

a_0——标定系数,采用 15.71;

a_1——标定系数,采用 -5.19。

弯沉检测采用自动弯沉仪进行,测试时轴载为 100kN,轮胎压力 0.7MPa,测速约 3~4km/h,按自然步距约每 7m 左右测定一次,数据处理时以每 100m 为一个路段计算代表弯沉,并通过计算机对数据进行统计分析和处理。现将检测结果报告如下:全线双幅路面结构强度(弯沉)检测均在外侧行车道进行,共采集数据 61428 个,上行(顺桩号)方向的路面结构强度指数为

100,下行(逆桩号)方向的路面结构强度指数为100,由此计算而得出全线路面结构强度指PSSI平均为100。全线双幅的强度分布曲线图5-1。

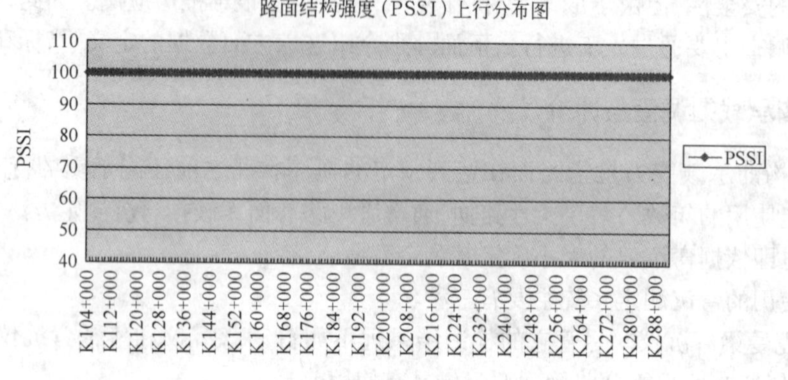

图5-1　石黄高速公路路面强度分布图

全线上、下行路面结构强度统计结果分布见表5-2,由该表可知,全线的路面强度较高。

石黄高速公路路面结构强度指数统计结果分布表　　表5-2

方向	评价等级(PSSI)	≥90	≥80～<90	≥70～<80	≥60～<70	<60
上行	里程(km)	187.921	0	0	0	0
	百分比(%)	100	0	0	0	0
下行	里程(km)	187.921	0	0	0	0
	百分比(%)	100	0	0	0	0

第二节　路况调查

正常情况下沥青路面可能有19种损坏,如表5-3所示。在表5-3,指出了各种路面损坏是属于结构性的还是属于功能性的破坏。结构性破坏涉及到路面承受设计荷载的能力,而功能性损坏则影响到行驶质量和安全。结构性损坏增加到一定程度,同样也会出现功能性损坏。功能性破损是表面性的,易于认识,其破损原因也比较清楚,主要有以下几种:局部细状裂缝、波浪拥包、泛油、剥落、麻面、坑洞、磨光和修补。这些破损主要是导致道路的服务水平下降,与路面结构性能没有直接关系。结构性破损是由于路面各层的应力增大引起,其结果反映到路面上就是各种形状的裂缝和位移。主要有以下几种:龟裂、网裂、纵横向裂缝、沉陷、松散和车辙。这些破损不仅导致道路的服务水平下降,而且使路面结构承载力下降,破损加剧,最终导致路面破坏。

沥青路面主要破损　　表5-3

破损类型	结构性	功能性	破损类型	结构性	功能性
1.龟裂或疲劳开裂	×		7.波浪拥包		×
2.不规则裂缝(块状开裂)	×		8.沉陷	×	
3.纵、横向裂缝	×		9.坑槽	×	
4.松散和分化	×		10.集料磨光		×
5.唧泥和冒水	×		11.修补损坏	×	
6.车辙	×		12.泛油		×

续上表

破损类型	结构性	功能性	破损类型	结构性	功能性
13. 桥头跳车	×		17. 脱皮		×
14. 麻面		×	18. 接缝处反射裂缝	×	
15. 车道与路肩的分开		×	19. 啃边		×
16. 车道与路肩的下沉或隆起		×			

采用人工现场调查与收集历年路面挖补养护资料和路面竣工资料相结合的方法，进行路面状况资料收集。参与路面病害调查数据采集人员的组成为：对路面历年养护非常熟悉的养护工区技术人员；对当年路面施工、设计、监理等情况了解的技术人员以及对路面病害处理设计有经验的技术人员等。通过现场调查与收集历年养护资料，掌握了路面破损的现状。

石黄高速公路衡水段现有路面病害主要包括：横向裂缝、纵向裂缝、连续坑槽修补破损、车辙等。其他类型的路面病害如网裂、沉陷、桥面铺装破损以及桥头跳车等病害，也有不同程度的发生，但数量相对较少。

一、横向裂缝

横向裂缝是半刚性基层沥青混凝土路面常见的病害类型之一。

横向裂缝在石黄高速公路衡水段范围内均有不同程度的发生，其中石家庄方向 K219 ~ K220、沧州方向 K217 ~ K218 及 K236 ~ K245 全幅路段横缝较密（间距一般在 10m 以内），并多数伴有一定宽度的啃边，不同程度的网裂、沉陷现象，已严重影响了路面平整度指标，无法满足高速公路行车舒适、安全的需要（图 5-2、图 5-3）。

图 5-2　行车道单一的横向裂缝

图 5-3　行车道连续横向裂缝

根据对横向裂缝部位的钻孔取芯、探坑挖验等检测经验，横缝大致属于半刚性基层开裂引起的路面反射裂缝。横向裂缝降低了路面服务水平，雨水沿裂缝渗入路面结构层内部，会造成唧浆、沉陷等病害，缩短路面使用寿命。

半刚性基层开裂引起的反射裂缝的产生和发展过程，可以归纳为以下几个阶段：

（1）由于半刚性基层材料的温缩和干缩导致基层首先产生温缩或干缩裂缝。

（2）基层裂缝反射至面层，面层产生 ∧ 形反射裂缝。

（3）路表面裂缝两侧沥青混凝土长期受水或水汽的侵蚀，在车轮荷载作用下逐渐松散剥离，产生啃边现象，裂缝开口逐渐增大，在表面形成 V 字形，严重处发展为一定宽度的松散，甚至坑槽。

(4)雨水、融雪盐水等沿裂缝渗入路面结构层内部,在半刚性基层顶面滞留,在车轮荷载作用下产生动水压力,冲刷、侵蚀半刚性基层、石灰土或二灰土底基层顶面,使半刚性基层裂缝处出现不同程度松散、冲刷。

(5)在车轮荷载反复作用下,基层、底基层顶面泥浆沿裂缝向路表面唧出,形成唧浆现象。

(6)随着泥浆的唧出,基层和底基层之间以及沥青面层和半刚性基层之间产生脱空区,致使路面产生局部沉陷。

研究结果表明,半刚性基层横向裂缝的数量、间距与半刚性基层材料的强度相关性较好,强度越高,裂缝间距越密;沥青面层的厚度对反射裂缝也有影响,较厚的沥青面层能够反射到沥青面层表面的反射裂缝数量较少;沥青面层混合料的的黏弹性特性对反射裂缝和面层本身裂缝也有影响,低温抗开裂性能越好,裂缝越少;汽车荷载的作用,在重载交通作用下,能够反射到沥青面层表面的裂缝较多。

二、纵向裂缝

纵向裂缝在石黄高速公路本项目段主要分布于沧州方向 K183 ~ K186、K200 ~ 203,石家庄方向 K180 ~ K185、K193 ~ K196、K199 ~ K205、K222 ~ K232 等路段,多发生于行车道轮迹处,表现形式有:

(1)单一规则的纵向裂缝

此类纵缝主要发生在行车道、超车道的中间位置上或沿硬路肩与行车道处的标线周围,裂缝表现为一条规则的沿行车方向的纵向开裂,不存在支缝及沿纵缝两侧的网裂、沉陷现象。此类裂缝主要是路基施工过程中压实不均匀,局部存在压实不足现象,致使路基不均匀沉降而引起的;加之开放交通后,在行车荷载的长期作用下,路基进一步压实固结,从而导致纵向裂缝的形成。

(2)纵向裂缝伴有网裂、沉陷

伴有不同程度的网裂、沉陷的纵向裂缝主要出现在行车道两条轮迹带处,主要路段为沧州方向 K183 ~ K186、K200 ~ K205,石家庄方向 K180 ~ K185、K193 ~ K196、K199 ~ K205、K227 ~ K232 等。该类型的纵向裂缝一般在超车道上少有发生。管养部门尽管已经及时对出现的纵向裂缝进行了灌缝处理,但随着行车荷载的连续作用,纵缝仍有进一步发展的趋势(图 5-4)。

图 5-4 (北半幅)行车道纵向裂缝伴有不同程度的网裂、沉陷

原因分析:

(1)石黄高速公路纵向裂缝带有明显的荷载型疲劳开裂特征,发生于行车道轮迹处,该类纵向裂缝多由于行车荷载的反复作用,由基层首先开裂继而面层开裂或由面层首先开裂,向基层发展。行车荷载的作用加剧了这种发展,在雨雪水的作用下,导致了沿裂缝带的支缝、沉陷、唧浆,在横向裂缝较密集路段,形成严重的网裂沉陷。

(2)对于本项目段原利用307国道改建段,纵向裂缝大部分位于衡水段北半幅(如K204～K222、K223～K230),该段路基较低;路面结构为4cm沥青混凝土上面层+5cm沥青混凝土中面层+9～11cm的水泥碎石(或沥青碎石)找平层+旧路,路面结构偏薄。右侧为石津灌渠,适逢春季灌溉及雨季,渠内长期积水,积水逐渐从路堤坡脚渗入地基土层中,导致地基上部、路堤边部的土层含水率增大,土体进一步固结压密,从而在行车道上,甚至接近硬路肩的一侧产生一条或两条上宽下窄的纵向裂缝,如不及时进行封缝养护,路表水很容易沿裂缝进入路面结构层内部,在大量行车荷载的作用下,半刚性基层顶面产生水力冲刷,进而松散破碎,引起沥青面层自下而上的破损,表面形成比较明显的网裂、沉陷。

(3)路堤边部压实度不足而引起的纵向开裂

路基施工时压实度在不同路段之间、同一路段不同的断面上存在不均匀现象,往往是在路基边缘压实度不足,其实际密实度与路堤中部的密实度有显著差异,在大量行车荷载和地面水的作用下,使土体本身进一步密实,路堤边部产生沉降,导致边部路面产生纵向裂缝。此类纵向裂缝多数发生在路堤填土较高,或是线形设计中因弯道而设置超高的曲线路段,且多数出现在行车道与硬路肩之间的标线周围。如石黄高速K183+300～K184+700,就是因上述原因而产生的典型的路面纵向裂缝。

(4)路基路面施工原因

位于出入口或服务区加减速车道与行车道衔接段不同步施工以及主线沥青面层分幅摊铺时两幅衔接未处理好,在行车荷载作用下形成纵缝。前者几乎在石黄高速公路全路段上均有不同程度的发生。因面层分幅摊铺接缝处处理不当而形成的纵缝,一般发生在行车道靠近超车道标线处,表现为比较规则的一条纵向开裂,严重的伴有细小的支缝、轻微的沉陷。通过对纵缝处钻孔取芯试验,发现主要为面层的开裂,基层基本上完好。但如不及时进行封缝处理,路表水沿裂缝处进入沥青面层内部,进而滞留在基层顶面,在行车荷载作用下形成对基层的水力冲刷,必将对面层结构造成更严重的破坏。

三、连续坑槽、修补破损段

石黄高速公路衡水段连续坑槽、修补破损病害主要发生在石家庄方向深州西互通立交与衡水北互通立交之间的低路基路段及桥面,大部分为原307国道旧路改造利用路段,且以行车道居多,超车道较少发生(图5-5)。

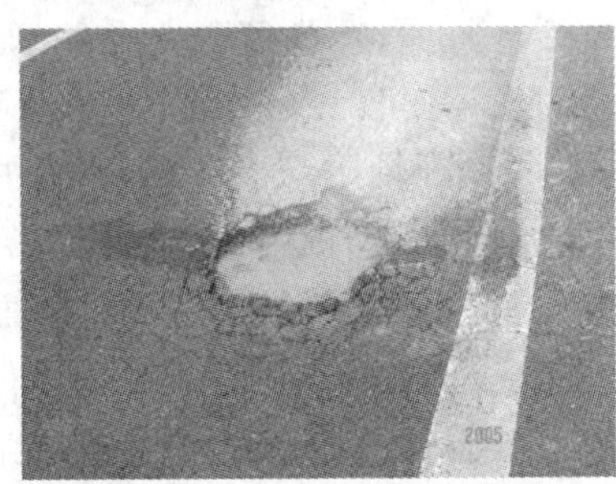

图5-5　(北半幅)行车道连续坑槽、修补破损

沥青路面麻面、松散、坑槽及修补破损均为水损害的表现形式,沥青路面水损害已经成为我国高速公路沥青路面破坏的一种主要模式。

所谓沥青路面的水损害破坏,是指沥青路面存在水分的条件下,经受交通荷载和温度胀缩的反复作用，一方面水分逐步侵入到沥青与集料的界面上，同时由于水动力的作用，沥青膜渐渐地从集料表面剥离，并导致集料之间的黏结力丧失而发生的路面破坏过程。沥青路面的水损害破坏的机理和特征，可以从破坏的发展历程看出：

(1)在开始阶段，水分侵入沥青与集料的界面，以水膜或水气的形式存在，影响沥青与集料的黏附性；

(2)在反复荷载作用下，沥青膜与集料开始剥离；

(3)渐渐地，集料开始松散、掉粒；

(4)最后，形成坑槽。

从水损害的发生机理与发展过程来看，水损害的形成主要与沥青路面剩余空隙率、沥青与集料之间的黏附性有关。由于各种因素诸如混合料离析、压实不均匀等的影响，沥青路面施工过程中局部难免存在沥青混合料不均匀现象，使路面存在许多薄弱点，这些薄弱部位很容易被路表水侵入，加之目前大量重载超载车辆的反复作用下，沥青膜很快从集料表面剥离，时间一长，必然形成独立的、程度不一的坑槽。检测过程中，我们发现水损害发生的段落绝大部分位于石家庄方向旧路利用路段，此段沥青面层 9cm，明显偏薄，基层为 9 ~ 11cm 的水稳碎石(沥青碎石)找平层。利用路面钻孔取芯试验机，对病害部位及周围完好的部位分别取样，并结合路面弯沉进行对比分析，石黄高速公路沥青路面的水损害主要是发生在沥青面层，自表面向下发展；基层较完整，强度较高。目前，管养部门及时对坑槽进行了局部挖补处理，对阻止病害的进一步发展起到了积极的作用，但随之而来的路面平整度指标、行车舒适性严重下降。因此，病害治理应有针对性地对沥青面层进行翻挖补强，以恢复路面使用功能。

四、车辙

车辙已经成为我国高速公路沥青路面的主要病害形式之一。近年来，由于交通量的增加，重载、超载车辆比例加大，加之高速公路渠道化交通，车辙必然成为沥青路面早期普遍的破坏现象。它不仅使沥青路面的耐久性下降，影响了行车舒适性，也给行车安全埋下了隐患。

石黄高速公路衡水段路面车辙主要集中在深州西互通立交与武强互通立交之间的路段范围内，以沧州方向为主，且多数发生在行车道上。轻微车辙深度在 10 ~ 20mm 之间，严重车辙深度在 20 ~ 30mm 之间。我们通过对车辙路段进行钻孔取芯及选取典型部位进行车辙断面切割，并进行相应的室内试验，通过对比分析，对于石黄高速公路车辙的产生总结为以下几方面：

(1)交通量增长快、超载车辆多，加上高温天气，这些是石黄高速公路近年来路面出现早期疲劳破坏和使用性能差的主要外在因素。单就路面设计而言，由于没有考虑到超载的问题，因而在设计中得不到准确的轴载，造成设计年限内累计标准轴次与事实不相符的情况。设计降低了累计标准轴载的轴次，路面实际使用年限大大减少，路面提前破坏。因此，一方面要加大治理载货车辆的超载问题，同时也应通过设计方面来提高路面强度，以防止路面早期破坏。近些年来华北地区气温明显偏高，特别是 2001 年夏季，日最高温度达到 43℃，而且持续几天高温，路面温度可达到 60 ~ 68℃，沥青路面具有高温软化特性，持续的高温造成路面软化，加上上述交通量大，在重载，尤其是超重车较多的作用下，路面长时间处于疲劳状态。超载车辆将加速沥青面层的剪切破坏。这些因素都是造成石黄高速公路出现车辙等病害的主要外因。

(2)石黄高速公路路面的车辙病害主要发生在行车道上。通过现场切割面层试验结果来看，无论车辙严重处还是路面完好的段落面层底面、基层顶面一般都保持平整完好，无明显变形现象。由于石黄高速公路路基、基层强度整体强度总体来说较高，因此，由发生在沥青面层以下各结构层永久变形引起的结构性车辙基本没有。

(3)石黄高速公路的路面车辙主要还是由于沥青面层的失稳变形引起的。从整个行车道切割断面以及面层切割结果分析可以看出，沥青路面各结构层都存在不同程度的变形，以中、上面层变形为主，尤其以中面层变形最为严重，主要表现为压密性车辙和失稳性车辙(图5-6)。所谓压密性车辙就是由于压应力超过沥青混合料的抗压强度，碾压致密造成的车辙，车辙深度一般小于10mm；而失稳性车辙就是由于高温条件下，剪应力超过沥青混合料的抗剪强度，导致沥青混合料侧向流动变形，不断累积形成的车辙，车辙深度一般大于10～15mm，在横断面上呈W形。从车辙厚度分析可以看出，轮迹带两侧凸起处的中、上面层厚度明显增加，较轮迹带处厚11～20mm，可以说，沥青混凝土侧向流动变形是产生车辙的主要原因。

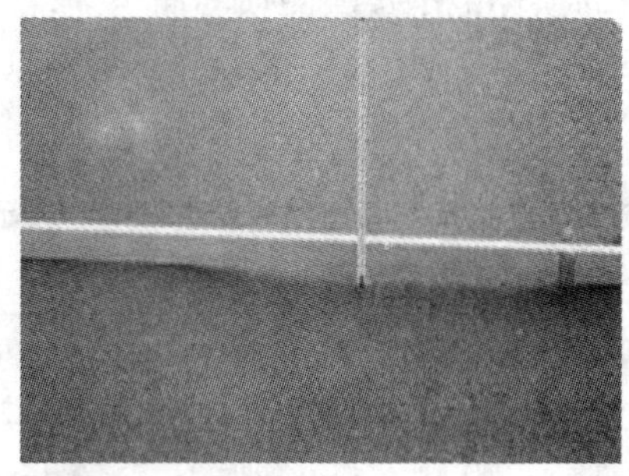

图5-6　(南半幅)行车道沥青路面车辙

根据对车辙路段路面进行的钻孔取芯及断面切割的试验结果分析，对于石黄高速公路衡水段来说，上面层的压密变形以及中面层抗剪强度不足引起的剪切变形是车辙产生的主要原因。因此，上、中面层是车辙病害治理的重点，而且在今后设计中对于路面结构层中发生剪切变形的层位仍需进一步检测和分析。

五、网裂、唧浆、沉陷等病害

网裂、唧浆、沉陷等病害往往伴随裂缝类病害出现。其中，发生明显沉陷病害的范围较少，仅在少量病害程度严重的部位出现。产生网裂、唧浆、沉陷等病害的部位，其基层一般存在不同程度的破损现象，轻者仅是在基层顶部一定范围内发生松散破坏，但其基层板体性较好，整体的结构强度较高；重者尤其是路表已发生明显沉陷变形部位的基层已经完全松散破碎，无法形成板体，丧失结构强度(图5-7、图5-8)。

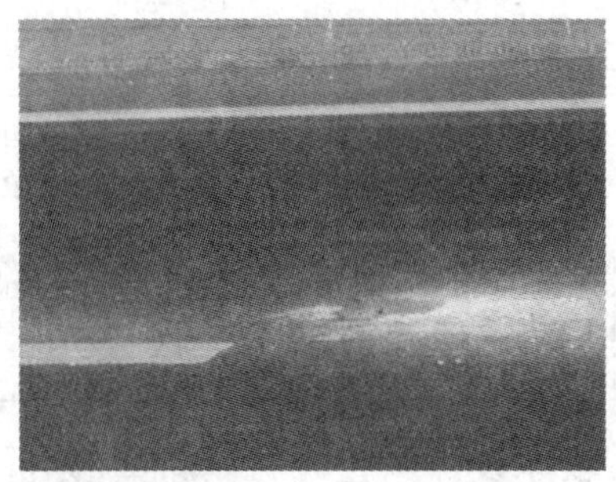

图5-7　行车道网裂伴有唧浆

图5-8　衡水北互通匝道纵缝伴有沉陷

六、桥面铺装类病害

桥面铺装病害主要表现为桥面行车道、超车道纵向裂缝、坑槽、拥包、推移、修补破损等。主要由以下两方面原因引起：

(1)铺装层内部产生较大的剪应力，引起不确定破坏面的剪切变形，或者由于铺装层与桥面板层间结合面黏结力差，抗水平剪切能力较弱，在水平方向上产生相对位移发生剪切破坏，产生推移、拥包等病害。

(2)因温度变化并伴随桥面板或梁结构的大挠度而产生的裂隙，在车辆荷载及渗入水的作用下产生面层松散和坑槽破坏。

本次路面破损状况检测范围包含所有的行车道和超车道，紧急停车带按路肩处理。路面各种破损的损坏范围按实测损坏面积计，不规则形状的损坏面积按当量矩形面积估算。对于各种单条裂缝，其损坏面积按裂缝长度乘以 0.2 换算系数计算；对于车辙、拥包、波浪、坑槽用三米直尺测其最大间隙来确定破损的程度，车辙的损坏面积按其长度乘以 0.4 换算系数计算。调查结果按破损类型、破损范围及其严重程度，录入数据采集仪(图 5-9)。

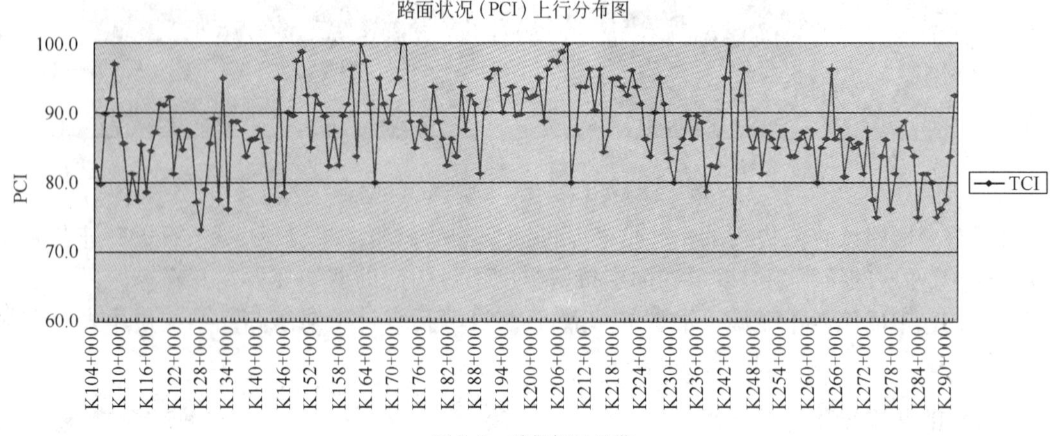

图 5-9　采集仪记录带

路面状况的检测按石黄高速公路的上行方向和下行方向分别进行评定，由此计算出全线的路面状况指数 PCI 的平均值。上行(顺桩号)方向路面状况指数 PCI 平均为 87.9，下行(逆桩号)方向路面状况指数 PCI 平均为 85.7，由此计算而得出全线路面状况指数 PCI 平均为 86.8。路面状况较差的路段主要表现为车辙比较严重，横缝较多。全线上、下行双幅行驶质量统计结果分布见表 5-4。

石黄高速公路路面状况(破损率)指数统计结果分布表　　表 5-4

评价等级(PCI) / 方向		优	良	中	次	差
		≥90	≥80 ~ <90	≥70 ~ <80	≥60 ~ <70	<60
上行	里程(km)	62.17	117.181	5.87	0	0
	百分比(%)	33.1	62.3	4.6	0	0
下行	里程(km)	22	150.056	15.865	0	0
	百分比(%)	11.7	79.9	8.4	0	0

此外，在进行修改设计外业调查时，发现有的病害较原设计调查时明显加重，分析主要原因是：半年多来的车载作用加速了路面破坏，尤其是南半幅施工断交后，北半幅作为太原至石

家庄方向重车一侧开放交通，交通量剧增，由日行使车辆4000多辆增加到6200多辆，大型车辆比例由原来占20%左右增加到30%左右，使原设计作为轻车一侧设计的路面受到重车的加速破坏。

从表5-4所列数据来看，石太高速公路路面状况指数为58，已处在中下等水平，必须进行路面大修，并且根据各个段落具体的PCI值，可以大致拟定处治对策如下：

(1) K332 +000 ~ K335 +000路段路面状况稍好，但PCI也达到了71，非常接近中等，所以对某些病害也需处治，并罩面以恢复其服务能力。

(2) K335 +000 ~ K348 +412路段路面状况处在中等水平，但是PCI为65，比较接近良好水平，即路面破损不是十分严重，重点是对局部病害严重路段进行处理。

(3) K348 +412 ~ K358 +725路段路面状况非常差，估计基层破损也十分严重，路面强度不足，必须挖去整个面层，甚至整体翻修基层。

(4) K358 +725 ~ K378 +120.860这20km路段，路面状况介于上面两个路段之间，需要根据基层具体情况来决定大修方案。

第三节　旧路面病害处治

根据石黄高速公路路面病害的类型、成因以及病害范围、程度的多样性，此次病害的治理应针对不同病害分门别类进行具有较强针对性的治理，在罩面施工之前，对原路面各种病害进行彻底的处理。

一、主线路面病害治理

1. 横缝

对于路面的横向裂缝，应根据横缝两侧破损程度分别予以处理。

(1)对于一般横缝间距较大(大于10m)路段的裂缝，清除缝中的杂物及尘土，灌注中、慢凝液体石油沥青。

(2)对于裂缝两侧出现一定宽度网裂、沉陷、破碎带的裂缝，挖除裂缝松散处至外边缘各1m，处理长度应不小于2m，分两层开台阶挖除面层沥青混凝土后，重新铺筑7cm +8cm AC-25C型SBS改性沥青混凝土。为防止横向裂缝反射，在基层顶面裂缝两侧铺设50cm宽的聚酯玻纤布，为增强各结构层的层间黏结，在基层顶面洒布透层油(中、慢凝液体石油沥青)，洒布量为1.2 kg/m^2；沥青混凝土面层间均匀洒布一层SBR改性乳化沥青黏层油，洒布量为0.6 kg/m^2左右。对于横缝处破碎松散25cm以上，视实际病害情况考虑挖补上基层并用ATB-25沥青稳定碎石混合料填补。

(3)横缝密集路段分以下两种情况分别予以治理：

横缝间距小于10m，无明显沉陷的路段，采取挖补上中面层的措施予以处理；

横缝间距小于10m，且伴有明显沉陷、严重影响行车舒适性路段，采取7cm +8cm两层开台阶挖补沥青混凝土面层的措施予以处理；

考虑到机械化施工，为确保施工质量，最小处理长度不宜小于30m，面层回填材料均采用AC-25C型SBS改性沥青混凝土，视裂缝宽度对原有的路面横向裂缝进行中、慢凝液体石油灌缝，按要求均匀洒布SBR黏层油及液体石油沥青透层油。

2. 纵缝

纵向裂缝根据裂缝两侧的破损程度、并结合路面病害钻芯试验，按以下三种情况分别予以治理：

(1)对于单条纵缝无支缝且无明显沉陷的路段,清除缝中的杂物及尘土,灌注中、慢凝液体石油沥青。

(2)对于长段纵缝有细小支缝且表现为轻微沉陷的路段,考虑到目前病害发展的速度,为确保路面结构的安全,采取分两层挖除面层后全车道铺设聚酯玻纤布,重新按 7cm + 8cm 铺筑 AC-25C 型沥青混凝土面层的方法予以处理。

(3)对于多条纵缝并有明显沉陷或严重网裂伴有唧浆、沉陷路段,根据钻孔取芯试验结果,采用铣刨面层及上基层的措施处理。

对于一般路段面层填补材料分两层 7cm + 8cm AC-25C 型沥青混凝土,均采用 SBS 改性沥青。基层采用 ATB-25 沥青稳定碎石进行填补,分 10cm + 10cm 两层铺筑。对于旧路利用路段面层填补材料为 9cmAC-25C 型沥青混凝土,采用 SBS 改性沥青。基层采用 ATB-25 沥青稳定碎石进行填补。为增强各结构层的层间黏结,在沥青混凝土面层及面层与基层间均匀洒布一层 SBR 改性乳化沥青黏层油,洒布量为 0.6kg/m^2 左右;在下基层顶面洒布透层油(中、慢凝液体石油沥青),洒布量为 1.2 kg/m^2 左右。

3. 网裂

(1)对于轻微网裂无唧浆、沉陷的路段,考虑到防止病害进一步发展及路表水对沥青路面的破坏,采取挖补面层的方案对路面进行处理。

(2)对于网裂严重,伴有唧浆、沉陷的路段,根据钻孔取芯试验结果,其面层破碎,基层也出现了不同程度的网裂、松散现象,治理方案为挖除面层及上基层后重新铺筑,面层填补材料采用 7cmAC-25C 型沥青混凝土、8cmAC-25C 型沥青混凝土,均采用 SBS 改性沥青,基层填补材料采用 ATB-25 沥青稳定碎石混合料,分 10cm + 10cm 两层铺筑。为增强各结构层的层间黏结,在基层顶面洒布透层油(中、慢凝液体石油沥青),洒布量为 1.2 kg/m^2;沥青混凝土面层间均匀洒布一层 SBR 改性乳化沥青黏层油,洒布量为 0.6 kg/m^2 左右。

4. 连续坑槽、修补破损路段

针对石黄高速公路连续坑槽、修补破损病害的特点,本着治理彻底性的原则,对病害路段的沥青混凝土面层予以挖补治理。施工中如发现局部基层存在损坏现象,对发生松散的基层与面层一并治理。

5. 车辙

对于车辙的处理,结合以往的成功经验,同时考虑车辙发展的速率和趋势,对于深度在 15 ~ 30mm之间的采取挖除上、中面层,铺筑 9cm 厚 AC-25C 型 SBS 改性沥青混凝土;对于大于 30mm 的路段采取挖除整个面层,分两层(7cm + 8cm)铺筑 AC-25C 型 SBS 改性沥青混凝土的方式予以处理。

对于车辙深度小于 15mm 的路段,将原路面拉毛的方式予以处理后整平,拉毛后清理表面层,处理宽度为 4m(单车道)。

6. 推移、拥包、烧痕等

对于发生此类病害的部位,由于病害产生和影响的深度较浅,考虑到挖补质量等因素,将该部位面层挖除后重新铺筑，填补材料分两层铺筑，为7cmAC-25C型沥青混凝土、8cmAC-25C型沥青混凝土，均采用SBS改性沥青。

二、互通匝道病害治理

根据调查结果，互通匝道主要以挖补治理为主。对严重网裂沉陷段落挖除面层及松散部分基层，面层填补材料采用9cmAC-25C型沥青混凝，均采用SBS改性沥青。基层填补材料采用ATB-25沥青稳定碎石混合料，分10cm ＋10cm两层铺筑。为增强各结构层的层间黏结，在基层顶面洒布透层油（中、慢凝液体石油沥青），洒布量均为1.2 kg/m^2左右；沥青混凝土面层间均匀洒布一层SBR改性乳化沥青黏层油，洒布量为0.6 kg/m^2左右。

三、桥面沥青混凝土铺装层的治理

1. 对于存在病害桥面铺装的处治

通过调查，桥面病害主要表现为沥青混凝土面层的推移、拥包、车辙、修补不良等，因此，对于桥面病害的治理，应将病害部位的沥青混凝土桥面铺装铣刨后重新铺筑，填补材料采用4cmAC-13C型密级配沥青混凝土＋5cmAC-20C型密级配沥青混凝土，均采用SBS改性沥青。为增强层间黏结，沥青混凝土结构层间均匀洒布一层SBR改性乳化沥青黏层油，洒布量为0.6 kg/m^2左右。为加强桥面防水，铺筑沥青混凝土面层前，应在桥面防水混凝土顶面均匀洒布一层SBS改性沥青黏结防水层，洒布量为2.0 kg/m^2左右。若发现桥面防水混凝土已发生松散、破损等现象，应将病害部位彻底挖除，重新浇筑防水混凝土。

2. 对于全线中桥桥面铺装的处治

由于罩面过程中对16m以上的中桥不再加铺4cmAC-13C型的改性沥青混凝土，考虑到全段罩面后的统一性并确保桥面铺装的完好性，将全段内的中桥沥青混凝土铺装层挖除后重新按4cmAC-13C＋5cmAC-20C进行铺筑，均采用SBS改性沥青。为增强层间黏结，沥青混凝土结构层间均匀洒布一层SBR改性乳化沥青黏层油，洒布量为0.6 kg/m^2左右。为加强桥面防水，铺筑沥青混凝土面层前，应在桥面防水混凝土顶面均匀洒布一层SBS改性沥青黏结防水层，洒布量为2.0 kg/m^2左右。若发现桥面防水混凝土已发生松散、破损等现象，应将病害部位彻底挖除，重新浇筑防水混凝土。

四、桥头跳车、纵断变形严重路段治理

石黄高速公路桥头跳车、纵断变形严重现象已经严重影响了路面行车的舒适性，给行车安全也留下了隐患，因此，此次病害治理设计对于跳车严重的桥头路段进行了治理。对于出现轻微桥头跳车现象的路段，根据纵断面桥头顺坡情况一并予以处理。

（1）对治理路段的旧路面进行铣刨，铣刨厚度按病害程度分别处理一层或两层沥青混凝土。

（2）对于桥头的轻微沉陷（高差小于3cm），铣刨上面层后重新铺设，对于较严重的沉陷（高差大于3cm），铣刨两层后，先铺筑一层5cm厚的AC-25C型沥青混凝土中面层，然后再铺筑4cm厚的AC-13C型沥青混凝土上面层。

（3）摊铺沥青混凝土时应保证改造路段与原路段的顺接，按照设计图纸要求挂线施工，平整度应满足《公路工程质量检验评定标准》（JTG F80/1—2004）中的要求。

第四节　旧路高程测量及纵横断设计程序和方法的研究

高速公路车流量大、车速快,为了满足这一行车要求,对诸如行车道宽度、竖曲线、纵坡、纵坡长度、平均纵坡、平曲线超高等有一些特别的要求。另外,对路面平整度也有更高的要求。然而,由于沥青路面表面层直接遭受大气因素和行车荷载的作用,随着公路运营时间的推移,沥青路面不可避免的会产生各种各样的病害,如车辙、不均匀沉陷等。这些病害的发生都会造成路面高程的变化,破坏公路线形和路面平整度,从而使公路路用性能降低,以至无法满足高速公路的行车要求。

目前对高速公路路面高程的控制一般是对一些坑槽、车辙、裂缝修补后,采取"顺地爬"的方式罩面施工,因此罩面施工的效果不理想,达不到改善平整度、恢复线形,行车舒适的预期目的。

然而,罩面工程的高程测量和线形设计有别于新建公路,无章可循,实际操作难度较大,往往事倍功半。为此十分有必要研究一套针对高速公路罩面工程的高程测量、纵、横断面设计方法及相应实施程序,这既是对现行规范的重要补充,也是本课题研究的重点之一。

一、罩面工程高程测量方法研究

高程测量是进行纵、横断面设计的基础。新建公路的高程测量包括基平测量和中平测量两方面内容。基平测量也就是水准点的高程测量,即沿线建立水准点,供下阶段测量、设计、施工和管理使用;中平测量即中桩水准测量,一般是以相邻两水准点为一测段,从一水准点开始,逐点施测中桩的地面高程,闭合于下一个水准点上。罩面工程的高程测量有别于新建公路的高程测量,就其测量内容而言,也包括基平测量和中平测量两方面。无论是对新建公路还是罩面工程,基平测量作为控制点的测量,两者在测量方法和要求上都是一样的,但就中平测量而言,两者却有很大差别。

新建公路的中平测量是对公路中线地形的高程测量,不是设计高程,测量精度要求不高,测点密度也相对较小;而罩面工程进行高程测量的目的是要对现有路面的纵、横断面线形进行恢复或改善,是罩面工程方案和造价的优化,因而罩面工程的中平测量,我们关心的不仅仅是路线的中桩高程,而且要了解整个路面的高低起伏情况。因此,罩面工程的中平测量已经不是原来意义上的中平测量,而是横断面的高程测量。但要精确测量路面每一点的高程是不经济也是不现实的,以何种方法、何种测点密度、何种精度施测,才能达到即经济合理,又符合使用要求,正是我们所要研究的。下面我们将从基平测量和横断面的高程测量两方面分别阐述。

1. 基平测量

如上所述:基平测量也就是水准点的高程测量,即沿线建立水准点,供下阶段测量、设计、施工和管理使用,是控制测量。水准点的高程测量,尽量恢复建路时的水准点或采取与附近国家水准点联测的方法,以获得绝对高程和进行测量检核。当恢复建路时的水准点比较困难、路线附近又没有国家水准点或引测有困难时,也可参考地形图选定一个与实地高程接近的高程作为起始水准点的假定高程。

水准点的高程测量,一般采用一台水准仪或全站仪,在水准点间作往返测量,也可使用两台水准仪作单程观测。通过实践总结,我们认为罩面工程中水准点的设置可遵循以下原则:

(1)水准点平均每公里设置一个。

(2)设置位置,根据现有高速公路的特殊情况,一般布设在桥涵构造物的护栏基座上,或者紧急停车带等明显而且固定标志标牌的基座上。

水准点允许闭合差为 $\pm 20\sqrt{L}$(L 为单程水准路线长度以公里计),采用一组往返或两组单程进行。由于高速公路不宜封闭交通,测设只能半幅进行,所以可采取一组往返的方法,测半幅后,回测另半幅,并将所设水准点一一复核。

2. 横断面的高程测量

高速公路通车后,随着运营时间的增长路面病害不可避免地会影响原路面设计高程,破坏路面平整度,改变路面横坡度,影响横向排水。罩面施工中如果采用顺地爬坡的施工方法则难以达到消除病害、改善平整度、恢复线形、行车舒适的预期目的,因此横断面的高程测量是高速公路罩面工程设计的一项重要工作。然而怎样对横断面施测,以何种方法、何种测点密度、何种精度施测,才能达到即经济合理,又符合使用要求,这正是我们所要研究的。

横断面的高程测量测点过密,测量工作量繁重,会造成人、财、物的浪费,对不断交的高速公路而言,难度也太大。测点过疏,又不能满足设计需要。参照新建公路的中桩测量布点密度要求,结合工程实践,我们认为横断面的纵向布设每 25m 测一断面是能够满足设计需要的,也是可行的。关键是横断面上的测点布设问题。通过现场实测,我们发现路面两侧边缘的高程受行车影响较小,比较能客观反映初建时的路面高程,因此横断面的高程测量这两点是必选的,至于中间选点,由于路面病害往往集中在行车道,因此,实际测量中我们采取了两种布点方案:第一种方案布 5 点,即路面两侧边缘点、单幅路面中心线、行车道两个轮迹带;第二种方案布 3 点,即路面两侧边缘点、单幅路面中心线。通过外业测量实践和横断面设计对两种方案进行比较发现:布 5 点方案虽然能更好的反映路面状况,但施测难度较大,对交通干扰大,维护安全困难,轮迹带准确定点困难。布 3 点方案虽然较布 5 点方案反映路面状况情况稍差,但对交通干扰小,维护安全相对较易,中间点定点准确,测量速度快,而且也能较好反映路面状况,能够满足设计要求,因此我们认为按下述方法布置横断面高程测点是合理的。

(1)原路面高程测量,每 25m 测一断面,每个断面测 3 点,即路面两侧边缘点、单幅路面中心线;

(2)变形较严重路段每 5m 测一断面,每个断面测 3 点,即路面两侧边缘点、单幅路面中心线;

(3)遇伸缩缝处加测横断面;

(4)桥头地段加测横断面。

二、罩面工程高程测量实施程序及方法

1. 仪具与设备、材料

(1)精密水准仪 1 ~2 台或全站仪 1 台;

(2)5m 塔尺 4 根;

(3)量尺:钢卷尺、皮尺、钢尺等;

(4)高程测量记录表;

(5)交通维护车辆一部;

(6)其他:粉笔、油漆、毛笔、安全标志若干。

2. 准备工作、计划安排和人员设备组织

(1)时间安排上,一是总的罩面设计时间与罩面施工开始时间不应相隔太长,以免设计资料与施工时路况相差太大,影响施工和工程量的统计;二是提高工作效率,尽量缩短外业测量时间周期,具体天数可按如下进行计划:考虑高速公路测量的危险性,建议每日测量7~8km为宜;考虑天气等因素的影响,平均日工作量应在5km以上。

(2)收集原设计路线纵横断面测量数据资料及设计纵横断面图。定测前要将原设计资料,如纵横断设计、结构物、标志标牌一览表等搜集到,以备罩面设计对照使用。

(3)调查前应通报有关交通管理部门,观测时应有专人指挥交通,并设置交通安全标志等以确保观测人员及车辆安全。

3. 方法与步骤

根据罩面补强设计定测的特殊性质,外业测量主要分以下几个小组:

(1)总体组:正副负责人共2人,主要负责总体指挥协调以及高速公路上指挥交通等安全工作;

(2) 测量组:技术人员2人及测工4~5人,主要工作内容包括水准点的设置、原路面高程的采集;测点按本章第二节所述布置;

(3)安全组:由工人3人组成,主要负责测量过程中的安全工作,如指挥交通、摆放和移动"红帽子"、"前方施工"等安全标志;

(4)由工人2~3人准确测量里程桩号,并沿线用红油漆每25m做一桩号标记;

(5)桥涵构造物、伸缩缝、标志标牌调查组:2人,主要负责现有道路横断面尺寸的测量,每1km绘一断面,以及现有桥涵构造物、伸缩缝、标志标牌情况的调查工作;

(6)内业组:1~2人,负责整理每日测量成果,计算水准点高程,点绘出现有路面高程的纵断图,发现高程错台等异常现象及时提出,到现场及时修正。另外还可以做些纵断拉坡工作来提高工作效率。

4. 成果报告

(1)高程测量结果记录、路面高程的纵断图;

(2)桥涵构造物、伸缩缝、标志标牌一览表;

(3)现有道路横断面图,每公里绘1断面。

三、罩面工程纵、横断面设计方法研究

1. 一般路段纵、横断面设计方法

(1)在米格纸上绘制现有路面纵断面图,竖向比例1:10,纵向比例1:2000。

(2)纵断面拉坡设计。纵断拉坡设计结合原施工图竣工资料进行,尽量改善线形,恢复平整度,照顾大多数点位拉出长坡;实在不好拉出长坡的地段,也可用几段短坡代替,但最短不宜小于50m。

(3)施工过程中,原则上要严格按照设计线高程控制,挂线施工,这就要求增加整平工序,尽管工程量增大、施工难度增加,但线形必将得到最大限度地改善。

(4)不考虑现有道路里程桩的影响,以实测桩号为准,对照现有里程桩设置一个总断链。

(5)横断面设计上为改善横断面线形,可在原有横坡标准基础上,在设计规范允许范围内给予调整,京石高速公路罩面设计横断面坡度的调整范围为1.5%~2.0%。

2. 桥头、桥面纵断面设计方法

在遵照一般路段纵横断面设计方法的基础上,桥头、桥面的设计还应注意以下三点:

(1)首先应对桥面增加罩面后承载力是否仍满足原设计承载力要求进行验算,如满足,可提高伸缩缝,并以伸缩缝处的高程作为控制点进行纵断拉坡设计,并更换相应的伸缩缝装置。

(2)若桥面增加罩面后承载力不能满足原设计承载力要求,则只能是将原桥面铣刨后再罩面,将桥头高程作为纵断拉坡设计的控制点高程,并向两端延伸一定距离,与一般路段自然顺接,这样拉出的纵坡能够较理想地解决桥头沉陷和桥头跳车的问题。

(3)罩面施工工程中应严格按照设计挂线施工,以改善线形。

3. 特殊路段纵断面设计方法

(1)以桥涵结构物两端的伸缩缝高程为控制点,并向两侧延伸一定距离,以解决桥头跳车问题。

(2)当对铣刨工程量有特定要求时(即罩面层厚度不能太厚,也不能太薄),应根据实际设计施工要求去改善线形,允许在确实无法恢复原设计纵坡的地段,插入一段新设计的短纵坡,这样就减轻了施工难度,减少了工程量和工程造价,但线形相对要差些。设计人员在设计时,可以选用坡长的下限(50m),来满足工程量的要求。应注意原则上坡长不能小于设计要求下限,否则无法满足改善平整度的要求。

(3)在路面沉陷破坏严重路段必须挂线施工,增加铣刨填补找平工序。如挂线施工有困难,可建立摊铺厚度表(设计高减去地面高),由摊铺机手在摊铺过程中随时调节,注意在路缘石或沥青砂拦水带上做出厚度变化处的桩号。

4. 设计示例

(1)上面提到的路段罩面工程纵断面设计示例图(见附录示例)。

(2)罩面工程横断面图(见附录示例)。

四、罩面工程实例及研究

1. 整平层设计

当纵横断线形设计完成后,发现即使采用了短纵坡段,仍会出现个别段存在超填或罩面厚度太薄达不到设计厚度要求等现象(参见试验段 K67 ~ K69 纵横断设计图)。针对这些情况,就需要在罩面前首先做整平工作。

根据业主对工程量的要求,在设计中,课题组对那些罩面层厚度大于设计厚度 3 cm 以上的或罩面厚度不足 2.5cm 的路段先进行整平设计。例如试验段罩面设计原则厚度为 4cm,则对于罩面厚度 7cm 以上或不足于 2.5cm 的个别区域需先整平,使其罩面厚度在 2.5 ~7cm 之间,施工方法主要包括填补和铣刨。

2. 工程量统计

本课题研究发现,在一开始设计人员并未给出每公里段的工程量统计及平均罩面厚度,只是给出了设计总量,这就给后来施工时工程量计量带来许多麻烦。主要表现在施工中决策人员缺乏变更依据，尤其是工程量的变更及审核缺乏依据，业主与承包商在工程量问题上产生分歧。尤其后来在招标工程中出现了按总量控制还是按罩面平均厚度控制的问题。例如设计中给出了一个4cm的罩面设计厚度，其实这是一个设计原则厚度（以下称原则设计厚度），它是根据此路段路面实测弯沉等数据并利用路面结构设计程序计算得来的罩面补强厚度，是随后的纵横断面设计过程中需要保证绝大多数的点位的罩面厚度要满足的最小值。因此工程量的统计决不单单是按这一个原则设计厚度值乘于长度、宽度得来，肯定有或高或低纵横断变化大的地方。准确的工程量应该结合每个纵横断面，采用扣帽子，利用程序详细计算出来，每个断面测的点位越多计算结果越切合实际。

如本次设计原路面每个横断面测3点，内外边缘和中间。中间为重车道，有沉陷和车辙现象，在横断图上可明显看到，应该采用扣帽子方法计算出每个断面的罩面面积，然后很容易地计算出每公里罩面工程量和罩面平均厚度。本次试验段数据统计结果就比较好，其工程量很清楚，K67+000~K68+000这一公里工程量为503.7m^3，平均罩面厚度4.2cm；K68+000~K69+000这一公里工程量为595.7m^3，平均罩面厚度4.96cm。而按原则设计厚度4cm计算，每公里工程量为480m^3，由此可明显对比工程量的增减。此举有利于业主在施工中的管理和监理人员的工程量控制，最终收到良好的效果。

因此在设计过程中，除了要统计总工程量外，还应有每公里的工程量统计和相应的平均罩面厚度，而这个平均罩面厚度也可以在将来的罩面施工投标中和施工工程量计量中应用。

3.平整度的恢复

高速公路在经过了较长的一段使用期后，路面纵横断尤其是结构物附近会出现大的变形，给行车带来危险和不舒适，这就需要在设计和施工上对此予以彻底改善。解决的根本方法是调整线形，在完成纵横断最优化拉坡设计后，在施工阶段予以落实。具体方法有两种：

（1）顺地爬：该方法是建立在整平层的基础上，通过试验证明，一段路如果本身变形轻微，那么仅需要较小的整平工作量，就可以保证摊铺厚度在允许的范围内，这样采用平地爬施工效果也还可以。但对于长期通车变形严重的路段，如果坚持要摊铺厚度在允许的范围内，不但整平工作量相对较大，而且地面仍然有较大的起伏，这样采用顺地爬效果不好。如果要采用顺地爬的方法，只能增加整平量，但这样会提高工程造价，而且过多的铣刨和填补将会降低原地面的强度，因此对于这种情况，应采取挂线的方法。

（2）挂线施工：除了上述长期通车变形严重的路段要采用挂线的施工方法，对含有结构物的路段，也必须挂线施工才能彻底改善线形，达到设计的目的。由于在施工过程中不能阻断交通，因此，罩面采取半幅施工半幅通车的方法进行。挂线试验采用在中间挂和边上挂两种形式。由于边上变形不大，边上挂线意义不大，所以尽管中间挂线有时会影响施工车辆的出入，最终施工还是采用了中间挂线的方法。

五、路面罩面设计方案

对全段路面病害彻底治理后，在确保路面承载力满足要求的前提下，对原路面进行整平处理，彻底清扫后，洒布SBS改性沥青黏结防水层，改性沥青洒布量为1.8kg/m^2，并随即采用车载式撒料机将1~1.5cm单一粒径的硬质集料均匀地撒布在改性沥青层上，覆盖率宜控制在50%~60%左右。全线加铺4cm AC—13C型SBS改性沥青混凝土罩面层，面层5mm以上集料采用玄武岩，并采用GTM法进行沥青混合料的配合比设计及施工质量控制。

由于路面罩面使沥青混凝土路面厚度增加,必然涉及一系列相关问题,如防撞护栏高度的调整、上跨结构物净空的限制、桥面与路面在伸缩缝处的衔接、纵横断面的恢复与调整等。针对这一系列问题,分别提出如下解决方案。

1. 防撞护栏高度的调整

现行规范中规定:当不设路缘石时,护栏高度(指护栏板中心至路面的距离)为60cm;当设有路缘石时,护栏板中心至路缘石顶为60cm,距路面一般为72cm。由于罩面4cm的影响,护栏高度相对降低,是否会影响行车的安全,需按有关规范的要求,充分论证。根据石黄高速公路现有波形梁钢护栏的设置高度,能够基本满足高速公路的防撞性能要求,因此,本次养护检测工程对波形梁钢护栏的高程不作调整。

2. 上跨结构物净空的限制

上跨结构物净空的限制包括上跨分离式立交、互通区匝道上跨桥、龙门架式或单悬臂式道路交通安全设施、标志及电子警示屏等一切由于罩面可能引起的影响净空要求的结构物。对于上跨分离式立交、互通区上跨匝道桥等永久结构物,应按照规范、标准要求,在满足最小坡长、竖曲线半径、长度等要求的基础上,将受净空影响路段范围内的路面适当铣刨后,再铺筑罩面层,同时做好上跨结构物两侧路面纵向衔接。对于龙门架式或单悬臂式道路交通安全设施、标志及电子警示屏等结构物,适当调整其高度以满足净空要求,如在基座处设置垫块提升高程,或适当调整标志牌等的安装高度和位置以满足净空要求,等等。

通过实地调查和测量,全线上跨结构物除K195+865主线上跨桥净高为4.98m不满足要求外,其余均满足铺筑4cm罩面层后净高不小于5.0m的要求。对于该桥罩面时需要进行如下处理:以上跨桥中心桩号为分界点前后各留20m,共计40m不进行罩面,并从该段两端头位置进行罩面层衔接处的铣刨工作,确保衔接平顺。

3. 桥面与路面在伸缩缝处的衔接

原则上对特大、大桥头、单孔16m跨径的中桥或两端存在毛勒式伸缩缝的中小桥及拟在2006年内施工的单板受力的小桥涵的高程不进行调整。因此,以桥头高程为控制点,在桥头一定范围内采取顺坡方式予以处理。具体做法为:将桥头一定范围内(一般不小于30m)的路面铣刨适当的厚度,以满足沥青混凝土结构层施工最小厚度的要求,然后进行罩面层与桥头的衔接。

对于桥涵结构物TST弹性体伸缩缝,在其上直接铺筑罩面层,但应将伸缩缝发生损坏的部位修补后再行铺筑。今后如果对TST弹性体伸缩缝进行改造,建议路面罩面之后在路面对应位置处采取切割更换伸缩缝的方式予以改造处理。

4. 互通区收费站、服务区、主线收费站等衔接部位的处理

本次罩面范围不涉及互通区收费站、服务区、主线收费站等水泥混凝土路面部位,因此,应在与其衔接的一定范围的路段内采取顺坡方式予以处理。具体做法为:将衔接部位一定范围内的路面铣刨适当的厚度,以满足沥青混凝土结构层施工最小厚度的要求,然后铺筑罩面层。

5. 中央分隔带紧急开口路面的处理

将设置在中央分隔带紧急开口处的栅栏拆除,由于紧急开口处通行车辆的几率较小,在水泥混凝土路面上喷洒透层油后直接铺筑沥青混凝土罩面层，对于沥青混凝土路面可适量喷洒黏层油后铺筑沥青混凝土罩面层，然后重新安装活动栅栏，并根据实际情况更换已发生损坏或锈蚀严重的栅栏。

6. 纵横断面的恢复与调整

对于纵断面，原则上保持现有纵坡不变，以原有桥梁结构物毛勒式伸缩缝处的高程为控制高程进行纵断面拉坡设计。在局部细节的处理上，如桥面与路面在伸缩缝处的衔接部位，受上跨构造物净空限制的路段，与互通区收费站、服务区、主线收费站等水泥混凝土路面的衔接部位，以及由于不均匀沉降、路面碾压推移变形、日常养护维修等引起的纵坡变化部位，等等，均采取在一定范围内顺坡的方式调整纵断面。顺坡时在满足沥青混凝土结构层最小施工厚度的基础上适当铣刨原有路面，然后按照设计高程铺筑罩面层。

对于横断面，原则上保持原有2%的路拱横坡及超高变坡方式不变，在满足沥青混凝土结构层最小施工厚度的基础上，将原路面车辙、隆起、推移、拥包等部位适当铣刨后再进行罩面层的铺筑。

第五节　沥青混凝土路面施工

一、范围

本节工作内容包括在现有路面上铺筑沥青混凝土面层、罩面及其有关作业。

二、材料

1. 一般规定

1)每一批沥青材料到货时应附有厂家的沥青质量检验单，提交给工程师核查。

2)每一批到货的各种材料都必须按规定要求进行试验，将试验报告提交给工程师批准后方可使用。

3)集料的粒径应以方孔筛为准。

4)任何材料进入施工场地时都应登记，签发材料验收单。验收单应包括材料来源、品种、规格、数量、使用目的、购置日期、存放地点及其他应予注明的事项。

5)各种集料应分别堆放，不得混杂。

2. 粗集料

1)粗集料包括碎石、破碎砾石等。

粗集料应由具有生产许可证的采石场生产，罩面层，5mm以上的粗集料采用玄武岩，其他层位的粗集料可采用优质的安山岩或石灰岩。

2)粗集料的粒径规格应按照表5-5的规定选用，最大粒径31.5mm。当生产的粗集料不符合规格，但确认与其他材料配合后的级配符合沥青混凝土面层的矿料使用要求后，可以使用。

沥青混凝土面层用粗集料规格 表5-5

规格名称	公称直径(mm)	通下列筛孔(方孔筛,mm)的质量百分率(%)							
		31.5	26.5	19.0	13.2	9.5	4.75	2.36	0.6
S6	15~30	90~100			0~15		0~5		
S7	10~30	90~100				0~15	0~5		
S8	10~25	100	90~100		0~15		0~5		
S9	10~20		100	90~100		0~15	0~5		
S10	10~15			100	90~100	0~15	0~5		
S11	5~15			100	90~100	40~70	0~15	0~5	
S12	5~10				100	90~100	0~15	0~5	
S13	3~10				100	95~100	40~70	0~20	0~5
S14	3~5					100	90~100	0~15	0~3

3)粗集料应该洁净、干燥、无风化、无杂质,具有足够的强度、耐磨耗性。粗集料的质量应符合表5-6的要求。

4)粗集料应具有良好的颗粒形状,碎石不宜单独采用颚式破碎机加工。

5)表面层粗集料应选用坚硬、耐磨、抗冲击性好的碎石或破碎砾石,不得使用软质集料,石料磨光值不小于42。

6)经检验属于酸性岩石的石料,必须采取抗剥离措施,并经工程师批准,方可使用。

7)用于轧制破碎的砾卵石其粒径应大于50mm,破碎砾石中4.75mm及其以上颗粒的破碎面积应符合表5-6的要求。

沥青混凝土面层用粗集料质量技术要求 表5-6

指 标	单 位	标 准	
		表面层	中、下面层
石料压碎值(%)	不大于	18	22
洛衫机磨耗损失(%)	不大于	28	30
表观相对密度(t/m^3)	不小于	2.60	2.50
吸水率(%)	不大于	2.0	3.0
坚固性(%)	不大于	12	
针片状颗粒含量(混合料)(%)	不大于	15	18
其中粒径大于9.5mm(%)	不大于	12	15
其中粒径小于9.5mm(%)	不大于	18	20
水洗法<0.075mm颗粒含量(%)	不大于	1	1
软石含量(%)	不大于	3	3

注:1.坚固性试验根据需要进行;

2.多孔玄武岩的视密度可放宽至2.45t/m^3,吸水率可放宽至3%,但必须得到建设单位的批准;

3.对S14即3~5mm规格的粗集料,针片状颗粒含量可不予要求,<0.075mm含量可放宽至3%。

3.细集料

1)原则上用于沥青面层的细集料宜采用优质的机制砂,最大粒径4.75mm,其规格应符合表5-7~表5-9的要求。当级配及动稳定度达不到要求时,可适当添加部分天然砂。

沥青混凝土面层用机制砂或石屑规格 表5-7

规格	公称直径(mm)	通过各筛孔的质量百分率(%)							
		9.5	4.75	2.36	1.18	0.6	0.3	0.15	0.075
S15	0~5	100	90~100	60~90	40~75	20~55	7~40	2~20	0~10
S16	0~3		100	80~100	50~80	25~60	8~45	0~25	0~15

沥青混凝土面层用天然砂规格 表 5-8

方孔筛(mm)	通过各筛孔的质量百分率(%)			方孔筛(mm)	通过各筛孔的质量百分率(%)		
	粗 砂	中 砂	细 砂		粗 砂	中 砂	细 砂
9.5	100	100	100	0.6	15~30	30~60	60~84
4.75	90~100	90~100	90~100	0.3	5~20	8~30	15~45
2.36	65~95	75~90	85~100	0.15	0~10	0~10	0~10
1.18	35~65	50~90	75~100	0.075	0~5	0~5	0~5

2)细集料应洁净、干燥、无风化、无杂质,并有适当的颗粒组成,其质量应符合表 5-9 的要求。

沥青混凝土面层用细集料质量技术要求 表 5-9

指 标	要 求	标 准	指 标	要 求	标 准
表观相对密度(t/m³)	不小于	2.50	砂当量(%)	不小于	60
坚固性(>0.3mm 部分)(%)	不小于	12	亚甲蓝值(g/kg)	不大于	25
含泥量(<0.075mm 的含量)(%)	大小于	3	棱角性(流动时间)(s)	不小于	30

注:坚固性试验根据需要进行。

4. 填料

1)填料宜采用石灰岩及岩浆岩中的憎水性石料经磨细得到的矿粉,原石料中的泥土杂质应除净。矿粉要求洁净,其质量应符合表 5-10 的要求。

沥青混凝土面层用矿粉质量技术要求 表 5-10

指 标		标 准	指 标	标 准
表观相对密度(t/m³)	不小于	2.50	外观	无团粒料块
含水率(%)	不大于	1	亲水系数	<1
粒度范围	<0.6mm (%)	100	塑性指数	<4
	<0.15mm (%)	90~100	加热安定性	实测记录
	<0.075mm (%)	75~100		

2)经工程师批准,低强度等级水泥用作填料,其用量不宜超过矿料总量的 2%。相应拌和设备进行改造。

5. 沥青

1)使用的沥青材料为 A 级石油沥青,沥青要求质地均匀无水分。石油沥青的技术要求应符合表 5-11 的规定。改性沥青和普通沥青的质量管理与检验按《公路沥青路面施工技术规范》((JTG F40—2004)执行(表 5-12)。

道路石油沥青技术规范要求 表 5-11

试 验 项 目			70 号
针入度(25℃,100g,5s)		(0.1mm)	60~80
延度 (15℃,5cm/min)(cm)		不小于	100
软化点(环球法)(℃)		不小于	45
闪点(开口式)(℃)		不小于	260
含蜡量 (蒸馏法)(%)		不大于	2.2
密度(15℃)(g/cm³)			实测记录
溶解度(三氯乙烯)(%)		不小于	99.5
薄膜加热实验 163℃×5h	质量变化(%)	不大于	±0.8
	残留针入度比(%)	不小于	61
	残留延度(10℃)(cm)	不小于	6

SBS 聚合物改性沥青的技术要求　　表 5-12

技术指标		SBS	技术指标		SBS
针入度 25℃,100g,5s(0.1mm)		60~80	黏韧性(N·m)	不小于	—
针入度指数 PI	不小于	-0.4	韧性(N·m)	不小于	—
延度 5℃,5cm/min(cm)	不小于	30	储存稳定性②		
软化点 $T_{R\&B}$(℃)	不小于	70	离析,48h 软化点差(℃)	不大于	2.5
运动黏度①(135℃)(Pa·s)	不大于	3	TFOT(或 RTFOT)后残留物		
闪点(℃)	不小于	230	质量变化(%)	不大于	1.0
溶解度(%)	不小于	99	针入度比 25℃(%)	不小于	60
弹性恢复 25℃(%)	不小于	65	延度 5℃(cm)	不小于	20

注:①表中 135℃运动黏度可采用《公路工程沥青及沥青混合料试验规程》(JTJ052—2000)中的"沥青布氏旋转黏度试验方法(布洛克菲乐德黏度计法)"进行测定。若在不改变改性沥青物理力学性质并符合安全条件的温度下易于泵送和拌和,或经过证明适当提高泵送和拌和温度时能保证改性沥青的质量,容易施工,可不要求测定。

②储存稳定性指标适用于工厂生产的成品改性沥青。现场制作的改性沥青对储存稳定性指标可不作要求,但必须在制作后,保持不间断地搅拌或泵送循环,保证使用前没有明显的离析。

2)沥青混凝土罩面层混合料沧州方向(南半幅)采用矿质纤维,掺量 4‰,技术指标以变更文件下发;石家庄方向(北半幅)掺聚酯纤维,每吨沥青混合料中聚酯纤维掺加量为 1.2kg,聚酯纤维的技术要求见表 5-13。

聚酯纤维的技术要求　　表 5-13

序号	项目	技术指标	序号	项目	技术指标
1	直径(mm)	0.020±0.005	4	抗拉强度(MPa)	≥550MPa
2	长度(mm)	6+1.0	5	断裂伸长率(%)	≥25
3	耐热性(210℃)(2h)	体积无变化			

湖沥青试验路段 TLA 的掺量为 30%,目前参考美国特立尼达湖改性沥青标准(ASTM5750—95)对湖改性沥青进行检测评价(表 5-14a),本工程项目湖改性沥青以 TMA2 所给出的技术指标为控制标准。

特立尼达湖改性沥青技术指标　　表 5-14a

指标	TMA1	TMA2	TMA3	TMA4
针入度(25℃)(0.1mm)	40~55	60~75	80~100	120~150
黏度(135℃)(mm^2s^{-1})	≥385	≥275	≥215	≥175
延度(25℃,5cm/min)(cm)	≥100	≥100	≥100	≥100
闪点(℃)	>232	>232	>232	>232
溶解度(%)	77~90	77~90	77~90	77~90
密度(25℃)/(g/cm^3)	实测记录			
软化点(TR&B)(℃)				
旋转薄膜加热试验(163℃,75min)				
无机质(灰分)(%)	7.5~19.5			
针入度比(25℃)(%)	>55	>52	>47	>42
延度(25℃)/(cm)	≥50	≥50	≥75	≥100

3)沥青材料的加热温度应撑握在 150~170℃,加热后保温时间不宜超过 6h,当天加热的沥青宜当天用完,避免对沥青重复加热。

4)施工单位必须提供两种品牌的符合技术要求的基质沥青,改变基质沥青必须经过业主同意。改性沥青可在工厂制作,也可在现场制作,其技术要求应符合表 5-12 的规定。现场制作的改性沥青应检查改性沥青制作设备,确定生产工艺和操作规程,对选择的基质沥青和改性剂在试验室制备改性沥青进行试验。改性沥青的制作温度不宜超过 180℃,改性剂在基质沥青中应分散均匀并达到一定细度。现场制作的改性沥青宜随配随用,保证使用前不发生离析。工厂制作的成品改性沥青应明确保质期,并在存放和使用过程中不发生离析或质量降低。出厂时应附质量报告单和产品说明书,注明产品名称、标号、运输与存放条件、使用方法及注意事项。使用过程中应定期取样检验改性沥青的储存稳定性和产品质量。质量不符要求或储存期有离析、质量降低达不到要求的改性沥青不得使用。

6. 聚酯玻纤布

聚酯玻纤布技术指标应满足表 5-14b 的要求。

聚酯玻纤布技术指标 表 5-14b

试验项目			质量标准	参照标准
单位面积质量(g/m^2)			≥120	ASTMD 5261
厚度(2 kPa)(mm)			≥0.60	ISO 9863—90
窄条样拉伸	断裂强度(kN/5cm)	横	≥0.15	SL/T235—1999
		纵	≥0.15	
	断裂伸长率(%)	横	≤8	
		纵	≤8	
熔点(℃)			>230	ASTM D276

三、GTM 设计方法混合料组成设计

1. 设计原则

1)沥青混凝土混合料配合比设计 GTM 工作参数如下:①垂直压力 0.8MPa;②旋转角度:当采用油压表系统时,机器角应采用 0.8°;采用气压表系统时,机器角宜采用 2°;③成型温度 140~145℃(普通沥青);④试件成型控制:成型到极限平衡状态。

2)沥青混凝土采用三阶段设计,即目标配合比设计、生产配合比设计、生产配合比验证。目标配合比和生产配合比采用 GTM 方法设计,生产配合比矿料级配尽量与目标配合比级配相符,并且通过试铺、试拌确定生产用标准配合比及最佳沥青用量。

2. 设计指标

沥青混凝土混合料 GTM 方法配合比设计技术指标要求见表 5-15。

沥青混凝土 GTM 试验配合比设计技术指标要求 表 5-15

试验项目	技术指标	试验项目	技术指标
剪应变比 GSI,不大于	1.05	抗剪安全系数 GSF,不小于	1.3

3. 矿料级配

沥青混合料级配要求应符合表 5-16 要求。

GTM 设计沥青混合料矿料级配 表 5-16

级配类型	通过下列筛孔(方孔筛 mm)的质量百分率(%)												
	31.5	26.5	19.0	16.0	13.2	9.5	4.75	2.36	1.18	0.6	0.3	0.15	0.075
AC-13C				100	95~100	72~85	42~56	28~38	20~28	12~22	8~17	7~12	4~8
AC-20C		100	95~100	80~92	68~80	58~70	38~50	25~35	16~25	10~20	7~15	5~11	4~8
ATB-25	100	90~100	60~80	48~68	42~62	32~52	20~40	15~32	10~25	8~18	5~14	3~10	2~6

通过组成设计优化组合,找出最佳矿料级配曲线,按照规范规定的允许波动范围,施工中严加控制。

4. 配合比设计检验指标

沥青混凝土的高温稳定性能、低温抗裂性能及水稳定性应满足表5-17要求。

沥青混合料力学性能技术要求 表5-17

检测项目		技术指标	检测项目		技术指标
动稳定度次数(次/mm)	不低于	3600	剪切强度(MPa)		0.30
低温弯曲(με)		2500	渗水系数(ml/min) 不大于	上面层	60
冻融劈裂强度比(%)	不低于	80		中、下面层	120
残留稳定度(%)	不小于	80			

沥青混合料马歇尔试验技术要求见表5-18。

沥青混合料的技术要求 表5-18

试验项目	技术标准	试验项目	技术标准
	密级配沥青混凝土混合料①		密级配沥青混凝土混合料①
试件尺寸(mm)	ϕ101.6mm×63.5mm	流值 *FL*(mm)	2~4②
击实次数(次)	双面各75	空隙率 *VV*(%)	3~5
稳定度 *MS*(N)	不小于8000	沥青饱和度 *VFA*(%)	65~75

注:①适用于公称最大粒径不大于26.5mm的密级配沥青混凝土混合料。

②对改性沥青混合料,马歇尔试验的流值可适当放宽。

沥青混合料车辙试验动稳定度技术要求见表5-19。

沥青混合料车辙试验动稳定度技术要求 表5-19

技术指标		动稳定度(次/mm)	技术指标		动稳定度(次/mm)
改性沥青混合料	不小于	2400	掺加纤维改性沥青混合料	不小于	3600
普通沥青混合料	不小于	800			

5. 目标配合比设计

1)首先计算出各种矿料的掺配比例,配成符合表5-16要求的矿料级配范围。

2)选择4~5组不同的油石比,用GTM方法成型试件,分别测定不同油石比混合料的毛体积相对密度,计算出混合料的空隙率*VV*、矿料间隙率*VMA*和沥青饱和度*VFA*。

3)确定最佳油石比。

4)根据表5-16配合比设计检验指标检验沥青混合料的高温稳定性、低温抗裂性及水稳定性。

6. 生产配合比设计

1)首先根据目标配合比设计的各种矿料掺配比例确定各冷料仓的供料比例、进料速度。

2)拌和机点火使设备处于正常运转状态,集料的温度与生产中的温度一致后,从各热料仓按照规范要求取有代表性的试样进行筛分,确定各热料仓的材料比例,供拌和机控制室使用,同时反复调整冷料仓进料比例以达到供料均衡。

3)用GTM方法进行生产配合比设计,确定生产配合比最佳沥青用量下相应混合料毛体积相对密度作为施工控制用标准密度。

7. 生产配合比验证

1)拌和机采用生产配合比进行试拌并铺筑约200m试验段,用以确定以下内容:

(1)确定拌和机的上料速度、拌和产量、拌和温度等操作工艺。

(2)确定合理的机械数量及机械组合方式。

(3)确定摊铺温度、速度、碾压工艺(考虑到重型胶轮压路机对沥青混凝土的压实度、密实性和封水性的特殊影响,建议在该工艺中,重点确定胶轮压路机在碾压各阶段的作用)等。

(4)确定松铺系数。

(5)验证沥青混合料配合比。

(6)验证施工组织的适应性。

注:胶轮压路机粘轮问题可采用在碾压开始时在轮胎上均匀涂刷1:3(柴油:水),待轮胎变热后粘轮问题可自行消失。

2)试验段开工报告须经驻地办审核后报业主审批。

3)在拌和场按JTJ 052—2000标准取样,进行沥青含量和矿料筛分试验,并在沥青混合料摊铺压实冷却后钻芯取样进行压实度、厚度、空隙率、沥青饱和度的检查,现场检测高程、横坡度、宽度、平整度等指标。试验路试验检测频率见表表5-20。

试验路检测项目及频率 表5-20

检测项目	最小频率	试验方法
沥青用量	3次	拌和站取样、抽提
矿料级配	(3+2)次	3次为抽提后筛分,2次为各热料仓取样,筛分
密实度、厚度、空隙率、饱和度	9次	钻芯取样
高程	20m一断面,每断面3~5点	水准仪
横坡	20m一断面	水准仪
平整度	全段每车道连续	平整度仪
抗滑指标	每50m测1处	摆式仪,铺砂仪

注:抗滑指标只在表面层时测定。

4)试验段完成后,承包人写出试验段总结,驻地办审核后报业主批准大面积开工。

四、GTM设计方法沥青混凝土施工要求

1.施工设备

1)拌和设备

(1)拌和厂应在其设计、协调、配合和操作方面,都能使生产的混合料符合生产配合比设计要求。拌和厂必须配备足够试验设备的试验室,并能及时提供使监理工程师满意的试验资料。

(2)热拌沥青混凝土采用间歇式有自动控制性能的拌和机拌制,能够对集料进行二次筛分,能准确地控制温度、拌和均匀度,计量准确、稳定,设备完好率高,拌和机的生产能力每小时不低于240t。

(3)拌和机应具有自记装置,在拌和过程中能逐盘打印沥青及各种矿料的用量及集料温度等各项参数。

(4)拌和机热矿料二次筛分用振动筛不宜少于4个,筛孔根据矿料级配要求选用并尽量和目标配合比矿料规格相一致。

(5)要具有300t以上的沥青储存能力,沥青材料应采用导热油加温。

(6)计量装置应由计量部门进行检验和核正准确,拌和机的生产油石比应由试验室做出准确标定。

2)运输设备

(1)用干净有金属底板的较大吨位自卸翻斗车辆运送混合料,车槽内不得粘有机物质。

为了防止污染和热量过分损失，运输车辆应备有覆盖设备，车槽四角应密封坚固。

（2）沥青混合料运输车的运量应较拌和能力或摊铺速度有所富余，施工过程中摊铺机前方应有3～6辆料车处于等待卸料状态，保证连续摊铺。

3）摊铺设备

（1）沥青混合料摊铺设备应是自动式的，安装有可调的活动熨平板或整平组件。熨平板在需要时可以加热，能按照规定的典型横断面和图纸所示的厚度在车道宽度内摊铺。摊铺机应有振动夯板或可调整振幅的振动熨平板的组合装置，夯板与振动熨平板的频率，应能各自单独调整。

（2）摊铺沥青混合料时，摊铺机的摊铺速度应根据拌和机产量、施工机械配套情况及摊铺层厚度、宽度确定。

（3）摊铺机应配备熨平板自控装置，传感器可通过基准线自动发出信号来操纵熨平板，使摊铺机能铺筑出理想的纵横坡度和平整度。

（4）上面层、中面层、下面层摊铺要求采用非接触式平衡梁自动控制整平系统。

4）压实机械

（1）压实设备应配有3台25t以上轮胎式压路机及两台自重大于10t的双钢轮振动压路机，振动压路机加振重后总效率相当20t以上，能按合理的压实工艺进行组合压实。还应备有监理工程师认可的小型振动压（夯）实机具，以用于压路机不便压实的地方。

（2）压路机的喷水必须采用良好的雾化装置。

2.施工工艺

1）混合料的拌和

（1）粗、细集料应分类堆放并插上标志牌，注明产地、规格。集料堆放时要采用分层堆放的方法，逐层向上堆放以防离析。每个料源的材料应进行抽样试验，并经监理工程师批准。

（2）拌和时，每种规格的集料、矿粉和沥青都必须按批准的生产配合比准确计量，其计量误差应控制在规定的范围内。拌和时应将集料充分烘干。一般干拌时间不应小于5s，每锅拌和时间约50～60s。

（3）沥青加热温度、矿料加热温度、沥青混合料的出厂温度，应符合表5-21的要求。

沥青混合料的施工温度（℃）　　表5-21

沥青加热	165～175	开始碾压温度	不低于155
矿料加热	190～200	终压终了温度	不低于100
沥青混合料出厂温度	175～185	沥青混合料废弃温度	超过195
摊铺温度	不低于165		

（4）要随时检测拌和机打印结果与设定值的关系，出现异常情况及时处理。

2）混合料的运输

（1）从拌和机向运料车上放料时，应每卸一斗混合料挪动一下汽车位置，以减少粗细集料的离析现象。尽量缩小混合料下落的落距。

（2）运料车要用篷布覆盖，用以保温、防雨、防污染。

（3）连续摊铺过程中，运料车应在摊铺机前10～30m处停住，不得撞击摊铺机，卸料过程中运料车应挂空挡，靠摊铺机推动前进。

（4）已经离析、结成团块或运料车卸料时残留于车上的混合料，以及低于规定铺筑温度的混合料都应废弃,不得用于本工程。

3)混合料的摊铺

(1)在铺筑混合料之前,必须对下层进行检查,确保下层的平整度、路拱等符合要求,特别应注意下层的污染情况,不符合要求的要进行处理,否则不准铺筑沥青混凝土。铺筑底面层时应将下封层松散多余的石子彻底清扫。

(2)摊铺前要对每车沥青混合料进行检验,发现温度不合适或有花白料等不合格材料要拒绝摊铺,退回废弃。

(3)摊铺机一定要保持摊铺的连续性,有专人指挥,一车卸完下一车要立即跟上,应以均匀的速度行驶,普通沥青混凝土摊铺速度应保持在2~6m/min,改性沥青混凝土摊铺速度应保持在2~3mm/min,以保证混合料均匀、不间断定地摊铺。要经常保持3~6辆车等待。摊铺过程中不得随意变换速度,避免中途停顿,影响施工质量。摊铺过程中应随时检查虚铺厚度及横坡,达不到要求时立即调整。

(4)摊铺机的操作不得使混合料沿着受料斗的两侧堆积,任何原因使冷却到规定温度以下的混合料应予除去。

(5)对外形不规则路面、厚度不同、空间受到限制等摊铺机无法工作的地方,经监理工程师批准可以采用人工铺筑混合料,但应确保混合料的温度满足要求,集料均匀不发生离析现象。

(6)一般罩面路段可直接采用平衡梁找平,但对于桥头跳车等纵断变形严重需要调整厚度的路段,须参照桥头衔接处理施工图进行挂线施工,严格按照纵断面设计高程进行控制,以便最大限度地恢复线形。

(7)在雨天或表面存有积水、施工气温低于10℃时,不得摊铺混合料。混合料遇水后严禁使用,必须废弃。未经压实即遭雨淋的沥青混合料应全部清除更换新料。

(8)用洗油清洗转运车或摊铺机时应用油盘承接清洗下来的废油,避免废油滴漏在路面上。如已轻微滴漏应马上用棉丝将废油擦净,如已侵蚀路面应挖除后补料用小型机具夯实。

4)沥青混合料的碾压成型

(1)沥青混凝土应该遵循“高温、强振、紧跟、慢压”的原则进行碾压。

(2)必须配置不低于5台性能良好的压路机。

(3)因GTM设计的沥青混凝土固有的特性,要求必须使用自重大于10t的双钢轮振动压路机3台及不小于25t的胶轮压路机2台。振动压路机加振后总效率相当20t以上。

(4)混合料的碾压按初压、复压、终压三个阶段进行。初压应紧跟摊铺机进行,普通沥青混凝土初压温度不得低于140℃,改性沥青混凝土初压温度不得低于155℃。初压时采用双钢轮振动压路机,驱动轮在前,静压匀速前进,后退时,沿前进碾压时的轮迹行驶并振动碾压。碾压应掌握“紧跟慢压”的原则,振动压路机必须采用强振档。摊铺后初压的长度应控制在30m左右,并以此计算压路机速度(表5-22)。

压路机碾压速度(km/h) 表5-22

压路机类型 \ 碾压阶段	初　压	复　压	终　压
钢轮压路机	1.5~2.0	2.5~3.5	2.5~3.5
轮胎压路机	3.5~4.5	3.5~4.5	4.0~6.0
振动压路机	不振1.5~2.0	振动4.0~5.0	不振2.0~3.0

(5)复压应在初压完成后紧接着进行,复压采用胶轮压路机和振动压路机交替进行碾压。先用胶轮压路机碾压,再用振动压路机振压,压实由低向高,如此反复交替进行,直致达到试验段确定的碾压遍数,使混合料压实度不低于设计密度的97%。

(6)终压以消除轮迹为主,应使用静力双轮压路机或关掉振动的压路机紧跟在复压后进行。终压终了温度对于普通沥青混凝土不低于90℃,对于改性沥青混凝土不低于100℃。

(7)为了防止混合料粘轮,应在钢轮表面均匀雾化喷水,因此在施工前应着重检查压路面的洒水装置。洒水必须均匀,在钢轮表面形成细微水珠不流淌,防止过量洒水引起混合料温度的骤降。在沥青混合料不粘轮的情况下可以采用间断喷水。

(8)压路机碾压时相邻碾压带重叠宽度,振压不大于20cm,静压不小于20cm。要将驱动轮面对摊铺机方向,防止混合料产生推移。压路机的启动、停止必须减速缓慢进行。

(9)压路机不得停留在温度高于70℃的已经压实尚未完全冷却的路面上。

(10)每天应根据摊铺长度、宽度、厚度,校核拌和站的矿料和沥青用量是否准确。

(11)单幅路面纵向分两次摊铺时,应保证沥青混合料类型一致。

5)聚酯纤维沥青混凝土施工

(1)采取人工式投放纤维,这样经济性好、操作简便。应对投料工人进行严格要求,避免多投、露投。由于纤维的加入,须延长干拌、湿拌时间以使纤维均匀裹覆矿料,这些因素在进行施工计划时须考虑在内。

(2)加入纤维的沥青混合料的最佳沥青用量一般比未加时应增加0.3%~0.5%。

(3)压实注意事项,加纤维沥青混凝土的压实与普通沥青混凝土基本相同,但加纤维后的沥青混合料黏稠度增大,应在普通沥青混合料碾压遍数基础上增加1~2遍,或者提高摊铺和碾压温度,压路机紧跟摊铺机,避免温度下降过多,才能达到预期的压实效果。

6)聚酯玻纤布施工及应注意事项

(1)清扫修补路面

①施工前将路面基层上尘土、松散颗粒及杂物等清扫干净。

②将路面上尖锐、凸起部位予以铲平,路面破损、凹陷、破碎严重处应铲除其破碎部位并用沥青混合料填补和找平。

③对路面基层间裂缝宽度大于6mm的表面进行修平,用沥青混合料、乳化沥青进行填补。

④喷洒热沥青前确保路面基层表面保持干燥、清洁。

(2)喷洒热沥青

①喷洒热沥青的横向范围要比聚酯玻纤布宽5~10cm。

②洒布热沥青时,施工温度应在5℃以上,热沥青最佳温度应保持在165~180℃,其用量为0.8~1.2kg/m^2(并视沥青产品规格和路面铣刨情况而定,以达到良好的粘结效果)。风速太大时,影响施工质量,应尽可能减少施工。洒布热沥青时要喷洒均匀,计量准确。

(3)聚酯玻纤布的铺装与搭接

①在热沥青处于液体状时,应立即进行聚酯玻纤布铺装施工。

②铺装聚酯玻纤布时应保证玻纤布处于紧绷状态,确保铺设的玻纤布平滑、顺直。

③铺装后立即用刷子和滚筒碾压,以保证铺装聚酯玻纤布能及时与沥青牢固黏结在一起;若铺装时发生褶皱或打折现象,应当及时用工具刀切开褶皱部位,然后在铺设方向上再搭接起

来，用热沥青胶结并压实，以保证聚酯玻纤布与热沥青的良好黏结。

④聚酯玻纤布铺装施工时，尽可能铺装成一条直线；当需要转弯时，可将聚酯玻纤布弯曲处剪开，重叠铺设并喷洒热沥青胶结，并应尽量避免聚酯玻纤布打折起皱；在弯道安装时若有不便，应尽量减少聚酯玻纤布铺装的长度。

⑤聚酯玻纤布纵向接缝搭接宽度为5～10cm，横向接缝搭接宽度为10～15cm，横向接缝搭接方向应当为摊铺沥青混凝土的方向，将后一端压在前一端之下，并用热沥青黏结好，接缝应当牢固。搭接宽度不宜过宽，以避免搭接处夹层变厚而使面层与基层结合力减弱，导致面层出现起鼓、脱离、位移等不良情况，所以应将搭接过宽部分裁剪掉。

(4)施工质量控制要点

①聚酯玻纤布储存过程中应注意防潮，保证其处于干燥状态。

②阴雨天禁止施工，在雨后待封层表面干燥方可施工，如有潮气必须吹干路面；聚酯玻纤布淋雨后必须晾晒干燥方能进行下面层沥青混凝土施工。

③采用的重交沥青一定要保证足够高的温度，为防止喷头堵塞；要提前清洗喷枪，喷洒沥青必须均匀，且保证喷洒的沥青为雾状。

④热沥青洒布后立即进行聚酯玻纤布摊铺，风大时应停止施工，因为沥青温度下降会影响黏结效果，因温度下降黏结不好的部分可采用局部加热的方法处理。

⑤将皱褶处的玻纤布用工具刀划开，刷适量的热沥青使其粘贴严实。

⑥在洒布沥青时应采取必要的遮挡措施，防止热沥青喷洒过程中造成对路面的污染；对铺设好的暂时不施工的段落，要防止污染，并采取一定的保护措施，以免聚酯玻纤布损坏。

⑦施工要做到“线形直、洒布匀、受力紧、铺装平”。

7)接缝

(1)纵向接缝采用冷接缝，施工时应将已铺罩面混合料接缝边缘部位铣刨不少于5cm宽，并于铣刨前进行放线，按照放线施工。在垂直接缝面上均匀涂刷热SBS改性沥青，碾压时压路机应位于已压实的面层上，错过新铺层15cm，然后每压一遍，向新铺层移动10～20cm，直至全部在新铺层上，保证接缝顺直、美观、密实。

(2)横向接缝应先处理原铺沥青路面，原路面必须形成垂直的接缝面，并使用喷灯烤热后，用热SBS改性沥青涂刷。接缝时用压路机横向碾压，碾压时压路机应位于已压实的面层上，错过新铺层15cm，然后每压一遍，向新铺层移动10～20cm，直至全部在新铺层上，再改为纵向碾压。

(3)如用其他碾压方法，应保证横向接缝平顺、紧密。

8)衔接部位处理

对于不需进行桥头处理的伸缩缝衔接、与水泥路面的衔接，施工时应按图纸要求对原路面进行铣刨，再进行顺坡处理，保证紧密、平顺。

9)施工中应注意的其他问题

(1)沥青路面施工应按照先里后外、先高后低的顺序进行，并加强各工序的衔接，罩面施工应紧随病害挖补，做好前后工序的协调。

(2)施工过程中应密切关注当地天气情况，尽量避开雨天。如遇雨天，应停止旧路面的铣刨，并做好相应的防护工作，及时排除路面积水并待天气晴朗后进行及时的晾晒，待水分完全蒸发后方可继续施工。

(3)对于旧路挖补，应在槽壁及补后路表四条接缝(接缝两侧各5cm)处涂刷热SBS改性沥青，其用量为 1.0kg/m^2，挖补部分高于原路面 5mm。

五、取样和检验

GTM 设计方法沥青混凝土取样和检验参见《旋转剪切压实试验法（GTM）沥青混合料设计与施工技术指南》和《公路沥青路面施工技术规范》（JTG F40—2004）。

六、质量标准

GTM 设计方法沥青混凝土质量标准参见《旋转剪切压实试验法（GTM）沥青混合料设计与施工技术指南》和《公路沥青路面施工技术规范》（JTG F40—2004）。

七、透层

1. 范围

本节工作内容为在基层顶上洒布透层油。

2. 材料

透层的沥青材料采用中慢凝的液体石油沥青，其技术要求应符合表 5-23 的要求。

道路用液体石油沥青技术要求　　表 5-23

试验项目		单位	中凝						慢凝					
			AL(M)-1	AL(M)-2	AL(M)-3	AL(M)-4	AL(M)-5	AL(M)-6	AL(S)-1	AL(S)-2	AL(S)-3	AL(S)-4	AL(S)-5	AL(S)-6
黏度	$C_{25.5}$	s	<20	—	—	—	—	—	<20	—	—	—	—	—
	$C_{60.5}$	s	—	5~15	16~25	26~40	41~100	101~200	—	5~15	16~25	26~40	41~100	101~200
蒸馏体积	225℃前	%	<10	<7	<3	<2	0	0	—	—	—	—	—	—
	315℃前	%	<35	<25	<17	<14	<8	<5	—	—	—	—	—	—
	360℃前	%	<50	<35	<30	<25	<20	<15	<40	<35	<25	<20	<15	<5
蒸馏后残留物	针入度(25℃)	0.1mm	100~300	100~300	100~300	100~300	100~300	100~300	—	—	—	—	—	—
	延度(25℃)	cm	>60	>60	>60	>60	>60	>60	—	—	—	—	—	—
	浮漂度(5℃)	s	—	—	—	—	—	—	<20	<20	<30	<40	<45	<50
闪点(TOC 法)		℃	>65	>65	>65	>65	>65	>65	>70	>70	>100	>100	>120	>120
含水率不大于		%	0.2	0.2	0.2	0.2	0.2	0.2	2.0	2.0	2.0	2.0	2.0	2.0

3. 施工要求

（1）准备工作

准备浇筑的基层表面，应整洁而无尘埃，工程师应对已准备好的工作面进行检验，在未批准前不得喷洒透层材料。

（2）气候条件

洒布沥青材料的气温不能低于 10℃，大风、即将降雨时不得喷洒透层油。

（3）施工

透层油宜采用智能型沥青洒布车一次喷洒均匀，使用的喷嘴宜根据透层油的种类和黏度选择并保证均匀喷洒。小面积时可采用手工沥青洒布机喷洒。

八、黏层及 SBS 改性沥青黏结防水层

1. 范围

本节工作内容为在罩面过程中旧沥青混凝土路面和罩面层之间及桥面铺装施工沥青混凝土层与防水混凝土间采用 SBS 改性沥青黏结防水层。

2. 黏层材料

黏层的沥青材料采用 PC—3 型 SBR 改性乳化沥青,其技术要求应符合表 5-24、表 5-25 的要求。

乳化石油沥青技术要求

表 5-24

项目 种类	筛上余量(%)	破乳速度试验	黏度(沥青标准黏度计)	蒸发残留物含量(%)	蒸发残留物性质			储存稳定性		与矿料的黏附性,裹覆面积	低温储存稳定度(5℃)
					针入度(100g,25℃,5s)(0.1mm)	延度(25℃)(cm)	溶解度(三氯乙烯)(%)	5d(%)	1d(%)		
PC—3	≯0.1	快裂	8~20	≥50	70~90	≥40	≥97.5	≤5	≤1	≥2/3	无粗颗粒或结块

注:PC、PA 分别表示洒布型阳离子、洒布型阴离子乳化沥青。

SBR 改性乳化沥青的技术要求

表 5-25

试验项目			单位	SBR
破乳速度				快裂或中裂
粒子电荷				阳离子(+)
筛上剩余量(1.18mm)		不大于	%	0.1
黏度:恩格拉黏度 E_{25}				1~10
黏度:沥青标准黏度 $C_{25.3}$			s	8~25
蒸发残留物	含量	不小于	%	50
	针入度(25℃,100g,5s)		0.1mm	40~120
	软化点	不小于	℃	50
	延度(5℃)	不小于	cm	20
	溶解度(三氯乙烯)	不小于	%	97.5
与矿料的黏附性,裹覆面积		不小于		2/3
储存稳定性	1d	不大于	%	1
	5d	不大于	%	5

注:1. 表中 135℃运动黏度可采用《公路工程沥青及沥青混合料试验规程》(JTJ 052—2000)中的"沥青黏度测定方法(勃洛克菲尔德黏度计法)"进行测定。若在不改变改性沥青物理力学性质并符合安全条件的温度下易于泵送和拌和,或经试验证明适当提高泵送和拌和温度时能保证改性沥青的质量,容易施工,可不要求测定。

2. 改性沥青在现场制作后立即使用或储存期间进行不间断地搅拌或泵送循环时,对离析试验指标可不作要求。

3. 黏层施工要求

(1)准备工作

准备浇筑的路面表面,应整洁而无尘埃,监理工程师应对已准备好的工作面进行检验,在未批准前不得喷洒沥青材料。

(2)气候条件

洒布沥青材料的气温不能低于 15℃,风速适度,有雾或下雨不应施工。

(3)黏层施工

黏层乳化沥青宜在铺筑覆盖层之前 24h 内,用沥青洒布机均匀洒布,洒布量为 0.6kg/m^2。

在路缘石、雨水进水口等局部应用刷子人工涂刷，洒布乳化沥青后，严禁车辆通行，待破乳、水分蒸发完后，立即铺筑覆盖层。

4. SBS 改性沥青黏结防水层

(1)SBS 黏结防水层适用于罩面前旧路面上的铺筑。

(2)改性沥青洒布应严格在车道封闭的情况下进行，并使用智能型沥青洒布车喷洒均匀。

(3)SBS 改性沥青技术要求应符合表 5-25 的要求。

(4)改性沥青洒布量为 1.8 ~ 2.0kg/m²，并随即采用车载式撒料机将 1 ~ 1.5cm 单一粒径的硬质集料(技术要求应满足表 5-6 的要求)均匀地撒布在改性沥青层上，覆盖率宜控制在 60% 左右。

(5)用轻型压路机稳压，将集料压入沥青层中，并扫除松动的碎石。

九、碎石盲沟

本节工作内容适用于水损害路段沥青路面病害的治理作业，碎石盲沟宜采用洁净、坚硬的开级配粗集料，其吸水率应小于 2%，孔隙约为 15% ~ 20%。粗集料最大粒径不大于 37.5mm，粒径 4.75mm 以下的细粒含量不应超过 16%，2.36mm 以下的细粒含量不应超过 6%，其他各项指标均应满足相关规范要求。其级配组成如表 5-26 所示。

碎 石 级 配 范 围 表 5-26

通过下列方孔筛(mm)百分率(%)										渗透系数(m/d)
37.5	25	19	12.5	9.5	4.75	2.36	1.18	0.3	0.075	
100	95 ~ 100	—	25 ~ 60	—	0 ~ 10	0 ~ 5	—	—	0 ~ 2	000

(1)按图纸要求在行车道与硬路肩上进行开槽施工，首先应用切割机进行沥青路面的切割，配以风镐等小型机具开挖至规定的上基层顶面。

(2)对已经开挖好的盲沟进行内部的修整，首先在基层顶面按 0.8 ~ 1.2kg/m² 涂刷热沥青(90 号基质沥青)，然后铺设防水土工布(指标见表 5-27 和表 5-28)，以防水分下渗。

防水土工布技术指标 表 5-27

项　目	参　数	项　目	参　数
型号	M05	纵、横向直角撕裂强度(N/mm)	≥20
标称厚度(mm)	0.5	CBR 顶破强度(kN)	≥2.5
纵、横向拉伸强度(kN/m)	≥6	低温弯折性(-20℃)	无裂纹
纵、横向拉伸断裂伸长率(%)	≥300	纵、横向尺寸变化率(%)	≤5

土工布耐静水压力和抗渗性 表 5-28

项　目	型 号 规 格	项　目	型 号 规 格
	M0.5		M0.5
耐静水压力(MPa)	≥0.7	垂直渗透系数(cm/s)	$\leq 5 \times 10^{-11}$

(3)将符合规范要求的开级配碎石集料回填入盲沟中，并做好表面处理后进行沥青混合料的摊铺，碾压。在确保路面压实度的前提下，碾压后应高出原路面 5mm，罩面施工前统一进行铣刨整平。

(4)施工过程中应做好相应的安全防护措施，在安全施工的同时，保证车辆运行的畅通。

(5)路面盲沟施工完成后，应做好路肩外侧的填隙碎石处理。

第六章　沥青混合料配合比设计与施工

沥青混合料是一种复合材料，由沥青、粗集料、细集料和矿粉以及外加剂所组成。但总的来说可以认为是由矿质骨料和沥青胶浆所组成的、具有空间网络结构的一种分散系。其强度的形成除去原材料在化学、物理方面的内因影响和摊铺后的碾压成型外，沥青混合料的选型及铺筑温度等外因的影响也是巨大的。

高等级道路上的沥青面层一般分两层和三层两种结构，两层时称为表面层和底面层，三层时分别称为表面层、中面层和底面层。除承载能力外，半刚性路面的行驶质量或使用性能主要取决于沥青面层。沥青面层要求具有一定的强度和刚度、稳定性、耐久性和较好的表面平整度及表面抗滑能力，这也就要求使用中的沥青面层尽量不产生或少产生裂缝、车辙、拥包、坑槽等病害。沥青路面的表面特性如：摩擦系数和表面构造深度是由表面层提供的。除此之外，表面层还应具有良好的温度稳定性和防水性，高温不变形、低温不开裂，并具有抗疲劳裂缝的能力。良好的防水性可以防止自由水由表面渗入路面结构层，较长时间停滞在表面层内，以保持路面的耐久性，不产生水损坏，从而延长路面使用寿命。沥青面层能否达到这些使用要求，与所用沥青、石料、沥青混合料的类型和性质，以及沥青面层的厚度有密切关系，应该根据各种沥青混合料的特性和面层各层次所应起的主要作用来选定合适的混合料类型。

第一节　沥青混合料原材料技术要求及性质分析

一、沥青

石黄高速公路中修对沥青的选择极为重视，经过多方比较，最终确定下面层沥青采用韩国 SK AH-70 沥青，同时为了提高沥青混合料的综合路用性能，减缓路面早期损坏，延长中修后路面的使用寿命，在中上面层均采用 SBS 改性沥青。表 6-1、表 6-2 是两种沥青的技术指标，从表中可以看出，均满足规范对沥青的要求。

韩国通泰 SK AH-70 石油沥青指标试验报告　　　表 6-1

试验项目		国际质量技术要求		试验结果	试验方法
		AH-70	AH-90		
针入度(0.1cm)		60～80	80～100	62	100g,25℃,5s
延度(cm)	15℃	≥100	≥100	>100	5cm/min,15℃
	25℃				5cm/min,25℃
软化点(℃)		44～54	42～52	49	环球法
闪点(℃)		≥230	≥230	294	开口杯法
含蜡量(%)		≤3	≤3	2.9	蒸馏法
密度(g/cm^3)		实测	实测	1.035	15℃
溶解度(%)		≥99	≥99	99.6	苯/三氯乙烯

续上表

试验项目			国际质量技术要求		试验结果	试验方法
			AH-70	AH-90		
薄膜加热试验	质量损失(%)		≤0.8	≤1	0.06	5h,163℃
	针入度(%)		≥55	≥50	69.4	100g,25℃
	延度(cm)	25℃	≥50	≥75	>100	5cm/min,25℃
		15℃	实测	实测		5cm/min,15℃

SBS 改性沥青技术指标试验报告　　表 6-2

试验项目			国际质量技术要求				试验结果	试验方法
			I-A	I-B	I-C	I-D		
针入度(0.1cm)			100~120	80~100	60~80	40~60	65	100g,25℃,5s
针入度指数 PI min			-1.0	-0.6	-0.2	0.2	0.3731	
当量软化点(℃) min			50(2.9031-logP25)(PI-10)/(20-PI)+25				54.19576	
当量脆点(℃) max			25-50(logP25-0.0792)(PI-10)/(20-PI)				-20.4276	
延度(cm) min			50	40	30	20	35	5℃,5cm/min
动力黏度 Pa·s			有条件测					60℃
运动黏度(mm^2/s)			有条件测					135℃
软化点(℃) min			45	50	55	60	80	环球法
闪点(℃) min			230				300	开口杯法
溶解度(%) min			90				99.6	三氯乙烯
弹性恢复(%) min			55	60	65	70	96	25℃
软化点差(℃) max			2.5				1	163℃,48h
密度(g/cm^3)			实测				1.048	15℃
薄膜加热	质量损失(%)		<1.0				-0.67	163℃,5h
	针入度比(%) min		50	55	60	65	72.3	100g,25℃
	延度(cm)	5℃	30	25	20	15	10	5cm/min,25℃
		15℃	实测					5cm/min,15℃

二、集料

本次中修工程对于表面层粗集料粒径 >4.75mm 部分,采用玄武岩、安山岩等坚硬、耐磨抗冲击好的碎石。中、下面粗集料全部采用石灰岩碎石。细集料采用石灰岩机制砂。使用石屑时,石屑用量不得超过机制砂及天然砂的用量。填料采用石灰岩磨细的矿粉,不得使用回收粉尘。其中 SBS 改性沥青混凝土级配组成中的矿粉部分用 2% 的水泥代替。

1. 粗集料基本性质

粗集料主要采用有 5~10mm、10~20mm、10~30mm 三种规格石料,其基本物理力学性质列于表 6-3~表 6-6,从表中可以看出均符合规范对面层集料的技术要求。

10~30mm 石灰岩碎石试验报告　　表 6-3

试验项目	国际质量技术要求		试验结果	试验方法
	高速、一级公路	其他等级公路		
压碎值(%)	≤28	≤30	15.68	T0316—2000
洛杉矶磨耗(%)	≤30	≤40	13.75	T0317—2000
表观密度(g/cm^3)	≥2.5	≥2.45	2.731	T0304/ T0308—2000
吸水率(%)	≤2.0	≤3.0	0.578	T0304—2000
与沥青的黏附性	≥4 级	≥3 级	4 级	T0616—1994
坚固性(%)	≤12		0.03	T0314—2000

续上表

试验项目	国际质量技术要求		试验结果	试验方法
	高速、一级公路	其他等级公路		
针片状含量(%)	≤15	≤20	5.9	T0312—2000
含泥量(%)	≤1.0	≤1.0	0.35	T0310—2000
软石含量(%)	≤5.0	≤5.0	0	T0320—2000
磨光值(BPN)	≥42	实测		T0321—1994
冲击值(%)	≤28	实测		T0322—2000

10～20mm 石灰岩碎石试验报告 表6-4

试验项目	国际质量技术要求		试验结果	试验方法
	高速、一级公路	其他等级公路		
压碎值(%)	≤28	≤30	16.8	T0316—2000
洛杉矶磨耗(%)	≤30	≤40	14.14	T0317—2000
表观密度(g/cm^3)	≥2.5	≥2.45	2.766	T0304/ T0308—2000
吸水率(%)	≤2.0	≤3.0	0.7	T0304—2000
与沥青的黏附性	≥4 级	≥3 级	4 级	T0616—1994
坚固性(%)	≤12		0.67	T0314—2000
针片状含量(%)	≤15	≤20	3.5	T0312—2000
含泥量(%)	≤1.0	≤1.0	0.47	T0310—2000
软石含量(%)	≤5.0	≤5.0	0.75	T0320—2000
磨光值(BPN)	≥42	实测	49	T0321—1994
冲击值(%)	≤28	实测	14.7	T0322—2000

10～20mm 安山岩碎石试验报告 表6-5

试验项目	国际质量技术要求		试验结果	试验方法
	高速、一级公路	其他等级公路		
压碎值(%)	≤28	≤30	11.0	T0316—2000
洛杉矶磨耗(%)	≤30	≤40	13.5	T0317—2000
表观密度(g/cm^3)	≥2.5	≥2.45		T0304/ T0308—2000
吸水率(%)	≤2.0	≤3.0		T0304—2000
与沥青的黏附性	≥4 级	≥3 级	5 级	T0616—1994
坚固性(%)	≤12			T0314—2000
针片状含量(%)	≤15	≤20	13.7	T0312—2000
含泥量(%)	≤1.0	≤1.0	0.92	T0310—2000
软石含量(%)	≤5.0	≤5.0		T0320—2000
磨光值(BPN)	≥42	实测	47	T0321—1994
冲击值(%)	≤28	实测	8.4	T0322—2000

5～10mm 安山岩碎石试验报告 表6-6

试验项目	国际质量技术要求		试验结果	试验方法
	高速、一级公路	其他等级公路		
压碎值(%)	≤28	≤30		T0316—2000
洛杉矶磨耗(%)	≤30	≤40		T0317—2000
表观密度(g/cm^3)	≥2.5	≥2.45		T0304/ T0308—2000
吸水率(%)	≤2.0	≤3.0		T0304—2000
与沥青的黏附性	≥4 级	≥3 级		T0616—1994
坚固性(%)	≤12			T0314—2000
针片状含量(%)	≤15	≤20	14.8	T0312—2000
含泥量(%)	≤1.0	≤1.0	0.94	T0310—2000
软石含量(%)	≤5.0	≤5.0		T0320—2000
磨光值(BPN)	≥42	实测		T0321—1994
冲击值(%)	≤28	实测		T0322—2000

2. 专用石料

沥青混合料良好的路用性能除了与沥青品质、集料本身性能密切相关外，一个均匀、稳定的级配也十分重要。因为一个级配不均匀、稳定的沥青混合料将直接导致路面铺筑后，混合料将产生离析，以及压实度的不均匀，而这种路面性能与质量的不均匀性，会产生某一检测路段总评分合格，但一些变异性大的地方先出现破坏，从而影响了整个路面质量与性能的情况。这在以往的沥青混合料设计中不是十分重视。石黄高速公路中修在沥青混合料设计、集料性能上充分重视了这个问题，对集料本身级配的稳定性和均匀性提出了具体要求，要求每一种规格石料通过筛孔的变异性均要小于20%。

我们可以采用统计学中的平均值—标准差控制图来检验集料级配的均匀性和稳定性。

1）平均值—标准差控制图原理

平均值—标准差控制图是质量过程控制图中的一种，它可以反映一个产品的性质随时间变化是否稳定，并最终评价一个产品是否均匀。图6-1是对平均值—标准差控制原理的一个描述。

平均值—标准差控制图由五条线组成，图中各线条的意义如下：

CL——在 $\bar{X}$-s 管理图中应以平均值 $\bar{X}$ 作为中心线CL；

UCL——质量控制上限（Upper Control Limits），目标值 $+3\sigma$ 除以动态平均值的试样数的平方根；

LCL——质量控制下限（Lower Control Limits），目标值 -3σ 除以动态平均值的试样数的平方根；

UWL——警告控制上限（Upper Warning Limits），目标值 $+2\sigma$ 除以动态平均值的试样数的平方根；

LWL——警告控制上限（Lower Warning Limits），目标值 -2σ 除以动态平均值的试样数的平方根。

在平均值—标准差控制图中，质量控制上下限分别代表试验指标的拒绝界限，表示允许的施工正常波动范围。如果试验指标超过控制上下限，必须立即停产检修，待所有故障消除后方能重新生产。警告限和控制限LWL之间的区域为可能存在不正常波动的范围，当有超出警告控制上、下限范围时（UWL、LWL），应检查生产环节，以减小变异。

2）10～20mm碎石各筛孔通过率变异性分析

从图6-2～图6-6可以看出，石黄中修采用的10～20mm规格的碎石对各筛孔的通过率绝大部分在质控区间内，甚至在警告区间内，仅有个别批次的石料超过了质控限，出现了一些偏差，但总体来说稳定性比一般石料大为提高，并且表6-7和图6-7进一步说明，该石料变异性很小，不但稳定而且均匀。

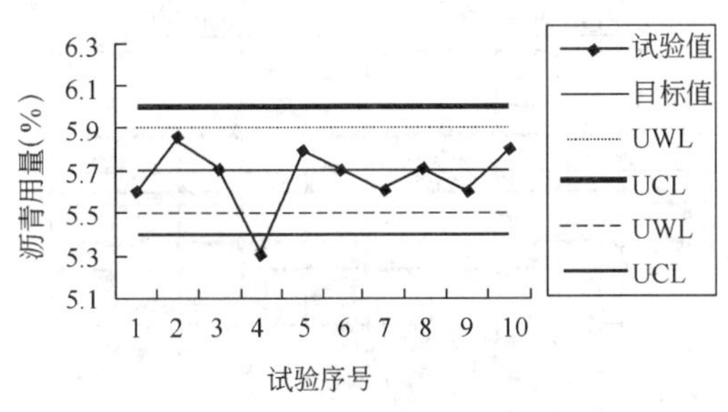

图6-1　平均值—标准差控制图（$\bar{X}$-s 图）示意

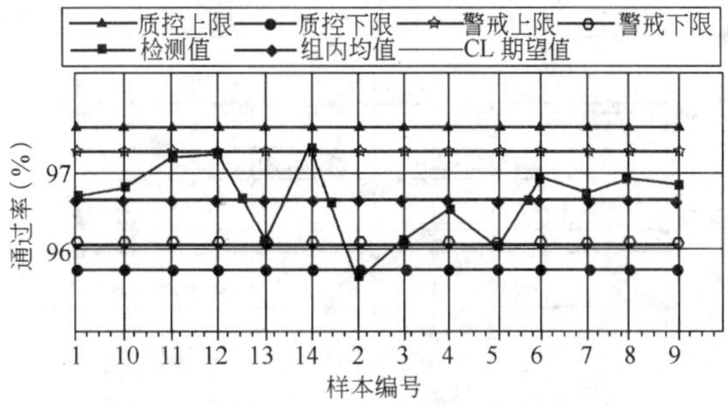

图6-2　10～20mm碎石19mm筛孔通过率稳定性

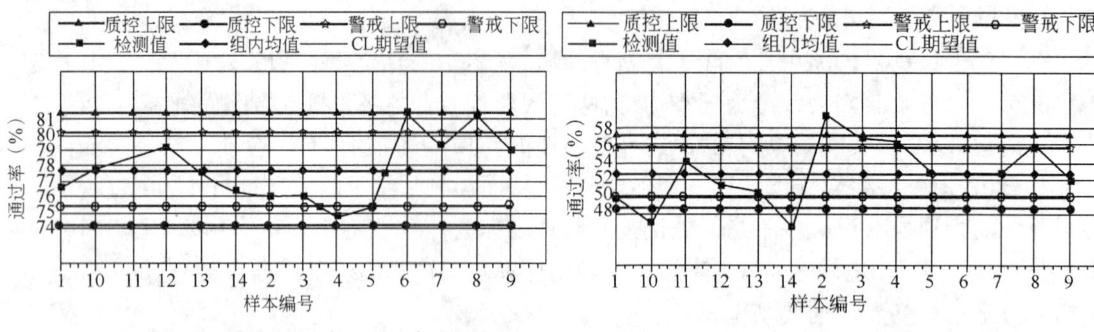

图6-3　10～20mm碎石16mm筛孔通过率稳定性

图6-4　10～20mm碎石13.2mm筛孔通过率稳定性

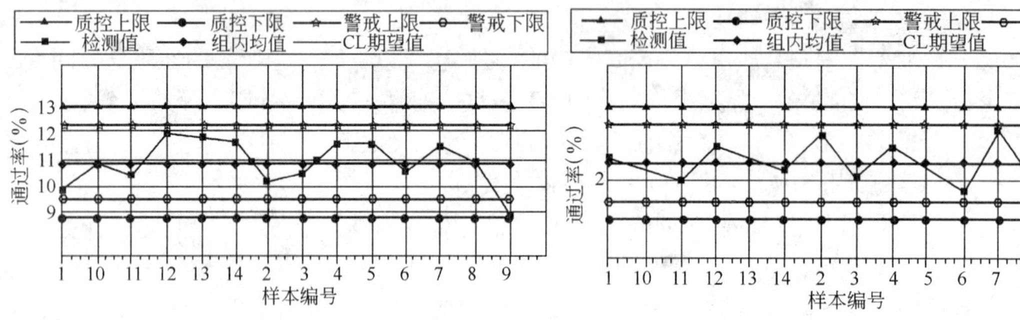

图6-5　10～20mm碎石9.5mm筛孔通过率稳定性

图6-6　10～20mm碎石4.75mm筛孔通过率稳定性

10～20mm碎石各筛孔通过率的均匀性汇总　　表6-7

筛孔(mm)	19	16	13.2	9.5	4.75
均值(%)	96.68	77.722	52.729	10.894	2.206
标准差(%)	0.585	2.25	2.751	1.296	0.444
变异系数(%)	0.605	2.895	5.217	11.896	0.201

3)5～10mm碎石各筛孔通过率变异性分析

从图6-8～图6-11和表6-8可以看出,石黄高速公路中修采用的5～10mm规格的碎石对各筛孔的通过率大部分在质控区间内,但是2.36mm筛孔的通过率有个别超过了质控限,出现了一些偏差,而且2.36mm筛孔通过率变异较大,尽管由于通过率较小对今后混合料级配影响不大,但也说明这段时间的石料生产出现了一些问题。

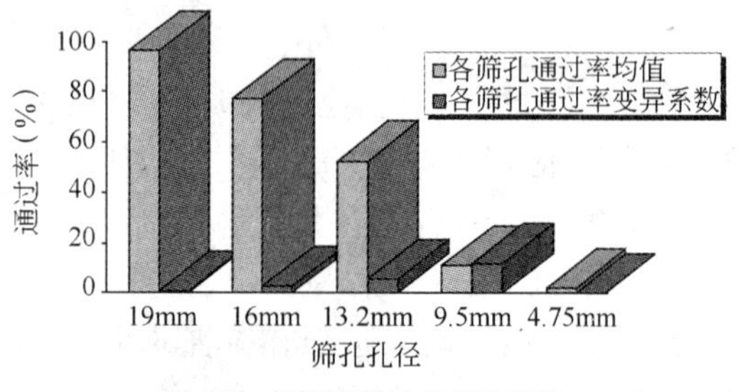

图6-7　各筛孔通过率变异示意

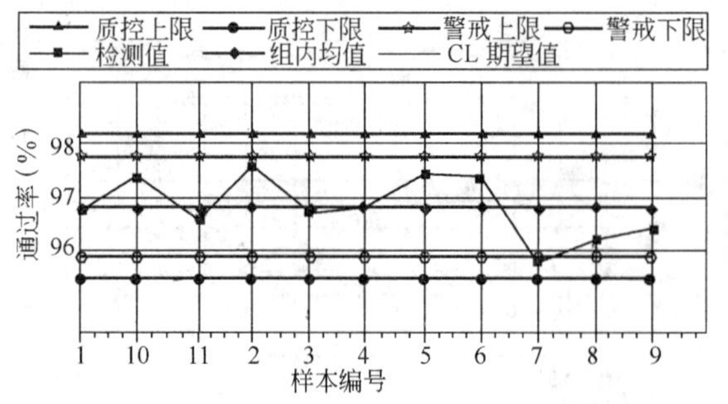

图6-8　5～10mm碎石9.5mm筛孔通过率稳定性

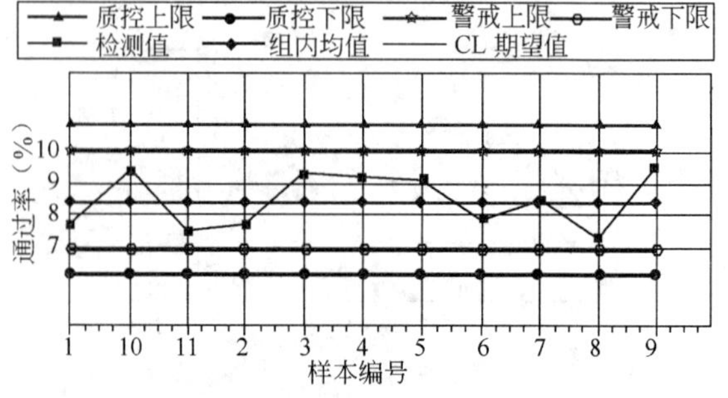

图6-9　5～10mm碎石4.75mm筛孔通过率稳定性

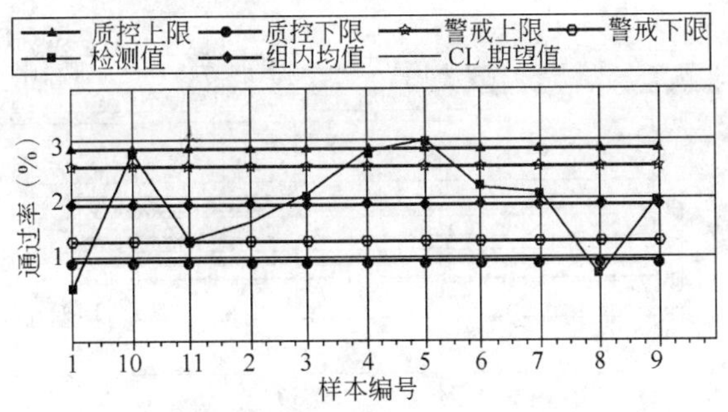

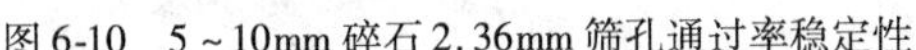

图 6-10　5～10mm 碎石 2.36mm 筛孔通过率稳定性

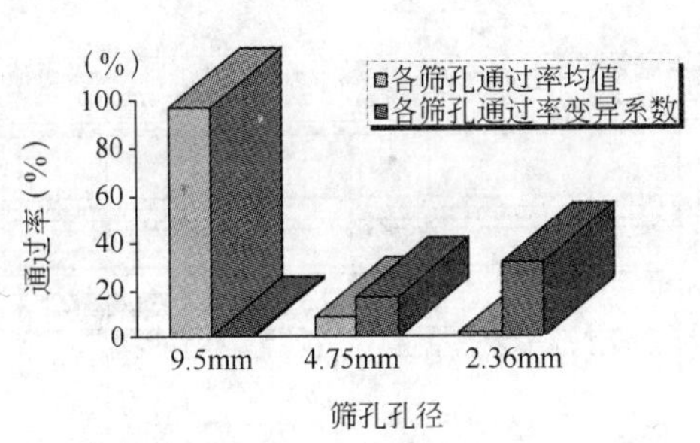

图 6-11　各筛孔通过率变异示意

5～10mm 碎石各筛孔通过率的稳定性汇总　　表 6-8

筛孔(mm)	9.5	4.75	2.36	筛孔(mm)	9.5	4.75	2.36
均值(%)	96.835	8.477	1.898	变异系数(%)	0.854	17.07	31.612
标准差(%)	0.827	1.447	0.6				

4)0～5mm 石屑各筛孔通过率变异性分析

从图 6-12～图 6-19 和表 6-9 可以看出，石屑的级配不是十分稳定，某些筛孔的通过率跳跃较大，主要是石屑生产要求不如碎石要求严格，尽管做了一定的监督和抽检工作，但没有对级配稳定性作很高的要求。

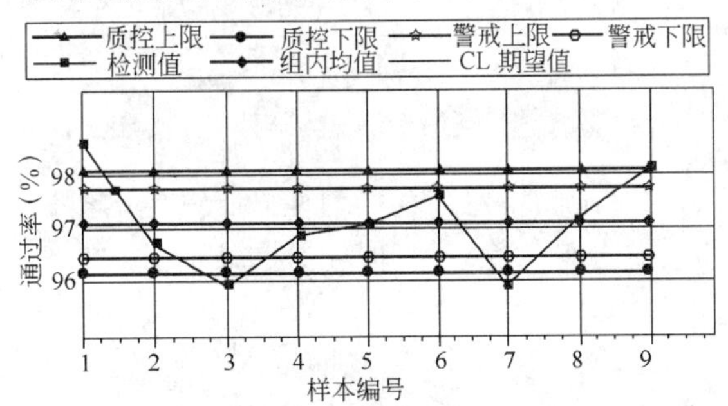

图 6-12　0～5mm 石屑 4.75mm 筛孔通过率稳定性

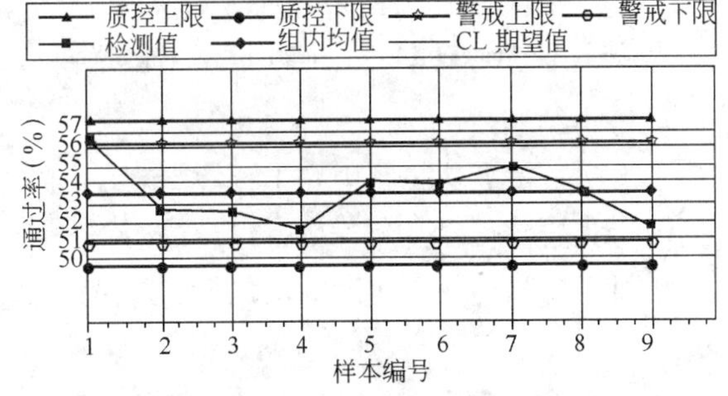

图 6-13　0～5mm 石屑 2.36mm 筛孔通过率稳定性

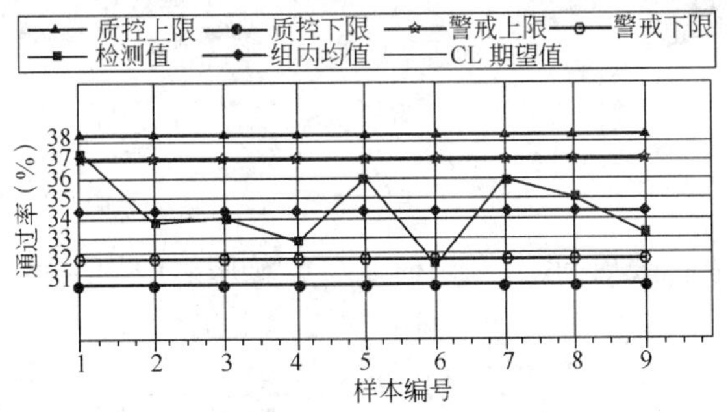

图 6-14　0～5mm 石屑 1.18mm 筛孔通过率稳定性

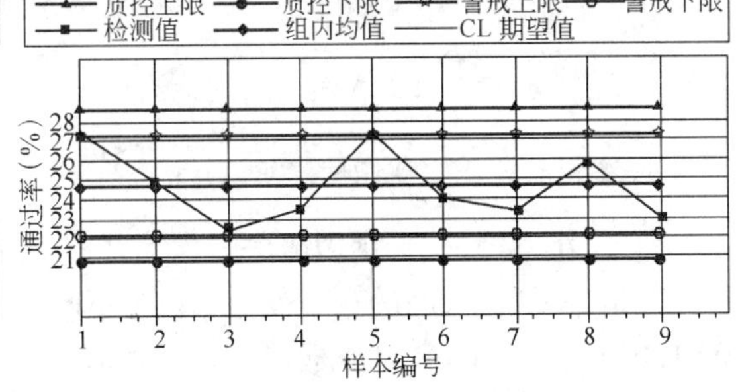

图 6-15　0～5mm 石屑 0.6mm 筛孔通过率稳定性

0～5mm 石屑各筛孔通过率的稳定性汇总　　表 6-9

筛孔(mm)	4.75	2.36	1.18	0.6	0.3	0.15	0.075
均值(%)	97.094	53.572	34.422	24.661	17.283	12.672	9.406
标准差(%)	0.603	2.459	2.388	2.396	1.96	1.453	1.72
变异系数(%)	0.605	4.59	6.937	9.716	11.341	11.466	18.286

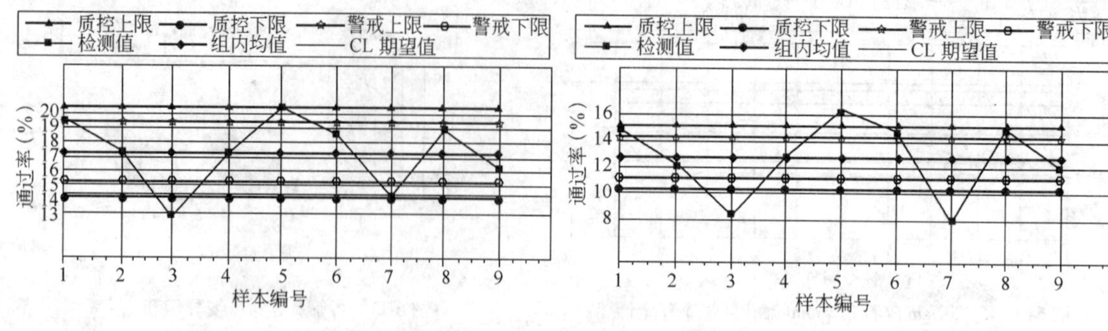

图 6-16　0～5mm 石屑 0.3mm 筛孔通过率稳定性

图 6-17　0～5mm 石屑 0.15mm 筛孔通过率稳定性

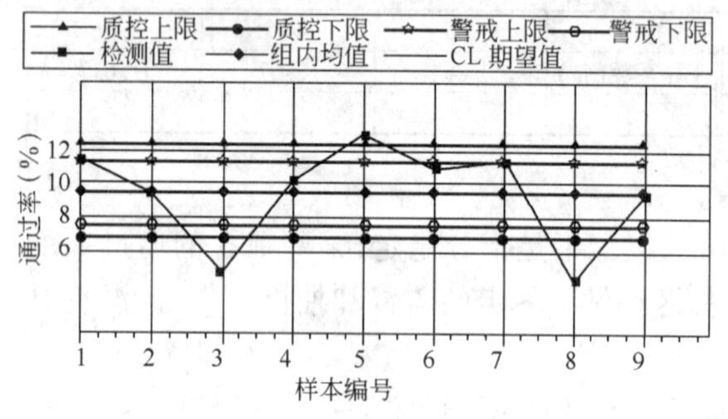

图 6-18　0～5mm 石屑 0.075mm 筛孔通过率稳定性

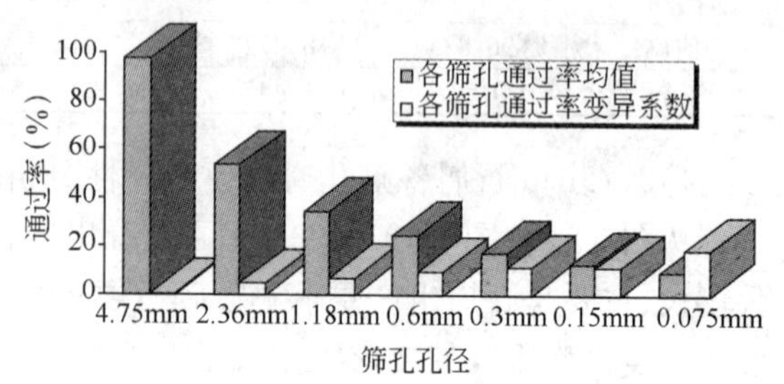

图 6-19　各筛孔通过率变异示意

5）小结

本次石黄高速公路中修工程在石料的加工上，对级配的稳定性和均匀性做了一定的尝试工作，为混合料级配稳定打下良好基础，保证拌和楼混合料的稳定性和均匀性，从而进一步减少路面离析和确保压实度的均匀性，使路面质量得到提高。

第二节　GTM 在中修路面面层混合料设计中的应用

一、GTM 简介

1. 美国旋转压实剪切试验机（GTM）简介

20 世纪 60 年代美国为解决大型轰炸机跑道易破损问题，专门研制了旋转压实剪切试验机（GTM）。随着公路的渠化交通、轴载及胎压的增大，车辆对路面的破坏越来越严重，美国 ASTM 规范采用 GTM 试验数据作为沥青混合料配合比设计及质量控制的标准，我国石家庄至太原高速公路和北京至福州高速公路河北省段，也比较成功地铺筑了试验路段。

旋转压实剪切试验机（GTM）能最大限度地模拟汽车在公路上行驶时轮胎路面作用的实际情况，利用充气型滚轮，通过设定垂直压力（压应力），改变旋转角度（剪应力），对材料施加周期性的圆周压力，使试件被旋转压实到平衡状态，并以此来决定沥青混凝土路面的设计密度和沥青用量。

旋转压实剪切试验机（GTM）采用一个圆柱形的钢模装上沥青混合料，将钢模置于夹盘中,开机后上部的滚球活塞和下部的千斤顶同时对试件施压,可以说它是集压实、剪切和模拟交通于一身的综合性试验设备。GTM 不但具有 SHARP 计划中旋转压实机揉压的能力,同时还具有电脑分析自动从上盘的旋转角度来得出混合料抗剪强度。当试件压实到平衡状态时,即可测出沥青混合料的压实稳定值、抗剪安全系数及密度。

材料的抗剪强度越大,倾斜角就越小。角度传感器能够通过绘制角曲线准确反映倾斜角的大小,一旦混合料的空隙被沥青填满,如果继续压实,混合料就会出现塑性变形,角曲线上爬,同时抗剪强度下降。故当压实机达到每旋转 100 转时,试件单位重量的变化小于等于 0.016g/cm^{3}的状态时,混合料即被压实到平衡状态,应停止压实。

在 GTM 试验中,确定最佳用油量的三个指标是:

(1)试件压实到平衡状态时的密度。

(2)应变比。

旋转压实稳定度 GSI(即最终应变与压实过程中最小应变之比,GSI 应小于等于 1,对于不稳定的混合料明显大于 1),是检验沥青混合料在被压实到平衡状态时是否会出现塑性变形的一项指标。

(3)抗剪安全系数 GSF。

GSF 即抗剪强度与最大剪应力之比。GSF 应大于 1,是沥青混合料被压实到平衡状态时的抗剪强度,可用以检验路面在行车荷载作用下需要承受的剪应力。

2. 旋转压实剪切试验机 GTM 工作原理

实验机主机上压板上面的钢球轴承使上压板能前后左右自由地滑动,如果从上面往下看,上压板的中心点的移动轨迹为圆形;下压板被固定在液压机柱塞上,只能向上移动并且始终保持水平。上压板和下压板都始终保持水平,而卡盘的倾斜推动钢模倾斜,使钢模里的试件承受了均匀的平面应变。GTM 所产生的平面剪切要比直接剪切实验机或三轴实验机更近似现场的实际情况。

上滚轴和下滚轴所在的同一垂直面里的卡盘的倾斜角简称机器角。由于记录器的笔只安装在卡盘的某一固定点上,因此只有在上滚轴、下滚轴和记录笔在同一垂直面时,记录器才能测试并记录机器角。在其他情况下,记录器只是记录上下滚轴在不同位置时卡盘上某一固定点的倾斜角。

机器角可由下滚轴下面的调整螺栓来调整。当作用同挡的垂直压力时,不需要去调整机器角,只是在改变了垂直压力大小后,才有必要重新把机器角调整到所要的角度。采用油压式滚轴时机器角为 0.8°;而采用气压式滚轴时建议当滚轴的气压为 0.6MPa 时机器角应为 2°。设定机器角之后,把滚轴气压降到 P,此时的机器角就随着滚轴的压力的变化而变化。

卡盘在受上下滚轴的倾斜作用下,倾斜角记录器所记录的是卡盘在记录笔的位置的倾斜角。随着滚轴不停地更换位置,记录的倾斜角也随之而变,其变化的大小和试件材料的抗剪强度有直接的关系。材料的抗剪强度越大,倾斜角就越小。角度传感器将倾斜角以电压的形式输出,电脑将其最大值和最小值的差额记录下来,并换算成角度,可绘制成一条角曲线。角曲线可显示混合料的稳定性。一旦混合料的间隙被沥青填满,继续压实,混合料就成塑性移动,同时抗剪强度下降,角曲线往上爬。

3. GTM 试验步骤

(1)打开 GTM 设备、电脑及打印机电源;

(2)根据路面所受荷载调整接触压强.然后调整机器角为0.8°;

(3)打开控温开关,对试模升温至控制温度(以路面夏季最高温度控制);

(4)拌和沥青混合料,装入试模,放到 GTM 实验机上打开旋转压实开关进行试验;

(5)根据试验得出的结果,以 GSI 为 1.05,且 GSF 大于 1.3 时的用油量为允许最大用油量。

4. 旋转压实剪切试验机 GTM 的优缺点

根据旋转压实剪切试验数据设计的沥青路面具有以下优点:

(1)永久变形能力好。GTM 试验中采用的垂直压力,是重载轮胎对路面产生的最大压力,并且在该垂直压力作用下试件被压实到平衡状态,因此据以设计出的沥青路面不会出现因行车压实造成的车辙破坏,同时 GTM 设计的沥青路面满足重载车作用下的抗剪强度。除密度增大摩阻力增强外,结构沥青比例增大,自由沥青比例减小,抗剪强度也必然有所增强,因此,理论上沥青路面也不会出现侧向推移现象。此外,河北省交通科学研究所课题组研究表明:它的水稳性能及低温抗裂能力均有明显提高。根据 GTM 试验数据设计的沥青路面最适合于车流量大、轴载重、车速慢及纵坡陡的路段。

(2)GTM 与现场相关性强。GTM 模拟现场路面受力情况对试件进行揉搓旋转压实,更接近于沥青混合料现场碾压实际情况,并且完全利用力学的应力应变原理进行配合比计算,其应力一应变特性在柔性路面结构中具有很好的代表性。同时,用 GTM 能够直接反映出具有黏弹塑性的沥青混合料,在搓旋转压实过程中可能出现的塑性过大的现象。

(3)泛油等病害少。经过 GTM 充分揉搓旋转压实后,沥青膜厚度薄而均匀,油团减少,在行车的作用下沥青流动的可能性及拥包、泛油现象大大减少。

(4)集料大小适用范围宽。GTM 有直径分别为 101.6mm、152.4mm、203.2mm 的三套试模,而马歇尔试验只有直径 101.6mm 的一种试模,且 ASTM 规定试样的直径不小于最大集料粒径的 4 倍,故对于粒径大于 26.5mm 的粗粒式或大粒径沥青混合料,在没有大型马歇尔试验时,只能采用替代法。GTM 要比替代法更为准确、客观。

尽管 GTM 试验方法比传统设计方法更科学更先进,但也仍存在一定的局限性。

(1)设备昂贵。GTM 试验机费用比马歇尔试验仪器贵的多,承包商积极性不高,不利于推广应用。

(2)压实功要求高。GTM 的搓揉压实毕竟不同于路面上的摊铺机、压路机压实,为保证压实功,必须增加碾压遍数。碾压过程中,组织必须紧凑,要求高温碾压,应遵循:“紧跟、慢压、强振”的原则。此外,最好使用重型轮胎压路机进行碾压,增加搓揉密实效果。

(3)抗疲劳性能差。由于沥青用量较少,当沥青混凝土用作表面层时,其抗疲劳性能也可能不足。在行车作用下,在轮迹处易出现裂纹及细料被车轮带跑的情况,影响路面的使用寿命。

(4)无法预估寿命。GTM 设计方法没有办法计算沥青混凝土的使用年限,只能检验沥青混凝土将来会不会出现问题。如检验出的抗剪强度大于所受的剪应力,并且有足够的稳定系数,同时其应变在规定的范围之内,就可断定沥青混凝土将来不会出现车辙和泛油。

5. GTM 旋转压实机适用范围

(1)GTM 适用于一条路交通量各段变化较大的情况，由于 GTM 的垂直压强是可调的，可从 0.7MPa、0.8MPa 到 1.1MPa，故可以根据各段交通量选择不同的压力。

(2)GTM 适用于重载交通和高温地区，由于 GTM 成型的混合料抗剪强度高，抵抗塑性变形的能力强，抗车辙能力好，因而适合于重载交通和高温地区。

(3)GTM 适合于骨架密实型混合料和粗集料比较多的沥青混合料。研究表明：用 GTM 方法成型的 AC、SMA、LSAM 试件的空隙率、矿料间隙率和粗集料间隙率都小于相应的马歇尔试件，并且粗集料含量越多，它们之间的差距越大，表明 GTM 的旋转揉搓成型方式有利于沥青混合料中粗集料颗粒的摆动重组，容易使混合料骨架达到较密实、稳定的状态。细集料含量越少，GTM 方法成型的混合料动稳定度(与马歇尔成型方法比较)增加幅度越大；细集料含量越多，GTM 与马歇尔方法成型的混合料密度越接近，动稳定度增加也越少。

(4)GTM 既适合于连续密级配，也适合于间断密级配，只是确定大沥青用量时的 GSI 不一样，连续密级配的最大沥青用量按 GSI 接近 1.0 确定，间断级配最大沥青用量用 GSI 和沥青用量关系图中的突变点确定。

(5)GTM 适合于 Superpave 等级配范围较窄、对集料控制较严的情况。马歇尔击实成型容易使集料破碎，增加了细集料，减少了粗集料，改变了原级配，而 GTM 是搓揉成型试件，不易使矿料破碎，因而更适合 Superpave 等级配范围较窄、对级配控制较严的情况。

二、下面层沥青混凝土 AC-25I 级配

1. 矿料级配

粗集料选用鹿泉产石灰岩石料，细集料选用正定砂，相关性质见表 6-10 ~ 表 6-12，沥青采用韩国 SK AH-70 沥青，密度 1.035g/cm^3。

下面层集料筛分结果　　表 6-10

筛孔尺寸(mm)	通过率(%)					
	1 ~ 3cm	1 ~ 2cm	0.5 ~ 1cm	粗石粉	河砂	矿粉
31.5	100	100	100	100	100	100
26.5	87.1	100	100	100	100	100
19	16.6	91.5	100	100	100	100
16	3.3	69.1	100	100	100	100
13.2	0.3	46.4	99.7	100	99.5	100
9.5	0	9.5	98.1	100	97.8	100
4.75	0	0	12	98.2	92.5	100
2.36	0	0	1.3	42.6	81.5	100
1.18	0	0	0	23	54.9	100
0.6	0	0	0	17.1	33.5	99.9
0.3	0	0	0	12	9.9	99.7
0.15	0	0	0	7.8	2.9	91.2
0.075	0	0	0	3.9	0.4	77.4

集料掺配比例及相对密度　　表 6-11

粒径(mm)	15~25	10~20	5~10	粗石粉	河砂	矿粉
表观相对密度	2.732	2.767	2.735	2.729	2.665	2.739
毛体积相对密度	2.69	2.714	2.68			
集料掺配比例(%)	15	30	17	19	12	7

合 成 级 配　　表 6-12

筛孔(mm)	31.5	26.5	19	16	13.2	9.5	4.75	2.36	1.18	0.6	0.3	0.15	0.075
合成级配(%)	100	98.1	85	76.2	68.9	57.3	38.8	25.1	18	14.3	10.4	8.2	6.2
规范要求(%)	100	95~100	75~90	62~80	53~73	43~63	32~52	25~42	18~32	13~25	8~18	5~13	3~7

从图 6-20 看出，粗集料和粒径 0.3mm 细料均少，中间料多，其中构成混合料骨架结构 4.75~16mm 之间的集料达到了 37.4%，而规范中值仅为 29%，说明该矿料级配强度和抗车辙能力好，比传统的密级配更粗些，与多碎石 SAC 类似。

2. GTM 试验确定最佳沥青含量

根据规范 ASTM D3387-96，进行不同油石比情况下的 GTM 试验，最终确定的油石比范围 3.5%~3.9%，最佳油石比 3.7%；相应密度 2.505g/cm^3。

3. 沥青混合料性能试验

高温稳定性车辙试验见表 6-13，稳定度见图 6-21。

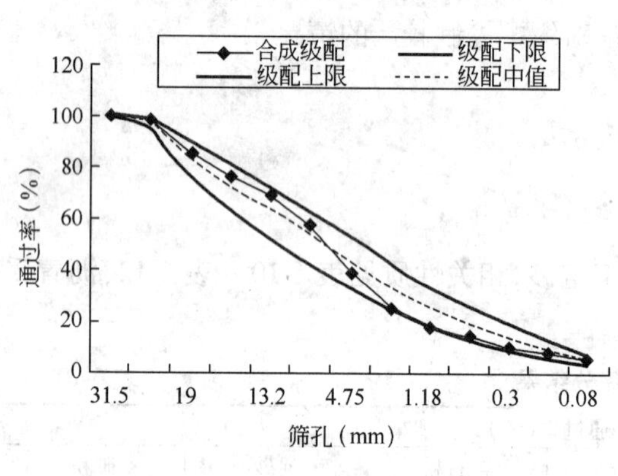

图 6-20　下面层 AC-25 Ⅰ 混凝土级配图

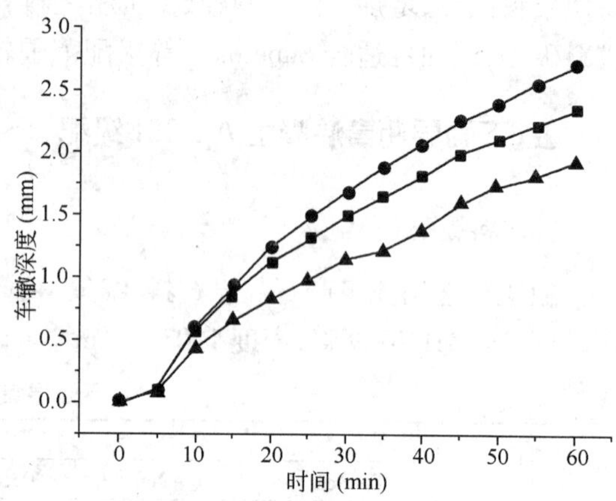

图 6-21　下面层混合料动稳定度

高温稳定性车辙试验记录　　表 6-13

试验条件		试验结果			
		时间(min)	车辙深度(mm)		
试验温度(℃)	60	0	0	0	0
		5	0.106	0.108	0.09
轮压(MPa)	0.7	10	0.583	0.599	0.423
		15	0.86	0.932	0.652
级配类型	AC-25I	20	1.118	1.236	0.824
		25	1.313	1.483	0.992
油石比(%)	3.7	30	1.497	1.69	1.149
		35	1.661	1.893	1.226
试件密度(g/cm^3)	2.505	40	1.813	2.065	1.375
		45	1.989	2.256	1.6

续上表

试验条件		试验结果			
		时间(min)	车辙深度(mm)		
试件尺寸(cm)	30×30×5	50	2.098	2.397	1.738
		55	2.231	2.557	1.806
		60	2.356	2.678	1.957
动稳定度(次/mm)			1717	1493	1767
均值(次/mm)			1659, C_v = 8.8%		

下面层采用普通沥青，但动稳定度达到了1659次，资料显示采用马歇尔设计法设计的相同级配类型的混合料，一般动稳定度在800~1200次之间，说明GTM设计法对混合料的高温性能有很好的提高。

三、中面层沥青混凝土AC-20Ⅰ级配

1. 矿料级配

粗集料选用鹿泉产安山岩石料，细集料选用机制砂，沥青采用SBS改性沥青，密度1.035g/cm³。集料级配及沥青混凝土配比见表6-14~表6-16和图6-22。

中面层集料筛分结果　　表6-14

筛孔尺寸(mm)	通过率(%)				
	1~2cm	0.5~1cm	0.3~0.5cm	机制砂	矿粉
26.5	100	100	100	100	100
19	89.8	100	100	100	100
16	67.2	100	100	100	100
13.2	42.1	99.8	100	100	100
9.5	10.1	96.6	100	100	100
4.75	0	14.3	99.9	100	100
2.36	0	1.2	28.2	98.7	100
1.18	0	0	0	45.3	100
0.6	0	0	0	32.8	99.9
0.3	0	0	0	20.1	99.7
0.15	0	0	0	16.2	91.2
0.075	0	0	0	12.3	77.4

集料掺配比例　　表6-15

集料粒径(mm)	10~20	5~10	3~5	机制砂	矿粉
集料掺配比例(%)	35	21	11	27	6

中面层沥青混凝土合成级配　　表6-16

筛孔(mm)	26.5	19	16	13.2	9.5	4.75	2.36	1.18	0.6	0.3	0.15	0.075
合成级配(%)	100	96.4	88.5	79.7	67.8	47	36	18.2	14.8	11.4	9.8	8
规范要求(%)	100	95~100	82~90	70~80	58~70	40~52	27~37	18~26	12~20	7~15	5~11	4~8

从图6-22可以看出，13.2mm筛孔以上粗料比规范中值减少较多，基本上贴近上限，但是中间粒径的集料基本上与规范中值相当，保证了基本骨架的形成，而1.18~0.6mm粒径细料较少，到了0.3mm以下又恢复正常中值左右，其混合料的配比在几个粒径上有断档的表现，这与SMA的级配有类似之处，说明该级配吸收了SMA的一些设计理念，期望能拥有更好的路用性能。

2. GTM 试验确定最佳沥青含量

根据规范 ASTM D3387-96,进行不同油石比情况下的 GTM 试验,最终确定的油石比范围为3.5%~3.9%,最佳油石比3.7%;相应密度2.4g/cm^3。

3. 沥青混合料性能试验

1)车辙试验

沥青混合料车辙试验见表6-17,稳定度见图6-23。

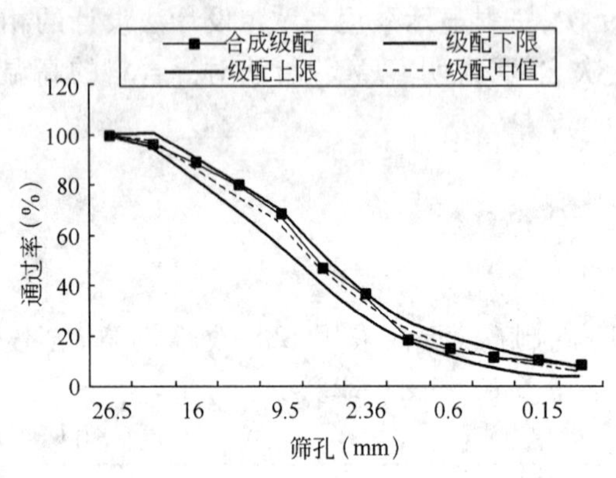

图6-22　中面层 AC-20I 混凝土级配图

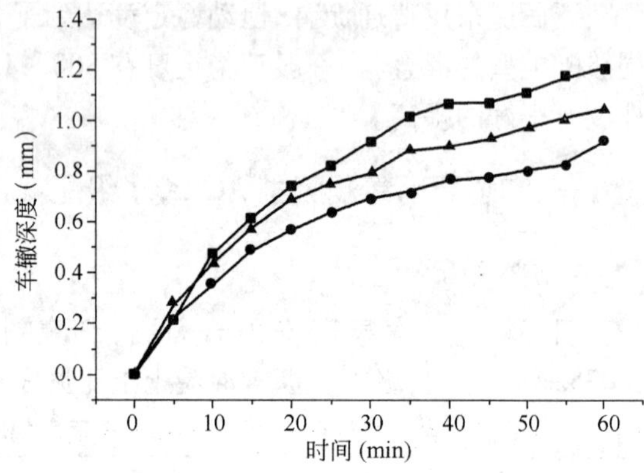

图6-23　中面层混合料动稳定度

高温稳定性车辙试验记录　　表6-17

试验条件		试验结果			
		时间(min)	车辙深度(mm)		
试验温度(℃)	60	0	0	0	0
		5	0.208	0.22	0.28
轮压(MPa)	0.7	10	0.478	0.357	0.441
		15	0.618	0.49	0.566
级配类型	AC-20I	20	0.736	0.572	0.695
		25	0.826	0.642	0.75
油石比(%)	3.7	30	0.919	0.697	0.797
		35	1.017	0.72	0.879
试件密度(g/cm^3)	2.43	40	1.068	0.767	0.9
		45	1.075	0.779	0.935
试件尺寸(cm)	30×30×5	50	1.115	0.802	0.978
		55	1.169	0.825	1.01
		60	1.208	0.923	1.052
动稳定度(次/mm)			4730	4375	5385
均值(次/mm)			4830,C_v=10.6%		

中面层采用改性沥青,动稳定度达到了4800次以上,说明石黄高速中面层混凝土充分提高了面层的抗车辙能力,也表明GTM设计与改性沥青对混凝土高温性能的影响,这样的设计确保了今后路面不会较早出现车辙、拥包等变形类病害。

2)水稳定性能试验

沥青混合料水稳定性试验(冻融劈裂试验)数据见表6-18。

3)低温性能试验

沥青混合料低温性能试验(弯曲试验)数据见表6-19。

沥青混合料冻融劈裂试验报告　　表 6-18

试件编号	油石比(%)	试件厚度(mm)		未冻融试件			冻融试件		
		未冻融试件	冻融试件	荷载最大值(N)	垂直变形(mm)	劈裂抗拉强度 PT_1(MPa)	荷载最大值(N)	垂直变形(mm)	劈裂抗拉强度 PT_2(MPa)
1	3.7	63.5	63.5	19340	1.51	1.91	16540	2.36	1.64
2	3.7	63.5	63.5	18610	2.53	1.84	16760	1.73	1.66
3	3.7	63.5	63.5	17900	2.24	1.77	16090	2.29	1.59
4	3.7	63.5	63.5	18000	2.13	1.78	15670	2.12	1.55
平均值	3.7	63.5	63.5	18463	2.1	1.83	16463	2.13	1.61

注:冻融劈裂强度比为88%,符合规范要求。

沥青混合料低温弯曲试验报告　　表 6-19

试件编号	油石比(%)	试件尺寸(mm)	试件跨径(mm)	试件破坏时的最大荷载(N)	试件破坏时的跨中挠度(mm)	试件抗弯拉强度(MPa)	最大弯拉应变($\times10^{-6}$)	弯曲破坏劲度模量(MPa)
1	3.7	250×30×35	200	8500	0.72	69.4	3780	18356.5
2	3.7	250×30×35	200	10920	0.62	89.1	3255	27386.4
3	3.7	250×30×35	200	6020	0.67	49.1	3518	13971
4	3.7	250×30×35	200	8900	0.77	72.7	4043	17972.3
5	3.7	250×30×35	200	9880	0.55	80.7	2888	27931.8
6	3.7	250×30×35	200	11940	1.12	97.5	5880	16576.4
平均值						76.4	3894	20365.7
标准差						16.91	1053	5857.52

四、上面层沥青混凝土 AC-16I 级配

1.矿料级配

粗集料选用鹿泉产安山岩石料,细集料选用机制砂,沥青采用廊坊通泰 PMB 壳牌沥青,密度 1.035g/cm³。集料级配及沥青混凝土配比见表 6-20～表 6-22 和图 6-24。

上面层集料筛分结果　　表 6-20

筛孔尺寸(mm)	通过率(%)				
	1～2cm	0.5～1cm	0.3～0.5cm	机制砂	矿粉
26.5	100	100	100	100	100
19	89.8	100	100	100	100
16	67.2	100	100	100	100
13.2	42.1	99.8	100	100	100
9.5	10.1	96.6	100	100	100
4.75	0	14.3	99.9	100	100
2.36	0	1.2	28.2	98.7	100
1.18	0	0	0	45.3	100
0.6	0	0	0	32.8	99.9
0.3	0	0	0	20.1	99.7
0.15	0	0	0	16.2	91.2
0.075	0	0	0	12.3	77.4

集料掺配比例及相对密度　　表 6-21

集料粒径(mm)	10～20	5～10	3～5	机制砂	矿粉	水泥
集料掺配比例(%)	27	23	13	32	3	2

上面层 AC—16I 合成级配 表 6-22

筛孔(mm)	19	16	13.2	9.5	4.75	2.36	1.18	0.6	0.3	0.15	0.075
合成级配(%)	100	99.1	91.0	73.6	49.3	38.6	19.8	15.6	11.5	10.2	8.5
规范要求(%)	100	95～100	82～92	69～79	44～56	29～41	19～29	11～21	8～16	6～12	5～9

由表 6-22 和图 6-24 不难看出，沥青混合料级配基本上符合规范要求的中值，比较均匀，属于典型的密级配，适合作为表面层混合料。

2. GTM 试验确定最佳沥青含量

根据规范 ASTM D3387-96，进行不同油石比情况下的 GTM 试验，最终确定的油石比范围为 3.5%～4.0%，最佳油石比 3.8%；相应密度 2.508g/cm^3。

3. 沥青混合料性能试验

1）车辙试验

沥青混合料高温稳定性车辙试验数据见表 6-23，混合料动稳定度见图 6-25。

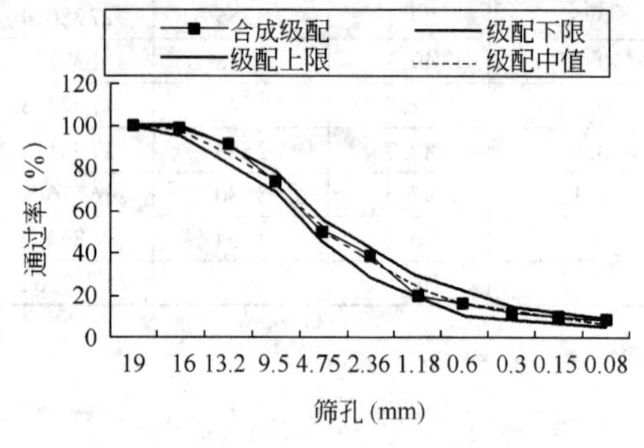

图 6-24 表面层 AC-16I 混凝土级配设计图

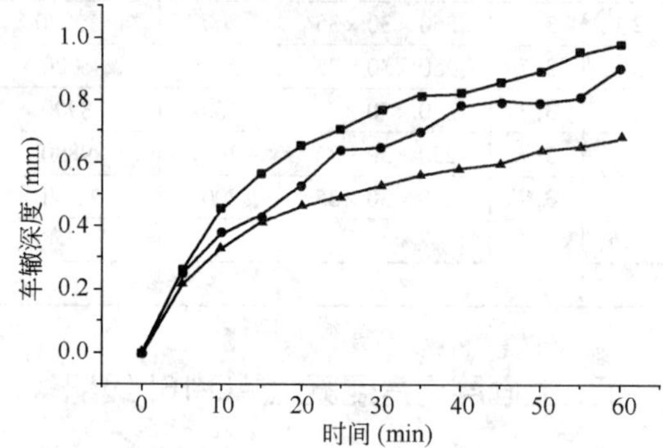

图 6-25 表面层混合料动稳定度

沥青混合料高温稳定性车辙试验记录 表 6-23

试验条件		试验结果			
		时间(min)	车辙深度(mm)		
试验温度(℃)	60	0	0	0	0
		5	0.263	0.251	0.216
轮压(MPa)	0.7	10	0.458	0.38	0.33
		15	0.572	0.435	0.411
级配类型	AC—20I	20	0.654	0.529	0.462
		25	0.712	0.642	0.493
油石比(%)	3.7	30	0.771	0.65	0.529
		35	0.814	0.701	0.564
试件密度(g/cm^3)	2.43	40	0.822	0.779	0.587
		45	0.861	0.798	0.603
试件尺寸(cm)	30×30×5	50	0.892	0.794	0.642
		55	0.951	0.81	0.654
		60	0.977	0.903	0.683
动稳定度(次/mm)			5431	6040	7875
均值(次/mm)			6448，Cv = 10.6%		

2）水稳定性能试验

沥青混合料水稳定性试验（冻融劈裂试验）数据见表 6-24。

沥青混合料冻融劈裂试验报告　　表6-24

试件编号	油石比(%)	试件厚度(mm)		未冻融试件			冻融试件		
		未冻融试件	冻融试件	荷载最大值(N)	垂直变形(mm)	劈裂抗拉强度 PT_1(MPa)	荷载最大值(N)	垂直变形(mm)	劈裂抗拉强度 PT_2(MPa)
1	3.8	63.5	63.5	21300	2.14	2.11	19500	2.15	1.93
2	3.8	63.5	63.5	20500	2.65	2.03	18500	1.98	1.83
3	3.8	63.5	63.5	22000	2.03	2.18	18600	2.12	1.84
4	3.8	63.5	63.5	19800	1.97	1.96	17400	2.54	1.72
平均值		63.5	63.5	20900	2.20	2.07	18867	2.20	1.83

注:冻融劈裂强度比为88.4%,大于规范要求的80%。

3)低温性能

沥青混合料低温性能(低温弯曲)试验数据见表6-25。

沥青混合料低温弯曲试验报告　　表6-25

试件编号	油石比(%)	试件尺寸(mm)	试件跨径(mm)	试件破坏时的最大荷载(N)	试件破坏时的跨中挠度(mm)	试件抗弯拉强度(MPa)	最大弯拉应变($\times 10^{-6}$)	弯曲破坏劲度模量(MPa)
1	3.8	250×30×35	200	4740	0.52	38.7	2730.0	14173.6
2	3.8	250×30×35	200	6480	0.54	52.9	2835.0	18658.9
3	3.8	250×30×35	200	6860	0.54	56.0	2835.0	19753.1
4	3.8	250×30×35	200	8220	0.58	67.1	3045.0	22036.8
5	3.8	250×30×35	200	4020	0.45	32.8	2362.5	13890.5
6	3.8	250×30×35	200	4680	0.8	38.2	4200.0	9096.2
平均值						47.6	3001	16268.2
标准差						13.15	628.61	4745.84

第三节　热拌沥青混合料施工

一、改性沥青混合料施工

近年来,由于交通量剧增、汽车轴载重型化、交通渠化等原因,我国高等级公路沥青路面面临着严峻的考验。许多公路建成不久,即出现车辙、开裂等破坏现象,即使使用重交通沥青、进口沥青仍不能满足使用要求。使用改性沥青,提高路面使用性能、延长使用寿命,已成为目前公路建设的成功应用。

本次石黄高速公路中修工程表面层和中面层均采用了壳牌成品SBS改性沥青。该沥青产于新加坡,桶装进口,SBS含量约为3%,其特点是,质量比较稳定,储存稳定性较好,SBS与沥青不易分离。

相对于普通沥青而言,改性沥青固然有其优点,但是它对施工工艺也有一些特殊要求,下面就混合料的拌和、摊铺与压实等方面作一阐述。

1.混合料的拌和

由于改性沥青黏度高于基质沥青,故改性沥青混合料施工要求高温度,拌和温度随改性剂的品种和剂量不同而异,一般根据改性沥青黏温曲线确定,以黏度为$170mm^2/s \pm 20mm^2/s$时的温度为拌和温度。为保证混合料拌和均匀,必须做好以下几点:

(1)对改性沥青取样进行不同温度的黏度试验,绘制黏度—温度曲线,确定混合料的拌和温度;

(2)按照目标配合比加热集料,对热料仓的集料取样进行生产配合比设计和检验,确定生产配合比;

(3)沥青混合料正式拌和前,根据生产配合比进行试拌,确定每一锅混合料中沥青用量、拌和时间、适宜的沥青加热温度和集料加热温度,以及混合料出场温度,试拌的沥青混合料检验合格后,方能正式施工;

(4)混合料拌和时严格控制改性沥青和矿料温度,一般改性沥青温度控制在180℃左右,矿料加热温度在190℃左右,保持改性沥青流动性稳定,保证沥青剂量准确和混合料拌和均匀;

(5)混合料拌和时间应充分,保证混合料拌和均匀、无花白或结块现象,一般每锅改性沥青混合料拌和时间比普通沥青混合料多15~35s;

(6)严格控制混合料出场温度在175℃左右,高于195℃时应废弃。

2. 混合料的摊铺和碾压

改性沥青混合料的摊铺和碾压除了按照普通沥青混凝土施工工艺正常施工外,还应注意以下几个环节:

(1)改性沥青混合料运到现场后,应尽快连续摊铺,并且保证摊铺温度不低于155℃。摊铺完成后,立即用压路机碾压数遍,直至密实。若采用开级配沥青混合料,则不可用振动压路机以避免引起沥青滴漏,也不可用胶轮压路机(会黏附混合料)。

(2)混合料摊铺后采用轻型钢筒式压路机紧跟摊铺机从外侧向中心初压,要求压路机不断地往钢轮上喷水,且压路机驱动轮在前,从动轮在后,相邻碾压带重叠1/3轮宽。

(3)碾压完第一、二遍后若发现出现一些不规则细微裂纹,则说明终压温度偏高,应等待温度稍降后再碾压。

3. 施工注意事项

1)混合料拌和

混合料拌和最好能做到改性沥青随制随用,若办不到应设法保温,并不间断搅拌或泵送循环,以保持沥青的稳定性和使用质量。

(1)细集料应防雨淋,受潮后容易造成单位时间内流出料口的数量减少或分布不均,影响设计级配,所以应搭篷防雨。

(2)填料(矿粉)最好放在空屋内,以免受潮或遭雨淋。因潮湿结团的矿料在混合中分布不匀,将严重影响设计级配。

(3)冷料斗口上必须用钢板隔开,避免装料时不同规格的集料互窜。

(4)各料仓按设计配比的固定流量要严格控制。

(5)拌和前应标定拌和机,准确绘出该机沥青用量与抽提仪确定的沥青含量的关系曲线及抽提仪确定的沥青含量与搅和楼设置的沥青含量之间的关系曲线。

(6)应采用间歇式拌和楼拌和,检测拌和温度的设备要准确。

(7)合理设置振动筛,并不宜少于4个。

(8)拌和温度由沥青黏度—温度曲线决定,以黏度为0.17Pa·s±0.02Pa·s的温度作为加热温度。可按下列掌握:普通沥青155~170℃,改性沥青170~180℃,但不得大于190℃,矿料加热温度要比沥青高10~20℃,混合料出仓温度普通沥青160~170℃,改性沥青170~180℃。

(9)拌和机每盘要打印料仓沥青和集料数量,记录沥青、集料温度,并随时检查实际各项指标与设定值之间的关系。

(10)施工单位按规定每天检测混合料中矿料的组成级配和油石比,监理按一定比例检测,如不符合设计要求应废弃。

2)摊铺要连续、均匀、不间断

(1)为了减少沥青混合料摊铺过宽而造成的离析,宜采用两台摊铺机阶梯作业。摊铺速度应控制在2~5mm/min,掌握速度均匀不间断。

(2)摊铺温度:普通沥青不低于145℃,改性沥青不低于165℃,运料车到达时要车车检测温度(不得低于摊铺温度的规定)。

3)碾压成型

(1)遵循"高温、强震、低频、紧跟、慢压、成型时间短"的原则,使每一位压路机手都能正确掌握执行。压路机最少不应少于5台。

(2)要用自重大的压路机,振动压路机加振后总效率相当于20t以上,胶轮压路机应在25t以上。

(3)按初压、复压、终压3阶段进行。普通沥青初压不低于140℃,改性沥青不低于150℃,初压长度控制在30mm左右,初压宜采用胶轮压路机为好。复压在完成后紧接着进行,复压先用振动压路机以高频小振幅碾压3遍,再用胶轮压路机碾压两遍。(由试验段确定)压实度达到97%以上(一般沥青为95%以上)。复压完成后进行重压,终压以消除轮迹为目的,只静压不振动。终止碾压温度不得低于90℃。

(4)碾压轮迹重叠宽度,振动压实不大于20cm,静压实不小于20cm。碾压时将驱动轮面向摊铺机方向。压路机启动、停止时必须减速,并不可起振,不得停留在尚未冷却的油面上,以防推移、起拥包。压路机碾压时,要由低向高处碾压。

4)接缝(不允许出现纵向冷接缝)

(1)两台摊铺机阶梯作业,将前边已铺的沥青混合料留下10~20cm宽暂不碾压,作为后面摊铺机摊铺控制高程的基准面,然后再跨缝碾压以消除纵向缝迹。

(2)横向接缝为垂直接缝,底、中、面三层油面的横缝要错开。

5)开放交通

路面完全自然冷却到周围温度时,即可开放交通,但暂不画车道线,争取做到全宽均匀碾压。

二、质量检测与评价

1.中面层

1)SBS改性沥青技术指标

SBS改性沥青技术指标见表6-26。

2)现场材料检验

现场材料检验和路面试验结果见表6-27~表6-31及图6-26、图6-27。

改性沥青技术指标抽检结果

表6-26

试验项目			邯郸光太料厂(A标)	河北路桥四公司料厂(B标)
针入度(0.1mm)			67	65
针入度指数PI ＞			0.1837	0.1837
当量软化点(℃) ＞			52.8658	52.8658
当量脆点(℃) ＜			-19.6953	-19.6953
延度(cm) ＞			31.3	38.3
动力黏度(Pa·s)				
运动黏度(mm^2/s)				
软化点(℃) ＞			79.5	76
闪点(℃) ＞			309	309
溶解度(%) ＞			99.1	99.1
弹性恢复(%) ＞			90.0	88.0
软化点差(℃) ＜			0	0
密度(g/cm^3)			1.037	1.045
薄膜加热试验	质量损失(%)		-0.96	-0.79
	针入度比(%) ＞		68.7	80.0
	延度(cm)	5℃	15	15
		15℃		

集料技术指标抽检结果

表6-27

指标	规范要求(高速、一级公路)	10~20mm		5~10mm		矿粉	
		A标	B标	A标	B标	A标	B标
压碎值(%)	≤28	14.9	19.7				
洛杉矶磨耗(%)	≤30	21.7	22.5				
表观密度(g/cm^3)	≥2.50	2.721	2.718			2.723	2.709
吸水率(%)	≤2.0	0.299	0.379			0.754	0.851
与沥青的黏附性	≥4级	5级	5级				
坚固性(%)	≤12	0.28	0.3				
针片状含量(%)	≤15	4.1	7.2	2.4	12.6		
含泥量(%)	≤1.0	0.6	0.4	2.86	1.46		
软石含量(%)	≤5.0	0.5	1.4	1.3	8.2		
磨光值(*BPN*)	≥42	45	45				
冲击值(%)	≤28	16.2	15.4				

集料筛分结果(通过率%)

表6-28

筛孔直径(mm)	10~20mm		5~10mm		机制砂		石屑		矿粉	
	A标	B标	A标	B标	A标	B标	A标	B标	A标	B标
26.5	100	100								
19.0	84.0	87.7								
16.0	58.3	72.0	100	100						
13.2	36.0	52.3	99.3	99.9						
9.5	3.1	15.2	95.7	93.1			100	100		
4.75	0.0	0.0	8.8	16.6	100	100	96.1	69.1		
2.36			0.0	0.0	99.4	96.8	11.0	11.8		
1.18					58.1	51.8	4.9	2.5	100	100
0.6					31.1	34.3	3.4	1.0	99.5	99.7
0.3					10.5	9.8	0.0	0.0	94.6	96.2
0.15					4.3	4.6			75.1	79.9
0.075					0.0	0.0			0.0	0.0

沥青混凝土车辙试验　　表 6-29

项　目		时间(min)	A 标			B 标		
试验温度(℃)	60		车辙深度(mm)			车辙深度(mm)		
		0	0.0000	0.0000	0.0000	0.0000	0.0000	0.0000
		5	0.9996	0.5490	0.6248	1.3440	0.6096	0.8044
级配类型	AC-20I	10	1.1406	0.7052	0.6914	1.5622	0.7114	0.9220
		15	1.3006	0.7832	0.7502	1.7032	0.7618	0.9846
油石比(%)	3.8	20	1.3676	0.8380	0.7890	1.7772	0.8282	1.0546
		25	1.4144	0.8810	0.8122	1.8514	0.8788	1.1170
试件密度(g/cm^3)	2.43	30	1.4572	0.9596	0.8436	1.9262	0.9336	1.1446
		35	1.5000	1.0530	0.8592	1.9842	0.9686	1.1836
轮压(MPa)	0.7	40	1.4962	1.1428	0.8672	2.0272	0.9960	1.1836
		45	1.5266	1.1610	0.9098	2.0584	0.9996	1.2188
试件尺寸(cm)	30×30×30	50	1.5624	1.1934	0.9412	2.0898	1.0396	1.2502
		55	1.5896	1.2245	0.9643	2.1132	1.0586	1.2696
		60	1.6047	1.2501	0.9757	2.1432	1.0900	1.2892
动稳定度次数(次/mm)			8067	7071	9560	7429	6969	8949
DS 平均值(次/mm)			$DS=8232, C_v=15.2\%$			$DS=7782, C_v=13.3\%$		

A 标与 B 标中面层钻芯试验记录　　表 6-30

序号	A 标(标准密度:2.43g/cm^3)			B 标(标准密度:2.46g/cm^3)		
	试件厚度(cm)	试件密度(g/cm^3)	压实度(%)	试件厚度(cm)	试件密度(g/cm^3)	压实度(%)
1	6.2	2.357	97.0	5.0	2.471	100.5
2	6.3	2.322	95.6	5.0	2.447	99.5
3	9	2.376	97.8	5.0	2.430	98.8
4	7.4	2.360	97.1	5.0	2.405	97.8
5	4.4	2.258	92.9	5.0	2.403	97.7
6	5.3	2.319	95.4	5.0	2.436	99.0
7	5.0	2.380	97.9			
8	5.0	2.443	100.5			
9	5.0	2.352	96.8			
10	5.0	2.339	96.3			
11	5.0	2.446	101.5			
12	5.0	2.397	98.6			
13	5.0	2.344	96.5			
14	5.0	2.436	100.2			
15	5.0	2.331	95.9			
16	6.1	2.385	98.2			
17	5.0	2.364	97.3			

沥青混合料抽提试验结果　　表 6-31

筛孔直径(mm)	A 标(AC-20I)		B 标(AC-20I)		规范范围(%)
	油石比(%)	3.9	油石比(%)	3.9	
26.5	100		100		100
19.0	100		96.0		95~100
16.0	93.4		87.3		82~90

续上表

筛孔直径(mm)	A标(AC-20I)		B标(AC-20I)		规范范围(%)
	油石比(%)	3.9	油石比(%)	3.9	
13.2	79.9		70.8		70~90
9.5	60.6		50.4		58~70
4.75	40.9		35.0		40~52
2.36	31.5		30.4		27~37
1.18	18.9		20.1		18~26
0.6	13.0		14.5		12~20
0.3	8.7		10.3		7~15
0.15	7.2		8.9		5~11
0.075	4.9		7.4		4~8
筛底	0.0		4.0		

图6-26　路面质量检验芯样

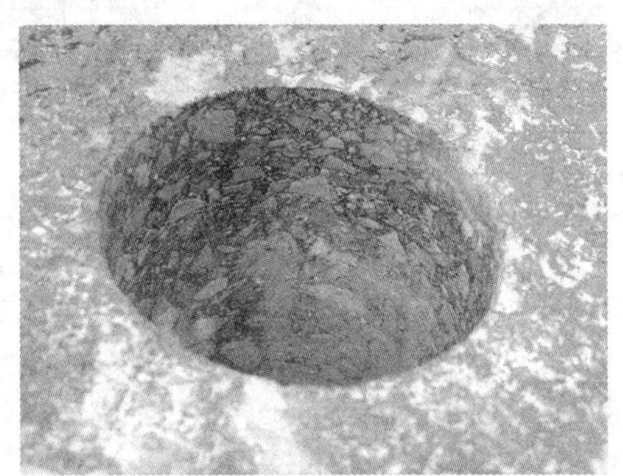

图6-27　路面质量检验钻孔

2. 表面层

1)现场材料检验

表面层沥青混合料集料技术指标检验见表6-32、表6-33。

表面层集料技术指标抽检结果　　表6-32

指　　标	规范要求(高速、一级公路)	10~20mm			5~10mm	
		A标		B标	A标	B标
		石灰岩	安山岩	安山岩	安山岩	安山岩
压碎值(%)	≤28	11.8	5.3	9.7		
洛杉矶磨耗(%)	≤30		10.7	6.4		
表观密度(g/cm^3)	≥2.50		2.862	2.935	2.925	2.940
吸水率(%)	≤2.0		0.05	0.35	0.50	0.789
与沥青的黏附性	≥4级		5级	5级		
坚固性(%)	≤12					
针片状含量(%)	≤15	4.2	4.7	5.7	11.8	9.1
含泥量(%)	≤1.0	0.2	0.7	1.0	1.9	1.3
软石含量(%)	≤5.0	0.4	1.3	0.4	2.3	3.0
磨光值(*BPN*)	≥42		48	47		
冲击值(%)	≤28		8.4	88		

表面层集料筛分结果(通过率%)　　表6-33

筛孔直径(mm)	10~20mm			5~10mm	
	A标	B标	A标	A标	B标
	石灰岩	安山岩	安山岩	安山岩	安山岩
26.5					
19.0	100	100	100		
16.0	89.5	89.6	93.4	100	
13.2	54.9	59.7	62.2	99.7	100
9.5	8.1	17.8	20.2	95.7	99.8
4.75	0.0	0.0	0.0	5.0	17.1
2.36				0.0	0.2
1.18					0.0
0.6					
0.3					
0.15					
0.075					

2)混合料性能

沥青混合料性能试验,见表6-34、表6-35。

沥青混凝土车辙试验　　表6-34

项目		时间(min)	A标			B标		
试验温度(℃)	60		车辙深度(mm)			车辙深度(mm)		
		0	0.0000	0.0000	0.0000	0.0000	0.0000	0.0000
		5	0.9138	1.0822	1.2228	0.8162	1.0090	0.7700
级配类型	AC-16I	10	1.0976	1.2612	1.3632	0.9490	1.0940	0.8790
		15	1.2226	1.3868	1.4412	0.9684	1.1560	0.9610
油石比(%)	4.0	20	1.3008	1.4762	1.4926	0.9982	1.2030	1.0468
		25	1.3958	1.5544	1.5430	1.0310	1.2500	1.0940
试件密度(g/cm^3)	2.508	30	1.4766	1.5972	1.5508	1.0502	1.2852	1.1290
		35	1.4882	1.6522	1.5706	1.0976	1.2970	1.1798
轮压(MPa)	0.7	40	1.5076	1.6836	1.5938	1.1170	1.3242	1.1992
		45	1.5506	1.7502	1.6210	1.1328	1.3518	1.2420
试件尺寸(cm)	30×30×5	50	1.5862	1.7502	1.6524	1.1428	1.3632	1.2696
		55	1.5892	1.7930	1.6678	1.1680	1.3984	1.2968
		60	1.6286	1.8122	1.6818	1.2070	1.4060	1.3048
动稳定度次数(次/mm)			8077	10161	10362	8491	11624	10032
*DS*平均值(次/mm)			$DS>6000, C_v=13.3\%$			$DS>6000, C_v=15.6\%$		

沥青混合料抽提试验　　表6-35

筛孔直径(mm)	A标(AC-16I)		B标(AC-16I)		规范范围
	油石比(%)	4.0	油石比(%)	4.0	
	1	2	1	2	
26.5	100	100	100	100	
19.0	100	100	100	100	
16.0	97.5	99.3	97.8	98.2	
13.2	81.3	81.1	82.5	86.6	
9.5	70.5	67.5	69.9	73.0	
4.75	45.3	44.4	44.1	46.6	
2.36	32.3	32.2	31.5	29.3	

续上表

筛孔直径(mm)	A 标(AC-16I)		B 标(AC-16I)		规范范围
	油石比(%)	4.0	油石比(%)	4.0	
	1	2	1	2	
1.18	23.0	22.8	22.1	19.1	
0.6	16.9	16.8	14.8	12.3	
0.3	12.2	12.2	9.8	9.4	
0.15	10.2	10.4	7.2	7.0	
0.075	7.9	8.0	4.8	4.7	
筛底	0.0	0	0	0	

通过检测发现,混凝土动稳定次数远远高于规范规定值,并且油石比与筛分试验表明混合料级配组成与生产配合比相比变异较小,说明现场施工质量较高,提供了一个较好的路面性能。

第七章　湖沥青在石黄高速公路中修罩面工程中的应用

特立尼达湖沥青(TLA)是世界上最有名的一种天然沥青,产于南美洲西印度群岛的特立尼达和多巴哥境内的沥青湖(图7-1)。该湖面积约47ha,深达90m,沥青估计储藏量达1 200万吨。由于它经过了亿万年的自然环境(包括高温和地壳压力等因素)的考验,所以具有软化点高、热稳定性好、抗氧化能力强、耐油、耐酸碱性能好等优点。

TLA中的物质及化学成分非常稳定,自一百多年前进行首次质量测试至今,测试结果历久不变。TLA大约含53%～55%的地沥青,35%～37%的矿物质细颗粒(灰分),9%～10%的有机质和挥发物质合成的水。灰分的主要成分是石英和黏土,非常精细,90%小于0.075mm,44%小于0.01mm。

TLA非常坚硬,针入度很小,一般在3(0.1mm)左右,即使加热也无法直接与矿料拌和均匀,所以不能直接使用,通常都是与普通石油沥青掺配使用。通过不同剂量的TLA和石油沥青掺配,可制得不同稠度和质量均匀的TLA改性沥青。

图7-1　特立尼达沥青湖

一、TLA改性沥青的特性

TLA改性沥青的特性主要表现在以下5个方面:

1. TLA与石油沥青有极好的相容性

由于TLA本身是沥青,其物理和化学特性与石油沥青完全一致,因此与石油沥青有极好的相容性,这使得TLA改性沥青的加工工艺比SBS等聚合物改性沥青更加简单,只需在170℃左右的高温下将TLA和石油沥青搅拌均匀即可,生产成本较低。当出现灰分沉淀离析时,重新进行适当的搅拌即可使其均匀化,而不像SBS等聚合物改性沥青那样出现改性剂结团而严重影响使用性能的现象。

2. 高温稳定性好

由于TLA天然沥青是在高温下经过亿万年的充分氧化而形成,不含蜡,分子量大,聚合度高,其中的灰分呈珊瑚状,高温下能将沥青轻组分吸入细孔中。所有这些特性均使TLA改性沥青的温度敏感性降低(针入度指数变小),软化点、黏度和劲度模量等明显提高,具有优良的抵抗车辙变形的能力。

3. 与石料的黏附性强,抗水损害性能好

TLA中的软沥青质含有大量的氮、氧、有机硫等,使沥青极性增加,对石料的浸润能力、黏

附能力大大增加，在长期高温条件下，其黏附性还有增强趋势，大大提高了TLA改性沥青混合料的抗水损害性能，同时为碱性石料缺乏地区修筑高等级沥青路面增加了新的技术途径。

4. 抗老化性能好

由于TLA是经过了亿万年气候的考验，氮的含量是普通沥青的几倍至几十倍(0.8%)，其中的氮元素是以官能团形式出现，对自由氧化基具有高的抵抗性。所有这些使TLA改性沥青具有优良的抗老化性能。老化试验(RTFOT)表明，TLA改性沥青老化后质量损失都很小，针入度比却很高，说明TLA改性沥青的抗老化性能很好。

5. 具有对燃油、微生物等侵蚀的抵抗能力

TLA是在自然条件下经过亿万年形成的具有独特结构的物质，具有更多的凝胶体，掺配形成的TLA改性沥青呈溶—凝胶结构，其中的沥青质有较多的树脂作为保护，一定程度上提高了TLA改性沥青对燃油、微生物等侵蚀的抵抗能力，这对提高沥青路面的使用性能及耐久性非常重要。

二、TLA在国内外的应用概况

1. 国外应用概况

国外将TLA应用于道路工程已有100多年的历史，现已广泛应用于欧美许多国家。美国华盛顿特区在几个城市街道的路面工程中已应用了TLA。除此之外，TLA还应用于飞机场、桥面铺装、高速公路等。纽约和新泽西州的运输部在道路承受大面积极繁重负荷的区域，如桥面铺装、斜坡匝道、公共汽车枢纽站及其他类似的地方应用了TLA。

英国伦敦的主要街道和高速公路在热压式沥青混凝土路面上普遍应用了TLA改性沥青，高速公路的服务寿命已经超过30年，在多数情况下不需要维护。

在德国高速公路、环城公路使用TLA改性沥青的历史有30多年，TLA表现出在极寒冷的气候条件下具有很低的温度敏感性和良好的韧性，节省了大量的结构维护费用。

日本的本州四国联络桥使用TLA，在高温及特别繁重的交通条件下，沥青路面动稳定度明显提高了，至今使用良好。香港过海隧道于1972年使用TLA改性沥青铺设了热压式沥青混合料路面，至1984年，经过3亿多次车辆使用，由于不适当的表层清扫导致表层沥青产生磨损，用同一种混合料重新铺设表层，至今还没有收到关于表层沥青损坏的报告。

在特立尼达和多巴哥，最早采用TLA是在1944年，Churchill Roosevelt（丘吉尔·罗斯福）采用30/40针入度级的TLA改性沥青混合料铺设表层，制备过程中，沥青黏结剂的针入度值低至18。此公路直到1977年，即33年后才重新铺设，实际使用年限是估计寿命的2倍多。之后用TLA铺筑的路段多不胜数，其中包括南北干道走廊约13km长的主干道公路和18km长的辅道，所有路面混合料均采用具有60~75针入度值的TLA改性沥青，掺量为30%。自1984年12月投入使用以来，路面每天平均承受大约23000辆的交通量(约17%是货车)，至今仍未显示出任何损坏迹象。

目前，使用特立尼达湖沥青的国家及地区已达到30多个，而且已被一些主要的发达国家如美国、英国、德国、日本及中国香港地区指定使用。

2. 国内应用概况

我国内地早在20世纪70~80年代曾经对特立尼达湖沥青表示过浓厚的兴趣，交通部曾组织北京、河北、山西、浙江、江苏等许多地方都铺筑过 TLA 改性沥青的试验路段，显示出其具有良好的路用性能。

“七五”国家科技攻关期间，为了解决我国修建高速公路的优质沥青缺乏问题，交通部组织了代表团专程赴英国对 TLA 改性沥青进行过技术考察，参观了施工现场，并切实感到 TLA 改性沥青的各种优越性。但是当时之所以没有在中国引进及大面积推广使用，是因为当时我国的经济条件相当有限，公路建设投资不大，沥青需求不大，国产沥青价格也很低，而 TLA 的价格相对比较高，缺少竞争力。国家也没有公布湖沥青的《规范》。时至今日，整个情况都发生了变化。公司投资增大了，随着国际石油价格走高，国内沥青价格也很高，湖沥青的国家规范也发布了，再加上其优良的使用性能，使得 TLA 在我国高速公路面层、桥梁铺装层、飞机场等重要交通路段具有广泛的应用前景。

TLA 改性沥青真正在我国大陆大批量使用是从 1999 年建成江阴长江大桥以后。当时江阴长江大桥采用的 TLA 和普通石油沥青的掺配比例是 7∶3，由于 TLA 表现出了令业内人士欣喜的路用性能，之后 2001 年建成通车的珠海淇澳大桥也采用了相同掺配比例，铺设了 5cm 厚的 TLA 改性沥青混凝土，自验收通车至今，铺装层经历了雨（台风）季和炎热高温的考验，目前没有发现车辙裂缝，也未发现烂边、拥包等损坏。此外，重庆嘉陵江大桥、钱塘江大桥、东海大桥也采用了 TLA 改性沥青。

北京在 2002 年对二环路进行大修的时候，上面层采用了 SMA-13 混合料，结合料采用“TLA + SBS”复合改性沥青，进一步提高了 TLA 改性沥青混合料的某些性能指标，发挥了 TLA 和 SBS 各自的优势，从而满足了对沥青路面所提出的近乎矛盾的、十分苛刻的既耐高温又耐低温的要求。在 2003 年对三环进行大修的时候，全长 48km 的路段全部采用 TLA 改性沥青，至今使用性能良好，得到了业内人士的普遍赞赏。之后号称“中国都市第一环”的武汉绕城高速公路东北段 94km 的中面层采用 6cm 厚的 TLA 改性沥青混凝土，其中 TLA 与普通重交沥青的比例为 1∶3。2006 年佛山一环城际快速干线东线全长 35.72km 的主路的 4cm 上面层和 6cm 中面层均采用了 TLA 改性沥青，通车两年多来，路面整体性能优良。湖沥青在市政工程上的成功应用主要归功于其行车噪声小，舒适有弹性和制动不打滑这几大优点。

机场建设方面，北京的首都国际机场、香港启德机场、赤腊角国际机场以及上海的虹桥机场也采用了 TLA 改性沥青作为加铺罩面的主要材料，因为其能满足机场跑道抗高温、耐低温和抗疲劳开裂的要求，又具有强度高、黏结性能好、冷却快的特性。

截至 2006 年，特立尼达湖天然沥青已经在中国内地的 60 多个重点工程上使用，均取得了优良的效果，得到了相关业主的好评，许多工程还被评为样板工程，自 1999 年至今未收到需要重新养护的报告。

2005 年 1 月 1 日实施的《公路沥青路面施工技术规范》（JTG F40—2004）中 4.6.4 条规定：天然沥青可以单独与石油沥青混合使用或与其他改性沥青混融后使用。天然沥青的质量要求宜根据其品种参照相关标准和成功的经验执行。并在条文说明中提出了 TLA 的质量技术要求和 TLA 改性沥青质量技术要求。

三、TLA 在国内道路工程应用实例

2006 年修建的广东省佛山市一环城际快速干线工程，主路为双向 8 车道，辅路为双向 6

车道，全长99.21km。其中，佛山一环东线（和顺至北滘段）长度为35.72km，沥青面层结构为:4cmTLA改性沥青AC-13C表面层+6cmTLA改性沥青AC-20C中面层+8cm普通沥青AC-25C下面层。整个路面工程共使用了约2.8万吨TLA改性沥青，如此大规模地将TLA应用于道路工程在我国尚属首例。自2006年11月通车以来，整个东线的路面使用性能优良。

1.原材料的技术性质

按《公路工程沥青及沥青混合料试验规程》（JTJ 052—2000）对埃索A级70号基质沥青和特立尼达精炼湖沥青（TLA）进行技术指标试验，试验结果见表7-1和表7-2，除基质沥青的针入度指数*PI*外，其余均符合《公路沥青路面施工技术规范》（JTG F40—2004）提出的技术要求。

基质沥青的主要技术性质

表7-1

技术指标		单位	试验值	技术要求
针入度（25℃，100g，5s）		0.1mm	64	60～80
软化点		℃	48.5	≥46
延度	（10℃，5cm/min）	cm	113.4	≥15
	（15℃，5cm/min）		>150	≥100
密度（15℃）		g/cm^3	1.035	—

TLA的主要技术性质

表7-2

技术指标	单位	试验值	技术要求
针入度（25℃，100g，5s）	0.1mm	2.7	0～5
软化点	℃	99.6	≥90
灰分	%	35.4	33～38
密度（25℃）	g/cm^3	1.381	1.3～1.5
薄膜烘箱试验后残留针入度比	%	74	50

佛山一环工程采用的粗、细集料均为广东珠海洪达石场生产的花岗岩（酸性石料），填料采用广东云安的新会32.5级水泥，它们的主要技术性质均符合《公路沥青路面施工技术规范》（JTG F40—2004）提出的技术要求。

2.TLA改性沥青的制备

参考国内外有关的研究成果，在实验室按以下方法制备TLA改性沥青：分别预热基质沥青及TLA到150℃和160℃，按一定比例将基质沥青与TLA拌和，提高温度到170℃时搅拌30min，即制成TLA改性沥青。

3.TLA改性沥青的技术性能研究

根据国外使用TLA作为改性剂的经验，通常情况下，沥青混凝土中掺加25%～30%的TLA，在桥面铺装使用时掺加50%～70%的TLA。因此，本研究分别采用20%、33%、40%、45%、50%、70%六种特立尼达湖沥青掺量制备特立尼达湖改性沥青，然后进行TLA改性沥青的技术指标试验，试验结果见表7-3。

从试验结果可以看出：

①随着TLA掺量的增加，针入度下降，软化点和黏度上升，针入度指数*PI*值增加，表明沥青的高温稳定性和感温性能得到了改善。

TLA 改性沥青的技术性质 表 7-3

试验项目		单位	TLA 掺量(%)							
			0	20	33	40	45	50	70	100
针入度	15℃	0.1mm	19.2	13.5	10.5	7.8	7.2	6.5	4.2	1.1
	25℃		64.0	45.8	31.5	27.8	22.8	20.0	10.8	2.7
	30℃		120.7	88.8	62.7	49.2	43.3	34.7	17.0	4.3
相关系数		—	1.000	1.000	0.997	0.999	0.999	1.000	0.999	1.000
针入度指数 *PI*		—	-1.79	-1.92	-1.57	-1.84	-1.64	-1.24	-0.13	0.08
T_{800}		℃	45.6	47.7	51.9	52.5	54.6	58.1	70.9	87.5
$T_{1.2}$		℃	-7.6	-4.3	-3.2	-0.3	0.1	-0.1	1.7	16.0
软化点		℃	48.5	51.3	53.5	56.0	58.2	60.4	67.0	99.6
延度(25℃)		cm	≥150	121.8	119.9	70.1	64.2	51.0	12.2	1.1
灰分		%	—	—	9.3	11.9	—	—	—	35.4
黏度(135℃)		Pa·s	0.40	0.58	0.72	0.95	—	1.22	3.42	40.82
密度(25℃)		g/cm^3	1.030	—	1.103	1.133	—	—	—	1.381
薄膜烘箱试验	质量损失	%	0.01	-0.25	-0.33	-0.49	-0.66	-0.68	-0.73	-1.12
	针入度(25℃)	0.1mm	59.3	40.3	25.2	22.3	16.7	12.5	7.7	2.0
	针入度比	%	92.7	88.0	79.9	80.2	73.2	62.5	70.8	75.0
	软化点增值	℃	0.8	1.1	1.7	3.6	2.5	4.4	3.2	4.1
	延度比	%	97.9	94.5	92.8	89.3	85.0	47.9	69.5	78.8

注:TLA 掺量 0% 和 100% 作为比较列出。

②随着 TLA 掺量的增加,延度下降,老化后的质量损失增大,针入度比下降,并不能说明沥青的低温抗裂性和抗老化性能下降了,这主要是因为 TLA 中含有灰分和挥发性物质,影响试验结果。因此,对 TLA 改性沥青的性能应该主要通过沥青混合料的路用性能进行评价。

③33% 和 40% TLA 改性沥青均符合《公路沥青路面施工技术规范》(JTG F40—2004)提出的 TMA-30 技术要求。

综上所述,TLA 能改善沥青的路用性能,掺量越大效果越好。但是 TLA 掺量过大会使得改性沥青的黏度较大而造成施工困难,同时会提高 TLA 改性沥青的成本。综合考虑选择 40% 的 TLA 掺量进行 TLA 改性沥青混合料的路用性能研究。

4. TLA 改性沥青混合料的路用性能研究

采用马歇尔配合比设计方法确定基质沥青 AC-13C 混合料和 TLA 改性沥青 AC-13C 混合料的最佳油石比分别为 5.1% 和 5.9%,在最佳油石比下分别拌制基质沥青混合料和 40% TLA 改性沥青混合料并成型试件进行路用性能研究,试验结果见表 7-4。

TLA 改性沥青 AC-13 混合料路用性能试验结果 表 7-4

混合料类型	动稳定度(次/mm)	残留稳定度 MS_0(%)	残留强度比 *TSR*(%)	渗水系数(mm/min)
基质沥青混合料	1215	87.1	82.6	56.7
40% TLA 改性沥青混合料	4678	93.8	90.9	48.3

从表 7-4 可以看出,TLA 能明显提高沥青混合料的高温稳定性和水稳定性,同时也能提高沥青混合料的抗渗性,且 TLA 改性沥青 AC－13C 混合料符合《公路沥青路面施工技术规范》(JTG F40—2004)提出的技术要求。

5. TLA 改性沥青混合料的施工质量控制技术

TLA 改性沥青在我国高速公路上的使用经验较少,结合佛山一环 TLA 改性沥青路面的施工,认为应在以下5个方面加强控制力度。

1)TLA改性沥青的制备

TLA改性沥青中含有灰分,加热时易产生沉淀,因此,TLA改性沥青的拌和罐应采用卧式拌和罐,且搅拌轴必须是水平方向。分别预热基质沥青和TLA到150℃,按基质沥青:TLA为3:2的比例拌和,并提高温度到170℃后,搅拌40min,拌制好的TLA改性沥青输送到沥青罐中待用。

TLA改性沥青贮料罐应配有沥青搅拌泵,并在贮料罐和抽提罐之间应配备双向循环管,以方便施工中断时,TLA改性沥青回抽贮料罐。同时,应配备足够的沥青搅拌泵,以及时更换贮料罐中磨损的沥青泵。

为了防止TLA改性沥青在泵送到拌和楼沥青滤管中造成堵管,生产过程中应加设滤网装置,确保成品TLA改性沥青中无粗颗粒。

2)TLA改性沥青混合料的拌和

TLA改性沥青加热温度应控制在170~180℃,矿料加热温度应控制在190~200℃,拌和时间不少于60s,其中干拌至少20s,湿拌40s。

TLA改性沥青混合料出厂温度应控制在175~185℃,但不得高于195℃,对于高于195℃的混合料一般应予以废弃。

3)TLA改性沥青混合料的运输

运料车必须用篷布覆盖,用以保温、防雨、防污染。混合料运输到现场温度不得低于170℃。

4)TLA改性沥青混合料的摊铺

摊铺机开工前应提前1h预热熨平板,温度不低于160℃,控制混合料摊铺温度不低于165℃,控制摊铺机行走速度在1~3m/min,如图7-2。

图7-2　佛山一环TLA改性沥青混合料的摊铺

5)TLA改性沥青混合料的碾压

碾压应严格按照"紧跟、慢压、高频、低幅"的原则进行(图7-3)。

初压:采用中型双钢轮压路机静压1遍,速度控制在1.5~2km/h,初压开始温度不低于160℃。

复压:采用中型双钢轮压路机振动碾压2遍,速度控制在2~3.5km/h,再用大吨位(≥26t)胶轮压路机碾压4遍,复压开始温度不得低于140℃。

终压:采用轻型双钢轮压路机静压2遍,以消除轮迹,速度控制在2~3km/h,终压开始温度不得低于120℃。

TLA改性沥青混合料面层施工完毕后,自然冷却养生,在路面温度降低至50℃以下后才可以开放交通。

综上所述,TLA 改性沥青混合料的施工工艺与普通沥青混合料基本一致,关键在于注意防止 TLA 改性沥青混合料中灰分的沉淀和堵管,注意控制整个施工过程中较高的施工温度(185℃)以及采用合理的碾压方式等。

图 7-3　佛山一环 TLA 改性沥青混合料的碾压

四、TLA 改性沥青与改性沥青经济比较

按 TLA 与基质沥青的掺加比例 25%:75% 计,增加 25% TLA 同时可以减少 25% 的基质沥青,每吨改性沥青实际增加的成本十分有限,其价格甚至比目前使用较普遍的 SBS 改性沥青还低 360 元/吨,见表 7-5、表 7-6。TLA 不是原油产品的副产品,与国际油价的波动没有关系。

25%TLA 改性沥青与 SBS 改性沥青价格比较　　表 7-5

项　目	单价(元/吨)	项　目	单价(元/吨)
基质沥青工地价	4800	基质沥青工地价	4800
TLA 价格	7200	SBS 价格	21000
75% 基质沥青的成本	3600	95% 基质沥青的成本	4560
25% TLA 成本	1800	5% SBS 成本	1050
TLA 改性沥青设备租赁费	150	SBS 改性沥青加工费用	300
TLA 改性沥青价格	5550	SBS 改性沥青价格	5910
25% TLA 改性沥青比 SBS 改性沥青价格低:360 元/吨			

注:1. 表中采用的基质沥青是国产中海 36－1 泰州产基质沥青;
　2. 表中沥青的价格为 2008 年 7 月 23 日的价格。

33%TLA 改性沥青与 SBS 改性沥青价格比较　　表 7-6

项　目	单价(元/吨)	项　目	单价(元/吨)
基质沥青工地价	4800	基质沥青工地价	4800
TLA 价格	7200	SBS 价格	21000
67% 基质沥青的成本	3216	95% 基质沥青的成本	4560
33% TLA 成本	2376	5% SBS 成本	1050
TLA 改性沥青设备租赁费	150	SBS 改性沥青加工费用	300
TLA 改性沥青价格	5742	SBS 改性沥青价格	5910
33% TLA 改性沥青比 SBS 改性沥青价格低:168 元/吨			

注:1. 表中采用的基质沥青是国产中海 36-1 泰州产基质沥青;
　2. 表中沥青的价格 2008 年 7 月 23 日的价格。

五、推荐的理由

高速公路使用湖沥青有以下好处:

(1)与 BBS 改性沥青相比可节省大量的投资。

(2)使用湖沥青建设的高速公路使用寿命30年左右,一般沥青路面只有15年,可减少一次路面的翻修,节省大量投资。

(3)湖沥青改性后的沥青,适合各种石料,对于缺少碱性石料的地区,可以大大节省开采和购买石料的资金。

(4)可以大大减少维修,节约公路运营成本。

(5)施工简便,可缩短工程的建设时间,快速通车,快速回收投资。

综上所述湖沥青的优点和特性,考虑到经济实用,石黄高速公路中修罩面沧州段AC-20、AC-13沥青混凝土胶结材料全部采用湖沥青,在施工中我们把好每一道环节,制订了严格的操作程序,并落实到每道工序,保证了工程质量和进度。

公路施工中最重要的原材料是沥青,沥青的成本占总投资的1/3左右,工程质量的好坏很大因素取决于沥青的质量,因此沥青的选择和质量控制是公路建设中的重要环节。

1. 沥青材料的选择

石黄高速沧州段中修工程改性沥青采用业主招标采购的方式,这样可以有效地控制施工中沥青材料的质量。多家改性沥青生产厂参与了竞标,最后经专家组讨论,湖改性沥青以高温稳定性好、低温抗裂性好、使用耐久性好等优点和低于SBS沥青每吨500元的价格中标。

2. 湖改性沥青和SBS沥青的区别

湖改性沥青即采用特立尼达湖沥青(简称TLA)作为改性剂对70号基质沥青进行改性。TLA为纯天然沥青,历千万年地壳运动形成,产于加勒比海岛国特立尼达和多巴哥境内的沥青湖中,采出后去掉杂质,但含有一定的矿物质,称为灰分。TLA与普通70号石油沥青分子结构相同,相溶性比较好,经过不同比例的掺配即可得到不同针入度的湖沥青。而SBS沥青为聚合物改性沥青,需经过胶体磨研磨使高分子聚合物呈网状分散于基质沥青中,从而改变基质沥青的软化点和延度。

湖沥青与SBS沥青相比有以下几点不同。

(1)针入度。SBS沥青一般改性后针入度变化不大,符合70号沥青的技术要求,而掺加湖沥青后对针入度影响很大,掺加25%可使针入度降至40左右,掺加30%针入度为36左右。

(2)软化点。SBS沥青国家规范为不小于55℃,但在施工中,重载高速公路为了提高沥青混合料的动稳定度均将此指标提高到70℃。只有增加SBS的用量才能提高软化点,但国家规范并不赞成这种做法,相反还要求减少SBS的用量。湖沥青掺加25%~30%后软化点在53~55℃左右,掺加量对软化点提高并不明显,而且由于湖沥青弹性模量较大,现有的软化点测定仪并不适合对湖沥青的测量。

(3)延度。SBS沥青延度作为一个重要指标,直接反映低温抗裂性能,但湖沥青延度在普通延度仪上根本无法测试,拉力很大伸长很小。试验室情况下,掺加25%湖沥青的延度为17(15°情况下),5℃时延度则测不出,量值太小。据有关资料介绍,TLA沥青后期延度增长快,可改变沥青混合料的低温抗裂性。

(4)灰分。灰分为TLA沥青中的一个重要指标,它是经过千万年变化形成的重要物质,在硬度、与沥青亲和力方面高于矿粉许多,因此在加工中不能去掉。灰分为TLA特有,TLA的掺加量直接决定了灰分多少,它是控制掺加量的一个重要指标。

(5)耐久性。TLA沥青比SBS改性沥青明显高出很多,因为TLA沥青经过千万年形成,性能稳定,可使沥青混合料有几十年的使用寿命。而SBS作为一种高分子聚合物,受太阳照射自然老化不可避免,影响沥青的耐久性。

(6)储存稳定性。由于TLA中含有矿物质,而且密度很大,沉淀不可避免。如何避免矿物质沉淀是使用中的一个重要问题。SBS也有离析现象,但相对于TLA沥青要稳定许多。

3. 湖改性沥青技术指标的确定和检测

石黄高速公路中修使用的湖改性沥青采用湖沥青和70号基质掺配而成。湖沥青由于产地单一、性能比较稳定,国家技术规范已有详细质量要求。基质沥青质量检验按70号沥青执行。根据这几年湖沥青在河北的使用经验,TLA掺加量在30%时,比较适合于石黄高速公路大型车、重型车多的特点。因此招标文件中以掺加量30%为控制指标,改性后的其他指标根据实验确定,经省交通科研所反复试验结果如表7-7,因此设计单位对TLA改性沥青的针入度指标进行了调整,既不采用TMA-30也不按TMA50执行,针入度指标按30~40控制,这样既控制了沥青生产厂的湖沥青掺加量,又不会造成针入度过低而影响沥青混合料的低温抗裂性。其他指标按TMA—50执行。

湖沥青指标试验报告　　表7-7

试验项目	石黄高速沧州段中修工程湖改性沥青技术要求	试验结果	试验方法
针入度(100g,25℃,5s)(0.1mm)	30~40	36	T0604
运动黏度(135℃)不大于	3.8	0.8	T0625
溶解度(%)	77~90	85.6	T0607
灰分(%)	7.5~19.5	8.8	T0614
闪点(℃)不小于	240	290	T0611
TFOT残留针入度比—不小于	55	72	T0604
软化点(℃)	实测	55.5	T0606
15℃延度(5cm/min)(cm)	实测	17	T0605
使用仪器设备	针入度仪、软化点仪、分析天平、薄膜烘箱、箱式电阻炉、闪点仪		
结论	本样品所检指标附和石黄高速中修工程招标文件技术要求		
备注	本结论仅对来样负责		

TLA沥青的质量技术要求跟普通沥青不同,一般沥青施工中采用抽检全项,然后工地上对到货的每车沥青检测三大指标。而TLA沥青需对湖沥青、掺配的基质沥青、湖改性沥青三种沥青进行全项检测。工地实验室对到货的湖改性沥青仅能检测针入度。为了有效控制沥青质量,确保湖沥青的掺配量不低于30%,在施工中我们又加入了检测灰分一项,对沥青质量控制起了重要作用。

4. 湖沥青的储存

TLA沥青施工可以按《公路改性沥青路面施工技术规范》执行,由于TLA改性沥青含有密度较大的矿物质,容易沉淀,虽然国家关于改性沥青暂无储存必须加搅拌的规定,但从多年的施工经验看,储存也向这一方向发展,因此TLA沥青在储存、运输中必须注意离析沉淀问题。

(1)运输中应注意的问题。现在运输沥青的保温罐车基本上都没有设计搅拌装置,因此沥青装车后路上运输必须有时间限制。石黄高速公路罩面工程中从TLA沥青加工厂到沥青拌和厂仅有150km,沿石黄高速公路2h就可以到达。中修指挥部在沥青供应商和施工承包商之间建立了一套比较完善的沥青接收制度,确保沥青随用随进,及时卸车。经过一段时间的使用后,罐车中并没有发现太多的沉淀物,可见短途运输TLA沥青是可行的。如果路途比较远就应该采用现场加工制作的方法。

(2)储存。施工单位使用的沥青贮罐最好采用立式贮罐,并且加螺旋桨片式搅拌器和风管搅拌两种搅拌方式,风管深入到罐底。鉴于施工单位原来均采用30~50t的卧式贮罐,施工中采用在罐体1/3处、2/3处各加一组机械桨片式搅拌器,在罐首尾各加一组风式搅拌的方法。使用3个月后发现,个别罐底仍有少量沉淀现象,经过分析认为很可能由于停电或设备检修时搅拌器停止工作造成,在施工中尽量避免此类现象发生。

(3)泵送。TLA沥青含有硬度较大的矿物颗粒,将会对泵的过流部分产生磨损,输送泵应采用内齿轮保温泵,不能使用螺杆泵,并及时检修,泵和管线要有导热油加温,且温度应高于普通沥青。否则,TLA沥青将发生沉淀,矿物质颗粒凝固后硬度高很难清除,造成泵和管线报废。

5.理论上TLA沥青的用量计算

因为TLA中主要成分包括:CS_2可溶分(沥青分)54%、灰分36%、其他(主要是可恢复的结晶水)10%。

以基质沥青:TLA=75:25为例

一份TLA改性沥青中实有沥青:75%+25%×54%=88.5%。

即为了真正加入一份沥青,实际需要加TLA改性沥青1/0.885=1.13份。

例如设计油石比为6%,实际需加入的TLA改性沥青油石比为6%×1.13=6.8%。

如上理论计算TLA沥青油石比应大于普通沥青,在施工中应特别注意这个问题。现有的抽提实验方法不能真正反应油石比的大小,因此应在生产中建立沥青拌和站机器设定值与抽提之间的对应关系,并以拌和站机器设定值作为主要控制措施。

6.湖改性沥青混合料的特点

(1)湖改性沥青混合料的拌和、运输、摊铺应按改性沥青施工规范执行。由于湖改性沥青针入度比较低,施工中温度应控制在中上限,出厂温度应不低于180℃,运输中应加强保温,当气温低于10℃时,就不能再进行施工。

(2)由于湖改性沥青混合料比较脆,横向接缝比较难处理,施工中应尽量多切一些,使接缝处不松散。

(3)湖改性沥青中含有结晶水合物,因此湖改性沥青在施工中会有大量白色烟雾,且有一种异样气味,很容易判断是不是湖改性沥青混合料。

(4)湖沥青混合料的最大特点是抗车辙性比较好,我们在施工中进行了多次车辙实验,抗车辙性相当好,在级配接近中值情况下,动稳定度能达到6000次以上,远高于3600次的设计要求。

经过近两年的施工,石黄高速公路中修工程中的湖沥青罩面段已全部完成,与采用SBS沥青相比明显节省了资金,提高了路面抗车辙性。施工中发现湖改性沥青施工规范还不完善,因此对于湖改性沥青的技术指标、检验标准应通过试验对规范进行补充确定,在实践中不断改进,积累成功经验,然后逐步推广应用。

第八章　纤维土工织物在防治路面水损害中的应用

随着高速公路建设的快速发展，半刚性沥青路面得到了广泛研究和应用。半刚性路面的优点在于高强度和高承载能力，但半刚性基层有着本身难以克服的缺陷和不足。由于较高强度的半刚性基层可能会导致较大的干缩、温度裂缝的产生，从而导致面层产生反射裂缝，同时雨水会从裂缝中下渗，并积聚在面层与基层中间，出现基层唧泥现象，降低了沥青层与半刚性基层层间的连接状态，从而加速了路面结构的破坏。

沥青面层上反射裂缝基本上分为两大类，即荷载型裂缝和非荷载型裂缝。荷载型裂缝，如行车引起的疲劳裂缝；非荷载型裂缝，如沥青面层本身的低温收缩裂缝以及半刚性基层的干温缩。当在原有开裂路面上加铺罩面，由于温度循环变化和车辆荷载的反复作用使原有裂缝反射到加铺层，形成反射裂缝。

现有路面结构层纵向拼缝以及老路纵、横裂缝的处理方案大多采用乳化沥青封层，而后在其上铺设玻纤格栅。这种方案从机理及现场使用的效果都不太理想。玻纤格栅是一种网格的筋条状材料，它和半刚性基层和沥青混合料面层的整体协调性均较差。另外，由于这种材料不能回收利用，常常还需要用铁钉来加强固定，这样将会对今后路面的养护带来很大的麻烦（损坏铣刨机齿、旧料无法使用等）。从现场的施工状况看，效果更差，如果接缝两边有一定的高差，则玻纤格栅很难服帖，固定后在施工车辆的行驶下会产生松动；最大的问题在于铺设高温沥青混合料和玻纤格栅会产生延伸，从而使其与原固定界面分离。

第一节　聚酯玻纤布特性研究

一、聚酯玻纤布简介

聚酯玻纤布（Fiberglass-Polyester paving mat）是随着土工合成材料的发展，由美国欧文斯·科宁公司（Owens Corning）开发的一种新型土工合成材料。Koerner（1994）定义土工合成材料为浸透性的土工织物材料（Synthetic），通常在土壤、岩土或其他土工技术工程材料中使用以提高人工产品、结构或体系的性能和降低成本。《公路土工合成材料应用技术规范》（JTJ/T109—98）对土工合成材料的定义是：以人工合成的聚合物为原料制成的各种类型产品，可置于岩土或其他工程结构物内部、表面或各结构层之间，具有加强、保护岩土和其他结构功能的一种新型工程材料。

土工合成材料的历史比较短暂，20世纪70年代以后逐渐形成一门新的学科。进入80年代以后才以很快的速度发展起来，目前已广泛应用于水利、水电、公路、铁路、建筑、海港、矿业、军工等工程领域。土工合成材料的种类繁多，早期曾将其分成土工织物（Geotextile）和土工膜

(Geomembrane)两类(1977 年,J. P. Giroud 和 J. Perferri),分别代表透水和不透水合成材料。近10年来大量的以合成聚合物为原料的其他类型的土工合成材料纷纷问世,复合材料、特种材料产品大量涌现,已经超出了“织物”和“膜”的范畴。1983 年 J. E. Fluet 建议使用“土工合成材料”(Geosynthetics)一词来概括各种类型的材料。当今,比较一致的看法如《土工合成材料应用技术规范》(GB 50290—98)所述,把土工合成材料分成四大类,即土工织物、土工膜、特种土工合成材料和复合型土工合成材料(图 8-1)。

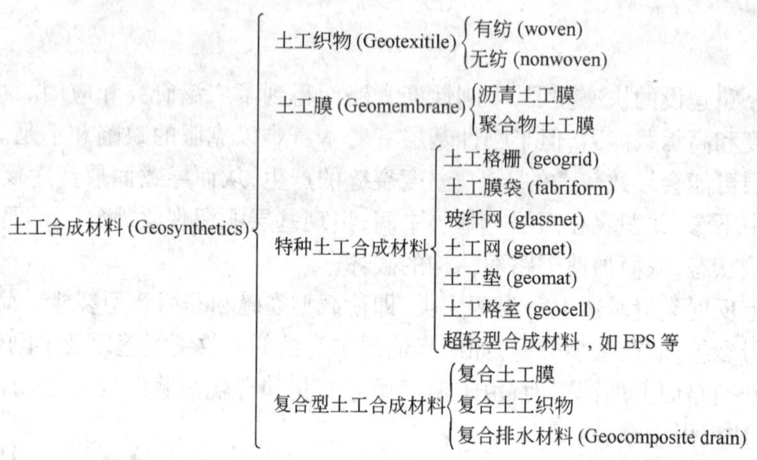

图 8-1　土工合成材料分类

土工合成材料在工程建设中主要用于过滤、排水、隔离、加筋、边坡防护和防渗等。土工织物在道路系统中的应用主要集中在阻止细颗粒进入砂砾基层、排水或过滤路面系统中的水、阻止或延缓反射裂缝[Abdelhalim(1983),Barksdale(1991)和 Koerner(1994)]。相关研究证明,尽管土工合成材料的应用增加了路面系统的强度,但土工合成材料的应用是为路面结构系统设计的,而不是为加筋夹层的强度。

二、聚酯玻纤布的组成及特点

聚酯玻纤布(Fiberglass-Polyester paving mat)是60%玻璃纤维和40%聚酯纤维组成的一种复合土工合成材料。经研究,聚酯玻纤布与其他土工织物相比,它具有如下特点:

(1)抗拉强度高,延伸率低。

(2)没有长期蠕变性。聚酯玻纤布不发生蠕变,保证了产品能够长期使用。

(3)高温稳定性好。聚酯玻纤布的熔点在 230℃以上,在 230℃时聚酯玻纤布物理化学特性稳定。所以,在 160℃热铺沥青混凝土下稳定性不受任何影响。

(4)与沥青和沥青混合料具有良好的相容性。一般是在开裂的路面上均匀地喷洒沥青黏油,再铺土工织物夹层,热铺面层应能吸收织物下的黏油使其达到饱和,故要求织物有良好的吸附能力,聚酯玻纤布满足此要求。

(5)化学稳定性,经过特殊处理后的聚酯玻纤布能防止各类化学侵蚀,抵制生物侵蚀和气候变化。

(6)聚酯玻纤布与黏层油形成防水层,即使面层出现裂缝,也能有效防止地表水下渗,从而保证基层材料不会被破坏。

(7)施工没有正反面,不易皱褶,方便施工。

聚酯玻纤布主要用于路面养护,目前具体的应用范围有:高速公路、道路罩面、停车场、渗透性路面、机场道面等。

三、聚酯玻纤布的工程特性

聚酯玻纤布(Fiberglass-Polyester paving mat)是继土工布、土工格栅、条带聚合物之后发展起来的一种新型复合土工合成材料。相关研究表明,所有以聚合物为基础的产品均具有黏弹性,这与沥青混合料的特性雷同,故与沥青混合料都有良好的相容性。很多工程实践表明,玻纤格栅的孔径与沥青材料特别与上层沥青混合料之间能提供很好的嵌挤作用,同时也能分散应力,但不能够防水;土工布能防止水下渗,但是土工布在热沥青混合料摊铺温度超过160℃时,其性能可能不稳定;而聚酯玻纤布克服了这两者的缺点。

本文主要研究聚酯玻纤布是否提高高速公路罩面防裂、防水、抗车辙(永久性变形)、加筋等路用性能。自从2001聚酯玻纤布上市以来,在美国很多州(密苏里州、佛罗里达州、宾夕法尼亚州、加利福尼亚洲、俄亥俄州)的诸多工程实践中广泛应用,俄亥俄州的工程实践表明:聚酯玻纤布中用乳化沥青作为黏层油不能发挥黏结的效果;聚酯玻纤布能较好地处理路面裂缝、水损坏、车辙等的病害。

1. 聚酯玻纤布的材料特性

本试验选用了两种全新的聚酯玻纤布即1号和2号,均是美国欧尔斯·格宁公司(Owens Corning)生产的玻璃纤维和聚酯纤维复合的土工材料,用于公路路面建设和养护工程中防裂和防水。按照试验规程,对各种聚酯玻纤布的物理力学性能进行了试验,每项指标均试验了6个平行试件,其主要试验技术参数的均值见表8-1。

两种聚酯玻纤布的主要技术参数　　表8-1

试验项目		单位	平均值		参照标准
			1号	2号	
单位面积质量		g/m²	136	328	ASTMD5261
厚度(2kPa)		mm	0.69	1.29	ISO9863—90
拉伸强度	T	kN/5cm	0.218	1.818	SL/T235—1999
	W		0.188	0.058	
拉伸延伸率	T	%	6	7.16	SL/T235—1999
	W		6	5	
梯形撕裂	T	kN	22	319	ASTMD4532
	W		19	12	
握持强度	T	N	238	232	ASTMD4632
	W		147	76	
握持伸长率	T	%	10	5.5	
	W		15	4.83	
Mullen 胀破强度		kPa	395	317	ASTMD3786
沥青吸收量		L/m²	1.14	–	Tex-616-J
收缩率		%	0	0	Tex-616-J
熔点		℃	>230	>230	ASTMD276

注:本试验是委托江苏南京水科院进行试验的,仅仅对来样负责。送检单位:美国欧文斯·科宁公司。T代表是纵向,W代表是横向。

试验结果分析:GB 50290—98对路面与道路反射裂缝的防治规定:其土工织物的单位质

量不应大于200g/m²；极限抗拉强度宜大于8kN/m，耐温性宜在170℃以上。JTJ/T 019—98规定加筋材料要求满足纵向抗拉强度大于6kN/m，横向抗拉强度大于5kN/m，拉伸模量大于100kN/m。本试验1号聚酯玻纤布延伸率稍大于同类玻纤土工织物，其极限抗拉强度纵向为4.36kN/m，横向为3.76kN/m。随着新材料的开发，合理的土工合成材料标准要提出合理的强度指标，以便于新材料的推广应用。

2. 聚酯玻纤布浸透沥青试验

道路上的行车荷载是一个连续不断的反复荷载，路面层内某一点的上方有车辆通过时，经历一个从受压变成受拉、又变成受压的循环过程。聚酯玻纤布在高速公路罩面工程中应用，它与黏层油形成一个夹层存在于路面结构中。路面是由集料、沥青和聚酯玻纤布组成的一个复合结构，必须考虑玻纤布作为复合结构的一部分，而不单独孤立考虑材料的具体强度或材料特性。为此，进行聚酯玻纤布浸透沥青后复合体的相关性能试验是非常必要的。

1）拉伸强度试验

将聚酯玻纤布浸透沥青，按照试验规程SL/T 235—1999的要求成型长方形（5cm×10cm）的窄条拉伸试件，进行条带拉伸试验，试验温度为15℃，试验结果见图8-2所示。

由图8-2可知，由于2号纵向加筋的作用，其抗拉强度值最大；其次是1号聚酯玻纤布试件，其最大抗拉强度为1.23kN/5cm；1号的延伸率较小；最小的是2号横向由于缝合加筋条，破坏了其整体性。

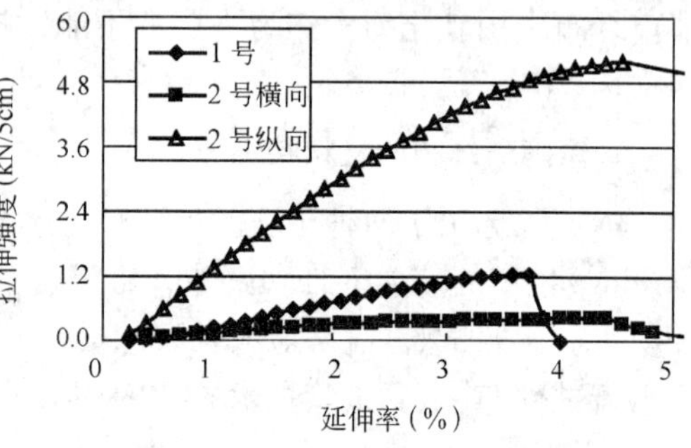

图8-2　浸透沥青试件条带拉伸试验结果图

2）动态剪切流变（DSR）试验

将聚酯玻纤布浸透沥青，相当于将聚酯玻纤布置于沥青的中间，使用硬纸板夹住成型试件，然后在动态流变仪（Dynamic Shear Rheometer，简称DSR）下测定其动态模量及抗拉强度等指标，评价聚酯玻纤布对整体的作用。通过动态剪切试验主要测定的指标是复数剪切劲度模量（也称为复数弹性模量）G^*和相位角δ，以及由此确定损失剪切柔量的倒数（车辙因子）$G^*/\sin\delta$。相位角δ值越大，表示在荷载作用下模量的黏性成分越大，即变形不可恢复的成分越大。$G^*/\sin\delta$值越大，即高温时的流动变形越小，抗车辙能力越强，即材料抵抗流动变形能力越强。各种土工材料浸透沥青进行动态剪切流变试验结果见表8-2、表8-3。

不同土工织物0℃浸透沥青试件动态剪切流变试验$G^*/\sin\delta$统计表　　表8-2

$G^*/\sin\delta$	1号	PP(Polypropylene)	Neat(Neat asphalt)	2号
MPa	1671.39	166.69	283.93	458.95

从以上试验结果可得：1号聚酯玻纤布的$G^*/\sin\delta$最大，聚丙烯织物（PP）的车辙因子$G^*/\sin\delta$最小。因此，其抗车辙能力优劣如下：1号>2号>NA>PP。

不同土工织物浸透沥青试件在不同温度下黏弹性模量（Viscous Modulus）统计表（10^7Pa）　　表8-3

温度（℃）	0	5	15	25	40
1号	6.89	6.81	4.89	4.04	2.52
Polypropylene(PP)	5.63	5.69	3.89	2.13	0.439
Neat asphalt(Neat)	6.21	6.04	3.38	1.15	0.120
2	6.11	5.94	4.95	1.68	0.582

表 8-3 表示了不同温度下不同材料试件的黏弹性模量($G^*\sin\delta$),而随着试验温度的升高,黏弹性模量递减。由图 8-3 温度与相位角之间关系知,不同材料的相位角随着温度的升高逐渐增大。图 8-4 表示了不同试件在不同温度下复数模量的变化情况。

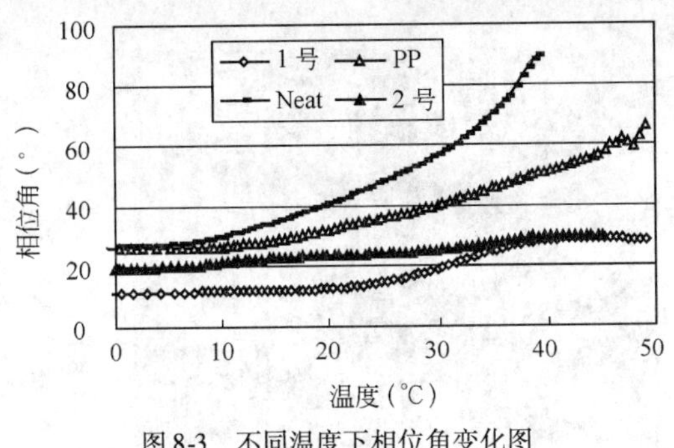

图 8-3　不同温度下相位角变化图

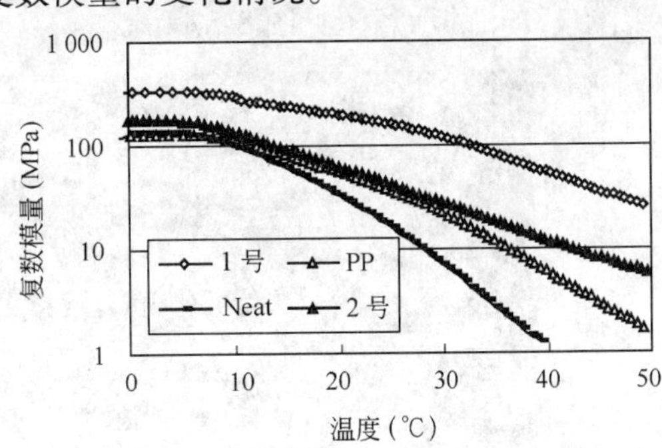

图 8-4　不同温度下沥青混合料复数模量(Complex Modulus)比较图

从试验结果分析可得:

①加 1 号聚酯玻纤布的试件的相位角明显比加聚丙烯的试件和纯沥青试件低,纯沥青试件的相位角最高,加聚丙烯的沥青试件次之;由此说明,含 1 号聚酯玻纤布的试件较难产生永久变形。

②加 1 号聚酯玻纤布的试件的复数模量和 $G^*/\sin\delta$ 值最大,即最坚硬,加 2 号的次之,加聚丙烯的再次之;加聚酯玻纤布后能提高抗永久变形能力,改善路面的路用性能。在同一温度时,不同应变下,加 1 号聚酯玻纤布的试件的黏弹性模量最高。

第二节　聚酯玻纤布复合混合料路用性能研究

本章通过对 AC-20I、AK-13A 和 SAC-20 三种不同级配的沥青混合料和聚酯玻纤布复合混合料进行了相关的路用性能试验,对比分析了有无聚酯玻纤布沥青混合料的抗剪切强度、黏结强度、低温抗裂性能、抗车辙性能及防渗透性能,重点对比分析了有无 1 号聚酯玻纤布的低温抗裂性能和防渗透性能,为 1 号聚酯玻纤布的应用提供依据。

一、原材料试验及试验级配

1. 原材料

1)沥青

本研究选用两种沥青,即埃索 AH-70 号普通沥青和科氏 SK70 号 SBS 改性沥青。

2)集料

本研究采用的集料为石灰岩和玄武岩两种集料,按照试验规程对集料的各项指标进行试验,集料的各项试验指标均满足《公路沥青路面施工技术规范》(JTG F40—2004)要求。

3)矿粉

本试验选用的矿粉是安徽某厂生产的石灰石矿粉,矿粉的各项技术指标均满足《规范》(JTG F40—2004)的要求。

4)聚酯玻纤布

本试验选用两种全新复合的土工合成材料1号和2号，均是美国欧文斯·科宁(Owens Corning)公司开发生产的60%玻璃纤维和40%聚酯纤维的复合物，2001年在美国上市，用于公路路面建设、改造和养护工程中防止反射性裂缝、疲劳裂缝、低温裂缝和防水等。1号与2号聚酯玻纤布的示意图见图8-5。

图8-5　1号(左)和2号(右)聚酯玻纤布示意图

试验中按照试验程序，分别对两种聚酯玻纤布进行了力学试验，它们的试验主要技术参数如表8-4所示。

1号和2号的主要技术参数　　表8-4

试验项目		单位	平均值		参照标准
			1号	2号	
拉伸强度	T	kN/5cm	0.218	1.818	SL/T 235—1999
	W		0.188	0.058	
梯形撕裂	T	kN	22	319	ASTMD4532
	W		19	12	
握持强度	T	N	238	232	ASTMD4632
	W		147	76	
Mullen胀破强度		kPa	395	317	ASTMD3786

5)玻纤格栅

本试验玻纤格栅采用江苏某公司生产的型号为GG1270I孔径1.27cm×1.27cm的玻纤格栅，并根据土工试验规程对玻纤格栅进行了一系列试验，其试验参数见表8-5。

GG1270I玻纤格栅的主要试验技术参数　　表8-5

试验项目	单位面积质量	纵横向抗拉强度	纵横向伸长率	耐温性能
单位	g/m^2	kN/m	%	℃
试验值	370	≥60	≤4	-100~280
备注	表面处治采用优质的改性沥青、高分子弹性材料、胶黏剂			

2. 试验级配

本试验研究采用AC-20I、AK-13A和SAC-20共三种不同级配类型的沥青混合料进行路用性能比较试验。各种沥青混合料的材料组合如表8-6。

四种沥青混合料的材料组合　　表8-6

混合料编号	A	B	S	K
级配类型	AC-20I	AC-20I	SAC-20I	AK-13A
沥青	埃索AH-70号	SK70号SBS改性	埃索AH-70号	SK70号SBS改性

续上表

混合料编号	A	B	S	K
集料来源	石灰岩	石灰岩	石灰岩	玄武岩
矿粉	石灰石	石灰石	石灰石	石灰石

试验中使用 AC-20I 的级配组成是根据以往研究的数据对传统的 AC-20I 型中值级配进行了改进，增加了 4.75mm 以上集料的用量，仍是连续密级配，在《规范》(JTG F40—2004)给出的 AC-20I 型级配范围内，属于 AC-20I 改进型，本文中的 AC-20I 合成级配曲线图见图 8-6。

SAC-20 属于多碎石沥青混凝土，是粗集料断级配沥青混凝土的一种。为了使沥青混凝土路面表面具有良好的高温稳定性，在集料级配中增加粗集料含量，减少砂砾的含量；同时为减少其空隙率，又相对地增加了矿粉的含量。本文试验采用的三种集料级配组成如表 8-7 所示，其试验级配见图 8-7 所示。

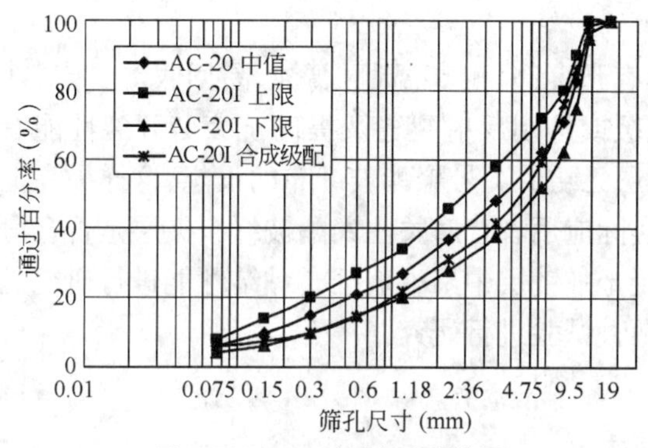

图 8-6　AC-20I 合成级配曲线图

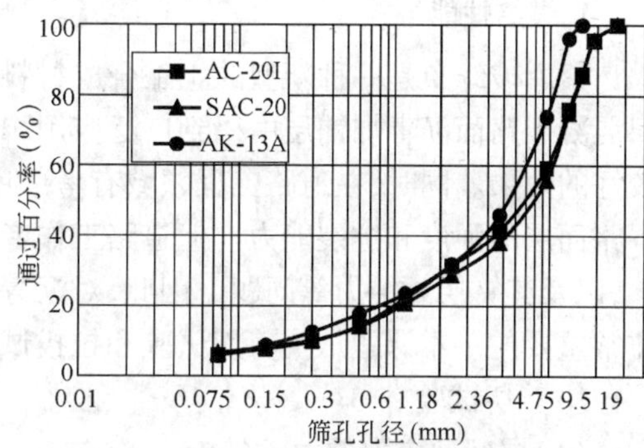

图 8-7　三种试验混合料合成级配曲线图

三种集料级配组成表　　表 8-7

筛孔孔径(mm)	通过百分率(%)					
	AC-20I		SAC-20		AK-13A	
	级配范围	试验级配	级配范围	试验级配	级配范围	试验级配
26.5	100	100	100	100		
19	95～100	95.7	95～100	95.5		
16	75～90	86.1	78～94	85.5	100	100
13.2	62～80	76.1	66～83	74.9	90～100	96.2
9.5	52～72	59.3	51～66	55.8	60～80	73.9
4.75	38～58	41.4	30～40	38.1	30～53	45.9
2.36	28～46	31.5	22～31	28.8	20～40	31.9
1.18	20～34	22.2	16～24	20.8	15～30	23.6
0.6	15～27	14.3	12～20	14	10～23	17.8
0.3	10～20	9.8	10～17	10.2	7～18	12.5
0.15	6～14	7.7	8～15	8.3	5～12	8.7
0.075	4～8	6.0	6～10	6.6	4～8	5.8

二、混合料配合比设计

本试验研究采用埃索 AH-70 号普通沥青和 SK70 号 SBS 改性沥青和 AC-20I、SAC-20、AK-13A 三种级配类型，共四组沥青混合料分别进行马歇尔试验。沥青混合料配合比设计按照《公路沥青路面施工技术规范》(JTG F40—2004)要求确定，以 0.5% 的间隔上下变化沥青用量，各配置 5 组不同的油石比成型马歇尔试件，分别按照试验规范用马歇尔仪测定稳定度和流值，同时按照规范测定空隙率、饱和度及矿料间隙率。马歇尔试件最佳沥青用量(油石比)结果见表 8-8。

混合料配合比试验结果　　表 8-8

混合料编号	A	B	S	K
沥青类型	埃索 70 号普通	SK70 号 SBS 改性	埃索 70 号普通	SK70 号 SBS 改性
集料级配	AC-20I	AC-20I	SAC-20	AK-13A
最佳油石比(%)	4.2	4.2	4.2	5.0
密度(g/cm^3)	2.465	2.470	2.469	2.544
空隙率(%)	3.5	3.6	3.3	3.5
矿料间隙率(%)	13.2	12.7	13.0	15.2
稳定度(kN)	13.3	13.8	14.2	13.3
流值(0.1mm)	28.3	33.0	32.1	28.0

三、混合料路用性能试验研究

1.黏结性能

聚酯玻纤布是一种新型的土工合成材料，具有强度高、耐高温、耐腐蚀、易回收等优点，在旧混凝土路面沥青加铺层中得到广泛应用，对减缓或抑制反射裂缝及提高抗疲劳开裂性能有较好的效果。同时，在道路工程领域有考虑用双层无纺的 1 号聚酯玻纤布的设想，这样提高上下路面层的强度和抗裂能力。但道路工作者和实际应用者普遍关注聚酯玻纤布夹层是否会滑移，以及其夹层黏结力等问题。因此，对沥青混凝土加铺层中聚酯玻纤布黏结性能进行研究是非常重要的。本课题从抗剪切试验和拉拔试验两种试验进行研究。

1)剪切试验

(1)层间剪应力的力学分析

介于罩面与旧沥青混凝土路面之间的聚酯玻纤布，应能承受行车荷载作用下产生的剪应力的反复作用，目前不少业主和施工单位担心聚酯玻纤布的黏结能力不足，为此，进行了抗剪强度的研究。如图 8-8 所示的路面结构和路面计算参量，根据层状弹性体系理论，计算出黏结夹层位置处的剪切应力τ_{xy}的范围。

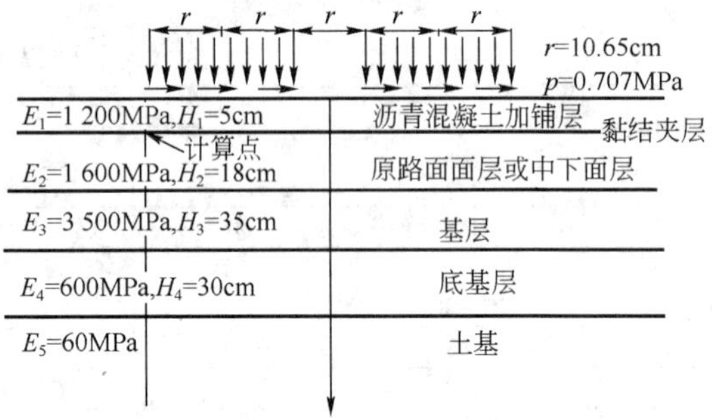

图 8-8　标准轴载作用路面结构示意图

各层为连续接触条件，汽车荷载采用后轴为 100kN 的标准轴载，其作用半径 $r=10.65$cm，垂直荷载为 $p=0.707$MPa，对于水平荷载，根据车轮与路面之间的摩擦系数 f 确定，即：$q=f\times p$，式中 q 为水平荷载；p 为垂直荷载；f 为摩擦系数。计算中按车辆正常行驶，取 f 为 0.3 。由 Bisar3 和有限元程序计算的结果如表 8-9 所示。

不同结构组合层对黏结处剪应力计算统计表　　表 8-9

<table>
<tr><td rowspan="3">不变参量</td><td colspan="3">原路面面层或中下面基层</td><td colspan="3">基层</td><td colspan="3">底基层</td><td colspan="2">土基</td></tr>
<tr><td>模量(MPa)</td><td>泊松比</td><td>厚度(cm)</td><td>模量(MPa)</td><td>泊松比</td><td>厚度(cm)</td><td>模量(MPa)</td><td>泊松比</td><td>厚度(cm)</td><td>模量(MPa)</td><td>泊松比</td></tr>
<tr><td>1600</td><td>0.25</td><td>18</td><td>3500</td><td>0.25</td><td>35</td><td>600</td><td>0.25</td><td>30</td><td>60</td><td>0.35</td></tr>
</table>

<table>
<tr><td>变化参量</td><td colspan="4">上面层模量(MPa)</td><td colspan="4">加铺层或面层的厚度(cm)</td></tr>
<tr><td>变化数值</td><td>800</td><td>1200</td><td>1500</td><td>2000</td><td>3cm</td><td>4cm</td><td>6cm</td><td>8cm</td></tr>
<tr><td>剪应力(MPa)</td><td>0.194</td><td>0.197</td><td>0.198</td><td>0.201</td><td>0.196</td><td>0.195</td><td>0.191</td><td>0.190</td></tr>
</table>

注：层间接触状况为完全连续，当某一变量变化时，其他参量仍参照图 8-8 路面结构示意图来计算。

由计算结果和有关资料知，计算点剪应力的范围为 0.18 ~ 0.40MPa，增加面层模量，剪应力增加；随着黏层位置的加深，剪应力递减，此为确定夹层材料剪切强度的技术标准提供了一定的理论依据。

(2)试件成型及试验模型

根据工程实践选用 AH-70 号普通沥青作为黏层油；沥青混凝土下层采用 AC-20I(集料为石灰岩)，上层采用 AK-13A(集料为玄武岩)。另外还采用孔径为 1.27cm × 1.27cm 的玻纤格栅及乳化沥青(FS-2000)透层油，分别制作加铺聚酯玻纤布、玻纤格栅、不作任何处理的纯混合料、喷洒热沥青以及喷洒乳化沥青黏层油试件，通过试验对比分析加铺聚酯玻纤布夹层的抗剪切性能。

为有效反映聚酯玻纤布夹层的实际路用性能，按施工过程在室内成型试件。首先按照沥青和沥青混合料试验规程用轮碾法成型 4cm 厚的 AC-20I 沥青车辙板，其次在沥青混凝土板上定量喷洒 AH-70 号普通沥青黏层油(1.0L/m^2)，然后分别加铺 1 号、2 号聚酯玻纤布及玻纤格栅；最后在加铺聚酯玻纤布的 AC-20I 沥青混凝土板上利用轮碾成型 40mm 厚的 AK-13A 的沥青混凝土加铺层；对于双层的 1 号聚酯玻纤布，分喷洒一层黏油 1.3L/m^2 和首先喷洒黏油 0.8L/m^2 +1 号 + 黏油 0.4L/m^2；另对不作任何处理、喷热沥青 1.0L/m^2 及乳化沥青黏层油 0.25 ~ 0.4 L/m^2 的试件，直接碾压 AK-13A 热沥青混凝土。成型冷却 24h 后，脱模。再用双面锯在湿态下把试件加工成 50mm × 50mm × 3.0cm × 2 层(图 8-9)，再用水洗除其尘埃，晾干。试验前在试验温度下保温不少于 4h。剪切试验模型见图 8-10。

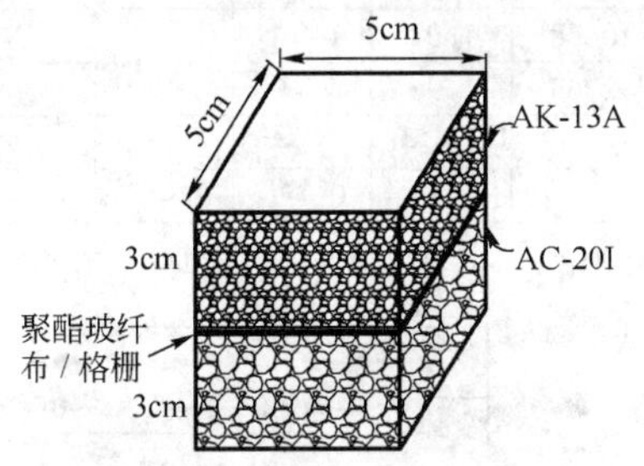

图 8-9　剪切试验试件示意图

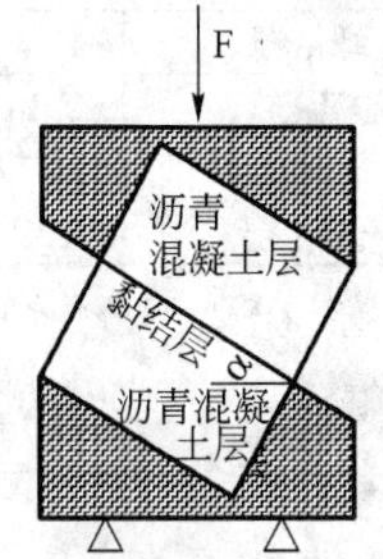

图 8-10　剪切试验模型设计图

(3)剪切试验及结果分析

考虑车辆行驶中因加减速及制动过程对路面有水平摩擦力作用，为了检验黏结层抵抗行车荷载水平力作用下产生的剪切应力的能力进行了剪切试验。因为汽车制动力的检测要求汽车制动力总和与整车重力的比例为，车辆空载要大于 60%，车辆满载要大于 50%，即 α 角必须小于 $\min[\arcsin(1/\sqrt{1+0.5^2}),\arcsin(1/\sqrt{1+0.6^2})]=59^\circ$。根据已有经验，本文取 α 为 40°，与制动情况相似，能更好地符合路面实际工作情况，为最不利情况。将试件放入斜面剪切夹具中，施加竖向定速率力 F，考虑制动作用速度较快，力 F 速率恒定，黏结层剪应力τ可用式(8-1)表示。

$$\tau = \sin 40^\circ \times F/S \tag{8-1}$$

式中：τ——黏层界面处的剪应力(MPa)；

F——竖向施加定速率的荷载(N)；

S——试件剪切截面积(50mm × 50mm)。

为了评价聚酯玻纤布的抗剪切能力，本试验对不同沥青混合料的抗剪切能力在常温下进行了测定，并进行比较。试件为干态，采用空气浴，试验温度为常温25℃ ±1℃，剪切速率采用人为手动控制10mm/min，试验数据半自动采集。试件试验前后破坏情况和设备装置见图8-11、图8-12，剪切试验结果见表8-10和图8-13。

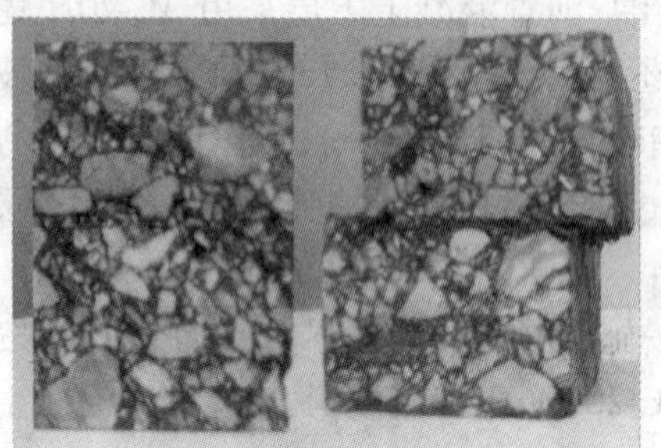
图8-11　剪切试验试件破坏前后比较图

图8-12　剪切试验设备装置图

25℃剪切试验统计表　　表8-10

编号	混合料结构类型	抗剪切强度(MPa)							平均剪切强度(MPa)
		1	2	3	4	5	6	7	
a	纯混合料试件	3.59	3.35	3.35	4.22	3.98	4.31	4.38	3.778
b	1号聚酯玻纤布	1.94	1.86	1.61	1.75	1.79	1.68	1.43	1.738
c	2号聚酯玻纤布	0.66	0.44	0.56	0.70	0.47	0.64	0.80	0.610
d	改性乳化沥青	2.62	2.21	2.65	2.54	2.69	2.67	2.75	2.634
e	玻纤格栅	1.39	1.05	1.01	0.78	1.08	0.74	–	1.008
f	热沥青	2.14	2.58	2.56	2.63	1.96	2.48	–	2.392
g	两层1号，两层黏油	0.477	0.502	0.492	0.452	0.614	0.44	–	0.496
h	两层1号，一层黏油	0.394	0.339	0.441	0.407	0.38	0.426	–	0.398

注：g的第一层黏油为第一次0.7～0.9L/m²，第二次0.2～0.4L/m²。h仅仅喷洒一次黏油0.9～1.3L/m²。

①从试验知，不作任何处理的沥青混合料试件的抗剪切强度最大，8种不同沥青混合料的抗剪切强度优劣次序如下：a > d > f > b > e > c > g > h。

②由剪切曲线图知，剪切试验曲线基本表现为层间剪应力随错动位移的增加线性增加，试件破坏后，无聚酯玻纤布的试件的抗剪切能力显著降低，且破坏曲线基本类似，但可明确比较出不同黏结层结构的抗剪切性能。

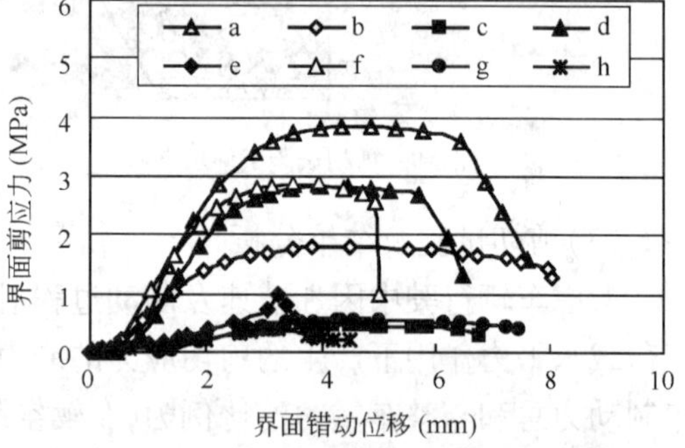

图8-13　25℃剪切试验曲线图

③根据计算，道路罩面或路面下5cm处的剪切力处于0.18～0.40MPa之间，加单层1号聚酯玻纤布与玻纤格栅的沥青混凝土试件的抗剪切强度远大于0.40MPa，满足路面使用要求。

2）拉拔试验

为了检测沥青路面层间或沥青混合料本身的黏结强度进行拉拔试验。对于聚酯玻纤布的沥青混凝土路面，可用拉拔试验来检测罩面或路面加聚酯玻纤布后，与原路面或基层之间的黏结力及聚酯玻纤布与罩面/路面沥青混合料的黏结力。本试验试样先采用轮碾法成型车辙板，待成型一、两天以后钻芯取样或钻锯成直径为52mm的圆形试件，试验温度为常温25℃ ±

1℃，试件为干态，试验前一天把拉拔头用环氧树脂粘牢，至少保持24h，待拉拔头黏结牢固，再进行拉拔试验。拉拔速率采用人为手动控制10mm/min，试验数据采用半自动采集，拉拔试验试件示意图和试验装置如图8-14所示。

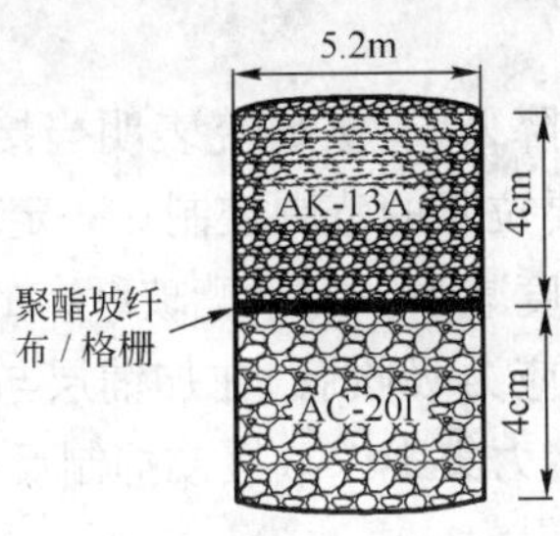

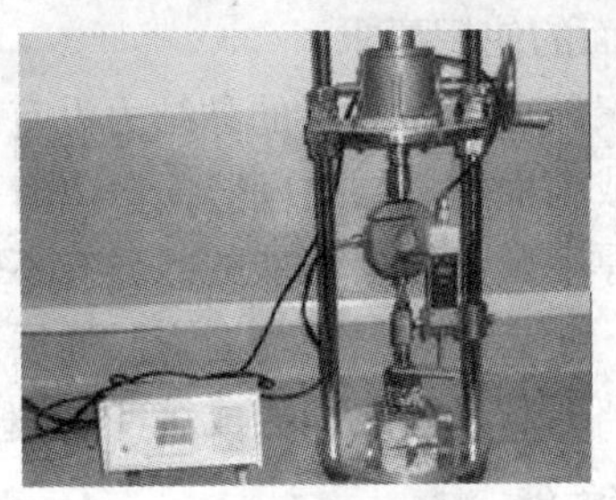

图8-14　拉拔试验试件示意图（左）和拉拔试验设备图（右）

对于聚酯玻纤布/格栅等不同界面夹层的路面加铺层，拉拔试验结果可能会出现四种情况：a. 从原路面混合料中间拉断，这说明聚酯玻纤布/格栅的层间黏结力和加铺的沥青混合料本身的黏结力都很强；b. 从原路面与聚酯玻纤布/格栅之间拉断，这种情况表明原路面与聚酯玻纤布/格栅之间的黏结力低于加铺层混合料本身的黏结力和其与聚酯玻纤布/格栅的黏结力；c. 从加铺层与聚酯玻纤布/格栅之间拉断，这种情况表明原路面与聚酯玻纤布/格栅之间的黏结力高于加铺层混合料与聚酯玻纤布/格栅的黏结力；d. 从加铺层混合料内部拉断，这种情况说明聚酯玻纤布/格栅与混合料的黏结力大于混合料本身。因此，可以从拉拔情况判断层间黏结力与混合料本身黏结力的强弱。拉拔试验试验结果如表8-11所示。

25℃拉拔试验试验结果统计表　　表8-11

编号	混合料结构类型	拉拔强度（MPa）				平均拉拔强度（MPa）
		1	2	3	4	
a	纯混合料试件	0.47	0.5	0.65	0.443	0.516
b	1号聚酯玻纤布	0.489	0.44	0.52	0.443	0.473
c	2号聚酯玻纤布	0.484	0.346	0.514	0.479	0.456
d	改性乳化沥青	0.448	0.606	0.57	–	0.541
e	玻纤格栅	0.612	0.72	0.67	0.73	0.683
f	热沥青	0.582	0.461	0.512	0.540	0.498
g	两层1号，两层黏油	0.555	0.55	0.516	0.437	0.515
h	两层1号，一层黏油	0.476	0.448	0.416	0.392	0.433

注：g的第一层黏油为第一次0.7～0.9L/m²，第二次0.2～0.5L/m²。h仅喷洒一次黏油1.1～1.3L/m²。

拉拔试验结果分析：

根据有关拉拔试验的结果，钢桥面环氧树脂沥青黏结层的黏结力一般约为1.75MPa，而普通热沥青混合料的黏结力通常小于0.8MPa，同时随着行车的压实，其黏结力还会有所上升。由试验过程知，有一部分试件从上层与夹层界面相接处拉断，有一部分试件从下层与夹层界面相接处拉断，同时有相当一部分从加铺层的沥青混合料内部拉断。同时，由试验结果知：各种沥青混合料的抗拉拔强度为e＞d＞a＞g＞f＞b＞c＞h，但差异不大。实践中，黏结效果可能会更好，因下层的车辙板试件可能不能完全模拟旧路面。

3）黏结性能试验小结

剪切试验结果表明，加铺聚酯玻纤布后，黏结层抗剪性能及抗拉拔力均有下降。有文献介绍了诺丁汉大学土木系对土工格栅在路面工程中应用。研究表明，使用土工网将降低加铺层与旧路面的层间抗剪切阻力约20%，有利于抑制反射裂缝。由于聚酯玻纤布(特别是2号纵向筋条)改变了加铺层与基层的接触条件，因而聚酯玻纤布型号会对黏结层的力学性能有影响。虽聚酯玻纤布对层间抗剪切能力有不同程度的削弱，但还是大于路面的剪应力0.18～0.40MPa，满足路面的使用要求。

拉拔试验中聚酯玻纤布夹层的黏结力没有明显降低，有关研究表明当接缝处沥青罩面层与旧路面板之间或路面与基层之间竖向分离时，只要拉开的范围控制在一定范围内，加铺层中的应力因加铺层厚度及黏结层性能的差异有不同程度减小。加聚酯玻纤布的目的是发挥其强度、高韧性的特点，使聚酯玻纤布与沥青黏油层形成应力吸收膜，在加铺层与旧沥青或旧水泥混凝土板之间或路面与基层之间构成缓冲层，避免应力集中以减缓或抑制反射裂缝。

2. 抗永久变形性能

抗车辙(永久变形)能力通常用动稳定度来表示，车辙试验是评价沥青混合料抗车辙能力的较简单和有效的试验方法。试验依据《公路工程沥青及沥青混合料试验规程》(JTJ 052—2000)的要求，并考虑到沥青混合料均为中粒式沥青混合料，将沥青混合料成型为300mm×300mm×(50mm+40mm)的车辙板试件，在同一轨道上(60℃温度下)，以轮压为0.7MPa的实心橡胶轮作一定时间的反复碾压，形成车槽，以辙槽深度(总变形量)RD和动稳定度DS(每产生1mm辙槽所需的碾压次数)作为沥青混合料的抗车辙能力的评价指标。

沥青混合料试件的动稳定度按式(8-2)计算：

$$DS=\frac{(t_2-t_1)\times N}{d_2-d_1}\times C_1\times C_2 \tag{8-2}$$

式中：DS——沥青混合料的动稳定度(次/mm)；

d_1——对应时间t_1的变形量(mm)；

d_2——对应时间t_2的变形量，mm；

C_1——试验机类型修正系数；

C_2——试件系数；

N——试验轮往返碾压速度，通常为42次/min。

试验中采用了5种试件，它们的基层均为AC-20I普通沥青混合料，上层为AK-13A抗滑沥青混合料，平行试件均为3个，其试验结果均值见表8-12和图8-15所示。

沥青混合料车辙试验结果图 表8-12

代号	混合料类型	最大变形(mm)	动稳定度DS(次/mm)
a	AC-20I(A)+AK-13A(K)	5.91	900
b	AC-20I(A)+1#+AK-13A(K)	4.76	1340
c	AC-20I(A)+2#+AK-13A(K)	4.96	1188
d	AC-20I(A)+Emulsion+AK-13A(K)	4.98	1077

试验结果分析：

(1)从试验图表知，动稳定度的优劣如下：b > c > d > a。即含1号聚酯玻纤布沥青混合料试件的动稳定度最大，而未作任何处理的沥青混合料试件的动稳定度最小。

(2)由图知，含聚酯玻纤布沥青混合料试件的总变形较不作任何处理的基础试件均小，含聚酯玻纤布的沥青混合料的抗车辙能力略有增强。就加聚酯玻纤布的沥青混合料而言，加1号聚酯玻纤布的沥青混合料的抗车辙(永久变形)能力较优。

3. 低温抗裂性能

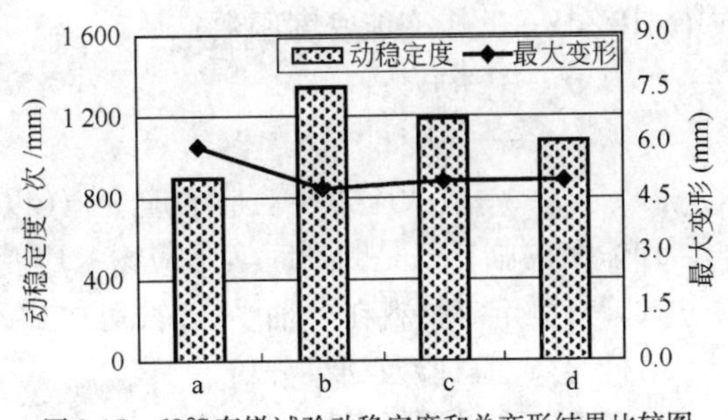

图 8-15　60℃车辙试验动稳定度和总变形结果比较图

1）基本理论

沥青混凝土路面低温开裂的主要原因是寒冷季节周期性变化时所产生的温度应力，这个力所做的功导致一定的能量积累，如果这些能量达到沥青混凝土本身容许的极限程度，那么沥青混凝土就会被破坏（形成裂缝）。每一种形式的沥青混凝土具有一定的能量储存容量，即在破坏前具有储存一定能量的能力，储存能量的大小可以直接用实验方法确定出来。沥青混凝土试件破坏时消耗的能量越大，这种沥青路面的抗裂性能就越好。

沥青混合料的强度和变形是路面结构的重要技术参数，但在衡量沥青混合料性质时仅考虑材料的强度参数或变形特性，这对于沥青混合料路用性能是不利的。这是因为在低温条件下，要想使沥青混合料获得好的路用性能，就必须使其具有较高的强度和较大的变形能力。但这二者对于材料来说，不可能同时增大，这就说明不能采用单一指标来评价沥青混合料的技术性能，即不能说沥青混合料在低温时破坏时强度大，或者应变大，其低温抗裂性就好。因此寻找一种反映强度和变形的综合技术参数是必要的。

必须根据实际地区的温度和与路面实际降温速度相符合的变形速度计算所得的张力 R 来确定破坏时的能量。在试验过程中极限应力 σ_p 和极限应变 ε_p 确定后，假定虎克定律成立，则可以按公式(8-3)评价沥青路面破坏时的单位能量密度（破坏能）。

$$\frac{dW}{dV} = \int_0^{\varepsilon_0} \sigma_{ij} d\varepsilon_{ij} = \sigma_p \times \frac{\varepsilon_p}{2} = \frac{R^2}{2E} \tag{8-3}$$

因此，张力强度 R 和变形时弹性模量 E 是沥青混凝土抵抗破坏时的主要能量因素，强度 R 越大和模量值 E 越小，材料破坏时所需的能量就越大，沥青混凝土的路面材料的抗裂性能就越好。除此以外，弹性模量 E 是决定路面冷却时产生的温度应力所做功的大小的主要因素。的确，温度应力与弹性模量、温度变化呈正比，如果应力和应变采用线性关系，那么温度应力所做的单位功 A 可表示为公式(8-4)：

$$A = E\alpha^2 \Delta T^2 n \tag{8-4}$$

式中：α ——沥青混凝土的温度线膨胀系数；

ΔT——温差；

n ——寒冷季节的周期数。

为了防止裂缝形成，必须满足下列条件：$dW/dV > A$。为了评价沥青混凝土的抗裂性优劣，则要比较单位能量密度的大小。根据材料损伤准则，材料损伤过程包括裂缝的引发、亚临界状态增长和最后终止三个阶段，这三个阶段在宏观上均可观察到。假定材料破坏形式与单位体积内能量状态相对应，那么材料损伤就可以用单位能量即应变能密度函数 dW/dV 来表示，即：

$$\frac{dW}{dV} = \int_0^{\varepsilon_0} \sigma_{ij} d\varepsilon_{ij} \tag{8-5}$$

式中：dW/dV——应变能密度函数；

σ_{ij}——应力；

ε_{ij}——应变；

ε_0——最大应力所对应的应变值（以下简称临界应变）。

dW/dV 的临界值是断裂时实际应力—应变关系曲线下（图 8-16）的阴影部分的面积，可以通过试验来测定。材料在单轴受压时，可按式（8-5）计算临界应变能密度。

2）低温弯曲试验及结果分析

对沥青混合料的低温抗裂性能，国际上并没有公认的标准评价方法，低温弯曲试验是评价沥青混合料低温抗裂性能的常用方法之一。本研究采用试验温度为 -10℃，加载速率为 50mm/min，试验采用最佳油石比成型的标准车辙板试件切割成长 250mm ±2.0mm，宽 30mm ±2.0mm，高 35mm ±2.0mm 的棱柱体小梁（其跨径为 200mm ±0.5mm）。在相应试件的底部用埃索 AH-70 号沥青黏结聚酯玻纤布，借鉴普通试件试验的方法，并把它们的试验结果进行比较。

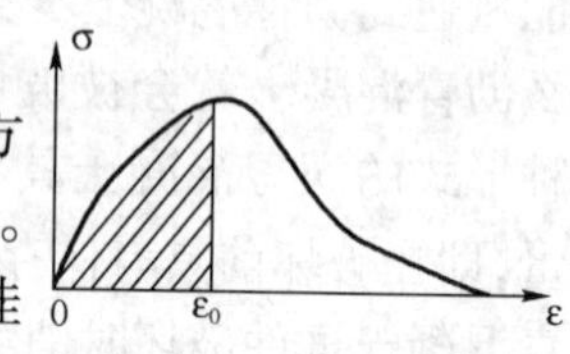

图 8-16　低温下混合料应力—应变关系图

试验设备采用 MTS（Material Test System）试验系统，沥青混合料低温弯曲试验结果如表 8-13、图 8-17、图 8-18 所示。

（-10℃）沥青混合料低温弯曲抗裂试验结果　　表 8-13

混合料编号	破坏荷载（N）	跨中挠度（mm）	抗弯拉强度（MPa）	最大弯拉应变	弯曲劲度模量（MPa）	应变能密度（kPa）
AN	1029	0.17	8.40	0.891×10^{-3}	9749.5	4.25
AT	1084	0.28	8.85	1.487×10^{-3}	5963.8	6.96
AU	1198	0.26	9.78	1.375×10^{-3}	7208.3	6.81
BN	1154	0.23	9.42	1.179×10^{-3}	8029.5	5.78
BT	1338	0.29	10.93	1.502×10^{-3}	7431.3	8.36
BU	1277	0.34	10.43	1.759×10^{-3}	6060.5	8.90
KN	1325	0.20	10.81	1.035×10^{-3}	11076.5	6.31
KT	1394	0.40	11.38	2.102×10^{-3}	5799.7	10.84
SN	1190	0.19	9.72	1.013×10^{-3}	9629.9	5.55
ST	1291	0.35	10.54	1.823×10^{-3}	5845.6	8.91

注：混合料编号的第一个字母 A、B、K、S 代表混合料类型；第二个字母 N 表示纯混合料试件，T 表示含 1 号，U 表示含 2 号，S 表示含格栅，下文相同。

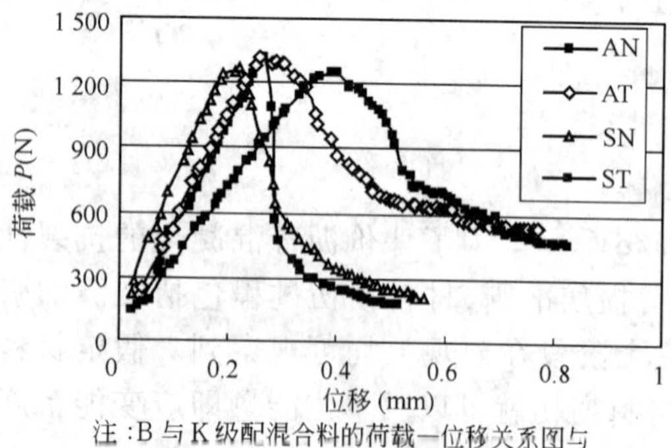

注：B 与 K 级配混合料的荷载—位移关系图与 A、S 类似，2 号与 1 号的曲线相当。

图 8-17　低温弯曲抗裂试验荷载—位移图

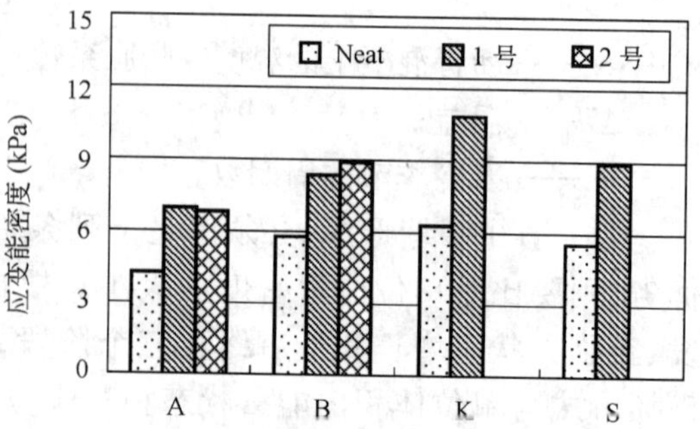

图 8-18　混合料低温弯曲抗裂试验应变能密度比较图

SHAP-A-399 Low-Temperature Cracking 试验采用两种小梁尺寸 3.8cm × 3.8cm × 20.3cm 或 5.0cm × 5.0cm × 25.0cm 进行低温下弯曲试验，为减少误差，对尺寸为 5.0cm × 5.0cm × 25.0cm AC-20I 普通沥青混合料和 AC-20I 改性沥青混合料试件进行了低温弯曲试验。试验条件同上。试验结果见表 8-14 和表 8-15 和图 8-19 所示。试验中发现，试件尺寸较大时，试验数据相对较稳定。

低温弯曲试验结果表　　表 8-14

混合料编号	破坏荷载(N)	跨中挠度(mm)	抗弯拉强度(MPa)	最大弯拉应变	弯曲劲度模量(MPa)	应变能密度(kPa)
AN	3236	0.21	7.77	1.57×10^{-3}	5065.02	5.98
AT	3630	0.32	8.71	2.43×10^{-3}	3572.58	10.64
BN	3831	0.25	9.20	1.85×10^{-3}	5119.66	8.07
BT	3854	0.33	9.03	2.47×10^{-3}	3656.90	10.79

应变能密度统计表　　表 8-15

混合料编号	应变能密度(kPa)				均值(kPa)	标准差	变异系数(%)
	1	2	3	4			
AN	7.91	5.64	5.41	4.97	5.98	1.31	21.92
AT	9.23	10.11	13.99	9.22	10.64	2.27	21.38
BN	8.70	7.06	6.42	10.12	8.07	1.67	20.64
BT	11.07	7.56	12.75	11.78	10.79	2.26	20.95

从两种不同试件尺寸进行低温弯曲试验，得到如下结论：

(1) −10℃时沥青混合料在破坏荷载时的变形(跨中挠度)均很小，加聚酯玻纤布沥青混合料在破坏荷载时的变形(跨中挠度)比基础试件大。

(2)不同沥青混合料的破坏过程曲线相似；加聚酯玻纤布的试件更趋于屈服破坏，基础试件趋于脆性破坏，且破坏后，承受的荷载较不作任何处理的纯混合料试件稍大。同时试验中发现，试件尺寸较大时试验数据较稳定。

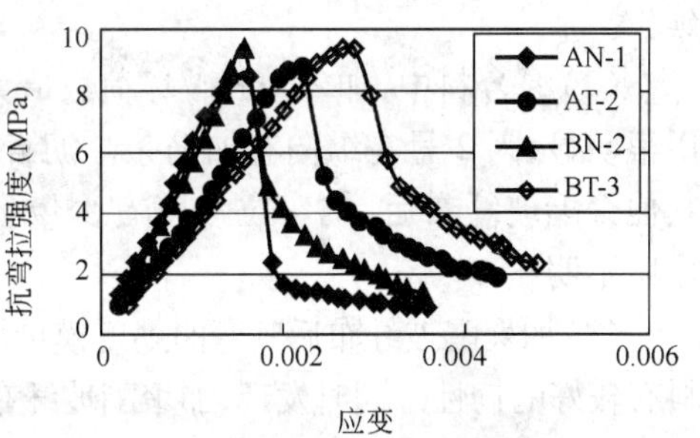

图 8-19　不同混合料(5.0cm × 5.0cm × 25.0cm)低温弯曲试验抗弯拉强度比较图

(3)加聚酯玻纤布后，沥青混合料的弯曲劲度模量均有明显降低，而弯拉应变有 10% ~ 80% 的提高，沥青混合料的破坏时间明显滞后，承受的荷载作用的时间可以延长。

(4)从应变能密度分析可知，加聚酯玻纤布的试件的能量比纯混合料试件提高30% ~ 80%。

4. 加筋强度性能

本研究通过极限弯曲试验和劈裂强度试验测定有无聚酯玻纤布的沥青混合料的抗弯拉强度、抗弯拉应变、劈裂强度和劈裂劲度模量等指标，对比分析了含聚酯玻纤布沥青混合料的强度性能及对其加筋效果进行评价。

1)极限弯曲试验

极限弯曲试验是在温度为 15℃ 和加载速度为 50mm/min 时测定沥青混合料弯曲破坏的力学性能。本试验在 MTS-810 材料试验机上进行，试验采用了三种不同级配的沥青混合料，并对比了含聚酯玻纤布沥青混合料和不含聚酯玻纤布沥青混合料的弯曲破坏力学性质。其极限试验结果见表 8-16 和图 8-20 所示。

不同沥青混合料常温极限弯曲试验结果(15℃)　　表 8-16

混合料编号	破坏荷载(N)	跨中挠度(mm)	抗弯拉强度(MPa)	最大弯拉应变	弯曲劲度模量(MPa)
AN	832	1.21	6.79	6.37×10^{-3}	1092
AT	957	2.09	7.81	10.99×10^{-3}	716
AU	1249	1.72	10.19	9.01×10^{-3}	1133
BN	840	2.40	6.86	12.59×10^{-3}	546
BT	1008	3.39	8.23	17.79×10^{-3}	498
BU	1152	3.63	9.40	19.07×10^{-3}	496
SN	747	1.48	6.10	7.75×10^{-3}	812
ST	749	3.20	6.11	16.79×10^{-3}	366
KN	552	2.67	4.51	14.00×10^{-3}	377
KT	654	3.74	5.34	19.64×10^{-3}	285
KU	630	4.55	5.15	23.90×10^{-3}	230

从极限弯曲试验过程和结果可知：

(1)加聚酯玻纤布的沥青混合料的破坏变形(跨中挠度)较不加的大，且破坏后，承受的荷载也比不加聚酯玻纤布的大。含聚酯玻纤布沥青混合料的破坏时间均明显滞后，承受荷载作用的时间延长。

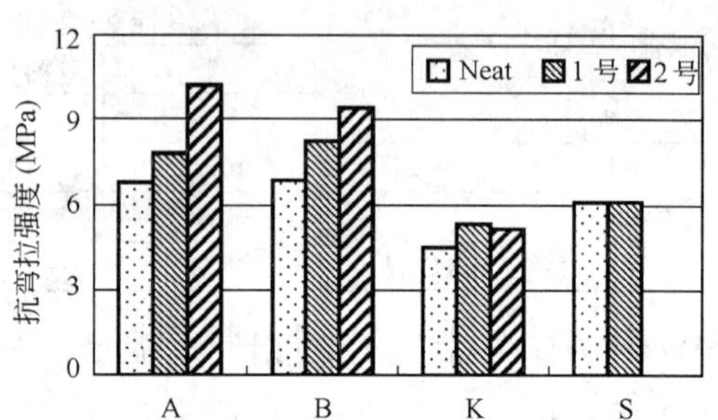

图 8-20　不同级配沥青混合料 15℃时极限弯曲试验抗弯拉强度比较图

(2)混合料中，加 2 号的破坏荷载最大，加筋作用很明显，因 2 号在纵向有加筋条。沥青混合料加其他聚酯玻纤布后，抗弯拉强度有少量提高，加筋作用不明显。

(3)加聚酯玻纤布后其弯曲劲度模量均有不同程度的降低，表明加聚酯玻纤布后，沥青混合料有较好的韧性。同时发现，加聚酯玻纤布的试件在破坏荷载作用下出现裂缝的数目明显减少。

(4)加聚酯玻纤布后其最大弯拉应变均有不同程度的提高。其中 K 级配的破坏时弯拉应变最大，A 和 S 混合料相对较小。

2)劈裂试验

劈裂试验是对规定尺寸的圆柱体试件，通过一定宽度的圆弧形压条施加荷载，将试件劈裂直至破坏时，测定并对比有无聚酯玻纤布的劈裂抗拉强度和破坏劲度模量。本研究对采用以最佳油石比成型的马歇尔试件，成型后在试件外刷一层黏层油，借鉴 Univ. of Florida 的土工织物劈裂试验，在试件周围裹覆一层不完全闭合的聚酯玻纤布，进行劈裂强度试验，试验条件符合《公路工程沥青及沥青混合料试验规程》(JTJ 052—2000)的要求，15℃时劈裂强度试验结果见表 8-17 和图 8-21 所示。

劈裂强度试验结果　　表 8-17

混合料编号	时间(s)	破坏荷载(kN)	水平变形(mm)	劈裂强度(MPa)	劲度模量(MPa)
AN	1.56	12.325	0.18	1.208	653
AT	3.68	11.024	0.52	1.080	208
AU	3.69	11.886	0.52	1.145	223
BN	2.23	16.863	0.32	1.669	512
BT	3.60	14.404	0.47	1.426	311

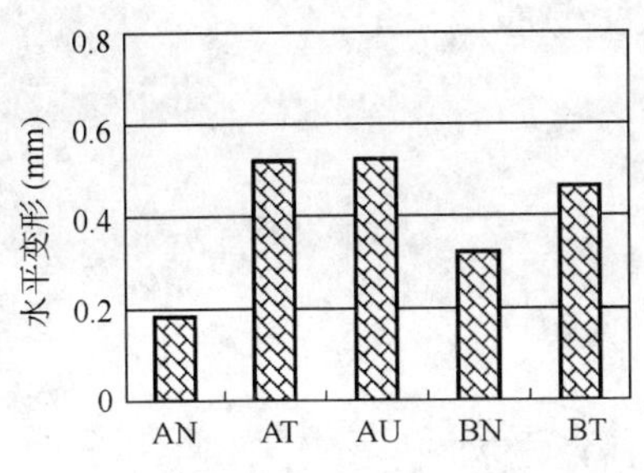

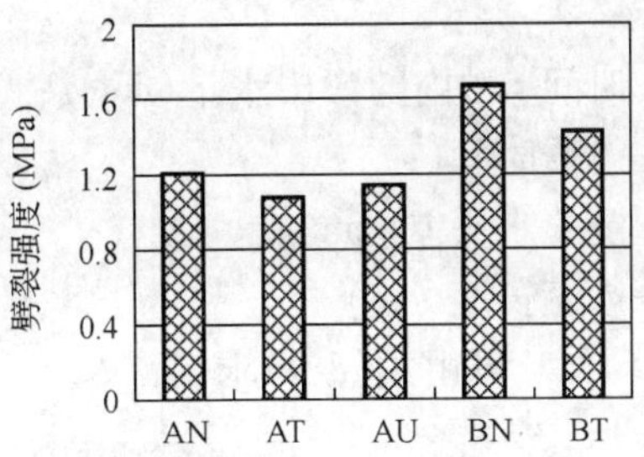

图 8-21　不同混合料劈裂强度试验结果比较图

由劈裂试验结果可知：

(1)加聚酯玻纤布后，试件的水平变形明显增大，提高的比例为 1.45 ~ 2.85 倍；1 号、2 号的水平变形效果相差不多。

(2)加聚酯玻纤布后，混合料的劈裂强度没有提高，而混合料试件的劲度模量明显减小，普通沥青混合料下降的比例比改性沥青混合料的大。

5. 渗透性能

表征材料透水性能的重要指标是材料的渗透系数或规定时间内的渗水量。如美国佛罗里达州采用 FLDOT FM 5-565 试验设备，根据达西(Darcy)定律，测试混合料的渗透系数；而按日本排水性铺装指针(案)中采用路面渗水仪进行现场透水性试验方法来评价碾压成型的排水性沥青混合料试件的渗水能力，先测定渗水仪中水面下降 400ml 所用时间，再经换算为 15s 流过的水量。由于目前国内道路行业没有适当的可测定道路材料渗透系数的渗透仪。根据国内外渗透仪的研究，认为常水头渗透试验适用于渗透系数较大的材料，变水头用于渗透系数较小的材料。本文参照土工试验中测定土的渗透性的仪器，自行研发了适用于测试混合料渗透系数的常水头渗水仪(图 8-22)，本文使用此渗水仪来分析和评价 1 号聚酯玻纤布的渗透性能。

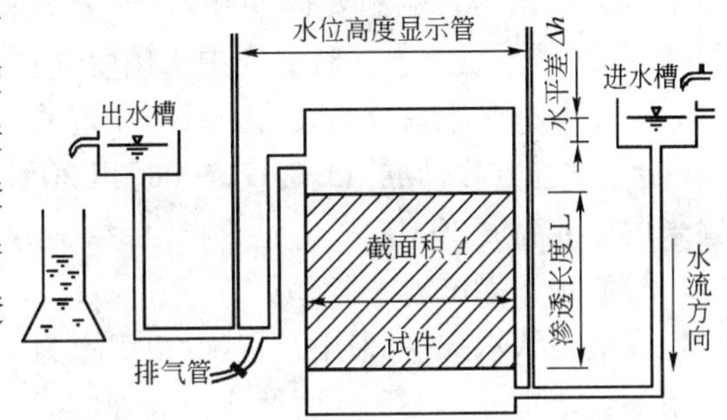

图 8-22　适用于测定混合料渗透系数的常水头渗水仪

1)渗透试验原理

渗透是指水在水头差的作用下，渗流速度 ν (cm/s)与水力梯度 i(%)成正比，其比例系数 K 称渗透系数。它是表征水在材料中流动难易程度的指标，按照 Darcy 定律表示为

$$\nu = K \times i \tag{8-6}$$

$$q = K \times i \times A \tag{8-7}$$

式中：K——渗透系数(cm/s)；

q——单位时间的流量(cm^3/s)；

A——水流通过断面的面积(cm^2)。

所有渗透系数的测定方法都是基于上式进行的，本研究采用常水头法测试 1 号聚酯玻纤布的渗透性能，并评价其是否防水。在常水头试验中，即试件两端的水头差不变，此时式(8-7)可以写成

$$Q/t = K \times i \times A = K \times (\Delta h/L) \times A \tag{8-8}$$

式中：Q ——时间 t 秒内的渗出水量(cm^3)；

t——渗透时间(s)；

Δh——测管水头差(cm)；

L——渗流长度(cm)。

则渗透系数 K 可由式(8-9)求出：

$$K = \frac{Q}{A \times t \times i} = \frac{Q}{A \times t} \times \frac{L}{\Delta h} \tag{8-9}$$

2)渗透系数测定

影响渗透系数的因素主要有渗透仪的结构、试件的饱和状况以及水、温度等。渗透系数的测定就是要减少这些因素的影响，在试验时首先要保证试件的水流状态在达西(Darcy)定律的层流范围内。因为只有在层流的状态下渗透系数才稳定和具有可比性。AASHTO T215-70(ASTMD2434-74)中认为低压实材料的水力梯度 i 值在 0.2 ~0.3 以内，高压实度材料 i 值在 0.3 ~0.5 以内就可满足水流的层流状态。日本 JIS A1218 T-1979 中将砂的水力梯度上限规定为 0.3。

在实际的渗透系数测试中，按照不同的水力梯度对大孔隙材料进行渗透系数的测试，其保持层流状态的上限为 i =0.045 左右，因此取 0.045 为室内进行大孔隙材料渗透测试的水头梯度的上限。本试验研究中采用水头差为 0.2cm，即水力梯度约为 0.031。

在渗透试验中，流体介质一般为水，水对试验渗透系数的影响主要体现在水的含气量和水温上。含气量的影响主要体现在水、气分离形成的气泡堵塞试件内部孔隙，减小可通过截面积，降低渗透系数。本试验研究中采用脱气水。水温影响水的动力黏滞系数，而水的动力黏滞系数直接影响渗透系数的大小。日本规定的标准温度为 15℃，欧美则取标准温度为 20℃。鉴于《土工试验方法标准》(GBJ123—88)以 20℃为标准，为了与欧美标准一致及减少换算，本试验采用标准温度 20℃。

3)渗水性能试验

成型马歇尔试件，采用开级配、空隙率为 17% 的沥青混合料，其中有夹层材料玻纤格栅，1 号聚酯玻纤布位于 1/2 高度处或上表面，黏层油(AH 普通热沥青)用量为 1 号@ 0.7 L/m^2，0.9 L/m^2，1.1 L/m^2，土工布@ 0.9 L/m^2。因测定和评价的是材料的渗透性能，试验前，将试件周围用密封剂密封四周。

测试时，将不脱模且用密封剂四周封好的马歇尔试件放入装有进水口和出水口的模子，本试验研究中控制进水管和出水管的水头高度差在 2mm，记录 3min 里透过马歇尔试件的水量 Q。试验装置见图 8-23 所示，并用式(8-10)计算混合料的渗透系数。

$$K = \frac{Q}{A \times t \times i} = \frac{Q}{A \times t} \times \frac{L}{\Delta h} = \frac{Q \times L}{81 \times 180 \times \Delta h} \tag{8-10}$$

式中：Q——水的渗透量(mL)；

i——水力梯度，$i = \Delta h/L$。

对于本试验设计的渗透系数测试，Δh =2mm，L =6.35mm。

渗透系数试验的结果如表 8-18 和图 8-24 所示。

渗透系数试验结果汇总表　表 8-18

	Neat	1 号 0.7	1 号 0.9	1 号 1.1	土工布 0.9
渗透系数 K	11.56	3.98	2.16	1.21	10.81

注:0.7、0.9、1.1 表示黏层油的喷洒用量为 0.7L/m^2、0.9L/m^2、1.1L/m^2;1 号 0.7 在中间长时间(72h)有少量渗水,1 号 0.9 与 1 号 1.1 在中间的情况基本不透水。表中的试验数据为 1 号在两端的情况。

图 8-23　渗透试验装置

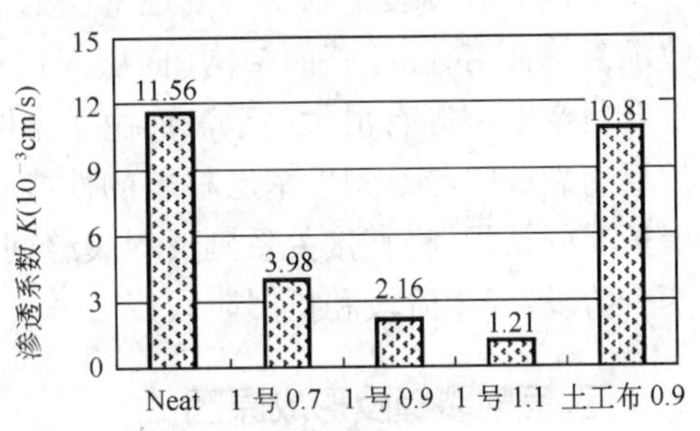

图 8-24　渗透系数试验结果比较图

由上述渗透试验结果,分析得到如下结论:

(1) 1 号聚酯玻纤布有良好的防渗透性能,玻纤格栅几乎不防水,不同混合料防水优劣如下:1 号 1.1 > 1 号 0.9 > 1 号 0.7 > 土工布 0.9 > Neat。其中 1 号 1.1 相对于纯沥青混合料试件能防 90% 的水。工程实践中,1 号位于路面夹层的中间,防渗透性能会更佳。

(2) 对于 1 号聚酯玻纤布,随着黏层油用量的增加,防渗透性能有显著提高。故在经济允许的情况下,可适当提高黏层油的用量。

6. 本节小结

本节通过对混合料进行一系列性能试验和比较分析,可得如下几点结论:

(1) 通过黏结性能对比试验知,聚酯玻纤布夹层的层间接触状况良好,且对应力有消散作用,满足路面使用的要求。

(2) 低温弯曲试验表明,含聚酯玻纤布的沥青混合料有良好的低温抗裂性。

(3) 聚酯玻纤布的抗永久变形能力和加筋效果均不是很明显,只是少许提高。

(4) 渗透试验表明,聚酯玻纤布具有良好的防水性能,适当增加沥青黏油的用量,聚酯玻纤布与沥青复合层的防水效果更佳。

第三节　聚酯玻纤布防治反射裂缝研究

本章系统地阐述了反射裂缝现象及形成机理,对聚酯玻纤布在路面结构的力学状况进行了分析,并设计了荷载型反射裂缝室内试验模拟模型。同时,采用了含与不含聚酯玻纤布的混合料进行了室内荷载型裂缝对比试验,从而评价分析了聚酯玻纤布的防反射裂缝性能。

一、概述

半刚性基层沥青路面具有强度高、平整度好等优点,因而成为高速公路沥青路面的主要路面结构形式。然而通车运行后,半刚性基层沥青路面裂缝较严重的缺陷就日益暴露出来,不论是北方冰冻地区还是南方非冰冻区都如此，裂缝在很大程度上影响了高速公路路面功能的发挥。为了有效地防止反射裂缝，研究人员尝试了多种防治反射裂缝的措施[40~45]，通常是加铺罩面，但是不久原有裂缝又反射到罩面上来，防治反射裂缝效果不尽人意。因而，解决半刚性基层沥青路面和加铺罩面裂缝已经成为高速公路沥青路面的重要课题。

显然，造成半刚性基层沥青路面裂缝多的原因是十分复杂的，但基本上分为两大类：即荷载型裂缝和非荷载型裂缝。荷载型裂缝，如行车引起的疲劳裂缝；非荷载型裂缝，如沥青面层本身的低温收缩裂缝以及半刚性基层的干温缩。就沥青面层的疲劳裂缝及沥青面层本身低温收缩裂缝而言，除与路面结构（面层厚度）有关外，还与沥青面层混合料的性质，如沥青用量、混合料空隙率等有很大关系。而由于半刚性基层干温缩引起的沥青路面反射裂缝和沥青罩面的反射裂缝除与半刚性基层材料的性能有关，更与罩面材料等有关。对反射裂缝的产生及扩展情况的认识，将直接关系到反射裂缝问题的有效解决。反射裂缝产生的过程，通常可以分为两个阶段：产生阶段和扩展阶段。

二、反射裂缝及形成原因

在日温差和荷载的反复作用下，沥青罩面或面层较薄时，老路面的裂缝或接缝会反复张开和缩小，它产生的反复张拉应力会引起上覆沥青面层产生疲劳开裂，形成反射裂缝（reflective cracking）。反射裂缝，在国外是指已开裂旧沥青路面或旧水泥路面上在行车荷载作用下反射到新加铺层上形成的裂缝，这在不同地区不同季节都可能发生。对应裂缝、反射裂缝的轻重程度与沥青品质的好坏和新加铺层的厚薄有关。在我国主要有两种形式，即：①由半刚性基层（温缩性大的材料）温缩、干缩开裂引起的反射裂缝；②由荷载反复作用引起荷载型反射裂缝（有弯拉型和剪切型两种）。

1. 反射裂缝

当在原有开裂路面上加铺罩面，由于温度循环变化和车辆荷载的反复作用，原有接缝或裂缝会反射到加铺层，从而出现路面裂缝，这种现象如图8-25所示，就是所谓的反射裂缝。

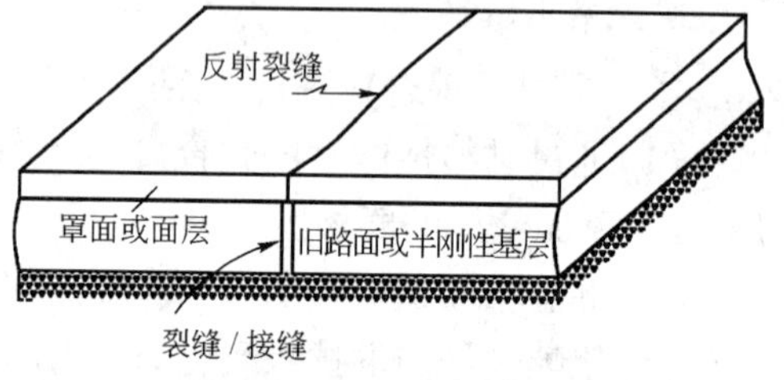

图 8-25　罩面或路面反射裂缝示意图

反射裂缝几乎在所有的加铺层中都会发生，但是在半刚性基层沥青路面上加铺 AC 罩面中反射裂缝是较普遍的。当沥青混凝土加铺到旧路面上时，前者经常受后者约束，在下层路面和接缝/裂缝处任何一点点移动将在罩面层产生应力，如果罩面层的应力超过其抗拉强度时即会产生开裂。接缝/裂缝的移动与三种模式的损坏有关。裂缝界面的三种移动见图 8-26 所示。断裂力学认为，裂缝扩展的三种位移模式为：张开模式（a）、剪切模式（b）和撕开模式（c）。旧路面或半刚性基层的水平移动是反射裂缝最常发生的形式。常与温度有关的是加铺层的拉应力。荷载产生竖向裂缝并引起罩面的剪应力，水平移动（撕开型）一般仅仅在侧面不稳定的情况下发生。以下讨论反射裂缝形成的原因。

2. 反射裂缝形成原因

1）季节温度循环变化

低温引起原有路面接缝/裂缝不断地收缩和裂开。因为加铺层受下层的约束，如

图 8-27a)所示,加铺层直接在接缝/裂缝的上方产生拉应力。裂缝开合仅是面层产生拉应力的一部分原因,同时拉应力还与裂缝之间的长度和季节温度变化以及路面材料的温缩系数有关。与其相对应的是,因低温罩面材料收缩,减少了罩面的长度,在裂缝/接缝的一定区域内,引起了裂缝的开裂和在加铺层产生另外的拉应力,如图 8-27b)所示。

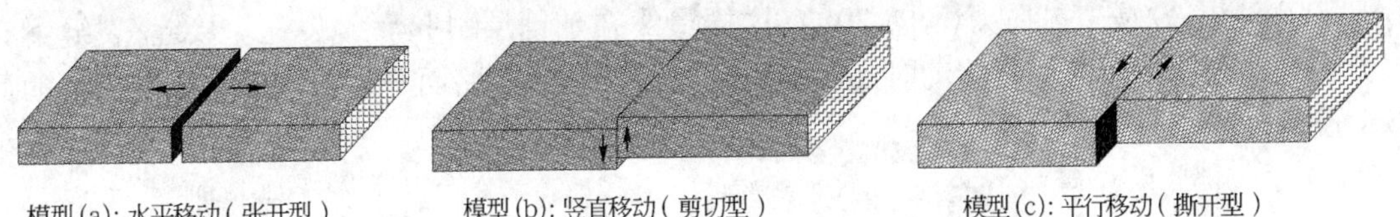

图 8-26　裂缝界面的三种位移模型

接缝/裂缝扩散到罩面是拉应力发展的结果。由于裂缝的扩散应力得到分散,应力的减少量直接与接缝/裂缝上罩面的材料有关,同时,也与沥青混凝土的模量有关。上面三种因素的组合影响,在罩面层中引起相当大的拉应力,如图 8-27c)所示。当引起的拉应力超过加铺层的拉应力强度时,加铺层将会发生裂缝。

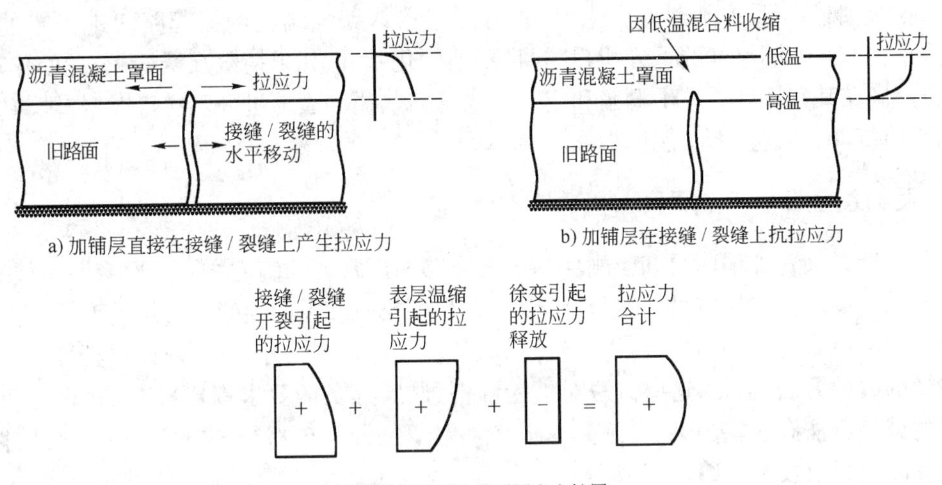

图 8-27　由于温度变化加铺层应力的发展情况

2) 日温度循环变化

如图 8-28 所示,日温度变化同季节温度变化一样将在加铺层产生拉应力。唯一不同点是:在日温变化情况下,温度的变化范围小,但发生频率是相当高的。此外,日温度循环变化将在原路面内产生温度梯度。通常晚上温度下降,原路面上半部分温度比下半部分低,这样上半部分比底部收缩多,如图 8-28 所示。这种过程增加了界面处接缝/裂缝的开裂。裂缝开口向上,是因为路面的温缩裂缝在上面产生。在接缝/裂缝处开裂的积累将导致加铺层拉应力增加,尽管相对来说很小且不太重要,但日温变化比季节温度变化产生的应力更频繁,影响更

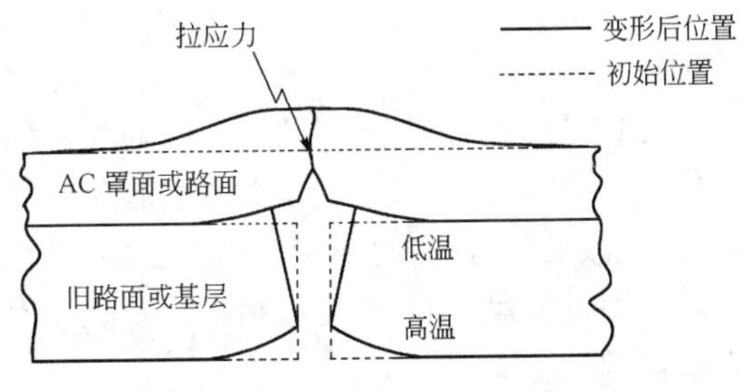

图 8-28　由于日温度变化引起的反射裂缝

持久。这两种同属于温度型反射裂缝。

3）交通荷载

动荷载能引起接缝/裂缝处原路面不同方向的竖向移动，如图 8-29a）、b）所示。当接缝/裂缝下有空隙、荷载移动不良或超载时，原路面会发生竖向移动。竖向移动会导致剪切应力（图 8-29a），以及/或弯拉应力（图 8-29b），这样最终在加铺层引起反射裂缝。接缝/裂缝下有更大的空隙和更剧烈的荷载移动时，破坏性裂缝将反射，引起路面开裂。这就是通常所说的荷载型反射裂缝。

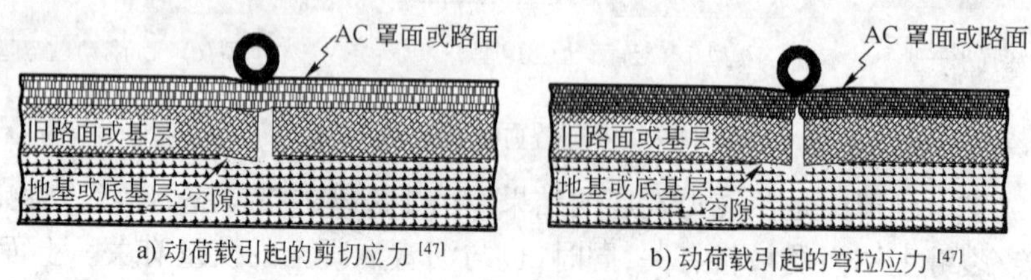

a) 动荷载引起的剪切应力 [47]　　b) 动荷载引起的弯拉应力 [47]

图 8-29　动荷载产生的应力

4）水

裂缝通过加铺层反射到罩面上来时，水分可渗透入路面结构而引起路面进一步的损坏。水通过裂缝下渗，在旧路面的下方积累，并且不断弱化基础，如果荷载在接缝/裂缝处移动效果不明显时，将在其邻近区域发生唧浆和空隙。当荷载作用和裂缝进一步扩散时，空隙将会引起路面的竖向沉降，加速路面功能性损坏。

三、反射裂缝评价方法研究

反射裂缝是沥青加铺面层和半刚性基层沥青路面最常见的病害之一。原有路面或基层开裂处不能承受剪应力和拉应力，所以在温度应力和车轮荷载周期性的重复作用下，沥青加铺层的相应位置上就容易受到损伤，从而产生反射裂缝。目前，国内外有许多研究与评价防治反射裂缝措施的试验方法，但是，这些方法对试验设备、试验人员的要求都比较高，试验周期长，作为常规的试验方法有一定困难。因此，本研究采用了一种简单易行的方法——冲击韧性来评价沥青混凝土抵抗反射裂缝的能力。

1. 研究方法

当荷载作用在材料上，材料会产生应力并导致应变。黏弹性材料试件中微小单元体的应力—应变曲线在加载与卸载时将经历不同的路径并形成一条环状曲线，称之为滞后回路曲线。这一环状曲线的面积通常代表每一加载循环过程中总的能量积蓄。每个应力周期消耗的能量，为该周期滞后回路曲线的面积，可用式（8-11）表示。

$$W_1 = \int_0^{2/\omega} \sigma(t)\varepsilon(t)\mathrm{d}t \tag{8-11}$$

在重复加载过程中，以这一滞后环线面积代表的能量将全部或部分转化成热量积蓄在材料内部，热能积蓄使得材料发热并引起材料塑性变形，发生疲劳破坏。可以认为，在一次循环加载、卸载的过程中，材料储存的能量越少，它抵抗疲劳破坏的能力越强。如不测定每次加载循环积蓄的能量，而是测定材料在疲劳破坏前积蓄的总能量，则材料积蓄的总能量越大，疲劳寿命越长。

车轮荷载作用在混凝土路面接（裂）缝相应位置的时间比较短，作用力比较大，具有明显的冲击荷载的特征。因此,如果能够测定出沥青混凝土试件在冲击荷载作用下直至断裂的荷载变形曲线,那么荷载变形曲线下的面积即代表材料发生断裂所需要的能量。将在冲击荷载作用下,荷载变形曲线所包络的面积称为冲击韧性,用 I 来表示,此时 $Nf=I$,则

$$I=G(W_0) \tag{8-12}$$

式中:I——冲击韧性(N·m)。

上式表明,冲击韧性是初始加载循环中积蓄的能量的函数,代表材料在冲击荷载作用下发生断裂前积蓄的能量,主要用于材料断裂产生新表面所需要的能量,冲击韧性值越大材料抵抗反射裂缝的能力越强。

2. 冲击韧性试验设计

1)试件的制备

根据《公路工程沥青及沥青混合料试验规程》(JTJ 052—2000)关于沥青混合料试件制作方法(轮碾法)的要求,制作 300mm×300mm×50mm 板块状试件;并将成型好的试件用切割机切割成 250mm×35mm×35mm 的正方体截面棱柱体试件。根据规范规定:使用碾压成型的混合料试件切制的棱柱体试件,长度不小于最大公称粒径的 4 倍,宽度或厚度不小于最大公称粒径的 1~1.5 倍。本次试验采用的混合料最大公称粒径分别为 16mm 和 19mm,满足规范要求。

2)试验仪器

试验仪器采用美国引进的 MTS-810 材料试验系统,该仪器能以恒定速率加载,加载速率为 500mm/min,试验操作全过程不超过 1min。

3)试验程序

(1)将制作好的沥青混凝土棱柱体试件放置于已达规定温度的恒温水槽中养护 2~4h;

(2)调整传感器(设定为 10kN),设定加载速率为 500mm/min;

(3)将小梁从水浴中取出,做 3 点弯曲试验至试件断裂,需要注意的是整个过程需要迅速完成,尽量避免小梁从水浴中取出后温度发生改变。

4)数据处理

典型的冲击韧性曲线如图 8-30 所示,荷载变形曲线下的面积代表材料发生断裂所需要的能量,称为冲击韧性。图 8-30a)表示材料加载至最大荷载处突然断裂,这是典型的脆性断裂的特征。图 8-30b)表明材料在最大荷载处并没有突然断裂,而是在逐渐卸载的情况下变形继续增加,然后断裂,表明材料发生流动变形,裂纹在加载状态下,亚临界扩展引起局部区域卸载。冲击韧性值越大,说明沥青混合料耗散的能量越多,抵抗疲劳裂缝的能力越强,即抵抗重复荷载作用下所要引发的反射裂缝的能力越强。

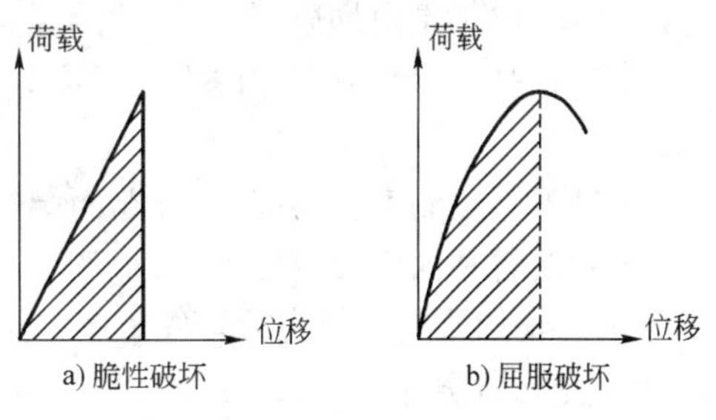

图 8-30　典型的冲击韧性曲线图

3. 试验结果及分析

为了与反射裂缝模拟试验进行相应对比,采用了 A、B 两种沥青混合料,为减少试验误差,每组试件进行了 4 个平行试件,其试验结果如表 8-19 所示。

沥青混合料在温度 15℃时的冲击韧性　　表 8-19

编号	冲击韧性(N·m)				均值(N·m)
	1	2	3	4	
AN	0.977	1.005	1.024	0.930	0.984
AT	1.402	2.358	1.753	1.625	1.785
AU	–	1.832	2.605	1.370	1.936
BN	1.330	1.145	2.542	–	1.672
BT	2.918	1.827	1.859	–	2.201
BU	2.706	2.874	3.111	–	2.897
KN	1.059	1.974	1.778	1.203	1.503
KT	2.282	2.630	2.076	2.185	2.293
KU	2.559	2.713	3.296	2.706	2.818

由冲击韧性试验知,加聚酯玻纤布的混合料的冲击韧性值比纯混合料试件的明显增大,其中 1 号聚酯玻纤布相对于同类纯混合料(AN、BN、KN)试件分别提高 81.4%、31.6%、52.5%,2 号分别提高 96.7%、73.3%、87.5%,加 2 号的比加 1 号的优。此外,发现改性沥青混合料的冲击韧性值是普通沥青混合料的近两倍。

四、荷载型反射裂缝力学分析与试验模型设计

1. 计算模型、假定及分析方法

由于试验条件的限制,本文仅研究分析了荷载型反射裂缝,并设计了室内模拟模型。本文模型仅考虑半刚性基层已开裂沥青路面的情况,且裂缝贯穿整个基层和底基层,不考虑温度应力的联合作用。根据以往的研究,并参照试验路反算的模量,采用路面结构计算模型和参数如图 8-31 所示。

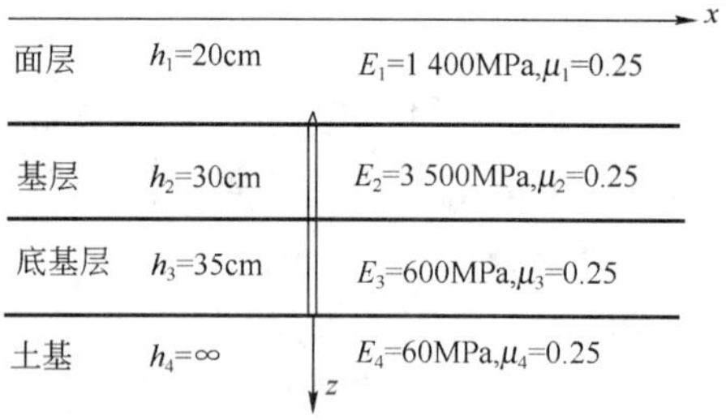

图 8-31　半刚性基层已开裂有限元模型示意图

本文为了应用以上计算模型及有限元分析方法对半刚性基层沥青路面进行有限元力学分析,对材料特性以及模型的结构特性作如下假定:

(1)各层都是由均质、各向同性的弹性材料组成,材料的力学性能服从虎克定律;

(2)土基在水平方向和向下的深度方向均为无限,其上的各层厚度均为有限,但水平方向均为无限;

(3)各层之间完全连续;不计路面结构自重的影响;

(4)沥青路面表面自由,在其上作用轴对称标准圆形均布荷载 0.707MPa。

国内外的研究人员先后开发了多种用于计算沥青面层内的应力、应变分布以及反射裂缝扩展过程的力学分析方法,可分为四类:静力学分析方法、有限元分析方法、断裂力学+有限元分析方法和钝滞断裂带+有限元分析方法。除静力学分析模型外,其他分析方法都应用了有限元分析方法,这充分说明了有限元分析法是一种分析沥青罩面层应力、应变分布的有效工具。本文采用平面应变模型有限元方法进行计算分析,并对车辆荷载单独作用下面层底面的拉应力进行比较。设定基层裂缝宽度分别为 0.5cm、1cm,对模型施加对称荷载和非对称荷载,其中垂直均布荷载为 0.707MPa,荷载作用范围 $2r=2\times15.0$cm。

2. 计算结果与分析

根据以上路面模型,对不同裂缝宽度(0.5cm,1cm)和有无土工合成材料的在标准车辆荷

载下进行了有限元分析，有限元计算结果见表 8-20 所示。

有限元分析计算结果统计表 表 8-20

预留裂缝宽度		1cm	0.5cm
加载情况	编号	裂缝尖端最大拉应力(MPa)	裂缝尖端最大拉应力(MPa)
对称荷载	①	0.69	0.73
	②	0.68	0.72
	③	0.60	0.66
	④	0.53	0.55
非对称荷载(偏载)	①	0.61	0.51
	②	0.60	0.50
	③	0.53	0.44
	④	0.47	0.40

注：①无任何土工合成材料；②弹性模量为 300MPa 的土工合成材料；③弹性模量为 3000MPa 的土工合成材料；④弹性模量为 6000MPa 的土工合成材料。

从以上计算结果和过程知：

(1)加土工合成材料后裂缝尖端的拉应力明显减小，说明土工合成材料能延缓反射裂缝的扩散；

(2)随着土工合成材料弹性模量的增加，裂缝尖端的拉应力明显减小，说明土工合成材料能延缓反射裂缝的扩散；

(3)在对称荷载的作用下，随着基层裂缝宽度的减小，裂缝尖端的拉应力增大；非对称荷载反之。

3. 试验模型设计分析

根据以上力学计算，借鉴比利时希尔大学的一项弯曲疲劳试验，并结合有限元模型用 8 节点等参平面应变单元对图 8-32a)的试验模型进行了详尽的力学分析。有关计算参数从上到下依次为：$E_1=1400\text{MPa}$，$\mu_1=0.25$；$E_2=30000\text{MPa}$，$\mu_2=0.25$；$E_3=60\text{MPa}$，$\mu_3=0.35$；$E_4=2.1\times10^{11}\text{MPa}$，$\mu_4=0.35$。加载的荷载为均布条形荷载(4cm×7cm)，裂缝宽度为 1cm，有限元计算结果见表 8-21 所示。

反射裂缝模拟试验有限元分析计算结果表 表 8-21

编号	预留裂缝	施加荷载(kN)	面层层底最大拉应力(MPa)	橡胶层面层应力(MPa)	备注
I	不贯通	2	0.152	整体受压 -0.206	底部有橡胶层，水泥混凝土块两端不约束
II	贯通	2	1.496	0.350 集中受拉	底部有橡胶层，水泥混凝土块两端不约束
III	贯通	2	0.096	—	底部有橡胶层，水泥混凝土块两端约束
IV	贯通	2	0.224	无	底部无橡胶层，不约束

根据理论力学分析和借鉴参考文献，模型设计分析如下：

(1)沥青混凝土面层加分布荷载(4cm×7cm)，施加荷载大小为 2kN，层面的分布力为 0.714MPa。

(2)由 I、II 两种情况知，因裂缝不贯通时，底面拉应力很小，不符合表 8-23 路面的实际情况，所以水泥混凝土块裂缝采用贯通。

(3)由Ⅱ、Ⅲ两种情况知,因约束沥青混凝土底层拉应力明显减小,不约束的状况与路面实际状况更接近,所以水泥混凝土块两端采用不约束Ⅱ。

(4)由Ⅱ和Ⅳ两种情况对比知,不垫橡胶垫,底层的拉应力仅仅为面层拉应力的一半,可知在这种情况下压坏的可能性大,所以,为了模拟反射裂缝的发展情况和更接近的模拟路面实际及模拟土基的情况,底层宜采用橡胶垫,即选择情况Ⅱ。

根据以上分析和模拟荷载型反射裂缝,具体设计模型见图8-32a)和图8-32b)。

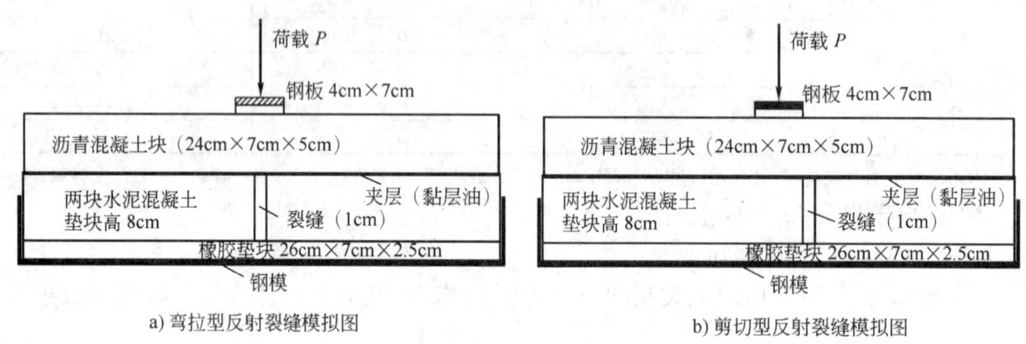

图8-32 反射裂缝模拟图

五、荷载型反射裂缝室内模拟试验及结果分析

1.试验材料与设计

本试验采用理论分析设计的弯拉型模型和剪切型模型,在MTS材料试验系统上进行荷载型反射裂缝模拟试验。弯拉型反射裂缝模拟试验采用两种基础沥青混合料,即AC-20I普通沥青(A)混合料和AC-20I SBS改性沥青(B)混合料。剪切型反射裂缝模拟试验采用两种沥青混合料,即AC-20I普通沥青混合料和AC-20I SBS改性沥青混合料。试验夹层材料为1号聚酯玻纤布,1.27cm×1.27cm方孔的玻纤格栅,试验中采用AH-70号普通热沥青黏层油(0.8~1.2L/m^2)。试验中裂缝宽为1cm,为了便于观测,在试件的两侧分别刷上白色油漆。加载为沥青混凝土半中梁软件顶部沿宽度方向对准接缝处的均布荷载,加载波形为半正弦波,加载频率为10Hz。为了模拟车辆超载情况或加速试验破坏,施加最大荷载为2kN,试验温度为15℃。

2.试验结果及分析

试验中记下每个试件的初裂次数和终裂次数,并每隔一定的次数定时记录和观测,并定时拍下数码照片进行对比。试验中设定60万次为中止次数,试验观测结果如图8-33所示。

进行反射裂缝模拟的试验结果统计见表8-22和图8-34所示。表中的数据为有效试验数据的均值。

从试验结果和试验观测过程知:

(1)加1号聚酯玻纤布后,少量增加了试件初裂次数,延缓了裂缝的出现,显著降低了裂缝的扩散速度,提高了混合料的疲劳寿命和抗反射裂缝的能力。

a) 纯 A 沥青混合料试件试验照片（9 万次）

b) 含 1 号 A 沥青混合料试件试验照片（40 万次）

c) 含格栅 A 沥青混合料试件试验照片（15.8 万次）

d) 纯 B 沥青混合料试件试验照片（13 万次）

e) 含 1 号 B 沥青混合料试件试验照片

图 8-33　试验观察照片

反射裂缝模拟试验结果　　表 8-22

模拟类型	混合料	初裂次数（万次）	终裂次数（万次）	裂缝发展速率均值（mm/万次）
弯拉型反射裂缝	AN	0.530	9.04	0.55
	AT	1.03	40.83	0.12
	AS	0.460	12.05	0.41
	BN	0.580	13.78	0.36
	BT	0.740	60.56	0.08
	BS	0.700	18.19	0.27
剪切型反射裂缝	AN	0.460	2.63	1.90
	AT	1.22	25.43	0.20
	BN	0.570	15.98	0.31
	BT	0.660	19.46	0.26

（2）玻纤格栅能起到一定的延缓反射裂缝的作用，本试验中其试件承受荷载作用次数最大是纯试件的 1.7 倍，而 1 号聚酯玻纤布承受荷载的次数大于纯试件的 4 倍。由此可见，玻纤格栅的防裂效果远不如 1 号聚酯玻纤布。

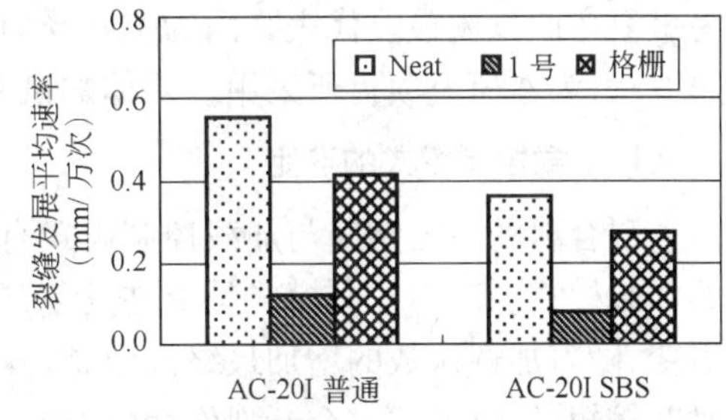

图 8-34　预留裂缝为 1cm 弯拉型反射裂缝模拟试验裂缝扩散速度比较图

（3）弯拉型反射裂缝模拟试验表明，1 号聚酯玻纤布的抗裂缝性能明显优于玻纤格栅及不作任何处理的对比试件。剪切型试验表明，1 号聚酯玻纤布与普通沥青混合料复合的抗反射能力提高比例明显大于与改性沥青混合料复合。

（4）试验中发现，聚酯玻纤布复合沥青混凝土梁的自下向上发展的裂缝数量多而小，且试件在出现裂缝后，聚酯玻纤布并没有破坏，依然有防水和隔离效果。

六、本节小结

通过聚酯玻纤布防治和延缓反射裂缝的分析研究,得到主要结论如下:

(1)温度、车辆荷载及环境(雨水)等是引起反射裂缝的主要原因。

(2)由冲击韧性试验和室内荷载型反射裂缝模拟试验表明,1号聚酯玻纤布有良好的抗反射裂缝性能,较玻纤格栅优。

第四节 聚酯玻纤布复合沥青混合料疲劳特性研究

由于沥青混凝土路面具有良好的行车舒适性、优异的使用性能、建设速度快、维修方便、噪声小、开放交通早等优点,成为高速公路应用最为广泛的一种路面。但随着沥青混凝土路面的使用,其服务性能逐渐下降并最终破坏。沥青路面的破坏类型可分为疲劳、永久变形、温度裂缝三类。其中沥青路面最主要的破坏形式是裂缝;其中呈龟状开裂的疲劳裂缝,是沥青路面最常见的一种损坏,这种损坏主要与行车荷载重复作用的次数有关。国外研究者波尔等早在20世纪50年代曾指出,沥青路面使用寿命后期出现的裂缝与行驶车辆产生的弯拉应力超过了材料的抗弯拉强度有关,裂缝的破坏程度取决于弯沉的大小和行车荷载重复作用的次数。裂缝在一定程度上能反映出不同材料的疲劳特性,疲劳耐久性又将直接影响沥青路面的使用寿命,因此,如何提高沥青路面的疲劳性能一直是道路科技工作者所关注的课题。

聚酯玻纤布加筋的沥青混凝土面层在工程中可用作旧水泥混凝土路面的加铺层、旧沥青混凝土加铺层或半刚性沥青路面的面层。研究聚酯玻纤布能否提高沥青混凝土疲劳寿命和疲劳抗裂性能有重大意义。

一、疲劳试验设计

沥青混合料的疲劳特性可以用各种不同的室内试验方法测定,各国都没有统一的规定。北美大多数采用梁式试件进行反复弯曲疲劳试验;欧洲大多采用悬臂梯形梁试件,在其端部施加正弦波形的反复荷载;也有采用圆柱体试件,进行间接拉伸疲劳试验的。目前主要试验方法[30]有拉伸试验、弯拉试验。前者包括直接拉伸试验(DT)、间接拉伸试验(IT),后者包括四点弯拉试验(4PB)、三点弯拉试验(3PB)和半圆试件弯拉试验(SCB)。经过多方面的比较,认为重复弯曲试验最能代表路面的实际受力状况,试验结果可以直接用于设计,是疲劳试验的首选方法,为本研究项目所采用。具体的试验设计如下。

1.加载控制模式的选定

混合料的疲劳响应与加载控制模式有关。疲劳试验主要有应力控制和应变控制两种不同的加载模式。应力控制模式是指在反复加载过程中所施加荷载(或应力)的峰谷值始终保持不变,随着加载次数的增加最终导致试件断裂破坏。应力控制模式的能量消散速率较快,试验时间较短,以试件的完全断裂作为疲劳破坏的标准,每次对试件施加的荷载为常量。由于施加荷载过程中,在应力集中处开始产生裂缝,随着荷载作用次数增多,试件不断受到损伤,试件中材料的劲度也随之而降低,故尽管荷载不变,实际的弯挠应变则随施加荷载次数增加而增大,疲劳破坏的定义明确,适合于较厚的沥青路面层。而应变控制方式是指在反复加载过程中始终保持挠度或试件底部应变峰谷值不变;在应变控制模式测试过程中,要始终保持每次荷载下应变值不变，不断改变荷载使梁产生一固定值的挠曲，故应力随施加荷载次数的增加而不断减小；试件一般不会出现明显断裂破坏，能量消散速率较慢，试验时间较长，一般以沥青混合料劲度模量下降到初始劲度的50%或更低时为疲劳损坏标准，因而具有一定的随意性，且在技术应用上存在一定问题，但更符合路面的实际受力状态，尤其是薄层沥青路面。

在初始应力、应变相同的条件下，采用两种不同的加载模式所得出的疲劳寿命试验结果可能是不同的。这是因为在控制应力加载模式中，由于材料劲度随着加载次数的增加而逐渐减小，为了要保持各次加载时的常量应力不变，每次加载实际作用于试件的变形就要增加；而在控制应变的加载模式中，为了要保持每次加载的常量应变不变，每次加载作用于试件的实际应力则减小。显然，对于相同的材料，在初始应力、应变条件相同的情况下，采用控制应变加载模式，试件达到破坏时的荷载作用次数要大于控制应力模式的作用次数。

经过以上分析比较，本研究决定分别采用 MTS（应力控制）和 UTM（应变控制）试验系统进行弯拉疲劳试验来研究聚酯玻纤布复合沥青混合料的疲劳特性。

2. 荷载波形与频率

材料的疲劳寿命与荷载波形有一定的关系，本研究项目的疲劳试验均采用正弦波形荷载进行加载，由于荷载波形全部处于受压的一侧，也称半正矢波。为了加快试验速度，在相邻波形之间不插入间歇时间。为避免长时间的试验可能出现的试件脱空现象，从而对试件产生冲击作用，正弦波荷载的最小荷载取为最大荷载的2%。在正式试验前，以最小荷载对试件进行预压10s，使压头与试件间接触良好。

对于室内小型试验，车轮荷载的加载时间可根据 VanderPoel 的公式来确定 $t=1/(2\pi f)$，选择加载频率为10Hz，加载时间为 $t=1/(2\pi f)=0.016\text{s}$，0.016s 的加载时间对沥青混合料路面大致相当于60～65km/h 的行车速度。中国《公路工程技术标准》规定的高等级公路的计算行车速度范围为40～120km/h。因此，采用与国内外大多数研究相同的加载频率10Hz。

3. 试验温度

我国沥青路面设计规范中容许拉应力指标采用的是15℃的参考值，此外，哈尔滨建筑大学的研究成果表明，虽然全国各地气温变化很大，但沥青混合料的疲劳损伤主要集中在13～15℃之间，恰好为北方春融期温度、南方地区的雨季温度，在此季节路面结构强度有明显减弱，是路面结构抵抗疲劳破坏最不利时期，所以，本研究试验温度采用15℃。

二、应力控制（MTS）疲劳试验

采用应力控制模式在 MTS（Material Test System）试验系统上进行疲劳试验研究，加载模型如图8-35所示。

1. 试件成型

试件采用由轮碾法成型的车辙试验板（30cm × 30cm × 5cm），切割成的长250mm ±2.0mm、宽35mm ±2.0mm、高35mm ±2.0mm 的棱柱体小梁，其跨径为200mm ±0.5mm。试件晾干后，并在相应数目的小梁下用普通热沥青黏油分别粘贴1号聚酯玻纤布和2号聚酯玻纤布。试验前，在试验温度15℃下养护6h。

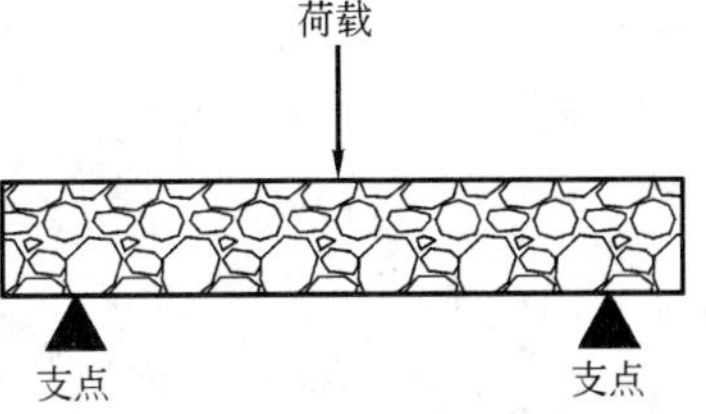

图8-35　应力控制加载疲劳试验模型示意图

2. 疲劳试验结果及分析

根据各组15℃的极限弯曲试验的结果，分别以应力强度比0.2、0.25、0.3、0.35、0.4在MTS-810材料试验机上对11组混合料试件进行弯拉疲劳试验，为减少试验误差，每组混合料的每个应力水平各做3～5个平行试件。沥青混合料应力控制疲劳试验有效试验数据均值见表8-23。

应力控制疲劳试验疲劳寿命统计 表8-23

疲劳寿命(次) 混合料编号	应力强度比				
	0.20	0.25	0.3	0.35	0.40
AN	5982	4498	3038	2165	1217
AT	9788	6523	3870	2427	1385
AU	9021	6312	3733	2657	1358
BN	15377	8483	4282	3290	1968
BT	19796	10926	5253	3950	2251
BU	18266	10476	5964	4271	2275
KN	12302	6375	3838	2713	1523
KT	17648	10623	6658	4342	2017
KU	14484	9116	6016	4036	1923
SN	5647	3589	2597	1951	1423
ST	11518	7564	5297	3575	2324

由图8-36～图8-39给出应力控制条件下应力水平与疲劳寿命次数的关系。

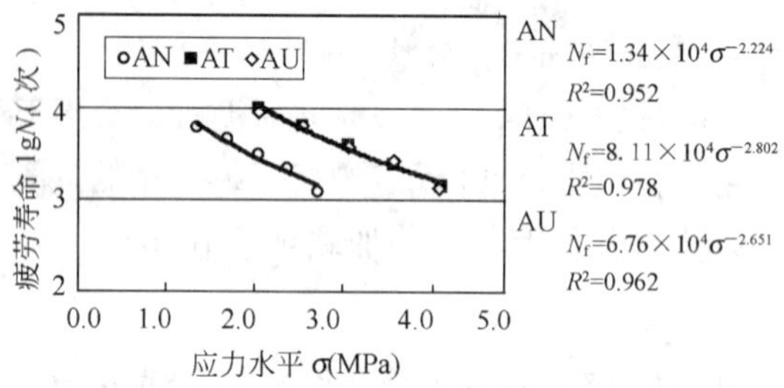

图8-36 AC-20I普通沥青(A)混合料应力水平与疲劳寿命次数关系图

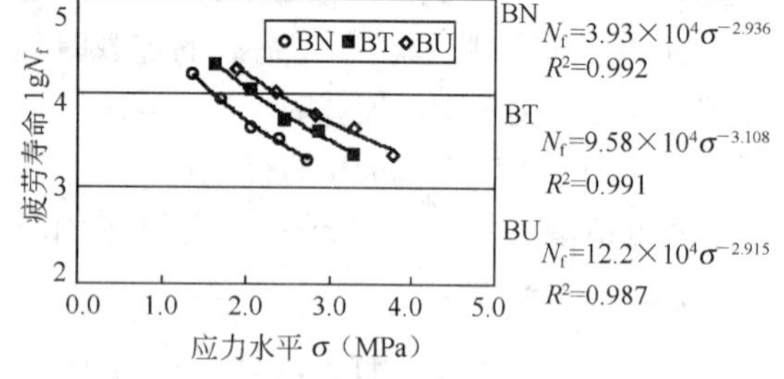

图8-37 AC-20I改性沥青(B)混合料应力水平与疲劳寿命次数关系图

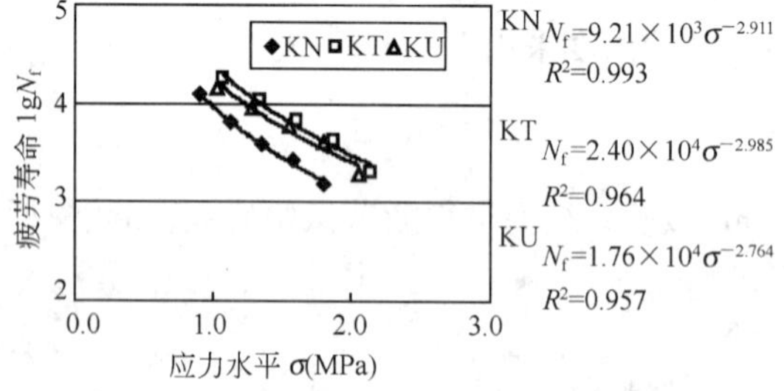

图8-38 AK-13A(K)沥青混合料应力水平与疲劳寿命次数关系图

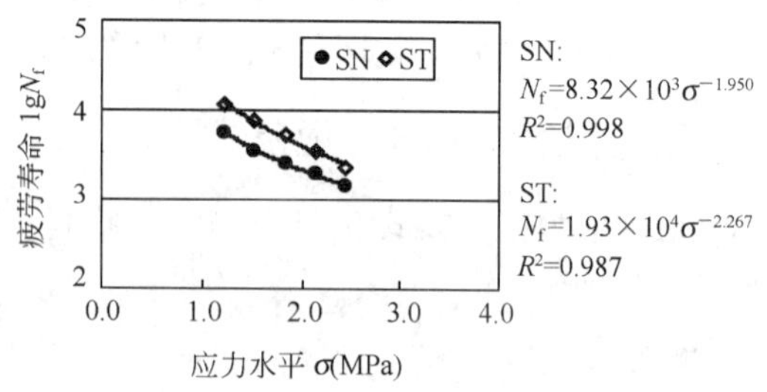

图8-39 SAC-20(S)沥青混合料应力水平与疲劳寿命次数关系图

由以上图表分析，可得如下结论：

(1)疲劳寿命与应变水平可用方程 $N_f = A\sigma^{-n}$ 表示，其中 A、n 为试验参数，疲劳方程的相关系数(0.95～0.99)较理想，能较好地预测沥青混合料的疲劳寿命。

(2)同一应力比下，不同级配的沥青混合料，B和K两种改性沥青混合料的疲劳性能较优且相近，A、S 两种普通沥青混合料的疲劳性能较差。

(3)由应力控制疲劳试验知，在不同的应力比下，聚酯玻纤布加筋沥青混合料的疲劳寿命有较大提高(提高比例为10% ~110%)，尤其在低应力比下，聚酯玻纤布加筋沥青混合料趋向于更长的疲劳寿命。此外，同一应力比下，相同级配的沥青混合料，加 1 号的沥青混合料的疲劳寿命最大，其次是加 2 号的混合料，纯混合料的疲劳寿命最差，前两者比较接近。

图 8-40 给出了同级配不同沥青的混合料的疲劳试验结果。由图知，改性沥青混合料的疲劳寿命较长，特别是在低应力比下，大约为普通沥青混合料的 2 倍，但加聚酯玻纤布后，普通沥青混合料(A)提高的比例较改性沥青混合料(B)多。

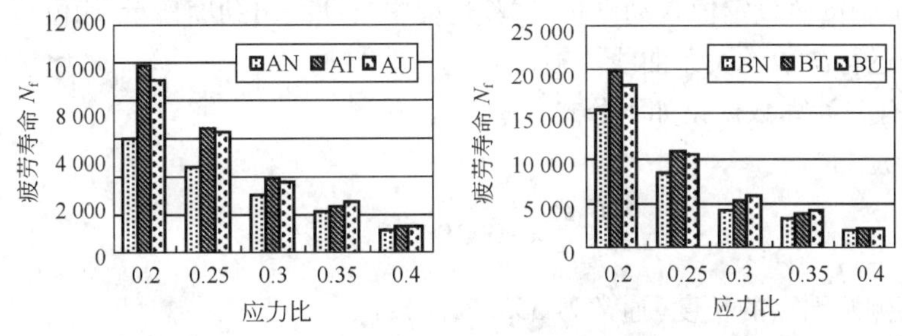

图 8-40　AC-20I 级配沥青混合料疲劳试验结果直方比较图

图 8-41 为沥青混合料应力控制疲劳试验位移与运行次数之间的关系，随着运行次数的增大，位移随之增大。与纯混合料试件破坏时运行次数对应的位移相比，加 1 号和 2 号聚酯玻纤布试件的位移要明显小于纯混合料试件。同时，含聚酯玻纤布的试件在破坏前能承受更大的变形，这说明聚酯玻纤布加筋沥青混合料能延缓裂缝的发生。

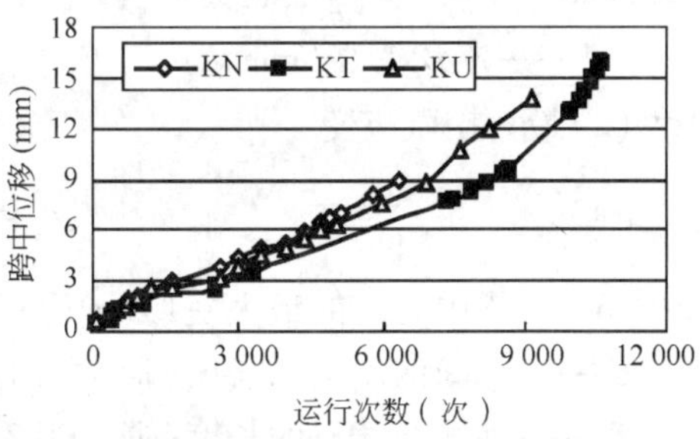

图 8-41　K 级配混合料应力控制疲劳试验跨中位移与运行次数对应关系图

此外，通过对 MTS 材料试验系统进行应力控制的疲劳试验时的观测发现，虽然沥青混凝土梁中裂缝已经发展到试件顶部，但聚酯玻纤布仍没有出现破坏现象，故可以继续起到加筋作用，这在一定程度上提高了结构的承载能力。同时，在实际道路上行车加载有间歇时间(≥2s)，这将有利于沥青混合料疲劳过程的恢复，而室内疲劳试验的荷载脉冲间没有设置间歇时间，国外研究者布朗认为，没设置间歇时间荷载脉冲的室内模拟试验，与实际道路行车荷载相比，可导致室内试验的疲劳寿命减少到 1/5。由此可知，含 1 号聚酯玻纤布的混合料的疲劳性能较优。

三、应变控制(UTM)疲劳试验

1. UTM 疲劳试验

为了测定聚酯玻纤布复合沥青混合料的疲劳特性，对于不同的混合料，根据以往的疲劳性能试验，均选用低、中、高三个应变水平在 UTM 试验系统上进行疲劳试验，每个应变水平制作 3 ~5 个平行试件。在常温条件下，沥青混合料表现为显著的黏弹性。在 UTM 应变控制的试验过程中，试件未出现明显的断裂破坏，沥青混合料的劲度模量和所加荷载大小均会下降，故选取劲度模量为初始劲度模量(荷载作用 50 次时)50% 时的作用次数 N_f 作为疲劳破坏标准，即以初始劲度的一半为破坏标准。

UTM 设备的全称是“Universal Testing Machine”，即“万能试验机”，由澳大利亚 IPC(Industrial Process Control Limited)公司生产。UTM 设备由加载系统、温度控制系统、气浴系统、操纵面板等部分组成，形成一套封闭的伺服系统。试验中可设置不同的环境温度，不同的加载频率，计算机通过传感器对试验数据自动采集，每个区域的采样间隔时间各不相同。UTM 试验系统可以自动检测到试验信号，试验控制和数据采集利用为试验专门开发的 CDAS 系统，在微机上运行。每个区域的采样间隔时间各不相同，0 ~ 10000 次运行次数时，每 10 次采一次样，10000 ~ 100000 次运行次数时，每 100 次采一次样，100000 ~ 1000000 次运行次数时，每1000 次采一次样。试验按照设定值自动停止，试验过程中自动绘出劲度模量、相位角、单位能耗、累计能耗、应力与运行次数的关系曲线。

UTM 试验有关计算数据见如下公式：

(1)最大拉应力

$$\sigma_{\mathrm{t}} = \frac{G_0 P}{wh^2} \times 1000000 \qquad (\mathrm{kPa}) \tag{8-13}$$

式中：G_0——外侧两端点的长度(通常为 355.5mm)；

P——峰值荷载(kN)；

w——平均梁宽(mm)；

h——平均梁高(mm)。

(2)最大拉微应变

$$\varepsilon_t = \frac{12\delta h \times 1000000}{(3G_0^2 - 4G_i^2)} \tag{8-14}$$

式中：δ——梁中心处的最大变形(mm)；

G_i——中间两支点的长度(通常为 118.5mm)；

G_0——外侧两端点的长度(通常为 355.5mm)；

h——平均梁高(mm)。

(3)弯曲劲度

$$S_{\mathrm{t}} = \frac{1000 \times \sigma_{\mathrm{t}}}{\varepsilon_{\mathrm{t}}} \qquad (\mathrm{MPa}) \tag{8-15}$$

式中：σ_{t}——最大拉应力(kPa)；

ε_{t}——最大拉微应变。

(4)弹性模量

$$E = \left[\frac{PG_i}{\delta wh}\right] \times \left[\frac{(3G_0^2 - 4G_i^2)}{4h^2 + k(1+\nu)}\right] \qquad (\mathrm{MPa}) \tag{8-16}$$

式中：P——峰值荷载(kN)；

G_i——中间两支点的长度 (通常为 118.5mm)；

δ——梁中心处的最大变形(mm)；

w——平均梁宽(mm)；

h——平均梁高(mm)；

G_0——外侧两端点的长度(通常为 355.5mm)；

k——实际剪应力与平均剪应力的比值(推荐值 1.5)；

ν——默认的泊松比。

(5)相位角

$$\phi = 360fs \qquad (^\circ) \tag{8-17}$$

式中:f——加载频率(Hz)；

s——在很短的时间内力 P(中值)与变形 δ(中值)的时间间隔。

(6)每个应变周期的消耗能量

每个应变周期(数据脉冲)的消耗能耗通过应力—应变滞后回路的面积来计算。

$$W_i = \pi \sigma_i \varepsilon_i \sin\phi_i \tag{8-18}$$

式中:W_i——第 i 次荷载时的能耗(kPa)；

σ_i——第 i 次荷载产生的应力振幅(kN)；

ε_i——第 i 次荷载产生的应变振幅;

ϕ_i——第 i 次荷载下应力和应变的相位移。

(7)累计消耗能耗

累计消耗能耗是所有回路面积的总和。

$$W_{\mathrm{FAT}} = \sum_{i=1}^{N_f} \pi \sigma_i \varepsilon_i \sin\phi_i \tag{8-19}$$

式中: W_{FAT}——总能耗(MPa)；

σ_i——第 i 次荷载产生的应力振幅(kN)；

ε_i——第 i 次荷载产生的应变振幅;

N_f——疲劳破坏时荷载作用的次数;

ϕ_i——第 i 次荷载下应力和应变的相位移。

2. 试验模型与试件成型

尽管应变控制的时间长,但由于沥青混合料是粘弹性材料,其模量与温度相关,并非定值,应变控制模式得出的试验结果可以直接应用。研究表明,在应变控制的疲劳试验中,沥青混合料的应力应变状态更符合沥青路面的实际情况。本试验选用低、中、高三个应变水平对聚酯玻纤布复合沥青混合料进行应变控制疲劳试验研究,加载方式为三分点加载。试验设备与模型示意图见图 8-42 所示。

a) 疲劳试验设备

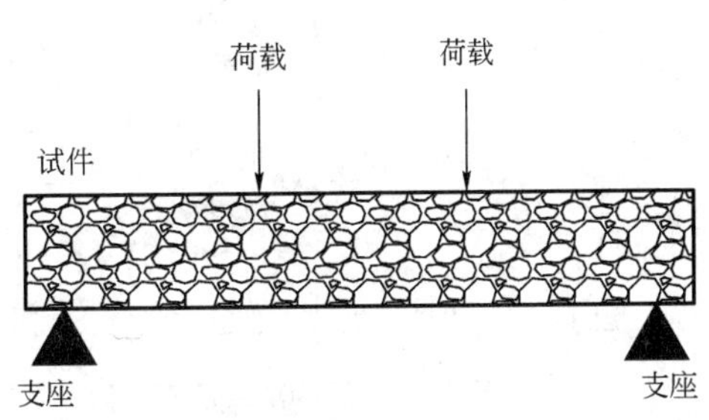

b) 模型示意图

图 8-42　应变控制疲劳试验示意图

按《公路工程沥青及沥青混合料试验规程》(JTJ 052—2000)T0703-93 规定的轮碾法压实成型 40cm×30cm×7cm 大车辙板试件,待试块冷却、脱模后,采用双面锯切割成小梁,小梁尺寸为 38.1cm×6.35cm×5.0cm,见图 8-42b)。试件按照常规的三分点加载,两端支点的距离是 35.6cm,混合料级配采用 AC-20I 级配和 AK-13A 级配。试件晾干后,再在相应数目的小梁下用普通热沥青黏油(0.7~1.2kg/m^2)粘贴聚酯玻纤布 1 号或 2 号,黏层油的温度为 140~180℃。加工好的试件在室温下冷却 4h,然后试验前放到 UTM 试验机中,在试验温度下养护 6h(图 8-43)。

图 8-43 UTM 试验疲劳试件图

3. 试验结果及分析

1)疲劳试验结果

为了减少试验误差,各应变水平均做了 3~4 个平行试件,表 8-24、图 8-44 为试件疲劳寿命试验结果。

沥青混合料 UTM 疲劳试验结果 表 8-24

混合料编号	应变水平(με)	疲劳寿命 N_f(次)					变异系数(%)
		1	2	3	4	平均值	
AN	200	311930	324970	331950	—	322950	3.14
	400	15940	26810	20080	23610	21610	21.6
	600	3830	3780	4460	3010	3770	15.8
AT	200	766800	662400	516100	520300	616400	32.0
	400	22660	38330	40090	28740	38720	23.0
	600	5760	5330	8500	—	6530	26.3
AU	200	652290	539110	723000	—	638130	22.4
	400	40530	36110	51100	30020	39440	22.5
	600	4450	6470	7170	8420	6630	25.1
AS	300	279180	296620	125730	—	233843	5.27
	400	42950	119470	72830	—	78417	4.92
	600	16570	10060	7470	—	11367	4.12
BN	400	222300	306620	390940	—	306320	27.4
	600	132370	132990	—	75500	113620	29.0
	800	—	9070	5810	10910	8930	34.2
BT	400	869990	464230	680610	—	671610	30.2
	600	166920	—	137410	97210	133847	19.4
	800	9220	7840	—	13410	10157	28.6
BS	400	764230	878990	953750	—	865657	11.0
	600	128780	—	149770	283220	187257	44.7
	800	19430	32380	—	26430	22538	28.8

续上表

混合料编号	应变水平(με)	疲劳寿命 N_f(次)					变异系数(%)
		1	2	3	4	平均值	
KN	700	316010	416710	—	—	366360	19.4
	1000	20070	21840	18390	—	20100	8.6
	1200	—	9820	8060	—	8940	13.9
KT	700	481010	513420	545530	—	513320	6.3
	1000	18540	34460	23480	39840	29080	33.6
	1200	12050	—	—	11770	11910	1.7
KU	700	306630	841000	456480	—	534703	51.5
	1000	26230	—	28020	29140	27840	5.0
	1200	12230	10040	11180	—	11150	9.8

注:表中的“—”为非有效数据或未完成的试件。混合料类型字母表示的含义见表8-17。

由表8-24知,不同混合料疲劳性能优劣:KU≈KT>KN>BS>BT>BN>AS>AU≈AT>AN,1号复合的A沥青混合料的疲劳寿命比基础试件提高近一倍(73%~98%),1号复合的B沥青混合料提高比例为66%~187%,1号复合的K混合料提高比例为24%~46%。同时,发现在低应变下,加1号聚酯玻纤布的混合料提高的比例更高,说明聚酯玻纤布复合沥青混合料的疲劳性能较优。此外,同种沥青混合料中发现含玻纤格栅沥青混合料的疲劳性能更优。

因此,在低应变水平下,更利于提高沥青路面的疲劳性能。其中AU的疲劳性能稍优于AT,说明2号纵向加筋效果不明显。K混合料比A混合料的疲劳性能优,是因为K为改性沥青混合料,A为普通沥青混合料。

从表8-24的试验结果可以看出,荷载循环次数与应变存在较好的相关性,现以A普通沥青混合料的试验结果为例,进行回归分析,具体见图8-44所示。

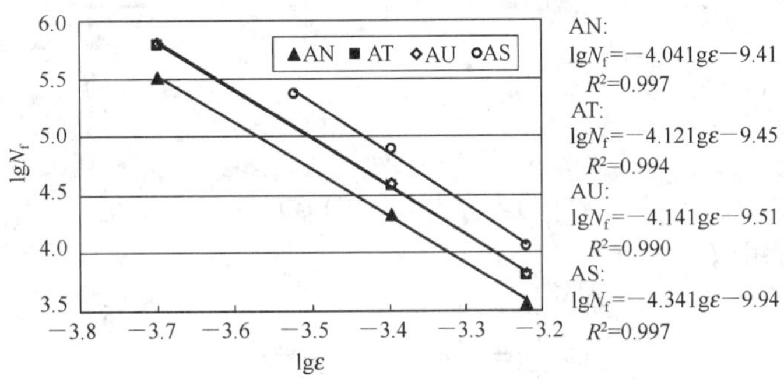

图8-44　双对数坐标下AC-20I普通沥青混合料疲劳寿命与应变水平关系图

由8-44可见,应变水平与疲劳寿命具有良好的相关性(相关系数在0.99以上),在双对数坐标下表现为良好的线性关系,通常可以用方程 $\lg N_f = k - n\lg\varepsilon$ 来表示;在AC-20I混合料疲劳方程中,n 值的变化范围是4.04~4.34,k 值的变化范围是−9.94~−9.41,变化范围相对较小,表明AC-20I沥青混合料的疲劳性能稳定,沥青混合料的疲劳曲线基本平行;同时在图上可以明显分辨出混合料疲劳性能优劣(AT≈AU>AN)和预测任意应变水平下的疲劳寿命。

图8-45显示了400$\mu\varepsilon$应变水平下劲度与加载次数、相位角与加载次数的关系。应变控制下疲劳试验,劲度 S_{mix} 会随着加载作用次数 N 的增加而减小,开始时降低的幅度较快,后来趋势较平稳。同时,相位角随着加载次数的增加有少量增加。此外,在其他条件相同时,

沥青混合料初始劲度模量越小,疲劳寿命越长。B 改性沥青混合料和 K 改性沥青混合料的规律类似。

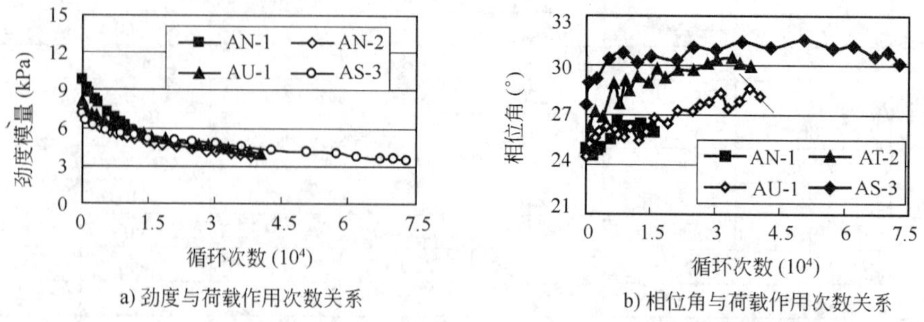

a) 劲度与荷载作用次数关系　　b) 相位角与荷载作用次数关系

图 8-45　AC-20I 普通混合料在 400$\mu\varepsilon$ 时荷载作用次数与劲度、相位角关系图

2)能量方法分析混合料的疲劳特性

(1)滞后回路方程

当沥青混合料梁承受一个重复的正弦应变 $a\sin\omega t$ 的作用时,梁将会以同样的频率 ω 产生一个 $b\sin(\omega t+\phi)$ 的应力响应(图 8-46)。当沥青混合料梁承受一个重复的正弦应变 $a\sin\omega t$ 的作用时,梁将会以同样的频率 ω 产生一个 $b\sin(\omega t+\phi)$ 的应力响应,于是每个应变周期产生一个应力应变滞后回路[38](图 8-47)。对于图 8-46 所示的应力应变响应,假定:

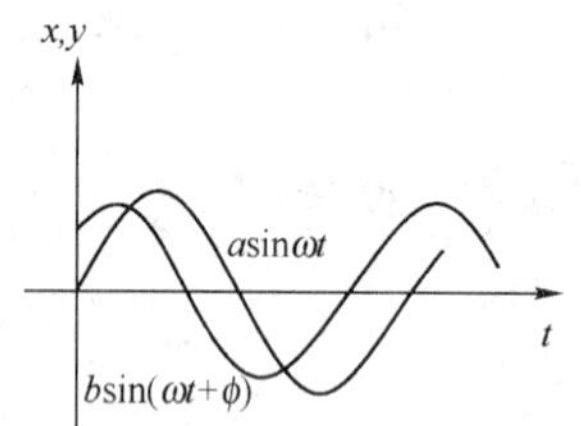

图 8-46　应力应变响应

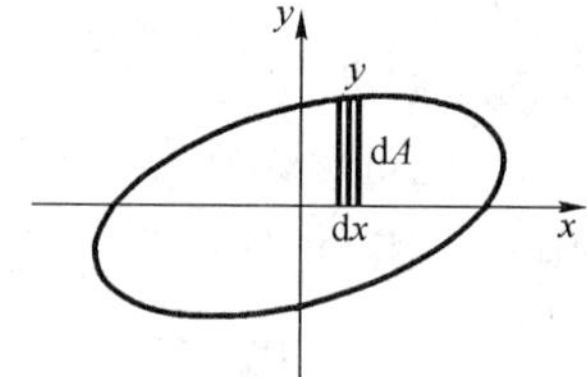

图 8-47　应力与应变滞后回路

$$\begin{cases} x = a\sin\omega t \\ y = b\sin(\omega t+\phi) \end{cases} \tag{8-20}$$

由此可得方程组(I)

$$(I)\begin{cases} a^{-1}x = \sin\omega t \\ b^{-1}y = \sin\omega t \times \cos\phi + \sin\phi \times \cos\omega t \end{cases}$$

由方程组(I)可得

$$b^{-1}y = a^{-1}x\cos\phi + \sin\phi \cdot \cos\omega t \tag{8-21}$$

整理式(8-21)得

$$\cos\omega t = \frac{1}{\sin\phi}\left(\frac{y}{b} - \frac{x}{a}\cos\phi\right) \tag{8-22}$$

由 $(\sin\omega t)^2 + (\cos\omega t)^2 = 1$,即

$$\frac{1}{\sin^2\phi}\left(\frac{y}{b} - \frac{x}{a}\cos\phi\right)^2 + \frac{x^2}{a^2} = 1 \tag{8-23}$$

展开式(8-23)得

$$\frac{y^2}{b^2} - \frac{2xy}{ab}\cdot\cos\phi + \frac{x^2}{a^2}\cdot\cos^2\phi + \sin^2\phi\cdot\frac{x^2}{a^2} = \sin^2\phi \tag{8-24}$$

这样就可以得到滞后回路方程。值得注意的是它不包括参数频率 ω(图 8-47)。

$$\frac{x^2}{a^2}+\frac{y^2}{b^2}-\frac{2\cos\phi}{ab}xy=\sin^2\phi \tag{8-25}$$

2)疲劳消耗能量的概念

由于塑性变形,在疲劳试验过程中能量将被消耗。这些消耗的能量未转化为应变能,而是转化为热能。每一个应变周期的能量可通过滞后回路的面积来决定,在整个疲劳寿命的过程中,总能量是所有回路面积的总和。

令 $a=\sigma, b=\varepsilon$,则能耗 W 为(图 8-48)

$$W=\pi\cdot\sigma\cdot\varepsilon\cdot\sin\phi \tag{8-26}$$

具体推导过程如下:

$$\begin{aligned}
W &= \int y\mathrm{d}x = \int_0^{2\pi/\omega} ab\omega\cdot\sin(\omega t+\phi)\cdot\cos\omega t\cdot\mathrm{d}t \\
&= ab\omega\int_0^{2\pi/\omega}(\sin\omega t\cdot\cos\phi+\cos\omega t\cdot\sin\phi)\cdot\cos\omega t\cdot\mathrm{d}t \\
&= ab\omega\left[\cos\phi\int_0^{2\pi/\omega}\sin\omega t\cdot\cos\omega t\cdot\mathrm{d}t+\sin\phi\int_0^{2\pi/\omega}\cos^2\omega t\cdot\mathrm{d}t\right] \\
&= ab\omega\left[\cos\phi\int_0^{2\pi/\omega}\frac{\sin2\omega t}{2}\cdot\mathrm{d}t+\sin\phi\int_0^{2\pi/\omega}\frac{1-\cos2\omega t}{2}\cdot\mathrm{d}t\right] \\
&= ab\omega\left[\frac{\cos\phi}{2}\left(-\frac{1}{2\omega}\cos2\omega t\right)\Big|_0^{2\pi/\omega}+\sin\phi\left(\frac{1}{2}t\Big|_0^{2\pi/\omega}-\frac{1}{4\omega}\sin2\omega t\Big|_0^{2\pi/\omega}\right)\right] \\
&= ab\omega\left[\frac{-\cos\phi}{4\omega}\cos2\omega t\Big|_0^{2\pi/\omega}+\sin\phi\left(\frac{\pi}{\omega}-0\right)\right] \\
&= ab\omega\left[\frac{-\cos\phi}{4\omega}+\frac{\cos\phi}{4\omega}+\frac{\pi}{\omega}\sin\phi\right]=\pi\cdot a\cdot b\sin\phi
\end{aligned}$$

如果进一步假设虎克定律成立;令 $S_{mix}=E$,即 $S_{mix}=\sigma\varepsilon^{-1}$,方程(8-26)又可写成

$$W=\pi\cdot S_{mix}\cdot\varepsilon^2\cdot\sin\phi \tag{8-27}$$

因此,定义能耗按如下公式计算

$$W_i=\pi\cdot\sigma_i\cdot\varepsilon_i\cdot\sin\phi_i \tag{8-28}$$

式中:W_i——第 i 次荷载时的能耗;

σ_i——第 i 次荷载产生的应力振幅(kN);

ε_i——第 i 次荷载产生的应变振幅;

ϕ_i——第 i 次荷载下应力和应变的相位移。

因此,到破坏时的总能耗 W_{FAT} 可以定义为

$$W_{FAT}=\sum_{i=1}^{N_f}\pi\,\sigma_i\varepsilon_i\sin\phi_i \qquad (i=1\sim N_f) \tag{8-29}$$

式中:N_f——到疲劳破坏时的荷载重复作用次数。

3)能耗指标分析

表 8-25 为疲劳试验 A 普通沥青混合料累计能耗数据统计表。从表中的试验结果可知:同一沥青混合料,累计能耗在低应变水平下的变异系数较小,即低应变水平下的累计能耗值较稳定。在相同的条件下(同混合料、同应变水平),累计能耗的变异系数比疲劳寿命的变异系数小,试验中 B、K 两种沥青混合料以及相关试验研究也证实了这一点,说明累计能耗值较疲劳寿命稳定。

沥青混合料 UTM 疲劳试验累计能耗结果

表 8-25

混合料编号	应变水平($\mu\varepsilon$)	累计能耗 W_{FAT}(0.01MPa)					变异系数(%)
		1	2	3	4	平均值	
AN	200	2460.3	2505.4	2552.3	—	2506	1.8
	400	559.2	764.4	618.9	671.9	654	13.3
	600	263.4	273.8	299.6	217.1	263	13.1
AT	200	5101.1	4693.5	3579.1	3763.5	4284	17.1
	400	975.8	1049.6	1128.0	796.9	988	14.3
	600	375.5	359.0	527.7	—	421	22.1
AU	200	4171.2	3919.7	5276.3	—	4456	16.2
	400	1187.6	1091.6	1389.3	920.4	1147	17.1
	600	299.5	433.4	464.0	549.4	437	23.8
AS	300	4640.7	5093.5	—	3090.8	4275	24.5
	400	1341.7	3090.8	2061.6	—	1960	29.3
	600	1100.6	764.9	—	557.9	808	33.9

图 8-48 显示了不同沥青混合料累计能耗与应变表现为良好的双对数线性相关性,可用方程 $\lg W_{FAT}=A\lg\varepsilon-z$ 表示,累计能耗随着应变的增加而减少。SHRP(A-003A)的研究做法是仅仅分别做了两个高应变和低应变水平的疲劳应变控制试验,再通过这 4 个数据得到总能耗和双对数坐标的上直线的斜率和截距,即得方程 $\lg W_{FAT}=m\lg N_f-b$ 的系数 m 和 b,试验前 W_{FAT} 和 N_f 都是未知数。

图 8-49 为 AC-20I 普通沥青混合料疲劳试验在 400$\mu\varepsilon$ 应变水平下累计能耗与荷载作用次数的关系曲线,从图上可以看出,累计能耗随着荷载作用次数的增加而增加,累计能耗与疲劳寿命 N_f 有明显的线性相关性,可见用累计能耗评价沥青混合料的疲劳性能是合理的。采用能量方法对 A 沥青混合料的试验数据进行分析,可得如下结论:

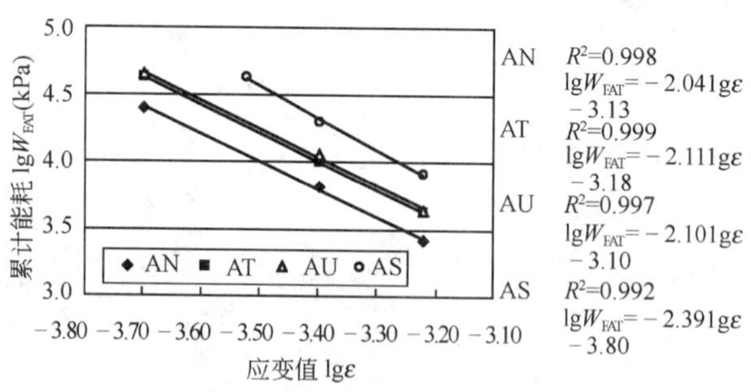

图 8-48 AC-20I 级配普通混合料在应变水平与总能耗的回归曲线

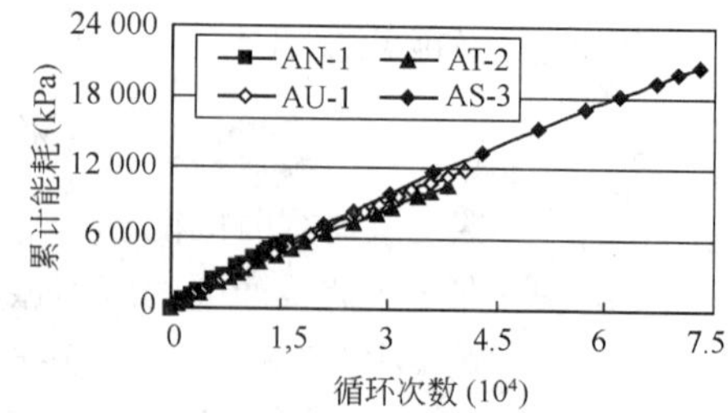

图 8-49 A 沥青混合料在 400 微应变下荷载循环次数与累计能耗关系图

(1)累计能耗与应变表现为良好的双对数相关性。图 8-48 较图 8-44 更易分辨出沥青混合料疲劳性能的优劣:AS > AU ≥ AT > AN,AU 混合料疲劳性能稍优于 AT。在同应变水平下,累计能耗和荷载作用次数呈现良好的线性关系。故能量方法是分析和预测沥青混合料疲劳特性的较有效合理的方法。

(2)在试验中发现:由于沥青混合料的黏弹性,同种材料在同应变水平下,不同的试件可能得到不同的疲劳寿命 N_f(从试验数据可看出,即使初始参数如劲度、相位角相近,也会造成 N_f 的差异),又因累计能耗较疲劳寿命变异性小,因此建立总疲劳能耗和应变 ε 关系的疲劳方程似乎更为合理。

四、浸水疲劳试验

1. 试验设计

为了更好地应对路面水损害的情况,评价聚酯玻纤布复合沥青混合料的水稳定性,试验采用了 AC-20I 普通沥青混合料(A)成型试件。把加工好的小梁试件(38.1cm × 6.35cm × 5.0cm)在室温下冷却 4h,然后按照一定的要求在相应的试件上粘贴 1 聚酯玻纤布和1.27cm ×1.27cm 玻纤格栅,再放入水中进行为期 45d 的浸水,45d 浸水后,擦干表面,试验前放到 UTM(万能试验机)试验机中,在试验温度 15℃下养护 6h,再进行试验。

2. 试验结果及分析

为了减少试验量,选择了中应变水平 400$\mu\varepsilon$ 进行应变控制的疲劳试验。浸水和非浸水试件疲劳试验结果见表 8-26 和图 8-50 所示。

AC-20 普通沥青混合料水稳定性疲劳试验(400$\mu\varepsilon$)　　表 8-26

混合料编号	试件状态	疲劳寿命 N_f(次)	浸后与浸前 N_f比值 V(%)	累计能耗 W_{FAT}(kPa)	浸后与浸前 W_{FAT}比值 V(%)
AN	干	21610	13.88	6536	16.16
	浸	3000		1056	
AT	干	38720	17.94	9876	27.92
	浸	6945		2757	
AS	干	78417	11.80	21647	13.11
	浸	9253		2838	

从以上图表知:

(1)浸水后试件的疲劳寿命和累计能耗均有明显降低;玻纤格栅降低百分率最多,其次是纯混合料试件,降低最少的是含 1 号聚酯玻纤布的。由此说明,含聚酯玻纤布沥青混合料的水稳定性较好。

(2)疲劳寿命和累计能耗两个指标均能评价混合料的水稳定性能,从图表可知,用累计能耗评价更直观。

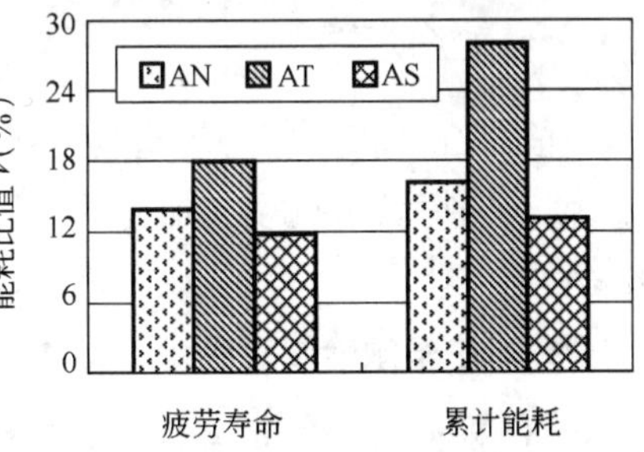

图 8-50　不同混合料在 400$\mu\varepsilon$ 应变水平下水稳定性疲劳试验结果图

五、本节小结

本节运用 MTS 材料试验系统和 UTM 万能试验系统,对几种级配的沥青混合料分别进行了应力控制和应变控制的疲劳试验,并对其疲劳试验数据进行了详尽分析,主要结论如下:

(1)由应力控制的疲劳试验知,在半对数坐标下的回归方程能较好的判断混合料的疲劳性能,同时考虑相关因素,能较好地预测混合料的疲劳寿命。此外,在相同作用次数时,基础试件的跨中位移比聚酯玻纤布试件的大,这说明聚酯玻纤布加筋沥青混合料能延缓裂缝的发生。再次,通过观测,虽然沥青混凝土梁中裂缝已经发展到试件顶部,但聚酯玻纤布仍没有出现破坏现象,故可继续起到加筋作用,这在一定程度上提高了结构的承载能力。

(2)随着应力比或应变的增加,较纯混合料提高的比例有少量下降。即低应力比或低应变水平下,聚酯玻纤布复合沥青混合料趋向于更长的疲劳寿命。此外,2 号纵向加筋效果不明显。

(3)在应变控制的疲劳试验中,双对数坐标下应变与疲劳寿命、应变与累计能耗之间的疲劳方程相关性较好,均能较好地判断沥青混合料疲劳性能的优劣和稳定性。比较而言,后者更优。

(4)在双对数坐标上,累计能耗与荷载作用次数呈现良好的线性关系,且累计能耗值的变异性较小。建立总疲劳能耗和应变 ε 关系的疲劳方程,能较好地反映混合料的疲劳过程,故用能量方法是分析和预测混合料疲劳特性的有效且合理方法。

(5)浸水后试件的疲劳寿命和累计能耗均有明显降低,玻纤格栅降低百分率最多,其次是纯混合料的试件,降低最少的是 1 号聚酯玻纤布复合的试件。

(6)在实际道路上行车加载有间歇时间,这将有利于沥青混合料疲劳过程的恢复,而室内疲劳试验的荷载脉冲间没有设置间歇时间,故在室内得到的疲劳寿命将明显小于道路路面实际的疲劳寿。

第五节　聚酯玻纤布在石黄高速公路水损害防治中的应用

本文作者对石黄高速公路晋州段的病害作了详细调查,唧浆等水损病害较为严重,并且伴有裂缝。而前文证实路面裂缝是水损害产生的重要原因之一,所以处理好裂缝病害也是延缓水损害的重要技术手段。因此在对病害铣刨或挖补处理后,为了防治水分继续损害路面,需要设置防水层,并有效防治裂缝。

根据已有的研究成果和前文室内试验,表明聚酯玻纤布既能延缓反射裂缝,又能起到很好的防水作用,是防治水损病害的好办法,为此决定在石黄高速公路晋州段养护工程中采用。

一、处治方案

根据石黄高速公路及其他工程实践对聚酯玻纤布施工工艺进行了总结,为了确保施工质量,使其发挥防水抗裂和加筋的使用效果,对于不同的处治对象应按不同的要求进行施工。现小结如下:

1. 对于半刚性基层的横向裂缝

(1)根据裂缝的走向选择聚酯玻纤布的宽度,确定标准为裂缝两侧的聚酯玻纤布各宽 ≥0.75m。

(2)对于≥3mm 的裂缝,先进行灌缝处理,灌缝材料可采用灌缝胶或乳化沥青。

(3)选择黏结材料的种类,对于二灰稳定碎石基层可选用慢裂快凝型改性乳化沥青,基质沥青含量≥60%。对于水泥稳定碎石可选用重交 AH-70 沥青或 SBS 改性沥青,黏结材料用量根据摊铺效果评价后确定。

2. 新旧半刚性基层纵向拼接缝

(1)对半刚性基层的纵缝处进行整平处理,保证纵缝两侧的高差≤3mm。

(2)在半刚性基层顶面做稀浆封层或乳化沥青下封层。

(3)待下封层强度形成后,喷洒重交 AH-70 沥青,沥青用量一般为 0.8 ~ 1.2L/m²,具体用量依据摊铺效果确定。

3. 新旧沥青路面纵向拼接缝和旧沥青路面纵横裂缝

(1)对纵缝处进行整平处理,保证纵缝两侧的高差≤3mm。

(2)聚酯玻纤布的宽度为 2m,裂缝或接缝居中。

(3)喷洒重交 AH-70 沥青或 SBS 改性沥青 0.6 ~ 1.0L/m²,具体用量根据现场摊铺效果确定。

二、施工工艺

根据工程实践经验,总结聚酯玻纤布的基本施工工艺流程见图 8-51 所示。

具体各工序施工要求如下:

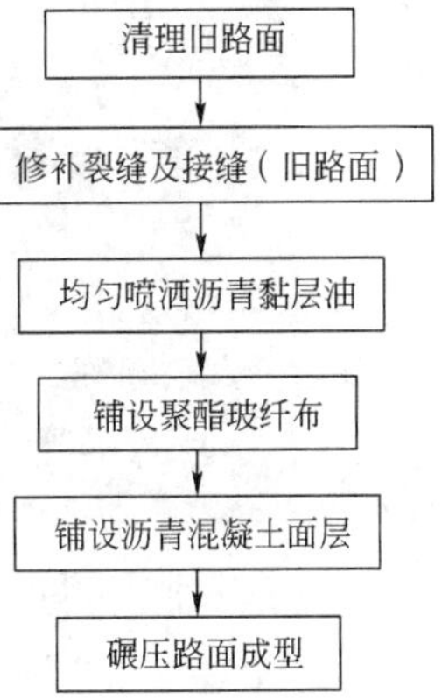

(1)清理旧有路面。首先一定要用清洁工具将路面清扫干净;将路面上尖锐的部分予以铲除;对于路面严重裂缝、破碎处,应铲除其破碎部分,并且采用沥青混凝土或沥青砂修补原有缝裂、坑槽、找平;较严重凹处,应采用沥青混凝土填平。在安装前,路面应当干燥,没有污物,尘土和碎石。

(2)接缝处理。用高压空气清除接缝内杂物(水、脏物、土、杂草、油脂、废物等);接缝采用沥青混合料(沥青及石粉混合料)填充。

(3)喷洒沥青黏层。根据旧路面的粗糙度和聚酯玻纤布的饱和量及温度限制,黏油的用量一般控制在 0.8 ~ 1.2kg/m² 之间;热溶沥青的喷洒温度应控制在 160 ~ 180℃之间;喷洒机械最好用小型的手工控制洒布机械,热沥青的喷洒宽度应该要比聚酯玻纤布宽 5 ~ 10cm;喷洒要均匀,切忌黏层油量不足或条纹状喷洒。喷洒沥青黏层是施工的关键工序。

清理旧路面 → 修补裂缝及接缝(旧路面) → 均匀喷洒沥青黏层油 → 铺设聚酯玻纤布 → 铺设沥青混凝土面层 → 碾压路面成型

图 8-51　聚酯玻纤布的基本施工工艺流程图

(4)铺设聚酯玻纤布。技术要求:平整无折皱,并及时铺设(在喷洒沥青高温状态下),铺设可采用人工及机械铺设,接口处应相互搭接 15cm。

(5)铺设沥青混凝土面层。采用热拌、热铺沥青混凝土,沥青混凝土罩面层厚度以不小于 5cm 为适宜。

(6)碾压。碾压时压路机从路边起压向路中,三轮式压路机每次重叠宜为后轮宽 1/2,双轮式压路机每次重叠宜为 30cm。压路机不得在新铺沥青混凝土上转向掉头及左右移动或突然制动。

各工序作业情况见图 8-52 ~ 图 8-55。

此外,还应该注意以下几点:

(1)聚酯玻纤布为玻璃纤维制造,对人体皮肤易产生刺激作用,工人进行施工时一定要戴防护手套,以免纤维刺入皮肤。

(2)沥青喷洒务必喷洒均匀,如出于防水目的时,可适当增加黏油的用量。安装聚酯玻纤布的环境气温应在 5℃以上。

(3)聚酯玻纤布的摊铺紧接着沥青喷洒后进行。

(4)及时用毛刷进行整平处理,尽量避免形成折皱。

图 8-52　喷洒黏层油

图 8-53　聚酯玻纤布的铺设

图 8-54　聚酯玻纤布铺设完的外观

图 8-55　施工完的路面

(5)聚酯玻纤布摊铺后,在沥青黏层油未冷却至常温下,任何车辆或行人不得进入。

(6)上层沥青混合料的摊铺最好在裂缝处理后隔天进行。运输车辆不得在聚酯玻纤布上紧急制动或转弯。

三、使用效果与经济性分析

石黄高速公路在运营 7 年以后,进入中修阶段。老路半刚性基层的收缩裂缝和沥青面层的横向反射裂缝是石黄路的两种典型裂缝类型。为防治路面水损坏,必须采取措施将由上而下的路面水封住,不让路面水从纵缝处下渗到下面的结构层,从而避免路面水导致的坑塘和基层唧浆破坏。对于面层横向反射裂缝先铣刨 5cm 左右的沥青面层,然后铺设聚酯玻纤布和沥青混合料。实践证明,未铺聚酯玻纤布的路面在 3 ~ 6 个月的时候就出现裂缝,而铺聚酯玻纤布的罩面应用效果良好。如图 8-56 钻芯取样的照片所示,聚酯玻纤布可以很好地阻止下面层裂缝反射到表面层。

图 8-56　钻芯取样

应用性能优秀的土工合成材料经济效益一直是影响其推广应用的关键问题。我们认为可以采用如下办法进行经济效益分析。

按目前通常的做法,新建公路(高速、一级)每平方米约需 150 ~ 200 元,其中面层约需 50 ~ 70 元/m^2,而路面维修约需 50 元/m^2。沥青路面正常设计使用寿命为 15 年、小修 5 年、中修约 8 年。现分别按新建、维修和二者统一考虑 3 种情况分析其经济效益。从对比中确定最好的解决办法。

(1)新建情况;将新建经费按不同使用寿命来分解,那么

当寿命为 15 年(设计),则每年每平方米平均数为 10.0 ~ 13.3 元;

当寿命为 12 年(4/5),则每年每平方米平均数为 12.5 ~ 16.7 元;

当寿命为 10 年(2/3),则每年每平方米平均数为 15.0 ~ 20.0 元;

当寿命为 7.5 年(1/2),则每年每平方米平均数为 20.0 ~ 26.6 元。

如果为了能达到设计寿命 15 年而增加经费每平方米 30 元(总计达到 180 ~ 230 元/m^2),在这种情况下,尽管平均每年每平方米增为 12.0 ~ 15.3 元,但也比目前寿命为 12 年时的每年每平米平均费用 12.5 ~ 16.7 元还省 0.5 ~ 1.4 元。每平方米造价增加 30 元对选用聚酯玻纤布是绰绰有余的。

(2)维修情况;按现有有关工程实例提供的经验,当在面层下铺设聚酯玻纤布可使维修期推迟近 2 倍,如此在设计寿命(15 年)内只需维修 1 ~ 2 次,大约可节省维修费用为每平方米 3 ×50 元 =150 元。

(3)如果在整个使用寿命中将新建与维修经费统一考虑,工程质量责任由一家承包,那么即使在预计新建公路经费不增加的条件下,如能将采用聚酯玻纤布节省的维修费用150 元/m^2 中取 20% 即 30 元/m^2,提前投入到新建时采用土工合成材料摊铺在新路面之下,那么不仅能使公路实际使用寿命达到设计要求,而且还可以同时达到延长维修期的双重目的,这在经济效果上将更现优越。

第九章　微表处在桥面维修工程中的应用

第一节　概　　述

一、国内外概况

随着交通量的日益增长,车辆大型化,重载超载严重,以及车辆渠化等方面的原因,交通对路面的要求越来越高。沥青路面对气温、雨水和日照等自然因素十分敏感,其承载能力和防止病害水害能力相对偏低,直接影响沥青路面的使用性能和耐久性。因此,为了提高沥青路面的质量,对沥青进行改性正越来越受到国内外道路工作者的重视。近年来,用聚合物改善沥青的性质,提高路面使用性能,延长路面的使用寿命,已成为国内外沥青路面技术发展的趋势。

在国外,随着聚合物改性沥青的普遍应用,聚合物改性乳化沥青也在迅猛地发展。从 20 世纪 60 年代末到 70 年代初,德国首先展开了对聚合物改性乳化沥青稀浆封层的研究,科学家们从常规的乳化沥青稀浆混合料配方着手,加入特殊的高分子聚合物和添加剂,制成聚合物改性乳化沥青稀浆封层混合料,摊铺厚度较大的封层用以修复路面上的车辙,而不破坏昂贵的道路标线。封层的固化时间加快,与原路面黏附得十分牢固,聚合物改性乳化沥青稀浆封层技术也就从此问世。美国、澳大利亚于 80 年代初开始采用这项技术。

聚合物改性乳化沥青稀浆封层目前已被认为是修复道路车辙及其他多种路面的病害最有效、最经济的手段之一。它在欧美和澳大利亚已得到普及,并且正在向世界其他地区推广、发展。因此,国际稀浆封层协会也将其英文名字由 International slurry seal Association 改为 Intemational slurry surfacing Association,仍然简称 ISSA。ISSA 将 slurry surfacing 分成 slurryseal 和 Microsurfacing、slurry seal 翻译为稀浆封层,Microsurfacing 翻译为微表处,其技术要求和使用性能均有较大的区别。微表处可用于超薄抗滑表层(PSM)和车辙填补(PSR)。ISSA 在原来的稀浆封层实施细则 ISSAA 143-91 的基础上,修订成为 ISSAA 143-2000,对微表处的设计、试验、质量控制、测试等做出规定,使微表处在全世界范围内有了很大的发展。美国沥青协会制订了稀浆封层施工手册,ASTM 制订了 D3910 稀浆封层混合料试验和检验标准,日本乳化沥青协会制订了橡胶沥青乳液标准。

普通稀浆封层技术与微表处技术都是利用由级配集料、乳化沥青、填料和水所组成的混合料进行施工的,不同的是后者所采用的材料是经过严格检测筛选出来的,其中还包括高分子聚合物和其他添加剂,因而相比之下微表处技术具有更多的优点。

二、微表处的应用特点

(1)施工速度快。连续式稀浆封层机 1 天之内能摊铺 500t 微表处混合料,折合为一条 10.6km长的标准车道,摊铺厚度最小可达 9.5mm,施工后 1h 即可通车,适用于大交通量的高等级公路及城市干道。

(2)微表处可提高路面的防滑能力，增加路面色彩对比度，改善路面性能，延长路面使用寿命。

(3)成型快，工期短，施工季节长，可以夜间作业，尤其适于交通繁忙的公路、街道和机场道路。

(4)常温条件下作业，降低能耗，不释放有毒物质，符合环保要求。

(5)在面层不发生塑性变形的条件下，可修复深达38mm的车辙而无需碾压。

(6)因为微表处层很薄，所以在城市主干道和立交桥上应用不会影响排水，用于桥面也不会增加多少重量。

(7)在机场，密级配的微表处能作防滑面层而不会产生破坏飞机发动机的散石。

(8)由于它能填补厚达38mm的车辙，而且十分稳定，也不产生塑性变形，所以它是不用铣刨解决车辙问题的独特方法。

微表处填补了普通稀浆封层和热拌沥青混凝土摊铺各自存在的缺陷。确切地说，微表处是一种完善的道路养护方法。

第二节　微表处的材料及技术要求

一、集料

用于微表处的集料，必须坚硬、耐磨，不含泥土杂质，其砂当量大于65%，并且其级配组成必须符合一定的级配标准；一般采用ISSA的II、III型级配，美国、加拿大等北美国家均采用这些级配。表9-1为ISSA推荐级配、表9-2为西班牙推荐级配，表9-3为德国推荐级配。

ISSA推荐级配(%)　　表9-1

筛孔(mm)	II	III	筛孔(mm)	II	III
9.5	100	100	0.6	30~50	19~34
4.75	90~100	70~90	0.3	18~30	12~25
2.36	65~90	45~70	0.15	10~21	7~18
1.18	45~70	28~50	0.075	5~15	5~15

西班牙推荐级配　　表9-2

筛孔尺寸(mm)	通过率(%)		
	I	II	III
12.5			100
10	100		85~100
6.3	100	80~100	70~90
5	85~100	70~90	69~85
2.5	65~90	45~70	40~60
1.25	45~70	28~50	28~45
0.63	30~50	18~33	18~33
0.32	18~35	12~25	11~25
0.16	10~25	7~17	6~15
0.08	7~15	5~10	4~8

德国推荐级配 表9-3

筛孔尺寸(mm) \ 混合料	0/11	0/8	0/5	0/3
<0.09	6～22	6～12	6～14	6～16
>2	45～75	45～65	40～65	20～50
>5		≥15	≤10	≤10
>8	≥15	≤10		
>11	≤10			

大于4.75mm集料的技术要求见表9-4。

集料技术要求 表9-4

项　目	指　标	项　目	指　标
石料压碎值	<28%	石料磨光值	>42
洛杉矶磨耗值	<30%	破碎面	100
视密度	>2.5	软石含量	<5%
细长扁平颗粒含量	<10%		

西班牙级配的I型与ISSA的II型相似，西班牙的II型与ISSA的III型相似；而西班牙增加了略粗一点的III型，这种级配比较适合做车辙填补，与美国的IV型非常相似，其厚度可达8～15mm。

德国规定，混合料0/3用于低速(<60km/h)时的面层保护和提高抗滑阻力，混合料0/5、0/8或0/11用于高速(>60km/h)时的面层保护和提高抗滑阻力。填补车辙时，深度不超过15mm应优先选用混合料0/5、0/8或0/11；当深度超过15mm时，应考虑采用双层摊铺。

ISSA和美国推荐的级配有I、II和III型，用于微表处的通常是II和III型；另外还有一种IV型级配，其一次摊铺厚度可达13mm，适合于车辙填补、高速车道或双层摊铺中的下层，值得推荐。其通过率如表9-5所示。

IV型级配通过率(%) 表9-5

筛孔(mm)	IV	筛孔(mm)	IV
12.5	100	0.6	19～34
9.5	85～100	0.3	14～25
4.75	60～87	0.15	8～17
2.36	40～60	0.075	4～8
1.18	28～45		

二、改性乳化沥青

改性乳化沥青是微表处的黏结材料，其质量的好坏对封层质量的影响最直接、最明显。改性乳化沥青的特性主要与乳化剂和改性剂的选择有关。为了达到快开放交通的要求，乳化剂必须是慢裂快凝型的阳离子乳化剂，且所用乳化剂不能对沥青使用性能造成不良影响；对各种沥青的适应性要好，与改性剂要有良好的配伍性。改性剂的选择应根据不同地区的气候、交通特点进行试验后确定。

三、填料、外加水和添加剂

微表处混合料中填料、外加水和添加剂的作用、规格与普通稀浆封层混合料所要求的基本一样。

第三节　改性乳化沥青

改性乳化沥青这种材料一般仅占微表处混合料的10% ~20%，但是它的技术性能优劣将直接影响微表处技术的成败。试验表明：乳化剂、改性材料和沥青材料这三者各自的性能相互匹配是决定改性乳化沥青材料路用技术性能的关键因素，其中乳化剂与改性剂匹配不当则可能达不到乳化沥青改性的目的。另外，改性剂的掺配工艺也是影响改性乳化沥青性能的关键因素之一。

一、乳化剂

乳化剂的选择相当重要，它会直接影响到改性乳化沥青的分散性和稳定性，所以要选择适宜的乳化剂。乳化剂的选择至少包括乳化剂品种的选择、乳化剂效率的评价及乳化剂效率的充分发挥三个方面。

二、改性材料

改性的目的：

(1)提高高温稳定性；

(2)提高低温抗缩裂能力；

(3)延长路面寿命；

(4)提高黏附强度；

(5)提高内聚力；

(6)提高抗剥落能力；

(7)提高早期强度；

(8)扩大应用范围；

(9)改善拌和性能。

选用聚合物做改性乳化沥青的改性材料有很多种，但以下三种类型中的聚合物品种被一致认为是有效的。

1.热塑性弹性体类

苯乙烯—丁二烯嵌段共聚物(SBS 胶乳)作为改性材料的聚合物，以 SBS 的效果为最好，它可以显示出多种的改性效果。

在选择改性剂 SBS 的品种时，应注意下列指标：

(1)首先判断是属于星形还是线形，一般讲星型 SBS 改性的效果明显优于线形的。

(2)检查嵌段比 S/B，它是塑性段与橡胶段的比例。

(3)SBS 自身的拉伸性能对 SBS 改性提高抗裂性能的效果影响较大，可以从 300% 拉伸应力、拉伸强度、扯断伸长率等指标来判断 SBS 的拉伸性能。

(4)熔体流动速率是决定加工难易程度的主要指标，它与分子量有关。流动速率越小，加工越容易，但性能往往差一些。

2.合成橡胶类

早期曾用橡胶树上产生的天然橡胶做改性材料，后来用合成橡胶的胶乳代替，其中以丁苯胶乳(SBR)和氯丁胶乳(CR)用的多。SBR 是乳液改性中的一种主要材料,它可明显提高黏附性、抗开裂性及低温延度,但高温稳定性提高不明显。CR 的性能与 SBR 相近,但比 SBR 稍有点热塑性,稳定性较差。

3. 热塑性树脂类

乙烯醋酸乙烯酯(EVA 胶乳)是一种树脂类改性剂,可提高软化点及抗流动性,但对低温性能改善不明显。根据其中乙烯含量的不同,其胶乳的黏度与分子量是不同的,物性差异很大。一般随着 EVA 掺量的增加,沥青的针入度降低,软化点增加。

三、改性乳化沥青生产工艺

选择出改性剂材料后,还不能保证生产出合适的聚合物乳液。首先应注意聚合物的离子特性,如果胶乳呈现阴离子特性,而乳化剂采用阳离子表面活性剂,则在乳化过程中存在着阴阳离子复配问题。大量的试验表明:任何比例的两性复配体系均形成非理想混合胶团,但两体系在形成胶团能力方面均出现增效作用。实际乳化生产时,若不注意添加方式和顺序,将会出现改性乳液破乳现象。

根据国内外大量文献资料报道,改性乳化沥青生产工艺基本采用以下方法。

1. 选用改性材料将沥青改性,再将改性沥青进行乳化(a 法)

此工艺(图 9-1)根据选用改性材料不同,其沥青改性过程也不完全相同。

1)固体橡胶

如果选用固体橡胶,可首先将固体橡胶溶解于甲苯、二甲苯、丙酮等石油溶剂中,后将橡胶溶液与溶融的沥青混合得到含橡胶的沥青,再将含橡胶的沥青进行乳化。此工艺需经三个工序,制备过程中需较多的设备、时间和劳动力;同时制备含橡胶成分高的橡胶沥青时,由于黏度大使沥青流动困难。另外,固体橡胶溶解使用石油溶剂时,由于易燃的溶剂产生的蒸汽,造成环境污染和成本高等。

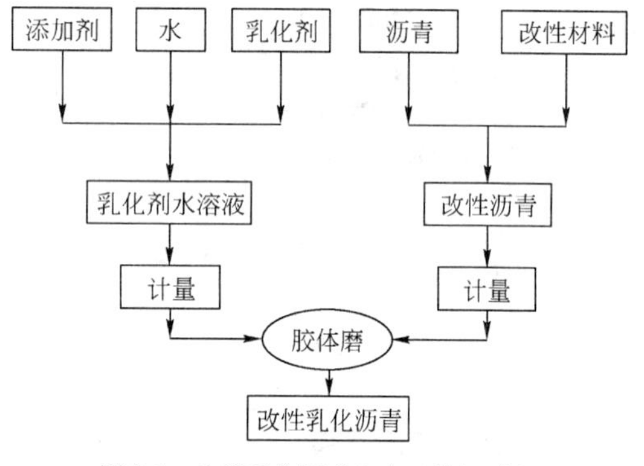

图 9-1 改性乳化沥青生产工艺(a 法)

2)胶乳

如果选用胶乳,则应将改性材料(胶乳)慢慢地加到高温溶融的沥青中,使橡胶粒子分散,再将含胶乳的沥青进行乳化。此工艺虽比上述工艺节省一个工序,但仍存在因混合多量胶乳时,需要有蒸发胶乳中水分的时间和橡胶沥青流动困难等问题。加之如果橡胶沥青混合温度高、时间长时,可能导致沥青和橡胶材料早期老化问题。

2. 先制出乳化沥青,然后掺配胶乳的方法(b 法)

该工艺首先将沥青进行乳化,而后将沥青乳液与胶乳在强力搅拌下混合来制备改性乳化沥青。因此,在沥青乳化和胶乳混合的两个工序中都需要设备。用这种工艺制得的改性乳化沥青,由于胶乳和沥青颗粒系在较大尺寸范围(一般 0.1 ~ 10μ)机械混合,加上胶乳中橡胶粒子和沥青粒子的相对密度差,沉降速度不同,影响改性乳化沥青的均匀性和稳定性。所以在贮存罐等容器中存放时,经过一段时间胶乳发生分离、沉淀,形成乳白色分离层。这种现象随着存放时间的延长而变得严重，使用时还需重新充分搅拌，以减少改性乳化沥青在罐底部或上部发生的浓度差。由于制成的改性乳化沥青效果不好，现在不推荐这种生产方法。

3. 将改性材料掺入乳化剂水溶液中，而后与沥青进入乳化机进行乳化的方法（c 法）

将胶乳、乳化剂、稳定剂配制成水溶液与溶融的热沥青同时进入胶体磨来制备改性乳化沥青。但用阴离子胶乳制造阳离子改性乳化沥青时，在配制胶乳、乳化剂、稳定剂水溶液时，应根据不同胶乳、用量对水溶液的 pH 值进行适当调整。此工艺（图 9-2）只需要一个工序即可完成，具有生产效率高、生产易控制、操作方便的优点，而且还具有黏度大、固含量高（干胶占沥青 2.5% ~ 10%）、贮存稳定性好的特点。

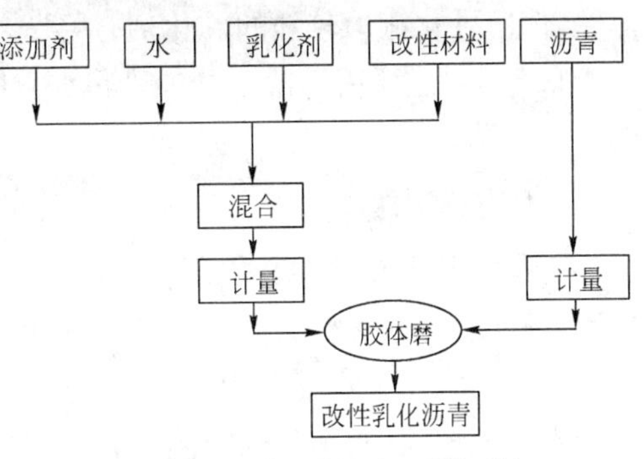

图 9-2　改性乳化沥青生产工艺（c 法）

第四节　改性乳化沥青的技术标准和检验方法

我国目前还没有制订改性乳化沥青的技术标准，微表处的技术规范也没有制订。国内近几年开展改性乳化沥青及稀浆封层的研究和应用，主要参照美国、日本和国际稀浆封层协会（ISSA）等制订的有关标准。

一、美国改性乳化沥青技术标准

美国是世界上最大的改性乳化沥青生产消费国，集中代表了一些世界最先进的技术和产品。国际稀浆封层协会的大部分技术规范均出自美国。美国地域辽阔，气候差异很大，其技术和经验对世界其他国家具有更针对性的指导借鉴作用。

改性乳化沥青在美国的使用范围很广，包括黏层、表面处治、再生、灌入式、冷拌混合料、常温混合料和微表处等。由于改性目的、改性方法、用途和地区不同，其技术标准也不一样。表 9-6 为美国不同地区的微表处用改性乳化沥青技术标准。

美国微表处用改性乳化沥青技术标准　　表 9-6

州名		阿拉巴马	伊利诺斯	堪萨斯	俄克拉荷马	宾夕法尼亚	维吉尼亚
筛上剩余量(%)		<0.01	<0.10	0.5	0.1	0.1	
贮存稳定性(%)	24h	<0.1	<0.1	<1	1	1	
	5d			<5			
赛波特黏度(s)		20 ~ 15	15 ~ 100	10 ~ 60	20 ~ 100	<100	20 ~ 100
固含量(%)		>60	>62	>57	>62	>62	>62
蒸馏方法			177℃15min	177℃20min	204℃15min	177℃15min	
蒸馏物延度(cm)		>40	>50	>80	>70	>40(15.5℃)	>40
溶解度(%)		>97.5	>97.5	>97.5	>97	>96	>97.5
针入度(0.1mm)		60 ~ 110	40 ~ 80	50 ~ 100	40 ~ 90	40 ~ 90	40 ~ 90
软化点(℃)			>60		>57	>60	>60
聚合物用量				>3%			
60℃动力黏度(Pa·s)			>800		>800	>800	
测力延度比率							0.5

1. 筛上剩余量

美国采用的是0.85mm的筛孔径，其要求为小于0.1%。应该说沥青颗粒粒径越小，其乳化沥青的性能越好，与石料的成膜均匀性越好，混合料性能越好。生产时只要采用较精确的胶体磨，使用乳化能力较强的乳化剂，达到该要求并不困难。在我国一般采用1.2mm筛孔，要求小于0.3%。建议用于微表处的乳化沥青的指标采用1.2mm筛孔，小于0.1%，以提高混合料的性能。

2. 贮存稳定性

与我国其他类型的乳化沥青标准是一致的，但一般只做一天的贮存稳定性指标。大部分采用乳胶改性的乳化沥青，由于乳胶的相对密度只有0.9左右，而沥青的密度尤其是重交沥青的相对密度大于1.0，静置几天后，乳胶会上浮到表面，呈现一层白色薄膜。因此建议，改性乳化沥青应尽快使用，不宜长时间贮存，而且使用前应对乳化沥青进行搅拌或摇匀。

3. 赛波特黏度

美国各州的赛波特黏度标准不完全一样，但大部分为20～100s。实际上这个黏度范围是比较合适的，因为若黏度过低，稀浆混合料的稠度就不理想，混合料容易发生离析，黏度过高生产较困难。按恩格拉黏度(E_{25})＝0.28赛波特黏度(SF_{25})换算，其恩格拉黏度范围为5～28，换算成我国的道路标准黏度$C_{25.3}$为18～75s。

4. 残留物含量

残留物含量大部分大于62%，较高的沥青含量即可得到较好的黏度，又可以节省运费，提高生产效率。蒸馏方法，美国全部采用的是蒸馏方法制取残留物，而不是蒸发方法。蒸馏方法的条件是相对固定的，其结果具有较好的一致性。对普通乳化沥青，其试验方法是用标准金属容器，上出口接冷凝装置，装入200g乳化沥青样品，开始在液面以上加热，当液体温度达到204℃时，火焰移至下部继续加热；当液体温度达到260℃时，关小火焰，保持260℃温度15min。整个蒸馏时间应在60min±15min内完成，完成后称重，计算残留物含量，并将残留物倒出，做有关残留物性能试验。对于改性乳化沥青，由于含有聚合物改性剂，过高的温度可能会造成聚合物的分解。因此，将第一步的温度降至177℃；第二步的蒸馏温度在美国也不统一，有的州降为204℃15min，有的州降为177℃15min或20min。

我国的方法为敞口蒸发方法，这种方法适合于快速测定残留物含量(乳化沥青样品可采用20～50g)。对于准确测定残留物含量及残留物性质，存在较大的人工操作误差，尤其是聚合物改性乳化沥青，如果聚合物不能均匀的分散在沥青中，其残留物的性质就无法测定。因此建议我国应逐步纳入蒸馏方法，改性乳化沥青蒸馏温度和时间建议用204℃15min。

5. 残留物延度

美国各州对残留物延度的标准也不一致。事实上用SBR的延度比用SBS、EVA等的延度好，但路用性能却各不相同。一般认为，SBR改善低温效果较理想，SBS改善高低温都较好，而EVA类的只适合改善高温。对于微表处，建议我国采用15℃延度大于40cm作为标准。

6. 残留物溶解度

同普通乳化沥青。

7. 残留物针入度

在美国,残留物针入度大部分在40~90(0.1mm)之间,也有部分在50~110(0.1mm)之间,这主要考虑地区差异和气候条件来确定。在我国南北气候差异比较大,建议在南方采用40~90(0.1mm),北方采用60~110(0.1mm)。

8. 残留物软化点

美国的残留物软化点大部分大于60℃,也有大于57℃的。在我国也可以采用这个标准,南方大于60℃,北方大于57℃。

9. 60℃动力黏度

这个指标比较能反映沥青的抗高温能力。在美国有些州作为控制指标,有些州作为参考指标,大部分州未作要求。要求值为大于800Pa·s。在我国,如果微表处用于高速公路,建议纳入该指标。

10. 测力延度比率

其试验方法与延度试验相近,是在测延度的同时,测沥青的抗力。试验温度一般为4℃,拉伸30cm,计算拉至30cm时的抗力与最大抗力的比,一般要求大于0.3。微表处用乳化沥青一般很少采用这个标准。

11. 聚合物用量

在美国有少量的州用检测聚合物用量的方法来保证改性乳化沥青的性能,但实际上除聚合物用量外,聚合物的性能(分子量大小、结构、有效胶含量)等对改性沥青的影响也很大。尤其在我国对聚合物的认识还比较初级的时候,不宜用掺量多少来控制性能。

12. 动态剪切试验

随着SHRP技术的不断完善和大规模推广使用,许多业主及供应商开始对残留物的动态剪切试验进行测定,要求-12℃时的蠕变劲度小于300MPa,也就是达到PG70—22等级。对于一条具体的道路来说,根据其气温高低、交通量大小等计算出其所需的设计温度,如果该温度小于70℃,则PG70—X的改性乳化沥青是适合的。

二、日本改性乳化沥青技术标准

日本的改性乳化沥青标准是日本乳化沥青协会的标准,其代号为JEAAS(Japan Emulsifier Asphalt Association Standard),公布于1984年。1994年日本道路协会在修订《沥青路面铺装纲要》第四章的第5节中,补充了掺配聚合物改性乳化沥青的检验标准。

表中所列检测项目,除了黏韧性、韧性及灰分三项外,其他各项与乳化沥青的检测方法相同,可参考有关乳化沥青的检验标准及检验方法。

1. 改性乳化沥青蒸发残留物的黏韧性及韧性试验方法

1)试验方法概要

为了测定改性乳化沥青(含聚合物)的蒸发残留物的黏韧性及韧性,将试验样品放入规定的试样容器内,按规定的速度进行张拉,同时记录下试样拉伸至300mm时的应力与拉伸值的曲线。

2)试验用仪器

试验所用仪器,如下所述:

黏韧性及韧性试验仪器如图 9-3 所示,由拉头、三脚支架、试样容器和定位螺母组成。图 9-3a)为试验仪器的组装图。

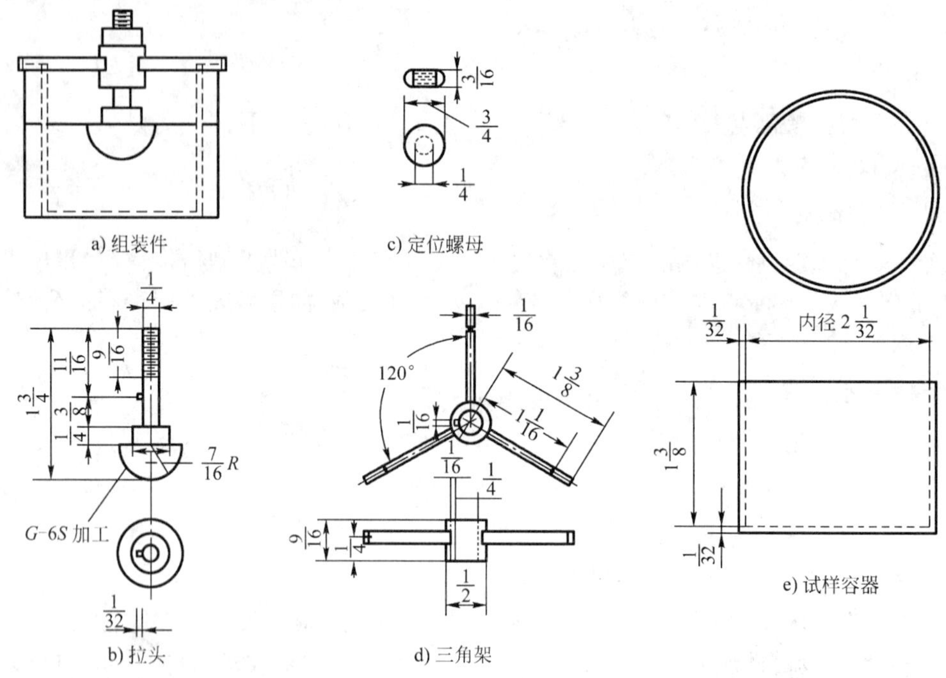

图 9-3 黏韧性与韧性试验的仪器图

(1)拉头:如图 9-3b)所示的金属制品的形状与尺寸。采用不锈钢的材质(sus304 或 s15c 钢材),表面镀铬达到 3 号,具有耐腐蚀性,拉头的研磨粗糙度要求达到 1.6。

(2)定位螺母:如图 9-3c)所示形状与尺寸的金属制品,材料质量与拉头相同。

(3)三脚支架:如图 9-3d)所示形状与尺寸的金属制品,材料质量可与拉头相同,也可用黄铜制作。

(4)试样容器:如图 9-3e)所示形状与尺寸的金属制品平底圆筒。材质采用不锈钢(sus304),厚度为 0.8 ~ 1mm。

(5)恒温水浴槽

可和韧性与黏结力试验仪器并排置入,为能保持 25℃ ±1℃恒温水浴槽,加热绝缘要达到 JISK2208 之 5.2 的要求。

(6)温度计

JISB7410(石油类试验用玻璃温度计)规定的 17 号温度计。

(7)张拉试验机

张拉速度具有 50mm/min 以上张拉能力,并具有能检测 0 ~ 1000N 荷重的检测器,还要具有张拉的荷重与拉伸同时记录的功能。

3)试样的准备

(1)取部分试样加热,缓慢的搅拌,不使气泡进入试样中,加热至 160℃。

(2)试样均匀时,事先将试样容器保温至 60 ~ 80℃,采用这个试样容器和 50g ± 1g 试样。

(3)将事先加温至60～80℃的韧性与黏结力试验仪器组装在试样容器上。拉头的半球面的上面,应调节至试样表面相同高度。

(4)试验仪器在室温放置15～30min后,调整拉头的表面,然后再在室温下放置1～1.5h,在25±0.1℃的恒温水浴孔架上养生1～1.5h。

4)试验的顺序

(1)将试验仪器从恒温水浴槽中取出,立即安设在张拉试验机上。

(2)而后以500mm/min速度进行张拉,将试样拉伸至300mm以上为止。

(3)此时记录仪的记录速度应调整为500mm/min或1000mm/min,记录出荷重与拉伸的关系。

(4)从记录纸上画出荷重与拉伸的关系曲线,如图9-4所示。A、B、C、D、F、A包围的面积部分为韧性;C、D、F、E所包围的面积(斜线部分)为黏结力,以N·cm表示。

(5)如图9-4所示的荷重—拉伸曲线求出韧性和黏结力面积的方法为质量法。再由面积测定方法,用求积仪测定面积,应测两次以上,取其平均值。

(6)将荷重—拉伸曲线上显示的*ABCDFA*及*CDFE*所包围范围的记录纸剪下,并分别称其质量到0.001g。

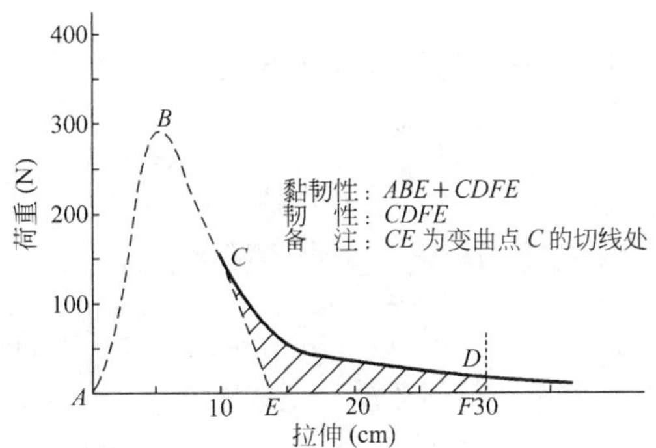

图9-4　黏韧性、韧性荷重-拉伸曲线

(7)从未使用的记录纸上,剪切在加一定荷重与拉伸时相当面积的记录纸,并分别称出其质量至0.001g。

(8)试样的韧性及黏结力由下式求出:

黏韧性(N·cm)=记录纸(*ABCDFA*)的质量(g)/单位面积记录纸的质量(g/N·cm)

韧性(N·cm)=记录纸(*ABCD*)的质量(g)/单位面积记录纸的质量(g/N·cm)

(9)同一试样做两次取其平均值,N·cm单位取整数。

2. 改性乳化沥青蒸发残留的灰分试验方法

1)试验方法的概要

采取试样放在坩锅中,加热使试样成为碳质并燃烧后,放入高温炉,使碳质全部成灰。将它放入干燥器中冷却称其质量,即可计算出其灰分。

2)试验仪器

试验仪器如下所列:

(1)坩锅:白金的或瓷的,容积为30～60mL带盖的广口坩锅。

(2)高温炉:用可调整温度为775℃±25℃的电加热炉。

3)试验的顺序

(1)将坩锅加盖放入高温炉,在775℃±25℃加热10min,然后放入干燥器中,冷却至室温,称其质量至0.0001g。质量差值经过反复操作,误差在0.0005g以下。

(2)经过蒸发残留试验所得的蒸发残留试样,使其溶解,经过缓慢均匀拌和,从中取出2g

试样放入坩锅中,称质量准确至0.01g。将坩锅盖稍微错开,用煤气燃烧喷嘴缓缓加热,当试样表面开始燃烧时,以后尽可能调节保持一定的燃烧状态进行加热。

(3)坩锅中试样完全燃烧成碳质,将坩锅放入高温炉,将盖稍微错开在高温下,将碳质物质进行加热到全部燃烧为止,尔后放入干燥器中冷却至室温,称质量准确至0.0001g。再将它放入高温炉,经过10~20min775℃ ±25℃加热,放入干燥器冷却至室温。如此反复进行两次,称其质量差小于0.0005g。

4)计算及结果

灰分用下式算出,准确至小数点后1位。

$$A = \frac{w}{W} \times 100$$

式中:A——灰分的含量(%);

w——灰的质量(g);

W——试样的采取量(g)。

三、我国改性乳化沥青(微表处用)技术要求

根据国外规范、大量工程实例及我国的具体情况,我国的微表处用改性乳化沥青技术要求在国家有关部门还没有正式颁布有关标准前,建议根据表9-7进行试用。

改性乳化沥青(微表处用)技术要求(建议) 表9-7

项目		单位	技术要求		试验方法
筛上剩余量(1.21mm)		%	≤0.1		T0652
储存稳定性	24h	%	≤1		T0655
黏度	道路标准黏度	Pa·s	18~75		T0621
	思格拉黏度(25℃)	Pa·s	5~28		T0622
	赛波特黏度(25℃)	Pa·s	20~100		T0623
残留物含量		%	≥62		STMD244
蒸馏残留物性质	针入度(25℃,100g,5s)	0.1mm	40~90	60~110	T0604
	延度(15℃,5cm/min)		≥40		T0605
	软化点	℃	≥60	≥57	T0606
	溶解度	%	≥97.5		T0607
	60℃动力黏度	Pa·s	≥8000		T0620
使用地区			南方	北方	

注:蒸馏温度,第一步177℃,第二步204℃;有条件的单位,可以测定残留物的动态剪切模量和测力延度。

第五节 微表处混合料的配合比试验

微表处混合料主要进行以下几项配合比试验:

(1)可拌和时间试验;

(2)内聚黏结力试验;

(3)湿磨耗试验;

(4)负荷车辙试验;

(5)水敏感性试验。

一、可拌和时间试验

可拌和时间试验是模拟摊铺施工现场的工作状况，通过该试验来确定乳化沥青的基本配方。可拌和时间的长短与沥青、乳化剂性能、乳化剂用量、乳化效果、集料性能和温度等有直接的关系，当沥青、集料和温度已相对确定的前提下，可以通过改变乳化剂的品种、乳化剂用量、皂液的 pH 值或添加其他化学物质的方法来获得最佳的可拌和时间。按 ISSA 的规定及大量实践证明，可拌和时间必须大于 60s。

典型的第一个可拌和时间试验配比可设计为：

集料：99g

水泥：1g（普通波特兰水泥）

改性乳化沥青：13g（残留物含量 62%）

水：8g

具体试验方法参照《路面稀浆封层施工规程》（CJJ 66—95）执行。

二、内聚黏结力试验

内聚黏结力试验可以测定微表处的凝固速度，确定其初凝时间和开放交通时间。黏结力—时间曲线与改性乳化沥青的配方、混合料的配比、气候温度、摊铺厚度等有关。当气候温度、摊铺厚度等预先假定的条件下，可通过改变改性乳化沥青的配方和混合料的配比来选择最合理的黏结力—时间曲线。在 ISSA 的技术规范中，按黏结力—时间曲线将稀浆混合料（包括稀浆封层和微表处混合料）分为慢凝慢开放交通型、快凝慢开放交通型、假凝慢开放交通型、快凝快开放交通型和直线开放交通型，如图 9-5 所示。微表处应设计成快凝快开放交通型，以至于直线开放交通型曲线。

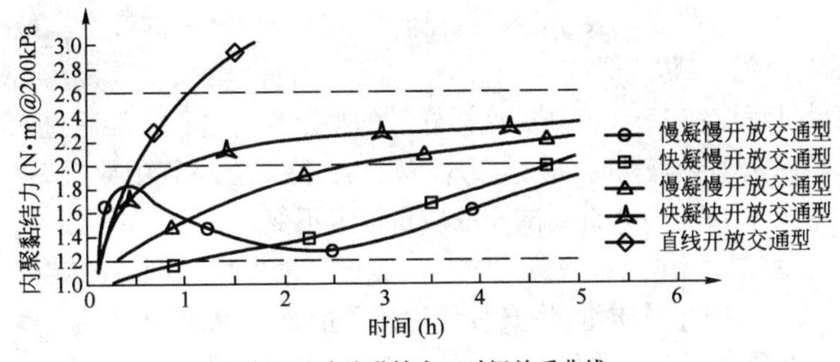

图 9-5　内聚黏结力—时间关系曲线

具体技术指标应控制为：30min 内聚黏结力 >1.2N · cm

60min 内聚黏结力 >2.0N · cm

三、湿磨耗试验（Wet track Abrasion Test）

湿磨耗试验的目的是用于控制混合料的最小沥青用量，同时也对混合料的抗水能力进行初步判断。

具体试验方法参照《公路工程沥青及沥青混合料试验规程》（JTJ 052—2000）或《路面稀浆封层施工规程》（CJJ 66—95）执行。

试验时可按预估的沥青用量(如乳化沥青用量为13%),±1 和 ±2 共五个点(即11%、12%、13%、14%、15%)分别进行湿磨耗试验,得出沥青用量与磨耗量的关系曲线,确定最小沥青用量。

其基本技术要求,对于普通的稀浆封层,浸泡1h后的磨耗量应小于$806g/m^2$($75g/ft^2$)。而对于微表处,则要求浸泡1d后的磨耗量应小于$537g/m^2$($50g/ft^2$),浸泡6d后的磨耗量应小于$806g/m^2$($75g/ft^2$)。

四、负荷车辙试验

这一试验方法是通过承载车轮试验模拟交通压实来测试微表处沥青面层的压实度和变形特性,并控制最大沥青用量。

具体试验步骤是以(ISSA TB#109)为依据。

1. 试验仪具

(1)合适的拌和勺或刮刀、碗和用来准备500g混合料的天平。

(2)7.5cm×40.5cm电镀钢质垫片和一个可以盛放1.27cm×5.1cm×38cm的模具。

(3)如ISSA TB#109中描述的负荷车辙测试仪,包括一个直径为7.6cm的软橡胶车轮,承载质量为56.7kg,并在一个30.5cm长的水平路径上以每分钟44圈的速度进行往复运动。

(4)带有6.35mm槽的4.78mm×12.7mm×101.6mm的定位块,以及可以测定试样长和宽的精确度在0.01mm的游标尺。

2. 试验步骤

(1)500g使用0~4.76mm或其他级配集料的干燥集料,既定数量的填料,水添加剂和乳化沥青。在30s充分拌和之后,将混合物倒入模具中,高度超过安装垫片,并立即使用木片或"U"型木板将不平的地方除去。要小心避免任何离析或自由液体的产生。最好将模具的内侧涂上一层薄薄的脱模剂,以防止黏连。

(2)整个铸模过程应在15s内完成,这样样品的整个准备过程不会超过45s。

(3)当混合料固定不会流动时,应小心地将模具去除。在空气中放置24h之后,将试样放入180℃的烘箱中放置18~20h,直到试样的质量恒定不变。

(4)冷却2h至室温,使用定位块测定试样的宽度和净厚度。同时测定试样的净质量并记录。此时将试样放入水中测量质量,将安装垫片的质量减去,测出试样的密度。

(5)将试样放在负荷车辙试验仪上,设置为1000次,56.7kg进行压实。在整个试验过程中,温度应保持在22℃±2℃。

(6)将试样从试验仪上取下,并立即对车轮通过的横向和中心位置进行测量,并记录结果。

3. 报告

(1)纵向变形百分比(车辙深度占试样原净厚度的百分比);

(2)横向变形百分比(原宽度的增加量)。

试验证明:在本试验的条件下,未经限制的纵向变形如果超过10%的话,在未经压实的摊铺应用中效果不理想。

五、水敏感性试验

本试验规程包括了对有明确级配的集料填充料与乳化沥青之间的相对相容性的测定。

本方法通过与参考化合物试验数值对比，从而为磨耗损失、黏附力及通过规定尺寸过滤的沥青化合物在高温下的黏附力等提供分级系统或分等数值。本试验得出的数值可能与铺路混合料的现场性能有关，本方法已在美国成功地运用。

1. 试验仪具

(1)适宜的混合拌铲及能容纳200g混合料物的容器。

(2)敏感度在0.01g±0.005g的天平。

(3)温度设置为60℃的鼓风烘箱。

(4)室温下的水(25℃ ±3℃)。

(5)由一个底座，一个内径为30mm、高70mm套管及直径29mm压头组成的模具组(图9-6)。

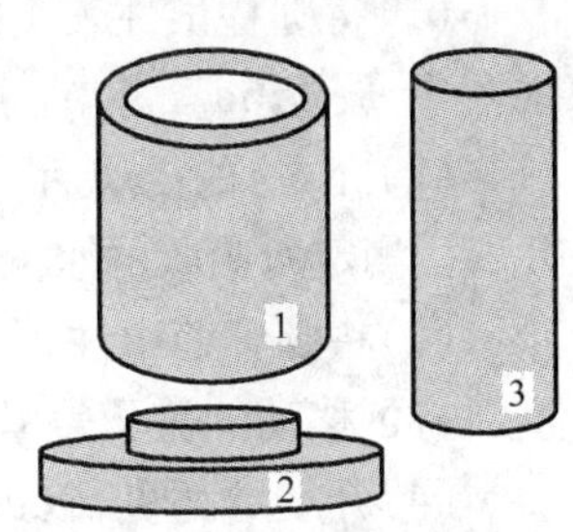

图9-6　模具组图

1-套管;2-底座;3-压头

(6)通常可承受10kN压力的压力机。

(7)圆量筒。由丙烯酸制成的内径为60mm、内高400mm可盛放1100ml+25ml水的管筒，两头由可以随时拆卸的能密封的金属盖子封住。

(8)磨耗机。可以同时容纳两对圆量筒，并可以在中心轴上以20r/min的速度旋转运动。

(9)将一个直径为50mm、高为50mm的镀锌金属篮以适当的方式悬挂于沸水中。

2. 材料

(1)不含有害不溶物的自来水。仅作参考目的时，可使用蒸馏水。

(2)所使用的乳化沥青应进行充分的搅拌，并通过20号筛过滤。

(3)几种添加剂，例如波特兰水泥、石灰水合物、铝或铵盐基硫酸盐、专利缓凝剂、速凝剂应酌情使用。如果缺少这些添加剂，使用1%的波特兰水泥可作为参考标准。

(4)纯净的沥青或沥青黏结料应单独使用，或与添加剂共同使用，例如抗剥落剂和50%不可燃的、低沸点物质的混合液，使拌和在60℃下进行。

(5)使用的集料筛分及重新级配如下：

筛子尺寸

$$710 \sim 2.00\mu m = 25\%$$
$$250 \sim 710\mu m = 40\%$$
$$90 \sim 250\mu m = 15\%$$
$$0 \sim 90\mu m = 20\%$$

(6)如果集料没有进行重新级配，并被认为可以100%通过2.00mm(10号)筛，应在试验结果中清楚地注明。

3. 混合物的准备

(1)将200g准备好的集料，2g(1%)波特兰水泥或其他既定量的水泥或其他添加剂以及充足的水放入一个合适的碗中，生产出可使用的稀浆(大约50g)。在加入乳化沥青之前，进行充分的搅拌。

(2)加入相当于含有8.125%±0.1%的纯沥青(65%乳化沥青残留物的12.5%)并进行

拌和，直到破乳。将破乳的稀浆移入一个适当的干燥盘中，并在空气中放置至少 1h。然后在温度设置为 60℃的鼓风烘箱中烘干到质量恒定（大约要求放置 18h）。

（3）将在 60℃烘干的 40g ±1g 均匀搅拌的混合物放入一个模具中，预热到 60℃，然后立即用 10kN 的压力（320kPa）对混合物加压 1min。将施压后的圆饼从模具中取出，并冷却至室温。

4. 试验步骤

（1）将圆柱试件表面的松散物质除去，称质量精确到 0.01g，然后将其浸泡在 25℃ ±3℃的水浴中，放置 6d。

（2）在 6d 的浸泡后，用纸巾将试件表面擦干直至纸巾上无湿点为止，立即称质量，精确到 0.1g。测定所吸收的水的质量，并记录为“吸收”。

（3）将圆量筒中注入自来水，水的体积大约为 750mL ±25mL。将圆柱试件放入圆量筒中，重新将可移动的盖子盖紧，然后安全地放入磨耗机中。

（4）开动磨耗机，以 20r/min 的速度运行 3h ±3min（3 600 转）。每转半圈的时候，圆柱试件就会在圆量筒中穿过水沉到量筒的底部。

（5）在磨耗了 3 600 转之后，将圆柱试件从圆量筒中取出，擦干圆柱试件的表面，然后立即称质量并精确至 0.1g，从而测定质量损失或磨耗损失。

（6）将经过磨耗的圆柱试件放入金属筐中，然后将其悬挂于一个 800mL 的烧杯中或其他任何适当的装满了沸水的容器中，放置 30min。

（7）将经过煮沸的剩余的圆饼放在吸水的纸巾上。当表面干燥后，将最大的一块称质量，并将其占原来圆柱试件质量的百分比记录下来。这一比例是高温凝聚力数值，或称“完整性”。

（8）在空气中干燥了 24h 之后，估计完全被沥青覆盖的集料部分的百分比。这已覆盖比例被记录为“黏附力”。

5. 报告

每次试验报告四组样品的平均值，包括：

吸收　　以克表示；

磨耗　　以克或覆盖百分率表示；

黏附力　　以覆盖百分率表示；

完整性　　以剩余团块的百分率表示。

六、混合料技术性能要求小结

根据以上试验内容和要求，混合料技术性能要求归纳如表 9-8 所示。

微表处混合料技术性能要求　　表 9-8

性能		指标
可拌和时间		>60s
内聚黏结力	30min	>1.2N · m
	60min	>2.0N · m
湿磨耗量	1d	<806g/m^2
	6d	<527g/m^2
负荷车辙深度变化		<10%
水敏感性等级分		>9

第六节　微表处的施工要求和在我国的应用前景

一、微表处的施工要求

1. 设备要求

(1)有比较准确的计量。由于微表处施工时对各种物料的配比要求较严,所以要有准确的计量。

(2)有双轴强制式搅拌箱。因为要达到微表处施工,混合料搅拌时间不能过长,而又要必须在短时间内搅拌均匀,传统的螺旋式搅拌箱就不能满足要求。

(3)用于填补车辙的摊铺箱是特殊设计的。它能将粒料最大的部分送到车辙的深处,从而使稳定性最好,其边缘能自动变薄铺开。

(4)要有添加剂系统。这样就能方便地把缓凝剂或促凝剂加入混合料中。

2. 标定

在施工之前,每台封层机都要进行标定。在标定已经完成并且合格后,封层机才能投入使用。

3. 气候要求

ISSA 规定,在路面或空气温度达到 10℃ 并且持续下降时,不允许进行微表处施工。但是在路面或空气温度达到 7℃ 并且持续上升时,允许进行微表处施工。

4. 路面准备工作

(1)在进行微表处施工前,必须把路面上所有遗留的材料、泥土、杂草和其他有害东西都清理干净。如果使用水冲洗路面,则要使所有的路面裂缝完全干燥后,才能进行微表处施工。

(2)一般不要求洒黏层油。对于路面光滑、松散以及水泥路面,可以采用洒黏层油的方法。

5. 施工要求

(1)使用搅拌箱前的喷水管将路面进行预先湿润,喷水量可根据当天施工期间的气温、湿度、表面纹理和干燥情况进行调节;

(2)封层机启动前,摊铺箱中必须有一定量的混合料,而且稠度适当,分布均匀,封层机才能匀速前进;

(3)在已完成的微表处路面上不得存在由超大集料所引起的拖痕,如果出现拖痕,应立即采取措施;

(4)在纵向或横向接缝上不允许出现接缝不平、局部漏铺或过厚,纵向接缝尽可能设置在车道标线上,并尽可能减少纵向接缝;

(5)在拌和与摊铺过程当中,混合料不得出现水分过多和离析现象,任何情况下都不能在摊铺过程当中直接向摊铺箱内注水;

(6)在摊铺箱不能到达的地方必须采用人工施工,通过人工用橡胶辊碾压封层达到均匀和平整;

(7)固化成型前禁止一切车辆驶入,行人不得踏入,严格管制交通。

二、微表处在我国的应用前景

我国自1988年京石、沈大、沪嘉高速公路通车，实现了我国大陆高速公路零的突破。这以后我国公路建设，特别是高速公路建设突飞猛进。在高速公路里程大幅度增长的同时，高速公路的建设质量从总体来说也向世界先进水平迈出了一大步。但是，我国已建的高速公路维修养护的工作量很大，部分出现早期破坏现象。

按照国外的一般情况，高速公路路面在通常的设计寿命15~20年内，交付使用后长则10余年，短则五六年或七八年，表面层即需维修罩面一次。我国的高速公路沥青路面，早期的已经使用了10余年，相当一部分已经有五六年以上，已经面临维修养护期的到来。

另一方面，由于某些高速公路沥青面层厚度较薄，工期较紧，结构不尽合理（尤其是表面层的透水），材料质量不好，施工管理或监理不严，开放交通后交通量迅速增长，车辆大型化，超载严重，长期受水分浸泡等种种原因，致使在一些高速公路路段的沥青路面出现严重的早期破坏，主要是水损坏。因此，在有些高速公路上，已经出现了严重的坑槽、裂缝、车辙，影响交通，使用性能下降。

近年来，我国一些科研机构和施工单位，在借鉴国外成功经验的基础上，对部分高速公路和城市干道进行了聚合物改性乳化沥青稀浆封层的研究和应用，取得了一定的成功经验。不过，我国目前基本上都是采用于苯胶乳、氯丁胶乳等胶乳类与乳化剂水溶液混合后，再与沥青乳化制成改性乳化沥青的工艺。混合料配合比设计和施工仍然停留在普通稀浆封层的水平上。稀浆封层机和综合养护车方面，尽管国内也有一些产品，但性能与国外先进水平还有一定的差距。

国内外的研究和应用证明，微表处确是功能最完善的道路养护方法之一，对出现在高速公路、城市干道和机场道路上的各种病害的修复最为行之有效。

就广义来说，普通稀浆封层能够使用的地方，微表处都能使用。但就我国的实际情况，道路建养费用还十分缺乏，还不可能大量地、普遍地采用这项技术。微表处主要用于道路表面层，首先应该考虑使用的地方是：

（1）高速公路的抗滑表层和车辙处理；

（2）城市快速路和主干路的表面抗滑、低噪声、美观处理；

（3）公路重交通路面，重载及超载车多的路段，公路弯道、匝道、坡道、交叉路口；

（4）在水泥混凝土路面上起到磨耗层作用，可治理表面磨光、露骨，提高平整度，降低渗水率；

（5）机场停机坪道面，可以耐磨，抗变形，显著减少集料的飞散量；

（6）立交桥和桥梁桥面，特别是钢桥面铺装在治理病害、改善表面状况的同时，不会过多地增加桥身自重。

另外，养护时间由一般稀浆封层的4~5h缩短为1.5~2.5h，是最适应高等级公路车流量大、需夜间养护的特点，是高等级公路最大限度发挥社会、经济效益养护保障手段，其经济比值较好的一种方法。

随着我国高速公路和城市道路建设及使用年限的延长，路面的维修养护工作量增加。因此，微表处技术在我国高等级公路和城市道路的维修养护将具有广阔的市场需求和良好的推广应用前景。

第七节　石黄高速公路××桥微表处罩面设计与施工

一、微表处材料设计

1.原材料确定

1)乳化沥青

本次生产我们选用壳牌70号重交沥青作为基质沥青,其主要性能如表9-9。

基质沥青基本技术指标　　表9-9

沥青＼主要性能	针入度(25℃、100g、5g)	延伸度(15℃、5cm/min)	软化点(5℃,5℃/min)
壳牌70号	70	>150	47.9

2)改性剂

选用天然胶乳PC-1468作为改性剂,在施工时现场外添加3.0%的丁苯胶乳,此方法易于计量,加入方便,均匀性和路用效果好。

3)乳化剂

维什伟克公司的MQK-1M乳化剂,纯度高,乳化效果好,拌和时间长,易于施工,正常气温40min至60min黏结力可以达到2N·m以上,缩短了开放交通时间。其用量为1.5%。

4)矿料

本次施工选用ES—4型级配,备料方法采用集中备料,机械筛除大料,并机械搅匀,其集料硬度大,耐磨性好,与沥青的黏附性强,砂当量60%以上,其技术性质如表9-10所示。

微表处矿料基本性质　　表9-10

试验项目	单　位	试验结果	标准要求	结　论	试验项目	单　位	试验结果	标准要求	结　论
洛杉矶磨耗值	%	10.6	30	合格	吸水率	%	0.8		合格
压碎值	%	8.8	28	合格	坚固性	%	1.1	12	合格
黏结力		4级	4级	合格	泥土含量	%	0.3	1	合格
饱水抗压强度	MPa	224	100~120	合格	软石含量	%	0.6	5	合格
视密度	g/cm^3	2.73	2.45	合格	针片状含量	%	4.2	15	合格

2.改性乳化沥青检测结果(表9-11)

改性乳化沥青检测记录　　表9-11

试验项目		乳化沥青种类			试验结果	试验方法
		PC-1	PC-2	PC-3		
		PA-1	PA-2	PA-3		
筛上剩余量(%)		<0.3			0	T0652-93
电荷		阳离子带正电(+)			+	T0653-93
破乳速度试验		快裂	慢裂	快裂		T0658-93
黏度、沥青标准黏度计C25.3(s)		12~45	8~20		12″	T0621-93
蒸发残留物含量(%)		>60	>50		60.67	T0651-93
蒸发残留物性质	针入度(100g,25℃,5S)(0.1mm)	80~200	80~300	60~160	67	T0604-93
	沥青延度(5℃),(5cm/min)	≥40			76.2	T0605-93
	软化点(℃)(环球法)min	≥57			58.0	T0607-93

续上表

试验项目		乳化沥青种类			试验结果	试验方法
		PC-1	PC-2	PC-3		
		PA-1	PA-2	PA-3		
储存稳定性(%)	5d	<5				T0655-93
	1d	<1				T0655-93
与矿料的黏性试验,裹腹面积		>2/3				T0654-93
低温存储稳定性(-5℃)		无粗颗粒或结块				T0656-93

从检测结果可以看出,本次桥面维修采用的改性乳化沥青符合规范要求。

3. 矿料级配检测结果

从表9-12和图9-7,可以看出本次微表处路段施工质量非常均匀,矿料级配变异很小。

抽检级配结果　　表9-12

桩号	沥青用量	通过率(%)							
		9.5mm	4.75mm	2.36mm	1.18mm	0.6mm	0.3mm	0.15mm	0.075mm
K316+400	6.02	93.60	71.31	49.18	34.68	21.97	15.57	10.25	4.89
K315+900	6.11	93.39	71.41	49.08	34.25	21.94	15.67	9.99	5.13
K314+500	6.10	93.65	71.40	49.29	34.74	22.43	15.90	10.14	5.36
K312+200	6.01	93.39	71.77	49.59	35.67	22.67	16.34	9.82	5.22
K310+500	6.00	93.61	71.35	48.88	35.54	21.98	15.33	9.16	4.75
K317+950	6.02	93.46	71.41	49.90	36.09	22.83	17.06	10.76	5.68
K312+500	6.49	94.14	73.40	50.50	37.74	23.23	15.14	10.07	4.86
K312+500	6.26	93.58	71.27	49.73	36.15	22.21	15.60	10.25	5.34
K311+000	6.5	93.35	71.26	48.91	34.58	21.77	15.50	10.18	5.29
K320+560	6.26	93.68	70.85	49.86	34.85	22.14	15.63	10.25	4.71
K321+900	6.38	93.01	70.63	47.84	33.91	21.12	14.99	9.95	4.58

二、施工工艺

1. 旧桥面处理

与一般的旧桥面铺装新沥青混凝土前的要求基本相同。

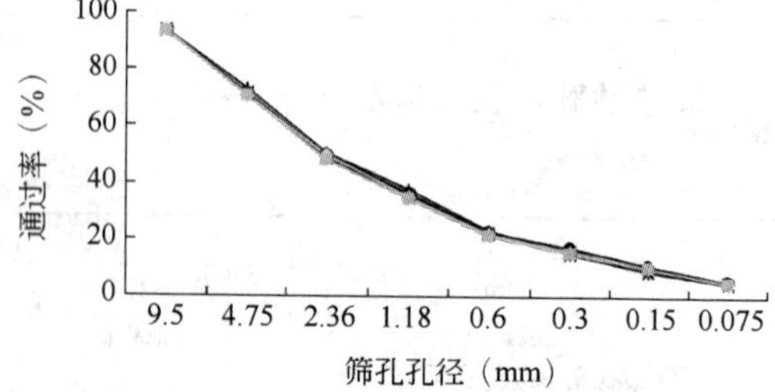

图9-7　微表处施工段抽检矿料级配曲线

2. 稀浆封层机的标定

1)集料输送带的标定

(1)启动发动机;

(2)使输送带计数器复位归零;

(3)皮带上做记号,便于查皮带循环次数;

(4)接合离合器,使输送带运转(一般运转3个循环),如果有松动,应调紧后再运转;

(5)记下计数器读数,算出输送带每一循环计数器的平均值;

(6)重复再做一次,取其平均值。

2)集料的计量标定

(1)将复合要求的骨料装满贮存罐;

(2)将输送带计数器归零;

(3)使集料闸门开度指针在"1"的位置上;

(4)启动发动机;

(5)接合离合器,使输送带运转了循环输出集料;

(6)称量输出集料后的整车重量,计算每个循环输出骨料的重量:同时记录输送带计数器的读数;

(7)计算输送带每一个循环输出集料重量的同时;

(8)重复以上动作,取其两次平均值制表;

(9)改变集料贮存罐闸门开度分别在2、3、4、5的位置,重复以上动作各两次,计算两次的平均值。

(10)将各闸门及输出集料的平均值填入坐标图,X轴为集料重量,Y轴为闸门开度值,将对应值填入坐标位置,将各点连接即为集料用量与闸门开度的曲线。

3)填料的计量标定

(1)将输送带计数器、填料计数器复零位;

(2)启动皮带机;

(3)开启填料控制阀旋扭2转;

(4)短时接合总离合器,使填料从出口进入拌和仓,分离离合器;

(5)在骨料输送带上做一记号;

(6)备一50L开口器皿,放在填料出口处;

(7)接合总离合器,使输出送带运转3循环;

(8)记下输送带计数器读数,填料计数器读数;

(9)称量填料输出的净重量;

(10)计算输送带每循环的填料输出量,计算填料计数器单位填料重量;

(11)重复一次,取其平均值;

(12)旋动填料控制阀4转、6转、8转、10转、12转,重复上述动作各做2次,取其平均值;

(13)将以上各开度2次平均值填入坐标图表,X轴为填料数每循环的重量(kg),Y轴控制阀的开启转数,将附表各开度的平均值制附图。

4)水的计量

(1)将2000L水加入水罐内;

(2)备一50L器皿接盛由水罐输出水;

(3)将水泵的阀门旋开一转;

(4)将输送带计数器复零位;

(5)在皮带上做一记号;

(6)启动皮动机,接通层离合器;

(7)使皮带运转;

(8)称出输出水的重量;

(9)重复作一次,取其平均值;

(10)使水泵阀门旋8转、12转、16转、20转、每转重复做2次,取其平均值;

(11)计算各开度时输送带每循环输出重量,制表;

(12)每旋转开度为Y轴、输出量(每循环)为X轴绘图,以便按需要水的用量。

5)乳液计量的标定

(1)将合格的乳液装满液罐;

(2)备一200L开口桶及磅秤;

(3)用中40mm胶管按在乳液泵的出口处,使乳液能流入开口桶内;

(4)使皮带计数器复零位;

(5)在皮带上做一记号;

(6)使乳液泵的流量控制阀在规定的位置;

(7)启动发动机;

(8)记录计数器读数;

(9)称量乳液输出的净重;

(10)重复作一次,取其平均值;

(11)改变乳液泵控制阀,各重复以上动作2次,取2次的平均值;

(12)计算各开度每循环(输送带)的乳液输出量转数制表;

(13)以各开度百分数为Y轴,各开度输出乳液为X轴制图,需要的乳液的用量,从曲线中查出控制阀的开度。

3. 现场施工

根据稀浆封层车的标定,将车辙混合料的配合比输入封层车,封层前测量石料的容重,石料容重为1.552g/cm^3,与集料潮湿膨胀试验表对照,确定石料的含水量为1%,其最佳添加水量为12%,故须再外添加11%的水,对应水泵的标定表,确定料门开度。为了确定封层车的标定准确度,在封层前,从封层车的出料口取了一定的稀浆混合料,现场测定混合料的稠度,测定值为2.2,符合设计,经抽提试验,确定混合料的油石比为6.07%,对应的乳化沥青用量为10%,与封层车的设定一致。

在摊铺中,根据车辙形成的特点,以路面原有的分界线为标线,沿路面摊铺,并且随时注意车辙的变化,横向调整摊铺箱,使车辙处理达到最好的效果,而不使摊铺偏移。

在摊铺过程中,严格控制混合料的添加水量,避免跑浆现象,过多的水容易产生浮油现象,要控制好外加水量,如果产生浮油现象,要停机,调整外添加水量,并将路面浮油部分清理出场。

通过对施工质量的抽检,可以判定本次微表处施工(图9-8),达到了预期目的,改善了路表的路用性能,同时总结出的施工经验,为今后微表处在河北大面积应用打下良好的基础。

图9-8　微表处施工后的桥面

乳化沥青稀浆封层,对材料、配合比、施工工艺等要求非常严格(表9-13),一道环节出现问题,就会影响封层的质量和路面的稳定,所以要一环扣一环,一丝不苟的严把质量关,从而保证路面的施工质量。

施工抽检记录

表 9-13

试验项目	矿料裹覆性	稠度值	油石比	矿料级配
规定值或允许值	>2/3	2~3	+0.5%~-0.5%	规定范围
检测范围	车料或 $1000m^3$	一天施工中	一天施工中	一天施工中
检测点数	1	2	1	1
检测方法	目测	稠度试验	抽提法	抽提法
桩号	检测结果			
K1773+400	>2/3	2.6	6.3%	4 型
K172+900	>2/3	2.7	6.4%	4 型
K171+500	>2/3	2.6	6.3%	4 型
K170+200	>2/3	2.7	6.5%	4 型
K169+500	>2/3	2.7	6.5%	4 型
K168+900	>2/3	2.7	6.5%	4 型
K167+400	>2/3	2.7	6.6%	4 型
K167+400	>2/3	2.7	6.5%	4 型
K165+400	>2/3	2.6	6.5%	4 型
K164+900	>2/3	2.6	6.6%	4 型
K163+900	>2/3	2.7	6.5%	4 型

第十章　石黄高速桥梁水损病害处治

第一节　桥梁的检查与技术状况评定

桥梁检查与检验是桥梁养护工作的两个重要环节,通过对桥梁进行检查与检验,可以系统地掌握桥梁的技术状况,较早地发现桥梁的缺陷和异常,进而合理地提出养护措施。为了很好地了解石黄高速公路桥梁的使用状况,公司对所有桥涵结构物,尤其是对大中桥梁进行了全面的检测和技术状况评定,为后续的桥梁病害处治设计与施工打下了基础。本节简要说明检测与评定的基本方法与步骤。

一、桥梁结构检测

1. 桥梁检测的主要功能

(1)尽早发现桥梁各部位的缺陷,及时清除隐患,从而节省维护保养所需费用。

(2)预防桥梁坍塌,确保桥梁安全使用。

(3)建立制度化的检测法规。

2. 混凝土桥的检测目的和方法

1)目的

为了对桥梁主体结构及其附属构造物的技术状况进行全面检查。主要检查各部件的功能是否完善有效,构造是否合理耐用,发现需要大修、中修、改善或限制交通的桥梁缺损状况,同时检查小修保养状况。

2)检查方式

检查一般使用桥梁检查车和各种桥梁检查仪器,全面检测桥梁各部位,并对车行道、河道、公共设施和桥周围环境进行检查。

检查方式有:

(1)目视检查桥梁是否有缺陷和异常现象;

(2)敲打检查,用铁锤敲打混凝土的缺陷,看混凝土构件是否有空洞和分离现象;

(3)照相检查构件变化情况,从而评估变化原因和程度;

(4)非破损检查,目视检查和敲打检查后发现缺陷时,再利用各种仪器检测或钻芯取样分析。

3)检查的项目和内容

(1)桥面铺装:是否有坑槽、开裂、车辙、松散、不平,是否有桥头跳车现象等。

(2)栏杆:栏杆是否松动、撞坏、锈蚀和变形等。

(3)伸缩缝:是否有破损、结构脱落、淤塞、填料凹凸、跳车、漏水等。

(4)排水设施:(防水层)桥面横坡、纵坡是否顺适,有无积水;泄水管有无损坏、堵塞、泄水能力情况如何;防水层是否工作正常,有无渗水现象等。

(5)上部结构:

①梁式结构:主梁支点、跨中、变截面处有无开裂,最大裂缝值;梁体表面有无空洞、蜂窝、麻面、剥落、露筋;有无局部渗水;横隔板是否开裂、焊缝是否断裂;钢结构锈蚀情况、变形情况等。

②圬工拱桥:主拱圈是否开裂、渗水、砂浆松动、脱落、变形;拱脚是否开裂;腹拱是否变形、错位;立墙、立柱有无开裂、脱落;侧墙有无鼓肚、外倾等。

(6)支座:位移是否正常;橡胶支座是否老化、变形;钢板滑动支座是否锈蚀、干涩;各种支座固定端是否松动、剪断、开裂等。

(7)桥墩:墩身是否开裂,局部外鼓,表面风化、剥落:空洞、露筋;是否有变形、倾斜、沉降、冲刷、冲撞损坏情况等。

(8)桥台:是否开裂、破损,台背填土是否有裂缝、挤压、受冲刷等情况。

(9)翼墙锥坡:翼墙是否开裂,有无前倾、变形等;锥坡是否破损、沉陷、开裂、冲刷、滑移等。

(10)河床及调治结构物:河床是否变迁;有无漂浮物堵塞河道;调治结构物是否发挥正常作用,有无损坏、水毁等。

(11)定期检查中,无论检查哪个部分,都要查看它的清洁情况,连同病害一起记录下来。

如发现根据交通部《公路养护技术规范》中规定的三类以上病害以及难以判明原因和程度的病害都应拍照记录在案。

为了能准确而详细地检查桥梁结构件的使用状况,对指定检查的重点部位,不论怎样难于到达,都必须采用接触检查的方法进行。因此,此项检查需动用支架、吊篮、悬梯、缆索,乃至特殊机械设备。

3. 特殊检测

上述各种检查发现缺陷,但又无法确定是否需要修补,或无法确定用哪种方法修补时,应做进一步地详细检测。

检测方法有:

(1)混凝土强度试验及其他非破坏性试验;

(2)钢筋锈蚀试验;

(3)钻芯取样试验;

(4)加载重压试验。

特殊检查项目及内容如表10-1所示。

特殊检查项目及内容　　表10-1

项目	洪水	滑坡	地震	超重车行驶(改造前)	撞击
上部	栏杆损坏、桥体位移和损坏;落梁和排水设施失效	因桥台推出而压曲	落梁、地震损坏、错位	梁、拱、桥面板裂缝、支座损坏、承载力测定	被撞结构及联系部位破坏、支座破坏
下部	因冲刷而产生的沉陷和倾斜	桥台推出胸墙破坏	沉陷、倾斜位移、圬工破坏、抗震墩破坏	墩台裂缝、沉陷	墩台位移

在桥梁定期检查难以判明损坏原因、程度及整座桥梁的技术状况或桥梁属四类桥梁时,特殊检查的项目及内容有:

(1)结构验算、水文验算。

(2)静载、动载试验。

(3)用精密仪器对病害进行现场调查和实验室分析:

①混凝土裂缝外观及显微调查、混凝土碳化鉴定、氯化试验、湿度调查、强度测试、结构分析。

②钢筋位置、锈蚀状态调查。

③预应力钢筋现状及灌浆管道状况、空隙情况调查。

④桥面防水层状况调查。

⑤桥面铺装状况调查。

如有缺陷,应及时养护修理。当发生异常现象时,应加强观测,严密监视,并记录发展情况,研究紧急对策及处理措施。

4. 桥梁检测仪器的种类

1)混凝土强度试验锤

这种锤的冲击能量为2.25N·m。仪器上装有记录仪,能够做连续试验。利用该锤可对制成的构件进行混凝土质量非破坏性试验,可测定构件抗压强度。

2)混凝土孔隙及裂缝探测器

使用超声波方法可测定混凝土、钢筋混凝土和预应力混凝土的质量,根据测定的声波速度可探测混凝土的孔隙及裂缝。

3)钢筋探测器

测定混凝土中的钢筋位置、尺寸及混凝土层厚度。

4)钢筋锈蚀探测仪

利用仪器内的控制程序测定混凝土内钢筋的电位值,以便确定是否锈蚀及锈蚀程度,从而评估需要改善的措施。

二、桥梁缺损状况检测的主要构件与内容

桥梁缺损状况检测的主要构件有:桥面系、上部结构、下部结构。桥面系含有:桥面铺装、桥面板、伸缩缝装置、排水系、栏杆及扶手;上部结构含有:基本构件(主梁、主拱圈)、横向联系(横隔板、横系梁等);下部结构含有:支座、墩台、基础。

1. 桥面缺损状况检测的主要内容

1)桥面铺装

(1)裂缝

水泥混凝土:纵横裂缝、交叉裂缝、断板、角隅断裂、接缝断裂;沥青混凝土:纵横裂缝、龟裂。

(2)坑槽

沥青混凝土:松散、坑槽。

(3)变形

水泥混凝土:拱胀、错台;沥青混凝土拥包、车辙。

2)桥面板

(1)裂缝;

(2)剥落;

(3)露筋;

(4)碎裂;

(5)钢筋锈蚀;

(6)空洞。

3)伸缩缝装置

(1)伸缩缝装置本身缺陷

U形伸缩缝:沥青的挤出或冷缩;锌铁皮拉脱;钢制板式伸缩缝:钢板破坏、角钢间缝隙被硬物卡死、连接螺栓损坏;橡胶伸缩缝:橡胶件剥离损坏、锚固螺栓失效、伸缩缝本身下陷或高出。

(2)铺筑料缺损:接头周围部分铺筑料的剥落、凹凸不平、渗水。

4)排水系统

(1)尘土、树叶、泥等堵塞排水设施。

(2)泄水管、槽破损,管体脱落。

5)栏杆及扶手

(1)不完整:由于交通事故或养护管理不当,部分栏杆及扶手残缺。

(2)缺损:栏杆及扶手出现剥落、碎裂、露筋等。

(3)脱落:栏杆、扶手相互连接处脱落、开裂。

2. 上部构造的基本构件缺损状况检测的主要内容

上部构造的基本构件依桥梁形式而定。拱桥指主拱圈,梁式桥指主梁。其缺损状况分为:

1)表面缺损

混凝土剥落、露筋。

2)裂缝

(1)各种桥型裂缝的检查部位如表10-2所示。

裂缝检查部位　　表10-2

桥　型	检查部位	桥　型	检查部位
简支梁	跨中、四分点、支点	双曲拱	主拱圈(跨中、四分点、拱脚)拱上建筑(侧墙、腹拱)
连续梁	跨中、四分点、支点	桁架拱	桁片的受拉弦杆、腹杆、实腹段、节点、拱脚处
悬臂梁	支点、牛腿		

(2)各类恒载裂缝的容许值如表10-3所示。

裂缝限值　　表10-3

结构类别	裂缝部分	允许最大缝宽(mm)	其他要求
钢筋混凝土梁	主筋附近竖向裂缝	0.25	
	腹板斜向裂缝	0.30	
	组合梁结合面	0.50	不允许贯通结合面
	横隔板与梁体端部	0.30	
	支座垫石	0.50	
预应力混凝土梁	梁体竖向裂缝	不允许	
	梁体纵向裂缝	0.20	

续上表

<table>
<tr><th>结构类别</th><th colspan="3">裂缝部分</th><th>允许最大缝宽(mm)</th><th>其他要求</th></tr>
<tr><td rowspan="3">砖石混凝土拱</td><td colspan="3">拱圈横向</td><td>0.30</td><td>裂缝高小于12截面高</td></tr>
<tr><td colspan="3">拱圈纵向(竖缝)</td><td>0.50</td><td>裂缝长小于1/8跨径</td></tr>
<tr><td colspan="3">拱波与拱肋结合处</td><td>0.20</td><td></td></tr>
<tr><td rowspan="7">墩台</td><td colspan="3">墩台帽</td><td>0.30</td><td></td></tr>
<tr><td rowspan="6">墩台身</td><td rowspan="2">经常受侵蚀性环境水影响</td><td>有筋</td><td>0.20</td><td rowspan="6">不允许贯通1/2墩台身截面</td></tr>
<tr><td>无筋</td><td>0.30</td></tr>
<tr><td rowspan="2">常年有水,但无侵蚀性影响</td><td>有筋</td><td>0.25</td></tr>
<tr><td>无筋</td><td>0.35</td></tr>
<tr><td colspan="2">干沟或季节性有水河流</td><td>0.40</td></tr>
<tr><td colspan="2">有冻结作用部分</td><td>0.20</td></tr>
</table>

注:表中所列除特指外适用于一般条件。对于潮湿和空气中含有较多腐蚀性气体等条件下的缝宽限制应要求严格一些。

3)变形

(1)梁式桥:主梁纵曲线向下翘曲;

(2)拱桥:拱顶下沉、拱圈变形。

4)横向联系

横向联系对于拱桥指横系梁,对于梁式桥指横隔板。其缺损情况分为:

(1)横系梁、横隔板出现裂缝、剥落、露筋;

(2)横系梁、横隔板与主梁或拱肋连接不牢固。

3. 下部结构缺损状况检测的主要内容

1)支座本身的损坏

(1)油毛毡支座破裂、掉落、酥烂;

(2)切线弧形支座滑动面滚动而生锈;

(3)摆式支座的混凝土摆柱剥落、露筋;

(4)支座滑动面不平整、轴承有裂纹、切口,滚轴有偏移和下降;

(5)支座螺母松动或螺栓脱落;

(6)钢辊轴支座的辊轴(或摇轴)的实际纵向位移偏大或发生横向位移;

(7)橡胶支座出现老化、变质。

2)支座座板的损坏

(1)支座板翘起、扭曲、断裂;

(2)支座板贴角焊缝开裂;

(3)填充砂浆裂缝;

(4)支座板混凝土压坏、剥落、掉角。

3)墩台

(1)表面缺损:混凝土墩台剥落、露筋、圬工砌体风化、灰缝脱落;

(2)裂缝:水平裂缝、竖向裂缝、网状裂缝;

(3)位移:水平位移、竖向位移(沉降)、倾斜。

4)基础

(1)砖石基础松散、破裂;

(2)桩基础受水冲刷、侵蚀、产生剥落、露筋；

(3)浅基础受水冲刷而掏空。

三、桥梁技术状况的评定

当对一座桥梁进行完一次检查后，应根据检查结果对该桥梁的技术状况进行评定。根据缺损程度(大小、多少或轻重)、缺损对结构使用功能的影响程度(无、小、大)和缺损发展变化状况(趋向稳定、发展缓慢、发展较快)等三个方面，以累加评分方法，对各部件缺损状况做出等级评定，具体评定方法如表10-4所示。

桥梁部件缺损状况评定方法　　表10-4

缺损状况及标度			组合评定标准
缺损程度及标度		程度	少→大 少→多 轻度→严重
		标度	0　1　2
缺损对结构使用功能的影响程度	无、不重要	0	0　1　2
	小、次要	1	1　2　3
	大、重要	2	2　3　4
以上两项评定组合标度			0　1　2　3　4
缺陷发展变化状况的修正	趋向稳定	-1	0　1　2　3
	发展缓慢	0	0　1　2　3　4
	发展较快	+1	1　2　3　4　5
最终评定的标度			0　1　2　3　4　5
桥梁技术状况及分类			很好　良好　临界　差　很差
备注	“0”表示完好状态，或表示没有设置的构造部件，如：调治构造物 “5”表示危险状态或表示原无设置，而调查表明需要补设的部件		

利用数据评估办法掌握桥梁结构技术状况，再将评估结果输入资料库存储，以便为维护管理提供依据。建立检测评估系统的目的在于使桥梁发生坍塌的可能性降至最低程度，早期发现桥梁的质变，并有效控制和防止恶化的扩大，从而达到延长桥梁的使用寿命。

桥梁各部位缺损状况检查评定标准如表10-5～表10-13所列。

主梁缺损状况的检查评定标准　　表10-5

等级	状态	特　征	养护维修措施
1	很好	主梁结构完好无损，钢筋混凝土梁竖向裂缝宽度<0.15mm，预应力钢筋混凝土梁无竖向裂缝	日常养护
2	良好	主梁结构基本完好，混凝土表面出现局部剥落、露筋，但其面积<3%，钢筋混凝土竖向裂缝宽度<0.2mm，预应力混凝土无竖向裂缝	日常养护 局部修补
3	临界	主梁结构出现剥落、露筋，其总面积<10%，钢筋混凝土竖向裂缝宽度0.25mm，预应力混凝土竖向裂缝<0.1mm，简支梁跨中恒载挠度<$L/600$，悬臂梁的恒载挠度$L/300$	局部修复
4	差	部分主梁出现大面积剥落、露筋，钢筋混凝土竖向裂缝宽度>0.25mm，预应力混凝土竖向裂缝>0.1mm，简支梁跨中恒载挠度$L/600$，悬臂梁的恒载挠度$L/300$	局部加固或更换部分主梁
5	很差	大部分主梁出现大面积剥落、露筋，钢筋混凝土竖向裂缝宽度>0.25mm，预应力混凝土竖向裂缝>0.1mm，简支梁跨中恒载挠度>$L/600$，悬臂梁的恒载挠度$L/300$	整体加固或重建

主拱圈缺损状况的检查评定标准 表 10-6

等级	状态	特　征	养护维修措施
1	很好	结构完好无损，或只有极其轻微的剥落、裂缝	日常养护
2	良好	结构基本完好，混凝土及圬工砌体出现局部剥落露筋，但其面积 <3%，裂缝宽度在养护规范限值以内	日常养护 局部修补
3	临界	混凝土及圬工砌体出现剥落、露筋，其总面积 <10%，个别位置裂缝宽度略超过《养护规范》限值	局部修复
4	差	混凝土及圬工砌体出现严重剥落、露筋，面积超过 10%，个别位置裂缝宽度超过养护规范限值较多，拱圈有局部变形	局部加固
5	很差	混凝土及圬工砌体出现大面积剥落、露筋，主要位置裂缝宽度超过养护规范限值较多，拱顶下沉拱圈出现明显永久性变形	整体加固或重建

横向联系缺损状况的检查评定标准 表 10-7

等级	状态	特　征	养护维修措施
1	很好	横向联系无破损，与主梁(或主拱圈)连接牢固	日常养护
2	良好	横向联系出现轻微剥落，面积在 3% 以内，裂缝宽度在养护规范限值以内，与主梁(或主拱圈)连接尚牢固	日常养护 局部修补
3	临界	横向联系出现剥落、露筋，其总面积 <10%，裂缝宽度略超过养护规范限值，与主梁(或主拱圈)连接欠牢固	局部修复
4	差	部分横向联系出现剥落、露筋，其总面积 >10%，裂缝宽度超过养护规范值较多，与主梁(或主拱圈)连接出现松动	局部加固
5	很差	大部分横向联系出现大面积剥落、露筋，钢筋锈蚀，裂缝宽度超过养护规范值较多，基本丧失与主梁(或主拱圈)的连接能力	整体加固或重建

桥面铺装缺损状况的检查评定标准 表 10-8

等级	状态	特　征	养护维修措施
1	很好	基本无缺损现象或仅有少量极轻微的细裂缝，对行车无影响	日常养护
2	良好	裂缝程度较轻(裂缝边缘无或仅有轻微剥落)、数量较少；坑槽、龟裂(破碎板)面积在 5% 以内变形轻微	日常养护 局部修补
3	临界	裂缝程度中等(裂缝边缘有中等剥落)，坑槽、龟裂(破碎板)面积在 10% 以内，变形程度中等	局部修补或加铺沥青层等
4	差	裂缝严重、数量较多，坑槽、龟裂(破碎板)面积超过 10%，变形严重	桥面大修
5	很差	出现大面积的坑槽、龟裂、破碎(水泥混凝土铺装)，变形严重	桥面翻修

桥面板缺损状况的检查评定标准 表 10-9

等级	状态	特　征	养护维修措施
1	很好	基本无缺损现象	日常养护
2	良好	出现较轻微的剥落、裂缝，但剥落面积在 3% 以内，裂缝宽度在养护规范限值以内，且数量较少	日常养护 局部修补
3	临界	剥落、露筋、碎裂面积超过 6% 以内，裂缝宽度接近养护规范限值，且数量较多	局部修复
4	差	剥落、露筋、碎裂面积超过 6%，裂缝宽度超过养护规范限值	局部修复或补强加固
5	很差	出现大面积的剥落、露筋、钢筋锈蚀，裂缝宽度超过养护规范限值，危及行车安全	补强加固或重修

墩(台)身缺损状况的检查评定标准 表 10-10

等级	状态	特　征	养护维修措施
1	很好	墩(台)各部分完好无损	日常养护
2	良好	墩(台)基本完好，表面出现轻微的剥落、裂缝但剥落面积 <3%，裂缝宽度略超过养护规范限值	日常养护 局部修复
3	临界	墩(台)表面出现剥落、露筋，其面积 <10%，裂缝宽度略超过养护规范限值	局部修复

续上表

等级	状态	特　　征	养护维修措施
4	差	部分墩(台)表面出现剥落、露筋,其面积>10%,裂缝宽度超过养护规范值较多,或出现较为严重的倾斜、水平位移和沉降	加固改造部分墩台
5	很差	大部分墩(台)表面出现大面积剥落、露筋,钢筋锈蚀,裂缝宽度超过养护规范值较多,或出现严重的倾斜、水平位移和沉降	加固或重建

墩(台)基缺损状况的检查评定标准　　表10-11

等级	状态	特　　征	养护维修措施
1	很好	基础完好无损,浅基础已作防护处理,效果良好	日常养护
2	良好	基础基本完好,表面出现轻微剥落、松散,但其面积<3%,无冲刷现象	日常养护 局部修补
3	临界	基础表面出现剥落、露筋、松散,其面积<10%,或基底出现局部冲刷,但程度较轻	局部修复
4	差	部分基础表面出现大面积剥落、露筋、松散,或基底出现严重冲刷	加固改造部分基础
5	很差	大部分基础出现大面积剥落、露筋、松散,或基底出现严重冲刷	加固或重建

伸缩缝缺损状况的检查评定标准　　表10-12

等级	状态	特　　征	养护维修措施
1	很好	基本无缺损现象	日常养护
2	良好	接头周围部分后铺筑料出现剥落、凹凸不平、渗水、硬物卡死等,但程度较轻,或伸缩缝装置本身出现中等程度的缺损	日常养护 局部修补
3	临界	接头周围后铺筑料出现较为严重的剥落、凹凸不平、渗水等,或伸缩缝装置本身出现中等程度的缺损	局部修复
4	差	部分伸缩缝本身出现严重缺损	更换部分伸缩缝装置
5	很差	大部分伸缩缝本身出现严重缺损	全部更换伸缩缝装置

支座缺损状况的检查评定标准　　表10-13

等级	状态	特　　征	养护维修措施
1	很好	各部分清洁完好,活动支座伸缩及转动正常	日常养护
2	良好	支座本身及座板出现轻微损坏,但活动支座伸缩及转动正常	日常养护 局部修补
3	临界	支座及座板本身出现中度损坏	局部修复
4	差	部分支座及座板出现严重损失	更换全部支座
5	很差	部分支座及座板出现严重损失,支座功能完全丧失	更换全部支座

第二节　水对桥梁的破坏分析

目前在我省已建成通车的高速公路中,少数桥梁在运营之后很短一段时间内,就通过检查发现存在影响桥梁安全使用的病害,必须采取有效加固措施,从而对整个项目的运营造成了一定的不利影响。针对石黄高速里程长、桥梁多、结构复杂的,为了避免类似情况的发生,及早掌握桥梁的病害状况,在运营中对桥梁进行普查,动态掌握桥梁结构的工作状况,如有问题,做到早发现、早处理,及时采取有效措施,从而保证石黄高速公路桥涵等结构物的安全运营。

一、沥青桥面铺装层局部坑槽、网裂、拥包

1. 桥面铺装层作用

沥青混凝土桥面铺装能大大缓和行车对桥面板的冲击,较易达到运营中平稳舒适的要求,

随着沥青材料性能的改进,应用非常广泛。沥青混凝土桥面铺装层直接承受行车荷载、梁体变形和环境因素的作用,其变形和应力特征与主梁及桥面板结构形式密切相关。沥青混凝土桥面铺装层一方面可分散荷载并参与桥面板的受力,另一方面起联结各主梁共同受力的作用,它既是桥面保护层又是桥面结构的共同受力层,所以应具有足够的强度和良好的整体性,并具有足够的抗裂、抗冲击、耐磨性能。

2. 沥青桥面铺装病害及危害

在本次检测过程中,发现部分沥青混凝土桥面铺装层病害较严重(图 10-1),主要表现为坑槽、网裂和拥包、离析和修补不良。随着交通量和重型车辆的增加,沥青混凝土桥面铺装病害不仅妨碍了正常交通,影响了桥面的美观降低行车舒适度,甚至影响桥梁结构的安全性和耐久性,也给维修养护工作带来了很大困难。

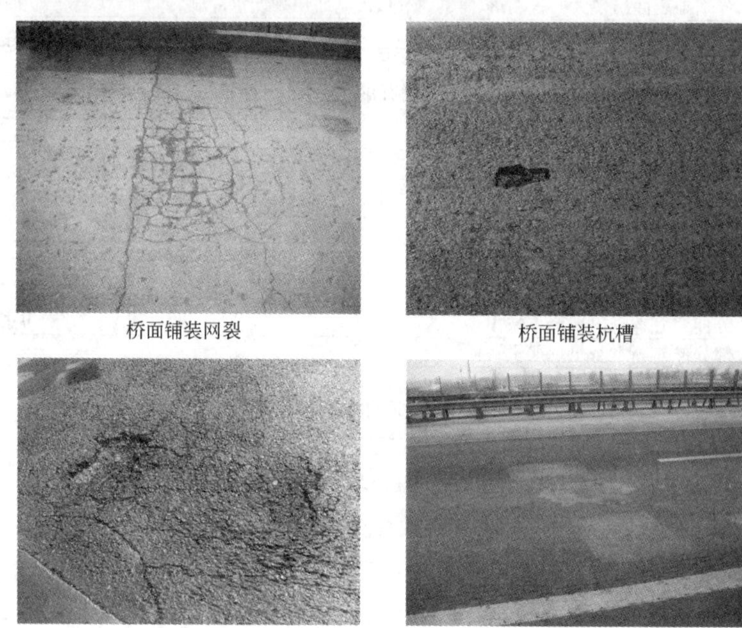

桥面铺装网裂　　桥面铺装杭槽

沥青桥面铺装破碎　　桥面铺装修补不良

图 10-1　沥青桥面铺装典型病害

3. 破坏原因分析

(1)力学方面原因

桥面上的沥青混凝土铺装层,在车辆荷载作用下挠曲变形较大,车辆驶离后又弹起,产生震动,使沥青混凝土与水泥混凝土结合面产生交变剪应力,使其抗剪强度降低。

对于连续梁桥及悬臂梁桥等桥型结构,由于荷载的作用而产生负弯矩或拉力,使桥面铺装层受到拉力的作用而产生负弯矩区裂缝,进而造成桥面铺装的损坏。

同时,因温度变化并伴随桥面板或梁板结构的大挠度而产生的裂隙,在车辆荷载及渗入水的作用下产生面层松散和坑槽破坏。

(2)桥面积水的影响

由于沥青混凝土铺装层的离析,造成空隙率增大,铺装层渗水。当空隙率为 8% ~16% 左右时,渗入的水又不易蒸发。这样,在冬季,孔隙中的水冻胀使离析部分的沥青混凝土胀裂破碎，在夏季，离析部分的孔隙水在轮压作用下产生巨大的真空压力，冲开沥青铺装层和混凝土接触面，使更大面积进水。车轮离开时产生真空抽吸力，使孔隙水在离析层内高速运动冲洗碎石油膜，进而碎石间失去黏结力而松散。松散的碎石在车轮的反复碾压下，互相摩擦产生大量石粉，也侵蚀混凝土铺装层的表面。这种混合粉料在一次又一次的轮压作用下，由薄至厚、由近到远地塞入沥青铺装层与混凝土铺装层之间。由于粉料越磨越多，填塞面积越来越大，局部破损面积越来越大，使车辆对桥面冲击力加大，沥青混凝土铺装层形成拥包，车辆冲击力更大，形成恶性循环。

(3)设计理念方面原因

桥梁的结构理论中对桥面铺装层的计算分析论述较少，现行规范中只给定了厚度的推荐值，工程界在各等级的公路中运用了几十年。随着交通量的增大，现行铺装设计理念与重型、超重型汽车的增多和车速的增快已不相适应。

在对高速公路进行交通组织管理中，由于车道功能的不同，人为强制地使桥梁结构运营始终处于偏载状态，使主车道的铺装承担了比超车道高得多(量值可达3～4倍)的运营应力水平，因此加快了主车道铺装层的疲劳。大量超载车辆的涌现对沥青混凝土桥面铺装造成严重的损坏作用，并使桥梁结构局部超载，加快了主车道铺装层的病害发展。

(4)施工工艺方面原因

梁顶清理不力或梁顶表面不干燥、防水混凝土表面未做拉毛处理，造成铺装层与主梁结合欠佳；沥青混凝土配合设计或搅拌不均造成离析；铺设厚度不均、碾压密实度不够。

(5)沥青老化

通过八年来的运营，沥青混凝土中的沥青由于雨水、日照等自然气候作用以及沥青本身的特性，沥青老化，逐渐失去黏性，在行车荷载作用下，沥青混凝土形成网裂。

4. 建议处理措施

(1)针对沥青桥面铺装病害建议对桥面铺装层进行及时修补，改善施工工艺，在施工过程中应提高沥青混凝土桥面铺装的施工质量，避免离析，施工时一定要把梁顶清理干净，防水混凝土表面拉毛处理，加强碾压密实度。

(2)对桥面铺装破坏严重的桥梁重新进行铺装层设计，重新施工。

(3)加强桥面排水，泄水孔清洁畅通。

二、伸缩缝填塞、损坏，泄水孔堵塞，桥面排水不畅

在检查中发现，该路段桥梁伸缩缝内普遍杂物堵塞，桥面泄水孔大部分堵塞，功能失效。桥面排水不畅，水沿铰缝、伸缩缝渗漏至梁板、盖梁及台顶，造成混凝土碱蚀、钢筋锈蚀、混凝土鼓胀开裂。甚至造成部分空心板板内积水，板底碱蚀、板底开裂露筋。填料式伸缩缝普遍有开裂病害。

针对上述病害建议采取以下处理措施：

(1)严禁超载车辆驶入，及时清除缝中杂物。定期检查伸缩装置各部位的构件，看其是否松动或有局部破坏，这是通车运营后延长桥梁伸缩缝使用寿命的主要措施。公路桥梁伸缩装置直接承受车辆荷载的反复冲击作用，是桥梁结构中最容易遭到破坏而又较难修复的部位，良好的维护与保养是提高伸缩缝使用寿命的有效保证。

(2)对桥面堵塞的泄水孔应及时进行清理，保证桥面排水畅通。

(3)加大填料式伸缩缝的养护力度,建议将填料式伸缩缝更换为毛勒缝。

三、铰缝脱落,少数桥梁存在单板受力现象

"单板受力"是预制拼装板式桥梁的较严重病害(图10-2),在本次检测中,发现部分桥梁存在单板受力现象或有单板受力发展趋势。单板受力表现为铰缝混凝土脱落,当重型车辆通过"单板受力"的梁板时产生明显弹性下挠,使其与两侧的板上下错动,形成台阶。待重车过后,这种错动消除又恢复原状。"单板受力"致使桥梁上部结构整体受力体系受到严重削弱;如果长期通行超过设计标准的重型车辆,使单板受力现象逐渐加重,进入这种病害的后期阶段,弹性下挠逐渐变成塑性变形,"单板受力"的板与两侧的板之间形成永久性台阶。

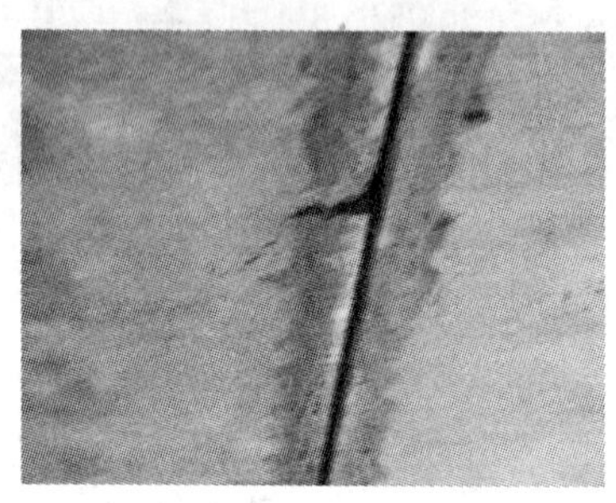

图10-2 "单板受力"典型病害

1. 单板受力的原因分析

(1)超载运输

目前高速公路上行使的重载车辆较多,超载运输的现象比较严重,桥梁在超载车辆的长期重复作用下,加速了铰缝混凝土的破坏速度。应该说,超载现象是形成单板受力的主要原因。

(2)渠道化交通影响

渠道化行车是高速公路的行车特点,重车多集中于行车道和超车道,且车轮作用位置相对固定,轮下梁板长期承受较大作用荷载,所以超车道和行车道更容易出现"单板受力"现象。

(3)铰缝施工没有引起足够的重视

高速公路中小跨径的空心板桥梁施工中,施工队伍对中小跨径桥梁的铰缝重视不够,导致铰缝混凝土的施工质量不好,铰缝成为整座桥梁的最薄弱环节。施工质量是形成单板受力现象的另一个不可忽视的原因。

(4)构造原因

钢筋混凝土空(实)心板梁由于受建筑高度的限制,它在强度与刚度方面,与箱形梁、T形梁等梁式结构比较,相对偏小。用铰缝来保证整个上部结构的整体作用也比较薄弱。根据铰接板的计算理论,铰缝混凝土只承受剪力。但在实际破坏时,往往是铰缝混凝土和板的黏结面破坏而不是铰缝混凝土被剪坏,因此,铰缝的实际抗剪能力比理论计算值要低。同时,桥面铺装层偏薄,造成桥面铺装强度不足,钢筋网的作用降低,不能和混凝土一起发挥分布桥上集中力的作用,梁直接受力可能性加大,与相邻梁之间有较大的剪力产生,经常这样,就破坏了桥面铺装混凝土和梁间铰缝,从而产生了单片梁受力。

(5)水的作用

大部分铰缝混凝土总是先有渗水,然后出现脱落。桥面防水性能不好,雨雪等渗入铰缝,

通过雨雪的反复冻融作用,铰缝混凝土逐渐碎裂而渐渐脱落。

(6)支座原因

桥梁设计中,空心板两端一般为4个支座。由于施工工艺等原因,个别支座脱空,形成三条腿的现象。当有车辆通过时,由于三条腿现象造成空心板的振动,使铰缝混凝土处于不利的受力状态,久而久之,铰缝混凝土逐渐破碎脱落。

2."单板受力"的危害

单板受力对桥梁的安全使用影响较大,铰缝破坏使板间横向联系破坏,病害梁板不能和相邻梁板协同受力,造成整座桥梁的承载能力有局部梁板承担,影响桥梁结构的使用寿命威胁行车安全。

3.单板受力病害建议采取的处理措施

(1)严格控制超载车辆驶入高速公路。

(2)提高施工质量。采取增加铰缝混凝土强度等级,加强铰缝钢筋或在板间横向焊接钢板,加强梁板铰缝处的凿毛,为了加强梁板与现浇混凝土接触面的黏合强度,在预制梁板的顶面要进行刷毛处理,在铰接面要进行凿毛处理。

(3)增加桥面铺装水泥混凝土厚度,加强铺装层内横向钢筋。由于混凝土铺装层加厚,可使车辆荷载分布面积加大,分散了轮压的作用,也可加强铰缝处传递剪力的能力。考虑到铺装层混凝土与梁板的共同作用效果,也加强了梁板的抗扭能力,加大了桥梁上部结构的横向抗扭刚度,增强了横向分布的能力,使各梁板受力更加均匀。

(4)桥面铺装防水混凝土中掺入聚丙烯纤维,增加混凝土的抗渗、抗裂和防水性能,必须做专用桥面防水层,并加强桥面排水能力。

(5)加强梁板底承托和墩台帽垫石的施工精度,保证支座压实。

四、桥梁混凝土结构表面裂缝

混凝土表面裂缝包括结构性裂缝和非结构性裂缝(图10-3)。

图10-3 桥梁混凝土结构表面裂缝典型病害

本路段部分现浇和预制钢筋混凝土空心板和实心板梁存在结构性裂缝,主要为梁体底板横向裂缝,但为数不多。钢筋混凝土构件允许带裂缝工作,大部分裂缝宽度在0.1~0.25mm之间,属于允许值范围内。本路段个别装配式预应力混凝土梁有沿梁体的纵向裂缝,但有裂缝梁体数量较少,宽度一般在0.05~0.15mm之间,小于规范规定的允许值。预应力混凝土梁体未发现结构性竖向裂缝。

1. 结构性裂缝

结构性裂缝是由荷载作用引起的裂缝。混凝土桥梁在常规静、动荷载及次应力下产生的裂缝称荷载裂缝，归纳起来主要有直接应力裂缝、次应力裂缝两种。直接应力裂缝是指外荷载引起的直接应力产生的裂缝。次应力裂缝是指由外荷载引起的次生应力产生裂缝。实际工程中，次应力裂缝是产生荷载裂缝的最常见原因。次应力裂缝多属张拉、劈裂、剪切性质。一般发生在梁体，盖梁和墩身部位。

2. 非结构性裂缝

非结构性裂缝一般包括混凝土收缩裂缝、钢筋锈蚀引起的裂缝、冻胀裂缝、施工材料质量和施工工艺质量引起的裂缝。本次检测过程中发现大部分混凝土构件存在非结构性裂缝。在短期内，非结构性裂缝虽然对桥梁的安全运营不会造成威胁，但会影响桥梁结构的耐久性，缩短桥梁使用寿命，所以对非结构性裂缝也不可忽视。

非结构性裂缝的产生原因归纳起来有如下几点：

(1)收缩引起的裂缝。实际工程中，混凝土因收缩所引起的裂缝是最常见的。在混凝土收缩种类中，塑性收缩和缩水收缩(干缩)是发生混凝土体积变形的主要原因。研究表明，影响混凝土收缩裂缝的主要因素有：水泥品种、等级及用量、集料品种、水灰比、外掺剂、养护方法、外界环境、振捣方式及时间。

(2)钢筋锈蚀引起的裂缝。由于施工控制较差保护层厚度不足，混凝土保护层受二氧化碳侵蚀碳化至钢筋表面，使钢筋周围混凝土碱度降低，或由于氯化物介入，钢筋周围氯离子含量较高，均可引起钢筋表面氧化膜破坏发生锈蚀反应，其锈蚀物氢氧化铁体积比原来增长数倍，从而产生膨胀应力，导致保护层混凝土开裂、剥离，沿钢筋纵向产生裂缝，并有锈迹渗到混凝土表面。由于锈蚀，使得钢筋有效断面面积减小，钢筋与混凝土握裹力削弱，结构承载力下降，并将诱发其他形式的裂缝，加剧钢筋锈蚀，导致结构破坏。

(3)冻胀引起的裂缝。大气气温低于零度时，吸水饱和的混凝土出现冰冻，游离的水转变成冰，体积膨胀，因而混凝土产生膨胀应力；同时混凝土凝胶孔中的过冷水(结冰温度在 $-78°$ 以下)在微观结构中迁移和重分布引起渗透压，使混凝土中膨胀力加大，混凝土强度降低，并导致裂缝出现。尤其是混凝土初凝时受冻最严重，成龄后混凝土强度损失很大。温度低于零度和混凝土吸水饱和是发生冻胀破坏的必要条件。当混凝土中集料空隙多、吸水性强，集料中含泥土等杂质过多，混凝土水灰比偏大、振捣不密实，养护不力使混凝土早期受冻等，均可能导致混凝土冻胀裂缝。

(4)混凝土主要由水泥、砂、集料、拌和水及掺和料和外加剂组成。配置混凝土所采用的材料质量不合格，以及杂质含量的多少都可能导致结构出现裂缝。碱集料反应是混凝土中所含的碱(Na_2O 或 K_2O)与集料的活性成分反应，在混凝土浇筑成型后数年至数十年逐渐发生反应，反应生成物吸水膨胀，引起相当大的内部膨胀应力，一般可导致混凝土工程开裂，内部配筋发生锈蚀，严重的可导致结构的崩溃。

(5)施工工艺质量引起的裂缝。在混凝土结构构件制作、运输、安装过程中，施工工艺不合理、施工质量较低，容易产生各种形式的裂缝。

3. 混凝土构件裂缝建议采取的处理措施

(1)对于宽度 $d<0.15$mm 的裂缝，建议涂刷混凝土耐久性涂层，对裂缝进行封闭处理。

(2)当裂缝宽度 $d \geqslant 0.15$mm 时，建议采用环氧树脂浆液进行低压注浆处理。

(3)对钢筋锈蚀引起的裂缝，建议首先凿除对钢筋进行清洁除锈处理，然后用无缩水混凝土封闭处理。

(4)冻胀裂缝除采取以上封闭措施外，以预防为主，主要是加强桥梁的排水能力，避免冻胀病害产生。

(5)对于超过限值(表10-14)的结构性受力裂缝，灌浆处理完成后，可采用黏贴碳纤维布或钢板方法进行加固处理。

裂缝限值表　　表10-14

<table>
<tr><th>结构类别</th><th colspan="3">裂缝部位</th><th>允许最大裂缝宽度(mm)</th><th>其他要求</th></tr>
<tr><td rowspan="5">钢筋混凝土梁</td><td colspan="3">主筋附近竖向裂缝</td><td>0.25</td><td></td></tr>
<tr><td colspan="3">腹板斜向裂缝</td><td>0.30</td><td></td></tr>
<tr><td colspan="3">组合梁结合面</td><td>0.50</td><td>不允许贯通结合面</td></tr>
<tr><td colspan="3">横隔板与梁体端部</td><td>0.30</td><td></td></tr>
<tr><td colspan="3">支座垫石</td><td>0.50</td><td></td></tr>
<tr><td rowspan="2">预应力混凝土梁</td><td colspan="3">梁体竖向裂缝</td><td>不允许</td><td></td></tr>
<tr><td colspan="3">梁体纵向裂缝</td><td>0.20</td><td></td></tr>
<tr><td rowspan="3">砖、石、混凝土拱</td><td colspan="3">拱圈横向</td><td>0.30</td><td>裂缝高小于截面高一半</td></tr>
<tr><td colspan="3">拱圈纵向(竖缝)</td><td>0.50</td><td>裂缝长小于跨径1/8</td></tr>
<tr><td colspan="3">拱波与拱肋结合处</td><td>0.20</td><td></td></tr>
<tr><td rowspan="7">墩台</td><td colspan="3">墩台帽</td><td>0.30</td><td rowspan="7">不允许贯通
墩台身截面一半</td></tr>
<tr><td rowspan="5">墩台身</td><td rowspan="2">经常受侵蚀性环境水影响</td><td>有筋</td><td>0.20</td></tr>
<tr><td>无筋</td><td>0.30</td></tr>
<tr><td rowspan="2">常年有水，但无侵蚀性影响</td><td>有筋</td><td>0.25</td></tr>
<tr><td>无筋</td><td>0.35</td></tr>
<tr><td colspan="2">干沟或季节性有水河流</td><td>0.40</td></tr>
<tr><td colspan="3">有冻结作用部分</td><td>0.20</td></tr>
</table>

注：表中所列除特指外，适用于一般条件。对于潮湿和空气中含有较多腐蚀性气体等条件下的缝宽限制应要求严格一些。

五、部分结构构件表面混凝土龟裂、脱落和钢筋锈蚀

部分桥墩、盖梁及梁体由于保护层厚度不够、渗水碱蚀等原因发生碱集料反应，造成构件表层混凝土龟裂，部分钢筋锈蚀。

钢筋发生锈蚀以后，其产生铁锈的体积是相应钢筋体积的2～4倍，因而会向四周膨胀，而钢筋四周的混凝土则限制它的膨胀，因而就会产生交界面上的压力，这种压力称为钢筋锈胀力。钢筋锈胀力会影响钢筋与混凝土的黏结性能，而且将导致混凝土保护层易受拉而开裂，钢筋混凝土构件开裂后，又会加快钢筋锈蚀速度，二者病害互相促进，虽短期对结构的使用性能影响较小，但对混凝土结构的耐久性影响较大。

这类病害由于分布范围较小，一般对结构承载力影响不大，建议仅对其进行修补处理：

(1)在病害发生部位涂刷混凝土耐久性涂层，以提高混凝土构件的耐久性，延长结构使用寿命。

(2)对于局部混凝土破损、露筋和空洞区域，凿除表面浮浆和松散混凝土，对锈蚀钢筋进行清洁除锈处理，采用无收缩水泥浆进行修补。

第三节　滏阳新河特大桥病害处治

滏阳新河特大桥是石家庄至黄骅港高速公路上的一座主线桥，中心里程桩号为 K172 + 413，全长 2.231km，上部构造为 74 孔 30m 预应力混凝土 T 形梁，采用先简支后连续施工工艺，下部构造为三柱式桥墩、肋板式桥台，钻孔灌注桩基础。

由于该桥桥面铺装破损严重，虽几经修补但仍然不能杜绝坑槽、唧浆、拥包等病害的产生，以致严重影响了行车的舒适性，降低了桥梁耐久性，并给行车安全造成了潜在隐患。2005 年对桥面铺装病害进行了治理。经过近一年时间的运营，T 梁间铰缝位置的桥面铺装再次出现了破损现象。为查明该桥的现有技术状况，河北道桥工程检测有限公司对该桥进行检测，其技术评定如表 10-15 所示。

滏阳新河特大桥技术评定表　　表 10-15

里程桩号：K172 + 413

方向		沧州—石家庄				石家庄—沧州			
项目	权重	缺损程度标度	对使用功能影响程度	缺损发展变化状况修正	最终评定标度	缺损程度标度	对使用功能影响程度	缺损发展变化状况修正	最终评定标度
翼墙、耳墙	1	0	0	0	0	0	0	0	0
锥坡、护坡	1	0	0	0	0	0	0	0	0
桥台及基础	23	0	0	0	0	0	0	0	0
桥墩及基础	24	0	0	0	0	0	0	0	0
地基冲刷	8	0	0	0	0	0	0	0	0
支座	3	1	1	0	2	1	1	0	2
上部主要承重构件	20	1	0	1	2	1	0	1	2
上部一般承重构件	5	1	2	0	3	1	2	0	3
桥面铺装	1	1	1	0	2	1	1	0	2
桥头跳车	3	0	0	0	0	0	0	0	0
伸缩缝	3	0	1	0	1	0	1	0	1
人行道	1	0	0	0	0	0	0	0	0
栏杆、护栏	1	0	0	0	0	0	0	0	0
照明、标志	1	0	0	0	0	0	0	0	0
排水设施	1	1	1	0	2	1	1	0	2
调治构造物	3	0	0	0	0	0	0	0	0
其他	1	0	0	0	0	0	0	0	0
综合评定分数		$D_r = 86.4$		等级：二类		$D_r = 86.4$			等级：二类

一、桥梁病害情况

1. 病害检测情况

（1）桥面铺装病害主要表现为 T 梁连接处存在纵向的裂缝，局部位置的纵向裂缝扩展成纵向的破损带，行车道位置尤为明显，铰缝位置渗水、碱蚀严重。

（2）T 梁存在的病害主要有：T 梁铰缝处渗水严重，部分跨中位置的两道横隔梁铰接钢板脱开，外包混凝土脱落，横隔梁失去横向传递荷载的作用；部分 T 梁的底板、马蹄位置及正弯矩钢筋弯起位置存在顺梁板方向裂缝，从沧州方向数第 32 ~ 34 孔、37 孔、39 ~ 43 孔、46 孔、64 孔、65 ~ 70 孔的 T 梁，共计 17 孔存在上述纵向裂缝，其中 5 ~ 6 跨外边梁裂缝病害较严重，缝宽最大的有 1mm。

(3)伸缩缝主要病害有：安装混凝土开裂，局部出现破损，伸缩缝内杂物堵塞严重，橡胶止水条存在孔洞，个别钢梁出现挤压变形。

2. 病害原因

滏阳新河特大桥所出现病害的主要原因有：

(1)超载车辆是造成病害的直接原因。由于当前石黄高速公路运营车辆，已远远超出设计荷载，在超重车辆的荷载作用下，桥梁的薄弱环节不堪重负，出现早期破坏。

(2)该桥上部结构为装配式 T 形梁，单跨 30m，按铰接板梁设计。

铰接板梁在设计时将铰缝视作"铰"，只考虑其传递剪力，而不传递横向弯矩。该桥横向连接由两部分组成，一是 10cm 的桥面铺装，二是跨中处 2 道横隔板。

由于 T 形不是闭合截面，其抗扭刚度远小于同跨径的箱梁，在活载作用下，除直接的竖向剪力和横向弯矩外，由于梁体扭转造成的附加剪力和弯矩是很大的。因此，近年来超过 25m 跨径的 T 梁一般最少设置 5 道中横隔板，其目的就是提高横向整体性，更符合刚性横梁法计算理论。

通过上述内力的初步分析认为，横向联系偏弱是造成病害的结构原因，是剪力和弯矩共同造成的，这也与病害的实际状况相符合。部分孔中横隔板并未出现破坏，但除横隔板附近外，纵缝情况相当严重。

针对以上病害机理，滏阳新河特大桥维修加固工程主体工程为全桥横向联系的维修加固，即：横隔板加固、翼缘板加固及桥面铺装改建。对损坏的伸缩缝维修更换、火烧处修补、T 梁裂缝修补等也在本次维修设计范围之内。

二、静荷载试验

桥梁静力荷载试验，主要是通过测量桥梁结构在静力试验荷载作用下的变形和内力，用以确定桥梁结构的实际工作状态与设计期望值是否相符。它是检验桥梁结构实际工作性能，如结构的强度、刚度等的最直接和最有效的手段和方法。

1. 静力试验荷载确定原则

本桥静载试验的目的是检验桥梁的承载能力是否符合现有运营荷载标准公路 – I 级的要求。根据交通部公路科研所等单位编写的《大跨径混凝土桥梁的试验方法》中的规定，静力试验荷载效率：基本荷载试验为 $1.0 \geqslant \eta \geqslant 0.8$，其中：

$$0.8 \leqslant \eta = \frac{S_{state}}{(1+\mu) \cdot S} \leqslant 1.0$$

式中：η ——静力试验荷载效率；

S_{state} ——试验荷载作用下，某一试验项目最大计算效应值；

S ——设计标准活荷载不计冲击作用时产生的该试验项目的最不利计算效应值；

$(1+\mu)$ ——设计计算取用的冲击系数。

1)加载车辆

根据确定的公路－I级荷载标准，以及待测试部位内力与变形的计算值，选用6辆重约400kN的东风自卸车作为公路－I级加载车辆。静载试验所用的加载车辆的型号、数量及轴距、轮距如表10-16。

加载车辆轴距、轮距及实际载重表　　表10-16

荷载等级	车型	前中轴距(cm)	中后轴距(cm)	前轴重(kN)	中轴重(kN)	后轴重(kN)	总重(kN)
公路－I级	东风	3.5	1.35	80	160	160	400
	东风	3.5	1.35	80	160	160	400
	东风	3.5	1.35	80	160	160	400
	东风	3.5	1.35	80	160	160	400
	东风	3.5	1.35	80	160	160	400
	东风	3.5	1.35	80	160	160	400

2)检测项目

(1)第21跨、第22跨、第23跨跨中的最大正弯矩及墩顶最大负弯矩；

(2)第21跨、第22跨、第23跨的跨中、支点位置的竖向位移；

(3)支点附近位置的最大剪应力；

(4)中性轴位置测定。

3)试验荷载布置及试验工况(表10-17,表10-18)

滏阳新河特大桥静载试验工况表　　表10-17

工况号	荷载位置	测试内容
01	零荷载	相关测试项目的初始值
1	第22跨跨中正弯矩偏心加载	测试边跨跨中断面各测点的应变值； 测试边跨跨中断面各测点的挠度值
02	零荷载	相关测试项目的初始值
2	第22跨跨中正弯矩对称加载	测试边跨跨中断面各测点的应变值； 测试边跨跨中断面各测点的挠度值
03	零荷载	相关测试项目的初始值
3	第23跨跨中正弯矩偏心加载	测试次边跨跨中断面各测点的应变值； 测试次边跨跨中断面各测点的挠度值
04	零荷载	相关测试项目的初始值
4	第23跨跨中正弯矩对称加载	测试次边跨跨中断面各测点的应变值； 测试次边跨跨中断面各测点的挠度值
05	零荷载	相关测试项目的初始值
5	第22号墩墩顶负弯矩偏心加载	测试墩顶断面各测点的应变值； 测试墩顶断面各测点的挠度值
06	零荷载	相关测试项目的初始值
6	第22号墩墩顶负弯矩对称加载	测试墩顶断面各测点的应变值； 测试墩顶断面各测点的挠度值
07	零荷载	相关测试项目的初始值
7	梁端主应力偏心加载	梁端应变化的应变值
08	零荷载	相关测试项目的初始值
8	第21跨跨中正弯矩偏心加载	测试边跨跨中断面各测点的应变值； 测试边跨跨中断面各测点的挠度值
9	第21跨跨中正弯矩偏心加载	测试边跨跨中断面各测点的应变值； 测试边跨跨中断面各测点的挠度值
09	零荷载	相关测试项目的初始值

试验荷载内力值及荷载效率表　　表 10-18

	荷 载 位 置	控制荷载内力计算值(kN)	试验荷载内力值(kN)	荷载效率(%)
1	第 22 跨跨中弯矩	6806.77	6304.22	0.93
2	第 23 跨跨中弯矩	5736.61	5415.6	0.94
3	第 22 号墩墩顶负弯矩	5111.37	4573.2	0.89
4	墩顶剪力	1241	1132	0.91
5	第 21 跨跨中弯矩	6806.77	6286.8	0.92

(1)3 辆加载车辆排成 1 行 3 列,横桥向偏心布载,纵向布置在第 22 跨跨中位置。

(2)3 辆加载车辆排成 1 行 3 列,横桥向对称布载,纵向布置在第 22 跨跨中位置。

(3)3 辆加载车辆排成 1 行 3 列,横桥向偏心布载,纵向布置在第 23 跨跨中位置。

(4)3 辆加载车辆排成 1 行 3 列,横桥向对称布载,纵向布置在第 23 跨跨中位置。

(5)6 辆加载车辆排成 2 行 3 列,横桥向对称布载,纵向布置在支点负弯矩最不利加载位置。

(6)6 辆加载车辆排成 2 行 3 列,横桥向偏心布载,纵向布置在支点负弯矩最不利加载位置。

(7)3 辆加载车辆排成 1 行 3 列,横桥向偏心布载,纵向布置在支点剪力最不利位置。

(8)3 辆加载车辆排成 3 行 3 列,横桥向对称布载,纵向布置在第 21 跨跨中位置。

(9)3 辆加载车辆排成 3 行 3 列,横桥向偏心布载,纵向布置在第 21 跨跨中位置。

4)测量仪器与方法

本次静力加载试验各测试项目所用仪器和方法如下:

(1)挠度测试

挠度测试所用仪器是数显位移计,方法采用悬挂钢丝法。

(2)混凝土表面应力测试

应力测试采用先测出应力测点处的应变,然后根据材料的物理特性由应变计算出应力的方法。

应变测量采用 DH3815 静态应变测试系统,温度补偿式应变传感器。该系统由数据采集箱、微型计算机及支持软件组成。数据采集箱与微型计算机通过 RS-232C 串行通信进行数据传输。支持软件能自动完成预调平衡,自动采样、定时采样以及对初始值、长导线、灵敏系数修正等功能。

5)测试断面与测点布置

6)试验加载程序

(1)在进行正式加载试验前,用载重加载车进行预加载试验,预加载试验每一加载位置持荷时间以不小于 15min 为宜。预加载的目的在于,一方面是使结构进入正常工作状态,另一方面可以检查测试系统和试验组织工作是否正常。在确认测试系统和试验组织工作正常后,预加载试验宜反复进行 2~3 次。

(2)预加载卸到零荷载并在结构得到充分的零荷恢复后,才可进入正式加载试验,正式加载试验按表 10-19~表 10-25 所列的加载工况序号逐一进行,完成一个序号的加载工况后,应使结构得到充分的零荷恢复,方可进入下一个序号的加载工况。结构零荷充分恢复的标志是:加载试验实测的结构最大变位测点在卸零荷载后变位恢复最后一个 10min,增量小于前一个 10min 增量的 15%。

溢阳新河特大桥工况 1 截面应力值表　　表 10-19

观测位置	测　点	计 算 值	实 测 值	应变校验系数
第 22 跨跨中截面（MPa）	1	5.02	2.21	0.44
	2	5.17	2.69	0.52
	3	5.04	3.38	0.67
	4	4.48	2.78	0.62
	5	3.28	1.61	0.49
	6	2.19	0.50	0.23

溢阳新河特大桥工况 2 截面应力值表　　表 10-20

观测位置	测　点	计 算 值	实 测 值	应变校验系数(%)
第 22 跨跨中截面（MPa）	1	4.04	1.41	0.35
	2	4.69	2.16	0.46
	3	4.94	2.86	0.58
	4	4.94	3.26	0.66
	5	4.69	2.53	0.54
	6	4.04	1.25	0.31

溢阳新河特大桥工况 3 截面应力值表　　表 10-21

观测项目	测　点	计 算 值	实 测 值	应变校验系数(%)
第 23 跨跨中截面（MPa）	1	4.30	2.54	0.59
	2	4.43	2.83	0.64
	3	4.31	3.19	0.74
	4	3.84	2.49	0.65
	5	2.81	1.83	0.65
	6	1.88	0.71	0.38

溢阳新河特大桥工况 4 截面应力值表　　表 10-22

观测项目	梁　号	计 算 值	实 测 值	应变校验系数(%)
第 23 跨跨中截面（MPa）	1	3.46	1.42	0.41
	2	4.02	1.93	0.48
	3	4.23	2.79	0.66
	4	4.23	2.71	0.64
	5	4.02	2.33	0.58
	6	3.46	1.45	0.42

溢阳新河特大桥工况 5 截面应力值表　　表 10-23

观测项目	梁　号	计 算 值	实 测 值	应变校验系数(%)
22 号墩顶处截面（MPa）	1	-4.11	-2.02	0.49
	2	-4.24	-2.20	0.52
	3	-4.13	-2.19	0.53

溢阳新河特大桥工况 6 截面应力值表　　表 10-24

观测项目	梁　号	计 算 值	实 测 值	应变校验系数(%)
22 号墩顶处截面（MPa）	1	-3.31	-1.55	0.47
	2	-3.85	-2.08	0.54
	3	-4.05	-2.02	0.50

溢阳新河特大桥工况 7 截面应力值表　　表 10-25

观测项目	测　点	计 算 值	实 测 值	应变校验系数(%)
第 22 号跨梁端主拉应力（MPa）	1	-0.72	-0.46	0.64

7)静力试验规则

(1)静力试验应选择在气温变化不大于2℃和结构温度趋于稳定的时间间隔内进行。试验过程中在量测试验荷载作用下结构响应的同时应相应地测量结构表面温度。

(2)静力试验荷载持续时间,原则上取决于结构变位达到相对稳定所需要的时间,只有结构变位达到相对稳定后,才能进入下一荷载阶段。同一级荷载内,若结构变位最大的测点在最后5min内的变位增量小于前一个5min变位增量的15%,或小于所用量测仪器的最小分辨值,即认为结构变位达到相对稳定。

(3)全部测点在正式加载试验前均应进行零级荷载读数,以后每次加载或卸载后应即读数一次,并在结构变位达到相对稳定后,进入下一级荷载之前再读数一次。

(4)若在加载试验过程中发生下列情况之一应立即终止加载试验:

①控制测点应力或力值超过计算值并且达到或超过按规范安全条件反算的控制应力或力值时;

②控制测点变位超过规范允许值时;

③由于加载试验使结构出现非正常的受力损伤或局部发生损坏,影响桥梁承载能力和今后正常使用时。

8)测试结果

(1)表10-19~表10-25中给出试验工况下各检测断面的应力值。从这些应力表中可以看出:在各个加载工况下试验荷载在各检测断面的实测应力值均小于理论值。这说明试验孔的结构强度满足公路-Ⅰ级的设计标准。但是第22跨跨中断面3、4号梁应力值有突变现象。

(2)表10-26中给出第22跨1号梁中性轴距梁底面位置。

滏阳新河特大桥第22跨1号梁中性轴　　表10-26

观测项目	计算值	实测值
第22跨1号梁	1.08m	1.11m

(3)表10-27~表10-32中给出试验工况下各检测断面的位移值。从这些表中可以看出:在各个加载工况下试验荷载在各检测断面的实测位移值均小于理论值。这说明试验孔的结构刚度满足公路-Ⅰ级的荷载标准。但是第22跨跨中断面3、4号梁位移值有突变现象。

滏阳新河特大桥工况1　第22跨跨中截面偏心加载时挠度值表　　表10-27

梁号		1	2	3	4	5	6
跨中断面挠度值(mm)	实测值	4.66	5.18	5.6	4.79	3.19	1.16
	计算值	9.55	9.84	9.58	8.52	6.24	4.17
	校验系数	0.49	0.53	0.58	0.56	0.51	0.28

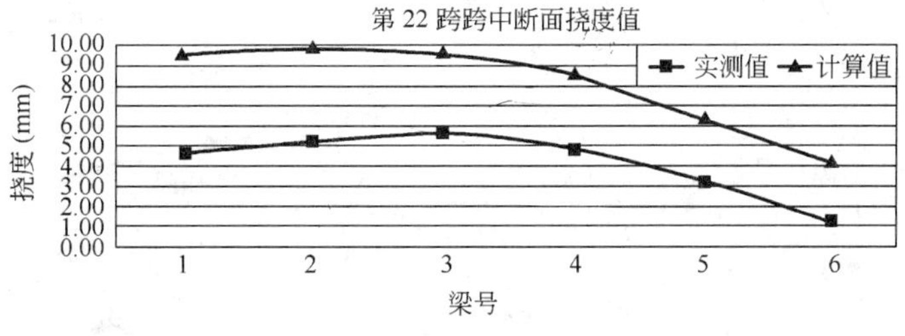

滏阳新河特大桥工况 2　第 22 跨跨中截面对称加载时挠度值表　　表 10-28

梁　号		1	2	3	4	5	6
跨中断面挠度值（mm）	实测值	2.59	3.93	5.13	5.5	5.13	2.72
	计算值	7.68	8.92	9.39	9.39	8.92	7.68
	校验系数	0.34	0.44	0.55	0.59	0.57	0.35

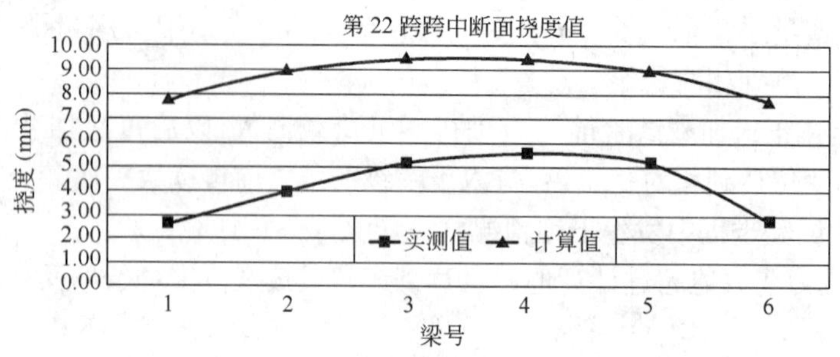

滏阳新河特大桥工况 3　第 23 跨跨中截面偏心加载时挠度值表　　表 10-29

梁　号		1	2	3	4	5	6
跨中断面挠度值（mm）	实测值	4.99	4.75	5.26	4.31	2.69	1.25
	计算值	7.31	7.53	7.34	6.53	4.78	3.19
	校验系数	0.68	0.63	0.72	0.66	0.56	0.39

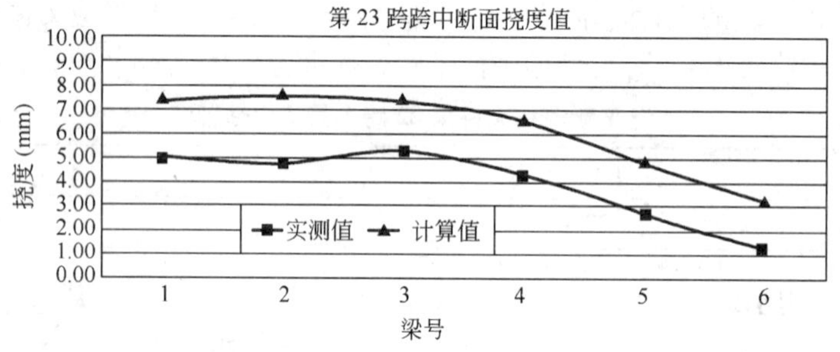

滏阳新河特大桥工况 4　第 23 跨跨中截面对称加载时挠度值表　　表 10-30

梁　号		1	2	3	4	5	6
跨中断面挠度值（mm）	实测值	2.43	2.86	4.80	4.69	3.65	2.56
	计算值	5.88	6.84	7.19	7.19	6.84	5.88
	校验系数	0.41	0.42	0.67	0.65	0.53	0.44

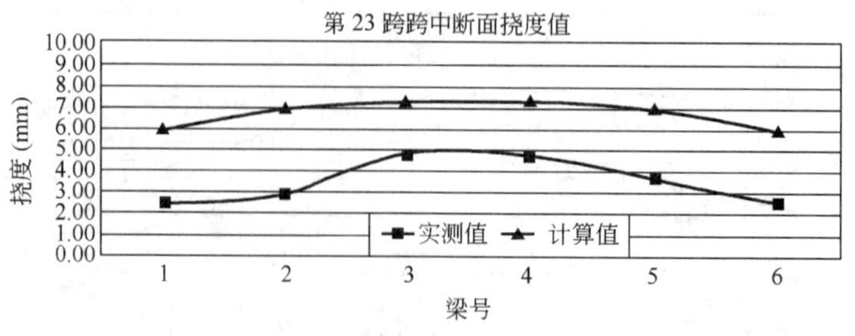

滏阳新河特大桥工况 8　第 21 跨跨中截面挠度值表　　表 10-31

梁　　号		1	2	3	4	5	6
跨中断面挠度值（mm）	实测值	5.35	6	5.82	4.94	3.11	1.26
	计算值	9.55	9.84	9.58	8.52	6.24	4.17
	校验系数	0.56	0.61	0.61	0.58	0.50	0.30

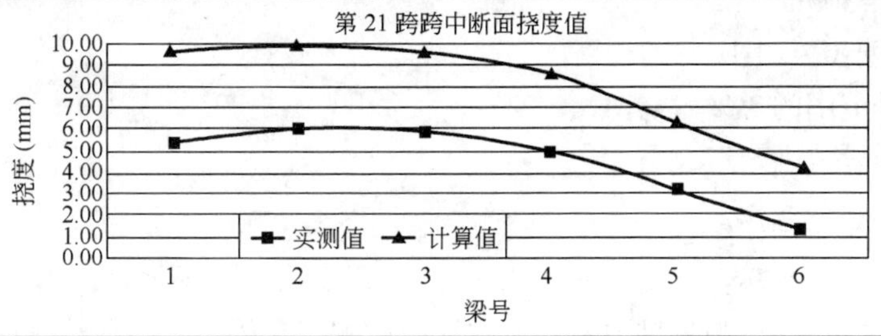

滏阳新河特大桥工况 9　第 21 跨跨中截面挠度值表　　表 10-32

梁　　号		1	2	3	4	5	6
跨中断面挠度值（mm）	实测值	2.07	4.53	5.79	5.83	4.58	2.1
	计算值	7.68	8.92	9.39	9.39	8.92	7.68
	校验系数	0.27	0.51	0.62	0.62	0.51	0.27

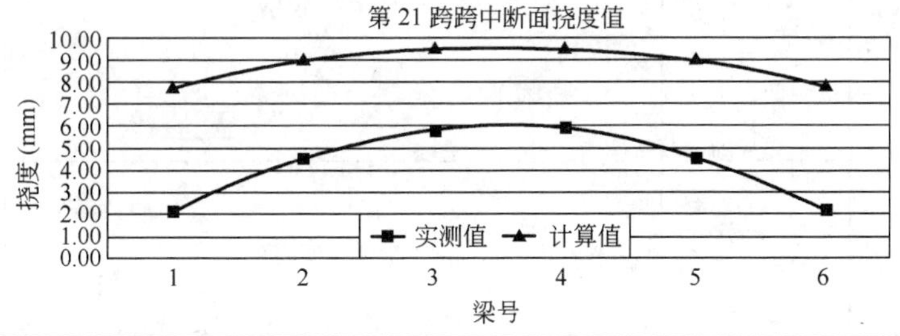

三、动荷载试验

静载试验时，将车辆荷载布置在桥梁的一定位置上，测量桥梁各控制部位的变形和应力，然后将测量结果与设计值比较，便可以对桥梁的刚度、强度性能作出评价。但是桥梁实际受到的不仅是静止车辆荷载，多数情况下受到的是移动车辆荷载的作用。在移动车辆荷载作用下，桥梁除了产生由车辆荷载引起的静力反应，如在静载试验时测量的静挠度、静应力等，还会产生由移动车辆荷载引起的振动、冲击等动力效应。桥梁各组成构件的总效应为静力效应与动力效应之和。静力效应的大小与桥梁结构的静力特性和静荷载的大小有关，桥梁结构在移动车辆荷载作用下的动力效应的大小则与桥梁结构的动力特性、车辆的动力特性（车辆的装载质量、避振弹簧的刚度等）、行车速度以及桥面平整度等因素有关。为了考虑移动车辆荷载的动力效应，设计规范中采用冲击系数的概念，即将作用在桥梁结构上的设计静荷载乘以一个大于 1 的系数，使扩大了的静荷载产生的效应等价于移动车辆荷载产生的动静效应之和。

1. 动挠度测试及测点位置

受测量设备及试验场地的限制，动载试验中的动挠度测量设一个测点，位于黄骅港方向第 22 孔跨中外侧的栏杆上。

2. 测量仪器与方法

动挠度测量采用的仪器是 BJQN-4 型光电图像式桥梁挠度检测仪,其主要技术指标为:

测量范围:垂直方向不小于 0~0.80m,水平不小于 0~0.3m(最大测量距离处);

测量距离:5~500m;

频率响应范围:0~20Hz;

分辨率:测量范围的 3‰;

不确定度:测量范围 ×1%。

3. 测量内容及试验程序

1)测量内容

在一定的行车条件下,测量拱顶断面上的动挠度测点在桥上行车荷载作用下的动挠度。

2)试验程序

(1)1 行 2 列试验车均以 30km/h 的速度同向行驶于桥面上,记录试验孔跨中断面的动挠度(图 10-4)。

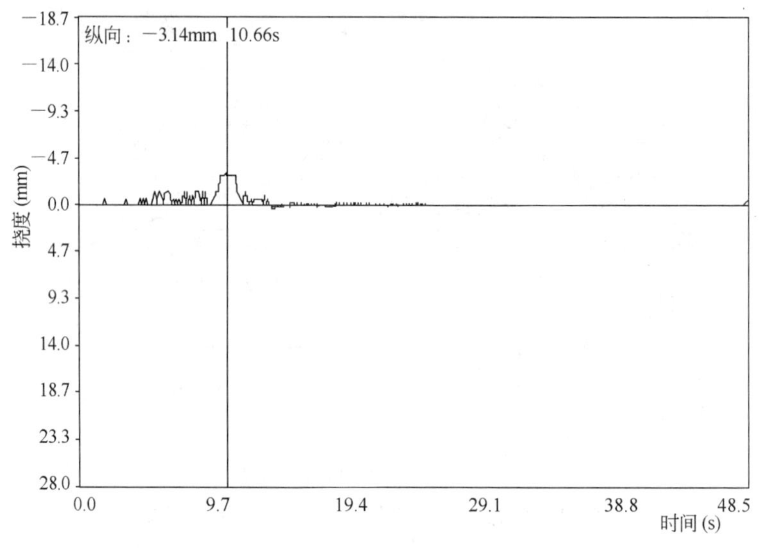

图 10-4　2 辆试验车均以 30km/h 的速度同向行驶时的时程曲线

(2)1 行 2 列试验车均以 40km/h 的速度同向行驶于桥面上,记录试验孔跨中断面的动挠度(图 10-5)。

4. 测量结果与分析

试验工况试验孔主梁跨中断面的动挠度测量结果及相应的检定规范限值如表 10-33 所示。

试验工况测试孔跨中断面最大动挠度　　表 10-33

工况	实测最大动挠度(mm)	理论最大动挠度(mm)	工况	实测最大动挠度(mm)	理论最大动挠度(mm)
1	3.14	4.78	2	3.50	4.78

注:1. 挠度以向下为正;

2. 冲击系数的设计规范计算值为:$1+\mu=1.206$。

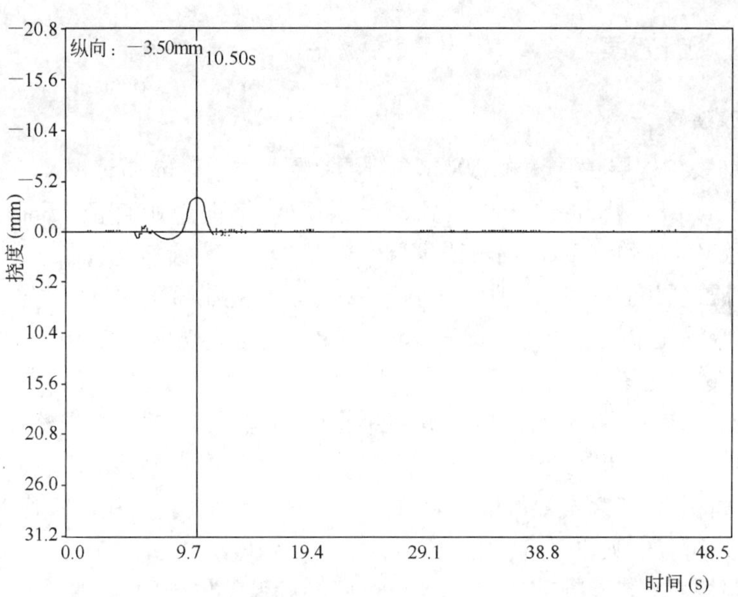

图 10-5　2 辆试验车均以 40km/h 的速度同向行驶时的时程曲线

动挠度是反映桥梁动刚度特性的一个物理量，从所测得的动挠度最大值来看，在汽车荷载作用下，实测动挠度小于理论动挠度，说明动刚度满足设计要求。

（1）该桥评定为二类桥，横隔板为 3 类构件。

（2）近 1/4 横隔板破损，破坏部位均为横隔板的下联结钢板开焊；桥面在 T 梁接缝处出现大量纵向裂缝。说明对于目前车辆荷载，该桥横向联系构件相对薄弱。

（3）由于支座老化以及重车辆作用，引起较多支座开裂。大部分支座被混凝土掩盖，影响梁体伸缩，对梁体必然产生附加应力。

（4）T 梁梁身出现沿钢束的纵向裂缝，将降低梁的耐久性，逐渐削弱主梁承载能力。

（5）由交通量调查结果看，石黄高速通行车辆主要为重车，占 50% 以上。

5. 荷载试验结果分析与结论

根据滏阳新河特大桥桥梁荷载试验测试结果分析，可以得出以下结论：

（1）桥梁试验荷载作用下，反映出来的挠度特征表明，上部结构的实际竖向刚度能够满足公路 – I 级的设计标准。但是从第 22 跨横向挠度曲线可以看出，3 号、4 号梁挠度增大。说明该跨横向联系已经产生破坏，降低了该桥梁的整体刚度。

（2）各界面应力测试断面反映出来的应力特征表明，桥梁的强度能够满足公路 – I 级的设计标准。但是从第 22 跨横向各梁应力可以看出，3 号、4 号梁应力出现突变。说明该跨横向联系已经产生破坏，降低了桥梁的整体强度。

（3）动载试验表明，当试验车辆以不同速度通过桥面时，桥梁的动刚度能够满足设计荷载的使用要求。

6. 建议

（1）及时对该桥进行维修加固，防止桥梁发生更大的损伤。

（2）加强日常观测，及时发现桥梁的新病害及现有病害的发展趋势，制订相应的处治对策。

（3）维修加固竣工以前限制五轴以上车辆通行。

四、病害处治设计方案

1. 桥面铺装改建

(1)原桥面铺装结构层由原来的10cmC30防水混凝土+9cm沥青混凝土改建为17.5cm C50混凝土+1.5cm微表处,混凝土内设置两层钢筋网,横向采用直径16mm的HRB335钢筋,纵向采用直径12mm的HRB335钢筋,下层钢筋网在预应力齿板位置断开。桥面铺装钢筋网安装时注意保证上层钢筋网净保护层不小于3cm,原梁板顶面预留钢筋与新增设钢筋网进行焊接。通过增厚混凝土铺装及增加配筋,将原来单一的铺装功能层变为受力板,成为受力部件,将活载作用传递给主梁。

(2)浇筑混凝土前,须将结合面凿毛,并将结合面冲刷干净,然后再浇筑混凝土。混凝土浇筑时采用泵送的方式加快浇筑速度,减少浇筑时间。由于泵送混凝土坍落度较大,为了避免混凝土振捣后表面积水、灰浆上浮等因素导致混凝土表面产生裂缝,从而降低混凝土的强度,应对混凝土表面进行真空吸水处理。

(3)为了加强桥面铺装混凝土与梁板之间的黏结,确保整体受力,在凿除原防水混凝土时,注意保留原梁板顶面预留在防水混凝土内的钢筋,新增桥面铺装上层钢筋与预留钢筋焊接。当梁顶预留钢筋不能满足桥面铺装钢筋网的定位要求时,应采用植筋的方式进行补充定位。

(4)凿除桥面铺装时,避免损坏梁板顶面负弯矩钢筋锚固齿板及锚具,凿除防水混凝土时严格控制凿除深度,防止损坏T梁顶板混凝土及负弯矩区的齿板混凝土。

(5)微表处为MS-3型,应选择坚硬、粗糙、耐磨、洁净的集料,不得含有泥土、杂物等。粗集料应满足热拌沥青混合料所使用的粗集料质量技术要求。当采用黏附性达不到4级以上的酸性石料时,掺加消石灰、水泥或用饱和石灰水处理后使用,必要时可同时在沥青中掺加耐热、耐水、长期性能好的抗剥落剂。细集料采用洁净的碱性石料生产的机制砂、石屑,小于4.75mm部分细集料的砂当量应大于65%,且不得使用天然砂。必须采用改性乳化沥青,其品种和质量必须满足相关规范标准要求。

微表处施工前应彻底清除新浇筑桥面铺装防水混凝土表面杂物。铺筑时在混凝土表面洒布黏层油,若混凝土表面过于光滑,还需进行拉毛处理。微表处的最低施工温度不得低于10℃,严禁在雨天施工,摊铺后尚未成型混合料遇雨时应予铲除。微表处两幅纵缝搭接的宽度不超过80mm,横向接缝宜做成对接缝。微表处铺筑后的表面不得有超粒径料拖拉的严重划痕,横向接缝和纵向接缝处不得出现余料堆积或缺料现象,用3m直尺测量接缝处的不平整度不得大于6mm。不得有横向波浪和深度超过6mm的纵向条纹。经养生和稳定的微表处,在行车作用下应不飞散且完全密水。

2. 横隔板加固设计

将横隔板的连接钢板外侧的混凝土凿除,检查连接钢板的焊接情况,若钢板存在焊缝开裂的情况则应将焊缝位置清理干净并适当打磨后,重新焊接。在连接钢板外侧增焊一块相同厚度的钢板,以加强横隔板的连接作用,并用环氧砂浆修补凿除部位并填充横隔板间的缝隙。最后在横隔板上增设水平向钢板。

1)焊接联结钢板

将原有联结钢板外侧的混凝土凿除,检查钢板的焊接情况,若存在焊缝开裂现象,应将焊缝位置适当打磨并清理干净后重新焊接。然后在联结钢板外侧在补焊一块联结钢板，以加强横隔板的联结作用，新增设的联结钢板外表面应焊接 2～3 道 $\phi6$ 钢筋或采用其他方法加强钢板与环氧砂浆的黏结作用。最后用环氧砂浆修补凿除部位。

2）粘贴钢板

施工顺序：构件表面处理→（植入锚栓）→黏结剂的配制→粘贴钢板→加压→检查粘贴质量→防护处理

（1）构件表面处理

为了得到良好的粘贴效果，首先必须对粘贴面进行认真处理。

①混凝土表面要清除破碎部分，并凿平凿毛，使集料露出，再用钢丝刷或压缩空气清除浮尘；粘贴前表面再用丙酮擦一遍。

②钢板表面先用汽油或丙酮洗去油污，再用砂轮打磨或钢丝刷除锈，使表面露出光泽，在用丙酮擦净后，表面用一层环氧树脂薄浆保护起来。

（2）钻孔植筋

①钻孔。钻孔时应用冲击钻钻孔，以确保孔的表面有足够的粗糙度。

②清孔。用毛刷清理孔壁上的浮皮，然后用压缩空气吹净孔内的灰尘及混凝土碎屑，同时保持孔内干燥。

③注胶。采用植筋胶或环氧砂浆从孔的底部开始注射直至填满孔的 2/3。

④插筋。将钢筋缓缓旋入孔中，当有部分胶浆溢出时即可保证锚筋植入部分完全粘上了胶。

⑤固化。在固化前不可对钢筋施加任何荷载。

⑥当锚筋与 T 梁主筋发生冲突时，可以根据实际情况适当调整锚筋的位置。

（3）黏结剂的配制

环氧树脂黏接料的拌制要严格掌握配比，按照树脂生产厂家说明书规定的程序进行，要拌和均匀。胶液的活性时间较短，一次性拌和量不宜太多，随拌随用，最好在 1h 内完成。

（4）粘贴钢板

采用涂拌法粘贴。先在混凝土和钢板表面涂一薄层环氧树脂胶液，然后在钢板上均匀地铺一层环氧树脂砂浆，用力刮平，将气泡挤出。

胶结层厚度一般以 2mm 为宜。随后将钢板在混凝土贴面上，进行加压成型，使多余的胶液沿钢板边缘挤出，使钢板密贴在混凝土面上。

（5）加压

本次采用对穿螺栓加压，施工时根据上述预备好的孔位在混凝土里植筋，待钢板粘贴后（钢板也事先钻好相应的孔），立即旋紧螺母进行加压，最后将螺母与植筋进行焊接。

（6）检查粘贴质量

①粘贴成型后：涂胶饱满程度检查。用手锤沿粘贴面轻轻敲击钢板，如无空洞声表示已粘贴密实，否则及时填入胶接剂充塞。若补救措施不能奏效，则需将钢板拆下处理后重贴。

②固化时间及粘贴质量检查

胶结层固化时间约 24h，此后即可受力。

固化后，应用小锤轻轻敲击钢板，从音响判断粘结效果，锚固区粘结面积应不少于 90%，非锚固区粘贴面积不少于 70%，否则此黏结件不合格，应剥下重新粘贴或采取有效措施补粘或补强。

(7)防护处理

防锈可采用涂抹环氧砂浆的方法。(涂刷前,钢板必须除锈,呈金属光泽。由丙酮除油污,进行严格清洁处理并干燥后,才可进行涂刷,且必须在前次涂刷固化后才能进行)。

(8)注意事项

①由于清洁剂丙酮是易燃物质,应由专人管理,使用时应严格禁止操作者吸烟,以防失火。

②黏合面处理必须严格按照要求执行,钢板除锈要彻底,且表面有一定粗糙度;混凝土表面应清凿平顺、坚硬干净。

③慎重选择胶结材料,配胶精确。施工时开始固化的胶不得再用。

④钻孔前应用钢筋扫描仪,对横隔板内钢筋进行定位,避免钻孔时损伤钢筋。施工时应在横隔板上定位钻孔,然后根据实际位置在钢板的打孔。

⑤螺母旋紧后应将螺母于螺栓焊接到一起。

⑥钢板外表面应采取相应措施增强环氧砂浆与钢板的黏结效果。

3. 翼缘板改造设计

将T梁翼缘板边缘各凿除30cm,露出原翼缘板内钢筋,加入环形钢筋及纵向钢筋后,在新旧混凝土结合面刷涂混凝土界面剂增强黏结效果,采用吊模施工的方法浇筑C50无收缩混凝土。

(1)凿除翼板混凝土时不应产生较大的振动,避免损伤梁体。新旧钢筋采用焊接的方式连接。

(2)新增的翼缘混凝土采用吊模施工的方式与桥面铺装混凝土同时浇筑,混凝土建议采用泵送混凝土,从桥下泵送至桥上。

(3)为保证施工过程中梁体的安全、稳定,翼缘板施工应与横隔板施工交错进行。

4. 伸缩缝改造设计

将损坏的伸缩缝进行修复,不能修复的应更换新伸缩缝;对于未出现损坏现象的伸缩缝,维持原样不动,凿除桥面混凝土时应注意保护,避免损坏;对于桥面铺装顺坡时涉及的伸缩缝应调整伸缩缝高程后重新安装,出现损坏的应进行更换。

凿除伸缩缝混凝土时,应注意不要损坏伸缩缝钢筋,如有损坏应原样恢复。拆除伸缩缝钢梁时应采取相应措施,保证伸缩缝钢梁不发生变形或损坏,如有损坏应进行更换。混凝土须采用机械拌和,伸缩缝安装混凝土采用C50,并掺加钢纤维,掺量为50kg/m^3(钢纤维采用低合金钢铣削纤维),浇筑混凝土前将间隙填塞,防止浇筑混凝土时把间隙堵死,影响伸缩,不允许将混凝土溅填在密封橡胶带缝中及表面上,如果发生此现象,应立即清除,然后进行正常养护。

5. T梁裂缝处理

将T梁裂缝周围清理干净后,刷涂一层10cm宽的防水涂料,封闭T梁梁体裂缝。

五、施工工艺

1. 原桥面铺装凿除

(1)凿除采用小型风镐。

(2)在凿除前,负弯矩锚头部位必须明确标出,凿除过程中,严禁强力扰动和振动锚头,对结构安全造成影响。

(3)凿除过程中注意保护梁顶预埋钢筋。

2. 钢筋绑扎作业

1）材料

（1）一般要求

带肋钢筋应符合《钢筋混凝土用热轧带肋钢筋》（GB 1499—1998）的规定，光圆钢筋应符合《钢筋混凝土用热轧光圆钢筋》（GB 13013—1991）的规定。钢筋的主要力学、工艺性能如表10-34所示。

钢筋的主要力学、工艺性能　　表10-34

钢筋类型及牌号	Ⅰ级	HRB335		HRB400	
直径（mm）	8～20	6～25	28～50	6～25	28～50
最小屈服强度（MPa）	235	335		400	
最小抗拉强度（MPa）	370	490		570	
延伸率δ_5（%）	25	16		14	
180°冷弯内径	d	$3d$	$4d$	$4d$	$5d$

注："d"为钢筋公称直径。

（2）检验证明

除监理工程师另有许可外，承包人应向监理工程师提供拟用于工程的每批钢筋的一式三份工厂试验报告，且提供以下资料：

①轧制钢筋的生产方法；

②每炉或每批钢筋的鉴定（包括拉力试验，弯曲试验结果）；

③每炉或每批钢筋的物理化学性能。

（3）识别标志

在检验以前，每批钢筋应具有易识别的标签。标签上标明制造商试验号及批号，或者其他识别该批钢筋的证明。

2）钢筋的储存、加工与安装

（1）钢筋的保护及储存

①钢筋应贮存于地面以上0.5m的平台、垫木或其他支承上，并应保护它不受机械损伤及由于暴露于大气而产生锈蚀和表面破损。

②当应用于工程时，钢筋应无灰尘、有害的锈蚀、松散锈皮、油漆、油脂、油或其他杂质。

③钢筋应无有害的缺陷，例如裂纹及剥离层。只要用钢丝刷刷过的试样的最小尺寸、截面拉伸性能符合规定的钢筋尺寸及钢筋级别的力学性能要求，则该钢筋的铁锈、表面不平整或轧制鳞皮不能作为拒收的理由。

（2）钢筋调直

盘筋和弯曲的钢筋，采用冷拉方法调直钢筋时，Ⅰ级钢筋的冷拉率不宜大于2%；HRB335牌号钢筋的冷拉率不宜大于1%。

（3）钢筋的截断及弯曲

①除监理工程师书面指示外，所有钢筋的截断及弯曲工作均应在工地工场内进行。

②钢筋应按图纸所示的形状进行弯曲。除监理工程师另有许可者外，所有钢筋均应冷弯。

③主钢筋的弯曲及标准弯钩应按图纸及《道路工程制图标准》（GB 50162—92）的规定执行。

④箍筋的端部应按图纸规定设弯钩，并符合GB 50162—92规定。弯钩直线段长度，一般结构不宜小于$5d$，抗震结构不应小于$10d$（d钢筋直径）。

(4)安设、支承及固定钢筋

①所有钢筋应准确安设,当浇混凝土时,用支承将钢筋牢固地固定。钢筋应可靠地系紧在一起,不允许在浇混凝土时安设或插入钢筋。

②桥面板钢筋的所有交叉点均应绑扎,以避免在浇混凝土时钢筋移位。

③用于保证钢筋固定于正确位置的预制混凝土垫块,其形状大小应为监理工程师所接受,同时,其设计应避免混凝土垫块在浇注混凝土时倾倒。垫块混凝土的集料粒径不得大于10mm,其强度应与相邻的混凝土强度一致。用1.3mm直径的退火软铁丝预埋于垫块内以便与钢筋绑扎。不得用卵石、碎石或碎砖、金属管及木块作为钢筋的垫块。

④钢筋的垫块间距在纵横向均不得大于1.2m。桥面板混凝土的钢筋安设按照图纸要求,在竖向不应有大于±5mm的偏差。

⑤任何构件内的钢筋,在浇筑混凝土以前,须经监理工程师检查认可。否则,浇筑的混凝土将不予验收。

3)钢筋接头

(1)一般要求

①受力主筋的连接仅允许按图纸或按批准的加工图规定设置。

②承包人如不在图纸或加工图所示位置连接钢筋,应在安设钢筋以前,提交表明每个接点位置的专用图纸,请监理工程师批准。

③钢筋连接点不应设于最大应力处,接头应交错排列。

(2)焊接接头

①热轧钢筋应如图示或经监理工程师批准采用闪光对焊或电弧焊。当缺乏闪光对焊条件时,可采用电弧焊(帮条焊、搭接焊)。钢筋焊接接头应符合《钢筋焊接及验收规程》(JGJ 18—1996)的规定。

②在不利于焊接的气候条件,施焊场地应采取适当的措施。当环境湿度温度低于5℃时,钢筋在焊接前应预热;当温度低于-20℃时,不得进行电焊。

③钢筋与钢板连接,应按电弧焊的规定焊接。

(3)电弧焊接热轧钢筋

①焊缝长度、宽度、厚度应符合图纸规定,如图纸无规定,按表10-35及图10-6规定办。电弧焊接接头与钢筋弯曲处的距离不应小于10倍钢筋直径。

电弧焊的焊缝规格 表10-35

项目		1级钢筋	HRB335、HRB400牌号钢筋
1.帮条焊或搭接焊,每条焊缝长度(L)	帮条焊接,4缝(双面焊)	≥4d	≥5d
	帮条焊接,2缝(单面焊)	≥8d	≥10d
	搭接焊接,2缝(双面焊)	≥4d	≥5d
	搭接焊接,1缝(单面焊)	≥8d	≥10d
2.帮条钢筋总面积		>A	
3.焊缝总长度	帮条焊接	≥16d	≥20d
	搭接焊接	≥8d	≥10d
4.焊缝宽度		≥0.7d	
5.焊缝深度		≥0.3d	

注:1."A"为被焊接的钢筋面积;

2."d"为被焊接的钢筋直径。

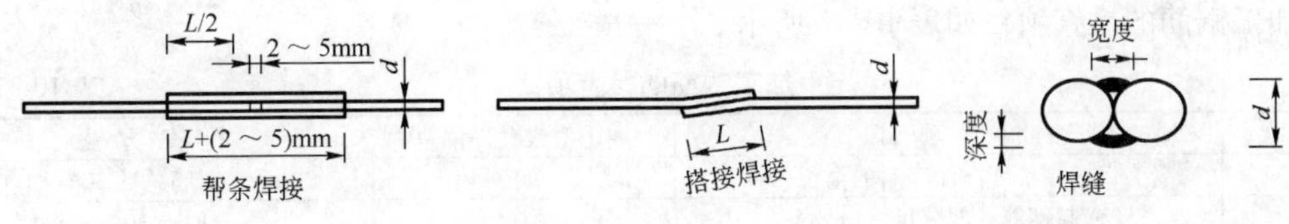

图 10-6　电弧焊接

②用于电弧焊的焊条应符合《碳钢焊条》(GB/T 5117—1995)及《低合金钢焊条》(GB/T 5118—1995)的规定。

③如钢筋、级别、牌号、直径和焊条型号有变动,或焊工有变换,应对建立的焊接参数进行校核,其方法是取两根受拉钢筋试样进行抗拉试验。当试验的焊接抗拉强度大于或等于被焊接钢筋的抗拉强度时,焊接才允许进行。

(4)绑扎搭接接头

①绑扎搭接,除图纸所示或监理工程师同意(当无焊接及机械接头条件时,且钢筋直径≤25mm)外,一般不宜采用。绑扎搭接长度不应小于表 10-36 的规定。在受拉区,光圆钢筋绑扎接头末端应设 180°弯钩,带肋钢筋绑扎接头末端可不设弯钩,受压带肋钢筋绑扎接头的搭接长度,应取受拉钢筋绑扎接头搭接长度的 0.7 倍。

受拉钢筋绑扎接头的搭接长度　　表 10-36

钢筋类型及牌号		混凝土强度等级		
		C20	C25	高于 C25
光圆钢筋	I 级	$35d$	$30d$	$25d$
带肋钢筋	HRB335	$45d$	$40d$	$35d$
	HRB400	$55d$	$50d$	$45d$

注:1. 当带肋钢筋直径 d 不大于 25mm 时,其受拉钢筋的搭接长度应按表中值减少 $5d$ 采用;
2. 在任何情况下,纵向受拉钢筋的搭接长度不应小于 300mm;受压钢筋的搭接长度不应小于 200mm;
3. 当混凝土强度等级低于 C20 时,I 级、HRB335 钢筋的搭接长度应按表中 C20 的数值相应增加 $10d$,HRB400 钢筋不宜采用;
4. 对有抗震要求的受力钢筋的搭接长度,当设防等级为 7 级及其以上时应增加 $5d$;
5. 当混凝土在凝固过程中受力钢筋易受扰动时,其搭接长度宜适当增加;
6. 两根不同直径的钢筋搭接长度,按较细的钢筋直径计算。

②在受压区,对于直径为 12mm 及以下的光圆钢筋,以及轴心受压构件内的任何直径的纵向钢筋,均不需设弯钩,但接头的搭接长度均不得小于 30 倍钢筋直径。

③搭接部分应在三处绑扎,即中点及两端,采用直径为 0.7 ~ 1.6mm(视钢筋直径而定)的软退火铁丝。

④除图纸所示或监理工程师另有指示外,在构件任一有钢筋绑扎搭接接头的区段内,搭接接头的钢筋面积,在受拉区不得超过其总面积的 25%,受压区不得超过其总面积的 50%。上述区段长度不小于 $35d$(d 为钢筋直径),且不小于 500mm。在同一根钢筋上应尽量少设接头。受力钢筋绑扎接头应设置在内力较小处,并错开布置,两接头间距离不小于 1.3 倍搭接长度。如因空间限制,不能按上述要求办理时,承包人可另拟钢筋搭接方案,报请监理工程师批准。

⑤钢筋搭接点至钢筋弯曲起始点的距离应不小于 10 倍钢筋直径,亦不宜设于构件的最大弯矩处。

3. 质量检验

1)钢筋加工及安装

加工钢筋的检查项目如表10-37所示。

加工钢筋的检查项目　　表10-37

项　次	检 查 项 目	规定值或允许偏差	检 查 方 法
1	受力钢筋顺长度向加工后的全长(mm)	±10	按受力钢筋总数30%抽查
2	弯起钢筋各部分尺寸(mm)	±20	抽查30%
3	箍筋、螺旋筋各部分尺寸(mm)	±5	每构件检查5~10个间距

钢筋安装的检查项目如表10-38所示。

钢筋安装检查项目　　表10-38

<table>
<tr><th>项　次</th><th colspan="3">检 查 项 目</th><th>规定值或允许偏差</th><th>检 查 方 法</th></tr>
<tr><td rowspan="4">1</td><td rowspan="4">受力钢筋间距(mm)</td><td colspan="2">两排以上排距(mm)</td><td>±5</td><td rowspan="4">每构件检查2个断面,用尺</td></tr>
<tr><td rowspan="2">同排</td><td>梁板、拱肋</td><td>±10</td></tr>
<tr><td>基础、锚碇、墩台、柱</td><td>±20</td></tr>
<tr><td colspan="2">灌注桩</td><td>±20</td></tr>
<tr><td>2</td><td colspan="3">箍筋,横向水平钢筋、螺旋筋间距(mm)</td><td>0,-20</td><td>每构件检查5~10个间距</td></tr>
<tr><td rowspan="2">3</td><td rowspan="2" colspan="2">钢筋骨架尺寸(mm)</td><td>长</td><td>±10</td><td rowspan="2">按骨架总数的30%抽查</td></tr>
<tr><td>高、宽或直径</td><td>±5</td></tr>
<tr><td>4</td><td colspan="3">弯起钢筋位置(mm)</td><td>±20</td><td>每骨架抽查30%</td></tr>
<tr><td>5</td><td colspan="2">保护层厚度(mm)</td><td>柱、梁、拱肋</td><td>±5</td><td>每构件沿模板周边检查8处</td></tr>
</table>

2)桥面混凝土浇筑作业

(1)材料要求

①水泥使用前应对水泥的储存量进行确认,避免使用新出厂的高温水泥,并必须满足《公路水泥混凝土路面施工技术规范》。

②细集料采用中砂,各项技术指标应符合《公路水泥混凝土路面施工技术规范》的规定。

③粗集料,各项技术指标应符合《公路水泥混凝土路面施工技术规范》的规定。

④拌制混凝土用水,符合《公路水泥混凝土路面施工技术规范》。

⑤混凝土中所采用的外加剂,必须经过有关部门检验并附合有检验合格证明的产品,其性能应符合《公路水泥混凝土路面施工技术规范》规定。

(2)主要机具

①混凝土搅拌及上料设备,应根据施工条件选用强制式混凝土搅拌机(站)、皮带输送机、装载机、水泥混凝土罐车、混凝土泵车等。

②混凝土振捣设备采用插入式振动器和三滚轴整平机等。

③试验检测设备:坍落度测定仪、混凝土含气量测定仪、混凝土温度检测仪、泌水率测定仪等检测设备。

(3)作业条件

①各种机具设备,应处于完好状态,同时在浇筑过程中配有专职技工,随时检修以满足需要。

②混凝土搅拌站至浇筑地点间的道路应坚实、平坦、便于转弯,以确保运输区间的畅通。

③在浇筑混凝土期间,应确保水电不中断。应备用发电机和储水池。并应经常了解气候变化情况,加强气象预报联系工作。

(4)操作方法

①混凝土的配合比应由专人掌握进行配料,在搅拌地点应悬挂配合比指示牌,注明每次搅

拌用砂、石、水泥、水和外加剂等用量及坍落度要求等,并严格计量。

②拌制混凝土配料时,各种衡器应保持准确;对集料的含水率应经常进行检测,据以调整集料和水的用量。

③混凝土一律在搅拌站集中拌和,混凝土使用前对坍落度、含气量和混凝土水胶比、温度、泌水率等进行试验和测试,各项技术指标不满足要求的混凝土不得使用。

④混凝土的运输能力应适应混凝土凝结速度和浇筑速度的需要,使浇筑工作不间断并使混凝土运到浇筑地点时仍保持均匀性和规定的坍落度。

⑤混凝土运输过程中要防止混凝土产生离析现象。

⑥用混凝土泵运送混凝土时,应符合下列规定:

a. 输送管接头应严密,运送前应以水泥浆润滑内壁。

b. 混凝土运送工作宜连续进行,如有间歇应经常使混凝土泵转动,并每间隔几分钟泵料一次,以防输送管堵塞;时间过长时,应将管内混凝土排出并冲洗干净。

c. 泵送时,应使料斗内经常保持约 2/3 的混凝土,以防管路吸入空气,导致堵塞。

⑦自高处倾卸混凝土时,为防止混凝土离析,应符合下列规定:

从高处直接倾卸时,其自由倾落高度一般不宜超过 2m,以不发生离析为度。

⑧混凝土浇筑作业

a. 桥面混凝土浇筑采用阶梯跟进作业,在全宽 12m 范围内铺设三条轨道控制桥面高程,轨道宜采用壁厚不小于 4mm 的方钢或加木楔的槽钢,以保证刚度和减少轨道处的浮浆。已经变形的槽钢或方钢严禁使用。

b. 轨道拆除与周转应在初凝前完成,并及时对轨道处混凝土面进行修整。

c. 在混凝土浇筑过程中 C50 泵送混凝土坍落度要严格控制在 14cm 以内,各单位要派专人跟班作业,在泵车处每罐混凝土必须检查坍落度,对不符合要求的混凝土予以废除。

d. 三滚轴整平作业

• 三滚轴整平机按作业单元分段整平,作业单元长度宜为 20 ~ 30m,振捣与三滚轴整平两道工序之间时间间隔不宜超过 15min。

• 密集排阵后及时清除轨道上的混合料,三滚轴滚压振实料位宜高于轨道顶面 5 ~ 20mm,过高时应铲除,过低应及时补料。

• 三滚轴整平机在一个作业单元长度内,应采用前进振动、后退静滚方式作业,宜分别2 ~ 3 遍。最佳滚压遍数应经过试铺确定。

• 在三滚轴整平作业时,应由专人处理轴前料位的高低情况,过高时,应辅以人工铲除,轴下有间隙时,应用混凝土找补。

• 三滚轴前方过厚、过稀的砂浆必须刮除丢弃。

e. 此次铰缝与桥面混凝土同时施工,在施工过程中振捣工一定要对铰缝部位充分振捣,防止铰缝内混凝土不密实。

f. 采用刮杠在纵、横两个方向进行精平饰面,主操作面刮杠长度不小于 6m,辅操作杠不小于 2m,每个方向精平不少于两遍,也可以采用旋转抹平机密实精平饰面两遍。

g. 混凝土面定浆后再抹第二遍并拉毛,拉毛深度要均匀、适度,保证混凝土面的平整度。

h. 混凝土收浆后尽快予以覆盖和养生。当气温低于 5℃时,应覆盖保湿,不得向混凝土面上洒水。

i. 混凝土强度达到 2.5MPa 前,不得使其承受人、模板、脚手架等荷载。

j. 混凝土表面应密实、平整、棱角整齐;不得有蜂窝、麻面、露筋、脱皮、掉角和裂缝等现象;观感质量线条分明、颜色一致。

3)横隔板加固作业

(1)焊接联结钢板:将原有联结钢板外侧的混凝土凿除,检查钢板的焊接情况,若存在焊缝开裂现象,应将焊缝位置适当打磨并清理干净后重新焊接。然后在联结钢板外侧再补焊一块联结钢板,以加强横隔板的联结作用,新增设的联结钢板外表面应焊接 2 ~ 3 道 $\phi6$ 钢筋或采用其他方法加强钢板与复合砂浆的粘结作用。最后用复合砂浆修补凿除部位。

(2)粘贴钢板:施工顺序:构件表面处理→(植入锚栓)→黏结剂的配制→粘贴钢板→加压→检查粘贴质量→防护处理

①构件表面处理:为了得到良好的粘贴效果,首先必须对粘贴面进行认真处理。

a. 混凝土表面要清除破碎部分,并凿平凿毛,使集料露出,再用钢丝刷或压缩空气清除浮尘;粘贴前表面再用丙酮擦一遍。

b. 钢板表面先用汽油或丙酮洗去油污,再用砂轮打磨或钢丝刷除锈,使表面露出光泽,在用丙酮擦净后,表面用一层环氧树脂薄浆保护起来。

②钻孔植筋

a. 钻孔:钻孔时应用冲击钻钻孔,以确保孔的表面有足够的粗糙度;钻孔直径应比钢筋直径稍大,见表 10-39。

钻孔直径与钢筋直径对应表 表 10-39

钢筋直径(mm)	8	10	12	14	16	20	25
钻孔直径(mm)	12	14	16	18	22	28	32

b. 清孔:用毛刷清理孔壁上的浮皮,然后用压缩空气吹净孔内的灰尘及混凝土碎屑,同时保持孔内干燥;

c. 注胶:采用植筋胶或环氧砂浆从孔的底部开始注射直至填满孔的 2/3;

d. 插筋:将钢筋缓缓旋入孔中,当有部分胶浆溢出时即可保证锚筋植入部分完全粘上了胶;

e. 固化:在固化前不可对钢筋施加任何荷载;

f. 当锚筋与 T 梁主筋发生冲突时,可以根据实际情况适当调整锚筋的位置。

③黏结材料的配制:环氧树脂黏结料的拌制要严格掌握配比,按照树脂生产厂家说明书规定的程序进行,要拌和均匀。胶液的活性时间较短,一次性拌和量不宜太多,随拌随用,最好在 1h 内完成。

④粘贴钢板:采用涂拌法粘贴。先在混凝土和钢板表面涂一薄层环氧树脂胶液,然后在钢板上均匀地铺一层环氧树脂砂浆,用力刮平,将气泡挤出。胶结层厚度一般以 2mm 为宜。随后将钢板在混凝土贴面上,进行加压成型,使多余的胶液沿钢板边缘挤出,使钢板密贴在混凝土面上。

⑤加压:本次采用螺栓加压,施工时根据上述预备好的孔位在混凝土里植筋,待钢板粘贴后(钢板也事先钻好相应的孔),立即旋紧螺母进行加压,最后将螺母与植筋进行焊接。

⑥检查粘贴质量:

a. 粘贴成型后:. 涂胶饱满程度检查。用手锤沿粘贴面轻轻敲击钢板,如无空洞声表示已粘贴密实,否则及时填入胶接剂充塞。若补救措施不能奏效,则需将钢板拆下处理后重贴。

b. 固化时间及粘贴质量检查:胶结层固化时间约 24h,此后即可受力。固化后,应用小锤轻轻敲击钢板,从音响判断粘结效果,锚固区粘结面积应不少于 90%,非锚固区粘贴面积不少于 70%,否则此黏结件不合格,应剥下重新粘贴或采取有效措施补粘或补强。

⑦防护处理:防锈可采用环氧砂浆或环氧树脂胶液 + 少量砂子(涂刷前,钢板必须除锈,呈金属光泽。由丙酮除油污,进行严格清洁处理并干燥后,才可进行涂刷,且必须在前次涂刷固化后才能进行)。

⑧注意事项:

a. 由于清洁剂丙酮是易燃物质,应由专人管理,使用时应严格禁止操作者吸烟,以防失火。

b. 黏合面处理必须严格按照要求执行,钢板除锈要彻底,且表面有一定粗糙度;混凝土表面应清凿平顺、坚硬干净。

c. 慎重选择胶结材料,配胶精确。施工时开始固化的胶不得再用。

d. 钻孔前应用钢筋扫描仪,对横隔板内钢筋进行定位,避免钻孔时损伤钢筋。施工时应在横隔板上定位钻孔,然后根据实际位置在钢板上打孔。

4)施工注意事项

(1)在钢筋绑扎前必须对伸缩缝混凝土进行挂线切除,切除深度统一按照 5cm 执行,切除宽度视现场情况而定。桥面清除工作必须经监理工程师验收,合格后方可进行钢筋绑扎。

(2)铰缝吊模安装必须稳定牢固,模板之间不允许有错台和缝隙,严禁漏浆、胀模现象。

(3)在桥面钢筋绑扎和安装时,必须进行划线,使钢筋网格间距保持均匀一致,严禁偷筋漏筋现象。

(4)为了对桥面混凝土平整度在施工过程进行有效的控制,各单位在桥面两侧防撞护栏上用红漆标明高程控制线。

(5)各施工单位要派专人跟班混凝土罐车,严禁途中加水,影响混凝土质量。

(6)施工班组要求人员素质高,专业性强,采取分组施工,避免疲劳作业。

第十一章　路面排水系统优化设计研究

要有效地防治沥青路面的水损害，首先应该加强原材料的控制，提高矿料与沥青的黏附性能；其次应改善路基路面防排水设计和结构形式设计，使结构排水顺畅；最后还应该加强预防性养护，采取措施减少基层收缩裂缝和沥青路面反射裂缝的产生。目的是形成一个完善的综合排水系统，综合治理，根除或减小水损害。

美国在1973年由联邦公路局制定了路面结构内部排水系统设计指南，以引导和推动公路部门采用路面内部排水系统。1989年，M. G. Hagen等在美国的明尼苏达州修建了设置4种路面排水设施共长1824m的试验路段，并在1990～1994年期间进行了表面水的渗入及排放量检测试验。试验结果表明，设置路面排水系统是非常必要的，这可以使积滞在路面及结构内的水迅速排除到路基和路面结构外，有利于改善路面的使用性能。

第一节　目前国内排水系统应用现状

目前路面设计和施工中，人们比较重视路面结构的防水措施，利用路表排水和密级配沥青面层防止雨水进入路面结构。但在实际工程中，限于沥青路面施工工艺技术，粒料离析、路面空隙难以有效控制；路面结构损坏难以避免，因此自由水渗入路面结构内部是必然的。水损害是目前路面的主要破坏原因，发展速度快，维修难度大。在我国南方多雨地区，这一现象尤为突出，因此道路排水是否通畅是影响道路使用性能和使用寿命的一个重要因素。

现有的路基路面排水系统，往往重视把地表水排除到公路路界以外，而不重视排除由于降水通过路面裂缝、接缝和面层空隙下渗到路面结构中而形成的内部滞水。这种内部滞水的危害性是相当大的。当降雨量较大，并且填筑路基和路肩的土渗透性较差时，渗入路面的水分会长时间积滞在路面结构内部，这种现象在位于凹型竖曲线底部、低洼河谷地、曲线超高断面内侧和立体交叉下穿路段的路面结构中显得尤为严重。这些内部滞水会浸湿路基路面各结构层，不但会使沥青混凝土路面出现龟裂、唧浆、破碎、凹陷和坑洞等破坏，而且会使水泥混凝土路面出现唧泥、脱空、断板、错台和破碎等一系列病害，最终将大大降低整个路面结构的使用性能和使用寿命。因此从半刚性基层沥青路面结构着手，设置路面内部排水系统，是解决路面水损害的重要技术途径。

目前采用的路面结构，其沥青面层本身空隙率过大，离析严重，难以成为防排水结构，透层油或下封层也封不住水，反而都成为积水或积浆部位。近年来对半刚性基层的强度要求越来越高，越来越致密，二灰碎石、水泥稳定碎石基层透水性差。渗入路面和冰冻地区春融期融化的水容易积聚在基层表面，成为浮浆。路面设计中一般未考虑路面结构层内部的排水问题，相反普遍设计了中央分隔绿化带、埋置式路缘石、砌筑式路肩、浆砌挡墙，增加了水的来源又阻碍了渗入路面内部的水排出。

第二节　水 力 计 算

一、路面结构的表面水渗入量的确定

早在 1973 年，西达格林(Cedergren)就对表面水渗入量进行了研究，建议设计渗入率通过重现期一年历时 1 小时的降水强度乘以一个系数来确定。1976 年雷奇威(Ridgeway)根据渗水试验的结果指出，降水历时比之于降水强度影响更为严重。另外，雷齐威还初步确定了路面裂缝和接缝的表面水渗入率。1996 年，同济大学在上海的旧沥青混凝土路面和水泥混凝土路面上进行了表面水渗入率的试验测定，并提出了计算表面水渗入量的方法。

根据公路排水设计手册，沥青路面表面水的渗入量按式(11-1)计算，由于设计渗入量难以准确估计，透水材料难以准确测定以及透水材料在使用过程中易于堵塞，系统的排水能力要留有足够余地，通常考虑两倍以上的安全系数。

$$Q_i = I_a B + k_P B \tag{11-1}$$

式中：Q_i——纵向每延米路面结构表面的渗入量($m^3/d \cdot m$)；

I_a——每平方米沥青路面的表面水设计渗入率($m^3/d \cdot m^2$)，一般取 $0.15m^3/d \cdot m^2$；

k_P——表面水对每平方米未开裂路面表面的渗透率，而对于密级配沥青混凝土面层可不予考虑，即取值为 0；

B——单向坡度路面的宽度，石黄高速公路主车道和硬路肩宽度之和为 12m；

由式(11-1)可得：

$Q_i = 2 \times 0.15 \times 12 = 3.60m^3/d \cdot m = 4.167 \times 10 - 5m^3/d \cdot m$(取 2 倍安全系数)

二、透水层泄水量的确定

1952 年，凯撒格朗特、夏农和巴勃将透水层中的渗流量分为稳态流量和非稳态流量进行研究，提出了排水流量和排水时间的计算方法。但是，目前国内外普遍认为透水层中的渗流服从达西定律。因而可先确定透水层的渗透系数，再根据渗流达西定律计算渗流量。

$$Q_0 = kiA \tag{11-2}$$

式中：Q_0——纵向每延米排水层的排水量($m^3/d \cdot m$)；

k——透水材料的渗透系数(m/d)；

i——渗流路径的平均水力坡度，当排水层有纵坡 i_z 和横坡 i_h 时，水力坡度为合成坡度 $i = \sqrt{i_z^2 + i_h^2}$；

A——纵向每延米排水层的过水断面面积(m^2)，无纵坡时，$A = h$，有纵坡时，$A = h\frac{i_h}{i}$；

h——排水层厚度(m)。

设面层施工时，排水层表面部分孔隙被堵塞的深度为 2cm，则排水层的有效厚度为 14cm，透水性材料所要求具有的渗透系数由式(11-2)得：

$$K_b = \frac{Q_i}{h \cdot i_h} = \frac{3.6}{0.14 \times 0.02} = 1286m/d = 1.488cm/s$$

因此集水沟与排水层材料的渗透系数至少应取为 1300m/d。

三、自由水在排水层的渗流时间

渗入排水层的自由水在排水层内的渗流时间为：

$$t = \frac{L_s}{3600v_s} \tag{11-3}$$

渗流路径长度为：

$$L_s = B\sqrt{1+\frac{i_z^2}{i_k^2}} \tag{11-4}$$

渗流速度为：

$$v_s = \frac{1}{n_e}k\sqrt{i_z^2+i_k^2} \tag{11-5}$$

式中：n_e——透水材料的有效空隙率。

根据试验段纵坡 $i_z=1.10\%$，横向超高坡度 $i_h=2\%$，透水材料有效空隙率取 $n_e=15\%$，渗透系数 $k_b=1500\text{m/d}$，则由式(11-5)得

$$v_s = \frac{1}{0.15}\times 1286\times\sqrt{0.02^2+0.011^2} = 195.69\text{m/d} = 2.26\times10^{-3}\text{m/s}$$

则由式(11-4)得

$$L_s = 12\times\sqrt{1+\frac{0.011^2}{0.02^2}} = 13.69\text{m}$$

则由式(11-3)得

$$t = \frac{13.69}{3600\times2.26\times10^{-3}} = 1.68h$$

四、集水管和出水管泄水量的确定

国内外通常采用谢才—满宁公式计算集水管和出水管的泄水量。

$$Q_0 = vA \tag{11-6}$$

$$v = \frac{1}{n}R^{2/3}i^{1/2} \tag{11-7}$$

式中：Q_0——排水管或出水管的排水能力(m^3/s)；

v——管内水流的平均流速(m/s)；

A——过水断面面积(m^2)；

n——管壁的粗糙系数，PVC 塑料管取 0.010；

R——水力半径(m)；

i——水力坡度，一般取用管的底坡，可取纵坡 1.10%。

取管径 $d=0.08\text{m}$，则

$$R = d/4 = 0.02\text{m}$$

$$A = \pi\ d2/4 = 0.00503\text{m}^2$$

$$v = 0.773\text{m/s}$$

则排水管泄水量

$$Q_0 = 0.773 \times 0.00503 = 3.89 \times 10^{-3} m^3/s$$

横向出水管间距取为30m,则排水管需要排泄的表面水渗入量相应为:

$$Q = 30 \times 4.167 \times 10^{-5} = 1.25 \times 10^{-3} < Q_0$$

排水管泄水能力满足要求,因此,排水管和出水管的管径可选用8cm,横向出水管间距取为30m。

第三节　旧沥青路面边缘排水设施优化设计

一、边缘排水设施总体设计

如果下层结构的抗透水性能足够好的话,层内自由水将无法继续下渗,在重力作用下,水会沿横向渗透。为此,要减少水的下渗量,就要提高面层沥青混合料的密实程度,并做好各层间的封闭工作。但只凭面层来横向排出所有的水是不现实的。因而,必须在面层下设置排水基层或排水垫层,同时配以合理的边缘排水系统。对于排水基层既要求有较好的密实性,又要求有较大的孔隙率以便排水。

边缘排水系统的结构形式分为浅集水沟式和深集水沟式两种,近年来,一些工程开始学习国外的做法增加设置路边纵向排水沟。排水沟的深度达到包括沥青层及级配碎石层在内的基层,宽度通常为20~25cm,中央部分还有一根纵向的带孔PVC管,纵向沟外面包有单向渗透的土工布,纵向沟每隔5~10m左右设置一根横向的排水管,路面内的水分渗入纵向沟后经排水管排出路外。在纵向排水沟中,纵向沟的填料可以是单一粒径的碎石,也可采用多孔混凝土,或者砂滤层,具体如图11-1、图11-2所示。

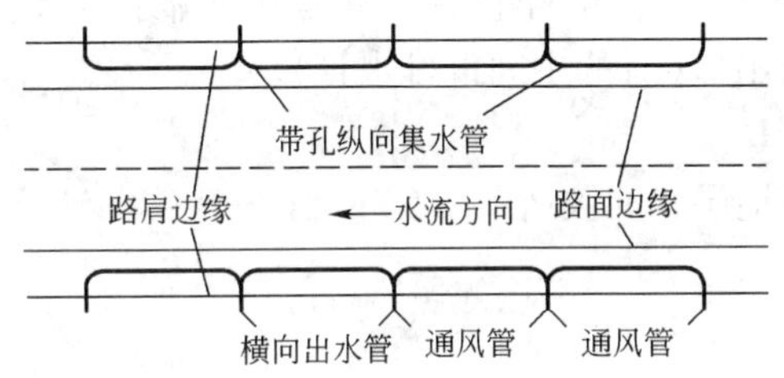

图11-1　排水管平面布置图

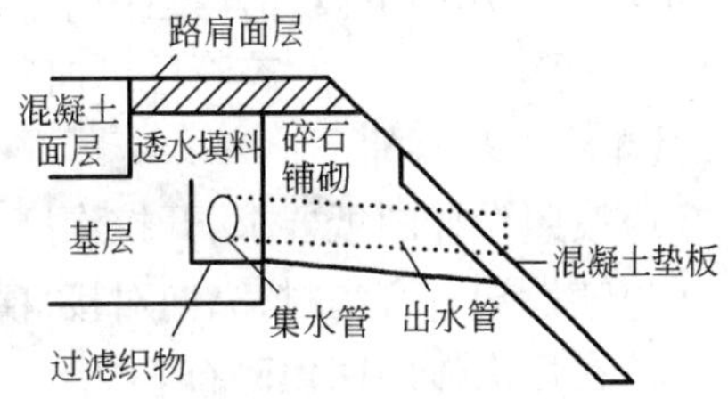

图11-2　旧路面边缘排水系统改造

纵向排水管或横向出水管,管的厚度应该保证在一定深度条件下不被车辆或施工机械压裂;同时应该确定管的排水孔径、布置形式以及横向出水管的间距。对于管的位置,应该做好标记,以便以后维护。对于边缘排水结构,一方面是用来汇集路表边缘渗水,另一方面是用来汇集路面结构层内的横向排水。这些水汇集后,就通过边缘的纵向排水沟或横向排水管排走。现在有不少高速公路工程采用了此类纵向排水沟方式,沿路面结构的端部边缘设置由透水性填料集水沟、纵向排水管、横向出水管和过滤织物(土工布)组成的边缘排水系统。渗入路面结构内的自由水,通过层间的空隙横向流入由透水性材料组成的纵向集水沟,再由间隔一定距离布设的横向出水管排出路基之外。

石黄高速公路新建时排水系统考虑得不是十分完善,没有设置排水结构层和边缘排水系统,这也是水损害较为严重的一个重要因素。因此本次养护罩面工程提出了重新设置排水系统的要求。但旧路面很难重新设置排水结构层,较好的做法应是单独设置边缘排水系统,可以加快路面结构水排出路面的过程。并且考虑到石黄高速的排水系统是在旧路面上重新设置,难度较大,宜采用浅集水沟形式。

二、新型复合土工排水体

圆形盲沟

中空圆形盲沟

图 11-3 盲沟

盲沟(图 11-3)又称暗沟、暗渠等,工程中使用的建筑材料非常广泛,然而盲沟材料虽然经过砂石盲沟、各种开孔管材、软式透水管三代的发展,却依然存在表面开孔率小、抗压强度低、易堵塞失效等缺陷。因此本课题在设计试验路边缘排水系统时,采用了新型复合土工排水体(Gecomposite drainage systems)——塑料盲沟材料,它是由滤膜包裹立体网状结构的塑料芯体组成。塑料盲沟材与其他盲沟材料相比具有以下特点:

(1)表面开孔率与空隙率高达 85% 以上,集排、水性能极好;

(2)抗压强度可达每平方米数百千牛,耐压性好;

(3)柔性好,适应土体变形能力强;

(4)耐酸碱腐蚀、抗紫外线、防老化及耐久好;

(5)重量轻、施工方便;

(6)形状多样、适应复杂环境下的施工要求;

(7)滤膜可选择、更具有针对性和经济性。

三、边缘排水系统设计与施工

本项目采用如下设计方案:中下面层边缘设置 15cm 宽的碎石层 + 盲沟纵向排水方式(图 11-4),上面覆盖表面层,碎石层纵向每 5m 有一个出口(有的中间设排水管)。

具体施工步骤如下:

(1)按照设计图纸要求,开挖沟漕、填碎石、铺垫层和滤膜(图 11-5);

(2)铺设塑料盲沟材,纵向对接,横向斜接;

(3)在盲沟体外回填碎石。

四、中央分隔带排水设计

中央分隔带排水是高速公路排水的一项重要内容,因为水很容易通过此处进入到路基、路面结构中去。根据远景规划及标准不同、宽度不等,中央分隔带主要功能有诱导视线、绿化防眩、埋设通信光缆及设置防撞护栏等,无形中已经给水侵蚀路基、路面留下了很多通道,并给排水带来很多困难。由于受沿线水文、气象等条件的影响,尤其在多雨地区、雨季降雨量较大、且持续时间较长及绿化浇灌等,在中央分隔带内很容易形成表面积水,不能迅速及时地排出。部分表面水通过中央分隔带内填土进行下渗,下渗水一部分向两侧渗入,在与路面结构层交界界面处渗入路面结构层内,另一部分沿着防撞护栏立柱周围缝隙渗入路基,使路面基层和路基在渗水的长期浸泡下,从湿润到软化,从局部到大片,久而久之,在车辆荷载的反复作用下,使路面基层失去支撑作用,路基向下沉陷,直接影响路基、路面的稳定性。

在南方多雨地区,中央分隔带普遍采取防水土工布和纵向排水沟的方式进行中分带排水和防止水渗向路面结构。但是在北方，中分带排水设施普遍存在设计不合理、不完善的问题，比如石黄高速新建时在预留了两个车道的情况下，中分带仅设置了集水井，根本无法满足中分带排水和防水的要求，使其成为路面水损一个重要因素。

因此本次试验路设计，为了排除渗入水，在中央分隔带内设置纵向碎石渗沟和横向排水管，将渗入水排出。如图11-6，图11-7所示。

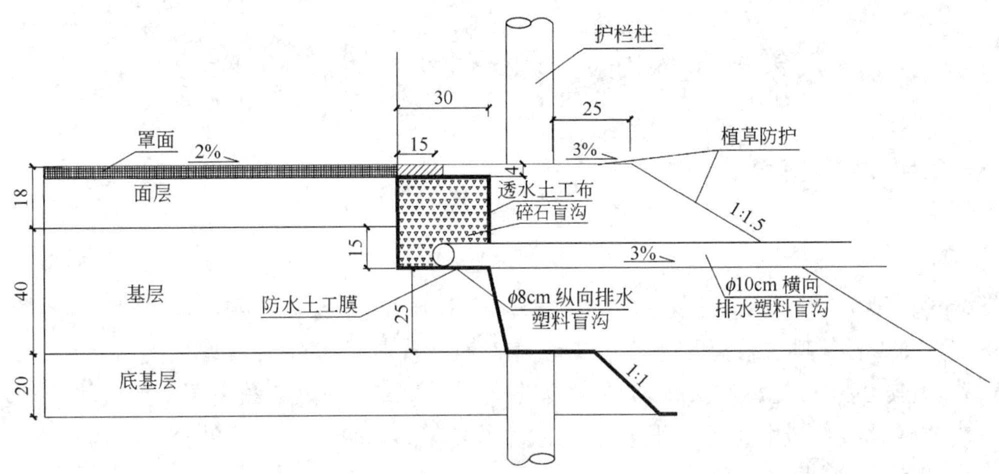

说明：
1. 图中尺寸均以cm计。
2. 本图适用于边坡未做片石防护的路段。
3. 碎石盲沟至少要保证0.04cm² 的断面，断面形状由现场情况和施工工艺确定。
4. 盲沟横向排水管每15m设一道。

图11-4　路面边缘排水方案示意

图11-5　边缘排水系统现场施工示意图

图11-6　纵向碎石渗沟

图11-7　横向排水管

第十二章　中修罩面处治病害建设管理

第一节　中修工程组织实施与管理

一、项目技术档案管理办法

1. 总则

第一条　为了做好技术资料立卷归档工作,保证案卷质量,以达到档案管理规范化、标准化,不断提高工程管理水平,真正做到"工程建设和资料归档同步",确保建设项目档案完整、准确、系统、安全并有效利用。根据国家有关规定及交通部、国家档案局《交通档案管理办法》、《基本建设项目档案资料管理暂行规定》和《公路工程竣工文件材料立卷归档管理办法》(交办发[2001]390号文),特制定本办法。

第二条　项目档案资料是指在整个项目从酝酿、决策到建成使用的全过程中形成的,应当归档保存的文件,包括该建设项目的提出、评估、决策、计划、设计、施工、竣工、论著使用等工作活动中形成的文字材料、图纸、图表、计算材料、声像材料等形式与载体的文件材料。

第三条　本规定适用于石黄高速公路养护专项工程项目部及在石黄高速公路养护专项从事设计、施工、监理的所有单位和个人,石黄高速养护专项工程项目部负责对各工程竣工文件材料立卷归档工作进行监督和指导。

2. 档案资料的管理

第四条　石黄高速公路养护专项工程项目的档案资料工作要与项目建设进程同步,项目申请立项时,即应开始进行文件材料的积累、整理、审查工作;项目竣工验收时,完成文件材料的归档和验收工作。

第五条　建设单位、施工单位、监理单位必须有一位负责人分管档案资料工作,配备档案资料管理人员工程档案进行管理。

3. 竣工档案资料的管理要求

第六条　所有工程归档资料按照《河北省石黄高速公路管理处工程竣(交)工文件编制规定》相关要求执行。

二、关于公文处理的暂行规定

公文是在工程管理过程中所形成的具有法定效力和规范体式的公务文书,是传达贯彻国家的方针、政策,发布行政法规、规章和办法,实行措施,请示、报告和答复问题,指导、布置和商洽工作,通报情况,交流经验的重要工具。因此,公文处理必须做到准确、及时、规范。为提高公文处理的质量,按照规范要求,结合项目部的具体情况,特作以下规定。

1. 收文

对工程设计、施工、监理单位往来的通知、批复、报告、请示等公文均由石黄管理处办公室分门别类、逐一登记。所有来文来电均由处办公室填写批办单，呈送主管处长批示，再交项目部有关部门阅处。由项目部处理完毕后要及时送交处办公室归档。

2. 发文

文件起草、拟办文稿、公文会签、发文格式均按照石黄管理处相应格式要求办理。

三、工程质量管理实施办法

1. 总则

第一条　为加强石黄高速公路养护专项工程项目的工程质量管理，确保工程质量，根据交通厅颁布的《公路工程质量管理办法》、《路面养护技术规范》、《桥梁养护技术规范》，结合河北省石黄高速公路养护专项工程建的实际情况，制定本办法。

第二条　凡在石黄高速公路养护专项工程项目（以下简称本项目）从事公路养护活动的建设、设计、监理、施工单位或个人，必须严格遵守省交通厅《公路工程质量管理办法》和本办法。

第三条　本办法所称公路养护工程质量，系指国家、交通行业现行法律、法规、规章、技术标准以及批准的设计文件和工程合同对公路养护工程的安全、适用、经济、美观特性的综合要求。

第四条　本项目实行项目负责，监理单位控制，设计、施工单位保证和政府监督相结合的质量管理体制。

养护专项工程参建单位必须按有关规定向质监机构报告工程质量情况，提供有关资料；任何单位和个人对养护专项工程的质量事故、质量缺陷和影响工程质量的行为有权向交通主管部门或质监机构进行检举、控告和投诉。

第五条　本项目实行工程质量责任终身制。各参建单位的负责人，对本单位的质量工作负领导责任；各单位的工程项目负责人，对本单位工程项目现场的质量工作负直接领导责任；各单位的工程技术负责人，对质量工作负工程技术方面责任；具体工作人员为直接责任人。

第六条　本项目实行"政府监督、社会监理、企业自检、业主检查"四级质量保证体系。各有关单位要按要求建立健全质量管理体系，强化对工程质量的管理与控制。监理及施工单位必须自觉接受交通主管部门的监督。

第七条　本项目严禁施工、监理单位将承接的工程项目转包和分包。

第八条　凡从事本项目建设活动的专业技术人员，应当按照有关工程建设的法律、法规、规章的规定取得相应资格证书，并在资格证书许可范围内从事工程建设活动。

2. 建设单位管理职责

第九条　石黄高速公路养护专项工程项目部（以下简称项目部）具体负责本项目的建设管理工作。在项目的建设中，认真履行基本建设程序，实行招标投标制、工程监理制度和合同管理制度。

第十条　项目部依照法律、法规、工程技术标准、规范和工程合同的要求，组织进行设计、施工和监理。开工前组织施工图设计审查和技术交底；施工中对工程质量进行全过程跟踪检查,工程完工后负责工程档案的归档并组织竣工验收工作。

(1)负责监督检查监理、施工单位的人员机械到位情况;监督检查有无转包和非法分包现象;有权下令清除转包和分包队伍,对不能按期完工和保证质量的标段,有权对其工程另行安排施工队伍,对严重违规的监理、施工单位有权中止合同。

(2)负责督促落实各单位的质量管理体系,监督检查工程质量及承包人自检体系的工作质量。每月进行一次质量检查活动,根据检查结果结合日常随机检查情况,对全线各标段进行质量评比,全线通报。

(3)监督检查监理单位及人员执行监理合同情况及监理的日常工作情况。对监理在施工中做出的不当决定有权做出纠正,对玩忽职守、不遵守职业道德或业务不称职的监理人员有权做出清出现场的决定,有权对监理单位按有关规定进行处罚。

(4)对施工中的违规行为进行处罚,及时研究处理施工中发生的一切质量问题。

(5)处理重大技术变更,参与关键项目的施工技术方案的审查工作。

(6)根据工程进展安排不同阶段的劳动竞赛,并进行劳动竞赛评选活动,结合工程质量对施工、监理单位进行奖励和表彰。

(7)及时发布工程质量和进度信息,协调工程进度与质量的关系。

(8)有针对性地组织召开工程现场观摩会。

(9)接受质量监督部门的监督检查。

3. 设计单位质量管理

第十一条 设计单位必须建立健全设计质量保证体系,加强设计全过程的质量控制,建立完整的设计文件的编制、复核、会签和批准制度,明确各阶段的责任人,并对公路工程设计质量负责。

第十二条 设计文件必须符合下列要求:

(1)设计文件的编制应该符合有关工程养护方面的法律、法规、规章、标准、规程和合同的要求;

(2)设计依据的基本资料应完整、准确、可靠,设计方案充分,计算成果可靠,并符合结构安全要求;

(3)设计文件选用的材料,应当注明其性能及技术标准,其质量要求必须符合国家规定的标准,但不得指定生产厂、供应商。

第十三条 设计单位应按合同规定及时提供施工设计文件;开工前作好设计文件的交底工作;并应在施工现场派驻综合素质过硬的设计代表,随时掌握施工现场情况,按照“四方签认”的相关要求及时解决设计、施工方面的有关问题。

第十四条 施工设计文件提交后,由建设单位组织对设计进行必要的审查,设计单位应根据审查意见对设计进行修改及解答,施工期间出现的变更设计,必须有设计单位的签署意见。设计单位对审查意见变更设计如有疑问,应及时提出。按审查意见或变更意见修改后的施工图设计文件,设计质量责任仍由设计单位负责。

第十五条 设计质量管理及变更设计管理应严格按《河北省公路工程勘察设计管理暂行办法》(省交通厅[2001]003号文)以及双方的合同协议和有关规定执行。

第十六条 工程完工后,对本项目的设计工作进行总结,按《公路工程竣工验收办法》规定提交一套完整的设计文件交项目部归档。

4. 监理单位质量管理

第十七条 监理单位应根据所承担监理任务和监理合同的要求，向工程施工现场派驻相关的监理机构、人员和设备。监理人员必须持有省级以上交通行业主管部门签发的资格证书，并依照核发的从业资格承担相应的监理工作。

第十八条 监理单位必须严格执行有关公路工程建设的法律、法规、规章、技术标准和规范。严格履行监理合同，监督工程施工承包合同的实施。各级监理人员在工程质量管理中要做到“严格监理、热情服务”，同时必须接受省质监机构对监理资格、监理质量控制体系及监理工作质量的监督检查。

第十九条 监理单位应认真审查施工组织设计和技术措施；审查试验、工程施工工艺，批准特殊技术措施和特殊工艺；监督合同中有关质量标准、要求的实施；纠正不符合工程设计要求、施工技术标准和承包合同的工程和施工行为；提出或审查设计变更；进行工程质量检测，参加工程质量事故处理和工程验收。

(1)加强对施工单位自检体系工作质量的监督和管理，督促施工单位认真履行合同，对工程转包和非法分包及时进行查处。

(2)监理必须对工程施工质量进行全方位监督管理与控制，要严把“开工审批关”、“施工过程检查旁站关”和“转序签字计量支付关”。

(3)监理单位必须具备独立的试验室，并通过省质量监督部门的资质认证。

(4)监理的抽检频率不少于20%，坚持平行试验100%；

(5)监理工程师应加强对进度与质量关系的协调。

(6)对于现场设计变更按照“四方签认”的相关要求执行。

(7)驻地监理要作好工作日志，做到文字为凭、数据说话、检测定性。要加强监理档案资料的规范管理和对施工单位的档案资料管理工作的监督、检查、指导，负责工程施工档案整理的审核签证。工程完工后，作好监理工作总结，并对监理过程中的资料整理《按公路竣工验收办法》规定交业主归档。

(8)监理工程师不得擅离职守，如需离岗必须经项目部批准。

(9)监理工程师要服从项目工程师的管理。日常监理过程中，监理单位应及时向项目工程师报告工程实施情况。

(10)监理单位对危及工程质量和安全的施工，报项目工程师批准后，可以下达停工指令，对施工单位人员不符合工作要求的，可以要求撤换，施工单位必须执行。

(11)监理单位要加强廉洁自律，不得与施工单位、材料和设备供应单位有隶属关系或发生经营性业务关系。

(12)实行动态管理日工作汇报制度，以便对每天施工情况及时掌握。

第二十条 建立监理工作质量保证金制度，在监理费用结算时，预留监理服务费的10%作为工程质量缺陷责任期内的监理费用，缺陷责任期结束后一次性支付监理工作质量保证金。如缺陷责任期内未完全履行监理责任，建设单位可另行委托其他监理单位承担缺陷责任期的监理工作，其费用从监理工作质量保证金中支付。

第二十一条 建立工作考核奖罚制度，与所管辖的标段的质量情况挂钩，对监理工作质量进行奖罚。

5. 施工单位质量管理

第二十二条 施工单位必须依据有关工程建设的法律、法规、规章、技术标准和规范的规定,按照设计文件、施工合同和施工工艺要求组织施工,认真落实项目部的质量管理措施,对其施工的工程质量负责,并接受质监机构对其资质和质量保证体系的监督检查。

第二十三条 施工单位必须建立健全质量保证体系,推行全面质量管理,制订和完善岗位质量规范、质量责任及考核办法。建立工地试验室,加强施工过程中的自检、互检和交接检工作。施工单位工程自检体系应对施工全过程全方位进行全面质量跟踪控制,为质量保证体系的第一责任者,各分项工程(工序)开工前必须提交规范的开工报告,完工后,自检人员应按合同规定的规范、标准进行全面自检评定,提出自检报告或转序意见。开工和转序须报驻地监理审批同意后方可实施。对交付监理签认的工程,要落实质量责任制。

第二十四条 工程发生质量事故,施工单位必须按规定向监理单位、建设单位及有关部门报告,并保护现场接受调查,认真进行事故处理。

第二十五条 对关键工程的施工工艺、施工方案必须经过严格论证,确保万无一失。

第二十六条 加强原材料的质量控制,所有的原材料按规范要求进行检测。

第二十七条 加强全员安全、保畅、快捷施工方面的教育,对高风险工程要实施施工方案和安全措施审查制度,确保万无一失,杜绝重大危险施工的发生。

第二十八条 做到现场文明施工,保护环境。保证施工现场干净、整洁,及时排除积水等杂物,施工过程中的建筑垃圾要在当天清理出现场,禁止在路两侧或边坡上丢弃建筑垃圾。

第二十九条 施工单位要保证施工资料与工程同步进行,施工过程中原始工程资料的整理工作,必须符合有关公路工程标准及设计文件要求,按《公路工程竣工验收办法》规定,工程结束时向建设单位提交完整的技术档案、试验成果及有关资料,各种资料必须保证资料的准确和完整性。

第三十条 各标段项目经理、总工程师和主要部门负责人必须在施工现场组织、协调工程施工不得擅离职守,如确须离开现场的,一天以内的要经过监理工程师批准,两天以内的要经过项目工程师批准,三天以上的要工程管理部负责人批准。对擅离职守,按门规定予以处罚。

第三十一条 建立工程质量保证金制度,在工程价款结算时,预留工程价款的10%作为工程质量保证金。工程质量缺陷责任期内所出现的一切因施工原因造成的质量问题,建设单位有权要求施工单位无条件进行处理,也有权另行委托其他施工单位进行处理,由此造成的工程返工及维修费用从质量保证金中支付。缺陷责任期结束后,经监理和建设单位签认批准,施工单位方可一次性结清质量保证金。

第三十二条 实行质量检查评比制度,对当月完成的工程及监理活动进行抽检,同时结合工程进度和现场文明施工情况,每月进行一次综合考核,对每次考核结果及整改问题做认真对待解决。

第三十三条 施工单位必须按照新规范要求摆放安全标志,并设专职安全员,负责施工现场人员指挥、标志摆放等工作。按照《石黄高速公路施工现场安全管理制度(试行)》服从路政人员的监督管理。

第三十四条 实行动态管理日工作汇报制度,施工单位要在当日将一天的工作进度及累计工程进度报监理单位,监理工程师审核后报项目工程师。

第三十五条 施工单位必须服从项目工程师、监理的管理,对项目工程师、监理发出的口头或书面通知必须严格执行。

第三十六条　施工单位要严格基建工作程序，前一道工序经监理、项目工程师验收合格后方可进入下一道工序。

第三十七条　施工单位必须编制建设工程施工组织设计，工程施工必须按照施工组织设计进行。

第三十八条　合理安排施工段落，施工前15～30分钟摆放标志，做好保畅应急预案，保证道路通行能力。

6. 罚则

第三十九条　施工过程中出现施工单位将工程转包和非法分包现象，对有关单位进行如下处罚：

(1)监理单位。因审查管理不严未能及时发现，在同一标段出现一起非法分包时，除清退分包商外，对监理进行全线通报，并由总监办扣发驻地监理当月工资的30%；当出现转包或两起以上非法分包时，将监理人员及有关责任人清出现场，情节严重的终止监理合同，并由监理单位赔偿由此造成经济损失的5%～10%，同时上报有关部门。

监理单位任何人员不得安排施工队伍从事工程的转包和分包活动，一经发现查实，即清出现场，并建议行政主管部门取消其监理从业资质。

(2)施工单位。当出现一起非法分包时，清退分包人，并处以合同总价的2.5%罚款，当出现转包或两起以上非法分包时，则认为承包人无能力承担该项工程，项目部对其所承包的工程可分别安排施工单位；分包现象严重的标段，项目部将与其终止合同，同时承包人赔偿由此造成的一切经济损失，项目部将上报上级有关部门，进行通报。

第四十条　由于设计、施工、监理、试验检测及建设管理等责任过失而造成工程质量事故，应严格按有关规定对有关的责任单位及人员进行处罚。工程质量事故，造成人身伤亡及财产损失的，责任单位应按有关规定或裁决，给予受损方经济赔偿。

第四十一条　在工程施工中，因施工单位自检体系不健全，工作不负责任，违反自检的规定要求，不按设计和合同要求施工、使用不合格材料和设备、偷工减料而造成质量管理混乱，工程质量低下，应视情节处以停工整顿、停止工程价款支付及清除施工单位的处罚，并赔偿由清除施工单位造成的一切经济损失。伪造检验报告或伪造检验结论的，视情节轻重，予以通报批评。

监理单位及人员对以上问题既不及时采取措施进行处理，也不及时向监理工程师和项目部报告，将有关责任人清出现场，并由监理单位赔偿由清除施工单位造成经济损失的5%～10%。

对施工单位不按合同规定实行质量保修，在缺陷责任期不履行职责的监理单位除扣罚其质量保证金外，在全省予以通报。

第四十二条　监理单位在监理工作中违反《公路工程施工监理规范》的规定，管理混乱，失误较多，开工审批把关不严，关键工序旁站不到位，转序工作不负责任，造成质量管理混乱，工程质量低下，应按有关规定对监理单位和监理人员进行处罚。

第四十三条　凡被清除的监理人员，建议有关行政主管部门注销其监理从业资格。

第四十四条　因监理和施工单位对设计图纸复核不细，对明显设计错误（经专家鉴定）未能及时提出变更申请，仍按错误图纸施工造成损失的，除按有关规定对设计单位进行处罚外，对施工单位处以赔偿损失额50%的处罚，对监理单位处以赔偿损失额5%的处罚。如因项目部、设计人员接到变更申请未能及时进行处理造成损失的，视情节对直接责任人处以行政警告以上处罚。

第四十五条 管理、监理、设计、监督、施工、检测等有关人员在例行职责过程中，有弄虚作假行为的，根据问题性质按有关规定给予政治和经济处罚。

第四十六条 对在工程管理过程中违反廉政建设有关规定的建设单位人员，按《石黄高速公路养护专项工程廉政建设协议书》的相关内容进行处罚，构成犯罪的，依法追究刑事责任。

第四十七条 本工程项目实行罚款单制度。对不能履行本办法规定的单位和个人，项目部有权开具罚款单，并在工程支付中扣除。违反本办法下列行为之一的，视情节轻重，责令改正，处1000元以上5000元以下罚款：

(1)施工单位违反本办法第三十七条规定，不编制施工组织设计的。

(2)施工单位违反本办法第二十九条规定，不能及时提供相关资料的。

(3)施工单位违反本办法第三十四条规定，不能及时上报工程进度的。

(4)施工单位违反本办法第三十三条规定，没有按要求摆放安全标志或没有设专职安全员的。

(5)施工单位违反本办法第二十八条规定，没有及时清理建筑垃圾、杂物的。

(6)施工单位违反本办法第三十条规定，项目经理、总工程师私自离开施工现场的。

(7)监理单位违反本办法第十九条第二款规定，致使工程质量失控的。

(8)监理单位违反本办法第十九条第十款规定，对施工单位应当停工整改而未下达停工令的。

(9)监理单位违反本办法第十九条第八款规定，监理工程师擅自离岗。

第四十八条 违反本办法有下列行为之一的，视情节轻重，责令改正，处1000元以上2万元以下罚款：

(1)施工单位违反本办法第三十五条规定，不服从项目工程师、监理单位管理的。

(2)施工单位违反本办法第二十三条规定，将不合格的材料、工序进行报验的。

(3)施工单位违反本办法第三十六条规定，不按规定程序施工的。

7. 附则

第四十九条 本办法由石黄高速公路养护专项工程项目部负责解释。

第五十条 本项目质量管理实行质量举报和事故报告制度。参照河北省交通厅交字[1999]01号文件执行。

第五十一条 本办法自发布之日起执行。

四、工程变更管理办法

1. 总则

第一条 为了有效控制石黄高速公路养护专项工程变更，规范工程变更工作的程序，控制工程变更费用，保证项目总投资控制在上级批准的概算以内，保证变更工程的质量和进度，保障建设、设计、施工、监理单位的合法权益，特制定本办法。

第二条　本办法适用于石黄高速公路养护专项工程项目部(以下称项目部)和在石黄高速公路养护专项工程从事设计、施工、监理的所在单位和个人。

第三条　石黄高速公路养护专项工程技术部负责施工设计变更、变更项目牵头会审,变更通知下发;工程管理部负责变更工程量的审核、现场工程变更,合同部负责变更单价的确定、审核。

2. 工程变更的分类和变更原则

第四条　工程变更是指工程实施过程中由于工程项目自身的性质和特点,或施工设计的深度不够、不全面,或不可预见的自然因素与环境情况的变化,或合同双方当事人处于对工程进展有利着想,对合同中部分工程项目实施方式、工程数量、工程质量要求及标准等方面的变更。

第五条　根据提出变更申请和变更要求的不同部门,将工程变更划分为三种。即项目部变更、监理单位变更、施工单位变更。

第六条　第一种变更　项目部变更(包含上级部门变更、项目部变更、设计单位变更)

上级部门变更:指上级交通行政主管部门提出的政策性变更和由于国家政策变化而引起的变更。

项目部变更:项目部根据现场实际情况,为提高质量标准、加快进度、节约造价等因素综合考虑而提出的工程变更。

设计单位变更:指设计单位在工程实施中发现工程设计中存在的设计缺陷或需要进行优化设计而提出的工程变更。

第二种变更　监理单位变更　监理工程师根据现场实际情况提出的工程变更。

第三种变更　施工单位变更　指施工单位在施工过程中发现的设计与施工现场的情况不一致为保证供质量、进度而提出来的工程变更。

第七条　工程变更原则

(1)设计文件是安排工程项目和组织施工的主要依据,设计一经批准,不得随意变更。只有当工程变更按本办法审批权限得到批准后,方可组织施工。

(2)工程变更各有关部门、单位应对变更工作高度负责和严格把关。

(3)工程设计变更等同原设计文件。

第八条　设计文件一经批准,不得随意变更,符合下列条件之一的,可以考虑工程变更。

(1)自然条件与设计文件出入较大,质量难以达到设计要求的;

(2)不降低原设计技术标准,便利施工,缩短工期和节省投资的;

(3)能提高技术标准,减少工程病害,提高工程使用年限或者提高服务等级,而不增加投资或者增加较小投资的;

(4)上级交通行政主管部门和项目部对工程提出新的要求。

第九条　工程变更后单价的确定遵循下列原则

(1)合同中已有适用于变更工程的价格,按合同已有的价格确定变更单价。

(2)合同中已有类似于变更工程的价格,可参照此价格确定变更单价。

(3)合同中没有适用或类似于变更工程的价格,合同部应遵照本工程招投标时确定的费率、价格,在参照现行实际材料单价基础上,核算出变更项目的单价。

第十条　工程变更后工程量的确定遵循下列原则和程序

设计变更由管理处以文件形式下发作为变更依据;现场变更项目的工程量,由项目工程师、施工、监理、设计四方确认后,作为变更依据以变更令形式报项目部履行变更手续。

3. 工程变更的审批权限和责任

第十一条 工程变更审批权限

单项费用工程变更项目均由施工单位报监理工程师审核,项目部批准。

第十二条 紧急变更是指施工现场突然发生的、难以预料的事件,需要立即做变更决定。推迟变更,将给国家和社会造成重大损失。当这种情况发生时,监理工程师应与项目工程师、设计代表、施工单位一起,立即主持现场的变更工作,并于开始变更后十日之内办理有关变更手续。

第十三条 监理、设计、施工单位未经项目部或交通行政主管部门审批,擅自决定工程变更的单位和个人应承担由此造成的一切费用和损失,情节特别严重的,项目部可诉诸法律。

第十四条 工程变更的实施过程中,项目部、监理、设计、施工由哪一方面造成的变更失败和损失的,由该方承担一切责任。

4. 工程变更的变更程序

第十五条 石黄高速公路养护专项工程变更管理实行项目部变更通知制度。

第一种变更:项目部变更的程序

项目部接到了上级变更批示和有关变更意向后,根据变更设计文件、变更图纸、会议纪要等,工程技术部牵头,拟定变更意见,经有关人员认真核实会签后,经项目部项目负责人批准及时下发工程变更通知(特殊的变更或重大变更除外),施工单位接到变更通知后一般应在14天内完成工程变更令的填报工作并逐级上报监理工程师和项目部,监理工程师和项目部分别在14天内办理完相关审批手续,签发工程变更令。施工单位依据工程变更令及实际工程进展按正常的计量支付程序进行计量,计入中间计量表。

第二种变更:监理单位变更的程序

监理单位拟变更的单项工程,以变更行文或变更申请形式申请上报项目部,然后按第一种变更程序执行。

第三种变更:施工单位变更的程序

施工单位提出的变更,必须及时申请上报监理工程师,监理工程师按第一、二种变更办理,上报时附上变更工程数量及拟采用的变更单价,项目部在接到上述申请14天内下达变更通知,施工单位接到变更通知后按第一种变更程序办理后续的相关手续。

第十六条 特殊情况下的变更程序

(1)当遇到特殊情况时,如施工现场停工等待变更,无法履行变更申请手续时,监理工程师在得到项目工程师同意后即主持开始实施变更,待变更开始后,必须在5日内补办正式文字手续,否则不予支付。

(2)遇到不可预见因素或大的自然灾害时需紧急变更时,监理工程师在得到项目工程师同意后,即主持实施变更,待变更开始后,必须在10日内补办正式的文字手续。

(3)如果某项变更施工期较长,工程数量无法准确核实,此变更项目应由项目工程师在下一道工序开始前核实数量。

第十七条 变更申请及批准通知时间

(1)接到工程变更申请后项目部应在14天内下发变更通知。

(2)项目部和监理工程师对工程变更的申请不同意的,应在14天内以书面形式通知申请变更单位。

5. 工程变更会议协调制度和会审单制度

第十八条　工程变更的会议协调制度

当遇到特殊变更、重大变更或变更工作遇到困难时,项目部可通知有关人员参加会议共同研究讨论决定有关事宜。

第十九条　工程变更会审制度

每个变更项目的变更通知均要由项目工程师提出意见,相关人员会审,报有关领导批准下发。(工程变更流程如图12-1所示。)

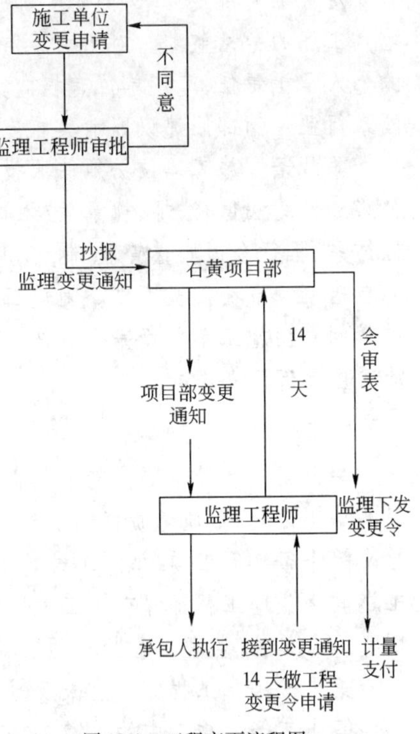

图12-1　工程变更流程图

五、质量终身责任制实施办法

1. 总则

第一条　为加强公路工程质量管理,杜绝工程质量事故,实现石黄高速公路养护专项工程项目的质量目标,根据交通部《公路工程质量管理办法》和《河北省公路工程质量管理实施细则》,结合《石黄高速公路养护专项工程质量管理实施办法》,石黄高速公路养护专项工程项目(以下简称本项目)在设计使用年限内实行质量终身责任制。

第二条　凡在本项目从事工程管理、建设、设计、施工、监理的单位和个人,必须遵守本办法。

第三条　本项目质量终身责任制由石黄高速公路养护专项工程项目部(以下简称项目部)负责监督。

第四条　本项目的主管部门养护专项工程项目部、设计、施工、监理单位的负责人,分别对本单位的质量工作负领导责任;各单位的工程项目负责人,对本单位的质量工作负直接领导责任;各单位的工程技术负责人,对质量工作负工程技术方面的责任,具体工作人员为直接责任人。

2. 基本责任

第五条　建设单位应全面严格履行合同,认真兑现合同规定的责任和义务,做好征地拆迁和建设环境的保障工作,按时支付工程价款。由于建设单位违约引发的质量问题,由建设单位及其主要负责人负责。

第六条　勘察设计单位必须认真做好各阶段的设计工作和后续服务,组织好技术交底,施工过程中派出设计代表驻现场指导和配合施工。因技术交底、设计变更不及时或设计本身有缺陷而引发的工程质量问题由设计单位及其主要技术负责人负责。

第七条　监理单位必须严格执行国家法律、法规和石黄高速公路养护专项工程技术标准、规范及有关规章制度,切实履行监理合同,坚持平行试验,保证抽检频率不低于技术规范和检验评定标准的规定要求，同时要加强对施工单位自检频率的监督，必须保证对工程重点部位、重点工序的旁站监理。对于由于监理工作原因造成质量缺陷和质量事故的，监理单位和相应的个人承担责任，建设单位有权向其上级主管部门要求进行有关责任人撤换和清除出场，并向国家行业主管部门建议取消其相应的从业资格。

第八条 施工单位必须按照投标文件承诺和合同规定组织进场，认真履行合同，依据有关公路建设的法律、法规、规章、技术标准和规范要求，按设计文件组织施工。建立有效的质量保证体系，推行全面质量管理，制订和完善岗位质量规范、质量责任和考核办法，加强施工过程中的自检、互检、交接检工作。因施工组织不当、不按规范施工或使用了不合格的材料等引发的质量问题由施工单位负完全责任。质量问题严重的，建设单位有权将其清除出场并通报各级质量监督部门备案。

3. 程序

第九条 各单位要按基本职责要求落实质量责任制。在整个建设过程中，认真做好各阶段的施工记录，把质量责任制贯穿于施工活动始终。

第十条 开工前，施工单位建立《石黄高速公路养护专项工程质量终身责任登记表》。施工期间由监理工程师保存。工程完工后，施工单位、监理工程师在表中指定位置登记盖章，分别交施工单位、监理工程师和项目部各一份归档。

第十一条 工程完工后未及时归档或未填写责任登记表的不得进行计量支付。

第十二条 施工中的关键工序，隐蔽工程的施工，除按规范要求检测、进行责任登记外，施工单位和驻地监理工程师还应分别用数码照相机或录像机将施工过程记录下来，作为声像资料的一部分会同检测资料存档。

六、计划管理工作程序

1. 目的

规范计划管理工作流程，控制石黄高速公路养护专项工程计划，确保石黄高速公路养护专项工程的合同工期。

2. 适用范围

适用于项目部石黄高速公路养护专项项目所涉及的养护工程计划管理工作的控制。

3. 职责

合同部负责该项目总体计划及年度计划的下达、负责对施工单位上报计划的审批、负责对计划执行情况的监督和管理。

4. 工作程序

1）工程计划的分类

（1）工程计划按编制的单位不同，可分为建设单位计划和施工单位计划，两个计划各有侧重，共同作为工程进度控制的依据。业主下发的计划为工程指导性计划，施工单位计划为工程实施计划。

（2）工程计划按编制的时间跨度不同，可分为总体计划、年度计划、季度计划、月计划、旬计划、周计划、日计划，以上计划逐渐细化和具体。

(3)工程计划按反映的方式不同,可以分为横道图计划、计划曲线、直方图计划以及网络图计划。针对工程内容不同可随机采用。

2)项目部计划编制

(1)项目部可根据要求的不同编制总体计划、年度计划、月(季)计划等。

(2)总体计划编制、审批和下发

①根据石黄高速公路养护专项工程工期的安排,按照工程项目的施工顺序、工程项目与施工季节的关系、资金的到位情况来编制总体计划,它是作为项目总体进度控制的依据,是工程从开工一直到竣工为止的总的进度安排。

②总体计划由合同部起草,报项目负责人审批,同意后,以红头文件形式正式下发到各施工单位。

(3)年(月)度计划编制、审批和下发

①年(月)度计划是根据总体计划,本年(月)度内正在施工或将要安排开工项目的施工安排。

②年(月)度计划由合同部起草,报项目负责人审批后,以红头文件形式正式下发到各单位。

3)施工单位计划编制、上报、审查和备案

(1)施工单位计划应根据项目部下发的有关总体计划、年度计划、月计划,分别制订相应的进度计划,对于某些起控制作用的关键工程项目,还应单独编制工程进度计划。

(2)施工单位总体计划内容包括:工程项目的合同工期;完成各单位工程及各施工阶段所需要的工期;各单位工程及各施工阶段需要完成的工程量及现金流动估算;各单位工程及各施工阶段所需配备的人力和机械数量;各单位工程或分部工程的施工方案和施工方法等。

(3)施工单位年度计划内容包括:本年计划完成的单位工程及施工阶段的工程项目内容、工程数量及投资指标;施工队伍和主要施工设备的数量及调配顺序;不同季节及气温条件下各分项工程的时间安排;在总体进度计划下对各分项工程进行局部调整或修改的详细说明等。

(4)施工单位月计划内容包括:本月计划完成的分项工程的内容及顺序安排;完成本月分项工程的工程数量及投资额;完成各分项工程的施工队伍及人力和主要设备的配额;在年度计划下对各单位工程或分项工程进行局部调整或修改的详细说明等。

(5)施工单位关键工程进度计划内容包括:关键工程的具体施工方案和施工方法;总体进度计划及各道工序的控制日期;现金流动估算;各施工阶段的人力和设备的配额及运转安排;施工准备及结束清场的时间安排;对总体进度计划及其他相关工程的控制、依赖关系和说明等。

(6)施工单位计划的上报

①总进度计划的上报:施工单位在接到中标通知书之日后,在合同要求的时间内向监理工程师提交一份其格式和细节符合合同要求的工程总进度计划。

②月(季)计划的上报:施工单位在每上月(季)末向监理工程师提交一份下月(季)进度计划。

③日计划的上报:施工单位将每天的施工计划,提前一天报监理工程师。

④关键工程进度计划的上报:关键工程施工前,施工单位向监理工程师提交一份关键工程进度计划。

(7)监理工程师对施工单位计划的审查

①监理工程师在接到施工单位提交的工程计划之后,应对计划进行审核,主要是检查施工单位所制订的工程计划是否合理,有无可能实现,是否适合工程的实际条件和现场情况,避免以空洞的、不切实际的工程计划来指导施工。

②监理工程师应组织有关人员对施工单位提交的各项计划进行审查,并在合同规定或满足施工需要的合理时间内审查完毕。

③如监理工程师经过充分的分析和调查了解,如果认为施工单位所提交的工程计划不合理,则可以要求施工单位修订工程计划,并重新拟订一份工程计划,以取得监理工程师的批准。

④监理工程师经过充分的分析和调查了解,如果认为施工单位所提交的工程计划合理,则应在合理的时间内同意施工单位的计划并通知施工单位可以按照计划安排施工。

⑤经监理工程师批准的施工进度计划,施工单位应上报合同工程师进行核备,如审核出与实际不符的施工进度计划,则退回给施工单位,并通知监理工程师,直到合同工程师满意为止,并作为石黄养护专项项目部考核施工单位进度和进行评比的依据。

⑥监理工程师审查计划的内容包括:工期和时间安排的合理性;施工顺序是否合理;劳动力、机械和材料等资源的可供应性能否保证,消耗量是否均衡;是否考虑了生产过程的连续性、协调性、均衡性和经济性四大原则;是否充分估计了客观因素的影响;各项安排是否既先进、科学、合理,同时又留有一定的机动空间。

4)施工进度的统计与上报

(1)施工单位按石黄养护专项项目部统一的格式要求,每月 6 日、21 日向监理工程师上传施工进度统计表。施工进度统计表中应集中反映本标段各分项工程的总工程量、总投资、实际完成工程量及完成投资情况和完成比例,并附必要的说明,主要内容包括对本月的计划执行情况进行简要的总结。投入的主要专业施工队伍、技术人员、工人和主要的施工机械及数量,说明进度超前或滞后的原因分析,以及在下一阶段将要采取的有效措施。施工单位还要将日计划、日完成情况经监理工程师审核后报项目部。

(2)监理工程师对施工进度统计表进行审查,并签字上传项目合同部。

(3)统计结果的公布。合同工程师将根据各标段上报的进度报表进行汇总分析,并把汇总分析的结果公布在石黄养护专项项目部网站、项目部简报上。并及时上报项目部各位领导,为领导决策提供依据。

(4)合同工程师根据上级单位要求的格式和内容,上报石黄高速公路养护专项工程每月的工程进度完成情况、存在的主要问题等。

5)施工计划的检查

(1)合同工程师将按每月不少于一次的频率,结合监理工程师到施工现场对各标段的工程进度进行检查。检查各施工单位的计划落实情况,以及对各施工单位的上报的施工进度的真实性进行核实,尤其对进度滞后标段进行重点的检查,帮助他们分析滞后的原因,提出解决问题的切实措施。

(2)通过检查落实,能够对整个项目的进度有一个总体了解,同时也能核实项目部总体计划下达的合理性,以及调整计划的必要性。

6)施工计划的调整

(1)合同工程师通过对施工单位进度报表以及检查结果汇总分析后,如果发现施工单位连续两周不能按时完成施工计划的60%，应考虑对施工单位计划在不影响总体计划的前提下进行调整，并报请处项目部领导批准。

(2)对于某一标段，如果监理工程师发现工程现场的组织安排、施工顺序或人力和设备与进度计划上的方案有较大不一致时，应要求施工单位对原工程进度计划予以调整，调整后的工程进度计划应符合工程现场实际，并应保证总体计划不变。

(3)施工单位应根据本单位具体的人员配备和机械配备情况调整个别分部工程进度计划，以有利于总体计划的顺利完成，这些调整可由施工单位自行完成，并报监理工程师批准。

(4)由于施工单位管理不善，造成了工程的严重滞后，经项目部同意后可调整工程进度计划，提出完成总体计划的具体措施，并报项目部合同工程师核查，合同工程师将视实际情况对施工单位全线通报并通知其施工单位上级管理单位。

(5)在施工过程中，如果遇到人为不可抗拒因素的影响或某一特殊原因造成的施工计划需要调整，则报请项目部领导批准，并上报上级主管单位。

七、合同管理工作程序

1. 目的

规范石黄高速公路养护专项工程合同管理工作程序，明确合同管理工作要求，规范建设行为和建设程序。

2. 适用范围

适用于石黄养护专项项目部所涉及的养护工程等一切与工程费用有关的合同管理工作的控制。

3. 职责

合同部负责合同的归口管理。

4. 工作程序

1)合同的分类

石黄高速公路养护专项合同分为施工合同、监理服务合同、材料(设备)供应合同和其他相关合同。施工合同包括路面养护工程合同、交通安全设施养护合同、桥梁养护工程合同及材料合同等。

2)合同订立的依据、内容

(1)合同的订立依据:工程项目的初步设计文件已得到上级主管部门批准。

(2)合同文件主要包括合同条件、技术规范、图纸、工程量清单和标价的协议书、补遗书等。

3)施工合同的执行

(1)建设单位应在承包人进入工地现场后，协助承包人办理施工车辆使用证、施工证等相关证件。

(2)业主负责进行设计交底、提供施工图纸;同时派项目工程师及时与承包人协商并解决工程中的问题。

(3)在监理工程师对应拨付的工程款审核完毕后，业主负责办理工程款的支付。

(4)项目部负责组织合同规定的工程交工验收和竣工验收。

(5)承包人应按合同的要求做好施工前的各项准备工作;并自觉接受监理工程师对工程实施过程中的监督和检查;并应做好交工验收和竣工验收的资料的整理和缺陷责任期的对工程的维护。

(6)承包人的项目经理、总工程师和合同规定的各主要专业技术主管的调整和调换应征得监理工程师和业主的同意。擅自离开或调整应按招标文件的有关条款处以罚金。

4)监理合同的执行

(1)监理工程师应按监理合同规定的权利、责任和义务履行监理工程师的职责,项目部应对监理工程师的工程进行监督。

(2)监理工程师的调整和调换应征得项目部的同意。擅自离开或调整应按招标文件的有关条款处以罚金。

5)工程项目内容变更

施工图纸是施工合同的组织部分,承包人应严格执行合同,照图施工。如果确需变更按《工程变更管理工作程序》执行。

6)工程延期

由于某些情况的影响,须延迟全部或本工程任何区段的竣工期限时,监理工程师应在与承包人和项目部协商后,决定可延长的时间并相应通知承包人,抄报项目部。这些情况如下:

(1)额外或附加工程的数量或性质;

(2)本合同条款中规定的任何原因引起的延误;

(3)异常恶劣的气候条款;

(4)业主的任何延误、妨碍或阻碍;

(5)其他不属于承包人违约、毁约或应由其负责原因的特殊情况发生时。

7)违约的处理

(1)对于不合格工程、材料或设备的拆除和运走,业主(合同工程师)有权随时发出指令:

①在指令规定的时间内一次或几次从现场运走合同工程师认为不符合合同规定的任何材料或设备;

②用适用合格的材料或设备取代原来的材料或设备;

③对尽管先前已进行过检验或中间支付,但监理工程师认为材料、设备或操作工艺,或有承包人本身进行的或由其负责的设计,将不符合合同规定的工程拆除并重新施工。

(2)如果在指令规定的时间内或在合理的时间内(如指令未规定时间内),承包人一方未执行上述指令而违约,则业主(合同工程师)有权雇用他人执行该项指令,并向其支付有关费用。所有由此造成的或伴随产生的费用均应由监理工程师在与承包人和业主(合同工程师)协商后决定,并由合同工程师向承包人索回,或由合同工程师从应付给或到期应付给承包人的款项中扣回,监理工程师应相应通知承包人,抄报合同工程师。

8)工程分包

(1)原则上本工程不允许分包。分包的工程应是专业技术性较强,分包人在该专业更有专长和经验,分包有利于工程质量的提高。

(2)施工单位不得将整个工程分包出去,且分包人必须由业主通过公开招标、邀请招标或指定方式选定分包人作为施工单位或供货单位。

9)工程保险(执行工程合同范本)

10)其他合同管理

其他合同是指除上述合同外,其他与工程相关的合同。其他合同的订立应与工程合同的要求相一致。

八、竣工文件编制

根据交通部《公路工程竣工验收办法》(2004年第三号令)、《关于贯彻执行公路工程竣工验收办法有关事宜的通知》(交公路发【2004】446号文)、河北省交通厅关于引发《河北省公路工程竣工验收办法实施细则》(冀交公字【2005】241号和《国家重大建设项目文件归档要求与档案整理规范》,石黄高速公路特制订本办法。

1)为加强项目形成文件的全过程管理,要求建立和健全项目竣工文件编制工作的组织机构,其职责如下:

(1)管理处业务科室根据业务关系,协调设计、施工、监理单位的竣工文件编制及进度,做好检查和管理工作。并应成立专项工作组,逐项检查各单位的竣工文件,组织完成本单位竣工文件的归档工作。

(2)总监办要严格按照本办法和国家相关规范要求,做好驻地办、施工单位的竣工文件的指导、协调和抽查工作。

(3)驻地办对所辖施工单位的竣工文件编制及进度,进行日常检查和管理;并应组成专项工作组,逐项审查施工单位的竣工文件,指导和配合做好竣工文件编制工作;并组织完成本建立单位竣工文件的归档工作。

(4)各施工单位落实本单位职能范围内的项目形成文件收集、编制及归档工作,并纳入日常管理工作中;要求工程档案工作,必须能够与工程建设同步进行,确保竣工文件的完整、准确与系统。

2)竣工文件按六卷整理编制,分甲、乙两种。甲种文件包括:第一卷综合文件,第二卷决算和审计文件。乙种文件包括:第三卷监理资料,第四卷施工资料,第五卷工程实体资料,第六卷科研、新技术资料。

3)竣工文件编制份数:各编制单位须向建设单位提交一整套完整、合格的竣工文件,同时提交相应电子版竣工文件一套。在缺陷责任期内应补充资料,应在签发缺陷责任证书之前提交。

4)竣工文件必须使用中档80g的打印纸。竣工文件应用不褪色的墨水书写或打印,必须保持纸面的干净、工整、清晰。手写体用长仿宋体,字迹要工整、清晰。竣工图表中的线条、文字用黑墨水,不得使用圆珠笔、铅笔书绘。

5)公路工程竣工文件(具体内容及要求见附件1)中第四卷第一篇竣工图表及其他有关图纸按A3纸绘制与装订,其余竣工文件一律用A4纸装订。

6)组册顺序:

(1)竣工文件组卷顺序:外封皮、内封皮、本册目录、内容、备考表、封底。

(2)竣工图纸组卷顺序:外封皮、内封皮、编制说明、施工单位及监理单位主要人员名单、本册目录、本册图纸、封底。

7)为保证竣工文档的一致性和美观性,外封皮必须使用建设单位指定的统一外封皮,其他内容由编制单位按照规定样式打印或复印。竣工文件材料必须到建设单位指定的装订地点按统一样式进行装订。

8)施工、监理、建设单位拍摄的工程照片及音像资料,应分类装入相册(A4 规格)。照片要有文字说明,内容包括:工程名称、照片名称、拍摄时间。

9)竣工文件中必须使用原件,不允许出现复印件。

10)工程文件材料立卷厚度应小于 3cm(200 张),立卷时要标明页号,正面标在右下角,背面标在左下角,空白页不标页号。页号不包括外封皮、内封皮、编制说明和目录。页号从 001 开始到×××结束。

11)编制说明包括:工程概述;技术标准;施工依据;水文、地质、气象;主要材料;施工方案。

12)本规定未包含的图表,按相应专业规定表式填写。

13)竣工图章的使用

(1)竣工图章由建设单位统一制作并下发,采用同一样式。

(2)所有竣工图应由编制单位逐张加盖并签署竣工图章。竣工图章的内容填写应齐全、清楚,不得代签。

(3)竣工图章应使用红色印泥,盖在竣工图图标栏上方空白处。

14)资料排列按施工日期从前往后排列。如桥台:基坑开挖检测资料在上,第二层资料再往下顺排。

15)路基工程、排水工程、砌筑工程检测资料按分项划分自然段整理,按桩号从小到大的顺序分几册装订;路面工程检测资料按结构层划分整理,一本资料可以包括一个或几个机构层;构造物以每座为单位进行资料整理,每本资料可以包括几个构造物(要注意顺序,从小桩号到大桩号排列),一个大、中桥资料一本装订不下时,可分几本装订。台背、被交道检测资料附在相应构造物中;通道、分离立交、匝道检测资料附在相应路基工程、路面工程、桥梁工程等分册中,被交路、匝道竣工图放在竣工图标的相应分册中。

16)本规定所列的各种检查记录、实验记录、原始记录表格若不全面,应根据工程实际检测情况从总监办下发的有关表格中选用。

17)竣工文件装订要求

(1)竣工文件材料必须到建设单位指定的装订地点按统一样式进行装订。

(2)装订预留位置要求:左方为装订线,注意不得倒装,装订预留尺寸一般以 2.5cm 为宜。

(3)装订时靠装订边和下边取齐。对批语、签注意见写在文件装订线上的,应予以粘贴补宽,对纸张规格大小差别较大的文件应适当补贴或折叠。

18)在工程交工验收前,交工单位把整理成册的资料,交监理单位审查后,再移交建设单位档案专项小组,由建设单位档案专项小组确认审核无误后,办理书面移交清单,经各方签字后,移交到建设单位办公室。

19)建设单位、设计单位、施工单位、监理单位、所负责编制工程竣工文件的编制费用分别由各单位承担。

20)对所移交的竣工资料不合格的,从其相应合同价款中扣除 10%,责令按期实施整改;对在合理期限内未整改到位的,没收相应罚金,要继续履行相应义务。

第二节 工程质量进度控制

一、施工单位质量管理

工程质量好坏将影响到整段高速公路的社会信誉和投资效益。因此在工程实施过程中，项目部对该工程项目进行全面质量管理，确保工程质量。

1. 建立健全质量自检体系

为保证施工质量，项目经理部建立了“横向到边，纵向到底，控制有效”的质量自检体系，严格执行质量自检、互检、交接检控制制度。自检体系由项目总工程师负责，由项目质检科全面负责实施，由质检工程师、试验工程师、现场技术员、工长组成，形成具有广泛参与性的全方位质量自检机构，组成如下质量自检网络（图 12-2）：

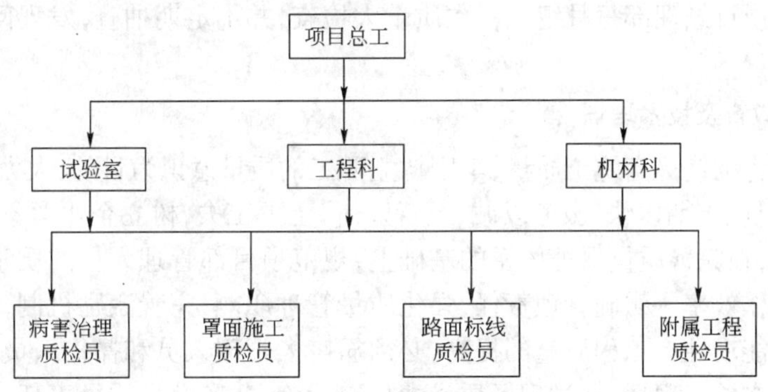

图 12-2 质量自检网络体系

2. 建立质量责任制

制定各部门、科室、岗位质量责任制，明确规定各部门以及项目部所有员工在质量管理中必须完成的任务、承担的责任和赋予的权限。把质量管理的每项工作，具体地落实到每个部门、每个人员身上。项目总工是项目工程质量的第一责任人，生产、技术、管理人员。从各自的职责范围和要求承担责任，并把质量作为评比业绩的考核指标。

3. 建立完善的试验室

试验室是工程项目建设中的一个重要部门，通过试验室的各项工作，能用定量的方法科学地评价各种工程结构物所使用的原材料和半成品的质量以及工程项目的施工质量。

为加强对原材料和施工质量的控制，项目经理部设项目试验室。项目试验室配备能满足本工程各项试验需要的试验人员和仪器设备，经验收合格后颁发了资质证书。

建立健全项目试验室各项规章制度，所有实验仪器进场后都先进行校验，并按周期进行校定，严格执行试验规范和操作规程。对工程所用原材料和工程质量实施检验和质量控制，提供科学的试验数据，确保检验的真实性和及时性。试验人员经常深入施工现场，会同施工员和质检员直接参与现场的施工质量管理，提高施工现场质量管理力度。

4. 建立技术攻关和技术交底制度

首先建立以项目总工程师为主的质量保证体系。由项目总工程师召集工程人员、质检人员、施工员、试验室人员在分项工程开工前研究制订具体的施工方案、施工工艺、技术措施及应急措施等,然后抓好落实确保工程质量目标的实现。对工程质量的薄弱环节组织骨干人员进行QC攻关,然后由工程科负责在工程实施前进行技术咨询,从而实现施工程序化、技术标准化、质量规范化的目标。再由工程科召集施工、试验和现场项目质检员对如何保证每个施工工艺正确实施提出措施,在工程实施前向各相关的施工部门做好落实工作,做到万无一失。在工程的具体施工中,现场质检员、试验员和施工员实行旁站监督,发现问题及时处理并拿出相应的防范措施,从而在施工过程中保证工程质量。

5. 建立完整的质量检查制度

在施工中建立一套完整的以施工班组自检为主,互检为辅,质检员专检相结合的质量检查制度。发现问题及时提出并立即解决,对影响工程质量的问题及时提出改进措施,从而真正做好施工过程的控制,确保施工质量。坚持施工员、质检员、试验员的旁站监督是质量保证体系得到具体落实的真正保证。这样做有利于及时发现问题,改进施工工艺,不断提高施工水平,积累施工经验。项目经理部每月组织一次质量大检查,并不定期抽查,发现问题,即采取有力措施,及时整改。

6. 加强质量教育及技术培训

项目经理部将围绕提高施工质量,牢固树立职工的质量意识为目的,大力搞好质量意识的教育,在“工程以优、工期以快、服务以诚、经营以信”上下工夫,树立企业形象。建立健全项目部各项管理制度,在完善质量保证体系的基础上,规范项目部管理人员的质量行为,提高其质量责任意识和工作效率。明确管理责任,强化质量管理职能,完善激励机制,充分发挥项目部管理人员的主观能动性。工程质量的提高,必须靠广大管理人员和操作人员在施工现场的生产实践来实现。在施工现场,通过现场质量责任警示牌、共产党员质量责任,使全体施工人员确立质量责任重如泰山的意识;通过政治思想教育、人生观、职业道德教育等,树立主人翁意识,认真做好质量管理的各项工作;重视一线员工的首创精神,激励他们大胆创新,保护他们进行科学研究和发明创造的积极性。

经理部针对施工实际,定期或不定期进行分层次的集中培训学习,进一步提高业务素质,提高质量水平。

7. 建立质量奖罚制度、严肃对待质量事故

发生质量事故,不论其性质、情节如何,及时、如实地向上级主管部门汇报,不得隐瞒。按照“三不放过”(即事故原因不明不放过、不分清责任不放过、没有改进措施不放过)的原则,严肃认真处理质量事故。对造成质量事故的有关责任人按公司有关规定进行处罚,决不姑息迁就。对于在工程质量方面作出贡献的个人和班组,项目部予以重奖。

8. 质量保证措施

(1)组织严密完善的职能管理机构,依据分工负责、协调配合的原则,层层抓好落实,保证在整个工程施工过程中,质量保证体系的正常运作和保障作用的发挥。

(2)施工前,组织技术人员认真会审设计文件和图纸,切实了解和掌握工程要求和技术标准,理解业主的需求,如有不清楚或是不明确之处,及时向业主提出书面报告。

(3)根据工程的特点,组织专业技术人员编写实施性的施工组织设计,配备必要和可靠的资源。若工程情况发生变化时,及时调整施工方案,并严格按照质量管理体系的要求,报送有关部门审批后实施,确保调整后的施工方案的科学性和可行性。

(4)做好分项工程开工前的技术交底工作,使各施工人员清楚和掌握工程的特点、施工工艺方法和质量标准,真正做到心中有数,确保施工过程的规范性和质量的可靠性。

(5)配齐满足工程施工需要的人力资源。有针对性地组织各类施工人员学习公路工程施工规范,进行施工前的岗位培训,保证工程施工的技术需要,特殊工种作业人员须持有效上岗操作证。

(6)配齐满足工程施工需要的各类设备。各种机械设备必须经检修、试机、检验合格后,方能进场施工。确保各种设备完好和正常运转,满足工程质量要求。

(7)做好工程测量、复核工作

配备专职人员,成立测放迅速准确、计算精确、全心全意为生产一线服务的专业测量组,严格执行测量放样复核制度,做到有放必复,经复核认可后,方可进行施工。以"放准、勤复,点、线、面通盘控制"的方法,确保测量工作准确无误,并做好测量原始记录的填写、保存归档工作。

(8)认真检查各分项工程的开工条件,提交开工报告。内容包括:施工地段与工程名称,现场人员名单,施工组织和劳动安排,材料供应,机械进场等情况,材料试验及质量检查手段;水电供应,临时工程的修建,施工方案,进度计划以及其他需说明的情况等。

(9)做好工程质量检验工作

加强自检、互检、交接检工作,实行班组自检、工种互检、质检员专检制度。所有隐蔽工程(特殊工序)在下一道工序作业之前,质检员配合监理工程师进行隐蔽工程(特殊工序)检查验收,并做好相关记录。只有上道工序通过验收方可进行下道工序施工。

(10)合理的施工进度计划也是保证工程质量的必要手段。项目部将对施工进度合理的计划和实施,通过网络计划、节点控制、工期中间排序法等现代施工管理方法,在业主要求的工期内,将施工进度控制在最合理、最便于质量控制的节奏上,确保优质、高效、低成本的目标实现。

(11)把好原材料、成品的质量关

凡使用在本工程中的原材料、成品、半成品和设备都须是经过认证的合格产品或推荐使用的合格产品,到施工现场须进行严格检验,并具备质保单和试验技术资料等。

根据项目施工进度计划编制材料采购计划。采购前材料部门会同质检部门对材料供应单位进行评价,建立合格材料供应商名单。材料进场后,材料部门进行验收,试验室按规定频率取样检测。经过验收进入现场的材料,根据材料的品种、规格、性能和用途的不同分别、分类堆放整齐,并按物资保管规程妥善保管和保养。施工过程中,如对材料质量有怀疑或认为有必要时,试验室取样进行试验。

(12)对施工中各类测量试验等设备,须按规定做好计量检定工作,并在使用的过程中,随时发现和纠正可能出现的偏差,以保证试验测量的准确性。

(13)根据工程验收对竣工资料和施工管理控制资料的要求,做好各类资料的收集、保存、归档等工作。尤其是在各种资料的形成过程中,对图、表、记录、原始凭证、施工文件、往来信函等,在内容、签认、格式等方面进行有效的管理和控制,保证文件和资料的有效性和可追溯性,确保工程竣工资料的准确性和完整性。

二、建设管理单位质量、进度控制

为加强石黄管理处中修罩面工程管理，确保工程质量，根据工程特点制定本要求：

(1)监理、施工单位必须严格按合同规定的人员进场，项目部经理、总工、质检负责人、总监代表、专业监理工程师等确实不能到场的，需说明原因并将调换人员的详细资料(简历、资质、工作经历等)一并报石黄处指挥部，经审核批准后方可调换。

(2)加强原材料的检查力度，施工单位自检合格后报监理单位，监理单位进行抽检，指挥部办公室安排专业的检测单位进行抽检，合格后方可使用。施工单位要对每车进场沥青进行相关技术指标的检测。

(3)加强改性沥青混合料温度的控制，沥青加热温度控制在165～175℃，出厂时混合料温度控制在175～185℃，摊铺温度不低于165℃，碾压温度不低于155℃，施工单位和监理单位对以上温度要做详细记录备查。

(4)加强拌和厂管理，拌和楼必须带自打印设备，对不能进行即时打印级配数据的拌和楼在本项目中要坚决不予使用。对混合料级配和沥青用量，施工单位和监理单位要加大抽检力度，发现不合格情况后要立即停止出料。

(5)混合料油石比控制在最佳油石比和上限之间。

(6)加强混合料的运输管理，混合料运至摊铺地点后监理单位和施工单位凭运料单接收，逐车测定温度并检查有无花白料，是否结块等异常现象，发现有不合格料后要坚决打回，并现场签认做好记录。

(7)施工单位必须建立健全工程质量保障体系，经自检不合格的材料、工序，要积极寻找原因，及时整改，不得将自检不合格的材料、工序进行报验。

(8)施工单位在施工前必须铺筑试验段，以确定机械组合、碾压遍数、松铺系数等参数，试验段开工报告和总结要经监理工程师审核批准。

(9)施工单位要严格基建工作程序，前一道工序经监理验收合格后方可进入下一道工序，并且要保证施工资料与工程同步进行，根据指挥部、监理单位的要求，提供完整的工程记录、检测记录资料；在计量支付报表中要附有施工单位自检报告、监理抽检报告，材料不齐全的不予计量支付。

(10)实行周工作汇报制度，施工单位要在周日下午三点前将一周的工作进度及累计工程进度报监理单位，监理工程师审核后报指挥部。

(11)施工单位必须服从指挥部、监理单位的管理，对指挥部、监理单位发出的口头或书面通知必须严格执行。

(12)施工单位项目经理、总工程师必须在施工现场组织、协调工程施工，如确须离开现场的，一天以内的要监理工程师批准，三天以内的要管理处项目工程师批准，三天以上的要指挥部批准；监理单位监理人员离开现场三天以上的，由总监理工程师批准，报指挥部备案，总监理工程师离开现场一天以上的要报指挥部批准。

(13)监理单位要严格实行旁站制度，施工期间不得离开现场，对不能做到全程旁站或旁站不作为的监理人员，监理单位要及时清理出现场。

(14)监理单位要严格工程质量管理，按照规定频次对铣刨、透层黏层油洒布、混合料温度、摊铺温度、碾压温度、压实度、平整度等项目的检查，认真做好记录并接受指挥部的监督。

(15)监理单位对危及工程质量和安全的施工,报指挥部批准后,可以下达停工指令,对施工单位人员不符合工作要求的,可以要求撤换,施工单位必须执行。

(16)实施监理过程中,监理单位要自觉接受指挥部的监督管理,执行项目工程师的口头或书面通知,并按照规定向项目工程师报告工程建设情况。

(17)病害挖补要做好铣刨、清扫、洒油、摊铺、碾压各阶段的工作,监理单位要严格对每一个环节进行验收,并现场签认合格证书,合格后方可进行下一环节施工。横向接头部位的斜坡要避免因扰动过大而影响施工质量,不允许使用风镐处理横向接头部位的斜坡。

(18)病害挖补过程中如遇雨天要在下雨前对开挖的部位进行遮盖。罩面前如遇雨天要等水分完全蒸发后方可进行罩面。

(19)罩面段施工单位和监理单位要抓好防水层、摊铺平整度、摊铺厚度、纵向接缝四个重要工序。防水层洒布要控制好沥青用量、洒布温度、石屑用量、均匀性及与沥青的黏结程度,在洒布前监理单位要对挖补部分和原旧路面进行验收,要保证洒布前清扫干净和下承层的平整度,不达到要求不允许洒布防水层;施工单位和监理单位要及时测定摊铺平整度,对不符合要求的路段要查找原因,及时整改;罩面层4cm的厚度要严格控制;纵向接缝要顺直,结合处要按照规定进行处理。

(20)项目工程师不定期对工程质量进行核查,并安排专业质量检测单位进行抽查。

(21)根据雨季工程施工的特点,结合石黄高速公路实际情况,制定了雨季施工九条要求:

①总监办、各施工单位要加强与当地气象部门的联系,及时掌握一周内气象信息,并传达至各部门负责人员。

②各单位根据气象信息调整施工进度,雨前1～2天放慢铣刨速度,遇有天气突然变化要立即停止铣刨。

③合理安排各工序的衔接,摊铺要及时跟上铣刨作业,待摊铺的工作面长度不能超过1km。

④摊铺工作完成后的当天跨缝涂刷热SBS改性沥青。

⑤雨前没有及时摊铺上的坑,对上基层顶面及以下结构层,均及时做上防水层,防止雨水下渗。

⑥各施工单位要准备充足的防水塑料布,雨前对未能完成摊铺工作的坑要进行遮挡,塑料布要紧贴四壁及坑底,形成防水槽。

⑦各施工单位至少准备十台小型抽水泵,配备充足的淘水器具及雨具,雨势减小后及时安排人员上路排水。

⑧拌和场的砂石料雨前必须进行遮盖,防止雨水污染原材料。

⑨雨停后两天内不得进行沥青混合料的摊铺工作,待雨水彻底排干后方可施工。

三、监理单位质量、进度管理

1. 工程质量监理

在本中修病害治理工程建设中,质量是工程建设的关键,任何一个环节、任何一个部位出现问题,都会给工程的整体质量带来严重的后果,直接影响到公路的使用效益。为此,石黄高速管理处在开工前邀请了省内有关专家为施工单位、监理单位等技术人员进行了为期7天的业务培训,并针对本工程下发了《沥青混凝土路面施工指导意见书》。总监办以合同文件、设计图纸、技术规范、《沥青混凝土路面施工指导意见书》等为依据，对本工程的9个合同段进行了全方位、全过程、全天候的监督检查和管理，使最终提交的工程产品符合相关规定的要求，给业主交了一份质量合格的答卷。

1）工程试验

总监办的实验室在整个工程施工过程中，发挥着重要的作用，通过实验室验证试验、标准试验和抽检试验等方式来为工程提供公正、准确、独立的试验数据，以便监理工程师运用质量否决权对工程质量作出公正的评价。

2）实地测量

由于本工程为中修养护工程，不可预见性较大，因此实地测量是监理人员对工程质量进行有效控制的重要手段。施工过程中，监理人员按照施工工序，对工程的几何要素，如路面病害治理的长度、宽度、厚度；桥面铺装凿除深度、钢筋间距和植筋深度；护栏安装高度、立柱长度及桥梁顶升后的净高等进行测量，严格控制，把好量的关。同时要求现场监理全过程"盯"在施工现场，并结合管理处下发的《沥青混凝土路面施工指导意见书》的具体要求，把好质量的关。

3）定期组织工地例会

在工程施工过程中，总监办每月组织两次工地例会，检查各施工单位进度计划落实情况，查找影响工程进度和工程质量的因素，对施工中遇到的问题及时商讨解决。同时每周还组织对桥涵病害治理的专题会议，主要是各桥标负责人、桥梁工程师和项目工程师参加，对桥涵施工中遇到的技术问题、疑难情况进行商讨研究，制订切实可行的方案。

4）定期组织联合验收

针对本工程的特殊性，总监办每月组织一次联合验收，由业主负责人、各合同段负责人、监理工程师等统一检查，找出彼此的不足，掌握工程总体进度情况和工程质量，并对重大性问题进行解决。

2. 工程进度监理

根据工程总体施工进度要求，总监办审批各承包商的施工计划，总体计划经批准后，承包商主要靠月进度计划来具体实施。监理工程师通过每月的工地例会来检查工程进度计划落实和完成情况。总监办每月都编制"监理月报"报业主及相关单位。

对于总体计划进度滞后的合同，监理帮助承包商分析进度滞后的原因，重新调整其总体进度计划，并制定必要的措施把工程进度赶上来。

四、质量监督管理部门质量控制

根据交通部《公路工程质量监督暂行规定》和《河北省公路工程质量监督实施细则》的有关规定，河北省交通厅公路工程质量监督站对石黄高速公路中修工程进行了质量监督。

省公路工程质量监督站针对石黄高速公路中修工程实际情况成立了以主管站长为组长、专业工程师为成员的领导小组，负责石黄高速公路中修工程的监督管理。

为保证工程项目的质量，省监督站根据工程的实际情况，制订了详细的监督工作计划。分阶段对石黄高速公路衡水、沧州段共组织了9次质量大检查。在每一次检查中，根据工程实际工作进度有重点的检查，坚持用事实、用数据说话，对每一次检查所发现的问题，均在现场与建设、监理、施工单位交换意见，对应该注意和改正的地方提出要求或建议，积极地开展了工程质量监督工作，具体体现在以下几个方面。

1. 明确监督工作目标和工作方针

在石黄高速公路中修工程开工之前，河北省的石太、石安、京石、京秦等高速公路已完成了中修工程，我们及时总结在高速公路监督过程中经验和体会，结合本项目的实际特点，在制订详细的石黄高速公路的监督工作计划的同时，明确了监督工作目标并对建设各方提出了监督要求，进行了积极主动的质量监督工作。

2. 加强业务培训、促进监督人员的业务素质的提高

石黄高速公路的中修工程施工期，正处于我省高速公路陆续进入大中修的阶段，为提高监督人员的业务素质，在开展监督工作前对所有监督人员集中组织了培训，一是集中学习有关法律、法规和部、厅有关文件，管理办法。二是业务技术培训，结合工程建设项目监督工作的特点，聘请国内及省内的一些专家以专题讲座的形式，培训了有关路基、路面、桥涵等工程的施工和质量控制要点及相关的工程试验检测知识等。三是对上岗监理人员、试验检测人员进行业务培训，石黄高速公路上岗监理人员上岗培训率达90%以上。通过多形式、多方面、全方位的培训，提高了工程质量监督人员的专业技术和质量管理水平，为做好质量监督工作打下了良好的基础。

3. 重点抓好建设实施阶段的质量监督工作

1）开工阶段的质量监督检查

工程开工阶段，我站首先对施工、监理单位合同履行情况进行了检查，按照合同文件的约定逐项进行检查，发现问题及时纠正，问题严重的限期整改，把质量隐患消除在萌芽状态，重点做了以下工作：

（1）监督检查施工单位的质量方针、目标、施工质量保证体系、人员、设备以及试验检测仪器等是否符合施工规范、施工承包合同的有关条款。

（2）监督检查监理单位的监理人员资质及到位情况，检查试验检测仪器配备，是否严格按《公路工程施工监理规范》以及《监理实施细则》实施工程管理。

（3）检查督促施工、监理单位建立健全工地试验室。要求施工单位、监理单位试验室独立分开设置，满足常规试验检测要求。

2）施工过程中的质量监督检查情况

根据监督工作计划，结合工程实际进展情况，采取了工程质量大检查、不定期重点抽查和巡回督查的不同检查形式。在检查中，对路基、路面的压实度、平整度等重要指标均现场实量实测；对结构工程的预制构件以及现浇构件的几何尺寸、外观质量进行现场量测和检查；对原材料水泥、砂子、石料、钢材、沥青等进行抽样检查，坚持用数据说话；对拌和场地布置、硬化、材料堆放等文明施工情况都进行了检查。通过督促检查，使参建的各单位增强了质量意识，健全了自检体系，保证了工程质量。

4. 工程建设各方行为主体质量行为评价

1）建设单位质量行为评价

在工程组织和施工过程中，认真遵循基本建设程序；执行了国家和省有关法律、法规，通过公开、公正、公平的招投标选择了施工和监理队伍；工程建设中认真履行合同，积极组织工程建设，使工程在进度控制、投资控制、质量控制等各方面都得到了有效管理。通过一系列的措施和办法，使完工后的整体工程质量达到了较高水平。

2）设计单位质量行为评价

设计单位在设计的过程中，科学的组织勘察设计、对挖补、罩面等方面的设计进行了各方论证，使之更趋合理。特别是在治理质量通病方面，采取了一些方法和措施。特别是在旧路改造段的设计上，提出了不少方法，使得工程质量得到了有效保证。

3）监理单位质量行为要点评价

本项目施工监理组织机构形式为一级管理体制，为达到预期目标，凡上岗人员及时组织了人员培训，对培训合格者发上岗证，并实行了持证上岗制度，所有标段监理都配备了试验仪器和检测设备。并按监理规范实行了工地例会制度。驻地监理人员在施工过程中，实行全方位、全过程的监理和旁站，对每道工序、施工方案、施工工艺都进行了有效控制，有效保证了工程质量，有效履行了质量、进度、投资管理和合同管理等职责，按合同要求较好地完成了监理任务。

4）施工单位质量行为要点评价

在施工过程中，各施工单位都健全了质量保证体系，按照合同要求配备了相应的人员和设备，能够依据有关规范的要求，精心组织施工，认真自检，所有完成的工程项目按照有关规定均报监理工程师进行了审批，工程原始记录和自检体系基本上能做到及时、齐全，并较为真实、可靠，能够反映工程施工的实际情况，各合同段都按合同要求完成了任务。

第十三章　中修交通组织与安全施工

第一节　施工单位安全生产管理

一、保畅措施

由于路面病害处理施工工程是在高速公路局部封闭作业区，在车辆通行的情况下进行施工作业的，作业区附近交通环境差，使维修作业具有重危性、恶化性、突发性、集中性、随机性、连锁性等特点。项目部在进行全面质量管理的同时，做到全面安全管理。在该项目上配备1名注册安全主任抓安全工作。从作业前准备→作业区交通管制→安全组织与管理→作业规范化，每一步骤均认真严肃对待，严格执行《公路工程施工安全技术规程》（JTJ 076—1995）、《公路养护安全作业规程》（JTG H30—2004）的具体规定，结合石黄高速公路实际情况，特制订此保证畅通措施。

1. 作业前准备工作

1）对病害处理作业人员的教育与管理

路面病害施工的安全管理，最重要的就是对现场作业人员进行教育与管理，提高其自身安全意识、自我保护意识和法律观念。采取的措施主要有：

（1）对新员工工作前进行安全教育培训和三级安全教育。

（2）进场的设备，根据作业特点，在进场前做好安全检查。

（3）不因为工期紧张、环境特殊，省略工前安全教育这个环节。

（4）由注册安全主任落实安全措施，明确安全作业责任人。

2）作业装备的准备

（1）作业前准备足够的安全作业服、设施、灯具与标志，并做到损坏或有故障时能及时补充或更换。

（2）施工作业人员必须穿着反光作业服施工。

（3）上路作业前，清点好安全作业服和设施，核对数量和标志牌面内容，检查好示警灯具，避免路上经常发生维修。

（4）进入现场的作业人员必须按要求穿戴作业服，没按要求做的，责其改正。当场不能改正的，令其退出作业现场。

（5）当上级检查工作或外来人员参观作业现场时，由接待部门负责，事先准备好足够的作业服，佩戴整齐并了解有关安全注意事项后方可进入现场。

（6）参加该项工程施工的设备，在作业前，对其发动机、行走系统、转向系统、灯光系统等进行技术和安全方面的检查，保证处于良好的工作状态，避免因设备故障导致事故发生。

（7）根据施工组织计划准备好足够的材料、工具，保证按照计划完成任务。

3）安全设施

(1)橡胶锥(高度70 cm)、标志牌,按照《道路标志与标线标准》(GB 5768—1999)的规定采用三级高强度反光材料制作。

(2)作业警示灯具

在能见度低的天气或夜间施工时,配置作业警示灯,该灯具能发出500m以外清晰可见的连续、闪烁的黄光,提醒驾驶员注意安全行车。

4)作业区的交通管制

按照《公路养护安全作业规程》及高速交警大队的要求,初步制订交通流控制方案如下:

路面病害处理:采用不改变交通流方向的封闭方式;

标线修复:采用不改变交通流方向的封闭方式;

护栏调整:采用不改变交通流方向的封闭方式;

土路肩培土:采用不改变交通流方向的封闭方式;

其他特殊部位如互通立交进出口匝道及立交匝道上的养护作业将按照《公路养护安全作业规程》规定,采用相应的封闭方式;

当病害施工时遇到极特殊的路段,《公路养护安全作业规程》没有具体规定如何封闭时,将与业主、高速交警等相关部门根据实际情况共同制订交通流控制方案,确保安全畅通。

5)安全作业组织与管理

(1)安全组织

①安全作业组织形式

路面病害处理施工作业要求采取封闭作业区,设置标志、设施,安排看护人员,放置警示车辆,对作业人员及车辆进行集中管理与调度。

②安全责任划分及奖罚

管生产必须管安全,项目部将层层签订安全生产责任书,进一步提高员工的安全意识。一旦因施工安全措施不到位而发生的生产事故或交通安全事故,将对有关责任人依法作出相应的行政处罚,对安全工作做得好的小组和个人进行奖励。

(2)作业管理

①作业区人员值守与设施看护

作业区值守人员值守时,注意现场封闭设施的完好性,发现问题及时纠正。保证设施、标志清洁易于辨认,并始终处于正确位置或工作状态。注意因通行车辆刮、碰标志可能导致指向错误或无法正确辨认,避免非施工作业车辆误入作业区。

对夜间不能开放交通的封闭区,安全设施满足夜间安全设施布置的要求。没有作业时留有不少于3人的值守人员,相互照应,看管现场、设备,并对设置的设施进行看护。保证交通设施整齐,发现问题及时处理,不能处理的及时报告,发生事故要及时报警。

②现场施工设备的管理

封闭区内作业的长、大设备,如吊车等,实施作业时,安排看护人员,保证吊杆、传送带等悬出部分不进入中央分隔带,更不能超出中央分隔带进入另一侧路面。避免作业失误给自己及另一侧正常运行的车辆造成伤害。

③夜间及视线不良的安全对策

路面病害处理施工必须准备足够的安全标志,安全设施、警示灯具,不论是否在夜间施工,都要准备施工用警示灯具。在视线不良时,及时点亮警示灯,以保证作业及通行安全。

④养护材料、设备、大型构件运输

养护维修所进行的材料、设备运输，在高速公路内封闭区以外，均应严格遵守交通法规和高速公路管理办法，不得随意停车、随意调头、逆行或不按规定使用中央活动开口。

⑤恢复交通

作业结束后按以下顺序做好恢复交通的各项工作：撤除场内设备，清除场内剩余材料及废物，使路面洁净，撤出作业人员，撤除警示灯具，按照“顺放逆收”的原则进行收放反光锥、标志牌。恢复交通。

⑥注意事项

由于高速公路养护施工的特殊性、复杂性，必须做到服从命令听指挥，与高速交警及时沟通，紧密配合，保证道路畅通无阻。在施工安全教育管理的同时还要做到以下几点：

施工前拟定好封闭方式、车辆行走路线、封闭时间及通行时间，按要求办好道路施工审批手续。

施工前通知交警部门，报告作业地点，经允许后才上路作业。

在按照要求摆放标志牌、反光锥的同时，在摆放反光锥区域的中央分隔带内设置有公司名称的鲜艳红旗，进一步提醒驾驶员朋友前方施工，注意行车安全。

在每个封闭作业区配备 3 名交通维护人员，实行 24h 不间断值勤。确保施工安全与车辆畅通。

积极主动与交警部门及业主代表联系，如有其他施工项目尽量安排在同一封闭区施工，以减少高速公路封闭点，减缓交通压力。

如有车辆误入施工作业区，立即与交警、路政单位联系，并保护好现场，配合交警、路政部门在短时间内恢复施工。以确保施工进度。

加强安全措施与施工力度，以最快的速度保质保量地完成施工任务，争取封闭区域的施工在第一时间开放，确保交通的畅通。

二、安全保证体系

建立安全生产管理网络，落实安全生产责任制，完善安全管理体系。项目经理部设专职安全员，作业班组设兼职安全员，做到分工明确，责任到人。

项目部将通过有效的安全措施确保本工程的施工在安全施工方面达到如下目标：

实行安全生产责任制，完善安全管理体系，公司及项目经理部定期及不定期对本项目的安全施工进行检查，要求本项目评分合格率达到 100%，优良率达到 90% 以上。

1. 安全施工目标

安全生产指标：千人死亡率 0%、千人受伤率 0%、重大安全责任事故率 0 案次。

项目经理是第一责任人，贯彻“安全第一，预防为主”的方针，对所有施工人员进行安全教育。

安全科，专职安全员为安全的直接责任人，根据工程特点制订安全施工规章制度，并负责落实。

2. 安全生产教育制度

(1)工程开工前，对所有参加本工程的施工人员进行安全生产教育，组织学习《安全技术操作规程》、《公路养护安全作业规程》,并结合本工程,制订详细安全生产措施。

(2)加强安全生产教育工作安全要天天讲、时时讲、事事抓,增强全员安全意识,由专职安全员针对当前施工项目,结合有关规范、规程,上好安全技术课。

(3)对特殊工种,需培训考试合格后,持证上岗操作。

(4)安全生产教育须持之以恒,工地上重点工序、重点部位等危险性较大的地方设置有安全生产宣传牌、安全警示标志。

(5)班组长在每天点名分工后,必须对所派工作进行安全技术交底,重要工作由安全科科长亲自交底,并做好记录。

(6)做好防水、防湿工作,做到防患于未然,确保施工过程中安全。

三、文明施工、创标准化工地

文明施工是企业管理水平的标志,争创文明施工企业,执行文明施工条例,为搞好本工程的文明施工,采取以下文明措施。

(1)建立以项目经理为组长,各部门、班组负责人参加的文明施工管理组织。

项目经理是文明施工的第一责任人,全面负责整个施工现场的文明施工管理工作。各部门、班组负责人分别负责本部门、班组的文明施工工作。

(2)建立检查考核制度,考核结果与经济分配挂钩,奖优罚劣。

(3)加强职工素质教育

职工的素质教育高低关系到文明施工能否顺利实施。加强职工素质教育是文明施工的主要措施之一,在加强对职工技术教育的同时,加强职工的精神文明教育,认真学习国家的法律法规。组织丰富多彩的文化娱乐活动,淘冶职工情操,每年进行一次文明施工评选活动。

(4)建立持证上岗制度。进入现场作业的机械司机、司炉工、起重工、爆破工、电工、焊工等特殊工种施工人员,都必须持证上岗。

(5)积极推广用新技术、新工艺、新设备和现代化管理方法,提高机械化作业程度。

(6)施工设备、机具、材料、仓库、办公室、生活区、食堂、厕所、消防设施等,根据施工总体布置,合理布局,有条不紊,井然有序,并布置必要的横幅、彩旗、口号、简介图板及工地广播、宣传栏。

(7)沥青混凝土拌和场、材料堆场进行清理、整平、硬化。办公区、生活区进行适当绿化。

(8)项目经理办公室设置施工平面布置图、施工管理组织体系、质量、安全保证组织体系和项目经理岗位职责。其他办公室设置本岗位职责和相图表、制度。经理部各办公室门前设置相应的铭牌。

(9)施工现场主要出入口设置“工程施工通告牌”,上写明项目名称,工程概况,建设单位,承建单位名称,施工时间(工期),项目经理,项目总工姓名等字样。其他主要施工点、道路交叉口,根据实际情况设置必要的安全、宣传等标志牌。

(10)施工现场人员统一着装,穿反光背心、戴安全帽,服从现场负责人指挥,不得擅离岗位,在施工区域走来走去,严禁跑出施工作业区域外。

(11)交通维护人员配合公路巡警大队有礼貌指挥疏通现场交通。

(12)路面铣刨清扫时,配备洒水装置,避免灰尘污染。

(13)路面铣刨清扫后的废料不得随意倾倒,应运至指定的地点。

(14)洒布透层、黏层油时,在无风雨时进行,有风时顺风洒布,并压低喷油嘴与路面成45℃斜角,不得乱泼乱洒污染公路沿线设施及来往车辆。

(15)施工现场自卸车应排队等候卸车,压路机在旧路面上行驶时,应关闭振动,现场设备排列整齐,施工有次序。

(16)公路沿线设施材料堆放整齐,施工规范。

(17)附属工程施工好的路面应清洗干净。

(18)认真处理与当地群众关系。

项目部充分认识到工作离不开当地群众的支持,积极加强与当地群众的沟通,并做好宣传工作,相互理解、相互尊重,和睦相处。

第二节　建设单位安全生产管理

一、管理办法

为规范中修罩面及专项工程施工现场管理,有效保证行车和施工人员的安全,减少交通事故发生,促进安全生产、文明施工,根据现场实际情况作了以下规定:

(1)成立以主管领导为组长的安全施工领导小组。

(2)各有关单位应对施工安全生产工作予以高度重视,做好安全生产管理的教育、培训、宣传工作,在全体管理人员、施工人员中牢固树立安全生产管理意识。

(3)石黄高速公路施工为养护工程,在施工的同时必须保证道路的安全、通畅,施工现场管理必须严格按照有关规定执行。

(4)各施工单位要服从路政、交警等有关部门的管理。

(5)驻地办路政大队对施工路段要重点巡视,加强管理力度,发现问题及时纠正,在事故易发段、夜间施工段派专人专车值守。

(6)施工单位在夜间施工要制订完善的施工方案,配备专用的照明设施,安排专职的安全人员负责现场管理。

(7)各路面施工单位必须配备一辆专用的皮卡车作为安全施工指挥车辆,用于现场安全施工管理。

(8)发生道路拥堵及安全事故,施工单位要在30min内以书面形式上报所辖段路政大队。

(9)各参建单位要结合本通知成立组织机构,制订相应的安全施工方案及应急预案。

(10)施工单位必须按照《公路养护安全作业规程》JTG H30—2004摆放施工标志标牌,不得缺少,只能补充和增加,标志标牌一定要醒目、整洁,破损陈旧的标志标牌不得使用。现场摆放的锥形交通路标(红帽子)、标志牌不得压混凝土块、沥青混凝土废料等物品。

(石黄高速公路施工标志要求如表13-1所示。)

(11)施工地点必须摆放人性化标志(如“施工给您带来不便请谅解”,“给我一点时间,保您一生平安”等)及提示标志(如正在施工、正在养生、施工作业区等)。

(12)施工人员必须穿着带有反光标志的桔红色工作装(套装),不得穿便装,更不能赤膊上阵,只能在作业控制区内活动,不得在控制区外活动。施工单位和监理单位管理人员必须穿着带有反光标志的桔红色背心,并佩戴标明身份的胸牌。

石黄高速公路施工标志牌尺寸要求　　表13-1

<table>
<tr><th>序号</th><th>名　称</th><th colspan="3">尺　寸</th><th>备　注</th></tr>
<tr><td rowspan="6">1</td><td rowspan="6">前方施工
警告标志 </td><td rowspan="4">三角形标志 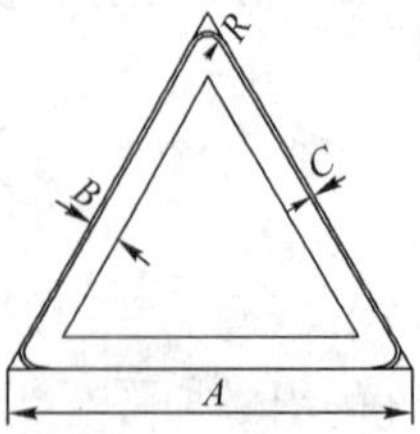</td><td>三角形边长 A(cm)</td><td>130</td><td rowspan="6">工程级反光膜</td></tr>
<tr><td>黑边宽度 B(cm)</td><td>9</td></tr>
<tr><td>黑边圆角半径 R(cm)</td><td>6</td></tr>
<tr><td>衬底边宽度 C(cm)</td><td>1.0</td></tr>
<tr><td>“1600m↑”、“800m↑”</td><td>高度 h(cm)</td><td>40</td></tr>
<tr><td>外框</td><td>高×宽,cm</td><td>160×120</td></tr>
<tr><td rowspan="5">2</td><td rowspan="5">限速60km,解
除限速60km</td><td rowspan="4">圆形标志 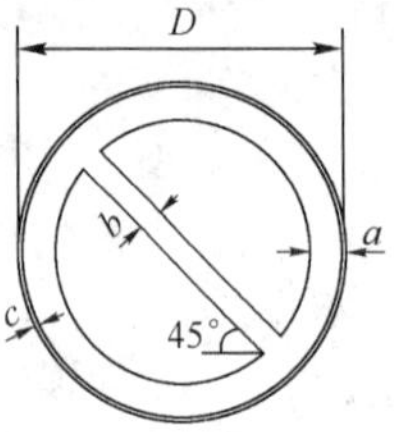</td><td>标志外径 D(cm)</td><td>120</td><td rowspan="5">工程级
反光膜</td></tr>
<tr><td>红边宽度 a(cm)</td><td>12</td></tr>
<tr><td>红杠宽度 b(cm)</td><td>9</td></tr>
<tr><td>衬边宽度 c(cm)</td><td>1.0</td></tr>
<tr><td>外框</td><td>(正方形)边长(cm)</td><td>130</td></tr>
<tr><td rowspan="5">3</td><td rowspan="5">车道变窄(左侧变
窄,右侧变窄)</td><td rowspan="4">三角形标志 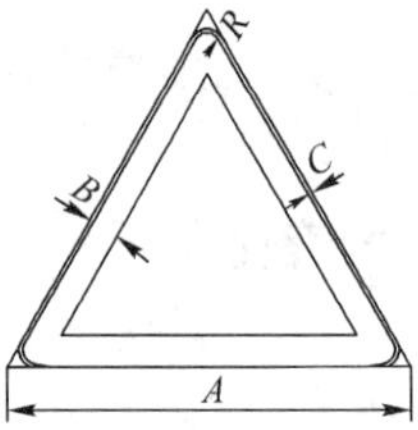</td><td>三角形边长 A(cm)</td><td>130</td><td rowspan="5">工程级
反光膜</td></tr>
<tr><td>黑边宽度 B(cm)</td><td>9</td></tr>
<tr><td>黑边圆角半径 R(cm)</td><td>6</td></tr>
<tr><td>衬底边宽度 C(cm)</td><td>1.0</td></tr>
<tr><td>外框</td><td>(正方形)边长(cm)</td><td>130</td></tr>
<tr><td>4</td><td>可变信息标志
牌(导向标志)</td><td colspan="2">长×宽(cm×cm)</td><td>150×50</td><td>太阳能</td></tr>
<tr><td>5</td><td>锥形交通路标</td><td colspan="2">高(cm)</td><td>70</td><td>圆锥形、橡胶底座或
整体橡胶、全反光</td></tr>
<tr><td>6</td><td>路栏</td><td colspan="3"> 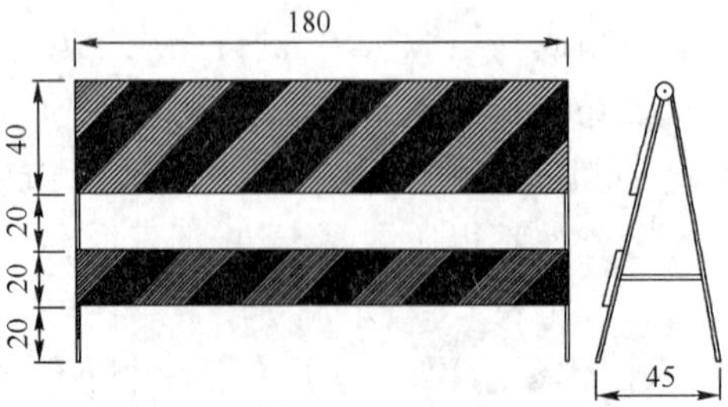施2 路栏　　单位：cm</td><td>工程级反光膜,
每个顶端附施工
警示灯3个</td></tr>
<tr><td rowspan="3">7</td><td rowspan="3">施工警告灯号
(闪光灯号)</td><td>镜面数</td><td colspan="2">单面或双面</td><td rowspan="3">黄色</td></tr>
<tr><td>闪烁频率(次/min)</td><td colspan="2">55～75</td></tr>
<tr><td>发光强度(cd)</td><td colspan="2">20～40</td></tr>
</table>

(13)施工车辆应保证性能良好,严禁农用运输车及非机动车上路,严禁养护机械带故障运转或超负荷运转,不得使用报废车辆,标志要醒目整洁,陈旧、字迹模糊、破损的标志应及时更换。车辆进出工作区要有专职人员负责指挥。

(14)施工现场内应保持整齐、干净、有序,不准在路面上拌和混凝土(砂浆)等,禁止堆放砂、石、水泥等材料。施工现场要有专人随时进行清洁,对于挖除的旧水泥混凝土、沥青路面等杂物要随挖随清并及时运走,不得堆放在作业区内,更不得扔到边坡、边沟及中央分隔带上。

(15)由于施工时间较长、当天不能完成的工程,夜间必须在作业控制区设置施工警告灯号。设置位置:路栏和锥形交通标上,要求:每个路栏上附设三个,每隔 30 ~ 50m 在锥形交通标上设置一个。

(16)所有施工作业不得对路面、标线、护栏等沿线设施造成污染。对造成污染的单位要严惩,并责令其清除干净,对于不能清除干净的,要按照路政《路产赔补偿标准》进行赔偿。

(17)施工单位要设置专职安全员,加大施工现场的巡查力度,及时摆放和扶正歪倒、错位的标志。

(18)禁止夜间施工作业,由于特殊原因确需夜间施工的,施工单位报监理、管理处指挥部批准后方可进行。

(19)监理单位、驻地办路政大队要加强施工现场的检查监督,及时纠正存在的问题。

所有标志尺寸均按 GB 5768—1999 设计、制作,计算行车速度 120km/h,样式按 JTG H30—2004 设计制作。

施工警示标志、限速(解除限速)标志、车道变窄标志支架支脚高度为 5cm,如图 13-1 所示(单位:cm):

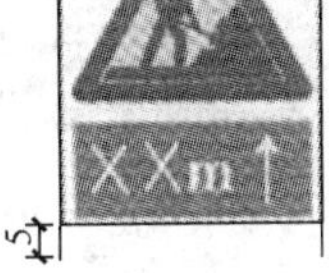

图13-1　施工警告标志

施工过程中若需增强标志牌的稳定性,可用沙袋压在标志支架等适当位置,沙袋要求:桔红色并带有反光标志。

施工说明标志"正在养生"一块。

二、石黄高速公路施工现场安全保畅管理规定

根据上级文件精神以及石黄高速的实际工作情况,制定《石黄高速公路施工现场安全管理制度》,内容如下:

各施工单位单位应对施工安全生产工作予以高度重视,做好本单位安全生产管理的教育、培训、宣传工作,在全体管理人员、施工人员中牢固树立安全生产管理意识。

施工标志摆放规范:根据中华人民共和国行业标准《公路养护安全作业规程》JTG H30—2004 和我处制定的冀石黄[2006]147 号《关于下发石黄管理处中修罩面及专项工程施工现场管理办法的通知》的要求,各施工单位要严格按照以上规定摆放施工标志。

安全员设置:施工单位要根据工程量大小设专职安全员若干名;负责施工标志的摆放以及对来车方向车辆的预警和提示;安全员由各路政大队负责培训,并对其着装、装备和应履行的职责提出相应要求。

路政大队监督和检查工作:各路政大队在日常巡逻中要对施工现场进行认真检查,并如实填写《施工现场监督检查记录》。对于施工标志不全或摆放不规范存在安全隐患的,应及时责令施工单位停工并开具《停工通知书》,在其符合规范后才可继续施工。对于重点施工现场要派专门车辆和人员负责监督。

《施工现场安全协议书》:各路政大队与施工单位通过签订协议书明确双方的权利和义务,保障施工人员和过往车辆的安全。各路政大队要向施工单位收取一定数额的押金。

控制施工区域的"点、面":施工单位在施工中要控制好施工点的数量和施工点间的距离,一般情况下两个施工点间距应不低于5km;施工区不超过2km,以使车辆有充足的空间通过,不造成车辆拥堵。堵车超过50m,停止施工采取措施先行放行。施工时红帽子提前15~30min摆放,不允许施工没到提前摆放。

施工现场环境管理:施工单位要每天清理施工区域,清除垃圾和杂物,保证施工现场的卫生和整洁。施工人员应统一着装,并严格在施工区域内施工。

以多次审批的手段控制施工单位的施工:改变以前一次审批签字后,施工单位就可任意施工的规定。执行多次审批,以分阶段、分路线或在一定时期后重新审批来控制施工,达到监督的目的。

施工方案、安全措施:施工单位细化施工方案、安全措施和应急预案等资料,及时上报路政大队审批。

《施工现场安全应急预案》:建立应急预案保证在遇到恶劣天气、重大节假日、发生事故、发生拥堵等非正常情况下,有完善和及时的措施解决问题。一旦发生紧急情况实行交通管制,确保道路畅通。

建立施工现场安全领导小组:组织包括交警、路政、施工单位负责人和安全员,并根据施工进度建立定期例会制度。

宣传方式:由施工单位在施工现场设置人性化标志,主要站口和路段悬挂人性化标语,业主负责在媒体发布相关信息。

联系卡片:由各路政大队制作,内容包括施工路段、施工点位置,施工单位负责人、安全负责人、安全员的联系方式,本路段交警负责人、路政负责人的联系方式。

三、石黄高速养护工程现场交通管制及应急预案

本次路面中修及其他专项工程主要有:辛沧段中修罩面及病害处治147km,全线单板受力治理70多座,石辛段护栏板新增40多公里,沧州段桥梁顶升2座,多项工程同时开工,采取不断交施工,点多、线长,为了切实做好施工安全工作,有效保障行车安全,消除事故隐患,减少道路交通事故,根据《中华人民共和国公路法》,《中华人民共和国道路安全法》,《公路养护技术规范》(JTJ 073—1996)《道路交通标志和标线》(GB 5768—1999),《公路养护安全作业规程》,(JTGH—030-2004)及《河北省公路路政管理规范》等法律法规的要求,特制定本工程实施方案:

1. 管理处成立安全施工领导小组,机构如下:

组长:

副组长:

成员:

驻地办成立各管辖路段安全施工领导小组

石家庄段　组长:

　　　　　成员:

衡水段　组长:

成员：

沧州段　组长：

成员：

2. 交通管制方案：

(1)施工期间各施工单位应根据工程实际需要，成立安全指挥领导小组，主要领导为第一责任人。

(2)每个施工队的作业区间交通管制长度最长4km，各作业区之间的长度不少于2km，满足过往车辆行车及超车安全。

(3)在施工现场设置反光警示牌，锥型交通标等以保证行车及施工安全；在施工前方1.6km处，800m处，等设置反光警示牌，警示牌的规格尺寸应符合《公路养护安全作业规程》(JTG H—030-2004)的要求。锥型交通标志及标志牌的摆放应符合《公路养护安全作业规程》(JTG H030—2004)的规定。在施工作业去内设置黄色频闪灯，以满足夜间行车的视觉要求。各类交通标志要求具体有夜间反光功能；锥行交通标志必须采取内部或压沙袋圈等办法防止倒伏，严禁用砖头，石块等有棱角性的物体压制，以免发生交通事故。

(4)各施工现场除按《公路养护作业规程》(JTG H030—2004)的要求设置一套安全醒目的交通安全标志外，还应在施工现场作业"缓冲区"区域内，另行增设人性化提示标志，(在桥面养生等占用车道时间较长的施工区段，除人性化提示标志外，还须增设人性化明示标志一块)。

①人性化提示标志

"施工给你带来不便←→请谅解"

②人性化明示标志

"养生作业中"

具体版面参照《道路交通标志和标线》(GB 5768—1999)标准设计。

(5)在施工期间，每个施工作业区段必须设置一套完整的交通安全标志：每个施工标段必须配备一套完整的备用标志。"五一"、"十一"黄金周时间停止施工，如有未完工的路段必须摆放明显的标志，并有专人负责现场安全，如有情况立即上报相关单位。

(6)为保证施工作业区段行车顺畅，施工单位必须设置专职安全员、疏导员，培训合格后着标志服，戴安全员袖标，拿标志旗上岗。安全员负责在施工作业区内的作业人员，机械的安全工作；疏导员负责的施工车辆出入及行车不畅时，进行车辆疏导。安全员名单及联系方式上报业主及监理，并报路政管理部门备案。夜间，施工车辆停靠在指定位置，以不影响正常行车为宜；安全员在施工区域内要定期巡查，发现有标志损毁等的现象，要及时修正。

(7)施工作业车辆必须证照齐全并在后部设置明显的施工作业标志(参见《道路交通标志和标线》GB 5768—1999标准：施26图)，车辆行驶及进入施工作业区域时，必须遵照《中华人民共和国道路安全法》及交警，路政人员和安全疏导员的指挥，严禁违章。

(8)施工作业人员上岗必须经过岗前安全教育，着标志服，戴标志帽。作业期间，不准任意横穿公路。

(9)要求文明施工、安全施工，施工现场的物料要堆放整齐，决不允许以摆放物料代替标志的现象发生。施工现场要随时清扫，保持清洁，废弃物料不可随意向高速公路边坡，边沟，通道，桥下丢弃，做到工完场清，严禁因施工污染路面。

(10)防止施工区段发生事故,阻断交通,每个作业区段应积极和高速交警,路政协调,服从交警路政管理。

(11)施工队伍上路作业前,其施工安全设置须经监理同意,并提前到路政管理部门和交警部门报批,准许后方可进入高速公路进行作业,同时要与业主部门签署施工安全协议,否则一律不准上路作业。

(12)夜间施工时,现场必须有符合操作的照明设备,并在施工现场明显位置悬挂示警灯,照明设备的设置以满足使用要求且不影响行车为宜。

3. 应急预案

(1)在施工过程中,预留一车道供车辆行使,若发生交通堵塞时,可采取暂停施工,全力以赴疏导车辆,确保安全、畅通。待车辆疏导完毕,再恢复施工。

(2)在和其他施工单位出现交叉作业时,双方进行协调,保证双方人员、设备的安全,并确保交通畅通。

(3)在施工中,无条件服从交警、路政人员的命令,按要求调配人员、车辆和设备。

(4)在施工现场配备一辆通勤车,不间断的检查各施工段的安全标志是否齐全,人员是否按规范施工。

(5)在遇到恶劣天气不能施工时,我们所有机械设备靠边集中停放,并在设备后面放置警示灯,留下值班人员看管交通安全标志,保证交通设施规范整齐。

(6)对于施工过程中,通行车辆发生故障引起交通堵塞时,应将停止施工,把交通标志放在故障车后面提醒通行车辆,并疏导车辆从施工区内通行,并及时通知交警部门予以解决。

(7)对于施工过程中,由于通行车发生交通事故引起交通堵塞时,应首先摆放交通标志保护现场并及时报警,通知交警部门处理,并把受伤人员及时送往医院救治。如能从施工区内通行时,引导其他车辆从施工区内通行。如果施工区不能通行时,出口设置交通警示标志,对通行车辆进行分流,避免引起更大的堵塞。

第十四章　温拌沥青混合料在超薄罩面层中的应用

第一节　概　　述

一、超薄沥青混凝土路面简介

超薄沥青混凝土主要用于老路路面抗滑性能的恢复，作为路面的预防性养护或轻微、中等病害的表面处理时，可以延长道路8～10年的使用周期，其具有提高路面摩擦系数，确保路面行驶安全，不影响原有路面结构设计，减少在原有路面添加的负荷，原有路面不需要进行铣刨，改善路面平整度并有较好的表面纹理，施工速度快，开放交通时间短，摊铺后约20min即可恢复交通的特点；也可用于新建公路，具有行车安全舒适、路面迅速排水、减少雨天行车水雾、噪声水平低，节约养护和建设成本的优势。

作为超薄沥青混凝土的起源国，法国在20世纪70年代就开始修筑薄表面层，法国的薄表面层分为三类，分别是：薄30～50mm；很薄（BBTM）——法国标准规范NF P98-137将其厚度规定在20～25mm之间；超薄（BBUM）10～20mm。英国与法国相似，其分界厚度分别为：25～40mm、18～25mm、小于18mm。在南非超薄定义为铺筑厚度小于30mm的各种级配沥青混凝土表面层，其中包括：传统沥青混合料（连续级配、断级配、完全断级配）≤30mm、SMA≤25mm、薄磨耗层≤20mm、沥青砂≤30mm四种。在美国，薄热拌沥青混凝土面层厚度为12.5～37.5mm，而《HMA Pavement Mix Type Selection Guide》要求用于中等与重交通的SMA10铺装厚度为25～37.5mm、OGFC10铺装厚度为19～25mm。

铺装厚度的减薄，最大公称粒径也需要减小。对于密级配可使用的最大公称粒径为6mm或7mm、9.5mm以及12.5mm，对于开级配可使用7～19mm。然而，采用传统细粒径连续型级配（如AC10、沥青砂）的超薄混合料仅适用于低交通量的道路或在养护中使用。十多年来，随着超薄沥青混凝土在世界范围内的广泛研究与应用，形成了许多专利产品，如：Superpave、Brettpave、Hitex、Axoflex、Masterflex、Tuffgrip、Thinpave and Euro-Mac、Novachip。总的来说，这些产品都是不同类型的断级配混合料，为了满足高等级公路的需要，增加了粗集料含量，其级配曲线与SMA类似，但其结合料与矿粉含量低；另一方面，与开级配混合料相比，其含有更多的细集料从而有更大的力学稳定性与抗剪能力。

同时由于铺装厚度较薄，对路面整体承载力提高较小，只起到功能作用，因此超薄沥青面层适用于旧路罩面、各种新建道路的功能层，以及低交通量低造价道路的表面层。对于超薄沥青混凝土，为防止摊铺时大粒径形成划痕并有利于压实，通常的铺装厚度应为公称最大粒径的2～2.5倍以上；当与单层处治或黏层结合使用时铺装厚度可降为1.5倍，但不宜大于最大公称粒径的4倍。常见的超薄沥青混凝土路面结构如图14-1所示。

可以认为超薄面层是“薄磨耗层”与“厚表面处治”之间的一种交叉，其代表厚度是 15 ~ 25mm，并在局部面积上可以铺得较厚。它具有表面处治的全部优点，并避免了表面处治所需要的后期维护的缺点。它可以调整原路面的不平整，但必须将它铺在结构强度足够的下承层上。根据国际上近些年的发展趋势，超薄沥青混凝土面层可定义为：采用细粒径的粗集料断级配沥青混合料，用摊铺机摊铺和用压路机碾压的厚度低于 30mm 的具有良好抗滑性能的沥青混合料。

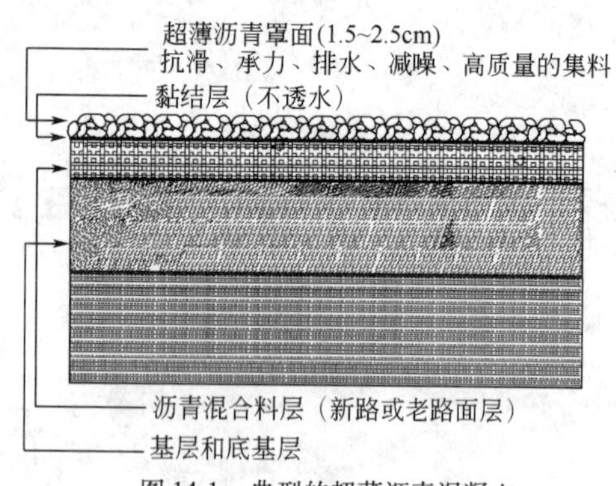

图 14-1 典型的超薄沥青混凝土路面结构形式

二、国内外研究现状及发展趋势

1. 超薄沥青混凝土路面在欧洲国家的发展

法国是超薄沥青混凝土面层的发源国，从 20 世纪 60 年代开始，随着交通量的增加，沥青路面的上面层在逐渐减薄。为了保护非结合料基层和减少车辙，法国在 1969 年提出了又厚又硬的表面层混合料（BBSG），这种混合料采用 100% 轧制碎石、硬沥青（针入度等级为 40/50 到 80/90），连续级配，厚度在 50 ~ 90mm 之间。随着交通量的增长，为了提供更好的密水性、表面构造、抗噪和抗车辙性能，法国于 1979 年发展了 3 ~ 5cm 的薄面层（BBM），采用了两种断级配（0/10 在 4/6 间断；0/14 在 2/6 或 2/10 间断），油石比在 5.7 至 6.0 之间。随后，为解决薄面层出现的车辙以及表面功能衰减问题，1983 年法国提出了 20 ~ 30mm 的很薄面层（BBTM），采用 0/10 和 0/14 在 2/6 间断的级配。超薄面层（BBUM）提出于 1987 年，它采用减少砂含量、使用改性沥青以及厚黏结层等技术措施使之具有延长路面寿命，改善行驶质量，校正表面缺陷，提高安全特性（包括：提高抗滑与排水，减少噪声，增加路面强度）等优点。

另一方面，法国于 19 世纪 80 年代开始选用高模量混凝土作为 BBTM 的下承层，这种下承层选用硬沥青（10/20 和 15/25 针入度等级 + 添加剂）、高沥青含量和低空隙率的设计方法。

英国 TRL 铺筑了 8 条薄层试验路，每条试验路采用了多种薄层形式，包括单层微表处、多层微表处、UTAC、VTAC 以及 SMA。试验路多属于重交通道路。

此外，90 年代后 Novachip 成为广泛使用的超薄层混合料之一。它采用专用设备将混合料摊铺于高洒铺量改性乳化沥青黏层油上（NovaBond 洒铺量 0.6 ~ 1.4l/m^2），这与同步碎石封层有些类似。黏层油洒铺管设置在摊铺机的后部，设备在同一时间洒铺结合料和混合料，在摊铺混合料的高温作用下改性乳化沥青破乳，同时碾压形成的表面迅速降温，所以其摊铺后 10 ~ 20min 即可开放交通。混合料采用断级配，分为 A、B、C 三种类型，最大公称粒径分别为 4.76mm、9.51mm、12.7mm，沥青含量分别采用 5.0% ~ 5.8%、4.8% ~ 5.6%、4.6% ~ 5.6%，摊铺厚度 10 ~ 20mm。该技术施工速度较快，摊铺速度约为 1.5km/h。根据欧洲经验，在重交通条件下 Novachip 可使用 8 年，轻交通量情况下使用寿命可达到 12 年以上。

2. 超薄沥青混凝土路面在美国的发展

美国从 20 世纪 80 年代开始修筑薄沥青混合料面层作为路面的功能层。先后使用了多种不同的级配和混合料类型，修筑了大量试验路和实体工程，美国橡胶改性沥青的应用对超薄沥青混凝土路面的发展注入了强劲有力的生命。

亚利桑那州于20世纪80年代末使用橡胶沥青混凝土铺筑超薄面层，所谓橡胶沥青是废旧轮胎橡胶粉粒在充分拌和的高温条件下(180℃以上)与基质沥青充分溶胀反应形成的改性沥青结合料。橡胶沥青中橡胶粉的含量在18%以上，熔胀反应后，橡胶颗粒的体积比重在30%～40%左右，胶结料和混合料都能显著表现橡胶的物理、力学、化学性能。研究中所用级配为开级配和间断级配，开级配的厚度为12.5～25mm，间断级配的厚度为25～37.5mm，这些工程在经过9～12年的使用后，亚利桑那交通部门与橡胶沥青协会于2000年对其中的14个工程进行了观测分析。分析认为：薄层橡胶沥青混凝土罩面表现出相当好的使用性能，尤其是低裂缝率和低养护费用最为明显。

在俄亥俄州较为广泛应用的是一种称为Smoothseal的薄层混凝土，它分为A、B型两种。A型为沥青砂，采用表面处治的设计方法，其主要用于城市道路以及中等交通量公路，铺筑厚度在16～28mm之间；B型可用于高速公路、重交通道路，混合料采用马歇尔方法设计，铺筑厚度为19～38mm。两种混凝土的结合料均采用改性沥青。

佛罗里达州使用的薄层罩面为FC—5与FC—6两种混凝土。前者为开级配，最大公称粒径12.5mm，结合料为含12%胶粉的橡胶沥青，掺加纤维，摊铺厚度为20mm；后者为密级配，最大公称粒径为9.5mm或12.5mm，结合料为含5%胶粉的橡胶沥青，摊铺厚度25～38mm。

从1991年开始，美国修筑了大量SMA路面，至1997年修筑的144条SMA路面中有6条使用了最大公称粒径9.5mm的薄层混合料，这些薄层路面在使用中均表现出良好的抗车辙能力。

1992年Novachip技术由美国科氏公司引进美国的得克萨斯州和阿拉巴马州，至2002年，其使用面积已超过23000000m^2，尤其在近两年，工程量更是以每年6000000m^{2}的速度增长。而且绝大部分工程集中在超大交通负荷的高等级道路上。Novachip技术用于高等级沥青或水泥路面的预防性养护有着突出经济性和应用性能。

随着超薄面层的应用和发展，美国NCAT开展了大量关于小粒径混合料的研究。针对SUPERPAVE和SMA在超薄面层中大量使用的情况，NCAT在2002年到2003年开展了大量SUPERPAVE5mm混合料的性能研究，研究探讨了不同石料(花岗岩、石灰岩)不同级配(粗级配、中等级配、细级配)不同矿粉含量(6%、9%、12%)和不同空隙率(4%、6%)的SUPERPAVE混合料性能，研究了结合料、集料、级配和体积参数对薄层混合料路用性能的影响，并提出了SUPERPAVE5mm薄层混合料的设计规范。研究认为，不是所有集料都可用作超薄沥青混合料，应选择合适的级配和石料类型；在低交通量的道路应使用4%的空隙率设计以增强其耐久性，在重交通量的道路上应采用大于4%的设计空隙率，以提高抗车辙性能，但需要良好的下乘层为条件。

3. 我国超薄面层的发展状况

在我国，超薄面层结构最初是用在交通量较低以及材料缺乏地区，目的是解决经济和交通的双重问题；近些年随着重载和重交通的发展，为解决重交通中的一些路面功能问题，超薄面层结构也在重交通的高等级公路中进行了尝试。我国薄表面层的种类很多，稀浆封层、微表处和传统贯入式的研究都为超薄沥青面层的发展奠定了基础。

在沙庆林院士的CAVF法骨架型级配设计理论的指导下，2000年起我国先后以SAC10断和SAC10完全断等多种级配采用超薄层作为高速公路的抗滑表层，修筑了总长23km铺装厚度2.5cm的超薄沥青面层。并于2004年12月完成了《超薄沥青混凝土面层技术研究报告》，报告中以 SAC10 为代表深入、系统地研究细粒式粗集料间断级配密实型超薄沥青混凝土的级配及混合料性能，通过大量试验分析得出了超薄沥青混凝土比较大粒径的混凝土具有更好的水稳定性的结论。

第二节　超薄沥青混合料设计

级配是影响沥青混合料性能的重要因素，在沥青混合料的高温稳定性能中，70% 以上来自集料的内摩阻力。沥青混合料矿料级配根据不同的组成结构主要分为悬浮—密实结构、骨架—空隙结构和骨架—密实结构等。传统型沥青混合料一般为连续级配即悬浮—密实结构，开级配磨耗层（OGFC）类型的排水型道面采用完全间断级配有较大的孔隙率是骨架—空隙结构，常用的抗滑面层混合料采用间断级配为骨架—密实结构。以往的室内试验和实体工程均已证实骨架—空隙型和骨架—密实型混合料的高温稳定性能优于悬浮—密实型沥青混合料。超薄沥青混凝土混合料作为表面层，要求具有较好的构造深度和抗滑性能，其级配设计一般采用粗集料断级配密实型混合料（coarse gap-gradedmix）和开级配沥青混合料（OGFC）两种。前者因为形成了与 OGFC 相似的开式级配构造，所以具有良好的防滑减噪性能，此外其组成结构为密实结构故又兼具了良好的防水特性，因此常用于超薄沥青混凝土混合料设计。

一、骨架型级配设计理论

1. 传统级配设计理论及其不足

传统的级配设计理论都源于对最大密实度的追求，并基于两个假定：(1) 假定基本的颗粒为规则的球体；(2) 假定各分级颗粒粒径都相等。最大密度曲线是通过大量试验提出一种理想曲线，如富勒曲线（曲线指数为 0.5 的抛物线）、n 法、k 法、i 法；粒子干涉理论则认为要达到最大密度，前一级颗粒之间的空隙应该由次一级的颗粒所填充，其所余下的空隙又被再次一级的颗粒所填充，填充的颗粒粒径不得大于其间隙的距离，否则大小颗粒间会发生干涉现象，因此该理论提出理想的状态为前一级颗粒的间隙与次一级颗粒粒径相等。

众所周知传统级配设计理论多是建立在简单几何模型的基础上，大多采用了自相似型几何模型。而在混合料设计中发现细颗粒含量越高，其分形维数越高，并非简单的几何模型所能解决的。从相关的填充试验中可以发现，矿料在堆积时不同粒径颗粒的空隙填充率明显不同，而并非与相似型模型中假设的空隙填充率相同。实际上道路工程中所用石料常为碎石，其颗粒近似于正方体，且每一档料由不同粒径组成，而且在一定粒径范围内连续。同时次级粒料也不会规律地填充于上级颗粒形成的空隙中，即堆积理论较难适用。从颗粒间的内摩阻力来讲，粒径的增加将使颗粒间的内摩阻力增加。但当不同粒径的颗粒相互填充时，内摩阻力并不随粗颗粒的增加而线性增加。

2. CAVF 法级配设计理论

沥青混合料的路用性能和力学性能依赖于集料的内摩阻力。可以把矿质混合料的内摩阻力分成 3 个等级：粗集料间的内摩阻力、粗集料与细集料间的内摩阻力、细集料间的内摩阻力。改善集料的颗粒形状，提高集料的棱角度有利于提高内摩阻力，而增加粗集料之间的嵌挤可能是最为重要的技术手段。

在沥青混合料的体积指标中，堆积状态粗集料间隙率 VCA_{DCR} 可以用来描述粗集料的嵌挤程度。

$$VCA_{DCR}=\left(1-\frac{\rho_{SC}}{\rho_{tC}}\right)\times 100 \tag{14-1}$$

式中：ρ_{SC}——主骨料紧装密度；

ρ_{tC}——主骨料毛体积密度。

为了发挥粗集料作为主集料的嵌挤能力，细集料、矿粉、沥青和设计空隙率应该不超过 VCA_{DCR} 的体积和用来填充主集料紧密堆积的空隙率，将这样的设计法称为主集料空隙填充法（Course Aggregate VoidFilling Method，简称 CAVF 法）。

CAVF 法基于 2 个基本假定：(1)假定细集料的颗粒不对粗集料的嵌挤结构形成干涉；(2)细集料与沥青混合的胶浆也不对粗集科的嵌挤结构形成干涉。根据实际使用的沥青混合料最大粒径情况和施工需要，可以预先选择连续的 1～3 档粗集科作为主骨架，主骨架粒径越单一均匀，得到的沥青层表面越均匀，构造深度越大。为了避免细集料对主骨架的干涉，最好采用间断级配，以避免细集料颗粒干涉主集科的骨架结构，造成主集科空隙增大。

按照这样的体积关系，粗集料、细集料、矿粉以及沥青用量的质量百分率 q_c、q_f、q_p、q_a，主骨架紧装空隙率及沥青混合料设计目标空隙率 VCA、V_{VS} 之间具有如下的组成关系：

$$q_c+q_f+q_p=100 \tag{14-2}$$

$$\frac{q_c}{100\rho_{sc}}(VCA-V_{VS})=\frac{q_f}{\rho_{tf}}+\frac{q_p}{\rho_{tp}}+\frac{q_a}{\rho_a} \tag{14-3}$$

式中：ρ_{sc}——粗集料紧装密度；

ρ_{tf}、ρ_{tp}——细料、矿粉的表观密度；

ρ_a——沥青的密度。

二、最大公称粒径 9.5mm 超薄沥青混合料级配研究

1. 超薄沥青混合料级配特点

受摊铺厚度的限制，超薄沥青混凝土一般采用细粒式沥青混凝土，最大公称粒径一般不超过 13mm，国外实体工程中较为常用的是 0/10 型和 0/6 型级配，我国没有最大公称粒径为 6mm 的混合料级配，因此为便于施工国内应采用 0/10 型混合料。

(1)间断区为 4.75～2.36mm 之间的间断级配

超薄沥青混凝土作为高速公路的抗滑表面处治层，应具有良好的构造深度，传统的连续密实型级配抗滑性能达不到要求，因此不适用于超薄沥青混凝土的级配设计。相反，间断级配型混合料可以形成良好的骨架嵌挤结构，有较好的高温性能，其构造深度明显大于传统连续级配混合料，作为抗滑表面层备受青睐。因此，在超薄沥青混凝土研究中采用间断级配是较为合理的。

根据 CAVF 法级配设计理论，主骨架粒径越单一均匀，其摊铺后的表面构造越美观，构造深度越大，因此在设计表面层沥青混合料时最好能选择单一粒径的主骨架。根据我国目前表面层沥青混合料所用石料的生产规格情况，我们将完全断级配的间断区间放在了 4.75～2.36mm之间。间断这档料的另一个原因是它们比较圆，在密级配中影响表面构造深度和抗滑性以及表面的均匀美观，在开级配中容易飞散，影响耐久性。

(2)采用4.75mm作为集料粗细分界点

对于细粒式沥青混合料,粗细集料的分界点一直是学术界讨论的一个问题。譬如,美国SUPPERPAVE提出以混合料级配最大公称粒径的1/4倍作为粗细集料的分界点;而贝雷法级配设计中则以最大公称尺寸的0.22倍作为分界点。按照上述观点,对于10型级配粗细集料的分界点本应定为2.36mm。但根据我国实际工程状况和超薄沥青混凝土最大公称粒径为9.5mm的级配特点,仍建议采用4.75mm作为粗细集料的分界点。相关研究表明:就评价粗集料矿料间隙率而言,以2.36mm或4.75mm作为10型级配的粗细分界点并没有本质的区别,从工程角度来看,采用4.75mm分界更利于施工控制。

(3)增加6.7mm筛孔

此外,应在9.5~4.75mm之间增加控制筛孔。我国目前矿料筛分的筛网控制中在4.75~9.5mm之间,并没有设置控制筛网,而在超薄沥青混合料的级配设计中4.75mm以上的粗集料含量一般达到60%~70%左右,这样在实体工程中易导致大量的粗集料级配失控现象。而且混合料的集料间隙率随6.7~9.5mm占全部4.75~9.5mm碎石的比例变化而变化。对于茅迪玄武岩,在保证4.75mm以上粗集料含量不变和4.75mm以下细集料的含量、级配不变的条件下,分别按4.75~6.7mm和6.7~9.5mm不同的比例分别进行马歇尔击实试验,试验结果如表14-1所示。

不同6.7~9.5mm含量的混合料的体积参数和车辙试验结果 表14-1

6.7~9.5:4.75~6.7	混合料				
	油石比(%)	空隙率(%)	集料间隙率(%)	矿料间隙率(%)	5h车辙变形量(mm)
100:0	5.6	5.46	43.97	17.11	1.821
80:20	5.3	4.83	41.83	16.80	1.746
60:40	5.7	4.95	42.20	17.32	1.989
40:60	5.9	5.10	42.28	17.77	2.185
20:80	6.2	5.22	42.39	18.21	2.975
0:100	6.4	5.33	42.85	18.70	3.985

当4.75~9.5mm碎石中4.75~6.7mm含量为100%时,混合料有较大的空隙率,随着6.7~9.5mm碎石含量的增加,混合料的空隙率和矿料间隙率逐渐减小,当6.7~9.5mm与4.75~6.7mm的比例为80:20时空隙率最小而集料间隙率比最大值仅减小了约2.1%。

6种不同碎石含量的混合料分别在最佳油石比条件下成型5cm厚车辙板试件于60℃进行5h车辙试验,试验结果如表14-1、图14-2所示,研究发现混合料5h车辙变形量与*VMA*有较好的相关性,随着混合料*VMA*的增加其车辙深度呈幂函数关系不断增大。分析试验数据不难发现当6.7mm的碎石含量大于或小于80%时混合料的集料间隙率以及空隙率逐渐增加,这一变化趋势有可能造成两个结果:①最佳油石比的增大;②由于4.75mm以下的细集料含量不变,因此矿料间隙率增大。沥青用量的增大虽然填塞了混合料的空隙有助于减小空隙率却有可能破坏级配的骨架结构增大

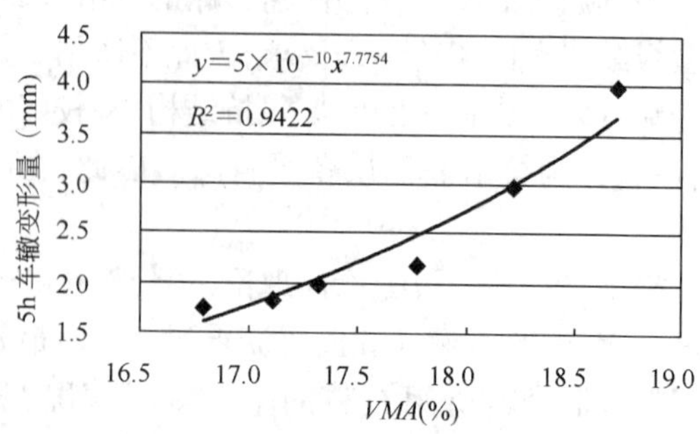

图14-2 5h车辙试验总变形量与VMA关系图

VMA,降低混合料抗剪能力,而混合料抗剪能力的减小终将会增加其车辙变形量。可见粗集料中6.7~9.5mm碎石的最佳含量为80%。

从另外一个角度来思考,超薄沥青混凝土路面对粗集料的要求是碎石嵌挤骨架,而不是要求如何做得更为密实。我们在进行路面施工时不可能像块石挡墙施工那样人工选择大小合适的碎石来形成嵌挤骨架,这就要求超薄沥青混凝土路面所用的粗集料颗粒具有很好的均匀性,也就是尽可能由单一粒径碎石组成集料的骨架。只有增加筛孔才能更好地控制粗集料由单一粒径碎石组成,这就更加说明了增加6.7mm筛孔的必要性。

(4)以 $VCA_{mix} \leqslant VCA_{DRC}$ 为判定标准

为了充分发挥超薄沥青混合料粗集料的石-石结构的嵌挤作用,在压实状态下沥青混合料中的粗集料骨架间隙率 VCA_{mix} 必须等于或小于没有细集料、结合料存在时的粗集料集合体在捣实状态下的间隙率 VCA_{DRC}。如果做不到这一点,粗集料的嵌挤作用就不能形成,因为这是一个鉴别粗集料能否实现嵌挤的基本条件。

这里有必要对混合料的 VCA_{mix} 和 VCA_{DRC} 两个指标的概念及相互关系作一说明。

在压实沥青混合料试件中,4.75mm以上的粗集料颗粒形成一个骨架,骨架以外的间隙率占整个试件的体积百分数称为粗集料骨架间隙率 VCA_{mix}。把小于4.75mm的集料筛除,将大于4.75mm的粗集料部分装入容量筒中,捣实后测定出粗集料间隙率为 VCA_{DRC}。在压实的混合料中,4.75mm以上的粗集料因为经过了50次或75次击实,其粗集料骨架间隙率必然比捣实所形成的 VCA_{DRC} 要小一些;但是结果一旦相反,VCA_{mix} 比 VCA_{DRC} 还要大的话,那就说明粗集料一定是被填充的细集料、矿粉撑开了,粗集料也就形不成嵌挤作用,这就不能称为超薄沥青混凝土。所以,VCA_{mix} 是否小于 VCA_{DRC} 是检验粗集料形成骨架嵌挤,成为超薄沥青混凝土的关键指标。

2. 级配对构造深度的影响

沥青混合料的级配一般分为连续级配和间断级配,断级配又分为粗集料断级配和细集料断级配。粗集料间断级配混合料由于提高粗集料用量而具有较大的表面构造,其构造深度大于密实性连续型级配混合料。当前,国际上从提高行车安全、减少行车噪声角度出发,高等级公路沥青路面的表面层一般采用粗集料断级配混合料,因此我国高等级公路抗滑表层特别是超薄沥青混凝土也应采用粗集料断级配类型。

对于相同级配类型的沥青混合料,其构造深度一般随碎石含量的增加而得以提高。研究中选用了4种混合料级配(A、B、C、D)成型旋转压实试件对其构造深度进行分析。四种混合料的级配曲线如图14-3所示,最大公称粒径均为9.5mm,4.75mm以上的碎石含量分别为50%、60%、70%、75%,2.36mm以上的碎石含量分别为60%、65%、73%和77%,矿粉含量均为6%。分别按照4.7%、5.1%、5.5%和5.7%的油石比进行旋转压实(旋转压实100次),然后用砂铺法测量试件上下两个面的构造深度。测量结果见表14-2。

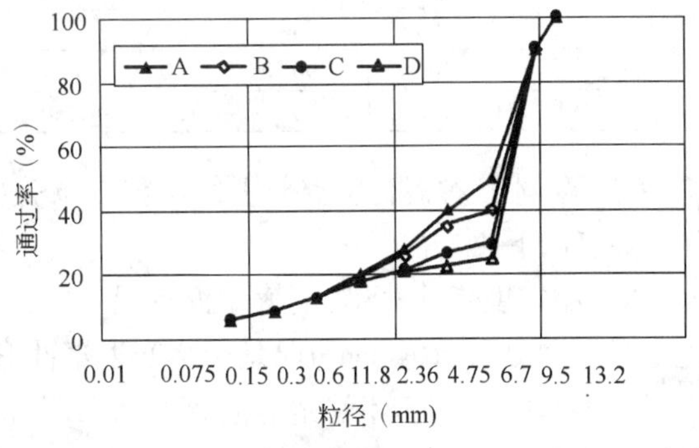

图14-3　四种级配的通过百分率

四种混合料的平均构造深度 表 14-2

混合料	A	B	C	D
构造深度	0.296	0.396	0.629	0.855

数据表明:随着混合料中碎石含量的增加,其混合料的构造深度显著增长,从构造深度与碎石含量的关系曲线可以清楚地看出当混合料中碎石含量达到60%以上时(采用4.75mm为标准),其构造深度增加很快,当碎石含量达到75%以上时,构造深度增加比较缓慢并且混合料在成型的时候易发生松散现象,因此可以判定,粗集料含量为60%~75%是影响沥青混合料构造深度的敏感区,碎石含量低于60%沥青混合料的构造深度较低,而碎石含量高于75%时对提高沥青混合料构造深度的帮助不大且不易满足其他设计指标(空隙率等),可以认为对于10型级配在满足其他路用性能的前提下,在60%~75%之间适当调整粗集料含量对提高沥青混合料的构造深度将十分有利。

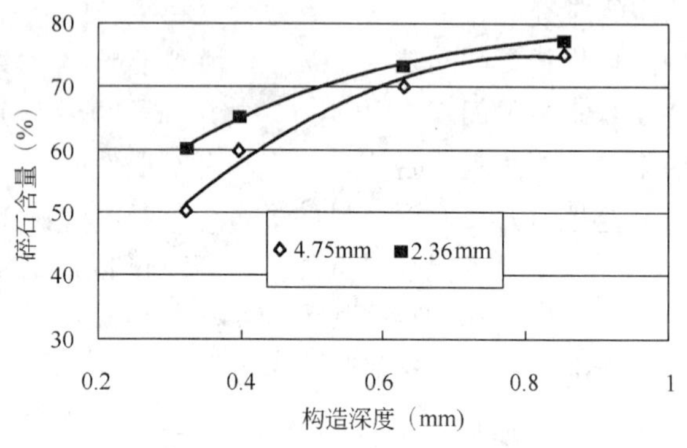

图 14-4 构造深度-碎石含量关系曲线

需要提出的是,研究中采用旋转压实试件测定混合料的构造深度(图14-4),因其在成型工艺上与实际施工碾压存在一定的差别,所以测量结果比实际情况低0.4mm左右。

3. 几种超薄级配的研究

本研究在标准马歇尔击实试验的基础上,为了更好地选择合适的UTA10(Ultra-thinasphalt mixture)矿料级配,拟定了4条间断级配曲线。间断级配类型分为完全断级配和中断级配两种,同时又分为60%和70%两种碎石含量,采用美国工程兵旋转压实仪与标准马歇尔击实进行试验,对比试验的级配见表14-3。

超薄层沥青混凝土 UTA10 矿料级配 表 14-3

级配	筛孔尺寸(mm)								
	13.2	9.5	4.75	2.36	1.18	0.6	0.3	0.15	0.075
级配1 中断	100	90	30	27	22	18	13	9	6
级配2 中断	100	90	40	35	22	18	13	9	6
级配3 全断	100	90	40	40	26	20	15	11	8
级配4 中断	100	90	30	27	25	20	15	11	8

对于上述各种混合料都分别用马歇尔试验(双面击实75次)和GTM进行试验。GTM试验主要有以下两个指标:

(1)稳定度指数GSI。它表示沥青混合料被压实到平衡状态(每旋转压实100次试件密度变化率不大于0.016g/cm^3)时是否会产生塑性形变(最终应变与最小应变之比,美国工程兵要求不大于1.0)。对于不稳定的混合料,GSI明显大于1.1。该指标主要考察的是沥青混合料高温抗变形能力。

(2)抗剪强度安全系数GSF。它表示沥青混凝土被压实到平衡状态时的抗剪强度是否能承受行车荷载作用下所产生的剪应力。美国工程兵要求GSF大于1.3。

级配1时沥青混合料马歇尔（双面击实75次）及GTM旋转压实试验结果

从表14-3可知：级配曲线1属于半开级配，其矿料间隙率达17%～18%，表明矿料间有足够的空隙容纳通常使用的纤维、橡胶粉以及较多的沥青。对比分析表14-4、表14-5可知：

（1）相同油石比条件下，GTM试验所得试件的密度均大于马歇尔试件的密度，平均大0.46%；相同油石比条件下，GTM试验所得试件的空隙率均小于马歇尔试件的空隙率，平均小6.4%。

（2）试件由于成型方法造成空隙率、密度有所不同，但其矿料间隙率均在17%～18%范围内变化。

（3）GTM试验中油石比为4.5%～6.0%的混合料的GSI和GSF都符合要求，此时的空隙率为7.1%～3.1%。这表明：在较大油石比范围内混合料都是稳定的，施工包容性较强，有利于施工控制；虽然级配1属于半开级配，但在合理的油石比、足够的压实条件下该混合料可变成密实式。

级配1时SBS改性沥青混合料马歇尔试验结果　　表14-4

油石比（%）	毛体积密度（g/cm^3）	空隙率（%）	矿料间隙率（%）	饱和度（%）	稳定度（kN）	流值（mm）0.1
4.5	2.471	7.4	17.7	58.2	12.7	35
5.0	2.495	5.8	17.3	66.5	12.3	41
5.5	2.510	4.5	17.1	73.8	11.4	43
6.0	2.527	3.3	17.0	80.9	12.0	45
6.5	2.525	2.3	17.2	86.7	12.2	50

级配1时改性沥青混合料的GTM试验结果　　表14-5

GTM压强（MPa）	油石比（%）	毛体积密度（g/cm^3）	空隙率（%）	矿料间隙率（%）	饱和度（%）	GSI	GSF
0.7	4.5	2.479	7.1	17.5	59.2	0.986	1.92
	5.0	2.505	5.4	17.0	68.3	0.978	1.73
	5.5	2.523	4.0	16.8	76.1	0.980	1.45
	6.0	2.528	3.1	17.0	81.9	0.998	1.52
	6.5	2.532	2.2	17.2	88.2	1.065	1.55

级配2时沥青混合料马歇尔（双面击实75次）及GTM旋转压实试验结果

从表14-3可知级配1与级配2差别是1号级配中大于4.75mm的颗粒含量为70%，较2号级配中的含量多10%，且前者小于2.36mm细集料的含量略少于后者，两者所用的结合料和填料完全相同。对比表14-6、表14-7可知：在相同油石比时，级配1改性沥青混合料的空隙率和矿料间隙率均略大于级配2改性沥青混合料的值。对比表14-4、表14-5GTM试验表明：级配1改性沥青混合料的空隙率和矿料间隙率均大于级配2改性沥青混合料的值；油石比为4%～6%范围内，GSI和GSF都符合要求，但4.75mm以上的颗粒含量为70%的级配高温抗变形能力优于含量为60%的级配。

级配2时SBS改性沥青混合料马歇尔试验结果　　表14-6

油石比（%）	毛体积密度（g/cm^3）	空隙率（%）	矿料间隙率（%）	饱和度（%）	稳定度（kN）	流值（0.1mm）
4.5	2.483	6.8	17.1	60.3	11.7	30
5.0	2.503	5.3	16.8	68.3	12.0	39

续上表

油石比(%)	毛体积密度(g/cm^3)	空隙率(%)	矿料间隙率(%)	饱和度(%)	稳定度(kN)	流值(0.1mm)
5.5	2.515	4.2	16.8	75.3	12.6	41
6.0	2.528	3.0	16.8	82.4	11.5	44
6.5	2.526	2.4	17.2	86.3	12.1	49

级配2时改性沥青混合料的GTM试验结果 表14-7

GTM压强(MPa)	油石比(%)	毛体积密度(g/cm^3)	空隙率(%)	矿料间隙率(%)	饱和度(%)	GSI	GSF
0.7	4.5	2.456	6.9	17.2	60.0	0.995	1.96
	5.0	2.491	4.8	16.4	70.5	1.000	1.88
	5.5	2.505	3.6	16.3	78.0	0.990	1.60
	6.0	2.496	3.2	17.0	81.0	1.010	1.62
	6.5	2.510	2.0	16.9	88.1	1.080	1.59

级配3时沥青混合料马歇尔(双面击实75次)及GTM旋转压实试验结果

对比级配3和级配2可知(表14-8、表14-9),完全断级配3与中断级配2相比,细集料含量相对增加,粗集料含量相对减少。这使得该种沥青混合料空隙率、矿料间隙率相对减小。通过GTM试验不难发现完全断级配与中断级配混合料相比,GSI稳定指数偏高,高温抗变形能力有所下降。该种沥青混合料马歇尔试验结果表明油石比在5.0%~5.5%之间可以满足国家相关设计规范,但GTM试验结果表明油石比4.0%以上时沥青混合料GSI、GSF指标不能满足相关要求,而油石比为3.5%时GSI、GSF指标虽然可以满足要求但空隙率达到6.5%以上,较大的空隙率将不利于混合料抗水损害性能。因此该级配沥青混合料应加入合适的外掺剂或采用橡胶改性沥青以改善其GSI、GSF指标。

级配3时SBS改性沥青混合料马歇尔试验结果 表14-8

油石比(%)	毛体积密度(g/cm^3)	空隙率(%)	矿料间隙率(%)	饱和度(%)	稳定度(kN)	流值(0.1mm)
4.0	2.483	6.6	15.9	58.7	7.9	35
4.5	2.497	5.2	15.8	66.3	8.1	41
5.0	2.511	4.1	15.7	74.1	8.1	42
5.5	2.524	2.9	15.7	81.8	8.6	46

级配3时改性沥青混合料的GTM试验结果 表14-9

GTM压强(MPa)	油石比(%)	毛体积密度(g/cm^3)	空隙率(%)	矿料间隙率(%)	饱和度(%)	GSI	GSF
0.7	3.5	2.504	6.5	14.7	56.1	1.012	1.43
	4.0	2.562	3.6	13.2	72.9	1.030	1.21
	4.5	2.562	2.9	13.6	79.0	1.035	0.98

级配4时沥青混合料马歇尔(双面击实75次)及GTM旋转压实试验结果

试验结果如表14-10、表14-11所示。级配4与级配1中大于4.75mm的颗粒含量均为30%,所不同的是级配4小于2.36mm的颗粒比级配1要细些且矿粉含量提高2%。马歇尔试验表明油石比在5.0~5.5之间,该种混合料相关指标可以满足相关规范要求。级配4与级配1相比粗集料含量不变,这意味着形成混合料嵌挤密实的主骨架没有改变,增加矿粉含量形成充分的沥青胶浆填塞于主骨架之间形成更好的密实性。从GTM试验结果来看,保持粗集料含量相同的条件下，适量增加混合料矿粉含量有助于提高高温抗变形能力，GSI 指数减小。

级配 4 时 SBS 改性沥青混合料马歇尔试验结果　　表 14-10

油石比（%）	毛体积密度（g/cm^3）	空隙率（%）	矿料间隙率（%）	饱和度（%）	稳定度（kN）	流值（0.1mm）
4.0	2.420	9.0	18.0	50.3	8.6	29
4.5	2.456	7.1	17.4	59.9	9.4	31
5.0	2.503	4.8	16.3	71.3	9.9	35
5.5	2.513	3.9	16.5	77.0	10.5	37
6.0	2.525	2.9	15.9	82.0	9.2	44

级配 4 时改性沥青混合料的 GTM 试验结果　　表 14-11

GTM 压强（MPa）	油石比（%）	毛体积密度（g/cm^3）	空隙率（%）	矿料间隙率（%）	饱和度（%）	GSI	GSF
0.7	4.5	2.475	6.4	16.8	61.0	0.983	1.83
	5.0	2.513	4.5	16.0	72.3	0.969	1.79
	5.5	2.545	2.7	15.6	82.1	0.971	1.55

通过上述试验可以得出以下结论：GTM 试验证明完全断级配的 GSI、GSF 指标不如中断级配，且 4.75mm 以上的颗粒含量为 70% 级配的高温抗变形能力优于含量为 60% 的级配，对于公称最大粒径 9.5mm 的超薄沥青混合料适当增大矿粉含量有助于提高混合料高温稳定性。

4. CAVF 法设计超薄沥青混合料级配

以茅迪玄武岩为例，细集料按泰波指数 $n=0.5$ 设计，粗集料比例按照 6.7～9.5mm 占 80% 设计，经测定，粗集料的表观密度为 $2.898g/cm^3$，石屑的表观密度为 $2.968g/cm^3$，矿粉的表观密度为 $2.705g/cm^3$，粗集料的紧装密度 $\rho_{sc}=1.629g/cm^3$，由式（14-1）可计算出 $VCA_{DCR}=41.8\%$。根据国外超薄沥青混合料研究经验，其沥青用量范围一般在 5.0%～5.8% 之间，根据相关工程经验初步确定沥青用量为 5.4%，矿粉用量为 6%，目标空隙率为 4.0%。

根据确定的已知量和 CAVF 法设计思路，代入式（14-2）、式（14-3）即可求出粗集料与细集料的用量。经计算求得粗集料用量为 68%，细集料用量为 26%。CAVF 法计算求得的粗集料用量与构造深度—碎石含量曲线判定的粗集料用量范围结果相一致，由此本研究将超薄沥青混合料的粗集料用量定为 70%。

结合澳大利亚和美国的设计经验可以确定 UTA10、SMA10 的级配（表 14-12、表 14-13）。

UTA-10 级配表　　表 14-12

筛孔孔径（mm）	13.2	9.5	6.7	4.75	2.36	1.18	0.6	0.3	0.15	0.075
级配上限	100	100	50	40	36	30	25	20	12	8
级配中限	100	90	40	30	27	22	18	13	9	6
级配下限	100	80	30	20	18	14	10	7	6	4

SMA-10 级配表　　表 14-13

筛孔孔径（mm）	13.2	9.5	6.7	4.75	2.36	1.18	0.6	0.3	0.15	0.075
级配上限	100	100	55	36	28	26	22	18	16	12
级配中限	100	95	45	29	23	20	17	14	12	10
级配下限	100	90	35	22	18	14	12	10	9	8

三、最大公称粒径4.75mm超薄沥青混合料级配研究

1. 试验设计

美国NCAT对最大公称粒径4.75mm的沥青混合料曾做过较为深入广泛的研究，本研究结合美国NCAT的研究成果拟定了Superpave5、SMA5、UTA-5以及UTA-5改进四种级配进行最大公称粒径4.75mm超薄沥青混合料级配研究，如表14-14和图14-5所示。

最大公称粒径4.75mm超薄沥青混合料级配 表14-14

筛孔孔径(mm)	6.7	4.75	2.36	1.18	0.6	0.3	0.15	0.075
Superpave5	100	95	54	30	22	18	15	8
SMA5	100	90	28	22	18	15	13	10
UTA-5	100	48	27	20	14	11	8	5
UTA-5 改进	100	55	29	23	18	15	13	8

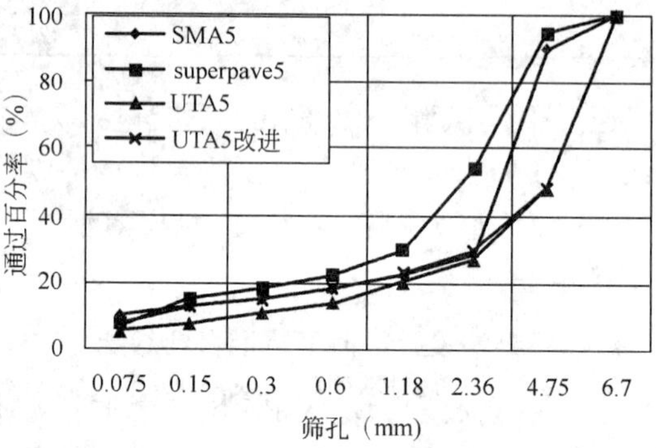

在这四种拟定的级配设计中，UTA5级配的粗集料含量最高，Superpave的细集料含量最高，UTA5改进型级配与UTA5级配相比则增加了矿粉含量和2.36mm筛孔以下的细集料含量。研究中通过考查4.75mm和2.36mm筛孔通过百分率、矿粉含量对四种沥青混合料的体积参数、高温稳定性和低温稳定性的影响，从而判定适合最大公称粒径4.75mm的超薄沥青混合料级配设计曲线。

图14-5 最大公称粒径4.75mm超薄沥青混合料级配曲线

研究中Superpave混合料采用6%、9%、12%的矿粉含量以及4%和6%的设计空隙率，SMA混合料采用9%、12%的矿粉含量和4%和6%的设计空隙率，对UTA-5和UTA-5改进两种级配采用4%、6%设计空隙率，共计14组混合料。原材料选用玄武岩、70号普通沥青、石灰岩矿粉，采用旋转压实仪旋转压实100次成型试件，本研究之所以选取普通沥青为原材料是因为选用改性沥青有可能造成不同混合料间车辙试验数据过于接近，无法有效分析级配、设计空隙率、体积参数对混合料高温稳定性的影响。试件成型后于60℃进行车辙试验碾压8000次，试验结果如表14-15所示。

最大公称粒径4.75mm沥青混合料旋转压实及性能试验结果 表14-15

混合料种类	矿粉含量(%)	设计空隙率(%)	油石比(%)	*VMA*(%)	*VFA*(%)	粉胶比	沥青膜厚(μm)	车辙均值(mm)
Superpave	6.0	4	6.0	15.9	77.2	1.09	7.42	10.69
		6	5.5	16.3	67.1	1.20	6.61	8.34
	9.0	4	6.2	17.5	75.3	1.57	6.67	6.67
		6	5.8	17.7	64.2	1.69	6.14	7.14
	12.0	4	6.3	18.9	71.8	2.07	6.15	13.34
		6	5.8	18.6	62.1	2.32	5.61	10.39
SMA	9.0	4	6.5	18.3	79.2	1.39	8.76	9.21
		6	5.9	18.4	68.9	1.51	7.92	8.96
	12.0	4	7.0	18.6	77.4	1.89	8.41	10.32
		6	6.4	18.7	67.5	2.01	7.60	10.12

续上表

混合料种类	矿粉含量(%)	设计空隙率(%)	油石比(%)	*VMA*(%)	*VFA*(%)	粉胶比	沥青膜厚(μm)	车辙均值(mm)
UTA5	5.0	4	6.5	18.2	77.8	0.84	9.31	9.31
		6	6.2	18.6	66.9	0.89	8.87	8.57
UTA5改进	8.0	4	5.9	17.8	80.2	1.48	7.91	8.92
		6	5.7	18.1	69.5	1.54	7.64	6.61

2. 试验结果分析

从试验结果可以看出级配中矿粉含量的大小对混合料油石比、体积参数有较大的影响。对于Superpave和SMA两种沥青混合料随着矿粉含量的增大最佳油石比增大、*VMA*增大，对于UTA-5沥青混合料随着矿粉含量的增大最佳油石比减小、*VMA*增大。从级配曲线来看UTA-5与Superpave和SMA的区别在于4.75mm筛孔的通过百分率，UTA-5在4.75mm筛孔的通过百分率为48%，而其他两种混合料的通过百分率均大于90%，这说明UTA-5级配一半以上为粗集料，Superpave和SMA却是大部分由粒径小于4.75mm的细集料组成，换而言之Superpave和SMA两种级配是由细集料组成的密实型结构而并非骨架嵌挤密实结构，增加矿粉含量使得集料比表面积增大造成沥青用量增加，而UTA-5级配是由4.75mm粒径的石料形成骨架嵌挤密实结构，增加细集料含量和矿粉含量有助于形成沥青胶浆填塞骨架间的空隙，从而降低沥青用量。

同时试验结果表明Superpave沥青混合料*VMA*与车辙总变形量具有一定相关性，过大或者过小的*VMA*都不利于混合料的高温稳定性。混合料*VMA*与车辙变形量关系曲线呈抛物线形，随着*VMA*的增加，车辙变形量先减小后增大，如图14-6所示。有资料在研究中认为Superpave5沥青混合料的*VMA*最小值应限制在16%，最大值应限定在18%。从试验结果来看本研究与该结论较为接近，当Superpave混合料*VMA*小于16%或者大于18%时，沥青混合料的高温抗变形能力较差（车辙深度大于10mm），而当*VMA*数值范围在16%～18%之间时混合料表现出良好的高温抗变形性能（车辙深度小于10mm），因此有必要把Superpave5沥青混合料的*VMA*限定在16%～18%之间。

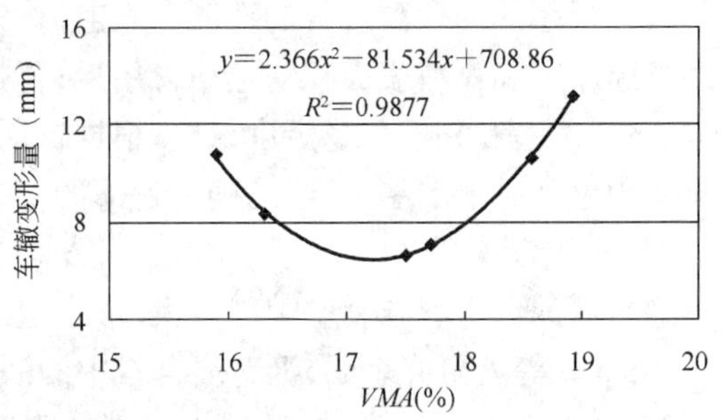

图14-6　Superpave沥青混合料VMA与车辙变形量关系图

佐治亚和毛利兰州曾对最大公称粒径4.75mm的Superpave沥青混合料的粉胶比进行过相关研究，佐治亚州研究认为对于Superpave5沥青混合料粉胶比的最大值不应超过2.0，而毛利兰州的研究认为其最大值不应大于2.4。从试验结果来看当Superpave5沥青混合料粉胶比大于2.0时表现出较差的高温抗变形能力，因此本研究建议对于Superpave5沥青混合料粉胶比最大值为2.0。

不难发现，对于Superpave5沥青混合料当矿粉含量取9%时，无论设计空隙率取4%还是6%，*VMA*和粉胶比均满足上述范围，沥青混合料表现出较好的高温抗变形性能。故本研究建议Superpave5沥青混合料的矿粉含量由以前的6%提高至9%。

对于SMA5沥青混合料，矿粉含量9%、12%，设计空隙率4%、6%对*VMA*的影响并不明显,但随着矿粉含量的增加沥青用量增加,混合料平均车辙深度增加。同时研究中发现增加矿粉含量并不能有效的减小 SMA 混合料的空隙率,而增加沥青用量 SMA 混合料空隙率降低。增大矿粉用量会增大集料比表面积,引起油石比增大不利于混合料高温抗变形性能。因此研究认为在 SMA5 混合料满足其他性能要求的前提下(如低温抗裂性能、水稳定性能),可以考虑采用 9% 的矿粉含量。

对比 UTA-5 和 UTA-5 改进沥青混合料试验结果可以发现矿粉含量和细集料含量的增加使得最佳沥青用量减少,这一变化趋势与 Superpave 和 SMA 截然相反。UTA-5 级配粗集料含量比 Superpave 和 SMA 级配高,由级配曲线图也可看出其粗级配的特点更为明显。选用粗级配会引发两个结果:一是骨架嵌挤密实型混合料的空隙率比悬浮密实型混合料的空隙率要大些,减小空隙率只能通过增加沥青用量,沥青用量的增加会使得沥青膜厚度增大;二是粗集料含量高会引起集料比表面积减小,这同样会使得沥青膜厚度增大。当沥青膜厚度超过建议值 6~8μm 后,将不利于混合料的高温稳定性。UTA-5 改进级配通过增加矿粉含量和细集料含量达到减少沥青用量的目的,使沥青膜厚度在合理取值范围内,这将有助于提高混合料的高温稳定性和耐久性,这一点在车辙试验结果中得到了证实。

四、超薄沥青混合料配合比设计

1. 确定沥青最佳用量

在进行超薄沥青混合料的性能试验前,首先要确定最佳沥青用量。具体方法如下:首先根据沥青膜厚度和集料表面积初定沥青用量;再按 ±0.5%, ±1% 变化沥青用量,分别进行析漏试验、飞散试验和马歇尔稳定度试验;根据析漏试验及飞散试验确定的沥青用量范围,并参照马歇尔稳定度试验的结果,最终确定超薄沥青混合料的最佳沥青用量。

(1)初定沥青用量

通常认为沥青混合料空隙率越大,渗水越多以及沥青膜越薄,沥青混合料的耐老化性能越差。Campen 等人研究表明,沥青混合料中的沥青膜越厚,沥青混合料越显柔性和耐久性;沥青膜越薄,沥青混合料越脆,越易产生开裂和剥落。对于沥青混合料一般要求沥青膜厚在 6~8μm。Goode 等人研究表明,沥青混合料的耐久性能与空隙率、膜厚、温度及时间有关,他们提出对于沥青混合料配合比设计最小的沥青指数为 0.00123。Kumar 等人研究认为沥青混合料的老化硬化与沥青膜厚度及沥青混合料的透水性有关,他们提出用沥青膜厚和透水系数的比来评价沥青混合料的老化。Prithvis. Kandhal 等人研究认为,沥青混合料的空隙率为 8% 时,沥青膜厚小于 9~10μm 的话,沥青混凝土易发生老化。

超薄沥青混凝土作为路面的上面层应具有一定的防渗性能和耐久性,参照国外超薄沥青混合料设计中,设计空隙率一般采用 4%,因此沥青混合料的沥青膜厚可以选择在 6~8μm 之间。根据式(14.4~14.6)可以得到 UTA10 的初定油石比为 5.5%,SMA10 的初定油石比为 6.0%。

$$SA = 0.41 + 0.01\sum P_i F'_{SAi} \tag{14-4}$$

式中:SA——矿料的总表面积(m^2/kg);

P_i——集料在各个筛孔的通过量(%);

F'_{SAi}——各个筛孔的修正表面积系数(m^2/kg),(表 14-16,表 14-17);

$$F'_{SAi} = G_a F_{SAi} / 2.65 \tag{14-5}$$

G_a——为集料的相对密度

$$A_C = FT \times SA \times G_b / 1000 \tag{14-6}$$

式中：FT——沥青膜厚(μm)；

A_C——油石比(%)；

SA——集料的总表面积(m^2/kg)；

G_b——沥青的相对密度。

AI 提出的表面积系数　　表 14-16

筛孔(mm)	≥4.75	4.75	2.36	1.18	0.6	0.3	0.15	0.075
表面积系数(m^2/kg)	0.41	0.41	0.82	1.64	2.87	6.14	12.29	32.77

修正后的表面积系数　　表 14-17

筛孔(mm)	≥4.75	4.75	2.36	1.18	0.6	0.3	0.15	0.075
表面积系数(m^2/kg)	0.45	0.45	0.88	1.78	3.11	6.59	12.98	35.35

(2)马歇尔稳定度试验

采用表干法测试试件的毛体积相对密度，真空法实测最大理论相对密度，并采用标准试件测试马歇尔稳定度和流值，根据空隙率、沥青饱和度、稳定度和流值指标确定最佳油石比，试验结果见表 14-18。

超薄沥青混合料马歇尔试验指标　　表 14-18

沥青混合料种类	油石比(%)	毛体积密度(g/cm^3)	孔隙率(%)	*VMA*(%)	*VFA*(%)	稳定度(kN)	流值(0.1mm)	FT(μm)	粉胶比
UTA-10	5.5	2.510	4.5	17.1	73.8	11.4	43	8.03	1.15
UTA10-X	5.7	2.501	4.4	17.6	75.1	15.1	45	8.13	1.11
SMA10 矿纤	6.0	2.505	3.8	17.5	78.2	11.8	39	6.98	1.72
SMA10 木质素	6.5	2.489	3.8	18.4	79.6	10.2	46	7.58	1.59
UTA-5 改进	6.3	2.452	4.4	18.1	78.3	16.6	45	7.76	1.36
Superpave5	6.5	2.435	4.3	16.2	77.3	13.8	38	7.07	1.29
SMA5	6.9	2.446	4.1	17.6	79.5	12.4	33	7.55	1.52

2. 飞散析漏试验

为了保证配合比设计的科学性和可靠性，本研究在目标配合比设计阶段对几种超薄沥青混合料进行了析漏、飞散试验。本次试验的样品均用马歇尔试验方法确定的最佳油石比配制，试验结果如表 14-19 所示。

析漏、飞散试验结果　　表 14-19

混合料类型	SMA10	UTA10	UTA10 纤	UTA5	Superpave5	SMA5	技术指标
最佳油石比(%)	6.0	5.5	5.7	6.3	6.5	6.9	—
析漏试验(%)	0.07	0.06	0.06	0.07	0.08	0.09	≤0.1
飞散试验(%)	0.8	1.7	2.0	1.3	0.9	0.7	≤15

第三节　温拌沥青用于超薄沥青混合料研究

温拌沥青混合料(Evotherm)是一种环保型材料，它采用特有的乳化剂使得沥青在拌和时具有合适的黏度，从而保证沥青混合料在相对较低的温度下进行拌和和施工，同时具有与传统热拌沥青混合料相同的路用性能。在生产温拌乳化沥青时加入一定量的 SBR 胶乳可以有效的改善温拌料的路用性能。本章介绍了温拌料配合比设计方法并对温拌料的路用性能进行评价。

一、概述

在日本及欧洲等国家,为了限制空气中 CO_2 的排放量,从 1995 年就开始研制环保型温拌沥青混合料 WMA(Warm Mix Asphalt)来代替传统的热拌沥青混合料。温拌料的拌和温度一般保持在 100 ~ 120℃,摊铺和压实路面的温度为 80 ~ 90℃,相对于 HMA,温度降低了 30℃左右,但具有和 HMA 一样的施工和易性和路用性能。拌和温度、压实温度的降低有助于解决超薄罩面降温快压实难这一问题,在铺筑高性能超薄罩面方面有着广阔的前景。

目前温拌沥青混合料主要有下列几种实现方式:

(1)沥青-矿物法。采用合成沸石在结合料中产生泡沫作用,液相结合料中的发泡反应起到润滑剂的作用从而使混合料在较低温度下具有可工作性。

(2)温拌泡沫沥青混合料。将软质结合料和硬质泡沫结合料在拌和的不同阶段加入到混合料中,软质结合料和泡沫化的硬质结合料都起到降低结合料黏度的作用,从而实现良好的工作性。

(3)有机添加剂法。将有机添加剂添加到混合料中从化学角度来改变黏温曲线。添加剂在约 99℃下融化,从而在其熔点以上产生大量液体使得结合料黏度降低。

(4)将特殊的乳化沥青替代热沥青实现温拌,工艺与热拌沥青基本一致。

由于前三种生产技术均存在成本、专利和工艺复杂的问题,因此本研究中对使用特殊的乳化沥青替代热拌沥青这一技术进行研究,并为其他工程技术人员的研究提供理论依据。

由于温拌沥青种类的多样性并处于开发研究过程中,因此国内外并未对温拌料的技术指标和配合比设计方法做出相关规定,各科研机构在生产温拌沥青中由于机理和生产工艺的不同造成温拌沥青的品质不尽相同,所以在配合比设计方法方面并未得到统一。配合比设计方法的争议在于:是否应建立一种针对温拌沥青混合料配合比的设计方法还是采用原有热拌沥青混合料的设计方法(如马歇尔设计方法和 Superpave 设计方法)。

在美国各洲普遍采用的一种设计方法是以热拌沥青混合料的油石比作为温拌沥青混合料的最佳油石比,在不同温度下(一般是各种温拌沥青产品的建议击实温度)用旋转压实仪成型试件,以空隙率以及 VMA 为设计参数来确定最佳压实温度。

随着 Evotherm 产品的开发并于 2003 年 11 月至 2005 年 12 月在美国相继铺筑了 8 段试验路,其中包括一条薄层罩面。该产品的成功应用提出了一个新的理念:采用 Evotherm 产品进行温拌沥青混合料配合比设计时不需要独立开创一套新的配合比设计体系,温拌沥青混合料与热拌沥青混合料配合比设计方法完全相同。

国内由于专利等原因的限制,对于温拌沥青的研究仅限于温拌沥青的生产工艺以及应用前景的探讨,对温拌沥青配合比设计以及工程实践并没有深入的研究文献。

二、温拌料配合比设计试验研究

1. 原材料技术指标检验

原材料质量是影响路面质量、使用寿命的重要因素。本试验对沥青、粗细集料和矿粉等材料的性能和技术指标进行了全面的检测,以下是检测结果。

1)沥青

沥青混合料采用70号普通沥青(加4.5% sasobit进行改性)及江苏壳牌SBS改性沥青,其性能指标检验结果如表14-20、表14-21所示,检验结果表明其各项指标基本满足《公路沥青路面施工技术规范(JTG F40—2004)》的技术要求。

70号普通沥青技术指标检验结果 表14-20

试验项目		70号普通沥青	技术要求	试验方法
针入度(100g,5s)(0.1mm)	15℃	18	实测	T0604-2000
	25℃	65	60~80	
	30℃	116	实测	
针入度指数(PI)		-1.92	-1.5~+1.0	
延度(10℃)(cm)		57.5	≥20	T0605-1993
延度(15℃)(cm)		71.5	≥100	
软化点(℃)		47.8	≥46	T0606-2000
溶解度(%)		99.8	≥99.5	T0607-1993
TFOT(163℃,5h)	质量损失(%)	-0.054	≤0.8	T0609-1993
	针入度比(%)	61.3	≥61	T0604-2000
	延度(10℃)(cm)	12.8	≥6	T0605-1993
	延度(15℃)(cm)	>100	≥15	
闪点(℃)		302	≥260	T0611-1993
密度(25℃)		1.026	实测	T0603-1993
动力黏度(60℃)(Pa.s)		197	实测	T0620-2000

改性沥青技术指标检验结果 表14-21

试验项目		70号加sasobit改性沥青	壳牌SBS改性	技术要求	试验方法
针入度(100g,5s)(0.1mm)	15℃	18	23	实测	T0604-2000
	25℃	45	53	60~80	
	30℃	73	86	实测	
针入度指数(PI)		+0.03	+0.29	≥-0.4	
延度(5℃)(cm)		0.9	36.3	≥30	T0605-1993
软化点(℃)		84.9	86.0	≥55	T0606-2000
溶解度(%)		99.73	99.84	≥99.0	T0607-1993
TFOT(163℃,5h)	质量损失(%)	+0.050	-0.008	≤0.8	T0609-1993
	针入度比(%)	62.4	79.2	≥60	T0604-2000
	延度(5℃)(cm)	3.2	23.8	≥20	T0605-1993
闪点(℃)		316	319	≥230	T0611-1993
密度(25℃)		1.028	1.029	≥1.00	T0603-1993
动力黏度(60℃)(Pa.s)		1906	174572	实测	T0620-2000
布氏黏度(135℃)(Pa.s)		0.282	3.080	实测	T0625-2000
离析软化点差(℃)		1.0	1.1	≤2.5	T0661-2000
弹性恢复(%)		34.9	98	≥65	T0662-2000
SHRP沥青性能等级			PG76-22	-	AASHTOM320-03

2)集料

试验所用集料各项指标检验结果如表14-22~表14-24。检验结果表明粗、细集料均满足规范要求。

玄武岩粗集料技术指标检验结果　　表 14-22

试验项目		试验结果	技术要求	试验方法
压碎值(%)		15.5	≤25	T0316-2000
洛杉矶磨耗损失(%)		11.6	≤28	T0317-2000
视密度(g/cm³)	1号	2.956	≥2.6000	T0308-2000
	2号	2.855		
吸水率(%)	1号	0.59	≥2.0	
针片状含量(%)	1号	6.9	≤15	T0312-2000
与沥青的黏附性(级)		4	≥4	T0616-1993

石灰岩细集料技术指标检验结果　　表 14-23

试验项目		试验结果	技术要求	试验方法
视密度(g/cm³)	3号	2.708	≥2.500	T0330-2000
砂当量(%)		76	≥60	T0334-1994

由于工地来料无法满足级配需要，本试验将来料进行了逐级筛分，并按照级配中值配料进行后续试验。各级集料密度检验结果如表 14-24。

各级集料密度检验结果　　表 14-24

筛孔尺寸(mm)	视密度(检测方法)	毛体积密度(检测方法)
9.5~13.2	2.973(网篮法)	2.923(网篮法)
6.7~9.5	2.917(网篮法)	2.859(网篮法)
4.75~6.7	2.907(网篮法)	2.853(网篮法)
2.36~4.75	2.860(容量瓶法)	2.721(塔罗筒法)
1.18~2.36	2.719(容量瓶法)	2.604(塔罗筒法)
0.6~1.18	2.743(容量瓶法)	2.568(塔罗筒法)
0.3~0.6	2.704(容量瓶法)	2.426(塔罗筒法)
0.15~0.3	2.746(容量瓶法)	2.565(塔罗筒法)
0.075~0.15	2.720(容量瓶法)	2.669(塔罗筒法)

3）矿粉

本试验路采用的石灰石矿粉各项技术指标检验结果如表 14-25 所示。

矿粉的试验指标与技术要求　　表 14-25

试验项目		试验结果	技术要求	试验方法
视密度(g/cm³)		2.733	≥2.500	T0352-2000
含水量(%)		0.31	≤1.0	T0332-1994
粒度范围	<0.6mm(%)	100	100	T0308-2000
	<0.15mm(%)	98.9	90~100	
	<0.075mm(%)	85.7	75~100	T0616-1993
外观		无团粒结块	无团粒结块	—
亲水系数		0.89	<1.0	T0358-2000

4）抗剥落剂

本试验抗剥落剂经优选采用江苏文昌电子化工有限公司生产的文盛牌 TW-1 型，掺量为沥青用量的 0.4%。

2. 混合料配合比设计

1）确定沥青混合料类型

根据道路等级、路面类型和所处的结构层位，首先拟定混合料类型为 UTA-10。UTA-10 级配组成表及曲线图如表14-26、图14-7所示。

2)2UTA-10配合比设计

UTA-10级配组成　　表14-26

筛孔尺寸(mm)	13.2	9.5	6.7	4.75	2.36	1.18	0.6	0.3	0.15	0.075
级配中值	100.0	90.0	42.0	30.0	27.0	22.0	17.5	13.5	9.0	6.0
级配上限	100.0	100.0	52.0	40.0	36.0	30.0	25.0	20.0	12.0	8.0
级配下限	100.0	80.0	32.0	20.0	18.0	14.0	10.0	7.0	6.0	4.0

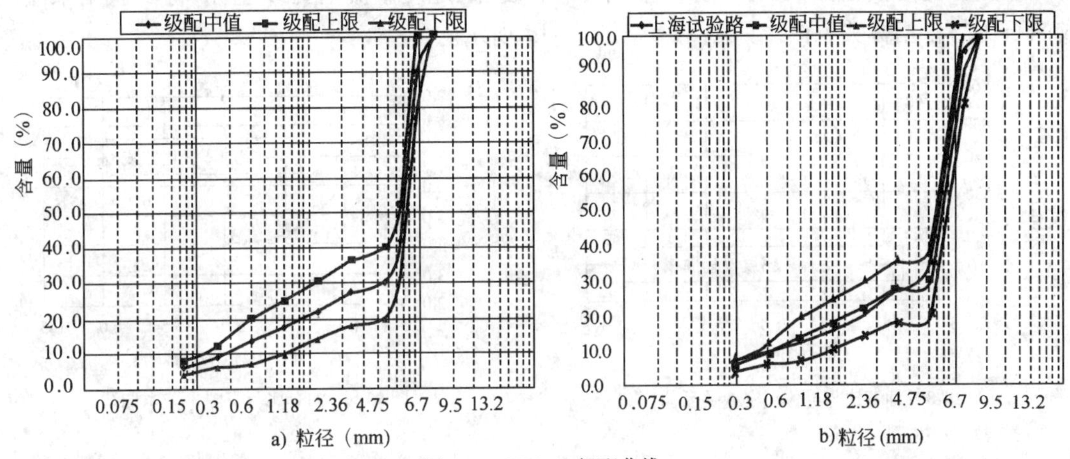

图14-7　UTA-10级配曲线

3)确定最佳油石比

为确定沥青混合料的油石比(Optimum asphalt content,简称OAC),常用的试验方法是马歇尔法。我国现行《公路沥青路面施工技术规范》(JTG F40—2004)规定的确定沥青最佳用量的方法,是在马歇尔法和美国沥青学会方法的基础上,结合我国多年研究成果和生产实践总结发展起来的,主要步骤为:

①在推荐的油石比范围内,以0.5%间隔变化,成型5种不同油石比的试件;

②进行马歇尔试验,测定试件稳定度和流值,同时测定并计算试件的空隙率、饱和度及矿料间隙率等;

③按照施工规范规定的方法确定最佳油石比。

试验结果如下:

(1)UTA-10 70号改性沥青(热拌)

①试验控制指标

混合料拌和时,集料温度为175℃左右,70号沥青温度为160℃左右。加沥青后即加入沥青用量4.5%的sasobit,进行拌和,并双面击实75次。试验结果如表14-27所示。

马歇尔试验结果　　表14-27

油石比 P_a(%)	毛体积密度 ρ_s(g/cm^3)	空隙率 *VV*(%)	矿料间隙率 *VMA*(%)	沥青饱和度 *VFA*(%)	稳定度 *MS*(kN)	流值 *FL* (0.1mm)
4.0	2.522	6.0	15.4	61.3	8.4	32
4.5	2.551	4.3	15.0	71.1	10.0	32
5.0	2.541	4.0	15.7	74.7	9.5	23
5.5	2.541	3.3	16.1	79.8	10.4	29

续上表

油石比 P_a(%)	毛体积密度 ρ_s(g/cm³)	空隙率 VV(%)	矿料间隙率 VMA(%)	沥青饱和度 VFA(%)	稳定度 MS(kN)	流值 FL (0.1mm)
6.0	2.527	3.1	17.0	81.7	9.3	19
技术标准 (JTG F40—2004)	—	3.0~6.0	—	65~75	>8.0	15~40

②绘制油石比与物理—力学指标关系图

以油石比为横坐标，以视密度、空隙率、饱和度、稳定度和流值为纵坐标，将试验结果绘制成油石比与各指标关系曲线如图 14-8~图 14-12 所示。

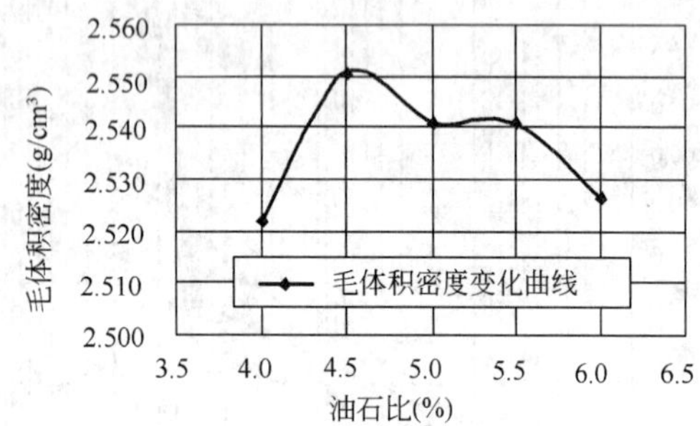

图 14-8 油石比与毛体积密度关系曲线

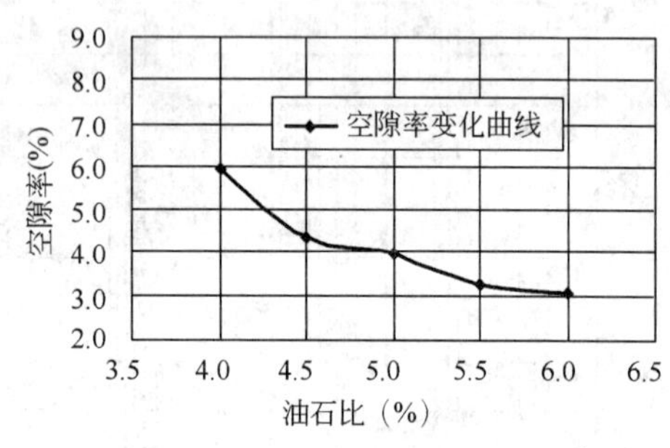

图 14-9 油石比与空隙率关系曲线

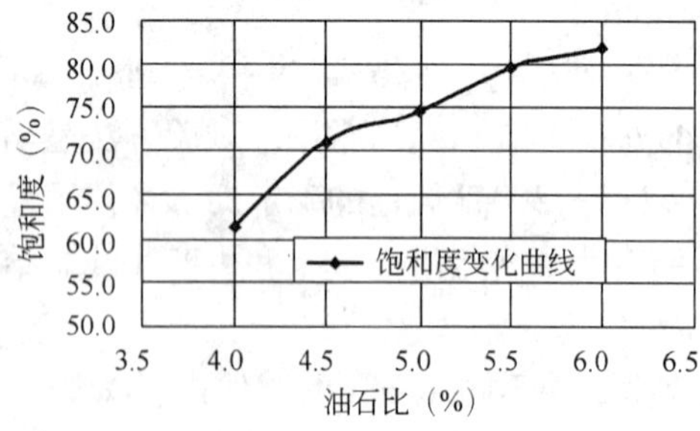

图 14-10 油石比与饱和度 *VFA* 关系曲线

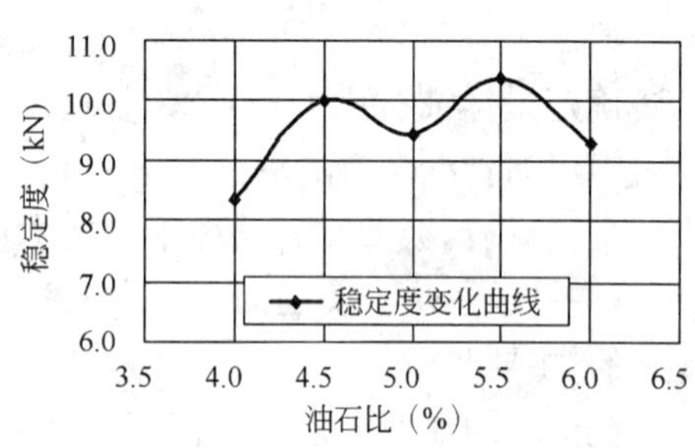

图 14-11 油石比与稳定度关系曲线

③最佳油石比的确定

a. 由以上关系曲线及沥青混合料技术标准可知，密度最大值的油石比 $a_1=4.55\%$，稳定度最大值的油石比 $a_2=5.50\%$，相应于目标空隙率 4.0% 的油石比 $a_3=5.00\%$，相对于饱和度范围中值(65%~75%)的油石比 $a_4=4.45\%$，则最佳沥青用量的初始值 $OAC_1=(a_1+a_2+a_3+a_4)/4=4.875\%$。

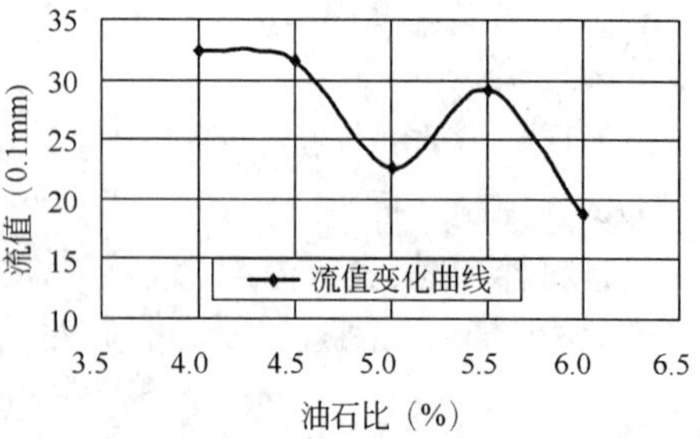

图 14-12 油石比与流值关系曲线

b. 由图中曲线可知，各项指标均符合沥青混合料技术标准的油石比范围为：4.20%~5.000%，即 $OAC_{min}=4.20\%$，$OAC_{max}=5.00\%$ 则中值 $OAC_2=(OAC_{min}+OAC_{max})/2=4.60\%$。

c. 取 OAC_1 和 OAC_2 的中值为最佳油石比，即定最佳油石比 $OAC=(OAC_1+OAC_2)/2=4.7\%$。

④旋转压实验证(表 14-28)

马歇尔试验结果　表 14-28

油石比 P_a(%)	毛体积密度 ρ_s(g/cm³)	空隙率 VV(%)	矿料间隙率 VMA(%)	沥青饱和度 VFA(%)	稳定度 MS(kN)	流值 FL (0.1mm)
4.7	2.545	4.3	15.3	72.3	10.07	23
	2.539	4.5	15.5	71.2	10.07	23
	2.540	4.4	15.5	71.4	10.07	23
	2.548	4.2	15.3	72.8	13.12	29
平均值	2.543	4.3	15.4	71.9	10.8	24
技术标准 (JTG F40—2004)	—	3.0~6.0	—	65~75	>8.0	15~40

旋转压实结果与击实试验结果基本吻合,说明油石比 4.7 选取较为合适。

(2)UTA-10 壳牌沥青(热拌)

①试验控制指标

混合料拌和时,集料温度为 175℃左右,壳牌沥青温度为 160℃左右。双面击实 75 次。试验结果如表 14-29 所示。

马歇尔试验结果　表 14-29

油石比 P_a(%)	毛体积密度 ρ_s(g/cm³)	空隙率 VV(%)	矿料间隙率 VMA(%)	沥青饱和度 VFA(%)	稳定度 MS(kN)	流值 FL (0.1mm)
3.5	2.455	8.4	16.4	49.1	15.8	33
4.0	2.488	6.4	15.7	59.2	16.0	39
4.5	2.490	5.6	16.0	65.0	16.3	35
5.0	2.531	3.4	15.1	77.8	13.4	29
5.5	2.516	3.2	15.9	79.9	14.8	26
技术标准 (JTGF40-2004)	—	3.0~6.0	—	65~75	>8.0	15~40

②绘制油石比与物理—力学指标关系图

以油石比为横坐标,以视密度、空隙率、饱和度、稳定度和流值为纵坐标,将试验结果绘制成油石比与各指标关系曲线如图 14-13 ~ 图 14-17 所示:

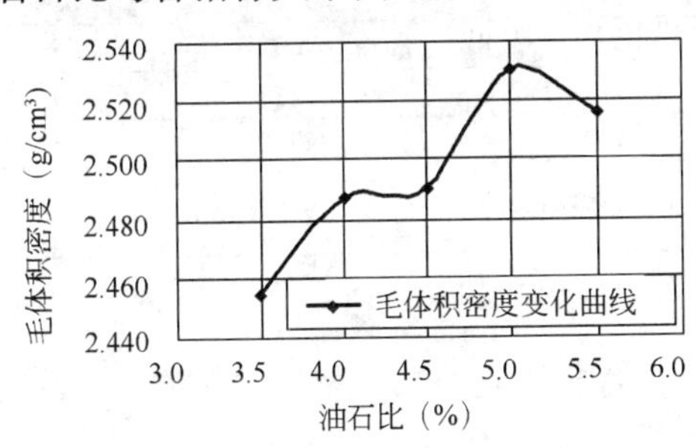

图 14-13　油石比与毛体积密度关系曲线

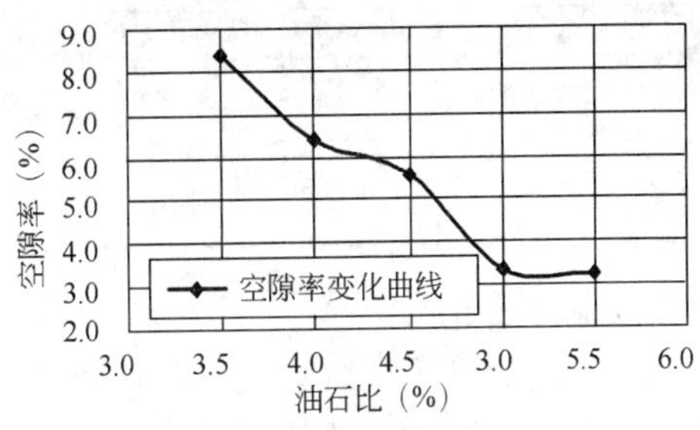

图 14-14　油石比与空隙率关系曲线

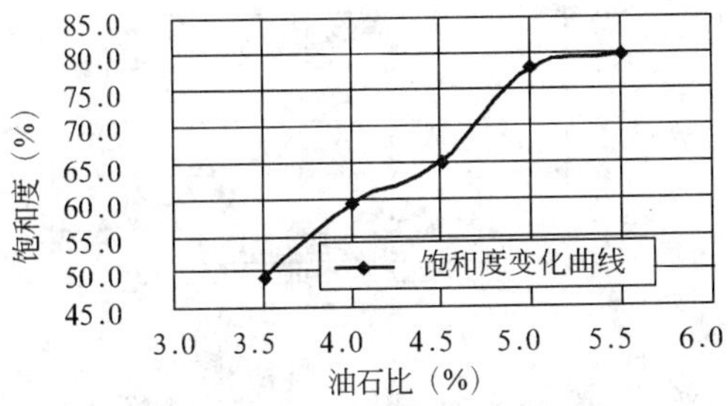

图 14-15　油石比与饱和度 VFA 关系曲线

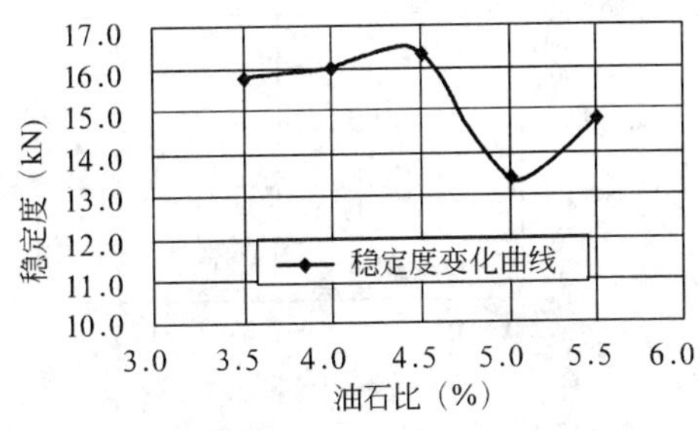

图 14-16　油石比与稳定度关系曲线

③最佳油石比的确定

方法同前例，最佳油石比定为4.7%。

④旋转压实验证（表14-30）

马歇尔试验结果　　表14-30

油石比 P_a(%)	毛体积密度 ρ_s(g/cm^3)	空隙率 VV(%)	矿料间隙率 VMA(%)	沥青饱和度 VFA(%)	稳定度 MS(kN)	流值 FL (0.1mm)
4.7	2.494	3.8	14.7	74.0	11.9	31
	2.503	3.5	14.4	75.9	13.9	40
	2.513	3.1	14.0	78.0	12.3	19
	2.502	3.5	14.4	75.6	15.2	23
平均值	2.503	3.5	14.4	75.9	13.3	28
技术标准（JTG F40—2004）	—	3.0~6.0	—	65~75	>8.0	15~40

旋转压实结果与击实试验结果基本吻合，说明油石比4.7选取较为合适。

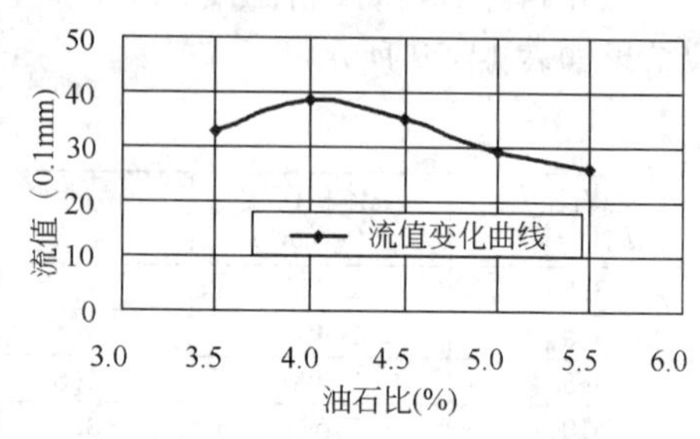

图14-17　油石比与流线关系曲线

(3)UTA-10 70号改性沥青（温拌）

①试验控制指标

混合料拌和时，集料温度为145℃左右，70号沥青温度为130℃左右。加沥青后即加入沥青用量4.5%的sasobit，进行拌和，并双面击实75次。试验结果如表14-31所示。

马歇尔试验结果　　表14-31

油石比 P_a(%)	毛体积密度 ρ_s(g/cm^3)	空隙率 VV(%)	矿料间隙率 VMA(%)	沥青饱和度 VFA(%)	稳定度 MS(kN)	流值 FL (0.1mm)
4.5	2.541	4.9	15.5	68.6	10.1	29
5.0	2.546	3.9	15.7	74.9	10.5	35
5.5	2.555	2.9	15.8	81.8	9.6	33
6.0	2.558	2.1	16.1	87.3	10.6	29
6.5	2.526	2.6	17.5	85.4	11.2	35
技术标准（JTG F40—2004）	—	3.0~6.0	—	65~75	>8.0	15~40

②绘制油石比与物理—力学指标关系图

以油石比为横坐标，以视密度、空隙率、饱和度、稳定度和流值为纵坐标，将试验结果绘制成油石比与各指标关系曲线如图14-18~图14-22所示：

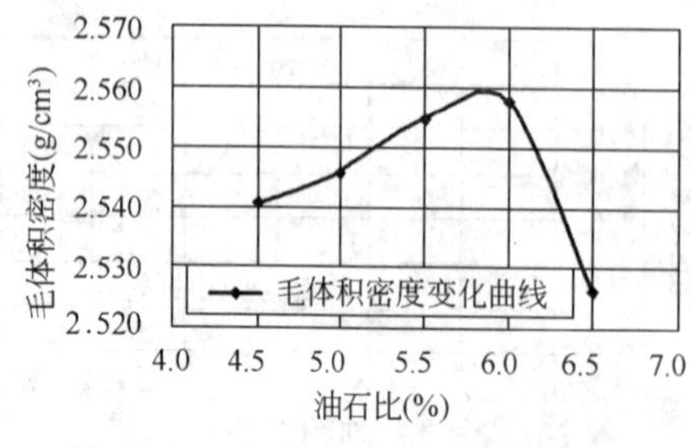

图14-18　油石比与毛体积密度关系曲线

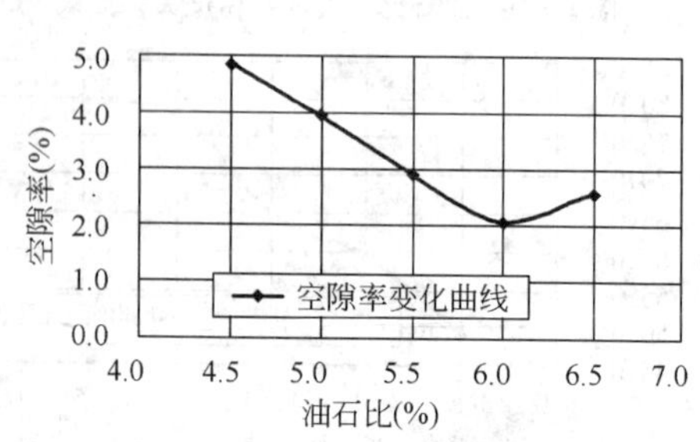

图14-19　油石比与空隙率关系曲线

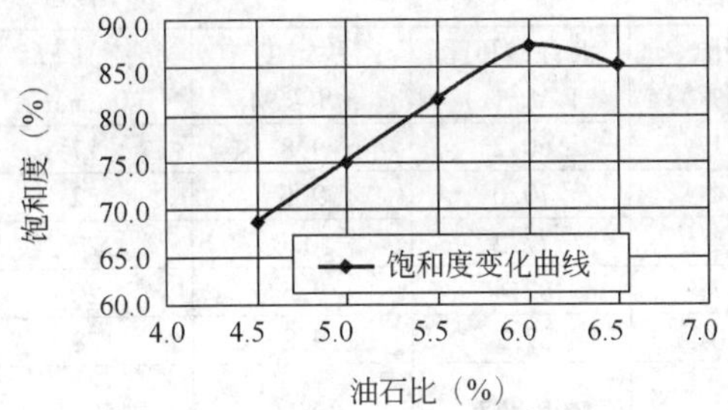

图 14-20 油石比与饱和度 *VFA* 关系曲线

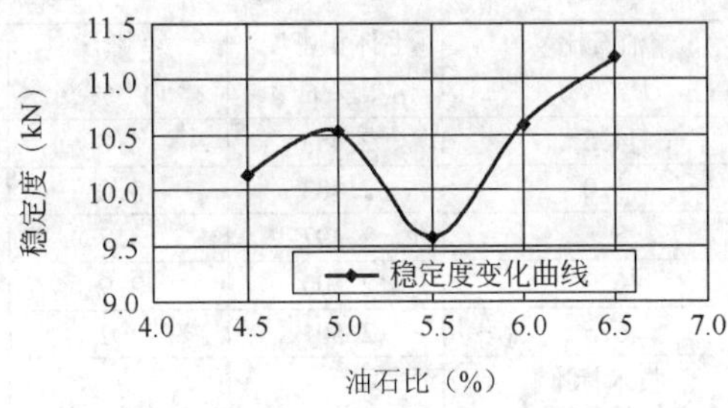

图 14-21 油石比与稳定度关系曲线

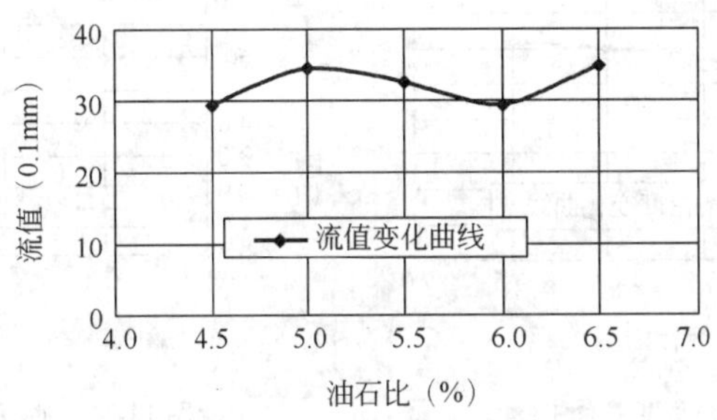

图 14-22 油石比与流值关系曲线

③最佳油石比的确定

由于稳定度没有出现峰值，直接取目标空隙率 4.0 对应的油石比为 OAC_1。后面步骤同前例，最后最佳油石比定为 4.9%。

④旋转压实验证（表 14-32）

马歇尔试验结果 表 14-32

油石比 P_a(%)	毛体积密度 ρ_s(g/cm³)	空隙率 *VV*(%)	矿料间隙率 *VMA*(%)	沥青饱和度 *VFA*(%)	稳定度 *MS*(kN)	流值 *FL* (0.1mm)
4.9	2.410	3.7	14.9	74.9	10.1	23
	2.413	3.6	14.8	75.5	10.1	23
	2.411	3.7	14.8	75.1	10.1	23
	2.410	3.7	14.9	75.0	13.1	29
平均值	2.411	3.7	14.8	75.1	10.8	24
技术标准 (JTG F40—2004)	—	3.0～6.0	—	65～75	>8.0	15～40

旋转压实结果与击实试验结果基本吻合，说明油石比 4.9 选取较为合适。

(4) UTA-10 70 号改性沥青加纤维（热拌）

①试验控制指标

混合料拌和时，集料温度为 175℃左右，70 号沥青温度为 160℃左右。加入集料后即加入集料用量 0.4% 的木质素纤维，稍作拌和；加沥青后再加入沥青用量 4.5% 的 sasobit，进行拌和，并双面击实 75 次。试验结果如表 14-33 所示。

②绘制油石比与物理—力学指标关系图

以油石比为横坐标，以视密度、空隙率、饱和度、稳定度和流值为纵坐标，将试验结果绘制成油石比与各指标关系曲线如图 14-23～图 14-27 所示。

马歇尔试验结果 表 14-33

油石比 P_a(%)	毛体积密度 ρ_s(g/cm^3)	空隙率 *VV*(%)	矿料间隙率 *VMA*(%)	沥青饱和度 *VFA*(%)	稳定度 *MS*(kN)	流值 *FL* (0.1mm)
4.5	2.453	6.8	17.1	60.2	9.8	27
5.0	2.483	5.0	16.4	70.0	9.6	32
5.5	2.497	3.7	16.4	77.2	10.0	27
6.0	2.500	2.9	16.7	82.4	9.5	20
6.5	2.501	2.2	17.0	87.2	9.8	28
技术标准 (JTG F40—2004)	—	3.0~6.0	—	65~75	>8.0	15~40

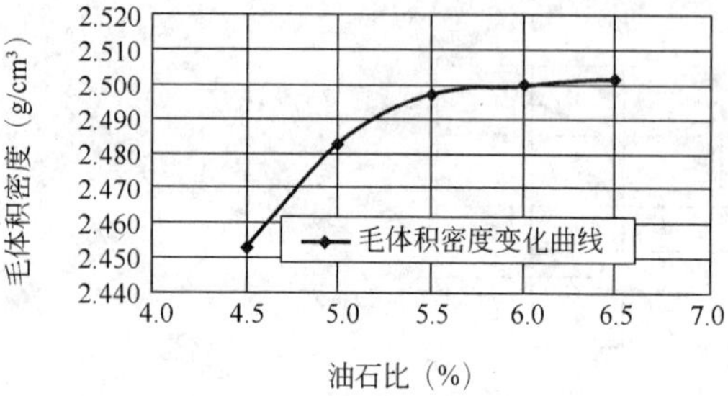

图 14-23 油石比与毛体积密度关系曲线

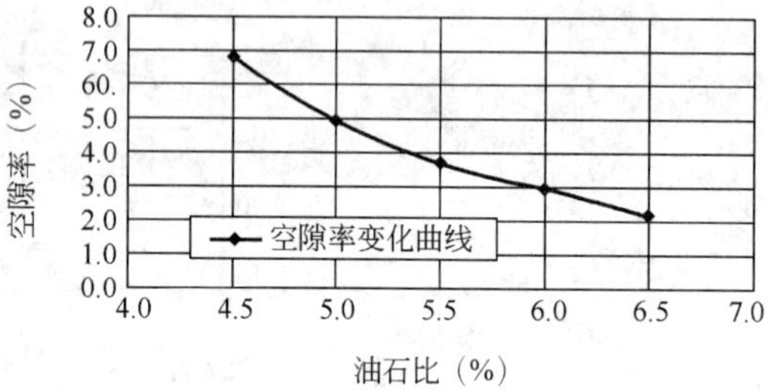

图 14-24 油石比与空隙率关系曲线

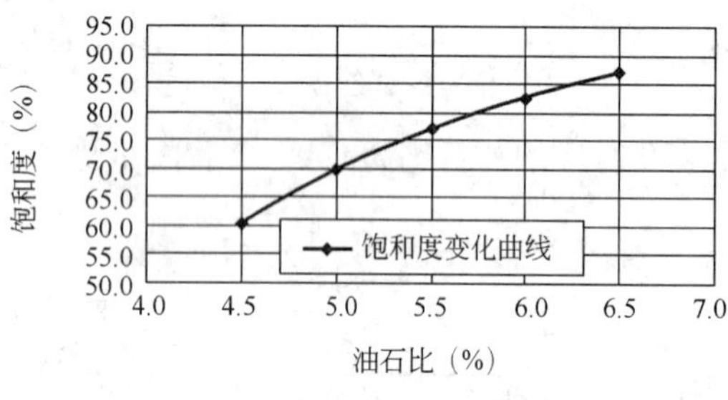

图 14-25 油石比与饱和度 *VFA* 关系曲线

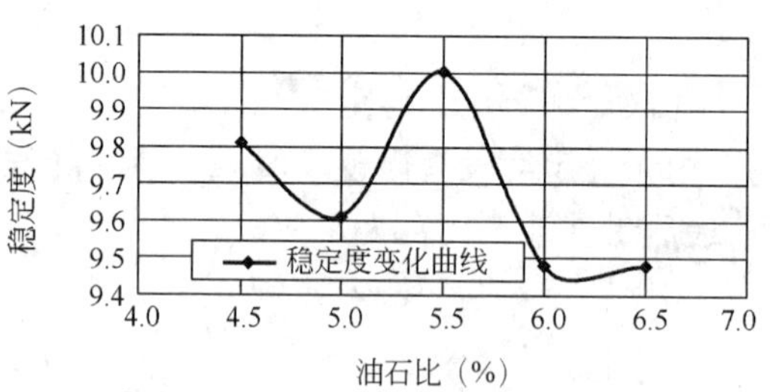

图 14-26 油石比与稳定度关系曲线

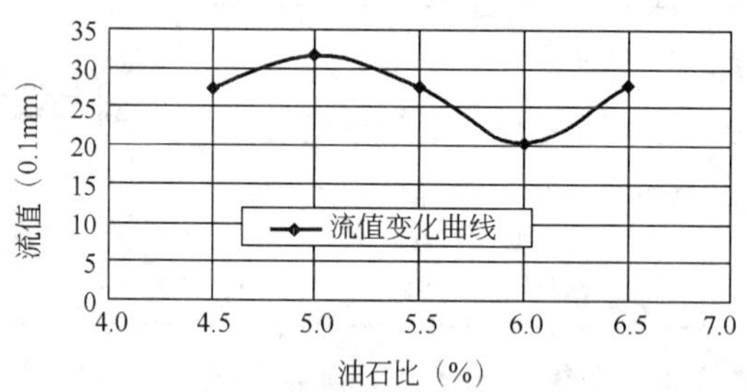

图 14-27 油石比与流值关系曲线

③最佳油石比的确定

由于毛体积密度没有出现峰值，直接取目标空隙率 4.0 对应的油石比为 OAC_1。后面步骤同前例，最后最佳油石比定为 5.2%。

④旋转压实验证(表 14-34)

旋转压实结果与击实试验结果基本吻合，说明油石比 5.2 选取较为合适。

(5) UTA-10 壳牌沥青加纤维(热拌)

①试验控制指标

马歇尔试验结果　　表 14-34

油石比 P_a(%)	毛体积密度 ρ_s(g/cm^3)	空隙率 VV(%)	矿料间隙率 VMA(%)	沥青饱和度 VFA(%)	稳定度 MS(kN)	流值 FL (0.1mm)
5.2	2.453	5.8	17.6	66.9	10.1	55
	2.450	5.9	17.7	66.5	8.5	50
	2.459	5.6	17.4	67.9	7.5	46
	2.456	5.7	17.5	67.4	10.2	58
平均值	2.454	5.8	17.6	67.2	9.1	52
技术标准 (JTG F40—2004)	—	3.0~6.0	—	65~75	>8.0	15~40

混合料拌和时，集料温度为175℃左右，壳牌沥青温度为160℃左右。加入集料后即加入集料用量0.4%的木质素纤维，进行拌和，并双面击实75次。试验结果如表14-35所示。

马歇尔试验结果　　表 14-35

油石比 P_a(%)	毛体积密度 ρ_s(g/cm^3)	空隙率 VV(%)	矿料间隙率 VMA(%)	沥青饱和度 VFA(%)	稳定度 MS(kN)	流值 FL (0.1mm)
4.5	2.396	8.1	18.1	55.3	12.6	37
5.0	2.468	4.6	16.1	71.1	14.8	38
5.5	2.482	3.4	16.0	78.7	15.3	39
6.0	2.492	2.3	16.0	85.5	15.7	40
6.5	2.489	1.7	16.5	89.5	15.3	39
技术标准 (JTG F40—2004)	—	3.0~6.0	—	65~75	>8.0	15~40

②绘制油石比与物理—力学指标关系图

以油石比为横坐标，以视密度、空隙率、饱和度、稳定度和流值为纵坐标，将试验结果绘制成油石比与各指标关系曲线如14-28~图14-32图所示。

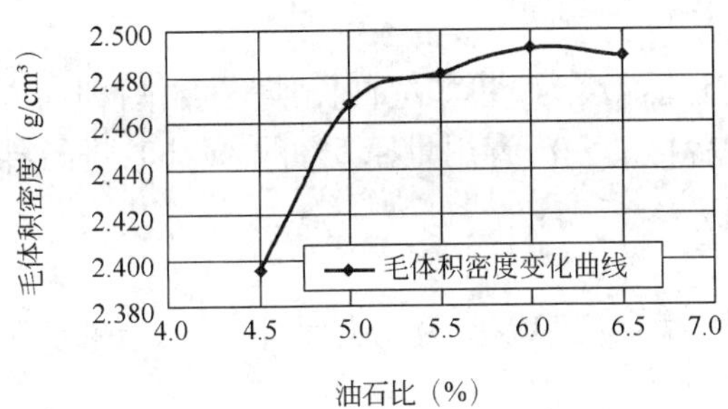

图 14-28　油石比与毛体积密度关系曲线

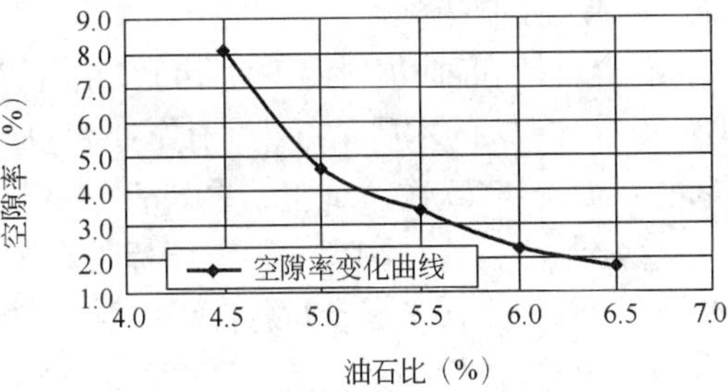

图 14-29　油石比与空隙率关系曲线

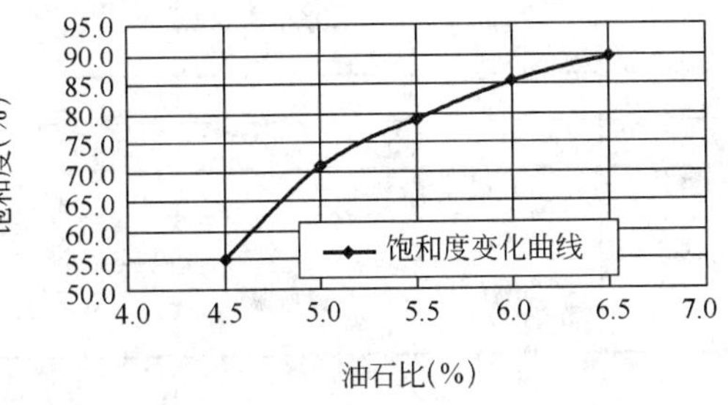

图 14-30　油石比与饱和度 VFA 关系曲线

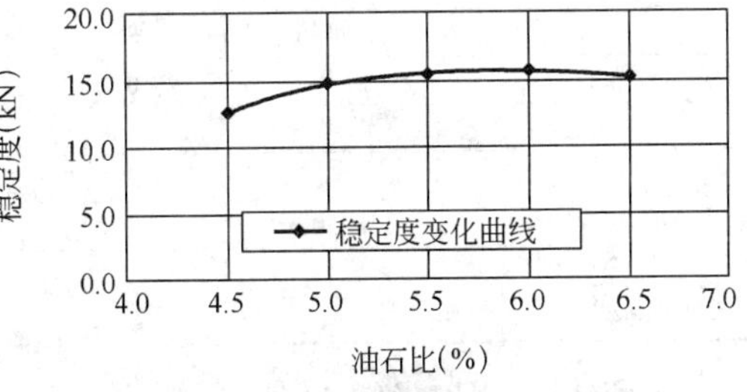

图 14-31　油石比与稳定度关系曲线

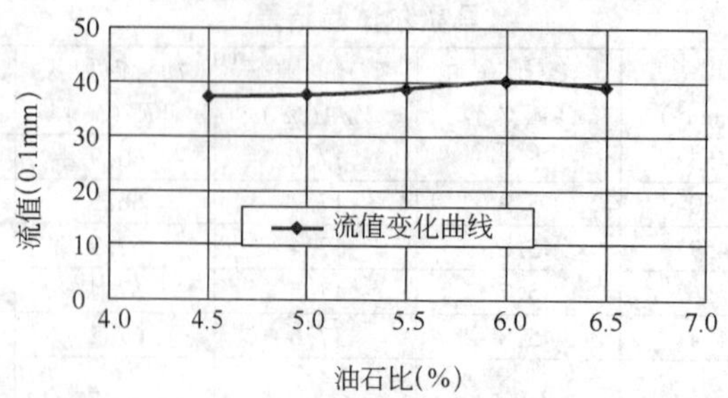

图 14-32 油石比与流值关系曲线

③最佳油石比的确定

方法同前例,最佳油石比定为5.3%。

④旋转压实验证(表14-36)

马歇尔试验结果 表14-36

油石比 P_a(%)	毛体积密度 ρ_s(g/cm³)	空隙率 VV(%)	矿料间隙率 VMA(%)	沥青饱和度 VFA(%)	稳定度 MS(kN)	流值 FL (0.1mm)
5.3	2.442	5.3	17.1	69.1	12.8	58
	2.447	5.1	17.0	70.0	14.3	79
	2.434	5.6	17.4	67.9	13.3	65
	2.440	5.4	17.2	68.8	16.3	46
平均值	2.441	5.3	17.2	68.9	14.2	62
技术标准 (JTG F40—2004)	—	3.0~6.0	—	65~75	>8.0	15~40

旋转压实结果与击实试验结果基本吻合,说明油石比5.3选取较为合适。

(6)UTA-10 70号改性沥青加纤维(温拌)

①试验控制指标

混合料拌和时,集料温度为145℃左右,70号沥青温度为130℃左右。加入集料后即加入集料用量0.4%的木质素纤维,稍作拌和;加沥青后再加入沥青用量4.5%的sasobit,进行拌和,并双面击实75次。试验结果如表14-37所示:

②绘制油石比与物理—力学指标关系图

以油石比为横坐标,以视密度、空隙率、饱和度、稳定度和流值为纵坐标,将试验结果绘制成油石比与各指标关系曲线如图14-33~图14-37所示。

马歇尔试验结果 表14-37

油石比 P_a(%)	毛体积密度 ρ_s(g/cm³)	空隙率 VV(%)	矿料间隙率 VMA(%)	沥青饱和度 VFA(%)	稳定度 MS(kN)	流值 FL (0.1mm)
4.5	2.415	8.4	18.4	54.8	8.4	30
5.0	2.459	6.0	17.4	65.4	8.6	32
5.5	2.470	4.9	17.4	71.9	7.9	32
6.0	2.485	3.6	17.3	79.2	7.9	35
6.5	2.500	2.4	17.2	86.2	7.2	33
技术标准 (JTG F40—2004)	—	3.0~6.0	—	65~75	>8.0	15~40

③最佳油石比的确定

由于毛体积密度没有出现峰值,直接取目标空隙率4.0对应的油石比为OAC_1。后面步骤同前例，最后最佳油石比定为5.6%。

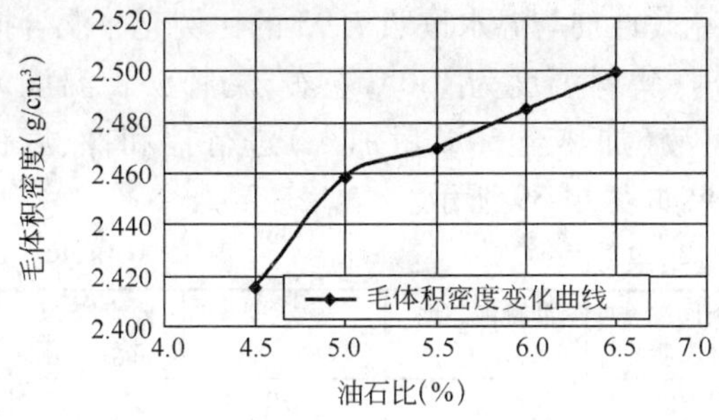

图14-33　油石比与毛体积密度关系曲线

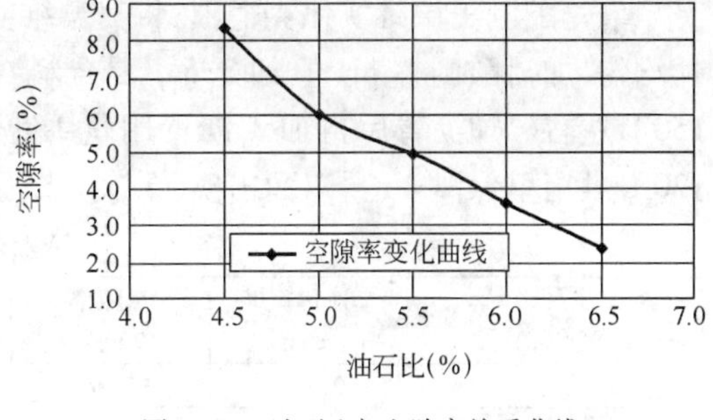

图14-34　油石比与空隙率关系曲线

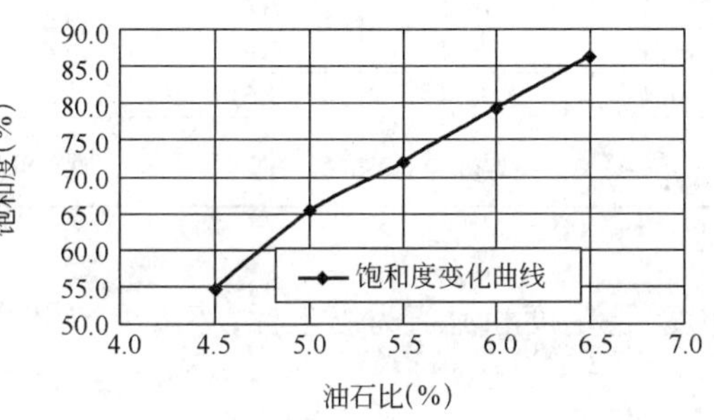

图14-35　油石比与饱和度 *VFA* 关系曲线

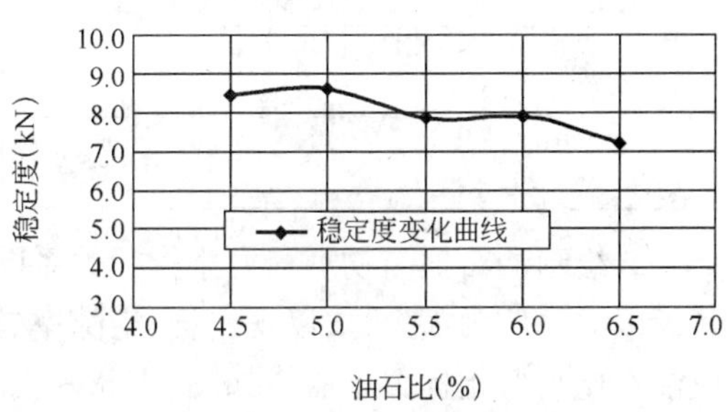

图14-36　油石比与稳定度关系曲线

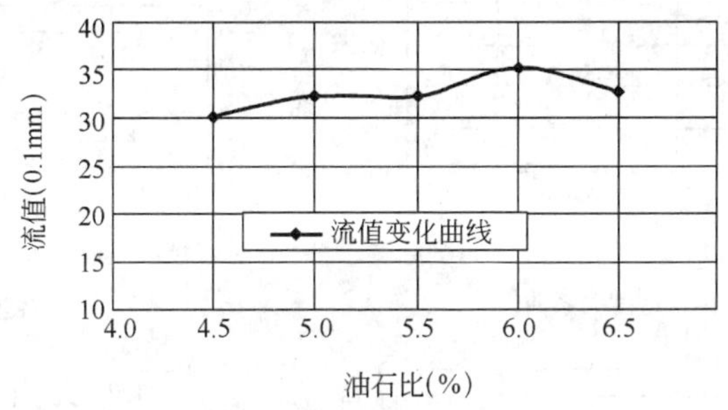

图14-37　油石比与流值关系曲线

④旋转压实验证(表14-38)

马歇尔试验结果　　表14-38

油石比 P_a(%)	毛体积密度 ρ_s(g/cm³)	空隙率 *VV*(%)	矿料间隙率 *VMA*(%)	沥青饱和度 *VFA*(%)	稳定度 *MS*(kN)	流值 *FL* (0.1mm)
5.6	2.532	4.8	17.8	44.5	9.9	38
	2.522	5.1	18.1	54.8	10.0	33
	2.505	5.8	18.7	58.0	11.0	37
	2.521	5.1	18.1	74.4	10.3	30
平均值	2.520	5.2	18.2	57.9	10.3	35
技术标准 (JTG F40—2004)	—	3.0~6.0	—	65~75	>8.0	15~40

旋转压实结果与击实试验结果基本吻合，说明油石比5.6选取较为合适。

(7)UTA-10壳牌沥青加皂液(温拌)

①试验控制指标

事先配制美德维实伟克皂液：将美德维实伟克改性剂与温水按照 7∶93 的比例充分混合搅拌均匀，加盐酸调整 pH 值到 2.5。混合料拌和时，集料温度为 130℃左右，壳牌沥青温度为 150℃左右。加沥青后再加入沥青用量 1/9 的皂液（加热至 60℃后加入）进行拌和，然后在 120℃烘箱里保温 2h 再双面击实 75 次。试验结果如表 14-39 所示。

马歇尔试验结果 表 14-39

油石比 P_a(%)	毛体积密度 ρ_s(g/cm³)	空隙率 *VV*(%)	矿料间隙率 *VMA*(%)	沥青饱和度 *VFA*(%)	稳定度 *MS*(kN)	流值 *FL* (0.1mm)
4.5	2.413	7.6	17.7	57.2	8.0	32
5.0	2.458	5.2	16.6	68.6	7.0	37
5.5	2.475	3.9	16.4	76.5	7.4	36
6.0	1.485	2.8	16.4	83.1	8.7	44
6.5	2.498	1.6	16.4	90.4	8.3	45
技术标准 (JTG F40—2004)	—	3.0～6.0	—	65～75	>8.0	15～40

②绘制油石比与物理—力学指标关系图

以油石比为横坐标，以视密度、空隙率、饱和度、稳定度和流值为纵坐标，将试验结果绘制成油石比与各指标关系曲线如图 14-38～图 14-42 所示。

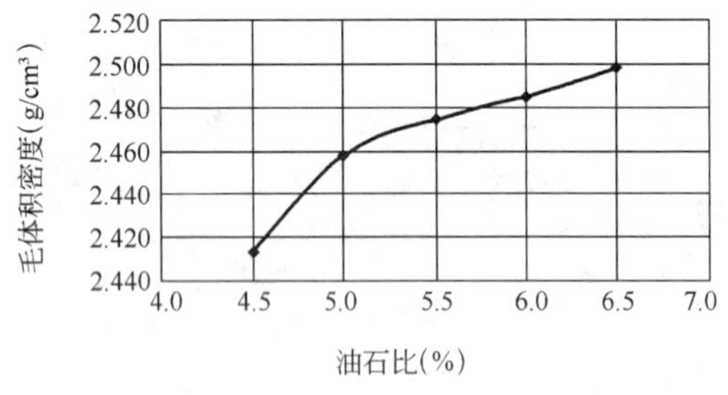

图 14-38 油石比与毛体积密度关系曲线

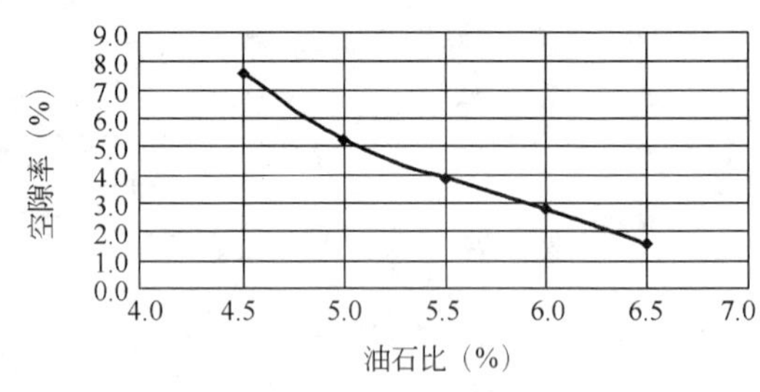

图 14-39 油石比与空隙率关系曲线

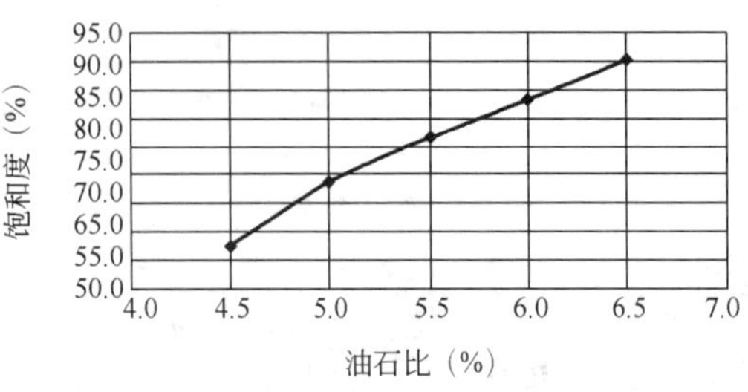

图 14-40 油石比与饱和度 VFA 关系曲线

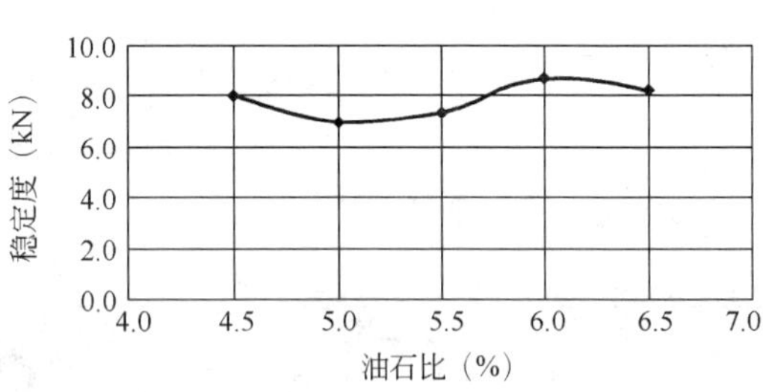

图 14-41 油石比与稳定度关系曲线

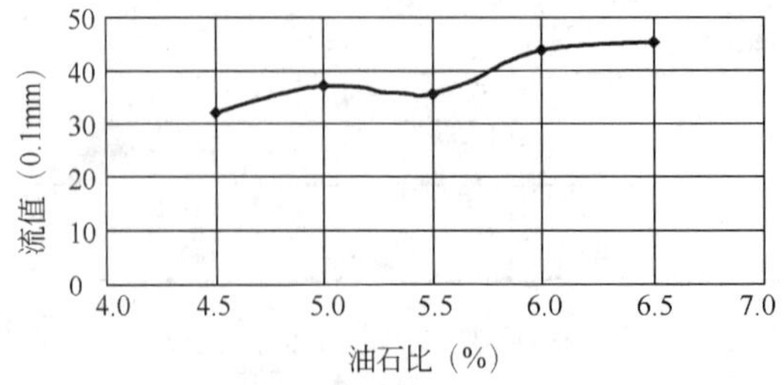

图 14-42 油石比与流值关系曲线

③最佳油石比的确定

由于毛体积密度没有出现峰值，直接取目标空隙率4.0对应的油石比为OAC_1。后面步骤同前例，最后最佳油石比定为5.3%。

④旋转压实验证（表14-40）

马歇尔试验结果　　表14-40

油石比 P_a(%)	毛体积密度 ρ_s(g/cm^3)	空隙率 VV(%)	矿料间隙率 VMA(%)	沥青饱和度 VFA(%)	稳定度 MS(kN)	流值 FL (0.1mm)
5.3	2.503	3.0	16.8	81.9	11.9	31
	2.489	3.6	17.3	79.2	13.9	40
	2.493	3.4	17.1	80.0	12.3	19
	2.493	3.4	17.1	80.1	15.2	23
平均值	2.494	3.4	17.1	80.3	13.3	28
技术标准（JTG F40—2004）	—	3.0~6.0	—	65~75	>8.0	15~40

旋转压实结果与击实试验结果基本吻合，说明油石比5.3是合适的，但空隙率相对稍低，实际路面施工时，可稍降油石比，取5.1。

3. 混合料性能试验

1）冻融劈裂试验

冻融劈裂试验是通过测定混合料试件在受到水损害前后劈裂破坏的强度比，来评价沥青混合料的水稳定性。它比一般的浸水试验条件更为苛刻，但也不同于抗冻性试验，用于评价抗冻性的冻融循环试验次数要多达数十次或数百次之多。所以它虽然是冻融循环试验，由于是为了评价水稳定性，对南方非冰冻地区也是适用的。

试验方法主要参照《沥青混合料冻融劈裂试验》T 0729—2000：两种沥青混合料分别按最佳油石比成型标准马歇尔试件（为保证试件有足够的大孔隙，每面只击打50次），每种试件均分为两组，每组4个。第一组试件在室温下保存备用；第二组试件先以标准的饱水试验方法真空饱水，再放入塑料袋中加入约10ml水，扎紧袋口，将试件放入−18℃的冰箱保持16h，取出试件立即放入已保持为60℃的恒温水槽中，撤去塑料袋，保持24h。然后，将两组试件全部浸入温度为25℃的恒温水槽中至少2h。取出试件立即进行劈裂试验，得到最大荷载。冻融劈裂抗拉强度比按式（14-1）计算，试验结果见表14-41。

沥青混合料冻融劈裂强度试验结果　　表14-41

沥青混合料类型	未冻融循环 RT_1(MPa)	冻融循环后 RT_2(MPa)	冻融劈裂强度比 TSR(%)	技术要求(%)
UTA-10 70号改（热拌）	0.84	0.68	81.1	≥80
UTA-10 壳牌（热拌）	0.91	0.82	90.0	
UTA-10 70号改（温拌）	0.84	0.68	80.8	
UTA-10 70号改加纤维（热拌）	0.58	0.48	83.0	
UTA-10 壳牌加纤维（热拌）	0.89	0.83	93.1	
UTA-10 70号改加纤维（温拌）	0.85	0.77	90.7	
UTA-10 壳牌加皂液（温拌）				

$$TSR = \frac{R_{T2}}{R_{T1}} \times 100 \qquad (14\text{-}1)$$

式中：TSR——冻融劈裂强度比（%）；

R_{T1}——未冻融循环的第一组试件的劈裂抗拉强度(MPa);

R_{T2}——冻融循环后第二组试件的劈裂抗拉强度(MPa)。

从上表可以看出:

(1)各种混合料的冻融劈裂强度比均能达到规范要求,但相差较大,优劣对比明显。

(2)采用70号普通沥青加sasobit做胶结料的混合料的冻融劈裂强度比(除UTA-10 70号改加纤维(温拌)外)只是勉强达到规范要求的80%,且与壳牌改性沥青混合料相比,其冻融循环前后的强度值也相对较小。由此说明,70号普通沥青加sasobit配制而成的改性沥青的水稳定性较差。

(3)采用壳牌SBS改性沥青的沥青混合料冻融循环前后的强度均较高,其冻融劈裂强度比都在90%以上,亦远远高于规范要求,说明其抗水损害能力很好。

(4)纤维的添加,会增大沥青用量,其水稳定性也相应有所提高(83.0>81.1,93.1>90.0,90.7>80.8)。

(5)UTA-10壳牌加皂液(温拌)。

2)高温稳定性试验

高温稳定性主要是指沥青混合料在荷载作用下抵抗永久变形的能力。由于沥青混凝土路面的高温稳定性的问题主要表现为车辙,我国《公路工程沥青及沥青混合料试验规程》(JTJ 052—2000)推荐采用车辙试验评价混合料的高温性能。

试验方法主要参照T0 729—2000:将两种沥青混合料按最佳油石比以轮碾法成型300mm×300mm×50mm的板式试件,在60℃温度下,以轮压为0.7MPa的实心橡胶轮做一定时间的反复碾压,形成车槽,以车辙板的辙槽深度RD(总变形量)和动稳定度DS(每产生1mm辙槽所需的碾压次数)作为混合料的抗车辙能力的评价指标。试件的动稳定度按式(14-2)计算,试验结果见表14-42。

$$DS=\frac{(t_2-t_1)\times N}{d_2-d_1}\times C_1\times C_2 \tag{14-2}$$

式中:DS——沥青混合料的动稳定度(次/mm);

d_1——对应时间t_1的变形量(mm);

d_2——对应时间t_2的变形量(mm);

C_1——试验机类型修正系数;

C_2——试件系数;

N——试验轮往返碾压速度,通常为42次/min。

中面层沥青混合料车辙试验结果 表14-42

沥青混合料类型	动稳定度DS(次/mm)	总变形量d_2(mm)	沥青混合料类型	动稳定度DS(次/mm)	总变形量d_2(mm)
UTA-10 70号改(热拌)	1041	4.248	UTA-10壳牌加纤维(热拌)	8648	4.721
UTA-10壳牌(热拌)	7812	1.292	UTA-10 70号改加纤维(温拌)	7830	7.144
UTA-10 70号改(温拌)	2536	4.325	UTA-10壳牌加皂液(温拌)	5944	1.656
UTA-10 70号改加纤维(热拌)	1760	3.974	技术要求	≥2800	—

从表14-42可以看出:

(1)采用70号普通沥青加sasobit做胶结料的混合料的动稳定度(除UTA-10 70号改加纤维(拌)外)均低于规范要求的2800次/mm,且其总变形量也非常大;虽然UTA-10 70号改加纤维(温拌)沥青混合料的动稳定度较高,达到7 830次/mm,但其总变形量高达7.144mm,远远超出了容许限度。由此说明,sasobit的添加未能改善70号普通沥青的高温稳定性,其抗车辙能力只是略优于普通沥青(以往试验数据表明,70号普通沥青的车辙动稳定度在1 000次/mm左右)。

(2)Sasaobit的添加,确实可以起到降低拌和与击实温度的作用,且温拌料的车辙动稳定度要高于相应的热拌料(2536 >1041,7830 >1760),但其对沥青的性能改善不明显。

(3)纤维的添加,会增大沥青用量,但其抗车辙变形能力仍然有所提高(1 760 >1 041,7830 >2536,8648 >7812)。

(4)采用壳牌SBS改性沥青的沥青混合料的车辙动稳定度均远远高于规范要求,总变形量也相对较小,说明其高温稳定性好。

(5)UTA-10壳牌加皂液(温拌)的车辙动稳定度达到5 944次/mm,总变形量只有1.656mm,高温稳定性非常理想。与UTA-10壳牌(热拌)沥青混合料相比,其动稳定度、总变形量均较为接近。说明美德维实伟克皂液的添加,在降低拌和与击实温度的同时,同样保持了较好的高温稳定性。

第四节　施　工　工　艺

一、添加剂配制和储存

根据室内相关研究结果,实际采用DAT添加剂配制程序为:80%设计用量的68℃热水→添加剂Evotherm A1→调整pH值到3.0→补充热水到设计用量→微调pH值到2.5。

DAT溶液保温68℃2h后,晚上7:00将添加剂泵送至储存罐,9:00开始拌料,DAT添加剂到场温度在60℃,整个过程浓缩液均保持稳定,储存罐见图14-43所示。

图14-43　浓缩液储存罐

二、皂液体添加设备

添加设备由西安筑路机械厂提供,添加设备大致可以分为4个组成部分,分别为喷洒系统、电器控制系统、信号接入系统以及管道内部循环系统。

1.喷洒系统

为了保证皂液顺利的喷洒在沥青上,避免与石料的直接接触,喷头位置的选择及其重要,皂液的喷头方向必须和沥青喷头方向相匹配,以保证皂液喷洒区域和沥青喷洒点区域重合,喷洒装置安装如图14-44所示。

2.电器控制系统

电器控制系统是通过变频器频率的变化来确定电机的转速,从而决定计量泵的流量,保证在预设的时间里喷洒量达到设计要求,如图14-45所示。

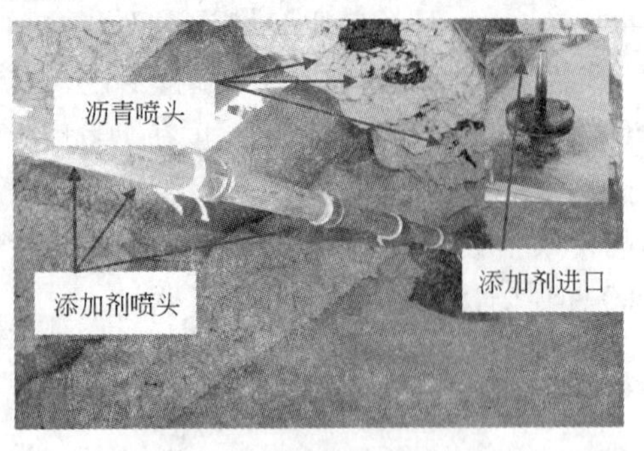

图 14-44　喷洒装置喷头焊接图

图 14-45　变频器

3. 信号接入系统

信号接入系统主要用途是控制溶缩液的喷洒时刻和喷洒时间。系统通过向气阀装置提供电流开关信号,用气体的压力来控制皂液管路开关的方向(三通阀),从而实现皂液的喷洒。(1)喷洒时刻的控制:从电脑控制系统给出的沥青喷洒时刻信号,信号给出一个小电流,带动延时继电器 1,通过延时电路实现延时,延时过后带动延时继电器 2,同时向气阀装置发出信号,保证皂液开始喷洒;(2)喷洒时间的控制:延时继电器 2 接到延时继电器 1 的信号后,通过延时来保证气阀的工作时间,也就是皂液的喷洒时间。信号接入系统和气阀装置如图 14-46 所示,延时继电器如图 14-47 所示。

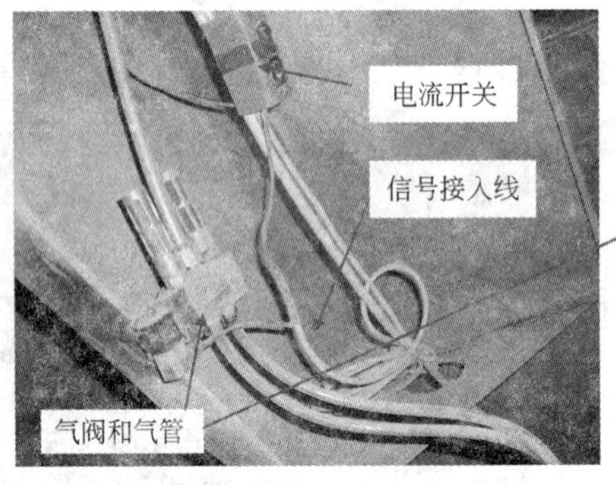

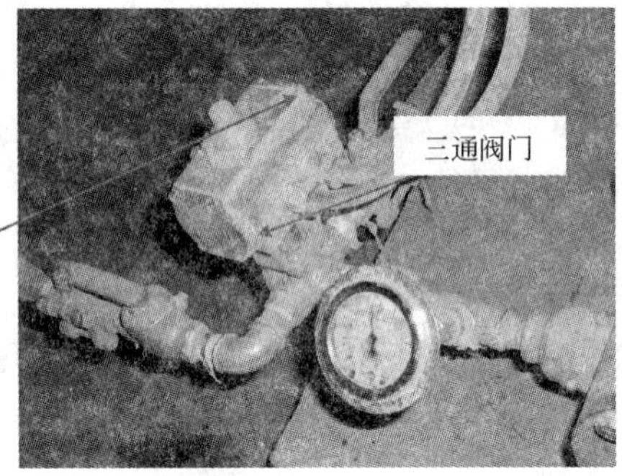

图 14-46　信号接入系统和气阀装置

4. 管道内部循环系统

管道内部循环系统主要是稳定皂液的流量,在皂液出口阀门没有打开之前,皂液一直保持循环,使得每次喷洒的压力恒定,避免气泡进入皂液,如图 14-48 所示。

三、混合料拌和与摊铺

1. 拌和

混合料实际生产时沥青温度 126℃,拌和楼现场石料设定温度 130℃,混合料的出料实测温度在 115~120℃之间,考虑到温拌料水气会影响到矿料计量系统,在拌和缸的外部开设小口,排泄水蒸气,如图 14-49 所示。

从图中可以看出,水蒸气的排泄量很少,相比于乳化沥青温拌效果更加。

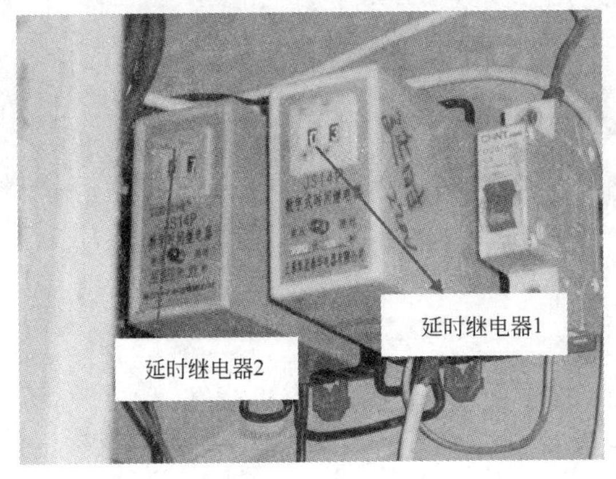

图 14-47　延时继电器

图 14-48　内部循环系统

2. 摊铺

试验路宽度为 10m，采用 2 台 Titan423 型摊铺机进行摊铺。摊铺温度控制在 110 ~ 115℃，摊铺机的摊铺速度为 3 ~ 4m/min，做到均匀、不间断地摊铺。摊铺现场如图 14-50 所示。

图 14-49　混合料拌和以及水蒸气排泄

3. 试验路碾压

（1）初压。初压采用 BOMAG-125 型 13t 钢轮压路机进行。除第一次向前碾压外，钢轮压路机采用高频低幅振动模式作业，碾压遍数为 3 遍。

（2）复压。复压采用 BOMAG-122 型 11t 钢轮压路机进行碾压，碾压遍数为 5 遍，另外路缘石旁边采用 2t 小型压路机进行局部补压。

（3）终压。终压采用 BOMAG-125 型 13t 钢轮压路机进行静压，碾压遍数为 6 遍。碾压现场如图 14-51 所示。

图 14-50　温拌料摊铺

图 14-51　温拌料碾压

第十五章　沥青热再生技术的应用

第一节　概　　述

一、沥青路面就地热再生技术的研究目的及意义

随着我国高速公路的大规模建设,高等级公路沥青路面越来越多,使路用原材料需求增长,从而出现原料的卖方市场,原材料成本提高,在整个路面工程中所占支出比例越来越大,使得建设投入日益上升。另外,国内大量高等级路面已经或即将进入维修或改建期,如果用传统的方法将大量翻挖、铣刨的沥青混合料废弃,一方面造成环境污染,另一方面对于我国这种优质沥青较为匮乏的国家来说是一种资源的极大浪费。同时大量天然石料的需求刺激势必进一步引发森林植被减少、水土流失等生态环境破坏隐患。而应用再生沥青混凝土正是缓解这一矛盾的有效方法。

现在我国的高速公路还处于建设期,任重道远。目前建设的重点放在新路建设上,因此旧路改造、维护保养的高峰还没有到来。但随着国民经济的发展、公路通车里程的迅速提高,公路的维修量将迅速提高。同时随着环保意识的增强及降低工程造价的要求,沥青路面再生技术进行大面积公路维修是必然趋势。

目前,路面的热再生主要分为厂拌再生和现场再生两种。现场再生的优点在于:能保存集料的完好,保留沥青的组成及性能,100%的利用旧料。而传统的工厂再生法只能利用40%～50%旧料。新的设备能够产生更高质量的沥青混合料,它和新的沥青混合料具有一样的生命周期,并且大大节省了开支,受交通影响大大降低,而且压实不久即可通车。采用就地热再生主要优点有以下几方面:

(1)有利于沥青路面层间连接

沥青路面就地热再生可以让再生层和下层沥青路面非常好的连接在一起。传统的罩面法都是在原有旧路面上撒布一层黏结层后直接铺筑新的沥青面层,往往会出现新沥青面层与旧路连接不牢,出现层间滑移,导致铺路面过早产生剪切破坏。

(2)改善路面级配,降低空隙率,延缓路面老化

许多高速公路损坏的重要原因之一是路面空隙率过大带来的水损坏,就地热再生可根据需要调整热再生的级配,降低空隙率,减少路面水损坏。

(3)可恢复沥青混凝土的柔韧性,减少裂缝

沥青路面经过多年的使用,内部沥青老化,塑性降低,柔韧性变差,导致路面抗变形能力下降,反映在路面上的病害就是易开裂。传统的罩面法易使路面的裂缝反射到表面,造成新路面的破坏。而沥青路面热再生技术就会减少裂缝的产生,延长沥青路面的使用寿命。

(4)有利于沥青混凝土的深层裂缝的愈合

就地热再生技术施工时,其5cm深处的温度有100℃左右,经过压路机碾压,沥青混凝土深层裂纹将愈合,从而延缓沥青路面的使用寿命。

(5)可以消除沥青上浮带来的病害

旧沥青路面经过多年行车碾压后,有沥青上浮的现象,即沥青面层上部分沥青较多,下面沥青少,这样上面层由于油大易产生车辙,下部分又由于沥青膜较薄导致黏结力降低,会产生松散现象,而单纯的铺一层会造成丧心现象,就地热再生可以很好的避免这样的问题,使整个维修后的路面均匀,延长使用寿命。

(6)可以避免接缝漏水

传统的路面维修方式总是分车道进行,接缝总是避免不了,这就留下了路面渗水的隐患,而就地热再生就会避免这样的路面水损坏。

根据世界银行的统计表明,若沥青的使用寿命为12年,在沥青使用寿命到8~10年的时候,进行一次现场再生,将使其使用寿命提高到20年,可见其经济效益是极其明显的。因此,在再生沥青混合料达到沥青混合料的性能指标的前提下,有效地推广再生沥青混凝土的应用是具有重大意义的一项工作。

二、沥青热再生技术的国内外概况

沥青路面再生技术最早的研究起始于1915年的美国,以后由于大规模的新路建设,对这项技术没有引起足够的重视,直到1973年石油危机的爆发引发各种能源的危机和材料价格的上涨,美国又重新开始研究这项技术,并且应用逐渐广泛,到了1985年,再生沥青混合料的用量猛增到2亿多吨,几乎为全部路用沥青混合料的一半。

欧洲一些国家及日本于20世纪70年代中期也开始研究该项技术。近年来,在一些高等级路面的修复中也开始应用该技术。

20世纪80年代后,随着路面加热设备和就地材料试验检测技术的逐步完善,路面就地再生技术开始受到各个国家的重视。有资料提示:1991年美国沥青路面现场热再生的产量为196万吨,沥青路面是美国最大的再生产品,每年被铣刨的路面有80%得到利用。

我国80年代开始研究沥青路面热再生技术,只是由于技术条件和相关设施不完善,这项技术一直没得到广泛的推广,随着路面养护工程翻修工作量的增加,工程材料尤其是沥青的需求大大提高,加上价格的快速增长,都促使沥青路面的再生利用提到议事日程上来。国家的"七五计划"、"八五计划"均将其列为重点科研项目。我国的沪宁高速公路自1996年建成通车以来,车流量逐年增加,日车流量已达45000辆,造成路面损害严重。2003年6月18日,沪宁高速公路上海段大中修工程首次采用国际先进的沥青路面现场热再生技术进行表面作业,这种采用国际先进的沥青路面现场热再生设备和技术对高等级公路进行大面积表面再生作业,在国内尚属首次,并且现场再生沥青混合料能够达到重交沥青混合料的指标。京津塘高速公路也成功地应用了该项技术。而且随着我国高等级公路通车里程的迅速提高,公路的维修数量将迅速增加,鉴于沥青路面就地热再生技术的优势,这一技术的推广将成为必然的趋势。

第二节　沥青混合料的再生机理概述

一、旧道路沥青的老化分析

1. 旧沥青的性质

沥青材料的老化(Ageing)是指沥青材料在路面中受到各种自然因素(氧、光、热和水等)的作用下,随时间而产生"不可逆的"化学组成和物理——力学性能变化的过程。

通过对石黄路沥青混合料试样的抽提,并对旧沥青的主要性能指标进行了检测,检测结果如表15-1所示。

旧沥青性能指标　　表15-1

性能指标	针入度25℃(0.1mm)	延度15℃(cm)	软化点(℃)
老化沥青	15	9.6	63.8
技术指标	60~80	>100	44~54

从上表可以看出,旧沥青的针入度降低,延度减少,软化点提高,已明显趋于老化。

2. 沥青的老化机理分析

关于沥青的老化机理,总的来说,国内外目前还没有形成比较完善的理论。现在提的较多的理论有两种,即组分迁移理论和相容性理论。这两种理论有很多资料详细阐述过,为了便于对下文的再生机理的理解,在此有对老化机理的两种理论作简单的介绍。

1)组分迁移理论

该理论认为:沥青是由多种极其复杂的化合物组成的一种混合物,至今未能将其分离为纯粹的单体,因此研究其老化过程,存在许多困难。需将其分离为几个组分来分析。美国F. S. Rostler等提出一种对研究沥青老化非常有用的组分分析法。将沥青分离为:沥青质(Asphaltene缩写At)、氮基(Nitrogen base缩写N)、第一酸性分(Firstacidiffms缩写A1)、第二酸性分(Secondacidiffins缩写A2)和链烷分(Paraffins缩写P)等五个组分。

沥青在路面中受到自然因素作用后,就会导致沥青组分"迁移"。即:沥青质明显增加,氮基和第一酸性分减少,第二酸性分稍有减少,链烷分变化很少。

由于沥青化学组分的迁移,因而引起沥青物理力学性质的变化。通常的规律是:针入度变小、延度降低、软化点升高等。表现为沥青变硬、变脆、延伸性降低,导致路面裂缝、松散等破坏。

2)相容性理论

相容性理论认为:沥青是由数千种乃至上万种化合物性能指标组分的高分子浓溶液。该理论从化学热力学出发,认为沥青产生老化的原因是沥青胶体物系中各组分相容性的降低,导致组分间溶度参数差增大。当溶度参数差达到某一限值时,宏观上沥青就会表现为上述老化性能。

二、石料的老化

1. 集料的细化

回收的集料级配与生产时的混合料的级配相比,集料变细主要原因是:

(1)施工及使用期间的行车碾压；

(2)石料本身由于水解,温差变化引起的自行解裂；

(3)养护加铺油砂罩面,使面层材料整体级配细化。

2. 集料酥化

主要是热拌中的高温作用,加上使用期间的阳光及其他外界因素,使石料表层发生氧化,变酥。

三、沥青混合料再生条件

旧沥青混合料可以再生,是因为沥青在混合料的制备过程中没有发生化学变化,并且沥青是一种热塑性的黏结材料。

沥青路面在使用过程中,只有沥青的“老化”才是难以逆转的。而路面中由于接触阳光,空气,雨雪而老化的沥青,只占沥青重量很小的比例(有资料称一般不超过5%),因此“活化”那些老化的沥青,并不需要花很大的费用。如前面所述沥青老化后表现为针入度减小,软化点升高,延度减小,添加再生剂或高标号的沥青与老化沥青充分混合,便可有效的调整沥青的各项指标,使之达到沥青路面的使用要求。

旧沥青混合料的再生,则是在沥青再生的前提下恢复和提高原有沥青混合料的性能。沥青混合料对级配和油石比有着严格的要求,旧沥青混合料挖掘或铣刨时会打碎原有的集料,使其级配中的细集料增多,老化的沥青则等于减少了沥青的有效成分,降低了混合料的油石比。因此,按照设计的级配曲线,添加适量的合适粒径的新集料,恢复合理的级配,是提高旧沥青混合料再生质量的最好途径。同时,按所设计的沥青混合料的油石比,添加新的沥青和再生剂,并搅拌混合,恢复老化沥青的性能指标,即可恢复和提高再生的沥青混合料的性能。

此外,要得到高质量的再生沥青混合料,除了必须对旧沥青混合料,新集料和新沥青进行准确的计量,保证级配和油石比符合要求之外,还需在加热的状态下对各组分进行充分的搅拌,才能使再生沥青混合料重新获得优良的性能。

第三节　施工段路况检测与分析

一、施工前旧路面的路况调查检测与分析

针对热再生特点,石黄高速公路热再生路段的路况调查分为沥青路面变形类(车辙、雍包、沉陷)病害调查,路面抗滑性能调查,强度调查。

1. 热再生路段路面破损

旧沥青路面的变形类损坏:旧沥青路面变形类破坏所表现的形态和特征是多种多样的。这是因为促使路面出现损坏的原因是多方面的,有荷载因素,如:超载、渠化交通等;也有环境因素,如:温度变化、雨雪影响等。此外还有设计、施工、材料和养护管理等原因。

沥青混凝土路面具体破损此处不再赘述。其中K175 +000 ~ K177 +000路段路况整体较好,K175 +950处车辙较严重,*DR*(路面破损率)值仅为0.44%,K176 +000 ~ K177 +000段与K177 +000 ~ K178 +000段路面病害较多,*DR*值分别为1.437%和1.214%。*DR*平均值为

1.030%，则由此可得路面状况指数 *PCI* 为 84.8，按《公路沥青路面养护技术规范》(JTJ 073.2—2001)表 4.5.2-2 路面破损状况评价标准为良。

2. 路面抗滑性能调查

抗滑性能采用每隔 200m 进行摆式摩擦系数试验机构在深度进行检测，检测结果如表 15-2所示。

太原至石家庄方向沥青混凝土路面抗滑系数

表 15-2

序号	起讫桩号	*BPN* 平均值	构造纹理深度(mm)	评定等级	序号	起讫桩号	*BPN* 平均值	构造纹理深度(mm)	评定等级
1	K175 +000	40	0.42	良	10	K176 +800	44	0.49	优
2	K175 +200	41	0.41	良	11	K177 +000	40	0.45	良
3	K175 +400	41	0.44	良	12	K177 +200	40	0.42	良
4	K175 +600	41	0.44	良	13	K177 +400	40	0.42	良
5	K175 +800	41	0.42	良	14	K177 +600	50	0.49	优
6	K176 +000	45	0.41	优	15	K177 +800	54	0.53	优
7	K176 +200	42	0.42	优	16	K178 +000	50	0.55	优
8	K176 +400	41	0.42	良	平均	试验段	43	0.46	优
9	K176 +600	45	0.47	优					

路面抗滑性能采用抗滑系数作为评价指标，抗滑系数采用摆式仪的摆值(*BPN*)表示，评价标准符合《公路沥青路面养护技术规范》(JTJ 073.2—2001)表 4.5.5(表 15-3)的规定。

路面抗滑能力评价标准

表 15-3

指标 \ 等级	优	良	中	次	差
横向力系数 *SFC*	≥50	≥40 ~ 50	≥30 ~ 40	≥20 ~ 30	<20
摆值 *BPN*	≥42	≥37 ~ 42	≥32 ~ 37	≥27 ~ 32	<27

3. 路面强度调查

按照弯沉实测值及设计值计算路面强度系数 *SSI*，如表 15-4 所示。

路面强度调查表

表 15-4

桩　　号	实测弯沉(0.01mm)	设计弯沉(0.01mm)	*SSI*	桩　　号	实测弯沉(0.01mm)	设计弯沉(0.01mm)	*SSI*
K175 +000 ~ K175 +100	26.81	26	0.97	K176 +600 ~ K176 +700	13.11	26	1.98
K175 +100 ~ K175 +200	23.64	26	1.1	K176 +700 ~ K176 +800	16.69	26	1.56
K175 +200 ~ K175 +300	18.48	26	1.41	K176 +800 ~ K176 +900	27.27	26	0.95
K175 +300 ~ K175 +400	21.01	26	1.24	K176 +900 ~ K177 +000	22.22	26	1.17
K175 +400 ~ K175 +500	30.25	26	0.86	K177 +000 ~ K177 +100	16.17	26	1.61
K175 +500 ~ K175 +600	31.75	26	0.82	K177 +100 ~ K177 +200	30.46	26	0.85
K175 +600 ~ K175 +700	35.63	26	0.73	K177 +200 ~ K177 +300	40.92	26	0.64
K175 +700 ~ K175 +800	23.14	26	1.12	K177 +300 ~ K177 +400	28.75	26	0.90
K175 +800 ~ K175 +900	21.95	26	1.18	K177 +400 ~ K177 +500	18.43	26	1.41
K175 +900 ~ K176 +000	31.64	26	0.82	K177 +500 ~ K177 +600	23.96	26	1.08
K176 +000 ~ K176 +100	36.69	26	0.71	K177 +600 ~ K177 +700	11.9	26	2.18
K176 +100 ~ K176 +200	15.28	26	1.70	K177 +700 ~ K177 +800	11.73	26	2.22
K176 +200 ~ K176 +300	36.81	26	0.71	K177 +800 ~ K177 +900	7.95	26	3.27
K176 +300 ~ K176 +400	22.44	26	1.16	K177 +900 ~ K175 +000	13.95	26	1.86
K176 +400 ~ K176 +500	23.95	26	1.08	平均值			1.29
K176 +500 ~ K176 +600	19.4	26	1.34				

路面强度评价标准按 JTJ 073.2—2001 表 4.5.3(表 15-5)评定。

路面强度评价标准　　表 15-5

标准	优		良		中		次		差	
公路等级	高速、一级公路	其他公路	高速、一级公路	其他公路	高速、一级公路	其他公路	高速、一级公路	其他公路	高速、一级公路	其他公路
强度指数	≥1.0	≥0.83	<1 ≥0.83	<0.83 ≥0.66	<0.83 ≥0.66	<0.66 ≥0.5	<0.66 ≥0.5	<0.5 ≥0.3	<0.5	<0.3

路段总体强度符合高速公路的要求,路面强度指数 *SSI* 为 1.29,达到高速公路优的标准。

4. 小结

根据调查内容得出以下结论热再生路段的路面状况指数 *PCI* 为 84.8 ,路面状况评定为良。热再生路段的抗滑系数 *BPN* 值大于 42 ,所以路面抗滑性能评定为优。热再生路段的强度指数 *SSI* 平均值为 1.29,按路面强度的评价标准为优(表 15-6)。

高速公路及一级公路现场热再生适用标准　　表 15-6

路面强度指数(*SSI*)	路面状况指数(*PCI*)	行驶质量指数(*RQI*)	抗滑性能(*SFC* 或 *BPN*)	现场热再生措施
优 良	优 良	优 良	足够	—
			不足	上面层热再生
		中、次、差	—	上面层热再生
	中、次、差	—	—	面层热再生 + 新上面层
中	优 良	优 良	足够	面层热再生 + 新上面层
			不足	面层热再生 + 新上面层
		中、次、差	—	不得采用现场热再生
	中、次、差	—	—	
次、差	—	—	—	

根据评定标准,所选取 3km 路段既可采用上面层热再生,也可采用面层热再生加铺新的上面层。

依据上述检测指标以及原有道路结构情况,认为在此次热再生项目中,考虑石黄高速的中修方案,按照路面厚度一致的原则,决定采用面层热再生 5cm + 新上面层 3cm,路面总厚度达到 18cm。

二、旧路面沥青混合料的分析与评价

对 3km 试验段进行路面钻芯检测结构层强度及混合料的抽提筛分,对其中的沥青及集料作全面细致的各项技术指标试验,从而为热再生沥青混凝土的配合比设计提供最真实全面的资料,保障再生后的沥青混凝土各项指标都达到重交通道路的技术要求。以确保应用热再生技术确实达到高速公路的各项指标要求。对旧路面沥青混凝土混合料的试验,共分为以下六个内容:

(1)确定抽取芯样的位置:车辙最深的凹陷处;车辙产生的左右两侧边缘;行车道中间;假如车辙变形了,就在未变形的车道边缘取一些辅助材料。具体抽取方法有钻芯法与切割法。

(2)确定所抽取的芯样的密度,具体方法视试件空隙大小决定采用水中重法或者是蜡封法,得出试件(芯样)密度。

(3)抽提筛分试验:把所取路段按500m分段取样,一般采用105℃加热搅拌均匀,然后用离心式抽提仪分离出沥青与矿料,并对分离出的矿料做筛分析,确定试验路段油石比与矿料级配变异性。

(4)确定旧沥青路面的沥青老化程度:沥青混凝土路面施工和使用过程中受到温度、光照、雨水以及交通荷载的作用,发生一系列的物理化学变化,同时使化学组分也发生变化,例如针入度降低,软化点升高,延度大幅下降。在本项目研究中,对旧沥青混合料中通过抽提分离出的沥青作分析有针入度、软化点、脆点、等试验。通过沥青的性能指标试验分析结果,确定沥青的老化程度。分离出的沥青分别作针入度、软化点及脆点试验。以此分析沥青的老化程度。

(5)确定旧沥青混合料的空隙率:对钻取的芯样用真空法理论密度分析仪确定出最大理论密度 r_m。那么旧路面的沥青混凝土的空隙率为 $(1-r_b/r_m)\times100\%$,该数值为再生后沥青混合料体积指标提供依据。

最后是试验结果的分析和报告:提供完整的试验报告,并通过各个独立试验来分析旧路面沥青混合料的均匀性。为下一步再生沥青混凝土提供依据。

1. 断面检测

断面检测主要目的是为了看该路段横断面厚度变化情况和整体粘结情况,为热再生提供施工参数。该路段路况整体较好,大部分面层粘结牢固,特选取一个断面来说明路面整体横断面的厚度变化情况,断面厚度由芯样试验测定,本次断面选择为K176 + 500断面,断面大致取样位置如图15-1所示,各层厚度如表15-7所示,并检测该点处的车辙大小,分别以1 、2 、3 、4 、5 、6 、7 代表取样位置点。

断面检测厚度变化表 表15-7

位　　置	1	2	3	4	5	6	7
车辙深度(cm)	1.0	1.2	1.1	3.2	3.5	1.0	0.6
上面层厚度(cm)	5.6	5.5	5.6	5.0	4.4	5.2	5.4
下面层厚度(cm)	7.3	7.2	7.3	7.0	7.0	7.3	7.6
基层厚度(cm)	13.2	14	13.2	松散	松散	14.0	14.0

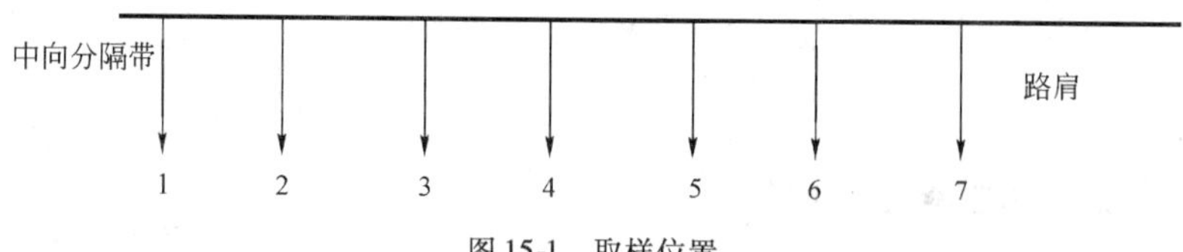

图15-1　取样位置

2. 旧路面混凝土芯样的试验

通过芯样的密度试验、抽提筛分试验确定出旧路面的空隙率、级配及油石比。该段路面为1999年竣工,当时的沥青混合料不管是级配还是用油量都与现在的设计原则有很大的不同,从抽提结果看,旧路面的油石比普遍大于5.5%,3km路段平均值为5.8%,现在的高速公路路面表面层AC-16I的马歇尔设计油石比范围在3.8% ~4.5%之间,GTM设计油石比范围一般在3.8% ~4.1%之间,路面经过多年行车碾压,级配中粗集料减少,路面空隙率降低,油石比过大都会导致路面出现车辙拥包等病害。高速公路路面组成设计在多年摸索与积累中不断成熟,所以再生沥青混合料的组成设计应与现在的路面设计相吻合。

旧路面芯样的厚度平均为4.9cm，理论密度由真空法测得，测得试验结果如表15-8所示。

表15-8

理论密度计算表

桩　号	位　置	试件空中重 m_a(g)	水与负压筛质量 m_b(g)	试样、水、负压筛质量(g)	理论密度 (g/cm³)	公里平均值 (g/cm³)
K175 +075	超车道	849.9	7499.5	8019.5	2.576	2.577
K175 +662	行车道	1630.8	7499.5	8497.6	2.578	
K176 +992	行车道	904.0	7499.5	8054.0	2.587	2.587
K177 +395	行车道	911.8	7499.5	8060	2.596	2.597
K177 +495	行车道	874.6	7499.5	8037.5	2.598	

由理论密度可以计算旧路面体积指标空隙率。判定路面混合料级配变化，由于路段较长，路面混合料有变化，按每公里分别计算。表15-9为芯样密度记录。

表15-9

沥青路面芯样密度试验记录

序号	桩　号	位　置	厚度 (cm)	密度 (g/cm³)	理论密度 (g/cm³)	空隙率 (%)	基层描述
1	K175 +075	行车道	4.0	2.548	2.577	1.11	完整
2	K175 +075	超车道	4.0	2.548	2.577	1.13	完整
3	K175 +662	行车道	6.5	2.540	2.577	1.44	完整
4	K175 +587	桥面	6.8	2.522	2.577	2.12	完整
5	K175 +500	路肩	5.6	2.563	2 577	0.53	完整
6	K176 +000	行车道	4.4	2.522	2.587	2.53	松散
7	K176 +200	超车道	3.3	2.506	2.587	3.12	完整
8	K176 +300	行车道	4.7	2.520	2 587	2.58	完整
9	K176 +525	超车道	5.0	2.517	2.587	2.71	完整
10	K176 +600	行车道	5.6	2.562	2.587	0.97	完整
11	K176 +500	路肩	4.7	2.532	2.587	2.11	完整
12	K177 +225	行车道	4.5	2.533	2.597	2.46	松散
13	K177 +340	行车道	4.9	2.528	2.597	2.67	松散
14	K177 +283	行车道	3.3	2.555	2.597	1.62	松散
15	K177 +495	行车道	4.7	2 590	2.597	0.29	完整
16	K177 +800	超车道	5.2	2.525	2.597	2.79	完整
17	K177 +000	行车道	3.7	2.538	2.597	2.26	完整
18	K177 +500	路肩	6.6	2.499	2.597	3.77	完整

3. 旧路面回收沥青的试验

老化的沥青路面表现为路表面干枯、脆化、进而出现开裂、松散等病害，沥青路面的老化主要表现为所含沥青的老化。旧沥青老化后化学组分的变化主要表现为油分减少，沥青质增加，胶质增加。如图15-2所示。

老化后沥青与原沥青相比常规指标的变化表现为针入度减小、软化点升高、延度降低，流变性质的变化主要表现为黏度增大，非牛顿性质增强。

回收沥青的程度对旧沥青的指标影响非常大，既不能回收不完全，又不能过分回收，回收不完全会造成旧沥青里含有三氯乙烯，直接影响常规指标，会造成针入度偏大，软化点偏低。过分回收又会造成旧沥青进一步老化，所以沥青回收试验严格按照《沥青及沥青混合料试验规程》中阿布森法回收沥青，回收后旧沥青只做常规指标，结果如表15-10所示：

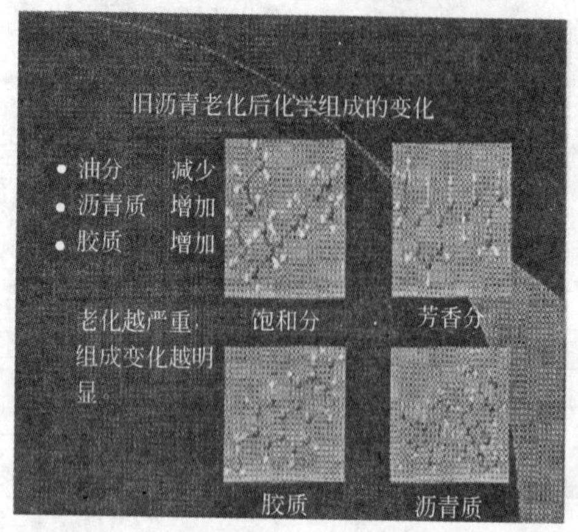

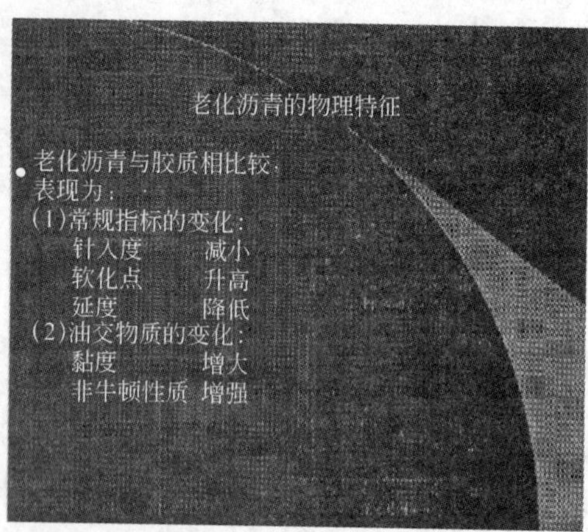

图 15-2 旧沥青物化性质特征

石黄高速热再生旧沥青回收后沥青三项指标 表 15-10

桩 号	车 道	针入度(25℃)(0.1mm)	软化点(℃)	延度(cm)(25℃,5cm/min)
K175 +500	行车道	24.9	61.0	58.3
K175 +500	超车道	34.7	64.0	34.0
K176 +500	行车道	32.3	60.0	100
K176 +500	超车道	29.3	60.0	100
K177 +500	行车道	28.7	60.5	55.0
K177 +500	超车道	32.5	57.5	100
AH-90 沥青标准		80 ~ 100	42 ~ 52	>100
试验方法		T0 604-2000	T0 605-2000	T0 606-2000

由表 15-10 可以看出，行车道与超车道的沥青老化程度区别并不明显，针入度平均值为 30.4(0.1mm)，软化点平均值为 60.5℃，延度最小为 34.0cm，最大超过 100cm。原路面使用沥青为 AH-90 壳牌沥青，根据旧沥青常规指标确定再生剂品种及剂量。

第四节 材料性能测试

一、原材料性能

用于本次试验的原材料分别为 Shell-70 号普通石油沥青、玄武岩，其各项性能如下所述。

1. 新加沥青 Shell-70 号普通石油沥青

shell-70 号普通沥青石油沥青指标如表 15-11 所示。

Shell-70 号普通石油沥青指标 表 15-11

试 验 指 标	实 测 值	技 术 指 标	试 验 方 法
针入度(25℃)(0.1mm)	72	60 ~ 80	JTJ 052-93
延度(15℃)(cm)	143	>100	ASTMD113
软化点(℃)	46	44 ~ 54	JTJ 052-93
含蜡量(%)	1.0	<2.0	DIN52015
溶解度(%)	99.93	>99.0	ASTMD2024
密度(15℃)(g/cm^3)	1.042	—	JTJ 052-93
黏度(60℃)(Pa·s)	1872	2000 ±200	ASTD4402

续上表

试验指标		实测值	技术指标	试验方法
闪点(℃)		340	—	ASTMD92
薄模烘箱试验	质量损失(%)	0.5	<0.8	ASTMD1754
	针入度(%)	68	>55	ASTMD1754
	延度(15℃)(cm)	109	>70	ASTMD1754

2. 新集料的各项性能

1)集料基本性质

新集料采用鹿泉产安山岩石料,各项性能指标见表15-12。

新集料的各项性能指标 表15-12

技术指标	试验结果	试验方法	技术指标	试验结果	试验方法
洛杉矶磨耗值(%)	11.5	JTJ 058-2000(T0 317-2000)	1号表观密度(g/cm³)	2.915	JTJ 058-2000(T0 308-2000)
压碎值(%)	12.5	JTJ 058-2000(T0 316-2000)	2号表观密度(g/cm³)	2.955	JTJ 058-2000(T0 308-2000)
吸水率(%)	0.8	JTJ 058-2000(T0 308-2000)	1号含泥量(%)	0.8	JTJ 058-2000(T0 310-2000)
抗压强度(MPa)	183	JTJ 054-94	2号含泥量(%)	0.7	JTJ 058-2000(T0 310-2000)
磨光值(PSV)	50	JTJ 058-2000(T0 321-2000)	1号针片状(%)	1.5	JTJ 058-2000(T0 312-2000)
砂当量	89.5	JTJ 058-2000(T0 334-2000)	2号针片状(%)	5.7	JTJ 058-2000(T0 312-2000)
黏结力	4级	JTJ 058-2000(T0 616-2000)	1号软弱颗粒含量(%)	1.8	JTJ 058-2000(T0 320-2000)
细集料坚固性(%)	2.9	JTJ 058-2000(T0 314-2000)	2号软弱颗粒含量(%)	3.7	JTJ 058-2000(T0 320-2000)

2)新集料筛分试验结果(表15-13)

各集料的通过百分率 表15-13

粒径(mm)	19.0	16.0	13.2	9.5	4.75	2.36	1.18	0.6	0.3	0.15	0.075	<0.075
1号	100	88.2	26.7	0.1	0							
2号		100	98.1	26.3	0							
3号				100	98.6	38.9	0					
4号						100	75.5	35.1	8.3	2	0.6	0
矿粉							100	99.52	98.57	92.86	84.29	0

二、再生剂

1. 沥青再生剂基本概念

从化学组分的角度分析,我们要使老化沥青恢复原有性能,就要向其中加入一定的分子量小的组分,使组分重新协调。过去有人试图通过比较旧沥青组分和优质沥青的组分,来决定旧沥青中应添加的组分,进而找到与这种组分匹配的再生剂,但是由于沥青的化学结构极其复杂,即使化学组分相同的沥青,因油源基属及生产工艺不同,其性能也有很大变化,而且要找到某种固定组分的再生剂,从工艺上来说有很大难度。

我国在20世纪80年代初期所使用的再生剂很多是一些石油工业生产出的轻质油如润滑油、柴油、机油等或者它们的混合物。但是只用轻质油分来再生旧料,实践证明效果并不是很好。首先,轻质油分在自然界风、热、光等的作用下极易挥发,其中芳香分易于发生氧化、缩合、共聚等反应,分子量会很快变大。所以加入的油分并不能长期稳定的存在于沥青中,对混合料性能的改善也只是一个短期行为。其次,对于反应式:油分(主要是芳香分)→胶质沥青质来说,油分的过量加入,会加快这种不可逆反应的进程,也就是起了加速老化的作用。再者,油分与沥青质的溶度参数相差较大,加入油分后虽能起到降黏的作用,并不能保证形成稳定的高分子浓溶液。所以,用轻油再生的旧沥青混合料其自身的抗老化性能较差,用此混合料铺成的再生沥青路面,有效服务期较短,一般2年左右就又趋于老化。

近几年有一种A型再生剂是一种增黏树脂与轻油相混溶的合成物,它能使加入的油分稳定存在于再生混合料中。沥青之所以能形成稳定的高分子浓溶液,是由于极性化合物与沥青质有较强的结合力,它围在沥青质的周围,使沥青质形成一个个分散的小颗粒而不发生凝聚,进而保持沥青质在芳香分和饱和分中处于悬浮状态。

沥青在从饱和分→芳香分→胶质→沥青质的迁移过程中几乎不产生极性化合物,而且迁移过程中极性化合物会渐渐变为非极性化合物,这样包围沥青质的极性化合物会越来越少,沥青质就会发生凝聚,表现为老化特征。增黏树脂分子本身含有许多不饱和键,有很强的极性,能有效的包裹沥青质,加入到沥青中后,使沥青中的极性化合物增多,这样可有效延缓沥青质发生凝聚的时间,而且增黏树脂属于胶质的一部分,加入增黏树脂后,沥青中胶质含量增大。对于组分迁移的过程:油分(主要是芳香分)→胶质→沥青质,从化学反应平衡来说,也就减缓了油分向胶质的迁移,也就推迟了老化发生的时间。

2. 旧沥青掺加再生剂的室内试验

再生剂的功能就是通过将再生剂与老化的沥青按不同的比例相混合,以恢复已老化沥青的各种性能。本次试验选用了一种国外常用的RL01沥青再生剂,其主要性能指标如表15-14。

再生剂主要性能 表15-14

项目		指标
密度(g/cm^3)		1.0
闪点(℃)		204
68℃黏度(Pa·S)		350
薄膜加热试验	质量损失(%)	2.5%

为了说明再生剂对沥青性能的改善效果,将未添加再生剂和添加再生剂的沥青主要性能指标进行了比较分析。比较结果如表15-15所示。

再生剂再生效果比较 表15-15

三大指标	未加再生剂	添加再生剂8%
针入度(25℃)(0.1mm)	15	46
软化点(℃)	63.8	53.4
延度(15℃)(cm)	9.6	104

从试验结果看,添加再生剂后,旧沥青的性能得到了很大程度的提高,但由于在旧沥青在抽提过程中,加剧了旧沥青的老化。另外,沥青中残留的矿粉对沥青性能也有较大影响,因而检测的性能指标要比实际的沥青性能指标差。

根据再生剂厂家提供经验掺配比例,选用三种比例进行试验,分别为6%、8%、10%。试验结果如表15-16所示。

旧沥青掺加再生剂试验结果 表15-16

掺配比例	针入度(25℃,0.1mm)	软化点(℃)	延度(cm)(15℃)	掺配比例	针入度(25℃,0.1mm)	软化点(℃)	延度(cm)(15℃)
6%	44.6	57.5	>100	旧沥青	30.4	60.5	
8%	56.4	55.5	>100	试验方法	T0 604-2000	T0 606-2000	T0 605-2000
10%	70.2	50.0	>100				

不同剂量再生剂沥青三大指标示意如图 15-3 所示。

根据石黄高速公路交通情况和当地气候条件,再生沥青的再生目标等级应略低于该地区原来所使用的新沥青等级,因为再生沥青等级过高,会导致其余指标如软化点降低,会造成沥青混合料高温稳定性降低。由于原沥青混合料的油石比过大,所以不再掺配新沥青。再生后的沥青针入度不能过大,会造成新沥青混合料的高温稳定性不好。预期的再生沥青要达到重交通 AH-70 石油沥青的等级,由试验结果确定掺配比例为 9% 。旧沥青掺配 9% 的再生剂试验结果如表 15-17 所示。

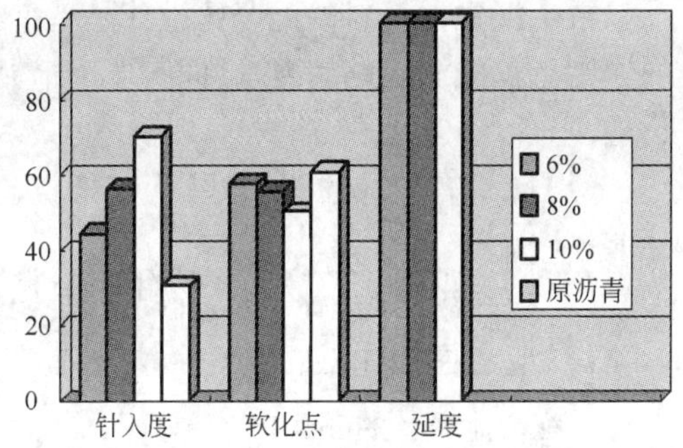

图 15-3　不同剂量再生剂沥青三大指标示意

掺配 9%再生剂旧沥青试验结果　　表 15-17

掺 配 比 例	针入度(25℃,0.1mm)	软化点(℃)	延度(cm)(15℃)
9%	63.0	53.5	>100
AH-70 沥青规范要求	60~80	44~54	>100

由试验结果看旧沥青掺加 9% 的沥青再生剂后试验指标符合 AH-70 石油沥青的规范要求。

3. 再生后的沥青抗老化性能

对旧沥青混合料进行抽提试验得到的再生沥青的性能如何,不但要看再生后的常规指标的改善情况,还应看沥青的抗老化能力如何。要对沥青抗老化指标做综合平定,由于热再生没有现行的规范,主要依靠国标规定的抗老化指标来做评定。

从沥青老化的试验数据(表 15-18)可以看出,用 A 型再生剂再生后的再生新沥青的抗老化性能达到了重交石油沥青 AH-70 的抗老化标准,但是不能代表再生沥青的性能可以等同于常规重交石油沥青。这是因为再生沥青中再生剂与旧沥青的相容性毕竟没有同基质的新沥青的相容性好。从再生后的老化沥青的抗老化性能来看,本次的再生剂要优于传统再生剂,用其再生后的再生沥青可以应用于高速公路的沥青路面铺筑。

掺配 9%再生剂后沥青的老化试验　　表 15-18

试 验 项 目		试 验 结 果				规范要求	试验方法
		1	2	3	平均		
薄膜加热试验163℃,5h	质量损失	-0.38	-0.39	-0.38	-0.38	≤1.0	T0 609
	针入度比(%)	70.7	69.8	70.2	70.2	≥55	T0 609
	延度(cm)(25℃,5cm/min)	75	76	90	80.3	50~75	T0 609

第五节　再生沥青混合料设计

一、概述

再生沥青混合料因其中掺加了一定比例的旧料和再生剂,故其配合比设计与普通的新拌沥青配合比设计有所不同,但其基本的设计思路仍是与普通的沥青混合料设计相一致的。

1. 配合比设计要求

再生沥青混合料的配合比设计是一个综合性极强的工作，涉及面很广，设计时我们应把握的原则是首先满足路用要求，同时要因地制宜，经济实用，除应满足普通沥青混合料的要求外，还应注意以下几点：

(1)应具有较好的耐久性，能够抵抗施工过程和自然环境引起的老化，具有较好的使用性能；

(2)应在满足路用性能的前提下，尽可能的利用旧料，提高旧料的掺配率；

(3)应考虑到施工的方便性，易于生产、拌和以及摊铺压实。

2. 配合比设计的任务

(1)确定新旧料的掺配比例；

(2)确定再生剂的用量；

(3)选择新加沥青的类型及掺加比例；

(4)根据旧集料的级配，确定新集料的掺配比例；

(5)确定混合料的最佳用油量；

(6)根据路用要求，检验再生混合料的物理力学性质。

二、再生沥青混合料配合比设计

1. 再生沥青混合料的配合比设计程序

在确定了再生沥青混合料的类型后，下面的任务就是进行再生混合料的配合比设计。其具体的设计步骤如下：

1)检测旧沥青混合料的相关指标

(1)沥青含量；

(2)旧沥青的三大指标；

(3)旧集料的级配。

2)确定设计针入度

决定再生沥青所要求的针入度。

3)确定再生剂类型和用量

再生剂的类型很多，在选用时必须根据回收沥青的针入度和设计针入度来决定，使旧沥青混合料中的沥青恢复到与普通沥青相同的性质，再生剂的用量一般为旧混合料中沥青用量的10%。

4)检验再生剂恢复沥青性能的效果

5)确定新旧混合料的不同比例

本研究选取五种新旧混合料的不同比例，它们分别是新混合料占再生混合料(旧混合料+新混合料)的10%、20%、30%、50%、80%。

6)确定结合料用量

当掺入再生剂是沥青恢复原性能后，再生沥青混合料中的结合料用量有下列三种情况：

(1)旧混合料中沥青油量偏高时，则应加入新集料使再生沥青混合料满足目标设计配合比；

(2)旧混合料中沥青含量恰好为目标设计配合比时,则只需考虑新加入集料的用油量;

(3)旧混合料中沥青油量偏低时,除考虑新加入集料的用油外,还应加入新沥青使新旧集料总用油量满足设计要求。

根据抽提试验结果,旧沥青混合料的沥青含量为4.12%,鉴于材料的变异性,要另外分别取旧沥青混合料的沥青含量为3.62%和4.62%进行马歇尔试验。

7)确定配合比

当获知新旧混合料的配比率、再生剂掺入量以及设计级配和油石比,就可确定各种材料的用量,并制备试验试件以进行相关实验。

8)测定再生沥青混合料的各项性能指标

再生沥青混合料的强度、耐久性、温度稳定性、抗变形特性、水稳性等。

9)生产配合比的确定

根据试验结果确定旧沥青混合料的比例、再生剂、新沥青等的最佳用量,从而确定生产配合比。

2. 配合比设计

由图15-4旧路面的芯样抽提筛分结果可以看出,3km路段级配变化不大,油石比范围在5.7%~6.3%之间,路肩油石比略小,平均为5.1%,总路段油石比平均值为5.8%,级配较规范的AC-16I级配的明显变化是偏细(表15-19)。

旧沥青混合料级配　表15-19

筛孔(mm)		19.0	16.0	13.2	9.5	4.75	2.36	1.18	0.6	0.3	0.15	0.075	油石比(%)
通过率(%)	1	100	91.5	83.8	73	56.3	40.4	31	23.2	15.9	13.1	9.8	7.66
	2	100	97	87.9	70.1	51	35.5	27	19	11.5	8.7	4	4.14
	3	99.4	95.6	90.2	81.2	62.9	41.4	30.6	21.7	14.0	11.2	7.0	5.8
	平均	99.8	94.7	87.3	74.8	56.7	39.1	29.5	21.3	13.8	11	6.9	5.9
级配范围(%)		100	95~100	75~90	58~78	42~63	32~50	22~37	16~28	11~21	7~15	4~8	4~6
级配中值(%)		100	97.5	82.5	68.0	52.5	41.0	29.5	22.0	16.0	11.0	6.0	5.0

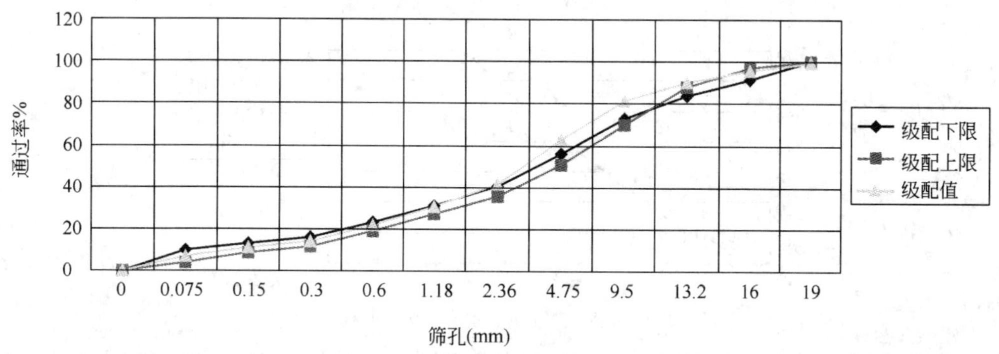

图15-4　旧路面沥青混合料级配曲线

由于原旧路面曾经做过稀浆封层,油石比普遍偏大,从旧沥青混合料的试验过程可以看出混合料的沥青用量明显偏大,表面都泛着沥青的亮光。为保证沥青混合料的高温稳定性,不再加入新沥青。另外由于沥青混凝土经过多年的车轮碾压,在荷载作用和自然因素作用下,集料的颗粒受到反复磨损、甚至压碎,导致混合料级配发生变化。尽管偏离 AC-16I 规范很小,但是为路面的耐久性能和高温性能考虑,决定采用加入 10% 的 1 ~2cm 新碎石作为添加集料。其中 1 ~2cm 碎石采用上聂庄安山岩,即旧沥青混合料中的集料占再生后沥青混合料中集料的 90% ,1 ~2cm 碎石占再生后沥青混合料中集料的 10% ,新的级配如表 15-20 所示。

再生沥青混合料的油石比一般由三部分组成:旧沥青混合料的油石比、掺加的再生剂、新沥青混合料的油石比,本设计方案没有添加新的沥青混合料,所以再生沥青混合料的油石比由两部分组成:一为旧沥青混合料的油石比,二为添加的再生剂。计算过程如下:

旧沥青混合料的油石比为 5.8% ,再生剂折算为油石比为 0.52% =5.8% ×9% ;再生沥青混合料的油石比为 5.7% =(5.8% +0.52%) ×90/100。

理论密度的计算按真空法试验结果为 2.587g/cm^3。再生沥青混合料的马氏试验结果如表 15-20、图 15-5 所示。

再生沥青混合料的级配及油石比 表 15-20

桩号 \ 筛孔	19	16	13.2	9.5	4.75	2.36	1.18	0.6	0.3	0.15	0.075	油石比(%)
K174 +000 ~ K175 +000	100	94.4	85.9	71.6	53.7	38.0	29.0	21.1	13.7	10.9	6.9	5.9
K175 +000 ~ K176 +000	98.9	95.2	90.7	80.3	62.5	43.1	31.4	21.6	13.9	11.4	7.6	6.3
K176 +000 ~ K177 +000	99.4	95.6	90.2	81.2	62.9	41.4	30.6	21.7	14.0	11.2	7.0	5.8
路肩	99.6	95.9	90.6	78.6	60.1	40.5	28.4	19.7	12.7	10.3	7.1	5.1
平均级配①	99.4	95.4	89.9	79.5	61.3	41.3	30.2	21.3	13.7	11.0	7.1	5.8
1 ~2cm 碎石②	100	96.8	66.8	6.1								
①×90%③	89.46	85.86	80.91	71.55	55.17	37.17	27.18	19.17	12.33	9.9	6.39	
②×10%④	10.0	9.68	6.68	0.61								
再生沥青混合料级配③+④	99.4	95.5	87.5	72.3	55.4	37.3	27.5	19.4	12.5	10.1	6.4	5.7
AC-16I 级配范围	100	95-100	75-90	58-78	42-63	32-50	22-37	16-28	11-21	7-15	4-8	
河北典型路面级配	100	95	82	69	44	29	19	11	8	6	5	
	100	100	92	79	56	41	29	21	16	12	9	

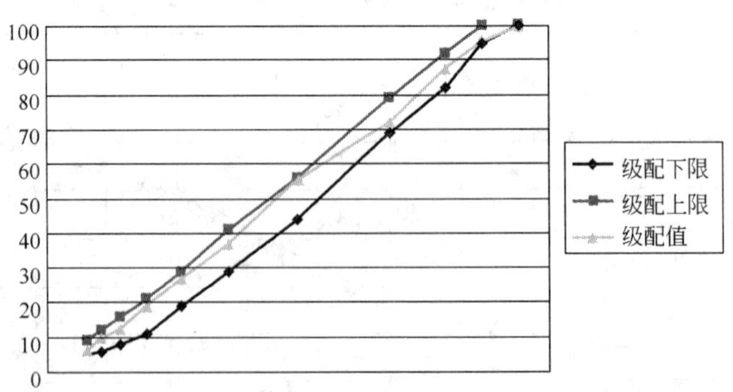

图 15-5 再生沥青混合料级配曲线

再生沥青混合料的马氏指标(表 15-21)符合高速公路的指标要求,沥青混合料的空隙率较小。施工中应严格控制加入新骨料的用量,以保证再生沥青混合料的体积指标。

再生沥青混合料的马氏试验结果　　表 15-21

项目 组数	密度 (g/cm³)	稳定度 (kN)	流值 (0.1mm)	空隙率 (%)	矿料间隙率 (%)	饱和度 (%)	残留稳定度 (%)
1	2.509	16.15	38.0	3.0	16.7	82.0	93.6
2	2.506	13.44	38.2	3.1	16.8	81.3	97.5
规范要求		>7.5	20-40	3~6	≥14	70-85	>75

二、再生沥青混合料性能

确定出再生沥青混合料的组成设计后，进行沥青混合料性能指标的试验。试验结果如表15-22 所示。

再生沥青混合料的性能试验结果　　表 15-22

项　　目	动稳定度(次/mm)	冻融劈裂(%)	低 温 弯 曲
第一组	835	96.9	3500
第二组	1040	84.9	5880
规范要求	>800	> 80	>2500

由试验结果可以看出再生沥青的各项性能指标均满足高速公路的规范要求，所以采用该再生沥青混合料的设计是可行的。

第六节　经济效益和社会效益分析

现场再生沥青混合料的生产与生产全新热拌沥青混合料相比，每生产 1t 沥青混合料可以节约沥青 52kg，节约集料 850kg。若集料按 30 元/t 计算，沥青按 2100 元/t 计算，每吨再生沥青混合料可以节省费用 134 元，3km 再生沥青混合料共需再生沥青混合料约 4000t，总共可节约材料费用 53.6 万元，以上仅是节省工程费用的直接经济效益。

使用热再生沥青混合料可以节约矿产资源，有效减缓由于使用新集料，开采矿石造成的森林植被减少、水土流失等严重生态破坏。另外，对我国的沥青资源也是有效的保护。利用沥青旧料，减少环境污染，社会效益也非常明显。

由于有条件做热再生的都是路况比较好的路段，所以我们就原路面 5cm 面层做热再生后再加铺 5cm 沥青层和在原路面上加铺 12cm 面层两种方案进行比较。

一、成本比较

热再生方案成本对比如表 15-23 所示。

热再生方案对比　　表 15-23

热再生方案一(加铺 5cm)	热再生方案二(加铺 9cm)	直接加铺方案
原路面 5cm 面层做热再生:25 元/m²	将原路面 5cm 面层做热再生:25 元/m²	
黏层油:2 元/m²	黏层油:2 元/m² * 2 = 4 元/m²	黏层油:2 元/m² * 2 = 4 元/m²
加铺 5cm 沥青面层:40 元/m²	加铺 5cm 沥青层:35 元/m²	加铺 7cm 沥青层:49 元/m²
	加铺 4cm 沥青面层:32 元/m²	加铺 5cm 沥青面层:40 元/m²
合计:67 元/m²	合计:96 元/m²	合计:93 元/m²

二、技术比较

1. 层厚

采用热再生路面总厚度为17cm或21cm,采用直接加铺12cm路面总厚度为24cm。从层厚来分析,作为总的路面结构层,直接加铺的方案更具有优势。

2. 路面层的级配和结构

作为中面层,混合料的结构对抗车辙起着至关重要的作用,5cm的热再生结构层难以保证其级配能够达到厂拌沥青混凝土的标准。

3. 工艺的成熟性

热再生在我省只有京津塘高速公路进行过部分路段的施工,国内进行的也并不多,其工艺并不是特别成熟。如果采用必须有生产厂家和热再生专家进行现场指导,热再生后路面加铺的厚度也要根据现场的情况确定,而路面直接加铺工艺在我路和其他高速公路频繁使用,工艺成熟。

4. 设计规范

设计规范规定,对于热再生技术只能做路面的中下面层,并且应谨慎采用。

5. 新技术

热再生作为一种路面养护和维修的新技术,如果在这次的施工中能够成功,可以为以后的养护工作提供很好的经验,并且节约能源,但路面加铺技术在路面的养护维修施工中也并不是一种完美的技术工艺,它的抗车辙、抗推移等性能不太理想。

综合以上分析,热再生技术在成本上具有优势,作为一种新技术也有其发展的前景,但是缺点在于其工艺并不是十分成熟,热再生料的级配等技术指标难以达到理想程度。如果施工工艺和一些技术指标控制不好导致加铺增厚,反而会增加成本。

第七节　路面再生段施工

一、施工方案

本路段路面宽度为10.5m,分为超车道、行车道和紧急停车带三幅,总长度为3000m,采用两种施工方法:

(1)对公路沥青面层5cm进行就地热再生施工,再生层上面加铺3cm新料,两次摊铺一次碾压,再生与加铺一次完成。

(2)直接进行再生(K177+040~K175+500),根据河北省交通勘察设计院的试验检测分析报告,需要对旧路面的集料级配进行调整,撒布添加剂改变旧路面沥青的性能,施工总面积为31500m^2。具体施工如下。

1. 复拌型(图15-6)

加入再生剂改善旧路面沥青混合料的性能;加入新的沥青混合料,改善旧路面沥青的级配和性能以及填平车辙或增加面层厚度。

2. 加铺型(图 15-7)

加入再生剂、改善旧路面沥青和沥青混合料的性能;加入新的沥青混合料,是新沥青混合料在再生沥青混凝土路面上形成一层全新的沥青混凝土面层。

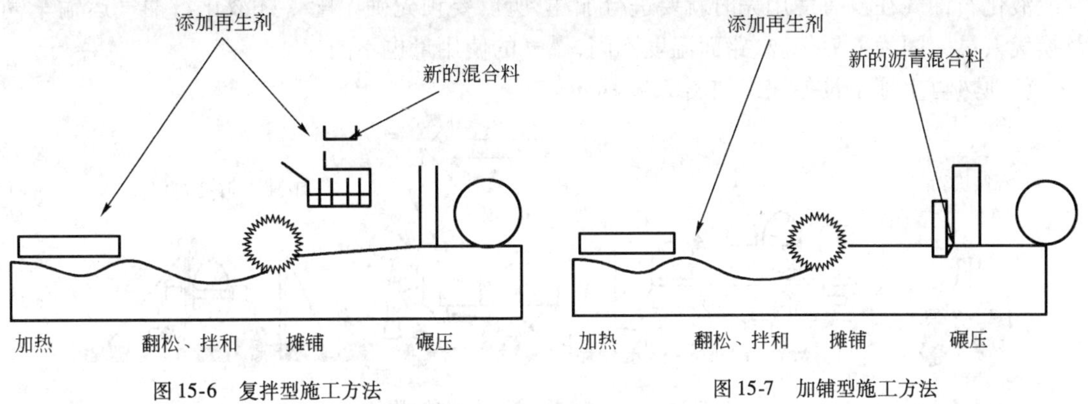

图 15-6　复拌型施工方法

图 15-7　加铺型施工方法

3. 施工布置图(图 15-8)

采用此方案的考虑主要有:最大限量利用原路面材料,有效恢复原沥青路面混凝土的路用性能,确保高速公路混凝土对加铺层的要求,适当调整原路面因盆式沉陷而减小的横坡。

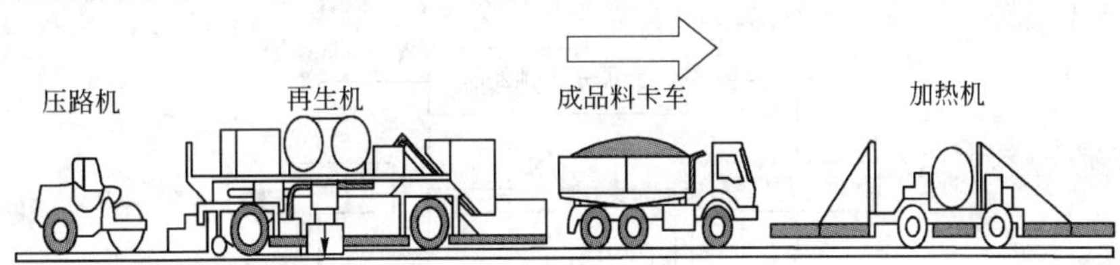

图 15-8　施工布置图

在这次工程中我们同时还对改性沥青做了施工实验,总体效果不错,主要对加热深度作了详细记录。改性沥青最高加热深度为 4cm,加热温度可达 170℃,符合改性沥青混凝土拌和温度。再生机速度控制在 1.2m/min,初次碾压温度 154℃左右,复压温度 118℃左右,终压温度 100℃左右,动稳定度 6000 次/mm,压实度 97%,残留稳定度 85%,表观有少量的沥青包裹不严和部分离析,主要是由于温度不够造成,可以改进。

二、施工准备

1. 设备检修及人员培训

热再生机组成员在开工前按设备保养计划进行设备保养,确保施工设备处于良好状态,准备充足的易损件,便于及时更换,保证施工的连续性。检修完毕后,按设备转场转运方案落实托运车辆,保证在接到开工令后按期到场施工。开工前对所有参与施工人员进行技术交底和安全教育,确保施工人员明确施工工序和工期安排,遵守安全规定,明确质量目标。

2. 施工材料的订购

根据事先调查结果及决定的施工方法准备所需材料。

(1)沥青混合料的准备要与沥青混合料厂进行充分商量,要保证新沥青混合料在施工现场不中断,配置足够的自卸车。

(2)再生剂用量核算

准确计算单位面积的撒布量与施工面积,根据撒布量订购再生添加剂的用量。

(3)燃料

液化石油气在没有使用完时就要进行加注,所以要预先确定配备好液化石油气运输车辆及换气人员。因为外界气温、路面温度不同,燃气的使用量也不同。

就地热再生施工设备编组如图 15-9 所示。

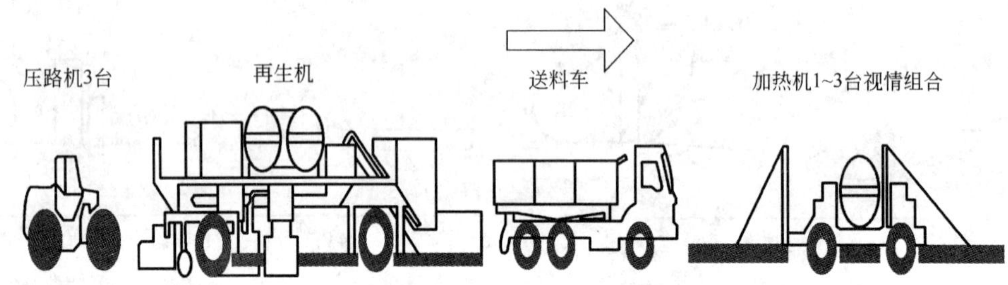

图 15-9 就地热再生施工设备的编组

三、施工顺序(图 15-10)

1. 热再生前预处理

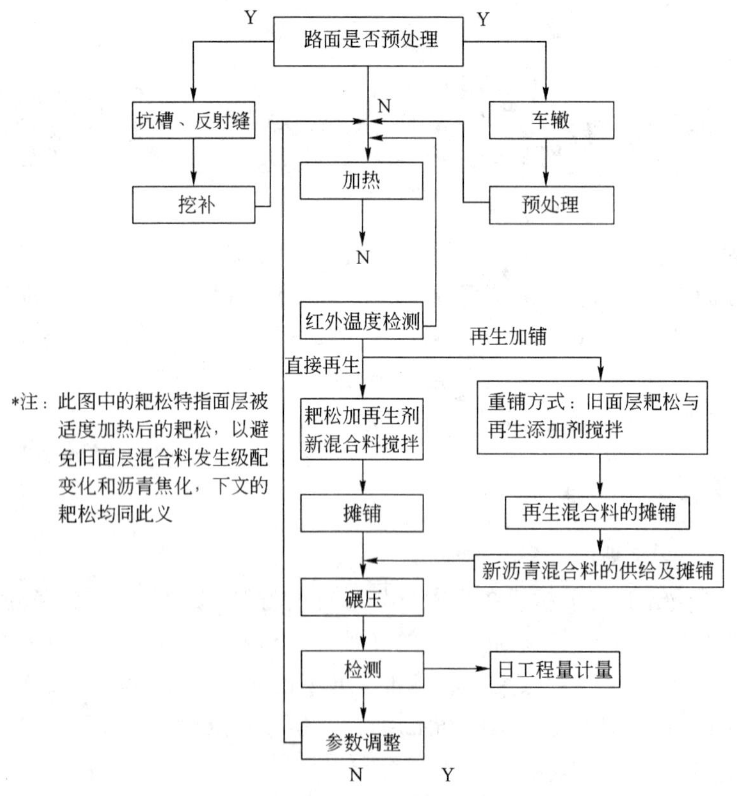

图 15-10 施工顺序图

旧路面层施工,应充分了解现场的施工条件、设计图纸等内容,根据需要进行路面病害预处理。路面的处理方法如下:

(1)首先按图纸要求确定的病害位置,用粉笔标出来。

(2)把用粉笔标出的位置用铣刨机根据图纸要求(7cm+8cm、20cm分层处理,9cm的一次铣到位)进行铣刨。要求铣刨不到位要返工,直至铣刨到位。

(3)铣刨到达要求深度后,把铣刨起点和终点的斜坡凿除,分7cm+8cm处理的分两层进行铣刨,留出20cm长的台阶,9cm直接铣刨到深度。

(4)对铣刨完成后的坑槽首先进行清扫,然后用钢刷刷去坑槽底部及四周黏接不牢的碎沥青屑等,最后用气泵将槽内的剩余杂物吹净。

(5)在干燥和清扫干净的坑槽内按照设计要求均匀洒布透层油(中、慢凝液体石油沥青),洒布量为0.8~1.2kg/m^2;四壁涂刷改性沥青,分7cm+8cm处理的还应在第二层沥青混凝土摊铺前均匀洒布一层SBR改性乳化沥青,乳化沥青洒布量为0.6kg/m^{2}左右。对于局部横缝处破碎松散达25cm以上,视实际病害程度考虑挖补路面上基层,并用ATB—25沥青稳定碎石混合料填补。

(6)洒布完透层油后必须根据要求把聚酯玻纤布粘在透层油上。

(7)摊铺沥青混合料,施工现场路面的平均气温不低于10℃。摊铺料温不得低于165℃,小坑(2m或3m长)必须一次性处理,百米以上的可考虑分两次或几次摊铺,摊铺时必须留有台阶,台阶处涂刷改性沥青。面层料压实后要高出路面0.5mm。

(8)挖补面积较小,所以碾压需选择一台双钢轮压路机完成。面层碾压首先从四周开始,新沥青混合料的碾压宽度控制在20cm左右,然后再大面积由低向高进行碾压。初压温度不低于155℃,终压温度不低于110℃,碾压必须一次性碾压8~10遍。如有机械压不到的地方,需人工夯实。碾压当中,不平整的地方及时进行修补。

2. 旧标线清除

热熔式标线要事先用旧标线清除机清除。因为加热此标线会产生黑烟、燃烧等情况,所以必须提前处理。

3. 施工放样

依据以往施工经验,专门为复拌机配备了超声波平整度找平仪,以改善路面再生后纵向行车舒适度。横坡仍采用原路面横坡,个别横坡不良路段再生时加以改善。路面高程控制按业主要求进行。

4. 对原路面加热及清洁

先对原路面进行认真的清扫,清除旧交通标线、反光道钉等杂物。加热机行进速度根据路面状况、气温、风速等进行综合调试,选定一个最佳值。加热机操作员可用加热机上的路面温度仪对路面的加热情况进行监控,另设专人用红外线测温仪对路面加热温度进行复核,以确保路面加热到最佳温度。

加热深度为4cm,加热温度符合改性沥青混凝土拌和温度。加热采取快二慢一的方式进行加热。具体操作程序:加热机以高加热档快速加热两遍,再由再生机以正常加热档使温度逐渐加热到再生深度(4cm),避免表层被烤焦。

路面加热温度以再生混合料的温度(160~180℃)作为控制参量,极端低温不低于155℃,加热的宽度要比再生耙松的宽度两边各宽20cm。

5. 复拌机再生摊铺

路面加热到所需温度后，复拌机跟进对原路面进行再生，再生施工时应做到以下几点：

(1)再生剂喷洒要计量准确，喷洒均匀。再生剂的喷洒要与复拌机的行进速度相适宜，确保旧路面单位面积喷洒量准确适当。作业时，适时检查再生剂喷洒口是否堵塞，确保顺畅。

(2)耙松深度准确均匀。配备专人负责不断检查耙松深度，发现耙松深度误差过大应及时予以调整，(耙松深度误差不大于5mm)。对于原路面上面层和中面层结合完好的路段，耙松时可适当浅一些，以不破坏原结合面为度；如果原路面上面层和中面层结合不好，有松散现象，必须将松散层全部耙松干净，而且此时施工速度适当放慢，以确保结合部位有足够的温度，保证新再生路面面层和原路面面层结合良好。耙松的宽度比加热宽度两边各窄20cm，以利于再生路面和原路面纵向接缝良好。

(3)本次工程如果有部分车辙严重的路段，需要添加的新沥青混合料为外购料，其质量另行控制。

(4)再生混合料摊铺。根据路面的加热情况，确定一个最佳的行进速度；根据试验段的情况，确定好混合料的松铺系数。摊铺前调整好熨平板，检查各种传感器是否灵敏。所有准备工作就绪后开始摊铺，摊铺时要控制好输料螺旋里混合料的量，一般混合料埋没输料螺旋2/3为宜。

根据以往的施工经验，复拌机的速度与路面加热情况和沥青混合料的供应情况有关，一般控制在1.5～2.5m/min。

(5)沥青路面的碾压控制。摊铺速度控制在2m/min，做到缓慢、均匀、连续不间断地摊铺，禁止随意变换速度或中途停顿。

碾压新路面采用钢轮和胶轮压路机交替碾压完成。初压由于沥青混合料在再生机熨平板夯锤下已经初步夯击压实，采用双钢轮压路机以2km/h速度进行碾压2～3遍，压路机驱动轮在前静压匀速前进，后退时沿前进碾压时轮迹行驶进行振动碾压；复压在较高温度下紧跟初压进行，采用胶轮压路机碾压4遍；终压紧接在复压后进行，终压采用双钢轮压路机关闭振动碾压，消除轮迹(终了温度不低于110℃)。

在碾压期间，压路机不得中途停留、转向或制动。压路机不得停留在温度高于70℃的新铺路面上。为防止压路机粘料，应在钢轮表面均匀雾化喷水，施工前检查压路机的喷水装置，喷水必须均匀，在钢轮表面形成细微水珠不流淌，防止过量喷水引起混合料温度骤降。

6. 接缝的处理

由于机械修整等多种原因，沥青混合料的铺筑必然会产生接缝。而接缝处理好坏将直接影响路面平整度，行车的舒适性。接缝也是路面整个平整度最薄弱的环节，所以必须仔细、认真对待。在组织施工时，尽可能避免产生过多的接缝。施工采用热再生技术，摊铺分三车道依次摊铺，并尽可能在每一工作日连续不断多铺筑，以减少横缝。

(1)横向接缝的碾压，横向接缝的碾压是工序中重要的一环。碾压时，应先用双钢轮压路机进行横向(即垂直于路面中心线)碾压，压路机主要位于已压实的混合料层，伸入新铺混合料的宽度不超过20cm。每碾压一遍向新铺混合料层移动20cm，直到压路机全部在新铺混合料面层上碾压为止。然后进行正常纵向碾压。

(2)纵向接缝的碾压,压路机先在已压实路面上行走,同时碾压新铺混合料10~15cm,然后碾压新铺混合料时,跨过已压实路面的10~15cm将接缝碾压密实。

7. 标线施工

热再生施工完成24h后,进行交通标线施工。划线前保持路面清洁。划线采用跟随方式进行。施划中严格控制标线厚度和玻璃微珠撒布量。

8. 自检与验收

按程序按日严格自检(自检内容包括:压实度、纵向平整度等参数,据实填写,由质检工程师加以评定);整个工程结束时,按业主及监理要求编制竣工资料,竣工验收按相关规范及业主要求进行。

四、施工质量和工期保证措施

1. 质量保证体系(图15-11)

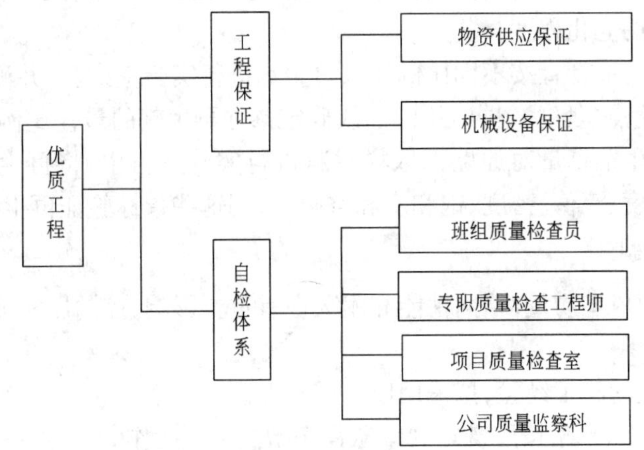

图15-11　质量保证体系图

2. 质量保证措施

(1)再生剂的喷洒剂量控制

现场控制必须多做试验,加强监控,确保再生剂喷洒量准确。对再生剂的喷洒装置必须每天进行清理,防止喷嘴堵塞。

(2)旧路面加热温度控制

确保加热、耙松、摊铺后温度控制在160~180℃,既不能过高,以避免加剧沥青路面的老化,又不能过低,以避免影响再生质量和压实质量。同时及时测量加热后温度,并调整加热机、再生机加热档位或调整机组行走速度。

(3)压实度控制

沥青路面的压实度是沥青路面质量的重要指标,必须严格控制。要控制好压实度,必须控制好沥青混合料的碾压温度、碾压遍数。除钻芯取样法外,还可采用灌砂法及时检测压实度并立即调整碾压工艺。得到满意结果后,应确认对应的碾压参数并严格执行。

(4)平整度控制

控制好摊铺机的行进速度，尽量少停机，确保厚度均匀。控制好压路机的碾压工艺，避免急起步、急制动，坚持平稳行驶。加强现场监控，配备3m直尺，发现平整度不好时及时查找原因，予以纠正。

(5)施工缝质量控制

施工缝接缝处必须平顺、密实，每天收工时记住松铺刻度值，再次开工时即延续此松铺系数。现场配备小孔筛，接缝出现离析时筛小料填充，以保证接缝质量。

五、关键工序控制

1. 再生剂添加量的确定

沥青路面就地热再生的关键之一是确定再生剂的添加剂量。

首先，对拟进行就地热再生施工的路段进行旧路面现场取样。取样应选择具有代表性的旧路面，深度为5cm。将取回来的样品在实验室进行旧沥青抽提和回收试验。对回收的旧沥青做针入度、软化点、延度试验。将试验结果与该路段竣工时（即施工时新沥青）资料进行对比，判断原路面沥青的老化程度。

其次，将回收来的旧沥青按不同比例掺入再生剂进行实验室试验，并测试再生后的沥青三大指标（针入度、软化点、延度），同时绘制曲线确定掺加再生剂的最佳比例。

最后，按最佳再生剂掺量对原路面取样材料进行实验室再生，将再生混合料进行马氏试验，测试试件的稳定度、流值、密度、饱和度和空隙率，用这些指标验证再生剂的掺量。

2. 碾压质量的控制

碾压质量对路面成型质量，路面性能和耐久性有重要影响，控制压实度是施工质量控制的一个重要内容。

根据以往热再生的施工经验，拟采用以下措施保证压实度。

(1)确定专人负责，严格按照既定的碾压程序指挥碾压操作。

(2)确定专用压路机，保持良好工作状态，在整个施工期间，保证定设备、定操作者（熟练的压路机驾驶员），不得随意更换。

(3)严格质量监控，配备专用的红外温度仪和密度仪，及时获得操作条件及施工质量参数。

(4)及时分析现场数据，快速反应质量反馈信息，根据实际条件调整操作参数。

六、工程质量的总体评价

根据以上检测数据，可以认为本工程对现场热再生沥青混凝土加铺段和直接再生段制订的目标值是合理的，可行的且均以实现，本工程中现场热再生混凝土的内在质量是过关的。本工程竣工验收的主要实测数据如表15-24所示：

石黄高速公路热再生路段施工质量实测数据 表15-24

检测项目	规定值或允许偏差	超车道部分实测值	行车道中实测值	停车部分实测值
压实度(%)	≥95	全部>95	全部>95	全部>95
平整度(mm)	≤2	1.8	1.27	1.5
摩擦系数(BPN)	≥48	48~53	48~53	48~50

由表可见,本工程施工质量完全符合现行行业标准的有关要求。根据目前已经掌握的数据,原路面严重老化的沥青经过再生后,主要的性能指标已完全恢复到了现行的行业标准的有关要求。再生沥青混凝土和加铺的沥青混凝土两者的总质量指标均符合现行行业标准,常规的马歇尔实验的各项指标也符合现行的行业标准的要求,现场检测更是发现热再生混凝土的高温稳定性的大幅度提高,是在原路面老化沥青再生,恢复主要性能指标的基础上获得的。根据国外有关材料报道,沥青混凝土经过多次再生后,路用性能指标一次比一次好,但热再生技术在我国尚处于起步阶段,再生沥青和再生沥青混凝土的使用稳定性和各项路用性能指标的衰减情况仍需做大量的研究工作,为此希望有关的管理单位和施工单位做长期的跟踪调查。

参考文献

[1] 沙庆林. 高速公路沥青路面早期破坏现象及预防[M]. 北京:人民交通出版社,2001.

[2] 李剑. 高速公路沥青路面早期水损害防治措施研究[D]. 西安:长安大学,2003.

[3] 王抒音. 高速重载交通下改善沥青－集料界面相互作用的技术途径[D]. 哈尔滨:哈尔滨工业大学,2002.04.

[4] 钟阳,耿立涛,周福霖等. 沥青路面超孔隙水压力计算的刚度矩阵法[J]. 沈阳建筑大学学报,2006.01.

[5] 王端宜,李维杰,张肖宁. 用数字图像技术评价和测量沥青路表面构造深度[J]. 华南理工大学学报,2004.02.

[6] 罗志刚. 高等级沥青路面水损害分析[D]. 长沙:长沙交通学院,2003.05.

[7] 李之达,沈成武,周增国等. 超孔隙水压对沥青混凝土的影响[J]. 湘潭大学自然科学学报,2003.12.

[8] American Associafion of State Highway and Tmnslpotafion Officials. A/ASHTO Guide for Design of Pavement Structures[M]. Washington, D. C. :AASHTO,1993.

[9] 杨文锋. 沥青混合料抗水损害能力研究[D]. 武汉:武汉理工大学,2005.05.

[10] 梁春雨,延西利. 沥青与石料间的剪切黏附性研究[J]. 中国公路学报,2001.10.

[11] Ding xin cheng, Dallsa N Little. Use of Surface Free Energy Properties of the Asphalt – Aggregate System to Predict Moisture Damage Potential[J]. Proceeding of Association of Asphalt Paving Technologists, Volume71, 2002.

[12] 周骊巍. 沥青混合料水稳定性研究[D]. 天津:河北工业大学,2005.

[13] 傅搏峰,周志刚,陈晓鸿等. 沥青路面水损害疲劳破坏过程的数值模拟分析[J]. 郑州大学学报工学版,2006.01.

[14] 张宏超,孙立军,黄进堂等. 沥青路面新泛油病害及其机理分析[J]. 公路交通科技,2002.12.

[15] 李莉. 流体动力学方程应用的研究[J]. 承德民族师专学报,2005.05.

[16] Finnemore E J,Joseph B F. 流体力学及其工程应用(第 10 版)[M]. 北京:清华大学出版社,2003.

[17] 徐芝纶. 弹性力学[M]. 北京: 高等教育出版社,2002.

[18] 陈光敬,于立. 传递矩阵法求解成层横观各向同性弹性体轴对称问题[J]. 岩土工程学报,1998.05.

[19] 钟阳,王哲人. 求解多层弹性半空间轴对称问题的传递矩阵法[J]. 土木工程学报,1992.02.

[20] 南京工学院数学教研组. 工程数学－积分变换[M]. 北京:高等教育出版社,1989.

[21] W 伊文. 层状介质中的弹性波[M]. 北京:科学出版社,1996.

[22] 龚晓南. 高等土力学[M]. 北京:人民交通出版社,1992.

[23] 钟阳,王哲人,郭大知. 求解多层弹性半空间轴对称问题的传递矩阵法[J]. 土木工程学报,1992.06.

[24] 张晓冰,程日盛.我国高速公路沥青路面厚度现状调查分析[J].河南交通科技,1999.01.

[25] Yoon, Hyon H, Tarrer, et al. Thermal degradation of antistripping agents and enhanced performance by curing[J]. J of Materials in Civil Engineering,1993.01.

[26] 施小芳,林青.不同沥青粘附特征及其稳定度行为研究[J].福州大学学报,2001.01.

[27] 郑晓光,王粲,杨群等.运用表面自由能理论分析沥青混合料水稳定性[J].中外公路,2004.10.

[28] 西南交通大学水力学教研室.水力学(第三版)[M].北京:高等教育出版社,1983.

[29] 李俊岭,邓通发.高等级公路半刚性基层沥青路面开裂的机理分析及防治[J].西部探矿工程,2005.10.

[30] 沈金安.沥青与沥青混合料路用性能.北京:人民交通出版社,2001.

[31] 苏铭德,黄素逸.计算流体力学基础[M].北京:清华大学出版社,1997.

[32] Wylie E B. and Streeter V L. Fluid Transients[M]. McGraw-Hill International Book Company,1978.

[33] Wylie E B. and Streeter V L. Fluid Transients in Systems[M]. Prentice - Hall Inc. ,1993.

[34] 王玉蓉,张建民,刁明军.脉动水压力沿缝隙传播的试验研究[J].水力学报,2002.12.

[35] Toso J W, bower C E. Extreme Pressures in Hydraulic Jump Stilling Basins [J]. J. Hydr. Engrg. ,ASCE,1988.

[36] Fiorotto V, Rinaldo A. Fluctuating Uplift and Lining Design in Spillway Stilling Basins [J]. J. Hydr. Engrg. ,ASCE,1992.4.

[37] 赵耀南,梁兴蓉.水流脉动压力沿缝隙的传播规律[J].天津大学学报,1988.3.

[38] 沈金安,李福晋,陈景.高速公路沥青路面早期损坏与防治对策[M].北京:人民交通出版社,2004.

[39] 徐伟,白海涛,张肖宁等.沥青混凝土加铺层结构中玻纤格栅作用试验分析[J].中南公路工程,2003.06.

[40] 刘恒.自粘性玻纤格栅在郑新高速公路改善中的应用[J].公路,2001,7.

[41] 高金岐,罗晓辉,徐世法等.沥青粘结层抗剪强度试验分析[J].北京建筑工程学院学报,2003.01.

[42] 戴震.沥青路面结构受力机理分析[D].南京东南大学,2004.03.

[43] Standard Test Methods for Measurement of Hydraulic Conductivity of Saturated Porous Materials Using a Flexible Wall Permeameter[S]. ASTM D5084 - 00.

[44] Kunnawee Kanitpong, Craig H. Benson and Hussain U. Bahia. Hydraulic Conductivity (Permeability) of Laboratory Compacted Asphalt Mixtures[C]. Transportation Research Board 80th Annual Meeting, January 7-11, 2001.

[45] 郑健龙,周志刚,张起森.沥青路面抗裂设计理论与方法[M].人民交通出版社,2002.

[46] 尹应梅.聚酯玻纤布在高速公路罩面工程中的应用研究[D].南京:东南大学,2005.3.

[47] 姜庆林,李军,李文鑫.沈大高速公路改扩建工程路面排水设计[J].辽宁交通科技,2005.04.